RALPH ANDERSSON
HARALD JUNG

AICHACHER ZEITGESCHICHTE
1945–1997

RALPH ANDERSSON · HARALD JUNG

AICHACHER ZEITGESCHICHTE 1945–1997

VERLAG MAYER & SÖHNE GMBH, AICHACH

Impressum

Ralph Andersson, Harald Jung:

Aichacher Zeitgeschichte. 1945–1997.
Aichach: Mayer & Söhne GmbH, 1997

Erste Auflage – 1997
Gesamtleitung: Harald Jung
Gestaltung: Joachim Feldmeier

Umschlag: zwei Ansichten des Aichacher Stadtplatzes 1945 und 1997; Rückseite: Türme und Tore der Innenstadt

© Verlag Mayer & Söhne GmbH, Aichach 1997

Alle Rechte vorbehalten.
Jede Verwertung außerhalb der engen Grenzen des Urheberrechtsgesetzes ist ohne Zustimmung der Autoren und des Verlages unzulässig und strafbar.

Lithos: Fotosatz Lenk, Zahling

Gesamtherstellung:
Mayer & Söhne, Aichach

Dieses Buch wurde auf chlorfrei gebleichtem und säurefreiem Papier gedruckt.

ISBN 3-923778-02-3

Printed in Germany 1997

Inhalt

Vorwort des Verlages 12
Vorwort der Autoren 13

Teil I: 1945 bis 1966

AICHACH 1945 BIS 1949:
BEWÄLTIGUNG DER NACHKRIEGSZEIT 17
Zwischen Pflicht und Herausforderung 17
28. April 1945: Das Kriegsende in Aichach und die Besatzung 19
    Letzte Reibereien mit der Aichacher SS 19 – Chaos im Frauengefängnis 20 – Aichach unterm Sternenbanner 22 – Entnazifizierung 25
Alte Probleme und neue Herausforderungen 28
    Freies politisches Leben – ein Wiederbeginn 28 – Demokratische Anlaufschwierigkeiten bei der Landratswahl 30 – Politische Brennpunkte 1946 bis 1948 32 – Der 2. Stadtrat und Bürgermeister Wernseher 34 – Wahlen für Deutschland mit lokalem Kolorit 37 – Wohnungsbau an der Wende 40 – Der Wirtschaftsplan von 1949 41
Not als Alltag 42
    Der Kampf um Kalorien, Kleidung und Holz 42 – „Das neue Geld heißt ‚Deutsche Mark'": Zum 20./21. Juni 1948 45 – Die Versorgungslage nach der Währungsreform 46 – Schritte gegen die Not 48 – Wirtschaft: alte Bereiche, junge Initiativen 51
Re-education: Schulen, Bildung, Freizeit und Geselligkeit 54
    Zwischen Amtsblatt und AZ: Die örtliche Presse 55 – Neustart alter Vereine 57 – Erziehung in der Umerziehung 59 – Die Kirchen vor eigenen und fremden Nöten 63 – Kulturszene und Nischen der Geselligkeit 65

„DIE LANGEN FÜNFZIGER" (1950 BIS 1966):
DER WEG DURCHS WIRTSCHAFTSWUNDER 69
Die Grundsteine zur Überwindung der Not sind gelegt 69
Über politische Prüfsteine zum Zwei-Parteien-System 70
    Neue Parteien im Ort - Spitzenpolitiker zu Gast 70 – Stadtratskrise im Vorfeld der Gemeindewahlen von 1952 72 – Die Stadt als rote Insel: politische Befriedung 1952 bis 1960 75

INHALT

Ins Wirtschaftswunder... 80
Von der Beseitigung der Not zur Modernisierung der Versorgung 80 – Rohbauten und Richtfeste 86 – Stadtbild und Stadtgrenzen 89 – Verjüngungskur mit Einschränkung: Schulen, Krankenhaus und Freibad 91 – Die Motorisierung der Bevölkerung 95

Vollbeschäftigung und „Freßwelle" – die Wirtschaft... 97
Vom „Altbayer" zum Viehhandel 97 – Industrie, Gewerbe und Geldmarkt 100

Verstreute Gemeinde, Stadtgemeinde, Gefangenengemeinden... 104
Die evangelische Diaspora und Vikar Hübner 104 – Geistlicher Rat Wilhelm Hacker und Dekan Johann Reiter 106 – Die Justizvollzugsanstalt - „eine Welt für sich" 108

Städtisches Leben – Gesellschaft und Kultur in den Fünfzigern... 111
Aktionsräume zwischen Fasching und Volksfest 111 – Gemeinnutz und Geselligkeit: Vereine in Aktion 115 – Ehrenamtliches und kommerzielles Angebot: Freizeitkultur 120

Politik und Gesellschaft bis zum Ausklang des Wirtschaftswunders (1961 bis 1966)... 125
Wirtschaftliche Wende und soziale Wirkungen des Wohlstandes 125 – Politische Wahlen jagen sich 133 – Früchte des Aufschwungs: Projekte von Stadtrat und Kreistag 137

Teil II: 1967 bis 1997

DIE WICHTIGSTEN SCHRITTE IN DIE SIEBZIGER JAHRE... 147

Kulturelle und gesellschaftliche Entwicklung... 147
Faschingsbälle als Großereignis 147 – Fritz Gleitsmann übergibt den Dirigentenstab 148 – Die Jugend meldet sich zu Wort 149 – Das Heimatmuseum zieht in das alte Stadtkrankenhaus 150

Die Presselandschaft verändert sich... 152
Konkurrenz für die Heimatzeitung 152

Das Zentrum wird städtischer... 153
Neue Geschäfte verschönern den Stadtplatz 153 – Der Auer-Turm bleibt erhalten 154

Die sozialen Seiten der Stadt... 155
Die ersten Pläne zum Bau des AWO-Heimes 155 – Stille Helfer in der Not 156

Neuerungen bei den Kirchen... 158
Walter Hermannstädter erster Lektor 158 – Pläne für ein Pfarrzentrum 159 – Bischofsbesuch 1970 159

BCA und TSV dominieren im Sport... 161
Das „Nordheim" wird umgebaut 161 – 100 Jahre TSV Aichach 163

Die wirtschaftliche Situation... 165
„Dramatische Lage" - knapp zwei Prozent Arbeitslose 165 – Kreditwesen: Die „Gewerbebank" gibt es nicht mehr 166 – Diskussionen über einen Supermarkt... 167 – Unsinn und Meisinger auf internationalen Messen 168 – Neue Gewerbeflächen im Süden 169 – Fast 300 ausländische Arbeitnehmer 170

Veränderungen bei Justiz und Polizei... 171
Erwin Schroeder neuer JVA-Direktor 171 – Ab 1974 auch Männer im Frauengefängnis 172 – Am Amtsgericht spricht erstmals eine Frau Recht 173 – Walter Kunesch wird Polizeichef 173

INHALT

VERBESSERUNGEN IM BEREICH DER INFRASTRUKTUR 175

Das Auto beherrscht Denken und Planung 175
Die Kraftfahrer sehen erstmals „Rot" 175 – Baudenkmäler weichen neuen Parkplätzen 176

Wichtige Investitionen für die Gesundheitsvorsorge 179
Das Kreiskrankenhaus wird gebaut 179 – Das Stadtkrankenhaus wird geschlossen 180

Trinkwasserversorgung, Abwasser und Müll 180
Die Kläranlage geht 1968 in Betrieb 180

Aichach wird zur Schulstadt 182
Neubau der Realschule 182 – Gymnasium im Schulentwicklungsplan 183 – Die „Zwergschulen" sollen verschwinden 184 – Entscheidung für eine neue Hauptschule 184 – Umstrittenes Turnhallenprojekt 185 – Die Sonderschule zieht ins alte Stadtkrankenhaus 186 – Neugliederung im Berufsschulwesen 187 – Zweiter Kindergarten im Holzgarten 188 – VHS: Einzigartige Erwachsenenbildung 188

Neuigkeiten im Nachrichtenwesen 189
1968 gab es erst zwei Fernschreibgeräte 189

Neuer Friedhof am Hennentalweg 190

Wernsehers „Coup" mit dem „Haselberger-Gelände" 191

Wasserwirtschaftliche Bereiche 192
Regulierung der Paar scheitert an den hohen Kosten 192 – Das Griesbacherl wird verrohrt 193

LANDKREISREFORM: „BAYERISCHES HERZLAND" WIRD SCHWÄBISCH 195

1968 erste „Pläne für eine kommunale Neugliederung" 195
Kreitmeir warnte: „Stammesmäßige Zugehörigkeiten" nicht trennen 195 – „Mit dem Landkreis fällt auch unsere Stadt Aichach" 197 – Paulus Glaswinkler ruft zur Demonstration auf 198 – Kreistag für Zusammenschluß mit Friedberg 199 – Aichach bleibt vorläufiger Kreissitz 200 – Aichachs Sozialdemokraten versagen SPD-Kandidat die Gefolgschaft 202 – „Aichacher, wählt Aichacher!" - Bestler wird Landrat 203 – Aichach wird Kreisstadt 204 – Friedbergs Ex-Landrat Fabian Kastl tritt zurück 205

EINGEMEINDUNGEN BIS 1972: DIE STADT WÄCHST 209

Die „kleine Gebietsreform" in Aichach 209
Erste Verhandlungen mit Ober- und Unterwittelsbach 209 – Untergriesbach entscheidet sich - Wernseher spendiert Freibier 210 – Klare Mehrheit in Unterschneitbach 211 – Unterwittelsbacher „vollwertige Aichacher" 211 – Oberschneitbach und Sulzbach kommen dazu 212

DER MACHTWECHSEL IM RATHAUS: ALFRED RIEPL WIRD BÜRGERMEISTER 215

Politische Entwicklung 1966 bis 1972 215
Generationswechsel: Josef Käuferle führt die CSU 215 – Landratswahl 1968: „Alex" Rehle tritt gegen Bestler an 216 – Bundestagswahl 1969 heiß umkämpft 216 – Zwei CSU-Bewerber für den Landtag 217 – Stadtratswahl 1972: Emil Lorenz für die SPD 219 – Glanzvoller Sieg für Riepl und die CSU 220

INHALT

„NEUE LEBENSQUALITÄTEN" VERÄNDERN DAS GESICHT DER STADT (1972 BIS 1978) 223

Die Politik schafft die notwendigen Rahmenbedingungen 223
Kapfhamer wieder 2. Bürgermeister 223 – Finanzamt wird aufgelöst 224 – Erfolgreicher Kampf um Gymnasium und Berufsschule 225 – – Die Stadt gleicht einer Großbaustelle 228 – Baustein-Aktion zur Sanierung der Tore 229 – Fassaden-Wettbewerb als Anreiz für private Sanierungen 231 – Der Verkehrsplan fordert neue Brücken und Straßen 233

Mitte der Siebziger: Die wirtschaftliche Attraktivität steigt 235
Werbung für die „Einkaufsstadt" - Kampf gegen Supermärkte 235

Verändertes Freizeitangebot und kulturelle Höhepunkte 238
Wieder ein Kino, Kneipen und die erste Pizzeria 238 – Die Faschingsfreunde organisieren – „Paartalia" gegründet 240 – Stadt „vergrößert" das neue Pfarrzentrum 240 – Soziale Verbesserungen 242 – Bildungspolitische Veränderungen 243

Die „Sportstadt" blüht auf 244
Aufschwung mit der Vierfachturnhalle 244 – Schützenwesen wiederbelebt 247

Justiz und Polizei brauchen Platz 248
Finanzamt wird Inspektion 248 – Pläne für neue JVA 249 – Familiengericht installiert 251

DIE ZWEITE PHASE DER EINGEMEINDUNGEN VON 1973 BIS 1978 253

Mehr Einwohner, mehr Fläche – die Stadt wächst weiter 253
Trauerflor an den Ortstafeln 254

DIE CSU FÄHRT IN STADT UND KREIS DIE FRÜCHTE IHRER ARBEIT EIN 257

Politische Weiterentwicklung bis 1978 257
SPD: Offenes Zerwürfnis mit Wernseher 258 – Stadtratswahl: Schindler gegen Riepl chancenlos 259 – Bestlers Wiederwahl gerät zur „Formsache" 261

DIE JAHRHUNDERT-PROJEKTE UMGEHUNGSSTRASSE UND STADTSANIERUNG 263

Die Stadt kämpft gegen den Verkehrskollaps – „Notruf" nach Bonn 263

Der Weg für die Sanierung ist frei 267
Der Stadtrat beschließt die Neugestaltung des Zentrums 267 – Kurze Bedenkzeit für eine große Entscheidung 272 – „Aichach stirbt den Planungstod" 274 – In 15 Monaten 4,5 Millionen Mark verbaut 275 – Goldmedaille für das gelungene Werk 278

Das Wittelsbacher-Jahr 1980 280

HANDEL UND GEWERBE ENTDECKEN DEN „STANDORT AICHACH" 283

Die Geschäfte streben ins Zentrum 283
Farbtupfer für die Einkaufsstadt 283 – Der „Bauerntanz" wird Hotel, der „Hofman" zum „Kastanienhof" 285 – Das „Filetstück" im Zentrum wird verkauft 286

Der Wohnungsbau hält mit der Entwicklung Schritt 288
15 000 Einwohner erreicht 288 – In Unterwittelsbach entsteht das Kraus-Gelände 289

Wirtschaft: Erste Anzeichen einer Talfahrt 290
  Die Auftragsbücher werden schmäler 290 – Arbeitsplätze gehen verloren 292

Verbesserungen auf dem sozialen Sektor 293
  Die medizinische Versorgung wird ausgeweitet 293 – Die Sozialstation wird gegründet 294 – 100 000 Mark für die Spitalsanierung 295

Bildungspolitik – Frühere Investitionen machen sich bezahlt 296
  Der Landkreis übernimmt den Part der Erwachsenenbildung 296 – Das Gymnasium wird erweitert 297

Die Kulturszene belebt sich 298
  Neue Klänge mit der Musikschule 298 – Das „Volkstheater" feiert mit „Ein Adam für die Eva" Premiere 299 – Die „Jugendhausinitiative" und das erste „Open air" 300 – Die Disco „M 1" lockt die Jugend 300

Neue Domizile für die Vereine 301
  Die Dorfgemeinschaften bauen sich eigene Heime 301 – Wünsche erfüllt: Feuerwehrzentrale und Drehleiterfahrzeug 302

Das Heimatmuseum gerät in negative Schlagzeilen.................... 304
  13 Verletzte beim „Treppensturz" 304 – Der Stadtrat trennt sich von Toni Grad 304

Kirchen: erneuern, vergrößern, erweitern 306
  Die „Baumeister Gottes" krempeln die Ärmel hoch 306 – Dem Pfarrzentrum folgt ein Schwesternwohnheim 308 – Trauer um Stadtpfarrer Johann Baptist Reiter 308

Sport: Der Boom hält an... 310
  „Aktionsgemeinschaft" der Vereine 310 – Finanzspritze für den TSV 310 – Bittere Jahre für den BCA 312 – Die Wiederbelebung der Königlich privilegierten Feuerschützen 313 – Der Sport treibt neue Blüten 314 – Die Leichtathletik startet mit der Stadioneröffnung durch 315

ERFOLGREICHER KAMPF UM DIE BERUFSSCHULE
GETRENNTE WEGE DER SONDERSCHULEN 317

Der Kreis stärkt die zentrale Funktion der Stadt...................... 317
  Umzug in das neue Landratsamt 317 – Die Privatisierung der Sonderschule für geistig Behinderte 318

Der letzte große Nord-Süd-Konflikt im Kreistag..................... 321
  Friedberg beansprucht die neue gewerbliche Berufsschule 321 – Kultusministerium für Aichach - Petition aus Friedberg 322

Politische Veränderungen im Kreis bis 1984 324
  Ludwig Schwalber wird Bestlers Stellvertreter 324 – Der Landrat wirbt mit Gedichten um Wählerstimmen 326 – „Grüne" Politik im Kreistag 327

DIE „VIERTE KRAFT" ZIEHT IN DEN STADTRAT:
FREIE WÄHLER BESTIMMEN MIT................................ 329

1978 bis 1984: Die Übermacht der CSU bröckelt 329
  Erschütterungen vor der Wahl 329 – Die Stadtteile melden Ansprüche an 329 – SPD nach dem „Scherbengericht" unter Habermanns Führung 331 – CSU verstärkt die Basis durch neue Ortsverbände 333 – Die Ortsteile fühlen sich bei der CSU unterrepräsentiert 334 – Ein Jugendstilhaus und der alte Friedhof erschüttern die CSU 335 – Die „Freie Wählergemeinschaft" wird gegründet 337 – Dr. Renate Magoley tritt gegen Riepl an 338

INHALT

DIE MÜLLDEPONIEN IN GALLENBACH VERÄNDERN DIE POLITISCHE LANDSCHAFT IM KREIS 341
Schreckensmeldungen über Dioxin und Arsen 341
Erst Hausmüll, dann Sondermüll 341 – Die GSB kauft den klagenden Nachbarn auf 342 – Gallenbachs Gemeinderat stimmt der Erweiterung zu 344 – 462 Tonnen Filterstaub eingelagert - Riepl zeigt den Umweltminister an 345 – Minister: Ein „Gedöns" wegen 462 Tonnen 346 – Giftiges Sickerwasser läuft in den Altarm der Paar 348 – 4000 Menschen demonstrieren 349 – Stadtrat und Landratsamt lehnen Lehmabbau ab 350 – „Keine Gefährdung der Bevölkerung" 351 – Paar-Altwasser mit Stacheldraht abgesichert 354 – Die Regierung von Schwaben genehmigt die Erhöhung 355 – Pläne für ein „Gallenbach II" mit 13 Hektar 356 – Die Stadt siegt vor dem Verwaltungsgerichtshof 357

Landrat Josef Bestler tritt zurück 358
Dr. Theo Körner Nachfolger 358 – Großartiges Fest zum Abschied 359

Das Arsen kommt aus der Hausmülldeponie 361
Riepl fordert Dicks Rücktritt 361 – Mannert zieht die Pläne für „Gallenbach II" zurück 363 – Die Unabhängigen sitzen im Kreistag 364

DIE LETZTE ETAPPE IN DIE NEUNZIGER JAHRE 367
Die nächsten städtischen Großprojekte 367
Tiefgarage, Verwaltungsgebäude und Rathaussanierung 367 – Strom der Asylbewerber und „Glasnost" schaffen neue Probleme 368 – Kinderpark und neuer Kindergarten 371 – Ein Blick in die sozialen Bereiche 372 – Weichenstellung für das neue Spital 372

Neue Gewerbesteuerquellen tun sich auf 373
Das Industriegebiet bei Ecknach füllt sich rasch 373 – „Aichacher Fleiß" 374

1985: 750 Jahre Stadt Aichach 376
Kultur – krachledern und modern 380
Otto Steuerl gründet die „KBJP" 380 – Neue Wege in der Kunst 382 – Eine Stadtkapelle und „Rockiges" für die Jugend 383 – „Gastarbeiter" bemühen sich um Integration 384

Vier Aichacher werden zum Priester geweiht 385
Debüt der Klais-Orgel 385 – Neue Pfarrer und Glaubensgemeinschaften 386

Blick in die Behörden 388
Mehrere Wechsel im Vermessungsamt 388 – Der Justizminister kommt zum Hebauf in die JVA 388

Herausragende Ereignisse im sportlichen Bereich 389
Fußball-Länderspiel und WM-Qualifikation der Turner 389 – Ein „rasender Stadtrat" und viele Vereinsjubiläen 390

HEINRICH HUTZLER TRITT RIEPLS ERBE AN POLITISCHE ENTWICKLUNG VON 1984 BIS 1990 393
Eduard Oswald löst Althammer im Bundestag ab 393
Aichach hat wieder einen Landtagsabgeordneten 393

Im Vorfeld der Stadtratswahlen 1990 394
Der Spaltpilz in der SPD-Fraktion 394 – CSU: Klares Votum für Heinrich Hutzler 395 – Oberbernbacher fordern eine Dorfschule 396 – Die „Bürgerliste" tritt für die „Halle für alle ein" 397 – CSU-Mehrheit schrumpft auf 13 Sitze 399 – Riepl wird Ehrenbürger - „Servus und danke, Alfred!" 400

INHALT

1990 BIS 1996: DAS ZIEL HEISST MITTELZENTRUM 401
Weniger Einnahmen, mehr Ausgaben 401
Dieter Heilgemeir wird zweiter Bürgermeister 401 – Der Konjunkturmotor gerät ins Stottern 402 – Die Stadt kauft das Neusa-Gelände 404 – Neuer Kindergarten und Kinderhort 405 – Griesbeckerzell bekommt die neue Ortsdurchfahrt 406 – Spitalbau abgeschlossen - neuer Wohnraum für Bedürftige 407 – Sinnvolle „Nachverdichtung" im Zentrum 410

Wirtschaft: Rückschläge für den Arbeitsmarkt 411
Unsinn geht in Konkurs – Mondi stellt die Produktion ein 411 – Ein Millionenbetrag ruiniert die Raiffeisenbank 413 – Aichach gewinnt den Wettlauf um die Marktsparkasse Pöttmes 414

Die Spitzen der Landespolitik in Aichach 415
Die Partnerstädte 416
Enge Bande mit Schifferstadt und Brixlegg 416

1. Kulturtage und der Förderpreis für den Kammerchor 417
Kunstpreis ins Leben gerufen 417 – Die Nachwuchsbands „rocken" beim Stadtfest 418

Naherholung und Naturschutz 419
Der Sport-Stadtverband wird gegründet 420
Ein neuer Verein in Unterschneitbach 420 – Helmut Bradl Vizeweltmeister 421

Kirchen: Eine Frau führt den Pfarrgemeinderat 422
Neubau für die Edith-Stein-Schule 422
Wechsel in den Führungspositionen von Behörden 423

KLAUS HABERMANN LÖST HEINRICH HUTZLER AB 425
CSU verliert das Bürgermeisteramt und die Mehrheit 425
Rückzieher bei der großen Tiefgarage unter dem Spital 425 – Neue Grundschule mit Turnhalle in Aichach-Nord 428 – Voglsang stimmt mit der CSU – Austritt aus der SPD 431 – CSU droht mit dem „Rauswurf der Abtrünnigen" 432 – Klaus Habermann tritt nochmal an 433 – Der „warme Regen" durch das Neubaugebiet bleibt aus 434 – Flächennutzungsplan: Protest gegen Gewerbegebiete 436 – Viele Fragezeichen bei der neuen Kläranlage 437 – Freibad: Freie Wähler sorgen für die Wende 438 – 47,66 Prozent - der Bürgermeister ist abgewählt 439 – Die CSU sucht die Schuld bei der Presse 441 – Kreistagswahl: CSU verliert die Mehrheit 442

DIE STADT AN DER SCHWELLE
INS NEUE JAHRTAUSEND 443
Dr. Renate Magoley wird dritte Bürgermeisterin 443
Im Stadtrat kehrt wieder Sachlichkeit ein 443 – Flächennutzungsplan verabschiedet – neues Freibad 444 – Schule fertig – Pilotprojekt Biomasse-Heizwerk 446 – Aktive Gewerbepolitik – Landwirtschaft verliert an Bedeutung 447 – Bald 20 000 Einwohner 448

650 Jahre Stadtrecht Aichach 453
Register 467
Abkürzungen, Quellen und Literatur 482

Vorwort des Verlags

Wir erfüllen mit der Herausgabe dieses Buches eine angenehme Pflicht, die weitere Geschichte unserer altbaierischen Heimatstadt und der Ortsteile festzuhalten. Das eigentliche Vorwort zu diesem Buch stellt genau genommen der 1968 erschienene zeitgeschichtliche Band „Aichach einst und jetzt" dar. Wenn unser Vater und Schwiegervater Fritz Mayer damals in Herrn Dr. Josef Müller einen bereits hochbetagten Verfasser fand, so setzten wir unser Vertrauen in zwei jüngere Autoren, die eine an Ereignissen ungleich reichere Epoche dokumentieren. Weil zeitnahe Geschichte zwangsläufig noch keinen ausreichenden Überblick bietet, hat Ralph Andersson – Dr. Josef Müller möge das nachsehen – die Nachkriegszeit bis 1966 neu beleuchtet. Harald Jung knüpft daran mit dem weitaus größeren zweiten Teil an, der bis in die Gegenwart führt. Er übernahm darüber hinaus auch die Gesamtverantwortung für diesen Band. All das bewältigte er neben seiner Tagesarbeit als mitverantwortlicher Redakteur unserer Aichacher Zeitung. Diese herausragende Einsatzbereitschaft bedarf einer besonderen Würdigung.

Bewußt haben wir das Jubiläumsjahr der Stadtrechtserhebung gewählt, um im Frühsommer die Überarbeitung von „Aichach einst und jetzt" und nun zum Ausklang des Festjahres die „Aichacher Zeitgeschichte" aufzulegen. Ein Anhang mit Farbfotos dokumentiert der Nachwelt, mit welcher Freude und Hingabe die Bürgerinnen und Bürger im altbaierischen Aichach zu feiern wußten. Heimatbücher erreichen nur einen begrenzten Leserkreis und haben deshalb eine beschränkte Auflage. Trotzdem übernehmen wir als Heimatverlag gerne die Aufgabe, diese und andere Publikationen – wir wünschen uns, daß es einmal wichtige Zeitdokumente werden – aufzulegen. Wenn unsere Nachwelt über verschiedene Anlässe demnächst aus zeitlicher Distanz anderer Ansicht sein sollte, möge sie den beiden Autoren verzeihen. Sie waren mit der gleichen Sorgfalt und Einsatzfreude bei ihrem Werk wie einst Dr. Josef Müller.

Aichach, den 19. November 1997   HILDEGARD SIXTA · REINER SIXTA

Vorwort der Autoren

Wenn Historiker von „Zeitgeschichte" sprechen, fassen sie den Zeitraum vom Ende des Zweiten Weltkrieges 1945 bis in die Gegenwart ins Auge und schreiben dann meist über die großen Figuren aus Politik, Wirtschaft oder Gesellschaft. Doch Zeitgeschichte ereignet sich auch auf ganz lokaler Ebene. Dieses Buch nimmt mit Aichach eine kleine bayerische Kreisstadt zum Schauplatz. Die jüngste Vergangenheit dieser Stadt ist keine anonyme, sie festzuhalten allerdings ein Wagnis. Denn es geht nicht um große Gestalten wie Konrad Adenauer oder Alfons Goppel, sondern um greifbare Aichacher Bürgerinnen und Bürger und den Ereignishorizont zwischen persönlichem Alltag und Politik aus dem nahen Rathaus. Die Einwohner und ihre gewählten Politiker haben seit Ende April 1945 ein Stück Geschichte bewältigt, die wir in diesem Buch dokumentiert haben.
Wer durch die Regale einer namhaften Bibliothek stöbert, wird keinen vergleichbaren Titel zu einer bayerischen Landstadt finden. Schon deshalb standen wir ohne rechtes Vorbild am Beginn unserer Arbeit. Wir setzten nach langen Überlegungen mit dem Ausgang des Wirtschaftswunders einen Schnitt zwischen zwei Arbeitsblöcken: Im ersten nahm sich Ralph Andersson den Abschnitt von 1945 bis 1966 vor, den er untergliedert hat in die unmittelbaren Nachkriegsjahre bis 1949 und die erste Phase von Wachstum und Modernisierung. Über diese Zeit handelt bereits das Schlußkapitel in Josef Müllers Stadtgeschichte „Aichach einst und jetzt" (1968 erschienen) – freilich in einem komprimierten Überblick. Hatte Ralph Andersson die dritte Auflage von Müllers Werk (Frühsommer 1997) in angemessenem Umfang überarbeitet, boten ihm seine Forschungen ein weites Feld, mit dem sich auch scheinbar vertraute Kapitel jener Zeit in ein neues Licht rücken ließen.
Harald Jung übernahm den Part von 1967 bis in die Gegenwart: Er mußte die Gebiets- und die Gemeindereform nachvollziehen, die Gallenbacher Müllproblematik – ein Kapitel von bayernweiter Brisanz – aufarbeiten und die jüngste, vielen Menschen hautnah bewußte Geschichte behandeln. Er lehnte seine Gliederung an die Legislaturperioden des Stadtrates an.

VORWORT DER AUTOREN

Wir sahen unsere Aufgabe vor allem darin, das Grundgerüst der politischen und gesellschaftlichen Entwicklung zu erstellen. Erst auf dieser Grundlage gewinnen die zahlreichen Detailinformationen und überlieferten Anekdoten an Kontur. Der Reichtum an Material – alleine rund 480 000 Seiten aus Tageszeitungen wurden durchgesehen – verpflichtete zur Beschränkung auf eine beispielhafte Auswahl. Das geschah nicht zuletzt deshalb, damit sich die Leitlinien der Aichacher Zeitgeschichte wie ein roter Faden gegen die Flut der Fakten behaupten können. Vor allem hätte es die Grenzen gesprengt, den Werdegang der Vereine und die Fülle der Sportereignisse aufzurollen. Aus Platzgründen mußten wir uns auf jene Besonderheiten beschränken, die für die Stadtgeschichte im allgemeinen bedeutsam sind.

Wir haben nur einen Teil des dokumentierten Zeitraumes selbst erlebt. Das zwang zur unvorbelasteten Einarbeitung, unter anderem durch Interviews mit vielen Zeitzeugen. Dabei konnten wir auch auf die Unterstützung von Altlandrat Josef Bestler und Altbürgermeister Alfred Riepl zurückgreifen. Beide sind Persönlichkeiten der Aichacher Zeitgeschichte, und deshalb sind ihre Rollen aus diesem Buch nicht wegzudenken. Ihre Namen fallen aber nicht nur in positiven, sondern auch in kritischen Zusammenhängen. Trotzdem erwiesen sie sich als objektive Ratgeber. Für die angenehme Zusammenarbeit gilt ihnen genauso ein herzliches Dankeschön wie Stadtarchivar Karl Christl, der bereitwillig half, letzte Lücken zu schließen. Carmen Wörle, Redakteurin der Aichacher Zeitung, gab nicht nur den Manuskripten letzten Schliff, sondern deckte auch manche Fragezeichen auf, die sich vielleicht dem thematisch unbedarften Leser gestellt hätten. Gerade ihrem Einsatz gilt besondere Anerkennung.

Zur Ergänzung der Texte stand eine Sammlung von fast 10 000 Fotos zur Verfügung. Dennoch konnte so manches Illustrationsdefizit erst geschlossen werden, nachdem Privatpersonen, Firmen und Behörden passende Vorlagen zur Verfügung stellten. Ihnen allen sagen wir Dank. Daß aus Texten und Bildern ein ansprechend gestaltetes Buch wurde, ist das Verdienst von Joachim Feldmeier, der die Gestaltung übernommen hat. Ihm danken wir ebenso wie Werner Lichtenstern für seine gewissenhafte Arbeit am Satzcomputer.

10. Juni 1997   RALPH ANDERSSON · HARALD JUNG

Aichacher Zeitgeschichte 1945–1997
Teil I 1945–1966

RALPH ANDERSSON

BEWÄLTIGUNG DER NACHKRIEGSZEIT

Aufbruch

Aichach 1945 bis 1949:
Bewältigung der Nachkriegszeit

Zwischen Pflicht und Herausforderung

Keine Bombe war auf Aichach gefallen. Fast ohne Verluste und Zerstörungen endete für die Kleinstadt an der Paar der Zweite Weltkrieg. Ihre Okkupation durch amerikanische Streitkräfte vollzog sich zwar einigermaßen dramatisch, aber unterm Strich doch reibungslos. Aichachs Bewohner, sofern sie nicht selber im Felde gestanden, gefallen oder als Kriegsgefangene interniert waren, hatten den großen Krieg weitgehend indirekt zu spüren bekommen: in Form von Einschränkungen und Angst, des Verlusts Angehöriger und Freunde, aber auch in Form einer Diktatur und ihrer Anhänger, jenes Apparates, der den Krieg vorbereitet und unterstützt hatte. Der Frühling 1945 brachte der Stadt nicht nur das Verstummen gellender Sirenen und das Ende verdunkelter Häuser; stärker wog, daß nach über zwölf Jahren das Tausendjährige Reich beseitigt war. Ein Reich der Gewalt und Autorität, der Denunziationen und „Schutzhaft", ein Reich, das nicht nur freie Wahlen, sondern auch die Menschenrechte abgeschafft hatte. Jetzt konnten die Leute auf der Straße wieder laut reden und mußten, wenn sie einen freien Radiosender hören wollten, nicht mehr unter die Bettdecke schlüpfen. Gewiß, das half weder gegen die längst herrschenden Nöte, noch raubte es die Sorgen um die Zukunft. Aber nach den Jahren der Unterdrückung gestattete diese wiedererlangte Freiheit im alltäglichen Leben erst einmal ein Aufatmen.

Aichach hatte nicht als Kriegsschauplatz gelitten, sondern unter den totalitären Trägern des Krieges, an seinen Begleiterscheinungen und nach 1945 an den Problemen, die er nach sich zog. 180 Gefallene hinterließen schmerzhafte Lücken in zahlreichen Familien, Hunderte gefangener Soldaten durften teils erst Jahre später heimkehren, das Schicksal von 71 Kriegsteilnehmern konnte nie aufgeklärt werden. Trotz Vermißter und Verlorener schnellte die Bevölkerungszahl nach oben: Millionen Menschen waren genötigt, ihrer ostdeutschen Heimat von heute auf morgen ohne Hab und Gut für immer den Rücken zu kehren. Per Zug trafen Tausende allein in Aichach ein. Der Stadt war kaum

BEWÄLTIGUNG DER NACHKRIEGSZEIT

Zeit geblieben, innerhalb ihrer Tore aufzuräumen, die Versorgungslage zusammen mit der amerikanischen Besatzung zu stabilisieren oder die Verhältnisse in Verwaltung und Politik provisorisch zu ordnen – schon brachen zusätzliche Aufgaben ungeahnten Ausmaßes herein: Es mußte leidgeprüften, besitzlosen Menschen geholfen werden, und dies nicht bloß kurzfristig. Das war mehr als eine vorübergehende Kriegsfolge, sondern eine Veränderung, die aus Aichachs Gesellschaft seither nicht mehr wegzudenken ist.

Weit enger an die NS-Zeit als an die Gegenwart gekoppelt scheint der Versuch, mit der eigenen Vergangenheit aufzuräumen, die „Entnazifizierung" aller Erwachsenen, teils sogar Jugendlicher. Dieses vom Besatzer angeordnete Vorhaben ist inzwischen genauso Geschichte wie das amerikanische Militärgouvernement und später die amerikanische Zivilverwaltung am Ort, die sich von der Kinderbetreuung bis zur Erwachsenenbildung, der Quartierfrage für Flüchtlinge zur Ertragssteigerung von Landwirtschaftsflächen vielfältiger Aufgaben annahm, zusammen mit Stadt und Kreis daran arbeitete, der örtlichen Probleme Herr zu werden.

Das sind nur einige summarische Notizen zu den Jahren nach 1945. Sie genügen, um anzudeuten, daß eine Stadt durch den Krieg nicht optisch in Mitleidenschaft geraten sein muß, um eine Zäsur zu erleben, einen Neuanfang, der mit vielen Mühen verbunden war. Diese besondere Ausgangslage mit ihren Problemen und Ereignissen wurde in Aichach überwunden – mit einem Nachdruck, der es Folgegenerationen erlaubt, darin nur mehr „Vergangenheit" zu gewahren. Auf der anderen Seite begründete dieser Neuanfang wegweisende Verhältnisse, aus denen sich unsere heutigen mit scheinbarer Selbstverständlichkeit entwickelt haben. In den Jahren jenseits der direkten Nachkriegszeit war die Stadt längst kein bloßer Krisenmanager mehr, sondern wieder Aktionsraum in kommunaler wie individueller Hinsicht, ob für wirtschaftliche und kommerzielle Motive, ob für gesellschaftliche oder gesellige Interessen. Daß diese Jahrzehnte Kontinuität trugen, wird am vordringlichsten deutlich, wenn man sich die Amtszeiten von Landrat Max Glötzl, vor allem von Bürgermeister Wilhelm Wernseher (1948 bis 1972) vergegenwärtigt. Alleine die Schaffensspanne Wernsehers, der sich zunächst als kommissarischer Landrat in der schweren Zeit 1946/47 bewährt hatte, verpflichtet zu einer Rekapitulation der Geschehnisse unter seiner Ägide. Aus dieser Zeit berichtet bereits Josef Müller in seinem Buch „Aichach einst und jetzt", darum wird hier manches Thema nur knapp oder in anderem Zusammenhang umrissen. Vordringlicher erscheinen die Leitlinien, Kontinuitäten und Brüche, wiewohl manches wichtige Kapitel Aichachs jüngster Geschichte auch hier noch einmal, teils aus einem eigenen Blickwinkel, dokumentiert wird.

28. April 1945: Das Kriegsende in Aichach und die Besatzung

Letzte Reibereien mit der Aichacher SS

In den letzten Kriegstagen lag gedrückte Spannung über dem Aichacher Land. So mancher wünschte sich den zügigen Einmarsch der Amerikaner herbei, um endlich von der unerträglichen Ungewißheit erlöst zu werden. Am Samstag, 28. April, lagerten sie bereits drei Kilometer vor der Stadt. Es sollte für Aichach der letzte Tag unter SS-Herrschaft sein. Bereits am Donnerstag war die Stimmung äußerst gereizt: Die breite Bevölkerung verhielt sich unschlüssig, einerseits zurückhaltend aus anhaltender Furcht vor den Nazis, andererseits ruhelos. Allein das Gerücht einer Konservenverteilung führte rasch zu einem Tumult. Dabei wurde der Stadtkommandant Henkel von Donnersmark zwar entwaffnet, als er vom Verteidigungsfall sprach, die Bevölkerung trat jedoch nicht einhellig auf. Abwartend und ausweichend zeigten sich die politischen Köpfe. NS-Bürgermeister Erich Kaeferlein wollte die Stadt nicht verteidigen, doch wichen sowohl er als auch Vizelandrat Jäger dem Vorschlag aus, weiße Fahnen hissen zu lassen. Mehr denn je blindwütig benahm sich die SS. Einen verirrten Soldaten hängte sie standrechtlich bei der Schleifmühle Gut. Planlos fiel sie dann mehrfach in die Stadt ein, wo zur richtigen Stunde namentlich vier Männer Mut bewiesen: Kinobesitzer Joseph Gemach, Ingenieur Fritz Poch, Toni Schäfer und Joseph Schimmel, der „Baudrexl". In Eigenregie hatten sie die beiden Tortürme weiß beflaggt, nachdem sie weder bei Geschäftsleuten noch im Landratsamt Unter-

Ein US-amerikanischer Howitzer-Panzer fährt am Sonntag, 29. April 1945, auf dem Stadtplatz ein. Die umliegenden Gebäude sind weiß beflaggt.

stützung gefunden hatten. Die SS und das mutige Gespann, nun von Heinrich Bär unterstützt, lieferten sich eine Verfolgungsjagd zwischen den Türmen, wobei die einen die Tücher zwar ab-, jedoch nicht mitnahmen, die anderen sie wieder aufhängten, später auch am Kirchturm. Anscheinend war Gefahr im Verzug, da die SS-Leute fürs erste verschwanden und Schäfer – als Großwildjäger amerikaerfahren und US-Staatsbürger – mit Poch am frühen Nachmittag mit den Amerikanern Kontakt aufnahm. Am Freitag um 14 Uhr dann erschien ein erster Spähwagen an der Neubaur-Kreuzung.

Ein weiterer Schritt, der Aichach und seine abwartende Bevölkerung vor Schlimmerem bewahrte, bestand darin, die untere Paarbrücke an der Aktienmühle vor der vorgesehenen Sprengung zu bewahren. Anderenfalls wäre die komplette Stromversorgung auch der Wasserpumpen unterbrochen worden, ganz zu schweigen von der möglichen Reaktion der Amerikaner. Schon tags zuvor hatte es sich der Amperwerksmonteur Nikolaus Schwarzenberger zur Aufgabe gemacht, zusammen mit Kaeferlein beim Pionierstab eine Aufhebung des Sprengbefehls zu erwirken. Die SS ignorierte das errungene Papier, drohte vielmehr dem Monteur, Kunstmühlendirektor Bernhard Beyer und den genannten Männern mit dem Tod am Galgen, falls sie die Sprengköpfe entschärfen wollten. In einem Moment ablenkenden Tumults gelang es ihnen trotzdem, die Gefahr von der Brücke der Donauwörther Straße endgültig abzuwenden. Der Elektriker Michael Widmayr rettete derweil die obere Paarbrücke, während die über die Ecknach in Schutt gelegt wurde. Die US-Soldaten drohten, Ecknach unter Artillerie zu nehmen. Daraufhin machten sich Straßenmeister Andreas Schneider und andere eilig ans Werk, nachts ein Provisorium aus Holz zu bauen. Wie ernst es den Besatzern war, zeigt sich am Sparkassenhaus am Stadtplatz: Als Befehlsstelle der Nazis bis zuletzt unbeflaggt, wurde es unter Beschuß genommen. Das löste den Dachbrand im Haus des Uhrmachers Müller nebenan aus und verursachte die 18 Einschüsse im Spitalturm. Mit Maschinengewehr-Garben sicherten die Amerikaner die NS-besetzte Aktien-Kunstmühle. Dabei wurden unbeabsichtigt Maria Homolka und ihr Töchterchen verletzt. Als einzige Opfer erlagen sie im Lazarett den Folgen.

Chaos im Frauengefängnis

Auf besonders beklemmende Weise erlebten die vielen hundert Menschen das Kriegsende, die zu Unrecht im Aichacher Gefängnis saßen. Es war das einzige Frauenzuchthaus für Süddeutschland und die „Ostmark". Mehr und mehr diente es dem NS-Staat für politische Gefangene, die dank mildernder Umstände nicht ermordet wurden. Dieses Schicksal teilte auch die renommierte Wiener Architektin Margarete Schütte-Lihotzky. Engagiert im Wiener Widerstand gegen die Nazis, wurde sie aufgrund einer Denunziation am 22. Januar 1941 festgenommen, einen Tag, bevor sie sich hatte absetzen wollen. „Wegen Vorbereitung zum Hochverrat" zum Tode verurteilt, wurde sie im September glücklicher Umstände wegen zu 15 Jahren Zuchthaus begnadigt. Die Nacht von 28. auf 29. April 1945 erlebte sie zunächst, da infiziert, in der Tbc-Zelle: „Aichach war bereits ununterbrochen im Alarmzustand. Schließlich hörten wir schießen, von weit her, doch deutlich. Gerüchte tauchten auf. Ein General hätte unser Städtchen zur Rote-Kreuz-Stadt erklärt, damit es nicht beschossen würde, wäre aber deshalb selbst erschossen worden, oder die SS hätte noch im letzten Moment unser Zuchthaus in die Luft sprengen wollen und ähnliches mehr." In dieser Nacht kam ein Schießen immer näher, bis plötzlich Ruhe herrschte. Die Spitalwärterin wollte am Morgen den Kranken noch weismachen: „Ein paar Wochen dauert's noch." Kurz darauf wurden sie von ihren Kameradinnen befreit: Die Gefangenen waren nicht mehr in Händen der Nazis. Doch sehr rasch stellten sich im Gefängnis chaotische Zustände ein: „Aus unserer Zelleneinsamkeit gerieten wir plötzlich in ein unvorstellbares Gedränge […]. Frauen wimmelten durcheinander, wie Ameisen in ihrem zerstörten Bau, und auf einmal auch Männer, die in den letzten Tagen aus westlicher gelegenen Gefängnissen und Lagern hierhergebracht worden waren." Ohne Rücksicht, ob es politische oder kriminelle Gefangene waren, hatten einige alliierte Soldaten, Kanadier, alle Zellen aufgesperrt. Zahlreiche Befreite stürzten in die Keller zum Plündern: „Welch ein Anblick! Lebensmittel bedeckten 20 cm hoch die Fußböden, Milch, Mehl, Nudeln, zerbrochene Eier und anderes mehr. Gefangene lagen mitten drin und schlürften von der rohen Nahrung in sich hinein, soviel sie nur konnten." Auch das Konservenversteck war entdeckt worden, wobei der Hunger manche Frau zu Exzessen zwang. Andere, darunter Schütte, versuchten, die Si-

Im Innenhof der JVA wurde mit den Insassinnen auch Sport geübt, darunter Geräteturnen.

tuation in den Griff zu kriegen, vergebens. Die Befreiungseuphorie wurde zum Problem. Da es an Soldaten mangelte, erhielten jeweils zwei politische Gefangene pro Nation die interne Organisation und die Zellenschlüssel. Außerdem mußten ihnen die zunächst geflüchteten, aber bald wieder eingefangenen deutschen Anstaltswärterinnen Gehorsam leisten. Um Plünderungen, Alkoholkonsum und den allgemeinen Tumult zurückzudrängen, setzten die Soldaten durch, daß man die Nacht über die Zellen wieder verriegelte. Eine durchgängige Einsperrung mußten sich Frauen gefallen lassen, die unter dem Verdacht von Geschlechtskrankheiten standen – im Lager der Soldaten, die im Postamt am Bahnhof orgiastisch feierten, war es zu Ansteckungen gekommen. In Aichach saßen nicht nur „Politische", sondern genauso objektive Straftäter ein, die sich als „außerordentlich solidarisch erwiesen hatten" und jetzt die Fundorte gehorteter Waren, die sie von Arbeitsdiensten in der Stadt her kannten, preisgaben. Die Amerikaner sorgten für die Requirierung dieser Lebensmittel, die Insassinnen für die Verköstigung, was relativ gut funktionierte.

Den 9. Mai endlich, den Tag der Kapitulation, beging man mit einer großen Feier in der Anstaltszentrale. Da Worte den Gefühlen keine Luft hätten machen können, wurde die Glocke geläutet, worauf jede vertretene Nation ihre Nationalhymne sang. Etwa 100 Französinnen machten mit der Marseillaise den Beginn, die sowjetischen Frauen stimmten die Internationale an, in die alle anderen in ihren Muttersprachen einfielen. Deutsche und Österreicherinnen als letzte hatten keine Hymne. „Brüder zur Sonne, zur Freiheit, Brüder zum Lichte empor" sangen sie, „Hell aus dem dunklen Vergangen leuchtet die Zukunft empor!" – „Erst jetzt, nach dieser Feierstunde, fühlten wir uns wirklich frei", resümierte Margarete Schütte.

Ab dem folgenden Tag konnten die Frauen, sofern sie als Regimegegner gesessen hatten, Aichach endgültig den Rücken kehren. Sie wurden von ihren Regierungen heimgeführt, als letzte „Politische" die Österreicherinnen am 19. Mai. Schütte sollte in ihrer Heimatstadt Wien am 22. September eintreffen. Eine eigene Kommission zur Gefängnisprüfung, der Prisons Review Board unter Captain Walter A. Lunden, ließ in Aichach 1800 zu Unrecht auf NS-Rechtsgrundlage Inhaftierte frei. Allein diese Zahl zeigt, daß das Gefängnis zuletzt maßlos überbelegt war.

Aichach unterm Sternenbanner

Nicht nur hinter der Gefängnismauer wandelten sich in Eile die Verhältnisse. Ein unmißverständliches Signal war auch in der Stadt gesetzt: Auf dem Stadtplatz „weht am Fahnenmast, der so hoch ist, wie es die nazistischen waren, so

groß und stoffüppig, wie das Hakenkreuzbanner, weiß und rot gestreift mit den goldenen Sternen auf blauer Gösch, das Banner der USA". – Das beeindruckte während seiner ersten Aichachfahrt nach der Kapitulation am Montag, 14. Mai 1945, Victor Klemperer am meisten. Ein freiheitliches Hoheitszeichen hatte jenes der Terrorherrschaft abgelöst. Es verkündete Besatzung und Neuanfang gleichermaßen. Dem zuletzt in Unterbernbach untergeschlüpften Professor Klemperer, als assimilierter Jude ein Protestant und verheiratet mit einer „Deutschen", verhieß es obendrein die Erlösung von der Verfolgung.
Am 28. April hatten das 42. und 44. Infanterieregiment der 7. Armee Aichach ohne weitere Störung eingenommen. Nach Besetzung des Kreises im Verbund mit Schrobenhausen und Friedberg durch die 12. Armored Division folgten rasch Zivileinheiten und die Einrichtung eines fünften lokalen Detachments im Bereich der Company F des „2nd European Civil Affairs Regiment" (ECAR). Kurz „I5F2" bezeichnet, hatte das nur kleine Detachment der Kategorie I, ausgestattet mit vier Offizieren und sechs Soldaten, die Aufgabe, im Besatzungsbereich die Zivilverwaltung aufzubauen.

Zu den vordringlichsten Schritten gehörte es, personelle Änderungen vorzunehmen, Nazis ziviler Posten zu entheben und statt ihrer lautere Männer zu berufen. Wohl mit Rück-

> **Ein scharfes MG-Urteil**
>
> Ein Münchner Kraftfahrer wollte im Oktober 1945 an der Stoppstelle am Oberen Tor nicht anhalten – und das trotz Befehls eines Verkehrspostens. Diese Zuwiderhandlung kommt dem Fahrer hart zu stehen: Das Military Government verurteilt ihn zu sechs Monaten Gefängnis!

sprache oder auf Vorschlag der Kirche hatte man den Steinmetz Matthäus Reichart als kommissarischen Bürgermeister ausersehen. Das Amtsgericht erhielt vorläufig, bis Frühjahr 1947, vom OMGBY (Office of Military Government for Bavaria) abgeordnete Richter, ehe Franz Wiedemann seine Tätigkeit dort aufnahm. Die Stadtpolizei – wegen der Uniformen vom Besatzer vorschnell mit einer Nazi-Organisation verwechselt – unter Sebastian Kern und Johann Krauß sen. setzte sofort im Mai ihre Tätigkeit aus, doch die hohe Kriminalität zwang bereits Ende Juni zur Aufstellung einer Landpolizei. Ihre Führungsdienststelle unter Polizeiamtmann Paul Pöllot hatte weiterhin im Rathaus ihren Sitz; dazu kamen Außenposten in Affing, Aindling, Altomünster, Inchenhofen, Pöttmes und Schiltberg.
Um Überblick zu gewinnen, mußte für den Abtransport aller „Displaced Persons" (DPs) in Sammellager und weiter in ihre Heimat gesorgt werden. DPs waren alle Ausländer, die im Dritten Reich im großen Maßstab als Arbeitskräfte importiert worden waren. Die Anlaufstelle der Militärregierung im Vorfeld der Zivilverwaltung hatte sich anfangs im Laden von Cilly Strasser eingerichtet und mußte einem dichten Parteiverkehr Herr werden, wie ihn

Klemperer vor seiner Ausreise nach München erlebte. Daß er dazu die Genehmigung bekam, war eine glatte Ausnahme: „Sie werden bevorzugt behandelt!" machte ihm im Office Miss Lazar unmißverständlich klar. Als „jüdisches Opfer der Nazis" und Gelehrter erlebte Klemperer „Sympathiekundgebungen" seitens der Ansprechpartner bis hin zu heimlich zugeschanzten Konserven. Fürs erste mußten die Besatzer auch ein Sammellager mit deutschen Kriegsgefangenen verwalten, die in der Aktien-Kunstmühle untergebracht waren. Nach dem 16. August erhielt das lokale Detachment die Nummer „I-362" und den Titel „Office of Military Government for Aichach". Es unterstand seit Herbst Captain L. R. Day, der die Villa Merk zum Quartier nahm. Noch die Proklamation Nr. 2 vom 19. September 1945 stellte ganz allgemein in Aussicht, die wichtigsten Befugnisse auf die bayerischen Verwaltungsstellen schrittweise umzuverteilen. Zugleich ließen sich dann die amerikanischen Dienststellen auslichten. Obwohl OMGUS sehr bald daran ging, ein eigenständiges Leben zu fördern, wenngleich unter Kontrolle und naheliegenden Direktiven, so wurde das in der Bevölkerung nicht nur gewürdigt. Immer wieder hingen in Aichach Zettel mit Gedichten, die die amerikanischen Truppen beleidigten. Anscheinend fanden diese Aushänge nicht nur eine Leserschaft, sondern sogar Abschreiber.

Ab kommendem Mai hieß das MG Aichach offiziell „Liaison and Security Office E-362". Chef war nach Days Versetzung Major Potter, der sich ebenfalls um Kontakte mit den bayerischen Dienststellen bemühte. Auf ihn folgte Captain J. E. Thayer, das Personal bestand inzwischen nur mehr aus je zwei Offizieren und Soldaten, jedoch nahm ihnen seit 1947 ein Military Post vornehmlich die militärischen Aufgaben ab. Der Personalabbau innerhalb OMGUS ging darüber hinaus: Ab Mitte des Folgejahrs war Aichach bereits Captain G. D. Jacobsens Office for Dachau in der Area Freising als Nebenstelle eingegliedert. Das erschien vertretbar, weil der Kreis Aichach keine größeren organisatorischen Probleme stellte, wie sie DP-Lager, einquartierte Einheiten oder Ballungsräume bedingt hätten. Ab April 1949 saß in Dachau William A. Rubin. Seine Vorgänger waren Joseph L. Christian und Gerald E. Mahle sowie Captain G. D. Jacobsen.

Die Aufgaben von OMGBY und amerikanischer Zivilverwaltung am Ort können kaum überschätzt werden. Sie reichen von der Umsetzung der Vorgaben wie „Re-education", der demokratischen Umerziehung, und existentieller Maßnahmen wie Lösung des Ernährungsproblems hin zu kleinen, aber doch wegweisenden Aktivitäten: Wenn Hauptmann Day 125 Kindergartenkinder an Nikolaus 1946 zu sich einlud, um sie mit strengen Worten ermahnen, aber auch mit Schokolade und Trinkkakao verköstigen zu lassen, so wird man mit Landrat Reichart urteilen müssen: „Ich glaube, dieser Tag wird von

den Kleinen nie vergessen werden können, so lange sie leben." Zu einem Radrennen am 13. Oktober 1946 übernahm Brigadegeneral Walter J. Muller, der liberale Chief OMGBY („Wenn einem Befehl nicht Gehorsam geleistet werden kann, unterlasse ihn."), die Patenschaft. Das Ereignis zog 4000 Zuschauer in die Paarstadt, und das bei 86 Teilnehmern aus ganz Bayern.
Zum Safety Office (Sicherheitsbüro) gehörte kurz nach dem Einmarsch die Special Branch (SB) für Sonderaufgaben unter Captain E. J. H. Newmeyer, die alsbald als selbständige Abteilung „Denacification Branch" über die Entnazifizierung wachte und ihre Maßnahmen unterstützte. Auf lokaler Ebene bedeutete das die Zusammenarbeit mit der deutschen Spruchkammer. Seit Februar 1948 diente die SB dagegen als Außenstelle der Civil Administration Division mit dem Aichacher Geschäftsführer und englisch sprechenden Verleger Walter Müller.

Entnazifizierung

Ein ganzes Volk auf den Verdacht von Nazismus zu durchleuchten, war ein beispielloses Vorhaben der amerikanischen Militärregierung. Die objektive Einschätzung mochte vielfach scheitern, doch das Vorhaben an sich begründete im ganzen doch die Säuberung der Behörden. Von einer wirklich gerechten Entnazifizierung darf man wohl auch in Aichach nicht sprechen. Dennoch: Im Rahmen der gesamten Demokratisierung Bayerns fand zumindest der amtliche Nazismus restlose Beseitigung.
Der Vorgang dieser zweifelhaften politischen Wäsche war zunächst ganz klar: Wer die unverzichtbaren Lebensmittelmarken bekommen wollte, mußte einen Katalog mit 131 Fragen zur politisch-parteilichen Vergangenheit beantworten. Die amerikanische Dienststelle „Special Branch" prüfte die gemachten Angaben anhand der sichergestellten NS-Kartei (Berlin Document Center) und der „braunen" Jahrgänge der örtlichen Presse. Falsche Aussagen ahndete das Besatzungsgericht mit harten Geldstrafen bis zu 10 000 Reichsmark. Die Beurteilung dieser geprüften Meldebögen oblag dann einem Gremium aus Einheimischen, der Spruchkammer, die im Amtsgericht unter Vorsitz des ehemaligen Amtsrichters Julius Thoma tagte. Männer mit sauberer Vergangenheit hatte man in dieses Gremium berufen, Leute, die nie in Hitlers „Partei" gewesen, die auch dann dem Katholizismus treu geblieben waren, als der NS-Staat versucht hatte, die Kirchen zu unterwandern. Als öffentlicher Kläger löste Fritz Worms aus Kühbach alsbald den Gundelsdorfer Ludwig Bucher ab. Die Spruchkammer also mußte nun kreisweit unter Mitmenschen, oft Kunden, Auftraggebern oder gar Bekannten, die Spreu vom Weizen trennen. Von

insgesamt 30 974 Meldebögen erwiesen sich 24 244 als unbefleckt: Auf 78,3 Prozent traf das „Gesetz zur Befreiung von Nazismus und Militarismus" nicht zu. Bei den übrigen wurden schriftliche, teils mündliche Verfahren angestrengt, um zu ermitteln, wie ernsthaft jemand es wirklich mit dem Nazismus gemeint hat. Die Einordnung erfolgte in fünf Härtegraden: I. Hauptschuldige, II. Schuldige, Aktivisten, Militaristen, Nutznießer, III. Minderbelastete, IV. Mitläufer, V. Entlastete.

Schon die konkreten Zahlen geben ein beredtes Bild: Die Spruchkammer befaßte sich bis zu ihrer Einstellung Ende Oktober 1948 letztlich mit 6730 Fällen. Von ihnen fielen 91 Prozent unbedarft durch das Sieb der Spruchkammer. Erstaunlich gering die „Ausbeute" von 618 Personen. In 107 mündlichen und 139 schriftlichen Verfahren wurden sie behandelt, alle anderen erhielten einen Sühnebescheid. Dazu kommen 178 075 Reichsmark Geldsühne 584 Betroffener vor der Währungsreform. Bezeichnend sind die Forderungen des öffentlichen Klägers; sie weichen gehörig von den anscheinend moderaten Urteilen der Spruchkammer ab. Nach Meinung des Klägers waren es gesamt 840 Personen, kein einziger Entlasteter darunter, dafür 382 Aktivisten, ja 18 Hauptschuldige. Die Spruchkammer hat also 94 Prozent aller Fälle als Mitläufer eingestuft, entgegen dem Kläger, der nur für die Hälfte der Fälle dieses milde Urteil gelten lassen wollte. Im Ergebnis der Spruchkammer gingen die Gruppen I und II in harmlosen Kategorien auf.

War die Aichacher Spruchkammer also eine typische „Mitläuferfabrik"? Der Schönleitener Bürgermeister und Antifaschist Josef Kaiser urteilte: „Selbst in Fällen, in denen der Betroffene offenkundig ein ganz eingefleischter Nazi war, gelang es diesem, mit Hilfe guter Freunde usw. sich als unschuldiges Opfer raffinierter Bedränger auszugeben [...]. Ich will nicht von jenen reden, die wirklich nur deshalb zur Partei [= NSDAP] gingen, um Ruhe zu

Urteilsstatistik der Entnazifizierung

	Urteile	%	Antrag Kläger
Gruppe I	0	0,00	18
Gruppe II	2	0,03	382
Gruppe III	20	0,30	32
Gruppe IV	583	8,66	408
Gruppe V	13	0,20	0
I–V gesamt	618	9,18	840
Jugendamnestie	1634	24,28	
Weihnachtsamnestie	4125	61,29	
sonstige Amnestien	111	1,65	
Verfahren eingestellt bis 31.10. 1948	224	3,33	
unbearbeitet/ in der Schwebe:	18	0,27	
Rest gesamt	6112	90,82	
insgesamt:	6730	100,00	

Anmerkung: Die Hauptkammer für Aichach war Ingolstadt. Alle Zahlen beziehen sich auf die erste Instanz, die zahlreichen Resultate nach der Berufungskammer sind hier nicht berücksichtigt.

haben [...]. Ich meine jene, die bei jeder sich bietenden Gelegenheit Andersgesinnten unmißverständlich mit Dachau gedroht haben und [...] von jenen, die infolge ihrer Gesinnung alle möglichen Ämter und Würden natürlich nur ehrenhalber gegen gute Bezahlung angenommen oder sich durch Geschäftstüchtigkeit große Vorteile zugeschanzt haben. Daß alle diese Leute auch zu den ach so schwer Gepreßten gehören sollen und dazu noch so famos entlastet werden, geht denn doch über die Hutschnur."
Die äußeren Umstände begünstigten das aus heutiger Sicht vielleicht alarmierende, allerdings für Bayern durchaus typische Ergebnis. Denn jeder, der ein Verfahren laufen hatte, unterlag dem Arbeitsverbot, zudem war sein Konto gesperrt. Mit solchen Restriktionen verschärften sich die Probleme der Nachkriegszeit nur. Familien wollten ernährt sein, und nirgendwo ließ sich auf Arbeitskräfte verzichten. Es mußte also versucht werden, zumindest die augenscheinlich harmloseren Fälle vorrangig durch das Verfahren zu schleusen, um sie dem Arbeitsmarkt zurückzuführen. Indes geriet jedoch die Methode der Entnazifizierung immer mehr in die öffentliche Kritik, zudem nahmen neue außenpolitische Probleme, allen voran der kalte Krieg, der Säuberung die Brisanz. Davon profitierten etliche Fälle, denen die Spruchkammer 1946 noch ganz andere Bußen auferlegt hätte. Eine hilfreiche Besonderheit lag im Verfahren selbst begründet: Der Angeklagte trug die Beweislast.
Hinter den nackten Zahlen verbergen sich Rettungsmanöver stadtbekannter Nazis genauso wie ehrlich gemeinte Versuche braver Bürger, zu zeigen, daß sie zwar Parteigenossen der NSDAP (Pgs.) gewesen sind, jedoch oft einzig wegen der beruflichen Sicherheit. Doch wie stand es um jene, die das NS-System mit getragen haben? Da gab es zum Beispiel den Juristen, Bürgermeister Dr. Kaeferlein, meist mit brauner Parteiuniform bekleidet. Zahlreiche Atteste von Kollegen gab er seiner Einstufung als Mitläufer auf den Weg – mit dem Erfolg, als minderbelasteter aus der Verhandlung zu gehen. Nicht ohne Grund sprach man vom „Persilschein". Man konnte sie zu Dutzenden bei der Spruchkammer einreichen. Auf diesem Weg schafften es politische Funktionäre wie etwa Amtsverweser Dr. Karl Engelhardt, ihre braune Vergangenheit bis auf ein Minimum zu tilgen. Gerade Engelhardt hatte wiederholt und eigenmächtig – teils sogar ohne Einwilligung der Gestapo – dafür gesorgt, daß Bürger aus dem Kreis Aichach im KZ Dachau verschwanden, weil sie die Wahrheit zu laut ausgesprochen oder sich einen politischen Scherz über den NS-Staat erlaubt hatten. Die Spruchkammer attestierte Engelhardt dagegen, er sei „meilenweit vom Nationalsozialismus entfernt" gewesen. Hatte Worms als öffentlicher Kläger auf Aktivist gedrungen, entließ die Spruchkammer ihn bei 60 Reichsmark Geldstrafe als biederen „Mitläufer". Der NSDAP-Ortsgruppenleiter Oskar Lindner mußte überhaupt keine Buße mehr zahlen.

BEWÄLTIGUNG DER NACHKRIEGSZEIT

Alte Probleme und neue Herausforderungen

Freies politisches Leben – ein Wiederbeginn

Es verstand sich von selbst, daß NS-Funktionäre wie auch kleine Pgs. aus dem politischen Leben für die nächsten Jahre ausgeschlossen blieben und auch nicht wählen durften. Die künftigen Garnituren kamen aus dem praktizierenden Katholizismus oder den Reihen der Antifaschisten. Zuerst beriefen die Amerikaner für drei Monate Steinmetz Matthäus Reichart zum Bürgermeister und darauf zum kommissarischen Landrat. Unter Joseph Lackas, weithin als Nazigegner bekannt und seinerseits ein Quartal Bürgermeister, besaß Aichach ab Ende September 1945 zumindest einen provisorischen Stadtrat, gebildet mit Genehmigung des Landrats. Die allgemeine Not und die zusammengebrochene Verwaltung diktierten im wesentlichen die Aufgaben. Eine war die Schaffung intakter Behörden, um die weiteren Maßnahmen koordinieren zu können. Als erstes bildeten sich ein Sparkassen- und der Fürsorgeausschuß. Für den Dienstaufwand erhielt der Bürgermeister 133,33 Reichsmark, sein Vize 33,33 als monatliche Entschädigung – das war der Stand von vor 1933.

Der provisorisch einberufene Stadtrat 1945
1. Bürgermeister: *Joseph Lackas*
2. Bürgermeister: *Adolf Hofmann*, Gärtnereiinhaber (Friedhof)
Stadträte:
Karl Demel, Malermeister (Heimatmuseum)
Josef Geis, Justizoberinspektor (Schulen)
Georg Kellermann, Prokurist
Josef Kirschner, Kaufmann (Krankenhaus)
Michael Kobold, Maschinist (Wasserwerk)
Peter Linzenkirchner, Metzger (Bad)
Karl Mecklinger, Glasermeister (Spital)
Anton Pfister, Parlier (Stadtbaumeister)
August Ramelsberger, Buchhalter (Altersheim)
Franz Rast, Notariatsinspektor (Kindergarten)
Johann Riedlberger, Zimmermann (Holzgarten)

Ab Ende November übernahm der Gärtner Adolf Hofmann als dritter und letzter das provisorische Bürgermeisteramt, an seiner Seite Josef Kirschner. Die Besatzungsmacht drängte frühzeitig auf geregelte Verhältnisse; sie veranlaßte mit dem Programm der „Demokratisierung" die Ausbildung einer gemäßigten Parteienlandschaft und freie Wahlen. Die zwei alten Parteien KPD und SPD konnten dabei direkt an ihre Weimarer Tradition anbinden: Etliche politische Köpfe waren auch das Dritte Reich hindurch nicht von ihrer Gesinnung abgewichen und bildeten die Keimzelle zu einer Fortsetzung. Der Vergangenheit gehörte hingegen die Bayerische Volkspartei an; über ihr konservatives und katholisches Wählerspektrum hinausweisen sollte eine neue Partei mit offenerem Programm, die zuletzt als „Christlich-Soziale Union" firmierte. Einen Ortszirkel hoben Rudolf Riemer und der Münchner Steuerinspektor

Ludwig Brand noch im Herbst 1945 aus der Taufe. Eile war jetzt geboten, denn General Justus D. Clay kündigte – für viele unerwartet und als übereilter Versuch kritisiert – im November Gemeindewahlen zum 27. Januar 1946 an. Und erst am 8. Januar erhielt die CSU bayernweit die Lizenz. Die ersten bestätigten Ortsvorsitzenden waren Elektromeister Xaver Lechner und im Jahr darauf Malermeister Karl Demel, ehe 1948 Landmaschinenmechaniker Jakob Ettner für 14 Jahre das Ruder ergreifen sollte.

Ehemalige Nazis durften noch nicht an diesem Testvorhaben in Sachen Demokratie teilnehmen. Verwunderlich ist es, daß die SPD-Ortsgruppe in dem kurzen Wahlkampf „Wahlberechtigte Nationalsozialisten!" forderte. Aus den ersten freien Nachkriegswahlen hervor ging ein Stadtrat aus neun Christsozialen und drei Sozialdemokraten, der erstmals am 8. Februar 1946 zusammentrat. Mit Josef Kirschner (CSU) fand das Interim an kommissarischen Bürgermeistern sein Ende. Kirschner versprach, über den Parteien stehen zu wollen. Als vordringlichste Aufgaben erachtete er – das diktierte die Situation – die Fürsorge für Kriegsheimkehrer und -opfer und dann die Lösung der Flüchtlings- und Evakuiertenfrage.

> **Ergebnis der Stadtratswahl 1946**
>
> 1. Bürgermeister: *Josef Kirschner*, Kaufmann (Wohnungsamt, Fürsorgeausschuß)
>
> CSU (8 Sitze)
> *Gustav Kellermann*, 2. Bürgermeister, Prokurist (Fürsorgeausschuß)
> *Johann Böck*, Brauereibesitzer (Spital, Bürgerheim)
> *Jonas Bösl*, Limonadenhersteller (Krankenhaus)
> *Karl Demel*, Malermeister (Fürsorgeausschuß)
> *Jakob Ettner*, Mechaniker (Wasserwerk)
> *Xaver Lechner*, Elektromeister (Holzgarten, Nordheim; Wohnungsamt)
> *Thomas Schmid*, Gastwirt (Friedhof, Unteres Tor)
> *Josef Zwerger*, Schreinermeister (Schulen, Kindergarten; Wohnungsamt)
>
> SPD (3 Sitze)
> *Xaver Führer*, Maurer (Altersheim, ehemaliges Postgebäude)
> *Peter Linzenkirchner*, Metzger (Oberes Tor, Freibank)
> *Wilhelm Wernseher*, Nebenstellenleiter Arbeitsamt (West-, Ost-, Friedensheim; Wohnungsamt, Fürsorgeausschuß)

Anlaß zu scharfer Kritik bot ihm noch immer das Denunzianten- und Spitzeltum. Am 1. März wurde Gustav Kellermann (CSU) einstimmig zum Vize gewählt.

1946 war ein ausgesprochenes Wahljahr: Am 28. April standen Kreiswahlen an, am 30. Juni die zur Verfassungsgebenden Landesversammlung und zum 1. Dezember der Verfassungsentscheid mit Landtagswahlen. So fielen in dieses Jahr reichliche Parteiveranstaltungen. Ende Februar sprach sogar der einstige BVP-Spitzenpolitiker Fritz Schäffer in der Turnhalle, er war kurzzeitig (28. Mai bis 28. September 1945) der erste bayerische Ministerpräsident nach Kriegsende gewesen. Obwohl in diesem Jahr die FDP und die Wirtschaftliche Aufbau-Vereinigung (WAV) als neue Parteien dazukamen, rangen in Aichach weitgehend CSU und SPD um die Wählergunst, wobei letztere ihre Opposition verbessern konnte. Obendrein fällt auf, daß mit 547 Nein- gegen 1299 Jastimmen ein erstaunlich großer Block die bayerische Verfassung ablehnte.

Demokratische Anlaufschwierigkeiten bei der Landratswahl

Landrat Max Glötzl

Nicht nur im Rathaus, auch im Kastengebäude am Schloßplatz, dem Sitz des Landratsamtes, tat sich einiges. Als ersten Landrat nach der Kapitulation installierten die Amerikaner Matthäus Reichart (später CSU). Er mußte nach Aufdeckung von Delikten wie Unterschleif und wirtschaftlichem Eigennutz am 19. Juni 1946 sein Amt abgeben. Dreimal versuchte die CSU dann vergeblich, ihren Kandidaten auf dem Landratsposten zu etablieren. Dreimal lehnte die Opposition ab, und jedesmal verweigerte die bayerische Militärregierung die Bestätigung. Das Militärgouvernement ernannte als kommissarischen Ersatz für Reichart zunächst Dr. Franz Schirferneder, der, eilig der CSU beigetreten, mit 29:6 Stimmen, gegen die SPD-Fraktion, bestätigt wurde. Dieses Ergebnis stand auf zwei wackligen Füßen: So hatte CSU-Fraktionschef Ludwig Brand seine Parteikollegen zu dieser Wahl geradezu gezwungen. Den Antifaschisten Kaiser forderte Brand sogar auf, andernfalls sein Kreistagsmandat niederzulegen, denn sonst wolle er „andere Schritte unternehmen". Kaiser hatte bei der Landratswahl dennoch eine eigene Meinung kundgetan: „Gehören in den Kreistag Männer oder Marionetten? Nennt sich das auch noch Demokratie, wenn gewählte Volksvertreter unter solchen Druck gesetzt sind?" Schließlich kam ans Licht, daß Schirferneder Nationalsozialist und Militarist gewesen war. Er verschwand damit als nächster von der politischen Bildfläche. Am 3. August griff das Innenministerium zur Überbrückung des Notzustandes auf den Leiter des Arbeitsamtes, Wilhelm Wernseher (SPD), zurück.

Flankiert vom Protest Schirferneders Vaters, wählte die CSU am 11. Oktober den Todtenweiser Josef Riß (Leiter des Ernährungsamtes A seit diesem Jahr), ohne den Kandidaten – trotz Aufforderung – zuvor der Opposition vorgestellt zu haben (27:7). Politische Vorbehalte der MG machten auch dieses Ergebnis Ende Januar 1947 zunichte. Zur erneuten Wahl am 14. Februar nominierte die CSU nun Franz von Brentano aus Starnberg (Gegenkandidat: Wernseher), gab dies jedoch neuerlich erst am Wahltag bekannt. Die SPD beklagte, daß so die Kluft zwischen beiden Parteien unnötig erweitert würde – und das zu Lasten der ganzen Bevölkerung. Schon im April sah sich der ortsfremde Kandidat als Militarist und Monarchist angeprangert. – Die Landratswahl ging in die vierte Runde.

Bei diesem vierten Anlauf entsprach die CSU erstmals dem Willen der SPD und stellte nun drei Wochen vor dem Wahltag, dem 30. Mai, ihren Kandidaten vor: den 45jährigen Diplom-Volkswirt Max Glötzl. Erkundigungen seitens der SPD attestierten Glötzl „eine politisch vollkommen einwandfreie Persönlichkeit"; ihm sei zuzutrauen, das Amt auf unpolitische Weise auszuüben.

„Die furchtbare Notzeit, die wir gemeinsam durchleben und überwinden müssen, verlangt von dem Landrat eine solche Amtsauffassung." So wurde denn der künftige Landrat einstimmig gewählt und konnte zum 3. Juni die Geschäfte übernehmen. Als Brennpunkte nannte Glötzl die Eingliederung der Flüchtlinge und Versehrten neben der Bewältigung des NS-Chaos.

Max Glötzl hatte Volks- und Forstwirtschaft studiert und 1930 in Erlangen sein Studium abgeschlossen. Den Krieg erlebte er als einfacher Soldat. Da sein Münchner Heim 1944 im Bombenangriff zerstört worden war, hatte er eine Stellung in Pfaffenhofen an der Ilm angenommen. Dort am Landratsamt leitete er die Kreiskasse und den Bezirksfürsorgeverband, war Sachbearbeiter für Rechnungswesen und Personalchef des Landratsamtes. Mit 23:20 Stimmen gegen den SPD-Kandidaten Dr. Jäger wurde Max Glötzl im Juni des Jahres 1948 wiedergewählt, nunmehr als hauptamtlicher Landrat.

Die Wahlergebnisse 1946

Kreistagswahl am 28. April
Stadt Aichach:

Wahlberechtigte		2116
Wähler		1618
CSU	SPD	KPD
977	526	55

Landkreis Aichach gesamt:

Wahlberechtigte		16521
Wähler		12032
CSU	SPD	KPD
9733	1789	170

Verfassungsgebende Landesversammlung am 30. Juni
Stadt Aichach:

Wahlberechtigte		2186		
Wähler		1594		
CSU	SPD	KPD	FDP	WAV
916	501	59	61	13

Volksentscheid zur Verfassung am 1. Dezember

Wahlberechtigte		2758
Wähler		1982 (71,8 Prozent)
ja	nein	ungültig
1299	547	136

Landtagswahl am 1. Dezember
Stadt Aichach:

CSU	SPD	KPD	FDP	WAV	ungültig
968	573	71	64	203	103

Sein kommissarischer Vorgänger, Wilhelm Wernseher, hatte sich in seiner zehnmonatigen Amtszeit den Ruf eines seriösen und gerechten Sachwalters der Landkreisgeschäfte erworben. Für seine unpolitische Führung dieses Amtes wurde ihm von seiten aller Parteien uneingeschränkte Anerkennung gezollt.

BEWÄLTIGUNG DER NACHKRIEGSZEIT

Politische Brennpunkte 1946 bis 1948

Die Hauptaufgaben des neuen Stadtrats zielten auf die immer weiter anschwellende Bevölkerung. Die Volkszählung ergab für 1946, daß Aichach seit Kriegsausbruch um 2009 auf 6310 (3935 weibliche und 2375 männliche) Einwohner angewachsen war. Somit lebte knapp ein Siebtel der Kreisbevölkerung in der Stadt. Für Herbst 1947 gibt die Statistik an: 6547 Bewohner, davon 800 Gefangene der JVA, 1398 Heimatvertriebene, 544 Evakuierte und 106 Ausländer, vor allem Jugoslawen, Österreicher und Ungarn. Ein Wachstum um über 50 Prozent stellte die Kleinstadt vor eine enorme Herausforderung, die von den dürren Jahren noch verschärft wurde. Auf den ersten Blick mochte die Integration der Flüchtlinge das Kardinalproblem sein. Doch wie sollten Hunderte von Neubürgersfamilien heimisch werden ohne Heim? Ausgestattet mit 20 Kilogramm Handgepäck aus der ehemaligen, oft passablen Existenz, nun häufig unter Bedingungen lebend, die manchmal ans Menschenunwürdige grenzten, dies alles im Umfeld einer im ganzen eher skeptischen Stammbevölkerung – das ließ sich nicht nach baldiger Integration an. Doch zuletzt, und das galt bayernweit schon 1960, war die Eingliederung das „eigentliche Wunder der Nachkriegsgeschichte", wie Bundesminister Hans-Joachim Merkatz urteilte. Der Weg dorthin führte über zahlreiche Sozialmaßnahmen und vor allem über den Wohnungsbau. Beide bekämpften dabei letztlich Probleme, die schon aus der Kriegszeit bekannt waren.
Um Verdienstmöglichkeiten für die zu erwartenden Flüchtlinge zu schaffen, boten sich Arbeitsprojekte an, die sowieso überfällig waren: die Friedhofserweiterung nach Norden um 300 Gräber; der Ausbau der Kanalisation; Reparaturen an städtischen Gebäuden, Tortürmen, Kirchturm und Einrichtungen, wie etwa der Innenumbau des Rathauses. 12 000 Mark flossen obendrein in die Behebung der Hochwasserschäden an der Paar im Frühjahr 1946. Besonders hart fiel nun auf die Stadt die hintangestellte Wohnraumerneuerung der vergangenen Jahre zurück. Auf Geheiß des MG sollten keine eigenen Lager gebaut werden, das bedeutete also Einquartierung. Schon im Herbst 1945 hatte Flüchtlingskommissar Ludwig Hasenhindl Anweisungen auszuführen, die ihn kurz darauf selbst abservierten: „Aktive Nazifamilien haben grundsätzlich nur noch Anspruch auf einen Raum." Bald kam ans Tageslicht, daß Hasenhindl altgedienter Pg. und SS-Mitglied gewesen war, daher interniert wurde. Die Beschlagnahme von Wohnraum hatte so oder so Gültigkeit; sie traf nicht nur Nazis zuerst, sondern auch größere Hausbesitzer – die Küche müsse fortan mit den Einquartierten geteilt werden. Am 22. September 1945 ordnete die Stadt an, leere Räume aller Art innerhalb 24 Stunden zu melden, eigenmächtiges Vermieten oder Tauschen wurde untersagt, das Zuzugsverbot

verschärft. Äußerst restriktive Behandlung fanden Gewerbekonzessionierungen, Baugesuche oder Anfragen um Bauland. Im Baugeschäft rührte sich weiterhin nur wenig, es fehlte auch hier an allen Enden, und das Baumaterial kam teuer zu stehen.
Ein neuer Impuls ließ zwei Jahre auf sich warten. Die 1938 gegründete gemeinnützige Baugenossenschaft hatte seit damals keinen Bau mehr projektiert und war nur mehr „ein schmal gewordener Rumpf ohne Kopf", der jedoch am 14. Mai 1947 durch neun Unentwegte Aktivierung fand. Sparkassenoberrat Ludwig Sandmeier übernahm die Geschäftsführung, Josef Zwerger den Vorsitz, und Karl Mecklinger stand dem Aufsichtsrat vor; allerdings mußte die Gesellschaft erst einmal die Währungsreform abwarten, bevor sie ein Bauvorhaben anging. Fast zeitgleich mit dieser Gründung nahm ein Arbeitsstab mit Wernseher und Kirschner, Kreisbaumeister Moosbichler und Stadtbaumeister Pfister die Arbeit auf; man wollte ein Reihenwohnhaus projektieren und fünf unterbelegte JVA-Gebäude außerhalb der Anstalt gewinnen. Das Kreiswohnungsamt, es besaß seit Ende 1947 mit Emil Lorenz einen Leiter, der als Flüchtlingskommissar („FlüKo") in Hasenhindls Nachfolge die Situation bestens kannte, nahm seine Ziele dann zusammen mit der Baugenossenschaft ins Visier. Zunächst waren zwei größere Blöcke geplant. Sie entstanden ab 1949 an der Gartenstraße.
So kleinen Schrittes der Wohnbau in Gang kam, in so großen Zügen trafen Heimatvertriebene am Aichacher Bahnhof ein. Zwar datiert die Ankunft von evakuierten Ungarndeutschen im Landkreis bereits auf 9. Dezember 1944, und am 20. Juli 1945 zählte man hier 2935 Flüchtlinge, davon 2339 Schlesier. Doch die großen Schübe fielen in das Jahr 1946: Mit 19 Zugtransporten trafen 8336 Menschen, vornehmlich Sudetendeutsche, ein; bis Mai 1947 folgten weitere 271. Dazu eine Mädchenstimme: „Für uns Kinder war das Ganze natürlich ein eindrucksvolles Spektakel. Oft standen wir am Bahnhof und schauten zu, wie diese großen Menschenmassen ausgeladen wurden. Wir verstanden zwar nicht, was da vor sich ging, aber uns taten die Leute leid." Inklusive dieses Zitats bietet Richard Bauch eine in Ausführung und Lebendigkeit vorbildliche Dokumentation über die Geschicke der Vertriebenen im Landkreis. Von den Flüchtlingen in Aichach handelt zusammenfassend Josef Müllers Stadtgeschichte. Dennoch sei hier ein kleiner Überblick gestattet: Ehe die Vertriebenen privat einquartiert werden konnten, kamen sie für einige Tage in Durchschleusungslager, darunter Landwirtschaftsschule und Turnhalle. Seit 11. April 1946 versah der 30jährige Emil Lorenz das Amt des Flüchtlingskommissars für den Kreis Aichach, das volle Einsatzbereitschaft und dichtgefüllte Tage im Amt forderte. Lorenz hatte für die Übernahme von 19 Transporten Sorge zu tragen. Daneben überschwemmte der Parteienverkehr das

BEWÄLTIGUNG DER NACHKRIEGSZEIT

Amt mit Problemen, Gesuchen und Sorgen, die nicht einfach als Bagatelle abzutun waren. Die Flüchtlingsverwaltung wurde – verständlicherweise und beileibe nicht als einziges Amt – so mit Beschlag belegt, daß das Personal zeitweilig auf bis zu 40 Mitarbeiter anwuchs.
Im Lauf der Zeit faßten die Neubürger im politischen Bereich Fuß, um ihre Interessen wahrzunehmen. Bis Ende der ersten Legislaturperiode saßen im Stadtrat vier Flüchtlingsvertreter mit beratender Funktion. Bei den zweiten Wahlen erlangten dann sechs als Mitglieder der beiden großen Parteien ein reguläres Mandat.

Der 2. Stadtrat und Bürgermeister Wernseher

Wernseher galt als ein bewährter Mann der ersten Stunde, das bescheinigten ihm die Wahlergebnisse vom April. Am 25. Mai 1948 übernahm er die Amtsgeschäfte im Rathaus auf ehrenamtlicher Basis, sein Stellvertreter wurde der 69jährige Georg Beck (CSU). Zwar hielten sich die Kräfteverhältnisse der Parteien anders als vor zwei Jahren die Waage, doch die Lage gebot dem Stadtrat nach wie vor überparteiliches Arbeiten. Jüngstes Mitglied war der 33jährige Troppauer Franz Kukol (SPD), einer von jenen, die viele Stimmen aus dem Kreis der Neubürger bezogen hatten. Turbulenzen im Stadtrat rührten mitunter daher, daß „es schon manchmal gegen die alteingesessenen Stadtratskollegen" ging, so Kukol. Als allerdings Weirich gegen Einrichtung eines Wohnungsreferates stimmte, gab es scharfe Kritiken seitens der Vertriebenen. Manchen – konstruktiven – Meinungsverschiedenheiten zum Trotz: „Ich habe mich sehr gefreut damals, daß die CSU uns Heimatvertriebene anerkannt hat im Stadtrat. [...] Wir haben alles gemeinsam aufgebaut ..." (Kukol). Wie nötig das war, erwies der Kassensturz Ende Juni: Die Stadt als Opfer der Währungsreform hatte gerade mal 14 Deutsche Mark übrig.
Im Nachhall der Währung konzessionierte der Stadtrat zahlreiche, schließlich alle Gewerbe; der Großviehmarkt sollte wieder in die Innenstadt gezogen werden, der freie landwirtschaftliche Markt in die Steubstraße. Gut kamen Ver-

Bürgermeister Wilhelm Wernseher

handlungen um Industriegelände mit dem Landesamt für Vermögensverwaltung und Wiedergutmachungen voran; Anträge lagen unter anderem vor von Julius Zenkers Flüchtlingsbetrieb in Kühbach, der zur Herstellung von Haushaltswaren circa 100 Angestellte aufzunehmen beabsichtigte.

Ein Novum war ein vom MG angeregter Diskussionsabend am 16. November 1948 im Zieglersaal. „Die Aussprache dient dazu, dem Stadtrat für seine kommunale Arbeit neue Vorschläge und Anregungen zu geben", erklärte Wernseher und erlangte mit dieser ersten Bürgerversammlung überregionale Beachtung und dickes Lob. Der Abend trug auch sogleich Früchte, Stadtrat Weirich regte einen Schlichtungsausschuß zwischen Neu- und Altbürgern an, dem dann Karl Dinauer (Parteilose) und Gottlieb Schmid (CSU) angehörten; zudem wurde ein Familienbad gewünscht und an der Rathausrenovierung Kritik geäußert, da über die Kosten von 2000 Mark hinaus ein weiterer Tausender – bei damaligen Stundenlöhnen kein Pappenstil – für die Fresken von Fritz Wurmdobler ausgegeben wurde. Die Zierde im Sitzungssaal, sie stellte die Ratsherren zur Renaissancezeit dar, erfreute sich nur eines kurzen Gastspiels, einige Jahre darauf entfernte man sie leichthin. Am 30. November mußte der Stadtrat wegen Stromausfall bei Kerzenlicht tagen, was dem Raum gut zu stehen

> **Der 2. Stadtrat (25. April 1948)**
>
> 1. Bürgermeister: *Wilhelm Wernseher*
>
> CSU:
> *Dr. Hans Kirchmann,* Notar
> *Georg Beck,* 2. Bürgermeister, Kaufmann
> *Gottlieb Schmid,* Baumeister
> *Josef Zwerger,* Schreinermeister
> *Josef Kapfhamer,* Spediteur
> *Jakob Ettner,* Mechaniker und Kaufmann
> *Karl Wetzel,* Kreisgutverwalter
> *Franz Rast,* Notariatsinspektor
>
> SPD:
> *Wilhelm Kloubert,* Ingenieur
> *Felix Grund,* Kaufmann
> *Wilhelm Danziger,* Beamter im Arbeitsamt
> *Georg Efinger,* Busunternehmer
> *Xaver Führer,* Maurerparlier
> *Franz Kukol,* Postbetriebsassistent
>
> Parteilos:
> *Max Weirich,* Ruhestandsbeamter
>
> Union der Ausgewiesenen:
> *Karl Dinauer,* Lagerist

kam, wie die Presse spöttelte. Die dämmrige Sitzung hatte eine für alle sichtbare Folge: Aichachs Häuser, bislang fortlaufend numeriert, bekamen je nach Straßenseite gerade oder ungerade Zahlen. Wilhelm Kloubert (SPD) befand es zwar „manchesmal lachhaft", was in den geschlossenen Sitzungen behandelt würde, doch die Umnumerierungsaktion sowie die Umbenennung von Straßen beschäftigten die Gemüter über Monate. Die Altstadthäuser durften an den Nummern 1 bis 151 letztlich festhalten. Obendrein meldete sich der einstige Direktor des Vermessungsamtes, Karl Leinfelder, zu Wort, alte Straßennamen zu bewahren sei eine Pflicht. Wo nötig, gebe es statt der Blumen-, Berg- und Vogelnamen genügend berühmte alte Aichacher.

Im März 1949 dann wurde aus der Holzgarten- eine Auenstraße, der „Bachweg" führte vom Krankenhaus zum Griesbach, die „Flurstraße" von der Donauwörther Straße zum Pulverhäuschen und den Fischweihern. Die „Siedlung", zu der auch die „Heimstätten" zu rechnen sind, erschlossen Wege, die nach alten Aichachern, Steidle, Hell und Krump, benannt sind; die Krumpstraße befand sich soeben im Bau, die Stadt hatte hier Grund dazu kaufen können. Ein „Kabisweg" sollte vom Siechfeld beim Anwesen Spieleder zu den Krautgärten führen. In petto hatte man eine Deuringer- und eine Deutschherrenstraße, letztere als Umgehung von der Münchener zur Regensburger, die ihrerseits in Schrobenhausener Straße umgetauft wurde. Ferner gab es eine „Ludwig-Mayer-Promenade" von der Gerhauserstraße bis zur evangelischen Kirche. Etliche beschlossene Namen, etwa nach den Aichachern Orttner, Senftl, Zech und Higler kreiert, starben längst wieder aus. Einige aufschlußreiche Bezeichnungen fielen hingegen unglücklichen Schöpfungen zum Opfer. So heißt der Galgenweg seither völlig zu Unrecht „Lindenallee". So sehr man bei Straßentaufen eiferte, am Schloßplatz, immerhin dem Sitz des Landratsamtes, hing immer noch hartnäckig die aus NS-Zeiten stammende Tafel „Hindenburgplatz". Die Verschönerung des Stadtbildes, das nachts noch lange Zeit im Dunklen lag, ließ bis Sommer 1949 auf sich warten, dann setzte aber „ein wahres Wettrenovieren" ein, „dem sich nun auch das Rathaus angeschlossen hat" und der Spitalkirche eine frische Fassade verpaßte. Diese Ansätze waren nicht selbstverständlich, da infrastrukturell noch Aufholbedarf bestand. Ein neuer Tiefbrunnen war seit Beginn 1949 geplant. Das bisherige Saugbassin mit der Wasserreserve bei Wittelsbach faßte 360 Kubikmeter. Mit der Einwohnerverdopplung war der Verbrauch auf 800 bis 1300 Kubikmeter gestiegen. Vorläufig half eine Zusatzpumpe aus, aber zuletzt stand die Neubohrung am Kellerberg bevor.

Ansonsten stimmte der Stadtrat für eine zweite Apotheke, die im Garaus eine Bleibe fand. Zuwachs bahnte sich auch im Froschermayrstadel an, der als Kino umgebaut wurde; um eine weitere Etappe voran schritt ferner die dringende Kanalisierung der äußeren Straßen, für die knappe 125 000 Mark abgestellt wurden. Auf Reparaturen warteten trotz laufender Aufwendungen von 1000 Mark täglich nach wie vor die 32 Häuser, um die sich die Stadt sorgte. Der städtische Haushalt belief sich von der Währung ab (21. Juni 1948) bis 31. März 1949 auf Einnahmen und Ausgaben in Höhe von 480 753,60 Mark.

Kioskinhaber erstochen

Ein Mordfall ereignet sich in der Nacht auf 26. April 1949: Der Besitzer des Bahnhofskiosks, Markus Badowinace, wird im Alter von 71 Jahren erstochen aufgefunden, kurz darauf werden Papiere aus der Paar gefischt. Man vermutet, daß sich ein größerer Geldbetrag im Spiel befindet. Immer wieder faßt die Polizei Verdächtige, doch die Tat bleibt ungesühnt.

Daß sich die Problemfelder im zweiten Stadtrat anders gestalteten, kommt am deutlichsten in der Erwägung eines Volksfestes für 1949 zum Ausdruck. Das Vorhaben fand Zurückstellung um ein Jahr, dafür wurden Pferderennen angeboten: Wie aus der Vergangenheit gewohnt, zogen vor allem die Trab- und Galopprennen am vorletzten Oktobersonntag 5000 Zuschauer auf die improvisierte Rennbahn nahe der JVA. Am selben Tag bekannten sich weitere 2000 beim Heimattreffen der Sudetendeutschen in der Turnhalle zu ihrer alten Heimat.
Der demokratische Aufbruch bedurfte auch einer neuen Symbolik, dessen war sich der Stadtrat bewußt. Den Stellenwert des städtischen Gemeinwesens brachte nun eine offizielle Insignie zum Ausdruck: Das älteste überlieferte Wappen von etwa 1300 – es zeigt den Eichenbaum mit fünf Blättern und sechs Früchten – symbolisiert seit August die „communitas civium" – und das zu Recht bis dato.
Gespräche, zu denen Willi Rubin vom MG aufforderte, führten zur Gründung eines Bürgerausschusses zur Behandlung gemeindlicher Fragen, dem fürs erste Walter Richter vorsaß. Diese Einrichtung ging später in Bürgerversammlungen auf, die zuletzt gesetzlich verankert wurden. Nicht immer mußten tragfähige Impulse vom MG oder Stadtrat kommen. Zum Herbstbeginn 1948 spendeten die Familien Beck und Haselberger Land für Flüchtlinge zum Gemüsebau. Bisher hatten es nur wenige Vertriebene geschafft, am Griesbachl Zusatzkalorien aus einem Heimgarten zu beziehen. Ende Mai 1949 lagen 145 Anträge auf einen Kabis vor, die meisten von Flüchtlingen. Zwischen Beckmühle und Paar kamen durch die beiden Heimgartenvereine schließlich Parzellen mit 7000 Quadratmeter Gesamtfläche zur Verlosung, Vorstand wurde Alois Heinzel.

Wahlen für Deutschland mit lokalem Kolorit

Daß man sich 1949 in einem besonderen Wahljahr befand, kam schon im Vorjahr zu tragen. Der neue Vorsitzende der einst exotisch-fremdenfeindlichen Bayernpartei (BP), Josef Baumgartner, vielen aus BVP-Zeiten ein großer Name, kam am 25. November 1948 nach Aichach, um die Bonner Verfassung, die schließlich im Mai darauf akzeptiert wurde, als Feind bayerischer Autonomie zu diskreditieren. Noch einen Monat vorher, am Ostermontag, hatte der BP-Patriot Dr. Jakob Fischbacher in der Turnhalle gegen den deutschen Zentralismus gewettert und die Aichacher aufgefordert, sich zu ihrer bayerischen Heimat zu bekennen. Der Landtag lehnte das so umfochtene Grundgesetz ab, anerkannte aber seine Rechtsverbindlichkeit. Ernüchternde O-Töne aus

Aichach: „Ich brauche Verdienst, um meine Familie durchzubringen, und halbwegs anständige Wohnverhältnisse. Mir ist es gleichgültig, was die da oben machen." Doch auch das Ende des bayerischen, als Föderalismus getarnten Separatismus wurde von Befragten gelobt.

Die BP, unter Baumgartner zunehmend eine Volkspartei, jagte der Union 1949 scharenweise die Wähler ab. Auf lokaler Ebene verhieß das keinen Kurswechsel, unterm Strich rekrutierten sich beide Parteien aus demselben Wählerstamm. Doch bei den Bundestagswahlen am 14. August lag die BP mit 23,3 Prozent in Aichach gleich an gleich mit der CSU (23,5), daran hatte auch ein Spontanwahlkampf am Samstag vor dem Urnengang nicht gerüttelt, mit Flugzetteln und Überklebung von BP-Plakaten durch solche der Union. Beide Konkurrenten übertrumpfte – nicht nur in Aichach – allerdings eine Partei, die bald darauf klanglos das politische Parkett verlassen sollte: die Wirtschaftliche Aufbau-Vereinigung (WAV). Ihr Schöpfer war der Münchner Rechtsanwalt Alfred Loritz, ein Rhetoriker, der Zehntausende bei Kundgebungen anzog und gar „Heil Loritz"-Rufe erntete. In Aichach quoll die Turnhalle über vor Zuhörern, als Loritz zwei Monate vor der Wahl zu einem vierstündigen Rundumschlag ausholte. Zum Finale ließ er abstimmen, daß die bayerische Regierung zurücktreten solle – und er erntete ein einhelliges Ja, von sieben Enthaltungen abgesehen. Loritz habe „das Blaue vom Himmel geschwatzt", kommentierte bei der Monatsversammlung der Flüchtlinge deren Vertrauensmann Johann Eichinger. Dennoch, 700 Hörer hatte der WAV-Kopf angezogen, und 862 Aichacher schenkten ihm am 14. August ihre Stimme – mit 27 Prozent war die WAV damit Wahlsieger im Ort. Gar in den Bundestag zog sie mit zwölf Sitzen (2,9 Prozent). Bei den Randparteien tat sich wenig, die Kommunisten hatten ihre 79 Stimmen, die Föderalen debütierten mit 114. Josef Baudrexl (KPD) brachte das Ergebnis auf den Punkt: „Das deutsche Volk ist politisch noch unreif und wird an diese Wahl zu denken haben." Er sah in Loritz, aber auch in Baumgartner dieselben „Gefahren wie 32/33" aufsteigen. BP-Kreisvorsitzenden Franz Rast überraschte das gute Resultat seiner Partei, zumal durch keine einzige Wahlveranstaltung gefördert. Der Erfolg der WAV zeige, so Wernseher, „daß ein Großteil der Bevölkerung einem Demagogen Glauben geschenkt hat". Für die Neubürger zog Johann Eichinger eine Konsequenz, die zu denken gibt: übergangen zu werden wie bisher sei nicht mehr drin. Sprich, er setzte auf die Loritz-Partei, deren Parteibuch er später tatsächlich führte.

Bislang hatten sich die Flüchtlinge politisch innerhalb der drei etablierten Parteien betätigt, oder, wie es vor allem Eichinger sah, als „Stimmvieh" hergehalten. Um dem entgegenzuwirken, konstituierte sich im Januar 1949 der Neubürgerbund (NB). Über 1000 Beitritte in kaum drei Monaten waren das Echo,

Landrat Glötzl und Bürgermeister Wernseher ließen sich in politischen Dingen ungerne gegenseitig in die Karten schauen, doch die Schafkopfrunde vereinte beide oft, so wie hier im Café Kögl.

dennoch mußte der NB bald internen Querelen Herr werden. Franz Gföllner faßte von Anbeginn Überparteilichkeit, als Ziele die Einheit der Flüchtlinge und die Pflege ihres Volkstums ins Auge. NB-Chef Eichinger, obendrein Flüchtlingsvertrauensmann, sann dagegen im Vorfeld der Bundeswahlen auf Parteilichkeit, sorgte auch für Streit mit dem Kreistag und für Binnenkonkurrenz. Gföllner wandte sich von diesem Kurs ab. Nun, nach etlichen Episoden im NB, verschärfte sich Eichingers Lage an einer zweiten Stelle. Als Vorsitzender der Vereinigung der Verfolgten des Naziregimes (VVN) arbeitete er neben Anton Reinl, Georg Gschwandtner, Anton Pfister und Arthur Hoffmann wiederum zusammen mit Gföllner. Das erstaunt, denn über Eichinger war schon im Oktober 1947 gemeldet worden, er sei im Sudetenland SS-Mann und Wächter in einem Judeninternierungslager gewesen. Dennoch hatte die VVN ihn im Dezember 1948 einstimmig im Amt bestätigt. Fünf Vertriebene sagten jetzt, im Herbst 1949, gegen ihn aus, sie wollten ihn seinerzeit gesehen haben. Das konnte die Hauptspruchkammer zwar nicht bestätigen, aber schlechtes Licht fiel auf den Beschuldigten allemal. Der öffentliche Kläger sah in ihm einen „Opportunisten", und dieses Wort paßte zu Eichingers Wendekurs, vor den Flüchtlingen erst einen Loritz abzukanzeln, um nach den Wahlen dann doch auf die WAV als künftiges Sprachrohr der Neubürger zu schielen. Der NB stand weitgehend hinter ihm, dennoch setzte er sein Amt beim NB aus, solange sein Fall in Revision war. Die VVN aberkannte erst zum 14. Oktober Eichingers Mitgliedschaft.

Allen politischen Querschlägen und Spekulationen zum Trotz: Erstmals seit dem Ende der Weimarer Republik wehten vor allen Aichacher Ämtern am Mittwoch, 7. September 1949, wieder die Fahnen in Schwarz-Rot-Gold. An diesem Tag eröffnete der Deutsche Bundestag.

Wohnungsbau an der Wende

Im Wohnungsbau deutete sich 1948 der leise Beginn der Wende an: Aichacher Dachwohnungen fanden Ausbau, auch das Benefiziatenhaus lieferte sieben Räume für vier Parteien, weitere die ehemaligen Spruchkammerbüros des Amtsgerichts im Juni 1949. Von Privat geschah einiges, trotz horrender Materialpreise – der Festmeter Bauholz lag bei 300 Mark und mehr. Der öffentlichen Hand fehlten insgesamt die Mittel. Dennoch ließ der Kreistag zwischen Notariat und Landwirtschaftsschule ein Haus mit acht Wohneinheiten errichten, entworfen von Kreisbaumeister Krammer. Im Spätsommer 1949 konnte dieses „Kreishaus" von Landratsamtmitarbeitern, Beamten und Pfarrer Hübner mit Frau bezogen werden.
1948 wurden zwar mehr Wohnungen gebaut als in den Jahren 1946/47 zusammen, auch im Industriegebiet herrschte rege Bautätigkeit, doch das genügte längst nicht, wie eine Bestandsaufnahme nach der Jahreswende zeigt: „In Aichach allein warten etwa 85 Familien auf Umquartierung in menschenwürdige Wohnräume." Da teilten sich etwa vier Erwachsene zwölf Quadratmeter, zwei Betten, einen Tisch und einen Schrank. „In einem anderen Fall leben zwei Erwachsene und zwei Kinder in einem noch kleineren Raum. Der Tisch wird tagsüber auf das Bett gestellt. Kohlen und Holz müssen, ebenso wie die Kartoffeln, unters Bett verstaut werden…" Von dieser Lage sind auch Altbürger betroffen, teils mit Tbc-kranken Angehörigen. Wernseher hoffte, „daß bei einer verständnisvollen Zusammenarbeit aller Aichacher Einwohner durch ein großangelegtes Bauprogramm auch bei uns in spätestens drei Jahren die Wohnraumfrage in ein erträgliches Verhältnis gebracht werden kann." Es müsse „noch in diesem Jahr [1949] in der Stadt ein Wohnblock mit einer größeren Zahl von mittleren Wohnungen fertiggestellt werden." Der Bürgermeister sollte recht behalten. Bei einem Treffen im MG schlug Chief Karel F. Wiest die Umschulung Arbeitsloser für den sozialen Wohnbau vor, doch Wernseher lenkte die Diskussion auf den Punkt: 20 Kleinwohnungen kosteten 200 000 Mark, wie sie finanzieren? Der Baugrund sei das geringste Problem.
Die Situation sollten mitunter unkonventionelle Methoden entschärfen: Auf ministerielle „Empfehlung" forderten Veranstaltungen ab Mai 1949 eine Vergnügungssteuer, 10 Pfennig Notgroschen. Die Aktion „war nicht zu umge-

NEUE WOHNGEBIETE

hen", so der Bürgermeister, selbst abgeneigt davon. Noch bevor der Notgroschen mittelfristig etwas Handfestes abwarf, arbeitete die gemeinnützige Baugenossenschaft mit Hochdruck an der Gartenstraße: Auf 24 bezugsfertige Wohnungen bis Jahresende hoffte Genossenschaftsvorsitzender Schreiner Josef Zwerger zu Recht. Zum Hebauf Anfang August regneten vom Dach Bonbons und Wasser auf eine balgende Kinderschar. Unter diesem Vorzeichen erweiterte sich der bisherige Wohnbauausschuß aus dem Referenten des Wohnungsamtes Weirich (UdA) zusammen mit Alexander Klais (Grundbesitzerverein), Gustav Heger (Flüchtlingsvertreter) und Peter Linzenkirchner (SPD) um Fritz Trauner (KPD), Ernst Herold (WAV, NB), Xaver Oswald (BP) und Vinzenz Rammelsberger (Haus- und Grundbesitzerverein).
Der Kreis zog im Juni nach mit Gründung der Sozialen Wohnbaustiftung, die zur Zeichnung von „Bausteinen" aufforderte, um einen Topf mit zinslosen Darlehen aufzubauen, dessen Grundstock ein Startkapital von 20 000 Mark war. Eine freie Wohnung fand im November 20 Bewerber. Kreisweit fehlten 1500 Wohnungen. Damit waren Stadt und Kreis gleichermaßen konfrontiert. Die Stadt, im Herbst „bar aller Mittel", mußte es beim Planen belassen.

Das erste Projekt der Baugenossenschaft nahm an der Gartenstraße Formen an.

Der Wirtschaftsplan von 1949

Der Stadtrat ließ bei Regierungsbaumeister Karl Plößl aus München im Mai 1949 einen ersten Plan zum zukünftigen Gesicht Aichachs ausarbeiten, der am 28. Oktober das Jawort des Stadtrates empfing. Im Kern projektierte er drei Baugebiete, die die Errichtung von 1150 Wohnungen zuließen: Alleine 500 waren für die 15 Hektar große Fläche zwischen Paar, Kabis und Regensburger (heute: Schrobenhausener) Straße im Norden der Stadt vorgesehen. Für Exerzier- und Sportplatz schwebte dem Planer ein „Kulturzentrum" vor. Das zweite Projekt, das „Baugebiet Ost", wurde von der noch fiktiven „Umgehungsstraße" (von Gallus Keller bis Wittelsbacher Weg) durchschnitten. Zwischen Krankenhaus (= Schul)- und Freisinger Straße sollte eine geschlossene Siedlung entstehen, während das Gebiet Richtung Sommerkeller locker bebaut werden könne. Wenn an der Kreuzung von Krankenhaus- und Umgehungsstraße ein Parkplatz eingezeichnet war, so im Blick auf ein neues Stadtbad am Griesbacherl, etwa im Bereich des heutigen Pfarrzentrums. Erst in einem späteren Schritt sollten dann die zehn Hektar im Süden, zum Teil Kreisgut, als drittes Vorhaben bebaut werden, im Verein mit der Umgehung. Vorerst beschränkte sich das Gebiet Süd auf Oskar-von-Miller- und Blumenstraße. Der Stadtrat wollte zudem bei der Regierung beantragen, als „Wohnsiedlungsgegend" erklärt zu werden, um dem Bebauungsplan Verbindlichkeit zu verleihen. In Kürze erntete vor allem das Projekt „Umgehungsstraße" Einsprüche betroffener Grundbesitzer.

In diesen Wirtschaftsplan gehörte das „Schulproblem". An sich „sehr akut", so Werneher, müßte die Stadt dafür Mindestkosten von 60 000 Mark decken. In Korrektur der Vorschläge des Rektors der katholischen Knabenschule, Franz Miller, sah Plößl einen Platz an der Donauwörther Straße unweit der Turnhalle vor, wo sich in Form von drei Bauabschnitten zu 18 Klassenzimmern die Staatszuschüsse anzapfen ließen. Miller selbst hätte gerne 21 Räume gesehen, um die Klassenstärke auf 50 zu reduzieren. Die derzeit 16 Klassen wiesen 70 und mehr Schüler auf.

Not als Alltag

Der Kampf um Kalorien, Kleidung und Holz

„Bauern! Liefert unbedingt die letzte entbehrliche Milch ab. Erhöht nach Möglichkeit den Ölfruchtanbau. Metzger! Sammelt unbedingt Rohtalg und Schweinerohfett. Denkt an die Hungernden und Frierenden, an die, welche in Not und Entbehrung ihr Dasein fristen." Das ist nur einer von vielen Aufrufen im Aichacher Amtsblatt, hier vom Sommer 1946. Es galt, Rohstoffe abzuliefern, möglichst das letzte Korn und die letzte Kartoffel, um einerseits dem Schwarzmarkt den Boden zu entziehen und andererseits die angewachsene Bevölkerung mit den nötigen Kalorien zu versorgen: Es war die Zeit des „Fetthungers" und der Zwangsbewirtschaftung. Die nötigsten Lebensmittel gab es, wie seit 1939 gewohnt, auf Bezugsscheine, die im Rathaus ausgegeben wurden. Je nachdem, was die Landwirtschaft abwarf oder was aus Amerika herbeigeschafft werden mußte, änderte sich die Zuteilung jede Periode ein wenig.

Zuständig für die Verteilung der Waren war das Ernährungsamt. Die Besatzungsmacht hatte dabei das Versorgungssystem aus NS-Zeiten übernommen. Die Sorge um das tägliche Brot trieb sofort illegale Blüten, Hamsterung und Kompensationsgeschäfte. Die Materialbeschaffung an den Lebensmittelkarten und den „Punkten" vorbei wurde genauso wie der Verstoß gegen die Ablieferungspflicht radikal bestraft. Schwarzschlachten und -brennen stand vor Gericht nahezu auf der Tagesordnung, der Kleintierdiebstahl nahm gerade vor Festtagen kräftig zu, und bei Paketkontrollen am Bahnhof sollte die Constabulary, die amerikanische Polizei, oft auf Lebensmittel stoßen, die von unerlaubten Schlachtungen herrührten. Allein im Juni 1947 meldete der Kreis 16 Einbrüche, 26 einfache und 18 Fahrraddiebstähle, 16 Schwarzhandelsdelikte, drei Verstöße gegen MG-Gesetz und 29 sonstige. 1948 konnte eine neunköpfige Aichacher Diebesbande ausgehoben werden. Das Resultat von 19 Einbrüchen: 53 Kilo Butter, 22,5 Schmalz, 30 Fleisch, sechs Kilo Gänsefett, ein Zentner Käse und zwei Zentner Zucker, 25 Kilo Bonbons, 400 Eier; Radios, Räder, Waschmittel, Textilien; die Kinoapparatur des Lichtspielhauses hatte der Hehler schon für 80 000 Mark verkauft – noch vor Durchführung des Raubes. Die Bande um Georg Pitscher und Hehler Kaspar Neumair erhielt fünf Jahre Zuchthaus.

Zu den eher gewöhnlichen Delikten vor dem Aichacher Gericht gehörten hingegen Milchpanscherei oder Fälschung von Nahrungskarten. Wegen Schwarzhandels hatte die Bäuerin Oswald zur Strafe 184 Mark Überschußabgabe zu entrichten, und, um ihr das Handwerk zu legen, das Butterfaß abzugeben.

Trotz schwerer Geld- und Gefängnisstrafen – in den Griff bekam man die Schwarzgeschäfte nicht. Sogar der CSU-Landesvorsitzende, „Ochsensepp" Dr. Josef Müller, machte bei seiner Rede in Aichach im April 1948 keinen Hehl daraus, daß er als leidenschaftlicher Raucher auch einmal Zigaretten kaufe, „ohne genau hinzusehen, woher sie kommen". Der Schwarzmarkt war damals der eigentlich freie Markt! Das nimmt kein wunder, verkündete General Justus D. Clay doch: „Es ist zweifelhaft, ob die Minimalration von 1150 [Kilokalorien] ohne Schwierigkeiten aufrecht erhalten werden kann." 1946 sicherten die Lebensmittelkarten zwischen 1050 und 1200 Kilokalorien, täglich also in etwa drei Scheiben Brot, zwei Eßlöffel Nährmittel (z. B. Nudeln), etwas Magermilch, 14 Gramm Fleisch, je 4,5 Gramm Fett und Käse pro Kopf. Doch dann kam der harte Winter auf 1947, und im Sommer folgte eine Dürre: Die Versorgung fiel bis Jahresende auf unter 1000 Kilokalorien Unterernährung, Mangelerscheinungen und Krankheitsanfälligkeit waren die Folgen. Tauschgeschäfte auf dem grauen Markt und Hamstern waren in solch dürftiger Lage oft unumgänglich. Unter einigen Stimmen aus Aichach äußerte eine Arbeiterfrau mit vier in der Lehre stehenden Kindern: „Glücklicherweise sind wir

Erstes Papiergeld der Nachkriegszeit: 50-Pfennig-Schein und 5-Reichsmark-Schein.

nicht auf das teure Gemüse aus den Geschäften angewiesen, wir bauen es in unserem Heimgarten selbst an. Mit dem geringen Lohn meines Mannes (höchstens 35 Mark pro Woche) kann ich es mir nicht leisten, auf dem ‚Schwarzen Markt' zu kaufen." Zur Deckung des Brotbedarfs müsse der Mann im Urlaub auf dem Bauernhof arbeiten, um nicht Brot, aber Getreide zu verdienen. Dagegen die Frau eines Arztes hatte im vergangenen Winter „keine Kartoffeln im Haus, oft keinen Tropfen Milch für unser Kleines"; auf die 100 Gramm Fleisch hätte sie gerne verzichtet zugunsten zusätzlicher Nährmittel. „Nicht allein aus pekuniären Gründen" hat sich eine Schlesierin, vormals Inhaberin eines Damenmodengeschäfts, entschieden, als Störschneiderin für die Bevölkerung auf dem Lande zu nähen. Mittagessen und Zugaben zum Abendbrot seien so zumeist gerettet. „Mit Lebensmitteln auf Marken käme ich höchstens bis zur Hälfte des Monats." Eine Bäuerin vom Land dagegen verriet: „Da Metzga hot a Wurscht, da Schuasta Schua, da Schneida Gwanda, un mia ham was z'essn. Oliefan dean ma a gnua." – Obwohl Selbstversorger, also die Bauern, nach Quoten abliefern mußten, bot das Land die besten Aussichten für den Städter, einen Zuschlag aufzutreiben. Dennoch, was „die Westdeutschen tatsächlich vor dem Verhungern" bewahrte, waren die enormen Hilfslieferungen aus den USA, die bis hin zu den persönlichen CARE-Paketen reichten (M. Lanzinner). Die Wende zum Besseren fiel ins Jahr 1948, als die Einfuhren gemäß dem Marshallplan begannen.

Die Zuteilungsprobleme gingen übers Essen hinaus: Der Antrag auf einen Männeranzug verschluckte im Sommer 1946 so viele Punkte, daß 40 andere Menschen drei Monate nichts beantragen konnten. Langfristig schlecht stand es um Schuhe: Im Oktober 1947 erhielt nur jeder 132. im Kreis ein Paar neue, 300 Paar gebrauchte konnten nicht repariert werden, weil das Material fehlte. Von April bis Juni im Folgejahr standen 40 Paar Arbeitsschuhe zur Verfügung – für 10 000 Männer. An Fahrradreifen konnte der Kreis in vier Monaten gerade mal 58 Stück empfangen. Rohstoffe wie Eisen gingen allenfalls an Betriebe für die wichtigsten Arbeiten, von Kriegsende bis Juli 1948 waren es 100 Wassereimer, 700 Sensenmarken und 100 Glühlampen für den ganzen Bezirk. Mit der Kohlezuteilung sah es zumindest für soziale Einrichtungen besser aus. Holz dagegen mußte in bestimmter Größenordnung, wie Getreide, von der Stadt aus den Gemeinden eingefordert werden. Für den Winter 1946/47 erwartete sie 5000 Ster, doch Ende Oktober waren noch keine 20 Prozent des Gesamtbedarfs sichergestellt; Stadtrat und Kreistag drohten mit „Zwangseinschlag". Ab Februar 1947 mußte die Stadt zu Tanzveranstaltungen und Versammlungen die Brennstoffzufuhr wegen Verknappung stornieren. Im Herbst vermißte die Stadt noch 3000 Ster, obwohl sie diesmal schon seit April um den Einschlag besorgt war. Zur Ergänzung des Hausbrandes erlaubte man allen

Privatleuten das Sammeln von Dürrholz und Zapfen an gewissen Tagen. Allerdings mußten Flurwächter den drohenden Holzfrevel verhindern. Granatenfunde machten die Selbstbedienung im Wald obendrein nicht ganz ungefährlich. Als im Sommer 1947 die Blumenthaler Forstverwaltung 865 Ster Holz zum Selbsteinschlag freigab, meldeten sich binnen weniger Stunden 220 Familien. Energie war auch sonst rar: Immer wieder gab es Stromabschaltungen und Überlastungen des Netzes.

„Das neue Geld heißt ‚Deutsche Mark'": Zum 20./21. Juni 1948

Am Freitag und Samstag, 18./19. Juni 1948, pünktlich vor dem „Tag X", erreichte die Kauflust in Aichach ihren Höhepunkt: „Das alte Geld schien in den Taschen seiner Besitzer zu brennen, soviel unnützes Zeug wurde gekauft. Lebensmittel und Verbrauchsgüter dagegen waren am Samstag fast alle ‚ausgegangen' und mußten erst wieder ‚nachgeliefert' werden", bemerkt ein Reporter zynisch. „Die Nachlieferung mußte anscheinend in vielen Geschäften über Sonntag erfolgt sein, da am Montagmorgen bereits wieder alle Lebensmittel zu haben waren." – Dieses Bild der schlagartig gefüllten Regalreihen aus gehorteten Beständen ist bis heute gegenwärtig. An jenem Sonntag, in Aichach war Veitsmarkt, wurde in Westdeutschland begonnen, die Reichsmark aus dem Verkehr zu ziehen. Jeder Einwohner durfte 60 Mark „Kopfgeld" im Kurs 1:1 gegen die zukünftige Währung umtauschen, davon bis zu 40 Mark sofort in Empfang nehmen. Höhere Guthaben sollten effektiv eine Abwertung von 100 Reichs- auf 6,5 Deutsche Mark erfahren, während die Schulden auf ein Zehntel fielen.

Der Besitz eines Fahrrades mußte beim Military Government angemeldet werden. Auf dieser Karte vom 27. Juli 1945 unterschrieb links Landrat Reichart, rechts US-Captain Bernard Nagel.

Das neue Geld, über zwei Millionen für den Kreis, kam von der Landeszentralbank Ingolstadt. 220 000 Mark gingen allein in der Stadt über den Schalter – trotz Personalmangels der Banken ohne Zwischenfälle. Nur wenige Minderbemittelte konnten dabei ihr Kopfgeld nicht ausschöpfen, dagegen belief sich die höchste Einzahlung in der Stadtsparkasse auf 20 000 Reichsmark. Schwarzhändler und Schieber verzichteten aus Sicherheitsgründen darauf, all ihr Altgeld umzutauschen. Der Veitsmarkt verlief bescheiden. Indes am Bahnhof gingen statt der üblichen 1500 an diesem Wochenende 4000 gelöste Billets über den Schalter.

Fortan stand das Warenangebot in keiner Relation zum Geldbeutel, es reichte bis hin zur Schweizer Uhr. Bier wurde vorerst zum Luxusartikel, der Ausschank fiel auf ein Minimum. In den Schaufenstern hingen Kleider, die schon vor zehn Monaten von der örtlichen Industrie geliefert worden waren. Gemüse gab es zahlreich, aber nicht jeder konnte vom Angebot Gebrauch machen, das galt auch für Bohnenkaffee und Wein in den Cafés, sogar Dörrobst und Konserven waren zu teuer. Zudem stiegen allgemein die Preise und mit ihnen die Lebenshaltungskosten um letztlich 17 Prozent. Das freie Ei begann bei 20 Pfennig und kletterte auf horrende 50. Schwarzhändler hatten schnell wieder festen Boden unter den Füßen. Sparen war vielfach kein Thema, zudem glaubten die meisten Landwirte, das neue Geld werde eh bald wieder „hin" sein, während Geschäftsleute freies Kapital zum Einkauf verwenden mußten. Noch im November beklagte das die Bayerische Vereinsbank am Ort als „erste Schockwirkung der Währungsumstellung", die sich als „Versuchung zum hemmungslosen Verbrauch" äußerte. Doch rechneten die Banken damit, daß „wieder eine solidere Auffassung Raum gewinnt, die dem deutschen Wesen ohnehin mehr entspricht". Auch die Stadtsparkasse zeigte sich zuversichtlich: „Je eher das Geld- und Kreditwesen in normale Bahnen kommt, desto früher treten die von allen vernünftigen Menschen gewünschten und ersehnten friedensmäßigen Umstände in Erscheinung [...]. Die Großzügigkeit im Geldausgeben muß wieder einem vernünftigen Planen und Wirtschaften Platz machen. Es muß wieder gespart werden. Das gibt die solide Grundlage für den Wiederaufbau."

Die Versorgungslage nach der Währungsreform

Der „Tag X", wie jener Sonntag, 20. Juni 1948, gerne genannt wurde, brachte zwar die neue Währung, aber längst keinen postwendenden Umschwung. Ein Ende von Schwarzhandel und Bewirtschaftung – trotz gefüllter Geschäftsauslagen – stand außer Sicht. Und damit blieben bestimmte frei angebotene Lebensmittel zwar ein Signal, aber für viele Versorger unerschwinglich. Doch gegen Jahresende – der Marshallplan hatte bereits gegriffen – herrschten in der Lebensmittelzuteilung geradezu stabile Verhältnisse: Es gab regulär bis zu 1900 Kilokalorien pro Tag.
Insgesamt besserte sich langsam die Versorgungslage, wie zumindest das Angebot verrät, während die Preise nur schleichend zurückgingen. Zum Vergleich: In Aichach kostete eine Rasur (August 1948) 30, Haareschneiden 70 Pfennig, Dauerwellen 6,50 Mark. Soviel kam auch eine Flasche Wein zu stehen, womit Aichach gut überm Durchschnitt lag. Immerhin konnte man sich

für 40 Pfennig eine Tasse echten Kaffee gönnen, dazu für gleichviel eine Prinzregententorte, während die Schrobenhausener noch immer „Muckefuck" tranken. Und zum Barthlmarkt am 22. August „herrschte ein seit langem nicht gekannter Hochbetrieb in der Stadt". Den Produktionsaufschwung bewiesen 120 Stände, die vor allem Alltagsartikel „in unerwartet großem Umfang" anboten. Auf den Speisekarten der Gaststätten standen endlich wieder selten gewordene Gerichte: Wiener Schnitzel und Gänsebraten.

Zu Simon und Judäi, bei 200 Ständen und schlechtem Geschäftsgang, fiel auf, daß der Anteil improvisierter Ware abgenommen hatte. Jedoch der Wochenmarkt kam im November vollends zum Erliegen. Oft erschwerte die Entbehrung den Blick in die Schaufenster der Vorweihnachtszeit. „Der Stoßseufzer bei allen Kauferwägungen gilt aber den Preisen": Damenmäntel kosteten 99 bis 145 Mark, Radios bis zu 485. Immerhin gab es Zigarren ab 15 Pfennig, Kakao und echte Schokolade suchte man vergebens. Für 30 Gramm Schmuggelware wollte der Händler an Simon und Judäi 1,50 Mark.

5-DM-Schein nach der Währungsreform.

Ab Januar 1949 erhielt die Zuteilung ein neues Gesicht: Monatlich standen nun 500 Gramm Zitrusfrüchte und eine Fischkarte vom Wert eines Viertels der Monatsration in Aussicht. Kein Wunder, daß beim Auslassen des Freibades viele Jungen mit bloßen Händen die zurückgebliebenen Fische aus dem schlammigen Wasser holten – als Beisteuer zum Abendessen.

Die verbesserte Lage für Rohmaterial wirkte sich spätestens im Frühjahr 1949 in den Preisen aus. An erster Stelle der begehrten Güter rangierte die Glühbirne. Wer eine bekam, zahlte eine bis anderthalb Mark dafür. Die meisten anderen Gebrauchsgüter hatten Festpreise. Ein Aichacher meinte im April 1949: „Entweder strenge Bewirtschaftung oder gar keine, aber der jetzige Zustand ist untragbar. Die Behörden wissen von diesen Verhältnissen, die einem staatlich konzessionierten Schwarzhandel gleichkommen." Stichproben ergaben, daß Lockerungen denkbar waren, der Bezug zahlreicher Lebensmittel mit Geld statt mit Marken leichter fiel als gedacht. Tatsächlich kamen immer mehr Nahrungsmittel in den freien Verkauf, zuletzt Zucker am 1. Mai 1950. Dennoch, das Jahr 1949 hatte schon viel von der Nachkriegsbrisanz verloren. Der Wochenmarkt florierte wieder, und die Jahrmärkte erfreuten sich einer guten Auswahl. Selbst die Zeit war passé, als Dünnbier zu den Luxusgütern zählte: Mit respektablen Räuschen kehrten die Burschen vom Barthlmarkt heim, die Wirte konnten den Ausstoß von Vollbier wieder nach Hektolitern, den Wurstkonsum nach Metern messen.

BEWÄLTIGUNG DER NACHKRIEGSZEIT

Schritte gegen die Not

In der Nachkriegszeit trafen die Nöte geballt aufeinander: Kriegsheimkehrer sollten zurückgeführt werden in Familie und Beruf, Versehrte brauchten Versorgung, Vertriebene und Evakuierte Starthilfen. Gefährlich bei der Versorgungslage stand es naturgemäß besonders um die Kinder. Aichach hatte immerhin das Glück, infrastrukturell zu funktionieren. So konnten die verschiedensten Einrichtungen sofort im Sozialbereich ansetzen. Die Nachkriegszeit wurde zur Geburtsstunde sozialer Hilfseinrichtungen, die bis heute fortwirken. Allein die öffentliche Fürsorge versorgte 1947 jeden 13. Erwachsenen des Kreises, im Juli darauf waren es 1493 Haushaltsgemeinschaften mit rund 3000 Angehörigen. Ein Anrecht darauf hatten von Haus aus alle Kriegsheimkehrer. Doch ein arbeitsloses Flüchtlingspaar befand 1949: „Die Fürsorge-Unterstützung ist so gering, daß es zum Leben zu wenig und zum Sterben zu viel ist." Zusätzliche Hilfsprogramme waren dringend nötig. Eine ganze Reihe davon gehen auf das Konto von Stadtpfarrer Wilhelm Hacker. So gründete sich am 21. November 1945 die Caritas mit Sitz im Pfarramt. Sie betrieb von Anfang an ein Heim in der Wirtschaft „Zum Garaus" am Unteren Tor (heute Marien-Apotheke). Hier konnten vor allem Heimkehrer und Durchwandernde eine erste Hilfe finden, und war es nur ein warmes Essen: Vom ersten Tag weg bis Herbst 1946 gaben die Betreuerinnen vom Katholischen Frauenbund im „Garaus" 4000 Essen aus; die Bilanz von 1947 belief sich bei 5496 Mark Ausgaben auf 6000 Liter Suppe, 6300 Kilo Lebensmittel, 450 Liter Milch. 22 Frauen versorgten in 5000 ehrenamtlichen Arbeitsstunden 7241 Personen. Mehr als 1000 Menschen fanden zusätzlich einen kurzen Unterschlupf, die kaum 20 Betten des Hauses waren ständig vergeben. Mancher Durchwandernde – im Jahr 1947 ganze 488 – erhielt außerdem einen kleinen Obolus etwa für Arztkosten. Im März 1947 richtete auf Hackers Betreiben die Caritas in der Knabenschule eine Volksküche für bis zu 250 Essen täglich ein. Die Stadt steuerte das Brennmaterial bei, die Metzgerei Haselberger die Suppenbrühe. Für wöchentlich 20 Pfennig, dazu einige Abschnitte der Nährmittelkarte, bekam der Hungrige sechs weit wertvollere Portionen. Vor allem Vertriebene nützten diese Hilfe. Im März darauf nahmen täglich etwa 100 Leute das Angebot – inzwischen bei zehn Pfennig pro Suppe – wahr. Haselberger hatte bis dahin fast 30 Kubikmeter Brühe gespendet, an harter Einlage hatten die Frauen sieben Tonnen verkocht.

Die Schulspeisung, von Hacker und der Caritas seit Juni 1947 betrieben, kam alsbald 1800 Kindern, davon 650 aus der Stadt, zugute; sie war zugleich ein spürbarer Beitrag, den schmalen Etat der Eltern zu entlasten: Auf 150 Schultage fielen rund 275 000 Portionen. Offensichtlich verstand sich der Pfarrer meisterhaft auf die Beschaffung von Ware im großen Stil. „Gelegentlich wurde ihm vorgeworfen, zu großzügig zu sein, doch wären die Kritiker bald verstummt, wenn sie gewußt hätten, daß er nicht selten an seine Privatschatulle ging" (Richard Bauch). Bei der Einrichtung dieser Schulspeisung war es das größere Problem gewesen, an die 20 notwendigen Großküchentöpfe heranzukommen.

Alle ohne eigene vier Wände, vornehmlich also Vertriebene, konnten ab Herbst tagsüber im „Ziegler"-Saal eine geheizte Zuflucht finden. Diese Wärmestube siedelte ab 1952 mehrfach um, blieb aber bis 1967 im Winter gut frequentiert. Damit erschöpften sich die Zuwendungen der Caritas längst nicht, wie ein Blick ins Jahr 1947 beweist: Aus der Pfarrei erhielten weitere 401 Personen (aus dem Kreis 214) 30 000 Mark als Beihilfe für Miete, Möbel, Heizung oder Studium. Fast vier Tonnen Brot konnten an 120 arme Arbeiter verteilt werden, und an

Aichach im Oktober 1949			
Einwohner:	6427		
Altbürger:	3536	Heimatvertriebene:	1543
Evakuierte:	502	Ausländer:	46
Insassen der JVA:	800		

nicht adressierten CARE-Paketen durften sich 725 Familien erfreuen, während 273 Kinder zu Weihnachten eine süße Bescherung erhielten. 862 Hausratgegenstände und 6777 Mark warf die Sammlung für das Christfest ab. Hacker hatte dies mit einer Aktion verbunden, bei der Bedürftige Wunschzettel abgeben konnten, um im „Ziegler"-Saal dann eine bedarfsgerechte Verteilung vorzunehmen. Daneben ging noch so manche Hilfe nach auswärts. Unterm Strich konnte bei über 150 000 Mark Einsatz 17 270 Menschen irgendwie geholfen werden, davon zu 80 Prozent Vertriebenen. Und schon im März 1948 brachte die Caritas binnen einer Woche 18 540 Mark bei der Sammlung in 1430 Haushalten zusammen. In diesem Jahr betreute sie 15 403 Menschen, obgleich auch sie die Währung verschmerzen mußte, wie der Gesamtaufwand zu 21 035,88 Reichs- und 5052 Deutsche Mark verrät. Trotzdem stecken 14 052 Kilogramm Lebensmittel, 333 Stück Wäsche und Kleidung sowie Suppe für 12 849 Personen dahinter. Vielfach kamen die Leute mit ihren Anliegen ins Pfarramt, wo ihnen oft im Handumdrehen geholfen wurde, vor allem mit Lebensmitteln aus Spenden. Die alljährlichen Herbstsammlungen bei den Bauern warfen sogar Getreide ab, mit eigenen Caritas-Bezugsscheinen konnten sich Bedürftige in der Bäckerei Behringer (unterhalb der Kirche) das Brot abholen.

Ausnahmslos Kriegsbetroffene, nämlich die Herren Gföllner, Kukol, Linzenkirchner, Sauter, Schönwälder, Weiß und Wurfbaum hoben 1947 im Gasthaus „Pfaller" die Arbeiterwohlfahrt (AWO) aus der Taufe. Trotz der Besetzung sowie des Anstoßes durch Landrat Wernseher führte die AWO ein eigenes Leben unabhängig der Orts-SPD. Antrieb war die organisierte Selbsthilfe. Damit zog die AWO am selben Strang wie die Caritas, beteiligte sich auch an Hackers Suppenküche oder der sorgsamen Verteilung der CARE-Spenden. Wie der Stadtpfarrer, so sorgte sich auch diese Einrichtung um alle sozial Schwachen ohne Rücksicht auf Konfession oder Herkunft. So war die evangelische Gemeinde unter Pfarrer Herbert Cramer, ab 1947 unter Vikar Fritz Hübner, zu arm zu einer flächendeckenden Hilfe. Die kleine Diaspora hatte sich infolge der Flüchtlingsschübe zahlenmäßig im Nu vervierfacht. Und noch eine Parallele gab es: Die AWO wollte „nie als bloßer Reparaturbetrieb" (C. Reichl) agieren; ihre führenden Köpfe tauchen in der Politik genauso auf wie Hacker als erfolgreicher CSU-Kreiskandidat und Mitglied des Fürsorgeausschusses, wo er sich aktiv an der Sozialpolitik beteiligte.

Das Rote Kreuz unter Vorsitz von Krankenhaus-Chefarzt Dr. Ernst Bringmann indes betrieb eine Werkstätte für Kriegsversehrte. Diese produzierten unter Leitung von Peter Reiner Holzspielzeug und Kunsthandwerk. Die neue Währung hatte zu einem Produktionswechsel und weniger Aufträgen geführt, obendrein war es kein leichtes, Schwerstversehrte in die Arbeit zu integrieren. So meldete RK-Geschäftsführer Josef Einsle im Oktober 1948 ein Defizit von 3500 Mark. Das Rote Kreuz gab darauf die Trägerschaft auf, die Regierung versagte einen Zuschuß – das Heim mußte schließen. Besonders hart traf das Rote Kreuz der Versorgungsmangel. Die Kolonne, seit 1946 unter Führung von Karl Braun, hatte zwar ihren alten Opel Blitz und einen Mercedes Diesel von den Amerikanern, doch erstens mußte auch das RK mit Treibstoff knausern, zweitens besaß es vorübergehend nur einen Satz Reifen. Der wurde je nach Art des Einsatzes auf das entsprechende Fahrzeug montiert. Innerhalb der Stadt diente zu den Einsätzen der Handwagen, ansonsten ein Holzvergaser-Fiat inklusive richtigem Bett als Sanka. Trotzdem: In den 16 Monaten bis August 1947 hatte das RK 1130 Krankentransporte bei 52 300 Kilometern Strecke erledigt. Betreuung und Beratung erging an 686 Versehrte, 1482 Vertriebene, 91 Jugendliche, 212 Mütter, 111 heimgekehrte Kriegsgefangene, 490 Invaliden und 370 Hinterbliebene. Erst ins Jahr 1949 fiel die Anschaffung zweier moderner Krankenwägen, womit die Kolonne wieder „allen Erfordernissen voll und ganz gewachsen" sei, so Bringmann.

Zu Weihnachten 1948 kooperierten erstmals die großen Sozialeinrichtungen: German Youth Activities (GYA), Caritas, Innere Mission, RK, VdK und der Flüchtlingsobmann bereiteten 350 armen Kindern und 100 alten Bedürftigen eine Freude mit Säckchen, die Spielzeug, Naschwerk oder rare Zusatzkalorien wie Zucker enthielten.

Wirtschaft: alte Bereiche, junge Initiativen

Das neue Geld hatte maßgeblichen Anteil an der wirtschaftlichen Wende. Zunächst ohne größere Einschnitte liefen in Aichach nach Kriegsende die Fastenmärkte für Vieh und die Zuchtbullenversteigerungen weiter, letztere bis zum Juli 1949, kurz vor Öffnung der Tierzuchthalle Pfaffenhofen. Bruchlos funktionierte außerdem die Milchablieferung, obgleich die aus der Stadtgemeinde von 357 096 oder 3,9 Litern pro Kuh im Jahr 1944 auf 325 214 oder 3,5 Tagesliter im Folgejahr fiel. Milchwerksvorsitzender Josef Riß (Todtenweis), Geschäftsführer Alfons Merk und Aufsichtsratsvorsitzender Martin Friedl (Unterschneitbach) konnten im Frühjahr 1946 vermelden, daß die erst seit 1938 bestehende, immerhin bereits 722 Mitglieder zählende Genossenschaft „vollkommen schuldenfrei" sei. Der Gesamtmilchanfall lag bei umgerechnet 39 Tonnen täglich, während sich die Jahresproduktion auf 552 Tonnen Butter, 224 Tonnen Edamer mit 30 Prozent Fett, 28 Tonnen Camembert zu 20 und elf Tonnen zu 30 Prozent, 1268 Kilogramm mageren Limburger, 112 Tonnen Speisequark und 51 Tonnen Molkenpaste belief. Zum März 1947 meldete Merk einen Reingewinn von 41 237 Mark bei 3200 Lieferanten, davon nur 1000 Mitglieder. Die Anlieferung sank 47 um 7,3 Prozent, was auf die starke Trockenheit, Grünfuttermangel und die Schlachtviehabgabe zurückzuführen war. Die Landwirte der Stadt brachten 3,12 bis 4,65 Kilogramm pro Tag und Kuh. Erst nach der „Währung" wurden 3400 Liter Milch mehr angeliefert als zuvor. Merk hoffte wieder auf ein Soll von 40 000 Litern pro Tag, den Stand von Herbst 1946. Der Aufschwung ließ nicht lange auf sich warten – im Herbst 1949 ging das Milchwerk an die Erweiterung seiner Käsebereitungsanlage.
Neusiedl & Gutmann (Neusa) aus Augsburg, seit 1940 am Ort, zeigte 1946 Ledermoden auf der bayerischen Export-Leistungsschau, gehörte also auch zu den Betrieben, die sich in Kontinuität übten. 1947 fanden 130 vertriebene Klöppler bei Neusa die Möglichkeit zum Nebenerwerb, da diese Firma prompt die Textilpalette ausweitete.

Blick in die Eisenwarenhandlung der Firma Meisinger vor der Modernisierung.

Auch der handwerkliche Bestand der Stadt konnte sich sehen lassen; doch fehlende Ware und darniederliegender Großhandel im Kreis, die noch ungünstige Verkehrslage und die unzulängliche Rohstoffanfuhr stellten keine größeren Sprünge in Aussicht. Beispielsweise bezogen sämtliche Bäcker des Bezirks ihr Mehl von zwei Großmühlen, und die verarbeiteten mit Ausnahme von Roggen immer weniger heimisches Getreide, sondern Hilfsanlieferungen aus den Staaten. Die Preisbehörde bestätigte den Metzgern im Oktober 1947 sogar sehr gute Wurstwaren, die Konditoren rügte sie 1948 wegen minderen Gewichts ihres Kleingebäcks.

Neben den Innungen existierten an wirtschaftlichen Gremien eine Ortsgruppe des Bayerischen Bauernverbandes mit Vorsitzendem Johann Hutzler, ein Milchleistungsausschuß, erst seit 1947 eine Gruppe der freien Gewerkschaft mit Vorsitzendem Peter Linzenkirchner. Im März 1948 kam der Einzelhandelsbezirksverband mit Chef Rudolf Aickelin (Aichach) hinzu.

Die Arbeitslosigkeit hielt sich überschaubar: Hatten im Kreis zum Juni 1946 von 39 000 Einwohnern 1130 Frauen und 710 Männer keine Arbeit, trotz über 300 freier Stellen in der Landwirtschaft, so lag das primär an gesundheitlichen Gründen. Schwieriger stand es, um Lehrjungen unterzubringen; 150 hatten im März 1948 trübe Aussichten. Gerade da kündigte die Textilfabrik Wilhelm Walter 80 bis 100 Arbeitsplätze an und richtete sich mit 30 Spezialmaschinen im Stieglbräu ein; mit letztlich 76 Angestellten war die Firma neben Neusa, die nach Großbritannien und Amerika lieferte, im Jahr darauf mit Blick auf Syrien, Indien und China exportfähig, doch zog der „Flüchtlingsbetrieb" wegen mangelnder Ausbreitungsmöglichkeiten nach Laufen fort. Dabei mußte sich der Stadtrat mehrfach anhören, ausbleibender Rettungsinitiativen wegen mitschuldig zu sein, was dieser jedoch von sich wies.

Ins Jahr 1947 fiel auch der Abschluß einer vom MG angeordneten Demontage, die im Wert von 1,5 Millionen Mark gehandelt wurde: 250 Angestellte, vor allem Insassinnen der JVA, hatten seit 1942 in der „GmbH zur Verwertung chemischer Erzeugnisse" Zwei-Zentimeter-Granaten und Pionierzünder herstellen müssen.

Immerhin lief in dieser Zeit die Einbindung der Vertriebenen in die Wirtschaft auf hohen Touren, ohne daß dies von außen besonders gesteuert worden wäre. Vielmehr ergriffen die Neubürger selbst die Initiative, ihrer 47 hatten bis November 1947 einen Handwerksbetrieb im Kreis konzessioniert; daneben boten Textil-Walter, die Zigarrenfabrikation von Fridolin J. Schacht, im Rothenfußer beheimatet, und Maria Schreibers Klöpplerei in der Werlbergerstraße von 28 bis 80 Leuten ein Auskommen. Bereits Bauch wies darauf hin, daß Aichach „eine Hochburg der Schneider gewesen zu sein" scheint – zum Teil bestanden ganze Flüchtlingsschübe aus homogenen Gruppen, die in florierenden Textilregionen gewirkt hatten, was sich Neusäß letztlich spontan zunutze machen sollte, was aber auch die Struktur der kleinen Gewerbetreibenden stark veränderte.

Größere Sorgen hatte die Landwirtschaft. 1948 zeichnete sich zumindest eine Mittelernte ab, und das hieß acht bis 14 Zentner Roggen pro Tagwerk oder neun bis 15 an Weizen, während die Schädlinge die Ölfrucht Raps schwerlich hochkommen ließen. An Feldbuschbohnen und -gurken fuhr man eine Mißernte ein, Pech bescherten obendrein die Frühkartoffeln. Ende Oktober zeigte eine Obstausstellung mit 300 Ausstellern in der Turnhalle, was die knapp 95 000 Obstbäume im Kreis denn abwarfen. Den ironischen Tenor der insgesamt 1000 Besucher übermittelt die Presse: „Man bezeichnet es als erfreulich, daß das schöne, im Kreis Aichach gewachsene Obst wenigstens in einer Ausstellung zu sehen war, nachdem es am Wochenmarkt nie zu finden war." Man mußte in diesen Tagen schon froh sein, daß die Wochenmarktpreise seit einigen Wochen stabil blieben. Eine seltsame Wende

Dem Kartoffelkäfer auf der Spur

Ein unerfreulicher Import aus Amerika ist der Colorado- oder Kartoffelkäfer. Ganze Schulen jagen den gefräßigen Larven hinterher. An vier Suchtagen im Juni 1947 sammeln Kinder im äußeren Stadtgebiet 229 Käfer, 10 730 Larven und 2450 Eihorte. Zwei Jahre darauf erbeuten die oberen vier Volksschulklassen an einem einzigen Tag 223 Käfer, 7840 Larven und 600 Eier (für 1949 bisher insgesamt 1720, 1164, 8257).

nahm indes das Schlachtviehangebot: Im Juli 1948 standen die Metzger vor einem Überangebot. Doch schon im November glaubte Robert Pilz vom Ernährungsamt A die Fleischverteilung im Kreis gefährdet, und zwar wegen Ablieferungszwangs an den Schlachthof Augsburg, der jetzt die Weiterverteilung an die Metzger besorgte. Tatsächlich mußte der als human bekannte Konservenfabrikant Haselberger im großen Stil Leute ausstellen: „Die Entlassungen sind einzig und allein auf das katastrophale Versagen der Viehanlieferung zurückzuführen", so der Geschäftsführer. Seit September würden wöchentlich drei, vier Rinder, keine Kälber und Schweine, einmal nur ein Großvieh zugeführt. Eingerichtet war der 110 Beschäftigte unterhaltende Betrieb für 400 Stück Großvieh oder 600 Schweine pro Woche. Um mit der Schlachtviehzuteilung nicht weiterhin von Augsburg abzuhängen, richteten die Aichacher Händler und Metzger eine Nebenauftriebsstelle beim Stemmer ein.

Das Jahr 1949 brachte vorerst die volle Gewerbefreiheit, außer im Gesundheits-, Sicherheits- und Wohlfahrtswesen. Damit war es nicht mehr Sache des Stadtrats, bei einem Antrag auf Zulassung über den Bedarf zu entscheiden. Von dieser freien Regelung machten zumeist Vertriebene Gebrauch: Sie wären, so das eigene Urteil, „ohne diesen Befehl der Militärregierung nie in die Lage versetzt worden […], sich wieder in ihrem, in der Heimat bereits ausgeübten Gewerbe zu betätigen." Außerdem betraf die Arbeitslosigkeit an der Jahreswende zu 60 Prozent Neubürger. Was die Freigabe dämpfte, war weiterhin der Mangel an Geld, Raum, Werkzeug und Maschinen. Diese Hürden packten größere Betriebe leichter. In der Malztenne der ehemaligen „Hofman"-Brauerei (Kastanienhof) beispielsweise richtete sich eine moderne Kerzenfabrik ein. Die Firma Gustav Brauß & Cie. bezog die Baracken im Industriegebiet. 25 Mädchen und fünf Fachleute produzierten hier Elektrorasierer. Auf der Bürgerversammlung im Herbst 1949 kam jedoch zur Sprache, industrielle Niederlassungen seien „bisher hauptsächlich am Wohnraummangel gescheitert". Damit drehte sich Aichach zu einem gewissen Maß im Kreis.

1949 bemühte sich die Stadt denn auch um eine mittelfristige Wirtschaftsplanung zur Koordination des sanften Aufschwungs. Plößl, der Schöpfer des genannten Wirtschaftsplans, legte dem Stadtrat bereits im Mai nahe, die Eingemeindung Algertshausens anzustreben, zumindest aber die wirtschaftliche Einheit mit dem Ort, auf dessen Flur der Aichacher Bahnhof lag. Ein Schritt dazu wäre eine Zufahrt zum Bahnhof vom Stadtsüden aus. Der ab Juni aufliegende Wirtschaftsplan orientierte sich nach den drei zukünftigen Baugebieten. Für die Industrie kamen nun die Standorte zwischen Paar und Bahnlinie sowie im Süden zwischen Augsburger und Münchener Straße in Betracht. Der Verkehr sollte aus wirtschaftlichen Gründen durch die Stadt geleitet werden (Reichsstraße 300). Der Plan berücksichtigte das Autobahnprojekt Augsburg–Wolnzach, das Aichach beim Fuchsberg tangiert hätte.

Re-education: Schulen, Bildung, Freizeit und Geselligkeit

Freie kulturelle Betätigung und freies gesellschaftliches Leben – 1945 ließ sich unmöglich dort fortfahren, wo seit 1933 die Gleichschaltung alle Freizügigkeit, alle Pluralität in das Korsett von Partei und Reich gezwungen hatte. In der Öffentlichkeit mußte sich der einzelne nicht nur Bildung wie Schule, Literatur, Presse, sondern auch Vergnügungen, Sport und Geselligkeit in ideologischer Aufbereitung schmecken lassen. Unter Kultur hatte man gar protzige militärische Aufmärsche auf Stadt- und Exerzierplatz, Standkonzerte von NS-Kapellen oder einen mit angeberischen Hakenkreuzbannern behängten Stadtplatz verstanden. Und derlei wurde für so manchen zum roten Faden der kompletten Jugendzeit, führte vom Klassenzimmer über BdM oder HJ zum Arbeitsplatz oder an die Kriegsfront. In je irrsinnigere Konstellationen sich dann die Kriegsjahre verrannten, desto erbitterter waren die Parolen, die auf das Volk niederprasselten und dort wirkten, wo man längst verseucht war.

Für die Besatzungsmacht stand außer Frage, daß die Deutschen erst wieder angeleitet werden mußten, in eine freiheitliche Lebenswelt zurückzufinden.

Bei einer Lehrertagung in Aichach sahen die Teilnehmer die zwei Weltkriege mitunter in einer falschen Kindererziehung begründet, und diese Einschätzung war so falsch nicht. Umerziehung, „Re-education" heißt, der daran geknüpfte Prozeß: Es war ein breitangelegtes Paket von Maßnahmen, die Demokratisierung der Bevölkerung von seiten des Bildungs- und Erziehungswesens, aber auch der Medien und Geselligkeitseinrichtungen voranzutreiben – weg von der starren Propagandamasche hin zur „Besinnung auf das bessere deutsche Kulturerbe" (Birke). Um es vorwegzunehmen: Diese gesetzlich verankerte Maßnahme bedeutete für die kleine Provinzstadt Aichach einen enormen Gewinn. Das heutige Leben der Stadt steht stark in dieser Tradition, und zwar so selbstverständlich, daß sich kaum jemand vergegenwärtigt, wodurch sie entstand. Die Bandbreite an Novitäten reichte von der Bürgerversammlung über die Volkshochschule hin zur neuen „Lässigkeit" der jungen Menschen, die von den amerikanischen Soldaten geradezu ins tiefe Bayern importiert wurde. Neben der Presse war es vor allem das Radio, das auf ganz neue Grundlagen gestellt wurde. 1949 hatte im Postbereich Aichach jeder zweite Haushalt ein Radio (= 3200) angemeldet, beliebtester Sender war nicht „Radio München" – seit 25. Januar 1949 der „Bayerische Rundfunk" –, sondern „Radio Stuttgart".

Zwischen Amtsblatt und AZ: Die örtliche Presse

Bis zum letzten Kriegsjahr mußte die alteingesessene Aichacher Zeitung den Nationalsozialisten als Parteiblatt dienen. Es folgten vier Jahre Erscheinungsverbot. Die Zeitung durfte ihre Leserschaft erst wieder mit Nachrichten versorgen, nachdem die amerikanische Militärregierung die Lizenzpflicht aufgehoben, damit die Presse in Bayern freigegeben hatte (22. August 1949). Allerdings mußten die Aichacher Haushalte bis dahin nicht gänzlich auf Druckfrisches aus ihrer Heimat verzichten: Für Mitteilungen sorgte in dieser Zeit Joseph Lackas. Nun besaß Lackas ein besonderes Verhältnis zu Aichach, hatte er doch bei seinem Schwiegervater, dem Verleger Carl Schütte, als Chefredakteur des 1922 begründeten Aichacher Kurier gearbeitet. Dieses ambitionierte Lokalblatt mit Sitz im heutigen Grieb-Haus war trotz heftigen Widerstandes 1935 in den Sog der nationalsozialistischen „Gleichschaltung" und zur Einstellung gezwungen worden. Rechtsansprüche auf die kassierten Druckmaschinen sorgten freilich nach Kriegsende für schwere Auseinandersetzungen, jedoch etablierte sich Schüttes „Kurier" nicht mehr am Ort. Immerhin konnte Lackas mit Genehmigung der Militärregierung seit 8. September 1945 das „Amtsblatt für Stadt und Landkreis Aichach" verlegen. Seine Geschäftsstelle siedelte vom Gasthaus „Stemmer" im November in die Münchener Straße über (Geschäft Knill). Erschien das Amtsblatt in etwa wöchentlich, gesellte sich dienstags und freitags, erstmals am 11. Dezember 1945, der Ingolstädter Donau-Kurier hinzu. Die Militärregierung hatte ihn als zehnte bayerische Zeitung mit festgelegtem Einzugsgebiet lizenziert. Bekamen in der Regel mehrere Herausgeber diese Lizenz, war es im Falle des Donau-Kurier allein – Joseph Lackas, der „zur ersten Garnitur der Anti-Nazi" gezählt wurde. Die Berichterstattung zum Kreis Aichach wuchs von vereinzelten Meldungen langsam auf bis zu eine Seite pro Ingolstädter Ausgabe an.

In beiden Organen fanden vor allem die Sorgen der Nachkriegszeit Eingang. So kamen im Amtsblatt fast nur öffentliche Funktionsträger zu Wort, Landrat Reichart zunächst, neben ihm Lackas selbst, der drei Monate kommissarisch das Amt des Bürgermeisters von Aichach versah, sowie der Chef des Aichacher Finanzamtes, Siegfried Prasch, Polizeikommissar Werbeck oder Arbeitsamtsleiter Wernseher. Ihnen lag daran, die städtische Ordnung zu stabilisieren; da wurden Anweisungen erteilt, wie man zu seinen Lebensmittelmarken käme oder was Spätheimkehrer nun zu unternehmen hätten. Verbote und Anordnungen von Staatsministerien und Militärregierungen wurden bekanntgegeben. Einen mahnenden Unterton trugen zunächst auch die Meldungen im Donau-Kurier, vor allem wenn es um Delikte wie Schwarzhandel und Unterschleif ging. 1949 war sein Heimatteil schon einigermaßen umfangreich und bot kleine Reportagen sowie heimatkundliche Meldungen. Im Juli des Jahres begann der Kurier unmittelbar im Vorfeld der Pressefreigabe mit Eigenwerbung: „Auch Sie werden nächstens vielleicht die Gelegenheit haben, den Donau-Kurier mit einer Kreiszeitung zu vergleichen." „Nächstens", das war am

Die erste Nachkriegsausgabe der Aichacher Zeitung.

Montag, 1. August. Fritz Mayers Druckerei hatte an der neuen Aichacher Zeitung (AZ) zuerst nur Anteil mit der Anzeigenleitung, der Redaktion des Lokalteils unter Hanns E. Muck und durch ein Drittel der Produktion neben Rieder (Schrobenhausen) und Udart (Pfaffenhofen). Anfangs erschien die AZ sogar im Verlag der Schwäbischen Landeszeitung (später Augsburger Allgemeine), deswegen stand kurzzeitig auch Curt Frenzel als Verantwortlicher der übergreifenden Ressorts im Impressum. Die AZ gewann schlagartig 2000 Abonnenten. Im ersten Erscheinungsjahr sollte sich diese Zahl mehr als verdoppeln. Ab 1. August 1951 griff die Interessengemeinschaft zwischen AZ und Donau-Kurier: Mit diesem Datum erschien im Landkreis seither nur noch eine Tageszeitung, die Aichacher Zeitung.

DER ORGANISIERTE SPORT

Neustart alter Vereine

Nach der Stunde Null herrschten erst einmal gestrenge Verhältnisse, Sperrzeiten und Tanzverbot etwa, doch die Amerikaner sollten ihren Kurs bald lockern. Davon profitierte vor allem der Sport: „Das Verlangen unserer Jugend nach sportlicher Betätigung wirkte sich zunächst in zwanglosen Zusammenkünften auf den Sportplätzen und gelegentlichen Übungsspielen aus", meldete Karl Wilhelm, den das MG 1946 zum Aichacher Sportbeauftragten ernannt hatte. Das MG hatte das immerhin geduldet. „Vielfach wurde jedoch von den Vereinen die Erteilung einer solchen Spielgenehmigung mit der Genehmigung der Vereine selbst verwechselt." Den offiziellen Anfang durften im Februar 1946 zwei Vereine machen, die 1933 zwangsfusioniert worden waren: TSV und BCA. Als der TSV im Februar neu starten konnte, mußte er vorerst mit einem verkleinerten Sportplatz – wegen Erweiterung des Holzgartens – vorliebnehmen. Der BCA hatte, bei 65 Gründungsteilnehmern im Bauerntanz, schnell wieder 500 Mitglieder beisammen, nahm sogar ein neues Clubheim in Holzbauweise mit Umkleide und Waschraum in Angriff und verkaufte zur Finanzierung Anteilsscheine. Und noch zu Josefi 1946 trat eine Elf aus Seppen mit Tormann Josef „Kase" Kasberger gegen den alt-neuen BCA an, um vor 700 Zuschauern 4:6 zu verlieren.

Ab 1947, dem 30. Jahr seines Bestehens, hatte der Club in 50 aktiven Schachspielern eine neue Abteilung (im Fischerwalter), während die Skifahrer bereits zum Bestand gehörten. Am 7. März 1948 trugen sie in Bayrischzell die Meisterschaften aus, es siegte Karl Demel. Ansonsten beließ es der BCA bei diesen beiden Abteilungen, um Konkurrenz mit dem TSV zu vermeiden.

Die gute Zusammenarbeit unterstrich denn auch TSV-Chef Josef Bergmeier, den 1949 Franz Steuerl ablöste. 40 TSVler, vor allem jüngere Semester, begründeten die Tennisabteilung, die ihren Anfang gegenüber dem heutigen Pfarrzentrum nahm: In 600 Arbeitsstunden hatte man den dortigen Platz bis Juni 1949 renoviert. Neue, allerdings kurzlebigere Nachkriegsabteilungen widmeten sich dem Boxen, Judo und dem Theaterspielen. Mit seinem 80jährigen Jubiläum im August 1948 konnte der TSV wieder über seinen ehemaligen Sportplatz verfügen. Dies holte die Leichtathleten, Faust- und Handballer zurück aufs Tapet der Aktiven, während das ursprüngliche Aushängeschild, das Turnen, mehr und mehr gewandelten Interessen Tribut zollen mußte. Im Juli 1948 ließ der Kraftsportclub Eiche (KSCE), im Krieg dem TSV beigeordnet, von sich hören. Er plante, eine große Sporthalle zu errichten; zunächst pachtete er Grund am Exerzierplatz von der Stadt. Anton Endres und Georg Efinger hießen die gewählten Vereinsleiter, Stemmwart war der Kraftsportler Paul Schiffmann.

Auch auf dem Land regten sich die einstigen Kräfte, allerdings oft spürbar nah an der überwundenen Zeit. Wilhelm beklagte, daß „noch ganz erheblich autoritäres Gedankengut und Bezeichnungen aus dem NS-Reichsbund für Leibesübungen in den Satzungen vorhanden sind".
Mit dem 17. September 1949 traten die 1933 als „Marxisten" verbotenen Naturfreunde mit ihrem Vorsitzenden Emil Lorenz in Aktion. Zu diesem Zeitpunkt hatte Aichachs Altbürgermeister Gottlieb Schmid beim DAV, dem er seit 1898 angehörte, zwei Jahre als Vorsitzender hinter sich. Um die Wiedergründung der Sektion 1946 durchzusetzen, hatte er dieses Amt angenommen – dem ehemaligen Vorstand hatten nur Pgs. angehört. Schmids Nachfolge trat Rechtsanwalt Josef Stanglmayr an. Anton Lindermeier und Josef Reitberger übernahmen die Jugendleitung.
Der erste im Kreis zugelassene Verein war indes kein sportlicher oder karitativer, sondern der Bienenzucht-Verein. Das Register nennt im April 1949 bereits 40 Vereine, darunter auch die Bereiche Obstbau und Burschenschaft. Ein Beispiel sind die über 100 Aichacher Heimgärtner, deren Vorsitz im Mai 1949 von Josef Straßer auf Karl Lindlmeier überging. Wer „schrebern" konnte, sparte sich Geld am Wochenmarkt. Die Lizenzierung dieser Vereine zielte klar auf die „Re-education" ab: Als erstes Vereine, die Hilfe anboten (BRK; Freiwillige Feuerwehren: bis Juni 1947 ihrer 64 im Kreis mit 2270 Mann, dazu sieben Pflichtfeuerwehren mit 150 Mann; VdK; AWO) oder versorgten (Heimgärtner, Obstbauern), daneben solche, die ein dringendes, jugendorientiertes Ausgleichsprogramm boten, also Sportvereine. Um die heimatliche Gesinnung zu fördern und zu strukturieren, ließ das MG auch Einrichtungen wie den Gebirgstrachtenverein Almenrausch schnell wieder zu – samt eigener Kapelle unter Leitung von Walter Taubert. Er durfte ab März 1946 agieren, aus Haussammlungen brachte er – wie der VdK – vierstellige Summen für soziale Zwecke bei. Am Karsamstag 1946 fand sogar das während des Kriegs zwangsläufig unterbliebene Jaudusverbrennen wieder statt.
Eingetragen wurden auch das Katholische Werkvolk, der Haus- und Grundbesitzerverein mit 150 Mitgliedern unter Alexander Klais oder gar die Aichacher Photofreunde mit Leuten wie Heinrich Bär, Walter Müller und Marianne Rehle, im Juli 1949 im Hofman gegründet. Dürftig sah es freilich im Bereich Jagen – Fischen und bei den Schützen aus, denn Schußwaffengebrauch war noch tabu. Josef Koppold als Vorstand von gerade mal 24 Mitgliedern im Fischereiverein (Stand: Juli 1949) blieb nur die Klage übrig, daß die Paarregulierung den Fischbestand beträchtlich reduziert habe. Zwar hatten kreisweit nur 37 Personen eine Fischereiberechtigung, doch tatsächlich werden in jener Notzeit weit mehr geangelt haben.

DREI VOLKSSCHULEN

Erziehung in der Umerziehung

Ab 1946 kam das Schulwesen wieder in geregelte Bahnen. Um 6.57 Uhr ging der Zug nach Schrobenhausen in die Oberschule ab, deren Besuch noch Schulgeld erforderte. Außerdem hatte die Stadt Aichach ihr Scherflein für an die 130 „Gast"-Schüler beizusteuern. Alle sonstigen Schulen gehörten indes längst zur Stadt. Die Volksschule verteilte sich noch auf zwei Gebäude, getrennt nach Mädchen im Haus an der Martinstraße und Knaben im Gebäude an Hubmann- und Steubstraße. Schwester Othmara Huber obwaltete noch ab Herbst 1945 über eine Kreisbildstelle, die sich in ihrer Mädchenschule an der Martinstraße befand. Bei der Teilung nach Geschlecht blieb es nicht; es kam noch eine dritte Volksschule hinzu. Ende 1948 genehmigte der Stadtrat den Antrag von Vikar Fritz Hübner auf Einrichtung einer evangelischen Schule in der Steubstraße neben Glaser Zerle. Zum Religionsunterricht zusammengefaßt werden sollten ab kommendem Jahr die erste bis vierte und die fünfte bis achte Klasse. In der evangelischen Gemeinde wurden jedoch kritische Stimmen laut. Die Zusammendrängung mehrerer Klassen wurde als hemmendes Experiment abgelehnt. Gab es die Konfessions-

Ansicht der alten Knabenschule Ecke Steub- und Hubmannstraße.

schule erst einmal, war ihr Besuch Pflicht, „Einschränkung meiner persönlichen Freiheit" in demokratischer Zeit, wie ein Vater sich ausdrückte. Und: „Es ist mir unverständlich, daß in der heutigen Notzeit derartige Probleme in den Vordergrund gestellt und für so äußerst wichtig gehalten werden. Die Distanzierung der Schuljugend in konfessioneller Hinsicht würde die Gegensätzlichkeit in unserem Volke von Jugend an nur noch mehr hervorheben." Die Simultanschule habe sich woanders längst bewährt.
Das sah Vikar Hübner im Sinne des Kirchenvorstandes anders: „Gerade in der heutigen Notzeit ist deutlich geworden, daß ein starker christlicher Glaube auch für unsere Jugend der einzige Halt ist." Schulamt und Lehrerschaft legten sich in dieser Frage strenge Neutralität auf, zumal die Bekenntnisschule, „die vom pädagogischen Standpunkt nicht dem Wohle der Schüler" diene (Wernseher), laut Verfassung als „Regelschule" festgeschrieben war. Den Vorschlag der Gemeindemitglieder und des Stadtrates, die Eltern abstimmen zu

lassen, lehnte das Pfarramt ab. Unabhängig davon stand jedoch außer Frage, das Vorhaben zu billigen. Allerdings waren letztlich tatsächlich die evangelischen Schüler die Leidtragenden. Denn die wahre Ausgrenzung wurde ja unter Gleichaltrigen praktiziert, nicht unter verständigen Erwachsenen.

Egal aus welcher Teilschule – wer die achte Klasse vollendet hatte, mußte ab Februar 1946 die Verbandsberufsschule im Erdgeschoß der Knabenschule besuchen, die von 9 bis 17 Uhr dauerte. Schulrat Heinrich Huber hatte Zenta Bartl aus Sielenbach, Karl Andiel aus Komotau und Max Eberl aus Wangen beauftragt, die Schule wieder in Schwung zu kriegen. Der Kriegsheimkehrer und vormalige Direktor Hans Schmid konnte sie dann zum Herbst 1947 übernehmen. „Es war ein hartes Anfangen!" berichtet er. „Nahezu alle Schulmöbel verschleppt – die Schreibmaschinen verschwunden – die Lehrerbibliothek bestand noch aus etwa 12 veralteten, zerfetzten Werken – keine Stühle, nur primitive Luftschutzbänke – alle Modelle verfeuert, gestohlen – alle Lehrpläne und Schulakten vernichtet. Papier, Hefte, selbst Bleistifte gab es kaum zu kaufen." So sah es sicher auch andernorts aus. 1949/50 mußte die Berufsschule 1180 Besuchern Herr werden – hauswirtschaftliche und Textilabteilung kamen provisorisch im Nordheim an der Schrobenhauser Straße unter.

> **Die Direktoren der Berufsschule**
>
> Seit 1. Oktober 1929 war der Münchner Hans Schmid Direktor der Berufsschule, bis er 1942 einberufen wurde. Seine Nachfolger Georg Hein und Ludwig Wilkofer traf dasselbe Los. Unter Erwin Horvath, gegen Kriegsende, verwandelte sich das Haus in ein Lazarett, die letzten Schüler bekamen im Gerhauser-Anwesen Unterricht; hernach diente die Schule als Unterkunft für US-Soldaten, bis unter Max Eberl der Betrieb 1946 neu losging. Das Jahr darauf kehrte Hans Schmid zurück in den Lehrkader, am 28. Oktober des Jahres übernahm er seine einstige Position.

Die im Januar einsetzenden Kurse der Landwirtschaftsschule krankten desgleichen an Überfüllung, sei es von Mädchen aus Bauernhöfen oder von Kriegsheimkehrern. Nähen, Gesundheits- und Kinderpflege, Haushaltsführung, Ernährungslehre, Gartenbau und Geflügelzucht standen auf dem Lehrplan der Sommerkurse ab Juni 1950. Sie galten ausschließlich Mädchen, die aus keiner Landwirtschaft kamen, dauerten fünf Monate und umschlossen die Unterbringung im eigenen Internat, all das bei geringen Kurskosten.

Das Schulamt bezog fürs erste Quartier in der Mädchenschule. Leiter war Josef Vogel, sein Stellvertreter Oberlehrer Heinrich Huber, den seine Wahlheimat Obermauerbach 1953 zum Ehrenbürger ernennen sollte. Huber hatte von Kriegsende an tatsächlich Aufbauarbeit geleistet als kommissarischer Schulrat und etliche Kollegen entgegen den Anordnungen des MG wieder ins Amt geholt. Die Entnazifizierung hatte zahlreiche braune Pädagogen aus dem Klassenzimmer verbannt und die Reihen bitter gelichtet. Also führten die MGs ab 1945 „Schulappelle" durch, um befähigte Kriegsheimkehrer über „Abiturientenlehrgänge" dem Lehramt zuzuführen. Dies war – etwa in Freising – die Keimzelle der neuen Lehrerbildungsanstalt, zugleich das Mittel, der „Mangelware" Lehrer raschen Zuwachs zu verschaffen. Max Anneser etwa durchlief diese Anstalt und nennt als weitere hier tätige Kollegen Georg Ettner, Alfred Riepl, Karl Schwarz und Edgar Sichert. Es nimmt nicht Wunder, daß es Heinrich Huber war, der den Bayerischen Lehrerverband auf Ortsebene wiederherstellen sollte – auf Geheiß des MG. Das gelang im August 1946 nur schwerlich, teils wegen massiv überbelegter Klassen mit oft 50 bis 120 Schülern, bei unbrauchbar gewordenen Lehrmitteln, unterernährten und überlasteten Lehrern. Erst drei Jahre darauf konnte Nikolaus Wagner aus Klingen darangehen, dem BLLV-Kreisverein Leben zu verschaffen. Allerdings mußten im Februar 1949 immer noch 139 Lehrkräfte, 52 von ihnen waren Vertriebene, mit 7600 Schülern im Kreis fertig werden. Der Klassendurchschnitt lag somit ungebrochen bei 56!

Den Nachwuchs von drei bis sechs Jahren empfing der Kindergarten in der Martinstraße, den Schwester Hildburga mit zwei Helferinnen versah. Die von den Armen Franziskanerinnen betreute Einrichtung im alten Elektrizitätswerk war 1938 von der NSV übernommen worden, am 21. September 1945 kam sie wieder in klösterliche Obhut. Täglich tummelten sich dort 130 Kinder und mehr.

Bald regte sich nach ersten Anstößen aus dem Stadtrat die Erwachsenenbildung. Zur Förderung von Berufsausbildung und Allgemeinbildung wurde ab Februar 1948 eine „Volksbildungsstätte unter dem Schutz der Stadt Aichach" tätig. Ihren Anregern, vor allem Stadtrat Karl Demel, sagte Bürgermeister Kirschner bestmögliche Unterstützung zu, was sich unter Wernseher bewahrheiten sollte. Demel hatte Seminarlehrer Toni Grad als Vorsitzenden eines Arbeitsausschusses und ersten Leiter der versuchsweisen Einrichtung gewinnen können. Mit ihrem Angebot, das bereits am Anfang Deutsch, Englisch, Steno, kaufmännisches Rechnen, aber auch Musikkunde, Vorträge, Theater- und historische Fahrten umspannte, wurde die Volksbildungsstätte in kurzer Zeit unwiderruflich zu einem Stück Aichacher Kultur. Die erste Vortragsreihe im Frühjahr 1948 war binnen zwei Stunden ausverkauft. Sie begann am 18. Februar in der Berufsschule, wechselte im Herbsttrimester dann in die Turnhalle. Ein naturgeschichtlich-technischer Kurs, Buchführung, technisches Zeichnen, künstlerisches Zeichnen und Malen, Rhythmusgymnastik, deutsche Literatur und Kammermusikkonzerte kamen neu hinzu: 14 Kurse (Gebühr: acht Mark), sechs Vorträge und drei Exkursionen standen inzwischen zur Wahl – neuerdings bei der Volkshochschule. Der durchschlagende Erfolg des Projekts hatte die Umbenennung gerechtfertigt. Grad avancierte zum Direktor. Noch mehr, im Oktober berief ihn die Hochschule Augsburg an den Lehrstuhl für

Musikkunde. Der Lehrer, Forscher und Komponist Toni Grad, selbst ohne akademische Weihen, wurde dann im April 1953 vom Kultusministerium zum Studienprofessor ernannt, ein Titel, der mit seinem Namen fortan unweigerlich verbunden bleiben sollte. Als das dritte Semester bevorstand und die Vortragsreihe bereits an die 100 Abonnenten hatte, konnte Grad von der Stadt die erkleckliche Zuschußsumme von 500 Mark erwarten. Schon das Kursangebot zeigt die Verwandtschaft zur Berufsschule. Die Zusammenarbeit beider Einrichtungen fand ihren Abschluß, als am 27. September 1949 Hans Schmid zusammen mit Gustav Heger Grads Amt übernahm.

Wer sich in Vorträgen in ferne Länder entführen lassen oder ein Stück Bildung genießen wollte, fand neben der VHS beim Alpenverein und im German Youth Activities (GYA) entsprechende Termine, ebenso bei der Ortsgruppe des Landesvereins für Heimatpflege unter Leitung des ehemaligen Vermessungsamtsdirektors Karl Leinfelder, die sich sehr um die Straßennamen bemüht hatte, ja sogar bei der Katholischen Jugend.

Neben der VHS eröffnete, aller finanziellen Fährnisse zum Trotz, aber dank zahlreicher Mitstreiter, im September 1948 die Singschule von Kapellmeister Fritz Gleitsmann. 1937 gegründet, hatte sie 1942 schließen müssen, ab Ende April 1949 firmierte sie als „städtische Musikschule". In dieser Zeit erntete nicht nur das heimische Angebot ein starkes Echo: Am 16. Oktober 1949 pilgerten 285 Aichacher ins neue Theater nach Augsburg.

Eine ähnliche Bresche schlug das MG: Bei den Abc-Schützen setzten die GYA unter Leitung Walter Richters an, und nach oben gab es keine Grenzen, denn Dokumentarfilme, die amerikanische Bibliothek und schließlich die Bürgerversammlungen zielten auf ein breites Publikum. Die GYA wollten allgemein die an Leib und Seele gefährdete Jugend von acht bis 25 Jahren in der schweren Zeit betreuen, Frohsinn und Entspannung vermitteln, ohne Vorgaben aus den USA, jedoch mit deren Unterstützung. Spielen, Lesen, Diskutieren im eigenen Heim, Sport und Spiel gemäß Ernährungslage, Förderung von Verständnis und Toleranz – das gehörte zum Aufgabenbereich, den sich allein die GYA-Jugendbetreuung stellte. Sie eröffnete im „Gallus Keller" im Juni 1948 und begrüßte schon am ersten Tag 130 Kinder. Als das Haus ab 6. August kurzfristig nicht mehr finanziert werden konnte, waren es ihrer 60. Derweil bot auch das MG-Haus an der Werlbergerstraße einiges. Seit Mai 1948 hatte es eine Bibliothek mit 600 englischsprachigen Büchern unter seinem Dach, 120 eingeschriebene Leser konnte Waltraud Klawe im „Reading Room" betreuen. Lesestoff in deutsch ließ sich zuerst bei kleinen Privatleihbibliotheken finden. Eine in der Gerhauserstraße öffnete Ende März 1947 und hatte am ersten Tag 450 Listeneintragungen. Ab Februar 1948 bot zudem die städtische Bücherei 400 Titel an, allerdings keinen einzigen für die Jugend. Dafür war weiterhin das Amerikahaus die Adresse: 95 Kinder, angefangen beim Sechsjährigen, bekamen Englischunterricht, samstags rief die Märchenstunde, und der Bastelraum lockte nicht nur in der Vorweihnachtszeit; indes warf Hausaufgabenhilfe Anni Meixner auf 60 Kinder ein Auge, doch ein „Bücherwurm-Club" ließ bis Mai 1949 auf sich warten. Als kostbarstes Stück der amerikanischen Bibliothek galt nun übrigens Thomas Manns „Doktor Faustus". Die GYA und amerikanische Bibliothek zeigten obendrein Gratisfilme, doch 1949 war in der Berufsschule manchmal der Andrang so groß, daß nicht alle eingelassen werden konnten.

Im August bemühten sich die GYA um Kontakt zum noch jungen Kreisjugendausschuß (KJA) unter Vorsitz von Schulrat Huber. Die Aufgabe des KJA, die Vereinigung der Jugend, war den meisten Beteiligten unklar. Mitglieder waren die großen Sportvereine, nach Geschlecht getrennt Landjugend, Katholische Jugend und Kolping, ihre Vertreter hießen Maria Demel und Georg Ettner, Alfred Riepl und Rita Trippl sowie Herbert Strauch. Der neue KJA-Chef Eduard Meier faßte dann mit den GYA die ersten Winterferien ins Auge, im Sommer ein Lager am Wolfsee. Meier beklagte noch im Sommer 1949, daß die Zusammenarbeit der Jugendgruppen sehr gering sei.

Die Kirchen vor eigenen und fremden Nöten

Der Katholizismus war auch in Aichach ein letztes Rückzugsfeld gewesen, das den Nazis vollends zu besetzen mißlungen war. Der Besatzungsmacht bot sich die Kirche deshalb als erste Adresse zur Vermittlung politisch unbefleckter Personen für den Neuaufbau der Verwaltung an. Der kirchliche Betrieb unter den Fittichen von Stadtpfarrer Wilhelm Hacker erlitt keinen Einbruch, im Gegenteil wurden Hilfskampagnen großen Stils mit Erfolg angegangen, was sich etwa mit Gründung der Caritas äußerte. Zu den herausragenden Ereignissen, abgesehen von jenen des Kirchenjahres, gehörte zweifellos die Weihe der neuen Aichacher Kirchturmglocken am 12. Oktober 1947. Wie vielerorts, hatte der alte Satz der Kriegswirtschaft geopfert werden müssen. Diese rabiate Einschmelzung hatte auch die Kirche nicht verhindern können, um so weniger, als der Kirchturm von alters her Stadtangelegenheit war. Bereits 1942 abgehängt, war das Geläut nach Hamburg verfrachtet worden, wo es unter dem Nachkriegsbestand nicht mehr gefunden wurde. Das neue Geläut aus der Bochumer Stahlglocken AG erhielt nun seine Weihe durch den Augsburger Bischof Dr. Josef Kumpfmüller. Kommerzienrat Robert Haselberger hatte die Glocken als Dank zur Bewahrung vor Fliegerangriffen spendiert. Der nach Heiligen benannte Satz besteht aus der 65 Zentner schweren Marienglocke, der Josefs- (38 Zentner), Ignatius- (27), Anna- (16) und Robertglocke (11). Zum ersten Mal hören durften die Aichacher ihren jungen Zuwachs am 25. Oktober 1947. Die Ulrichs- und die Sebastiansglocke der Sebastianskapelle, außerdem die Michaelsglocke für den Friedhof bekamen im Jahr darauf, am 17. März, durch Wilhelm Hacker die Weihe. Stadtprediger Steinhardt übergab die Heilig-Geist-Glocke ihrem Zweck und Weihbischof D. Eberle am 22. März 1948 die St.-Magdalenen-Glocke in der Kapelle der JVA.

> **1949 – in memoriam**
>
> GEORG EFINGER (50), 30. Juli. Der Omnibusunternehmer war amtierender SPD-Stadtrat und sportlich überregional sehr erfolgreiches KSCE-Gründungsmitglied.
>
> MARIA RUPP (73), 11. September. Sie hatte das Bekleidungsgeschäft Benedikt Rupp (Tensi-Anwesen am Rathaus) aufgebaut. Zuvor besaß sie einen Laden in der Essiggasse.
>
> XAVER EFINGER (68), 21. November. Der Maschinenbaumeister stand kurz vor dem 50jährigen Jubiläum seines Betriebes, der am Kellerweg begann. Vorstand des Katholischen Arbeitervereins, des KUV, früher des Radlerclubs Concordia. Ehemaliger Stadtrat, bis zuletzt im Kirchenrat.
>
> JONAS BÖSL sen. (60), 27. September. Der Inhaber des Lagerhauses am Bahnhof führte eine eigene Handlung ab 1921 in der Wintergasse. Ehemaliger Stadtrat.
>
> JOSEF SCHMID (61), 2. Dezember. Der Viehkaufmann stammte aus der Freimetzger-Schmid-Familie (1888). Von 1930 bis zum Sommer 1949 war er Wirt des „Stemmer", daneben Gesellschafter und kaufmännischer Schätzer.

In diesem Jahr wirkte kurz Karl Schäffler als zweiter Stadtkaplan, zum 16. November trat Andreas Frohnwieser seine Nachfolge an. Benefiziat Xaver Schineis, seit 1912 am Ort, jedoch seit 1935 im Ruhestand, starb. Auf 25 Jahre in der Stadt konnte der Dritte Orden und mit ihm vor allem Schwester Seraphika zurückblicken: Seit seiner Einführung durch Dekan Josef Ammersinn und Margarethe Weinmiller zählten zu den Leistungen 43 578 Pflegebesuche und 6012 Patientenbetreuungen. Für die Zukunft hoffte der Orden auf die baldige Fortsetzung des Waisenhauses. Hacker selbst zeigte sich unermüdlich, so gründete er am ersten Februarsonntag 1949 eine Vinzenz-Konferenz, traditionell eine Männerrunde mit karitativem Auftrag, ferner wurde er zum nebenamtlichen Vikar des Orthschen und Donnersbergschen Benefiziums berufen. Die Frömmigkeit seiner Gemeinde äußerte sich alljährlich in den Fronleichnamsprozessionen; die von 1949 ließ 3200 Teilnehmer und damit einige hundert mehr als im Vorjahr zusammenkommen, weitere 520 wallfahrteten nach Andechs, um in der dortigen Wachskammer mitunter die 1589 gestiftete Aichacher Kerze zu besichtigen. Ungebrochen blieb die Anziehungskraft der umstrittenen Wallfahrt Maria Stock bei Mauerbach. 4000 Menschen gedachten 1948 der nie anerkannten Marienvision 100 Jahre zuvor.

Das Leben in der evangelischen Diaspora verlief dagegen fast in aller Stille. Zwar gab es zum Erstaunen heimatvertriebener Protestanten im Ort eine obendrein architektonisch wertvolle Kirche, doch besaß die Gemeinde keinen eigenen Pfarrer, sondern wurde von ihrer Mutterkirche aus mitbetreut, und das war vor 1931 St. Ulrich Augsburg, danach St. Matthäus Hochzoll. Von dort wirkten mehrfach jährlich Pfarrer Friedrich Westermayer und Licentiat Matthias Simon, der dann auch für etliche Jahre den JVA-Geistlichen Ernst Stark vertrat. Im Juli 1945 betreute der Hochzoller Pfarrer Herbert Cramer eine Gemeinde, die sich nicht auf Aichach und das engere Umfeld konzentrierte, sondern weit gestreut und um so schlechter in den Griff zu bekommen war. Cramer war, wie er selbst sagte, der Nachkriegssituation „auf die Dauer nicht gewachsen", zumal er ja gleich zwei Einsatzorte hatte. Mit den eintreffenden Neubürgern wurde der Rahmen der bisherigen Gemeinde schlichtweg gesprengt: Sie wuchs um das Vierfache auf rund 2000 Seelen an, verstreut in 64 Dörfern; 854 wohnten immerhin in der Stadt. Zwar betraute St. Ulrich 1946 Vikar Oskar Kemmelmeyer in der Hauptsache mit Aichach, auch die JVA hatte mit Wolfgang Niederstraßer bis 1953 wieder ihren eigenen Zuständigen, doch es fehlte bis 8. Januar 1947 eine volle Kraft. An jenem Tag bezog die „Amtsaushilfe" Fritz Hübner aus Berlin mit seiner Frau Elisabeth ein unbeheiztes Zimmer bei Kellermanns. Vikar Hübner betreute nicht nur die Stadt, sondern turnusmäßig die größeren Dörfer, auch wenn er diese anfangs per pedes, dann mit dem Fahrrad ansteuern mußte. Seine Frau indes sorgte sich aktiv um das Gemeindeleben, ob Konfirmationsunterricht oder Kirchenchor. Um andere religiöse Gemeinschaften blieb es weitgehend still; einzig im Mai 1946 hatten die Bibelforscher einen gutbesuchten „Werbe-Vortrag".

Kulturszene und Nischen der Geselligkeit

Das Kriegsende stellte nach langem wieder ein bescheidenes, aber zwangloses Freizeitleben in Aussicht. Den Anlaufpunkt für Ausgleichsbeschäftigungen bot allen – auch den Flüchtlingen – der Sport: „Not und Unglück setzten gleichsam vermehrte Energien frei, und das Turn- und Sportleben war eines der ersten Gebiete, auf dem soziale Eingliederung der Heimatlosen am schnellsten gelang" (H. E. Muck). Es ist geradezu kennzeichnend, daß die Sportvereine immer auch für Musik, Tanz und Theater sorgten. So schnell, wie man bald die Sperrzeit lockerte, so gewann auch das gesellige Leben an Boden. „Die ortspolizeiliche Verfügung, wonach für Jugendliche unter 18 Jahren der Aufenthalt auf öffentlichen Straßen und Plätzen von 20 Uhr ab ohne Begleitung Erwachsener verboten ist, bleibt auch nach Aufhebung der Sperrstunde in Kraft", verkündete das Amtsblatt im April 1946. Ursprünglich hatte das MG von 18 bis 7 Uhr den Ausgang verboten, und auch nach einigen Lockerungen drohte bei Verstößen Arrest. Gaststätten und Vergnügungslokale durften nun bis 23 Uhr, an Vorabenden von Sonn- und Feiertagen sowie diesen selbst bis 24 Uhr öffnen. Die beiden Hauptvergnügen hießen Kino und Tanz. Doch Musizieren und Tanz unterlagen strengen Restriktionen, zur Haupterntezeit mußte das Landratsamt „Tanzverbot" verhängen, das je nach Fortschreiten der Feldarbeiten früher oder später Aufhebung fand. Am 22. September 1945 erlaubte das MG der Kapelle Blotny gar, jeden Samstag von 19 bis 22 Uhr in der Turnhalle aufzuspielen. Der Erlös floß an die Caritas. Landrat Reichart zum ersten dieser Abende: „Es waren Stunden, die uns lange in Erinnerung bleiben werden."

Der erste große Schritt war mit Blotnys Tanzkapelle getan. Ansonsten war die Turnhalle die erste Adresse für ein reichhaltiges Programm. Die Hauptmasse der – außersportlichen – Ereignisse fand traditionell dort statt. Auftritte auswärtiger Ensembles, so im Jahr 1946, sprechen für sich: Drei Tage Ende Februar erfreuten Kleinkunst und Varieté unter dem Motto „Die große Faschingsparade", im März bereitete Maria Wolf – Tochter des Kammersängers Otto Wolf – einen Liederabend mit Schubert, Schumann und Grieg, gefolgt von der Münchener Bühnen- und Konzertdirektion Beck, welche zweimal die Operetten- und Tonfilmrevue „Schön sind lachende Frau'n" darbot. Ende April konnten die Aichacher dann Sepp Wolf und die Original Oberbayerische Bauernbühne erleben, während im Juni wieder ein Streifzug durch Operette, Konzert, Oper, Tonfilm und Tanz oder das Münchner Tanz- und Unterhaltungsorchester angesagt waren, wobei die vier bis fünf Reichsmark Eintritt manchem überteuert schienen.

Die BRK-Veranstaltung „Im Traumland der Operette" im Juli erntete dann nur mäßigen Besuch, doch nach einer Aufführung der Bayerischen Bauernbühne war der Ansturm riesig, als im August fünfmal die Passionsspiele gegeben wurden, wohl deshalb, weil viele Aichacher als Statisten mitwirkten. Ob Ende August der Geiger Barnabas de Gecy, kurz darauf das Wiener Theater oder „Reiners Bauernbühne" mit „Der siebte Bua", ferner gar Ballett mit Elisabeth Nikovska – das alles zeigt: Gerade in der harten Zeit fand Kultur aller Art Raum, der weitgehend genützt wurde.

Noch deutlicher zeigen das Veranstaltungen der Vereine im selben Jahr: Zum 1. Mai lud der BCA ab 17 Uhr in die Turnhalle zu einem sechsstündigen Maitanz, mit einem Erfolg, der auf Fortsetzung drängte; gar viele Tanzlustige fanden wegen des starken Andrangs zwei Wochen darauf keinen Einlaß mehr. Die Kapelle Blotny, nur selten mittelmäßig besucht, gehörte mit ihren Veranstaltungen zugunsten Kriegsversehrter zum festen Bestand. Zudem forderte der Flüchtlingsausschuß zum Preistanzen mit den „7 Schmetterlingen" auf. Zur Kirchweih hieß die Devise „Kirtatanz statt Gans", „Almrausch" ließ aufspielen; ja am 16. November kürte man beim Flüchtlingstanz sogar eine Miß

Aichach: Sie hieß Erika Bormann. Eine Laienspielgruppe unter Gregor Seth formierte sich im Hochsommer und debütierte zum Herbstbeginn mit „'s Herz in der Lederhosn".
Außerhalb der Turnhalle gab es 1946 beispielsweise das Passionsoratorium Carl Löwes in der Spitalkirche zusammen mit Aichachern und Augsburgern, im Mai den Circus Othello am Exerzierplatz, im Juni dagegen einen Veitsmarkt ohne den traditionellen Jahrmarkt: „Eine Wanderbühne mit allerlei Belustigungen (Karussell u. a.) versuchte auf dem Exerzierplatz wenigstens die Erinnerung früherer Jahre zu wecken"; im Juli ein Kino, das aus den Nähten platzte – der Saal war zu klein. Beispielsweise der Hit „Das Lied von Bernadette" lief in der Woche ab 22. April 1949 ganze 20mal und erlebte dabei ein Ausverkauft nach dem anderen. Bilanz: 4000 Besucher. Kirchenkonzerte für Versehrte waren ab November angesagt: Gewiß, ein reiflich buntes Programm. Aber es beweist lebhaft, daß nicht Tabula rasa herrschte, sondern bei allem Kampf gegen die Not Energie da war, Kultur von Bauerntheater bis Ballett zu bieten.
Die nächsten Jahre ähnelten diesem Spektrum, im Juni 1947 gab es einen Tag der Flüchtlinge mit Veranstaltungen im ganzen Land, der Erlös von 55 000 Reichsmark kam Flüchtlingen zugute. Pfarrer Hacker stellte jedem Neubürger an diesem Tag ohne Marken Suppe mit Fleischeinlagen bereit. Sport- und Turnkämpfe wie dann im Juni bei den Bezirksmeisterschaften in Leichtathletik auf dem Exerzierplatz, Standkonzerte und Geschenke rundeten den Tag ab. Ab Herbst sorgte neben Seths Paartaler Heimatgruppe („Jessas – der Storch", im April darauf: „Brandner Kaspar") auch die Laienbühne des TSV unter Leiter Joachim Reychardt („Die drei Eisbären", im kommenden Frühjahr „Das sündige Dorf") für Volksstücke. Die Trachtengruppe erhielt in Bayreuth nicht nur einen 1. Preis für die schönsten stilechten Gewänder, sie löste nahezu die Heimatbühne ab, die im Juli keinen neuen Leiter fand; „Und vergib uns unsere Schuld" von Ferdinand Winter brachte der Verein dann im April 1949 zur Aufführung. Fast gleichzeitig spielte der BCA „Die Junggesellensteuer" von Alois Gfall: Volksbühnen schienen sich wärmster Beliebtheit zu erfreuen, freilich gaben sie vielen – mitunter neuen – Mitgliedern die Möglichkeit, durch Aktivitäten Ablenkung zu finden.
1948 fällt eine Modenschau in der Turnhalle auf, die eine praktisch-modische Mittellinie vorführte, wobei alle Modelle selbst geschneidert werden konnten. Dem Fasching in Verkleidung war dagegen wenig Freilauf gewährt, so war das „Maskentreiben auf der Straße und das Werfen von Konfetti" verboten, allerdings erlaubte das MG Tanz in bürgerlicher Kleidung. Ein Jahr darauf gab sich „Prinz Karneval" optimistischer, denn „man braucht nicht zu befürchten, von Dünnbier oder Heißgetränk die Wassersucht zu bekommen."

BEWÄLTIGUNG DER NACHKRIEGSZEIT

*1956:
Der Bereich um die
Neubaur-Kreuzung.
Oben der TSV-Platz.*

*Alte Mädchenschule
und Spitalgarten.*

„Die langen Fünfziger" (1950 bis 1966): Der Weg durchs Wirtschaftswunder

Die Grundsteine zur Überwindung der Not sind gelegt

„Die Bevölkerung Aichachs und Dachaus hat durch ihren Fleiß und durch ihre unermüdliche Arbeit bewiesen, daß sie ein friedliches und gedeihliches Heimatland wünscht. Trotzdem bleiben noch viele Probleme zu lösen übrig. Noch wohnen Tausende von Flüchtlingen in unzulänglichen Wohnungen, und viele Arbeiter sind ohne Beschäftigung. Eine zunehmende Anzahl Jugendlicher findet nach Beendigung der Schulzeit keine Lehrstellen und hat somit keine Möglichkeit, einen handwerklichen Beruf zu erlernen", hielt der Aichacher US-Resident Officer William A. Rubin zum Beginn des Jahres 1950 die Situation fest. Dennoch: Die Bevölkerung habe ein „zunehmendes Bewußtsein ihrer Rechte und Pflichten als Bürger gezeigt". Rubin erachtete die Hinwendung des einzelnen zur Demokratie und das Vertrauen auf ihr Gelingen als die Grundlage, auf der alle anderen Probleme gelöst werden könnten. Die Aussichten darauf hatten im Jahr 1949 spürbaren Aufwind erhalten. Vor allem fehlte es nicht an offener Selbstbeurteilung. „Nur gegenseitiges Verständnis, aufgebaut aus gutem Willen und Vertrauen, kann die Härte der Zeit überwinden helfen. Unzählige Fälle beweisen, daß die guten Kräfte sowohl unter der einheimischen als auch unter der heimatvertriebenen Bevölkerung wesentlich zum Aufbau der Nachkriegszeit beigetragen haben", resümierte die Sudetendeutsche Landsmannschaft, als Vertriebene das fünfte Weihnachten im Exil begingen. Die Stimmung vieler Vertriebener hatte sich verfeinert: Zwar war und blieb Wunsch und Ziel die Rückkehr in die Heimat, doch Not und Alltag machten die Integration zum obersten Gebot. Nicht nur Menschen aus den Ostgebieten mußten eingegliedert werden, sondern bis Ende 1949 auch 720 Kriegsheimkehrer der Stadt. Die Motoren zum Gelingen dieser gesellschaftlichen Herausforderung waren Arbeitsplätze und Wohnungen. Emil Lorenz, dem Leiter des Flüchtlings- und Wohnungsamtes, machte „laufend neuer Wohnraumbedarf" zu schaffen. Der soziale Frieden konnte nur rundum gelingen, wenn diese Drangsale bald beantwortet sein würden. Und wenn die

Gesellschaft nicht mehr in das Standesbewußtsein der Weimarer Zeit zurückfiele, sondern fortan Chancengleichheit gewährte. Die Währungsreform hatte dies mit 40 Mark Kopfgeld für jedermann radikal vorgemacht.

Über politische Prüfsteine zum Zwei-Parteien-System

Neue Parteien im Ort – Spitzenpolitiker zu Gast

Gleich zu Jahresbeginn 1950 knisterte es ausgerechnet zwischen zwei Gruppierungen, die sich vor allem aus Vertriebenen rekrutierten, der Wirtschaftlichen Aufbauvereinigung (WAV) als Partei und dem Neubürgerbund (NB) als Interessengemeinschaft: Hans-Anton Heinrich und, kaum verwunderlich, Johann Eichinger gründeten einen WAV-Kreisverband. Letzterer wetterte nun einmal mehr gegen sein einstiges Revier, den NB. Dessen Ortsvorsitzender Ernst Herold lehnte „eine baldige Rückkehr in die Heimat zu versprechen" als „Phantasterei" ab, man müsse hier in Bayern vielmehr „eine Eingliederung in die Wirtschaftsstruktur erstreben". Dieser Realismus kollidierte mit Eichingers blindem Ethos. Als er sich in seiner Funktion als Flüchtlingsobmann auch noch die Veruntreuung gemeinnützigen Besitztums nachsagen lassen mußte, wollte er rechtlich gegen Herold vorgehen, doch Eichingers Guthaben schien ausgereizt: NB und SL antworteten mit Mißtrauensanträgen. Zwar brannte den Vertriebenen weiterhin einiges unter den Nägeln – Lastenausgleich, Bodenreform und Wohnungsbau fanden sich in der Kritik -, doch mochten es gut auch diese internen Querelen sein, die der Gründung eines von Flüchtlingen getragenen Gegengewichts zur WAV Vorschub leisteten. Der Anstoß selbst kam von oben, als sich im NB auf Landesebene ein „Block der Heimatvertriebenen" (BdH) auftat, den aber schnell eine seit 8. Januar 1950 bestehende Bewegung aller Kriegsgeschädigten aufsog, der „Block der Heimatvertriebenen und Entrechteten" (BHE). Seit August hatte er in Aichach eine Ortsgruppe, seit Oktober einen Kreisverband mit Aichacher NB-Leuten wie Karl Zsidek und Ernst Herold an der Spitze. Vor den Landtagswahlen kam es BHE-intern zu Wahlkreisrangeleien mit Heinz J. Huber von der Landesspitze und der Bündnispartei „Deutsche Gemeinschaft", in der viele Alt-Nazis steckten, obgleich sie für „politisch Heimatlose" gedacht war. So unscharf das vom Kreis um Huber formulierte Programm war, so wenig gelang es dem BHE, eine Vertriebenenpartei abzugeben, die für Wähler aller Couleur in Frage kam. Gegen eine politische Abschottung von Flüchtlingen sprach auch die Integration. An ihrem Gelingen hatten die Landsmannschaften einigen Anteil. Den Sudetedeutschen folgte im Frühjahr 1950 der Schlesierverein.

Der BHE eiferte erstmals um die Gunst der Wähler, als es am 26. November um den Landtag ging. Den Anfang machten im Mai Dr. Joseph Baumgartner und Ernst Falkner von der BP, vor geladenen Gästen auch MdB Franz Josef Strauß (CSU). WAV-Chef Loritz versuchte sein Glück einmal mehr mit einer vierstündigen Mammutrede, wobei er vor 600 Hörern gegen die Regierung, die CSU und SPD, wetterte, was zu einiger Erregung führte. Wernseher, Gewerkschaftssekretär Karl Sedlmeier aus Schrobenhausen und andere riefen „Demagoge, Sprüchemacher, Spion" dazwischen, Loritz forderte ihren polizeilichen Abtransport.

Aus der Chefetage des Bayerischen Gewerkschaftsbundes gastierte dann Max Wönner im Volksfestzelt. Im November brachte die FDP ihren Stimmkreiskandidaten Otto Roth aufs Podium, der von dem Parteigründer und einem der erfahrensten Parlamentarier Bayerns, Otto Betzold, Schützenhilfe erhielt. Tage darauf sprach erneut Strauß im „Hofman", diesmal geradezu unter dem Signum der Überparteilichkeit: Angesichts der ungeheuren Gefahr des Bolschewismus müsse es andere Sorgen geben als den Kampf untereinander. „Deutschlands Remilitarisierung" dagegen abzulehnen, das forderten gar etliche, so KPD-Kandidat Franz Klein (Dachau) im „Ziegler", so der evangelische Pfarrer und niedersächsische Flüchtlingsminister Heinrich Albertz in der Turnhalle oder Ludwig Roth (Altomünster), sie beide vom BHE.

Sie hatten bei der Landtagswahl weitgehend das Nachsehen, während sich zum Beispiel Albert Schädlbauer als Ortsvorsitzender der BP die Hände reiben konnte: Im Stimmkreis Aichach-Dachau kassierte BP-Spitzenpolitiker Baumgartner die meisten Stimmen (8575 in Aichach). Mit 34,66 Prozent auf Kreisebene lag die BP zudem klar in Führung. Zum großen Gewinner avancierte allerdings der BHE, dem gleich bei seinem Debüt 10,08 Prozent zufielen – und damit scharenweise ehemalige WAV-Wähler. Loritz erlitt mit 3,72 Prozent im Kreis und 2,8 auf Landesebene parlamentarischen Schiffbruch.

Auch nach den Wahlen beehrten Spitzenpolitiker Aichach, MdL Baumgartner richtete ab Januar regelrechte Bürgersprechstunden ein. Gastredner Dr. Willi Guthsmuths, BHE-Landesvorsitzender und Staatssekretär im bayerischen Wirtschaftsministerium, nannte im März 1951 als Chance die „innerbayerische Umsiedlung der Heimatvertriebenen" je nach Arbeitsmarkt, da 74 Prozent berufsfremd untergebracht seien, außerdem die Leichtindustrie wie etwa die Handschuhfabrikation sehr bald übersättigt sei, womit er prinzipiell recht hatte. Eine Rückkehr in die alte Heimat geriet immer utopischer, je mehr es zwischen Ost und West knisterte, und diese Tatsache blieb niemandem verborgen. Der Vertriebenenausschuß in Aichach zeigte sich dagegen eher trotzig. Wilhelm Danziger monierte abermals die Wohnraumsituation und stachelte zu einer Interessengemeinschaft der Vertriebenen an, die Wernseher für ungerechtfertigt hielt: Aichach sei im sozialen Wohnungsbau bayernweit führend. Altbürgermeister Gottlieb Schmid bedauerte, daß auf diese Weise immer wieder Keile zwischen Alt- und Neubürger getrieben würden.

Am 7. April weilte erstmals CSU-Landesvorsitzender Dr. Alois Hundhammer in Aichach: Die „asiatische Spinne" rücke näher, warnte auch er. Die Sieger hätten schlecht daran getan, die Verbrechen der russischen Seite nicht zu ahnden. Nun sei eine „Christliche Front" nötig – dahinter stand der Gedanke der „Volksaktion". Hundhammer, als der „schwarze Schatten über Bayern" apostrophiert, außerdem gewesener Kultusminister, sprach sich für eine Zensur unchristlicher Filme – seiner Meinung nach neun von zehn – und entsprechender Bücher von Staatsseite aus. Weit von solcher Beschneidungspolitik entfernt CSU-Generalsekretär Strauß: Er favorisierte Ende Juni einen „militärischen Wall" gegen die Bedrohung aus Ost, Deutschlands Zukunft sei gekettet an die Bereitschaft zur Teilnahme an der Verteidigung. Akut wurden diese Ausblicke erst nach Ratifizierung der Pariser Verträge (darunter Beitritt Westdeutschlands zur NATO) am 5. Mai 1955. Bald sollten auch in Aichach wieder Wehrpflichtige gemustert werden.

> **Baumgartner: „Skandal von Aichach"**
>
> Bei seinem Sprechtag am 14. April 1951 spricht MdL Dr. Joseph Baumgartner vom „Skandal von Aichach": Ein pensionierter Oberlehrer muß „in seinem eigenen Wohnhaus mit seiner Haushälterin in einem Zimmer kochen, wohnen und schlafen". Für die verantwortliche Wohnungsbehörde soll dieser Mißstand ein Dienstaufsichtsverfahren zur Folge haben, doch die ist letztlich schlicht überlastet.

Stadtratskrise im Vorfeld der Gemeindewahlen von 1952

Aichachs kommunalpolitisches Leben war inzwischen praktisch autonom von der US-amerikanischen Zivilvertretung. Dort kam es zu einigen letzten Veränderungen: Als Ansprechpartner war im Sommer 1950 RO Rubin weggefallen, es wurde gemeldet, er wolle aus seinem US-Urlaub nicht mehr nach Europa zurückkehren. Sein Stellvertreter RO Matthew D. Smith wurde per 10. August von Herman Frankel abgelöst. Am 11. Januar 1952 dann schloß das Resident Office mitsamt Leseraum endgültig. Das letzte Merkmal des Besatzungsstatus hatte sich nun für Aichach aufgelöst. Weniger prätentiös ließen sich die Wechsel auf kommunaler Ebene an. Mit Ende 1950 kehrte Felix Grund dem Stadtrat und SPD-Kreisverband alters- und gesundheitshalber den Rücken, im Kreistag blieb er als Parteiloser. Neuer Stadtrat wurde Martin Knill vom Arbeitsamt. Stadtratsintern bildete sich ein „Hauptausschuß" zur vereinfachten Geschäftskoordination mit Befugnis bis 1000 Mark, bestehend aus Wernseher, Beck, Kloubert, Schmid und Zwerger.

Eng an dieses Gremium knüpfte sich 1951 die „Aichacher Stadtratskrise", die Wernseher in die Enge hätte treiben können. Zum Leidwesen der SPD-Fraktion tanzte der Bürgermeister auf zwei Hochzeiten: Er führte, vielfach von bayernweiten Instanzen gelobt, die Geschäfte des angesehenen Gemeinderatskollegs in Starnberg, der nun ein Jahr bestand. Die Verwaltung seiner dortigen Aufgaben ließ Wernseher über das Rathaus laufen, für seine Starnbergfahrten benützte er den städtischen Dienstwagen. Diese Umstände wurden dann zwar eifrig von seiner politischen Kontrahenz ausgeschlachtet, um Wernseher zur Niederlegung seines Amtes zu zwingen, doch vorderhand hatte die Starnbergsache andere Folgen: Erstens erschien Wernseher kaum mehr auf den Fraktionssitzungen. In den Stadtratssitzungen führte das öfters zu SPD-internen Mißständen. Zweitens hatte das politische Gegenüber in dem noch jungen Hauptausschuß freie Hand, weil der Bürgermeister auch hier immer öfter absent war. Im Blick auf die Gemeindewahlen von 1952 tat sich also für die Opposition eine Chance auf, Wernseher bereits jetzt zu Fall zu bringen. Bei Sticheleien in Sachen Dienstfahrzeug hatte ein Wort das andere gegeben, bis Wernseher, bisweilen direkt und offensiv, zum Volksfestauftakt kräftig auf die Pauke haute, er habe zur Sanierung des Oberen Tores 30 000 Mark Zuschuß nicht abschöpfen können, weil ihm Dienstfahrten neuerdings untersagt würden. Schnell stellte sich die passende Situation ein: Gelogen und den Stadtrat beleidigt habe Wernseher, bestes Zeichen, so schallte es aus der CSU-Riege, sei die SPD-Fraktion selbst. Tatsächlich berief Wernseher nun dreimal erfolglos den Stadtrat ein, am 13. September 1951 kam es vor leeren Stühlen wohl zur kürzesten Sitzung der Stadtgeschichte: Sie dauerte 17 Sekunden. Als er am 29. September wieder die Tätigkeit aufnahm, stimmte der Stadtrat mehrheitlich für ein Dienststrafverfahren und forderte Sühne, doch Wernseher nahm weder ihm angelastete Beleidigungen zurück, noch hielt er sich an das Fahrverbot und sonstige kleinliche Festsetzungen. Vielmehr enthob er sämtliche Verwalter ihrer Posten und forderte die ihm als Volksgewählter zustehende Volksabstimmung darüber, ob er zurücktreten solle.

Die Kraftprobe gipfelte am 2. November in der schärfsten Debatte dieser Sitzungsperiode, doch – gegen die SPD – wurde das Volksvotum an die Frage geknüpft, „Wer soll aus dem Amt ausscheiden, Bürgermeister Wernseher oder der Stadtrat?" Josef Kapfhamer aus dem CSU-Ortskader hieß den zurückliegenden Stadtratsstreik Zeichen genug, daß Wernsehers Zeit gekommen sei: „Es gibt auch ungeschriebene Gesetze der Demokratie." Der Aufgeforderte jedoch lehnte konsequent das Votum als Stadtratsbeschluß ab, genauso wie später das prüfende Landratsamt, und konterte: „Wenn jeder von Ihnen eine so reine Weste hat wie ich, dann wäre es gut." Aus dem Kräftemessen ging jedenfalls der Bürgermeister als der Herr im Haus. Die Krise verlief sich in der regulären Arbeit, offiziell beigelegt war sie erst am 13. Juli 1952. Die Aufständischen hatten zudem nicht berücksichtigt, daß sich ausgerechnet aufgrund seines überörtlich so angesehenen Amtes – der Leitung des Gemeindekollegs – ein Strick nicht hätte drehen lassen – Wernseher hätte in München den entsprechenden Rückhalt gefunden. Doch noch vor den Gemeindewahlen am 30. März gewann Wernseher schnell an Boden. Die Lage der Stadt sprach auch nicht eben für einen erzwungenen Machtwechsel: Sie hatte Rücklagen für das Obere Tor in Höhe von 20 000 Mark sicher, am 28. März belief sich das Vermögen der Stadt auf 2 113 820 Mark. Zu viele Parteien schickten nun außerdem einen Gegenkandidaten ins Feld, die CSU Josef Kapfhamer, die BP Dr. Karl Schmidbauer, die Soziale Gemeinschaft, die sich selbst nicht als Partei definierte, Dr. Robert Anlauf; eine eigene Heimatvertriebenliste scheiterte, während dem BHE um Kandidat Friedrich Eis die Geschlossenheit fehlte. Erst kurz vorm Urnengang brachte er den Staatssekretär für Vertriebene, Theodor Oberländer, nach Aichach: Er forderte angesichts der großen Politik einen „geistigen Krieg ohne Waffen durch Aufstellung einer neuen Sozialordnung". Im vorhinein beschloß der Stadtrat mehrheitlich, daß das Amt des Stadtvaters ehrenamtlich bleiben sollte.

Gleich im ersten Wahlgang, also am 30. März, wurde Bürgermeister Wernseher mit absoluter Mehrheit (52,2 Prozent) bestätigt. Kapfhamer bekam immerhin 32,5 Prozent, Schmidbauer 16, Eis 5,1 und Anlauf 6,1 Prozent. Ein buntes Bild gab der neue Stadtrat ab mit sechs CSU-Sitzen, fünf der SPD und zwei des BHE, während BP, Soziale Gemeinschaft und die Unabhängigen jeweils einen Mann im Parlament hatten. Es beschloß einstimmig einen dritten Bürgermeister, zu dem Ratsältester Josef Schiffmann gewählt wurde. Karl Zsidek wurde Wernsehers Vize.

Der dritte Stadtrat (30. März 1952)

Bürgermeister:
Wilhelm Wernseher (SPD)

CSU (6 Sitze)
Josef Kapfhamer, Spediteur
Dr. Hans Kirchmann, Notar
Dr. Ignaz Haselberger, Fabrikant
Dr. Ludwig Schemmel, Anstaltsarzt
Jakob Ettner, Kaufmann und Mechaniker
Maria Neumaier, Rentnerin

SPD (5 Sitze)
Wilhelm Kloubert, Ingenieur
Peter Linzenkirchner, Metzger
Xaver Führer, Maurer
Markus Gollwitzer, kaufmännischer Angestellter
Josef Schiffmann (3. Bürgermeister), Maurer

BHE:
Friedrich Eis, Spitalverwalter
Karl Zsidek, Technischer Zeichner (2. Bürgermeister)

BP:
Paulus Glaswinkler, Spengler

SG:
Dr. Robert Anlauf, Rechtsanwalt

Unabhängige:
Dr. Ernst Bringmann, Arzt

Die erste Volkswahl des Landrates – ebenfalls am 30. März – stützte Max Glötzl mit 73 Prozent. Einziger Herausforderer war BP-Mann Josef Plöckl (Großhausen/Augsburg). Im neuen Kreistag dominierte die CSU mit 20 Sitzen (aus Aichach: Pfarrer Hacker, Alfons Merk, Josef Kapfhamer). Die BP folgte mit neun (Franz Rast, Xaver Oswald), SPD (Wilhelm Kloubert) und SG (Rosa Lutz, Hubert Schwelle, Robert Anlauf) je mit fünf, schließlich der BHE mit vier (Friedrich Eis, Ernst Herold). Anlauf wurde Glötzls Stellvertreter. Mit Lina Bauer und Rosa Lutz saßen erstmals Frauen im Parlament.

Die Stadt als rote Insel: politische Befriedung 1952 bis 1960

Der neue Stadtrat schritt schnell zu den Geschäften. Ein „Ausschuß aus ‚festen Trinkern' soll gebildet werden", lautete ein Antrag zum Herbst. Wernseher bat um diskrete Meldung von Kennern, die zu Weinproben bereit wären. Hintergrund der humorigen Amtshandlung war die angestrebte Patenschaft mit einem pfälzischen Winzerdorf. Die Verkoster entschieden sich für Edenkoben und seine Tropfen. Doch auch in sonstigen Angelegenheiten bewies der Stadtrat Wendigkeit: In einem Bürgergespräch am 18. November wünschten die Anwesenden hygienisch auf Flaschen abgezogene Milch, einen Eisplatz und im Industriegebiet Wasser und Licht. Alles ging bis Jahresende in Erfüllung. Und diese Arbeitsweise im Dialog mit den Bürgern fand auch in der folgenden Periode ihre Weiterführung. Dabei kletterte der Haushalt für das Rechnungsjahr 1953 erstmals auf über eine Million Mark. Dennoch sprachen die Ergebnisse der Stadt bei überregionalen Wahlen von Veränderungen im Wahlverhalten. Die Christsozialen hatten sich Ende November 1954 nach den Ergebnissen von 1950/53 im Ort auf ein Mittel eingependelt, während die Sozialdemokraten eine leicht fallende Tendenz positiv ausgleichen konnten. Beim BHE ging es stetig nach oben, nach dem Absacken von 1953 ebenfalls wieder bei der BP. Bedeutsam war vor allem, daß die im Kreis sehr starke Stellung der BP gebrochen schien. Martin Friedl aus Unterschneitbach (CSU) für die Kreise Dachau und Aichach schaffte erwartungsgemäß den Sprung in den Bezirkstag.

So wählte die Stadt am 6. September 1953

Bundestag
3551 von 4040 Berechtigten (87,9%) nahmen teil. Nach Erst- und Zweitstimmen (in Prozent).

	Erststimmen	Zweitstimmen	Bundesergebnisse
CSU	48,1	46,7	45,2 für CDU/CSU
SPD	27,2	27	28,8
BP	9,1		1,7
BHE	10		5,9
FDP	2,9	3,7	9,5 mit DVP

Daß auf allen Seiten nur mit Wasser gekocht wurde, führte der 1956er Wahlkampf auf Gemeindeebene in aller Ruhe vor. Die CSU/BP-Wählergemeinschaft versuchte es mit einem Herausforderer für Wernseher, dem erfolgreichen Michwerksdirektor Alfons Merk. Jedoch entsprach das Programm des Bündnisses exakt dem, was der Stadtrat aktuell betrieb, es war identisch mit der SPD-Praxis – bis auf den unrealisierbaren Kostenrahmen: Den sponnen CSU und BP mit fünf Millionen für ihr Konzept fraglos zu weit. Entsprechende Gegenslogans machten die Runde: „Merk, bleib' bei deiner Milli – wir wählen unsern Willi!" Am 7. März bezog in Sachen Wahlkampf immerhin SPD-Landeschef Waldemar von Knoeringen in Aichach Position: Die „technische Weltrevolution" (Atomenergie, neue Produktionsformen, Elektronengehrine) sei im Gange und die Politik gezwungen, Schritt zu halten. Aufgrund des Fortschritts schrumpfe die Erde; Nationalismus sei bei solchen Prämissen nicht mehr am Platze, sondern gehöre in den „Mülleimer der Geschichte".

So wählte die Stadt am 28. November 1954

Beteiligung 89 % und 86,4 %.
Prozent je nach Stimm-/Wahlkreis

	Landtag	Bezirkstag
CSU	38,3/38,5	37,7/37,9
SPD	29,2/30,0	29,8/30,6
BHE	14,8/13,4	15,3/14,8
BP	12,9/11,6	11,9/12,2
FDP	3,8/ 3,7	3,4/ 3,5

Nur Tage zuvor, am 4. März 1956, spukte ein monarchisches Irrlicht durch Aichach. Um Hans Heinrich von Thun-Hohenstein (Aichach) konstituierte sich der Kreisverband „Volksbewegung für Kaiser und Reich" (VKR), der am 22. Juli in Aichach zu einem ersten bayerischen Landestag mit Bundesführer Wilhelm Werth von Wetter einladen wollte. Für ein demokratisches Politikverständnis nahmen sich die Ziele der VKR reiflich exotisch aus. Die bundesweit 12000 Mitglieder starke Bewegung wollte zwar die Wiedervereinigung Deutschlands, doch im Anschluß daran die Monarchie einführen. Dazu seien die Hohenzollern das geeignetste Kaiserhaus. Statt 1400 angekündigter erschienen zu dem Landestag nur 35 Monarchisten, von den europäischen Thronanwärtern einzig Elisabeth Kujim-Skorobadska, die Tochter des ukrainischen Hetman. Der VKR gelang es nicht einmal, Kontakt zu dem bedeutungslosen Bayerischen Heimat- und Königsbund zu gewinnen. Schwer enttäuscht setzte sich VKR-Landesleiter Thun-Hohenstein kurz nach dem Landestag in die Tschechoslowakei ab. Ein heikles Politikum im Gegensatz zu dieser Eskapade war die von vielen Bundesbürgern kritisch beäugte Militarisierung Deutschlands, die Einführung der Wehrpflicht. Im August 1956 hätte vor dem Rathaus der Bundeswehr-Werbefilm „Die ersten Schritte" gezeigt werden sollen, doch witterte Wernseher unter den 700 Anwesenden Protestbereitschaft. Auf sein Geheiß verzichteten die Veranstalter auf die Aktion.

An den Tatsachen konnte der Mißmut letztlich nicht rütteln, und im Januar 1957 mußten sich erstmals wieder junge Aichacher der Musterung unterziehen, wobei 58 von 68 für tauglich befunden wurden.

Zurück zum Wahlergebnis des Stadtrats vom 18. März 1956: Es schmerzte einerseits die Union (29,5 Prozent mit BP) und übertraf zum anderen die Erwartungen der Roten (54,5): Der Wähler hatte sie mit acht Sitzen bedacht, doch vermochten sie kraft aufgestellter Liste nur sieben zu besetzen. Nun, so bitter gab sich der Wermutstropfen nicht. Bürgermeister Wernseher hatte 67,8 Prozent von 3559 gültigen Stimmen (4057 Berechtigte) geerntet – das war bei einem Herausforderer vom Schlag eines Alfons Merk denn doch respektabel. De facto konnte die SPD-Fraktion zwar nicht ihre absolute Mehrheit wahrnehmen, aber in den kommenden vier Jahren stand parlamentarisches Kräftemessen zurück; der Stadtrat erwies sich oft als parteiübergreifend konsensfähig.

Im neuen, am selben Termin gewählten Kreistag von 1956 räumte zwar die BP der SPD als künftig zweitstärkste Partei die Stühle, aber die CSU besaß nun erstmals die absolute Mehrheit (21:19). Ihrer Fraktion gehörten die Aichacher Josef Kirchmann, Alfons Merk, Josef Haselberger, Jakob Ettner, Josef Kapfhamer und Georg Beck an; aus der Stadt gesellten sich Wilhelm Wernseher, Josef Schiffmann, Xaver Führer und Franz Neuger (alle SPD), außerdem Hubert Schwelle und Rosa Lutz (SG) dazu. Dieses Ergebnis konnte der Bundestagswahl im kommenden Jahr als interessante Prognose dienen. Sie wurde zum Höhepunkt der Ära Adenauer. Der lokale Wahlkampf – er lief erst im August an – brachte den Spitzenkandidaten der Deutschen Partei (DP), Otto Mackh, aufs Parkett; auf ihn setzte der Gewerbeverband. Ihm gleich taten der bayerische Justizminister Dr. Kurt Eilles (BP), der die Föderalistische Union (FU) protegierte, und einmal mehr Hundhammer, der eine unkriegerische deutsche Wiedervereinigung unter Abschottung des Bolschewismus in Aichach zum Thema nahm. „Keine Experimente" be-

---

Der vierte Stadtrat (18. März 1956)

Bürgermeister:
Wilhelm Wernseher (SPD)

SPD (7 Sitze von 8 besetzt)
Wilhelm Kloubert, Kaufmann
Josef Schiffmann (2. Bürgermeister), Maurer
Xaver Führer, Maurer
Emil Lorenz, Dienststellenleiter
Otto Neuger, Beamter
Peter Linzenkirchner, Metzger
Markus Gollwitzer

CSU/BP (6)
Dr. Ludwig Schemmel, Anstaltsarzt
Bruno Hoberg, Maler
Maria Neumaier
Paulus Glaswinkler, Spengler
Ignaz Haselberger, Fabrikant
Josef Kapfhamer, Spediteur

BHE (1)
Friedrich Eis

Freie Wähler (1):
Dr. Ernst Bringmann, Arzt

trieben die Wähler trotz kleinen Wahlkampfes am 15. September 1957: 82 Prozent der Stimmen bundesweit und 80,8 Prozent in der Paarstadt – dort bei einer Beteiligung von 91 Prozent – verdichteten sich auf zwei Parteien und stützten damit ein neues parlamentarisches Konzept. Erstaunlich konform die Bundes- und Stadtergebnisse von (CDU/)CSU (50,2 im Bundesgebiet zu 53,3 in Aichach) und SPD (31,8 zu 27,5). Im Kreis trug die CSU überschwengliche 71,4 Prozent davon. Die FU-BP hatte bei nur mehr 2,5 Prozent fast drei Viertel ihrer Wähler von 1953 verloren; der GB-BHE heimste zwar 9,6 Prozent in der Stadt

Die Kreistagsergebnisse von 1956		
	Kreis/Stadt	Sitze
CSU	51,9/36,7	21
SPD	19,6/45,7	8
BP	14,7/ 4,8	6
BHE	8,3/ 9,4	3
SG	5,2/ 2,9	2

ein, doch blieb Bonn aufgrund der neuen Fünf-Prozent-Klausel unerreichbar, ebenso für die DP (3,3). Zwar lag die FDP mit 3,1 Prozent noch ein wenig schlechter als diese, aber bundesweit konnte sie trotz Verlusten mithalten (7,7). Nur 65 Prozent (in der Stadt 54) beteiligten sich dann am 23. März 1958 bei der direkten, aber unspektakulären Landratswahl. Max Glötzl als einziger Kandidat ging mit 99,2 Prozent in seine dritte Periode. Einige wenige hatten den Namen „Wernseher" auf den Wahlzettel geschrieben.

Die Wahlergebnisse zum Stadtrat standen längst in einer Diskrepanz zu jenen von Kreis-, Bezirks-, Land- und Bundestag, bei denen die Schwarzen selbst in der Stadt um einiges besser abschnitten, weshalb von einem roten Binnenstatus Aichachs zu sprechen ist. Dieser Aufwind zugunsten der CSU vollzog sich gar nicht auf Kosten der Sozialdemokraten, sondern im Gefolge einer verstärkten Neigung zum Zwei-Parteien-System: Geschröpft wurden die kleinen, die anfänglich populären Nachkriegsparteien. Das verrät am deutlichsten die Landtagswahl vom 23. November 1958. CSU-Staatssekretär Heinrich Junker lag in seinem Heimatwahl- und Stimmkreis Aichach-Dachau mit 48 Prozent nicht nur vor SPD-Kandidat Josef Gareis (24,6). Er ließ auch den jungen BP-Mann Baumgartner (14,4) weit hinter sich, dessen Partei in Negativ-Schlagzeilen geraten war. Im Kreis profitierte als einzige die dominante CSU (50,6 Prozent) vor SPD (17,2), BP (10,6), GB-BHE (8,9) und FDP (1,1). Die Stadtwählerschaft unterstrich diesen Schnitt einerseits in klarer Befürwortung der zwei großen Parteien CSU (44,9 Erst-/41,5 Zweitstimmen) und SPD (31,6/ 33,0); sie durchbrach ihn andererseits durch Begünstigung des GB-BHE (13,9/12,8) als dritte maßgebliche Kraft vor BP (6,1/5,3) und FDP (2,5/2,1). Das Wählerverhalten des ganzen Kreises hinkte dem Trend noch hinterher: Als am 23. November 1958 die Entscheidung über den Bezirkstag fiel, räumte die CSU zwar 60,8 Prozent der Zweitstimmen ab und sandte wieder Stimmkreiskandidat Martin Friedl in das oberbayerische Gremium, doch SPD (16,2 Prozent), BP (11,7) und GB-BHE (9,6) teilten sich eine weit tiefere Etage. Der FDP-Anteil (1,1) war marginal. Daß die Bayernpartei inzwischen so schwer absackte, hatte einen rationalen Grund in ihrem opportunistischen Kurs im Landeskabinett; und einen emotionalen in der berühmten „Spielbankenaffäre", bei der Dr. Joseph Baumgartner und andere – er ist nicht zu verwechseln mit dem namensgleichen BP-Stimmkreiskandidaten (seit 1954 MdL) – zu Unrecht in den Ruch von Bestechungen bei der Vergabe von Spielbankenkonzessionen geraten war. Erst eine nachträglich ermittelte, als Meineid ausgelegte Falschaussage brachte die BP-Elite mit einem überaus rigiden Urteil zu Fall. Die Geschicke der Landespartei schienen besiegelt.

Den Achtungsschwund der BP auf dem flachen Land kommentierten die Kreistagswahlen am 27. März 1960. Von 40 Sitzen erhielt sie noch zwei (4,97 Prozent im Kreis). Mit dem gleichen Endergebnis mußte sich der BHE (6,73) begnügen. Zwar ohne Affären, teilte er dennoch das Schicksal der BP: Politisch mehr denn je gehaltlos und wankelmütig, fehlte dem Block obendrein die interne Festigkeit. Sein landesweiter Erfolg von 8,6 Prozent von 1958 war bereits als Überraschung gewertet worden, doch bei der blieb es. Das Zwei-Parteien-System hatte sich manifestiert: Die CSU hatte im Kreistag 27 Sitze (64,63 Prozent), darunter die Aichacher Josef Bestler, Ignaz Steinhardt, Alfred Rehle, Jakob Ettner, Ignaz Haselberger, Gottfried Beck, Josef Kapfhamer und Leonhard Grünwald. Die SPD als zweite Kraft stellte acht (19,33), darunter Wilhelm Wernseher, Xaver Führer, Franz Neuger, Peter Linzenkirchner und Paul Schiffmann. Weitere Aichacher waren Friedrich Eis (BHE), Paulus Glaswinkler (BP) und als einziger von der SG Hubert Schwelle.

Am selben Tag entschied sich die Zusammenstellung des fünften Nachkriegsstadtrates – fortan mit einer Legislaturperiode von sechs statt vier Jahren, zugleich erstmals von einem hauptamtlichen Bürgermeister präsidiert. Monat-

Der fünfte Stadtrat (27. März 1960)

Bürgermeister:
Wilhelm Wernseher (SPD)

SPD (8 Sitze)
Xaver Führer, Maurer
Otto Neuger, Beamter
  (nach seinem Tod 1963 *Anton Heinrich*)
Emil Lorenz, Dienststellenleiter
Markus Gollwitzer
Peter Linzenkirchner, Metzger
Heinz Markowski, Justizoberinspektor
Konrad Mitterhuber, Mühlgehilfe
Franz Kukol, Postbetriebsassistent

CSU (7 Sitze)
Bruno Hoberg (2. Bürgermeister), Maler
Hannes Meisinger, Diplom-Kaufmann
Dr. Ludwig Schemmel, Amtsarzt
Dr. Ignaz Haselberger, Fabrikant
Josef Kapfhamer, Spediteur
Alfred Riepl, Oberlehrer
Alfred Rappel, Bauunternehmer

GB-BHE (1 Sitz)
Friedrich Eis

lich 1200 Mark plus 250 Mark Aufwandsentschädigung hatte der Stadtrat ihm in Abwesenheit Wernsehers zugedacht – sowie einen Sonderzuschlag von 200 Mark, falls der künftige Bürgermeister schon zehn Jahre ehrenamtlich tätig gewesen sein sollte – und das traf auf den einzigen Kandidaten für dieses Amt zu.

Es gab zwei Überraschungen: Erstens ein stolzes Votum für Wernseher – er versammelte 95,38 Prozent der Stimmen auf sich (Wahlbeteiligung: 78,8 Prozent). Zweitens gelang der CSU mit 46,84 Prozent ein Stimmenvorsprung vor der SPD (43,06). Vermutlich wählten etliche freie Wähler mangels eigener Liste schwarz. Dennoch: Stärkste Kraft blieb die SPD. Dank Listenverbindung mit GB-BHE erlangte sie acht Sitze und damit einen mehr als die CSU, die mit Bruno Hoberg den zweiten Bürgermeister stellte. Der GB-BHE schaffte es mit seinem Zugpferd Friedrich Eis nochmals auf 10,10 Prozent und einen Vertreter. Das bewies einzig, daß auf Ortsebene bei der Stimmvergabe viel von der Persönlichkeit und weniger von der Partei abhing. Im Laufe der gesellschaftlichen Erweiterung und vor allem der gemeinsamen Notzeit, deren mögliche Sprengkraft nur ein sozialer Frieden entschärfen konnte, hatte sich ein politischer Kurs nach diesen personellen Kriterien bewährt. Das zweifache Aufbäumen des CSU- und BP-Lagers mit Kapfhamer und Merk gegen die neue Konstante der Aichacher Geschichte war nicht mehr als ein Versuch, aber auch nicht weniger als eine kostspielige Wahlkampagne gewesen, allenfalls bestärkt von Weimarer Zeiten, als die BVP fraglos das Feld geführt hatte. Doch der Zug in Sachen Vorkriegskontinuität war längst abgefahren. Der einstige Landrat Wernseher war keine Eintagsfliege gewesen; dieser Bürgermeister hatte eine Ära begründen können, trotz manchen harten Schlagabtauschs mit Stadtratskollegen wie Dr. Schemmel und Kirchmann. Ein Effekt der Untermauerung war dabei die Konjunkturlage, die auch den Stadthaushalt massierte. Die Jahresrechnung von 1955 schloß mit einem Einnahmeüberschuß von 152 379 Mark, die von 1959 bei über 300 000 Mark mit fast dem Doppelten.

Ins Wirtschaftswunder

Von der Beseitigung der Not zur Modernisierung der Versorgung

Die junge Bundesrepublik erlebte ihr erstes Kalenderjahr als „Gründungskrise". Vor allem in den Industrieregionen standen die Arbeiter vor den Werkstoren. Im ländlichen Raum Aichachs war zumindest hier kein Einbruch zu verspüren. Was man spürte, waren steigende Preise: Der ausbrechende Koreakrieg führte kurzfristig zur Verknappung importierter Rohstoffe und zu einer

DER SOZIALE FRIEDE

von Angstkäufen ausgelösten Hausse im Konsumgüterbereich. Ludwig Erhards soziale Marktwirtschaft bekam damit einen Denkzettel verpaßt. Für den kleinen Bürger lag die Zeit des Wohlstandes in kaum absehbarer Ferne, existentielle materielle Nöte gehörten weiter ins Bild. Bis Mitte der fünfziger Jahre herrschte ein sehr gemäßigtes Wirtschaftsklima auch im Alltäglichen. So half die Ortscaritas 1950 immer noch 3176 Menschen mit acht Tonnen Lebensmitteln, 900 Kleidungsstücken und Bargeld. Der Lastenausgleich, eine am 16. Mai 1952 beschlossene Vermögensumverteilung in noch nie dagewesenem Maßstab auf Kosten Wohlhabender vor allem zugunsten Vertriebener, lief über Jahrzehnte hinweg. Dem Aichacher Ausgleichsamt, das zuletzt (bis 1972) in der Stadtsparkasse im Salzstadel sein Domizil hatte, saß bis Juni 1960 Otto Kolarik, dann Anton Eder vor. Die Betroffenen erhielten zwar oft nicht mehr als eine Hausratsbeihilfe oder kleine Rente, doch für die Integration und den sozialen Frieden war der Ausgleich Balsam.

Überhaupt, im Vergleich zu den unmittelbaren Nachkriegsjahren unterschied sich die Lage längst von einer Mängelverwaltung. Zwar hatte der KUV nur noch 139 Mitglieder, als Georg Geisler (Algertshausen) den Vorstand antrat, doch die Tatsache sah anders aus: Die 95 Betten des Krankenhauses – davon waren 50 im Hauptgebäude untergebracht, der Rest als Provisorium in Baracken nebenan, dem späteren Standort des Kindergartens – genügten kaum. 1949 betreute die Anstalt 1373 Personen und führte 937 Operationen durch. Ein Krankenhausausschuß mit Wilhelm Kloubert und Georg Beck besorgte sich schon 1951 um einen möglichen Erweiterungsbau. Um die Belegung zu sichern, installierte der Stadtrat ständige Ärzte, die Doktoren Josef Kern und Ernst Bringmann, und kündigte den Vertrag mit dem ärztlichen Bezirksverein. Dem Spital billigte er 1955 einen hauptamtlichen Verwalter zu, Friedrich Eis.

Das Warenangebot wurde reizvoller, das Ambiente blieb gleich: Jahrmarkt anno 1950.

Die AWO setzte inzwischen verstärkt auf die kontinuierliche Armen-, Kranken- und Altenarbeit, die in den ersten Jahren in den Hintergrund getreten war; ungebrochen fortgewirkt hatten auf diesem Feld Dritter Orden und Mallersdorfer Schwestern. 1958 resümierte Franz Kukol, die Aichacher AWO stünde in Bayern an erster Stelle, und das bei gesunder Kasse. Am 30. Januar 1959 übernahm Kukol den Vorsitz der Orts-AWO, kurz darauf den Vizestuhl auf Kreisebene.

Das BRK erhielt 1952 im Erbbaurecht Grund am Friedhof für ein erstes eigenes Kolonnenhaus, an dem die Mitglieder mitbauten, unterstützt von regem Spendenfluß. Erst 1966 kam ein Garagenanbau hinzu, um dem neuen Glückshafen-Omnibus, der seitdem auf keinem Jahrmarkt oder Volksfest fehlt, zusammen mit den um zwei Sankas aufgestockten Fuhrpark restlos aufnehmen zu können. Ignaz Heinzelmeier übernahm 1953 die Kolonnenführung, zu deren Aufgaben nach wie vor der Vermißtensuchdienst gehörte. Ein Erfolg war die Ungarnspende des BRK, die sich an die Revolution vom 23. Oktober 1956 mit dem Austritt Ungarns aus dem Warschauer Pakt knüpfte. Moskau ließ die Freiheitsbewegung radikal zerschlagen, was eine Flüchtlingswelle aus dem Ostblockland auslöste. Schon am 4. November senkte sich der Eiserne Vorhang erneut. In Aichach äußerte sich der Vorgang vereinzelt als Kriegspsychose mit Angstkäufen. Als die Sowjetunion im November 1958 mit der ultimativen Aufkündigung des Viermächtestatus die Berlinkrise auslöste, reagierte die Kleinstadt ebenfalls: Noch im Dezember begann die bundesweite Aktion „Berlin macht das Tor auf", die der Stadtrat sofort unterstützte. Dennoch, das Phantom des Berliner Mauerbaus (ab 13. August 1961) stand schon am Horizont.

Anfang der 50er entschärfte sich die allgemeine medizinische Lage, die Tuberkulosegefahr sank auf überschaubare 1,8 Prozent in der Bevölkerung ab, und vor allem die Kinderanfälligkeit war dank der befriedigenden Versorgungslage auf dem Rückzug; anstelle der US-Schulspeisung traten ab Herbst 1950 eine Tüte Milch und eine Semmel. Für die Wintermonate konnte ein Haushalt vorerst immerhin mit sieben Zentnern Kohle rechnen. Während die allgemeine Hygiene und das Gesundheitswesen auf dem Vormarsch waren, stand es um den Sicherheitszustand allenfalls ausreichend. Die Kleinkriminalität ließ sich zwar nicht ohne weiteres bremsen, aber die Effizienz ihrer Bekämpfung konnte ausgebaut werden. Das erhoffte sich der Stadtrat 1955 von der Verstaatlichung der Stadtpolizei, die laut Wernseher eh nur ein „besserer Ordnungsdienst" sei. Mit Abgabe dieses Hoheitsprivilegs ließen sich sogar noch 25 000 Mark im Jahr sparen. Zwei Jahre darauf, am 31. Oktober, ging der Plan in Erfüllung. Polizeirat Rieger von der oberbayerischen Landpolizeidirektion übernahm die Stadtpolizei, die nun ihre blauen Röcke ablegen mußte. Paul Pöllot und Johann Höfner als Leiter hatten als erstes vor, mit ihren Polizisten Alfons Fischer, Rudolf Hößl, Willi Hermann und Walter Mayr stärker auf die Sperrstunde zu achten.

Nach zehneinhalb Jahren Tätigkeit, zum April 1950, stellte zur Genugtuung unliebsamer Erinnerungen endlich ein „notwendiges Übel", das aus Kriegszeiten bestens bekannte Ernährungsamt B, seine Arbeit ein. Pro Zuteilungsperiode hatte das unter anderem im Steub-Haus, zuletzt im JVA-Wohnhaus untergebrachte Amt rund 45 000 Lebensmittelkarten ausgegeben, seit 1939 als Teil des Reichsnährstandes an die 400 Millionen einzeln aufgeklebter Abschnitte behandelt. Fortan gehörte die Bewirtschaftung von Konsumgütern so gut wie der Vergangenheit an. Das Ernährungsamt A schloß drei Monate später.

> **Passagiermaschine landet im Acker**
>
> Eine zweimotorige Dakota C-47 geht am 8. Juni 1951 zwischen Unterwittelsbach und Walchshofen nieder. Ein Brand zwingt zur Notlandung. Mit leichten Verletzungen können sich die 17 Insassen aus der jugoslawischen Passagiermaschine retten, ehe sie in Flammen aufgeht. Zu Hunderten kommen die Tage darauf die Leute zur Besichtigung.

Bei dieser stabilisierten Versorgungslage konnten nun endlich zurückgestellte Vorhaben angegangen werden. Ein neuer Tiefbrunnen – geplant zwischen Keller- und Kreuzberg – für über 14 000 Mark war 1950, nach den Erfahrungen des Vorjahres, unabwendbar. Zehn Jahre später mußte ein nächster gebohrt werden; dabei schloß sich Unterwittelsbach ans Wasserwerk Aichach an. Ein vierter Brunnen folgte 1962. Als letzter Schritt fehlte nur noch die Wasseraufbereitung, die später mit einem neuen Wasserwerk angegangen wurde. Der Entwurf lag schon 1963 bereit. Jedes Jahr trieb der Stadtrat bis dahin das Wasserleitungsnetz und die Generalkanalisation um einige Straßen voran. In Gedanken spielte er mit einer entsprechend modernisierten Kläranlage, die auf Höhe Steidlestraße, also in der nördlich gelegenen Siedlung, eingerichtet werden könnte.

Verhalten äußerte sich die Modernisierung sogar in der Technik: Als das Radio 1953 den 30. Geburtstag feierte, hatten im Kreis 62 von 100 Haushalten eines, das Telefon war noch eher eine Besonderheit: 1899 gab es zehn Fernsprechteilnehmer, 1950 im Ortsnetz Aichach 207. Im Jahr darauf vermittelte die Ortsgespräche nicht mehr das „Fräulein vom Amt", sondern eine Selbstwählanlage. Dagegen waren erste Fernsehempfangsversuche im Frühling 1954 vom Feldberg noch nicht „publikumsreif"; ab September konnte man Testbilder vom Wendelstein empfangen, und Ende Oktober standen bereits in vier Gasthäusern die sensationellen „Bild-Rundfunkgeräte", um die sich faszinierte Zuschauergemeinden zum Coca-Cola oder Bier scharten, was die alte Kommunikationsfunktion dieser Wirtshäuser nachhaltig erschüttern sollte. Im Laufe des Jahres 1958 nahm der TV-Besitz um 90 Prozent zu und kletterte auf rund 400 angemeldete Apparate im Kreis. 7036 erfaßte Radios standen dem gegenüber. Die VHS lud im folgenden Jahr zu einer Diskussion mit Hans Löscher und Dr. Kurt Seeberger vom Bayerischen Rundfunk über dessen Programm: Die mundartliche Tradition habe es in München derzeit schwer, auch anspruchsvolle Musik sende man mit bewußter Zurückhaltung. Rundfunk, Fernsehen und Schallplatten hätten ein „Volk der Konservenverbraucher" ausgeformt, befanden die Kulturkritiker immer öfter.

> **Dieselmedaille für Erfindertochter Nipkow**
>
> Elisabeth Nipkow, die in ärmlichen Verhältnissen in der Essiggasse wohnt, ist die Tochter des Ingenieurs Paul Nipkow (1860 bis 1940), dem „Erfinder des Fernsehens" (1925), der die Bildabtastung auf mechanischem Wege ermöglichte (1885). Sie wird am 24. September 1951 mit der Dieselmedaille in Gold zum Andenken großer Erfinder ausgezeichnet.

Die progressiven Medien konnten indes der Presse nichts anhaben. Die AZ erreichte im Februar 1960 einen Bezieherrekord von 7000. Die Antwort darauf war ein werktägliches Erscheinen mit 26 statt bisher 17 Ausgaben im Monat. Neue technische Errungenschaften ließen den Einzelpreis sogar von 17,6 auf 14,6 Pfennig (3,80 Mark im Monatsabonnement) sinken.

Dem verstärkten Elektrizitätsbedarf der Privathaushalte gemäß hielt restlos der Wechselstrom mit 220 und 380 Volt Einzug ins Freileitungsnetz. Die Amperwerke beschlossen, die 100 000-Volt-Leitung westlich von Algertshausen anzuzapfen und zu transformieren. Statt an der Donauwörther Straße zu vergrößern, kaufte die Gesellschaft am Wittelsbacher Weg den Grund für ein neues Umspannwerk an der jungen Trasse von Maisach nach Schrobenhausen. Es ging am 2. Juli 1956 in Betrieb. Weitgehend außerhalb des Konsuminteresses lag die Müllentsorgung, obgleich die Früchte des Wirtschaftswunders in dieser Richtung ganz neue Fragen aufwarfen. Das Gesundheitsamt monierte als erstes den hygienisch untragbaren Zustand der Müllabfuhr zum Schuttplatz, die jeder bislang persönlich vornahm oder durch Fuhrunternehmer Ludwig Schmid besorgen ließ. Bis zu eineinhalb Tonnen Abfall fielen 1960 täglich an, bei Belästigung von 17 Anliegern und zur allgemeinen Infektionsgefährdung. Die geregelte Zwangsabfuhr sei noch „Ermessenssache", so Wernseher. Eine Gegenstimme auf der Bürgerversammlung propagierte ein individuelles Müllkonzept, organischen Restmüll an die Schweine zu verfüttern und Hausbrandasche im Garten als Dünger zu verstreuen. Erst zu Beginn 1963 beauftragte der Stadtrat die Aystettener Firma Therese Mannert mit der staubfreien wöchentlichen Entsorgung zu 1,60 Mark pro Monat und Tonne. Dazu diente weiterhin der Müllplatz an der Ecke Flur- und Holzgartenstraße.

Tiefs in diesem allgemeinen Modernisierungsklima waren mehrfach katastrophenartige Unwetter: Ein kurzes Hagelprasseln am 18. Juli 1953 vernichtete in 13 Gemeinden auf 13 000 Tagwerk alle Feldfrüchte, vor allem bei Todtenweis, Gundelsdorf und Aindling. Der Juli im Jahr darauf bescherte tagelange sintflutartige Regenfälle. Die Paar verwandelte sich zwischen Dasing und Aichach in einen einzigen See; die Ödmühle vor Großhausen war nachgerade vom Land abgeschnitten. Nur im Stadtgebiet verlief das Hochwasser dank des Flutkanals problemlos. Der Höchststand an der Aktien-Kunstmühle betrug 2,60 Meter, der Schaden im Kreis über 50 000 Mark. Spenden von Innerer Mission, BRK, AWO, Caritas und dem Paritätischen Wohlfahrtsverband erbrachten über 21 000 Mark für die Geschädigten. Im Januar 1955 brauste dann der stärkste Orkan seit 1920 über das Aichacher Land hinweg – mit glimpflichem Ausgang. Erst im Juni 1965 kamen im Land wieder Bilder zustande, die denen vor elf Jahren beinahe glichen. Sogar die Paarniederung im Gebiet der regulierten Paar im Stadtbereich bekam die Flut ab, die Liegewiese des Freibades stand unter Wasser. Es rückte bis zur Bahnhofswirtschaft vor. Doch zur Rekordsintflut geriet die Nacht auf Samstag, 20. August 1966: Die Paarregulierung konnte das Hochwasser nicht mehr abführen. Zu einem Strom hatte sich die Ecknach geweitet. Ein nichtsahnender Bauer in Tödtenried stürzte in die reißenden Fluten und ertrank. In kaum zwei Stunden trommelten 63,8 Millimeter Niederschlag zu Boden. Vom Geschäft Stegmann bis zum Hofman vor stand die B 300 unter Wasser. Keller überflutete es auch in Stadtgebieten, die in der Regel geschützt lagen, doch das Kanalsystem war hoffnungslos überlastet oder von herbeigeschwemmtem Dreck verstopft. Hundhammer persönlich machte sich vor Ort ein Bild von den gewaltigen Wirkungen und Schäden.

Das schwere Hochwasser von 1966 überflutete sogar die Werlbergerstraße.

Das alles übertraf, was die Folgen anbelangt, am 16. Juli 1958 ein Orkan, dessen Hauptgewitter ab 16.30 Uhr im Osten des Kreises in den Dörfern hauste, „als wenn sie unter Artilleriefeuer gelegen hätten". Im Bereich Randelsried, Tandern, Thalhausen und Wollomoos gingen innerhalb von 35 Minuten 35,5 Liter Regen pro Quadratmeter nieder. Sämtliche Telefonleitungsmasten barsten, in manche Dörfer konnten die Helfer wegen des Holzbruches gar nicht vordringen; teils hatte der Sturm bis zu 80 Prozent der Waldfläche flachgelegt. In Oberdorf wurden von 80 Gebäuden 23 völlig zerstört, insgesamt beliefen sich die Schäden an 450 Gebäuden auf 25 Millionen Mark. Die Stadt, selbst unbetroffen, und die Sparkasse spendeten jeweils spontan 10 000 Mark, der

Kreistag bewilligte fürs Nötigste 100 000 Mark. Am 27. Juli 1962 wurden Ober- und Niederdorf erneut in Mitleidenschaft gezogen, als ein Hagelprasseln zwischen Ecknach, Mauerbach und Alberzell niederging. Der zehnminütige Vorfall richtete erhebliche Ernteschäden an und knickte sogar eine Starkstromleitung um.

Rohbauten und Richtfeste

Die schwersten Summen, weitgehend öffentliche Mittel, verzehrte eine Konjunkturlokomotive, der Wohnungsbau. So wollte es das „Erste Wohnungsbaugesetz" vom April 1950 auch. Die Baugenossenschaft war ihm um ein Jahr zuvorgekommen und blieb mit Bauvorhaben an der Gartenstraße aktiv. Innerhalb von vier Monaten kamen nach Plänen von Fritz Schrammel (Augsburg) auf Stadtboden Wohnungen für 18 vertriebene und sechs einheimische Parteien zustande. Am Friedensheimgelände hinter den ehemaligen RAD-Baracken (Krankenhausstraße) entstanden für 40 000 Mark zehn provisorische Wohnungen, um bei den dringendsten Nöten, eventuell auch zur „Umquartierung böswilliger Mieter", eine Ausweichmöglichkeit zu besitzen. Die wirklich unzumutbaren Fälle kamen aber in eine Baracke beim Schuttplatz an der Flurstraße. Eine Zwangsausgewiesene machte ihrem Unmut Luft und übernachtete demonstrativ auf einem Feldbett vor dem Rathaus.
Der Kreis förderte 1950 den sozialen Wohnbau mit einem Zehn-Familien-Haus in der Ludwigstraße, bereitwillig trat die Stadt den Grund dafür ab. Eine Frucht dieser Vorhaben und des Wirtschaftsplanes war die im selben Jahr ab 20. Juni wirksame Erklärung der Stadt zum „Wohnsiedlungsgebiet" durch das Innenministerium. Doppelreihenhäuser sollten die Tätigkeiten fortsetzen, denn im November hatte die Stadt immer noch mit 41 Elends- und 28 ähnlichen Fällen zu kämpfen, weitere 345 Wohnungen wurden gesucht. Für den vorgesehenen Ort an der Blumenstraße trat das Kreisgut aber keinen Grund ab, so kamen nun fünf Tagwerk Stadtgrund an der Rosenau („Stieracker") ins Gespräch. Dort entstanden dann zehn Wohnungen. Dieser mühsam ertrotzte Gewinn mutete an wie ein nächster Tropfen auf den heißen Stein. Der Wohnungsausschuß geriet auch unter scharfe, bisweilen mechanisch wiederholte Beschußnahme in Sachen „eigene vier Wände" vor allem durch die Stadträte Kloubert und Danziger – und trat zurück. Der Stadtrat, abgesehen von Danziger, sprach ihm aber schnell wieder das Vertrauen aus, denn es gab keine Alternative, außerdem stieß der beste Wille an die finanziellen Grenzen. Das Zehn-Familien-Haus der sozialen Wohnbaustiftung des Kreises an der Blumenstraße war Ende Juli 1951 bezugsfertig; Monate später zog die Firma Neu-

sa mit einem Zwölf-Familien-Projekt an der Ludwigstraße nach. Kreisweit waren in diesem Jahr 150 Personen nach Außerbayern umgesiedelt, 600 Wohnungen haben vergeben, 180 von 480 Elendsfällen bereinigt werden können, das Kreisbauamt hatte 479 Baugesuche genehmigt, davon 231 für Wohnungen. Und in die kommenden Jahr fielen weitere wichtige Schritte: Vor allem das 27-Familien-Haus der Baugenossenschaft zwischen Ludwig- und Krankenhausstraße nahm schon im Frühling 1952 Formen an. Der Kunstmaler Georg Wirnharter durfte alsbald daran gehen, das Gebäude mit den vier Jahreszeiten in Sgraffitos zu schmücken – ein Anzeichen dafür, daß man beim nackten Pragmatismus nicht mehr stehen blieb, sondern auch ein ästhetisches Moment berücksichtigte. Weitere 27 Einheiten folgten bis 1954. Der Kreistag gab für ein Wohnhaus am Pestalozziweg grünes Licht, die Stadt für eine Heimkehrersiedlung und die Überlassung von Grund für zwölf Zwei-Familien-Häuser in Steidle-, Auen- und Krumpstraße an die Genossenschaft.

Hebauf für 24 Wohneinheiten in der Gartenstraße. Bürgermeister Wernseher blickt von der Tafel, die viele beteiligte Handwerker aus Aichach nennt.

Daß die Baugenossenschaft „eine der besten in Oberbayern" sei, verkündete Aufsichtsratsvorsitzender Kloubert noch im Mai 1955 stolz. BP-Bezirkstagsmann Xaver Oswald versuchte dagegen Wasser in den Wein zu schütten, sprach er doch gar von einer „marxistischen Vorherrschaft" im Stadtrat, die die Fachwerkbaracken am Friedhof – einen „Schandfleck" – zu verantworten hätten. Tatsächlich wohnten darin elf für damalige Verhältnisse einigermaßen zufriedene Familien. Wernseher machte Oswald darauf aufmerksam, daß die Stadt seit sieben Jahren mit den gleichen Steuerhebesätzen fahre. Und in den vier Jahren ab 1952 erwuchsen in der Stadt 124 Neubauten mit 266 Wohnungen, ferner 26 Umbauten mit 39 Wohnungen. Bis Ende der Fünfziger war das eigentliche Problem bereits der Bauplatzmangel. Wenigstens hatte die Stadt den Thomagarten im Norden als Reserve für 15 bis 17 Parzellen.

Mitverantwortlich für diesen Wandel waren der Trend zum Eigenheim, gefördert durch das „Zweite Wohnbaugesetz" von 1956, und eine Zurückhaltung im Aichacher Ostbereich, wo Potentaten immer noch wegen der erwarteten Umgehungstrasse zögerten, Bauland freizugeben. Ansonsten gingen die größeren Bauprojekte mit der Kanalisation Hand in Hand, so die VdK-Siedlung in Verlängerung der Oskar-von-Miller-Straße. Höhepunkt des privaten Wohnbaus seit der D-Mark war das Jahr 1959: Die vom Stadtrat genehmigten Baugesuche beliefen sich 1956 auf 93, 1957 auf 89, dann auf 118, zuletzt auf 130. Hinter diesen Zahlen steht eine bundesdeutsche Tendenz: „Das Eigenheim wurde zum sichtbaren Ausdruck der sozialen und psychischen Verfassung einer nivellierten Mittelstandsgesellschaft [...] im Zeichen des Wirtschaftswunders" (Adolf M. Birke).

Leistungsbilanz der Baugenossenschaft von 1949 bis 1966

Eigene Wohngebäude

Jahr	Straße	Wohneinheiten	Kosten in DM
1949	Gartenstraße 12–18	24	196 000
1950	Gartenstraße 4–10	24	228 000
1952	Krankenhausstraße 23–29	27	351 000
1953	Krankenhausstraße 31–33	12	155 000
1954	Krankenhausstraße 35–37	15	188 000
1956	Rosenau 16–22	30	407 000
1958	Rosenau 5–9	18	343 000
1960	Ludwigstraße 38–40	18	379 000
1960	Ludwigstraße 36	12	300 000
1962	Ludwig-Thoma-Straße 1–3	20	614 000
1962	Flurstraße 50	6	202 000
1964	Lilienstraße 1, 3, 5	27	1 109 000

Kauf-Eigenheime

Jahr	Straße	Wohneinheiten	Kosten in DM
1953	Steidlestraße 12–14	4 (2 Häuser)	65 000
1954	Steidlestraße 16–26	12 (6)	143 000
1955	Auen- und Krumpstraße	12 (6)	202 000
1956	Flur- und Angerstraße	12 (6)	203 000
1958	Ludwig-Thoma-Straße	15 (10)	546 000

Baubetreuung (Planung, Ausführung und Abrechnung)

Jahr	Straße	Wohneinheiten	
1957	Paul-Gerhardt-Weg	10 (10 Reihenhäuser)	
1957	Paul-Gerhardt-Weg	1 (Pfarrhaus)	
1959	Bucheneck	4 (4 Reihenhäuser)	
1959	Bucheneck	1 (1 Wohnhaus)	

Quelle: Wohnraum für alle. 50 Jahre Baugenossenschaft, 1988, S. 16.

"VERNICHTUNG VON UNERSETZLICHEN WERTEN"

Stadtbild und Stadtgrenzen

Zum Notwendigen gesellte sich in den 50er Jahren immer mehr das Repräsentative. Zukunftsträchtige Qualitäten mußten die bloße Existenzsicherung langsam aufrunden. Das begann 1953 mit der überfälligen Sanierung des Oberen Tors und mit einer ehrenvollen Pflicht, von Seilermeister Fritz Kögl ein Geschenk anzunehmen: seinen Turm am Unteren Tor, der so eine Überlebenschance erwirkt hatte. Ein Signal für die Normalisierung der Lebensverhältnisse sollte der neue Wandbrunnen am Rathaus sein. Immerhin hatte es früher drei schmückende Brunnen am Platze gegeben, die nicht immer als Symbole städtischen Lebens gewürdigt worden waren, sondern zuletzt den Aufmärschen der Nazis das Feld haben räumen müssen. Die Stadtväter hatten zur Zierde ein munteres Motiv aus dem Froschkönig gewählt. Das kleine Kunstwerk an der Treppe präsentierte sich erstmals kurz nach Volksfestauftakt am 14. August 1955 den Bürgern.

„Brunna-Biaberl"

Erstaunlicherweise ließ Bürgermeister Wernseher drei Jahre darauf verlauten, die längst zwecklose Außentreppe solle verschwinden, das Rathaus dafür eine würdige Empfangshalle erhalten. Mehr noch: Die Bestände des Heimatmuseums könnten auf dem Speicher – dort lag bereits das Stadtarchiv im Dornröschenschlaf – eingelagert werden, da es der Stadt nichts bringe. Womöglich hatte sich der Bürgermeister einen Winkelzug ausgeheckt: Insgeheim spekulierte er wohl noch immer auf einen geräumigeren Verwaltungssitz. Außerdem hatte er dem Heimatverein versprochen, eine würdige Lösung für das Heimatmuseum zu suchen, in welchem Zusammenhang er ja schon einmal das alte Rathaus erwähnt hatte. Ob die nun ins Spiel gebrachte Rangiermaßnahme der Museumsbestände von Wernseher als eine kleine Weichenstellung auf seine mittelfristigen Pläne gedacht waren, läßt sich nicht vollends entscheiden. Klar ist nur, daß die möglichen Hintergründe nicht durchschaut wurden, Wernseher mit solch direkten Worten vielmehr das historische Gewissen der Stadt aufs Parkett rief: Heimatvereinsvorsitzender Karl Leinfelder monierte, dies „würde einer systematischen Vernichtung von unersetzlichen Werten gleichkommen". Der Umbau an sich sei voreilig, da in vielleicht zehn Jahren ohnehin eine Vergrößerung anstehe, ja sogar der Umzug ins Rothenfußer-Anwesen als Verwaltungsgebäude. Eine Reihe von Generationen der Stadt sei mit dieser Treppe auf das innigste verbunden, vor ihr hätten sich historische Ereignisse abgespielt. Wernseher machte einen schnellen Rückzieher, es blieb bei der grundlegenden Renovierung des Rathauses, das den Stadtrat erst wieder am 27. November 1959 zur Sitzung empfing. Das Heimatmuseum, von Bürgermeister Julius Koppold am 13. Mai 1909 gegründet und damals im Spital untergebracht, blieb über seinen 50. Geburtstag hinaus in der alten Stadtpost in der Steubstraße. Ein würdiges Ausstellen der Exponate war dort unmöglich, obwohl der Zuwachs – allein 1957 waren es 21 Objekte – beträchtlich war. Zum Diskussionsherd wurde auch ein neues Gefallenendenkmal, das die Kriegerkameradschaft zu ihrer persönlichen Angelegenheit machen wollte. Die Stadt sah darin aber eine „Ehrensache" und beschloß im Sommer 1955 die Umgestaltung des bestehenden Denkmals an der Stadtpfarrkirche. Neun Jahre später kamen die Namen der Gefallenen und Vermißten (siehe auch den Anhang des Buches „Aichach einst und jetzt" von 1997) an die Innenwände der Friedhofskapelle St. Michael. Ihre Innenrenovierung 1959 legte 25 unbekannte Deckengemälde aus der Zeit von 1710/20 frei, im Zentrum Michael im Kampf mit Luzifer. Sie wurden als „erhaltenswert" befunden.

Zu den kleinen, aber sichtbaren Errungenschaften der Stadt in Sachen Lebensqualität zählte der neue Eislaufplatz am Nordheim und 1960 der Auftrag an die Isar-Amperwerke, für 11 000 Mark neue Lampen in der Stadt anzubringen.

Pfarrer Reiter weihte am Volkstrauertag 1956 das umgestaltete Kriegerdenkmal ein.

Eher indirekt kam der Stadt die Umsiedlung einiger Behörden in angemessene Räumlichkeiten zugute. Vermessungs- und Gesundheitsamt fanden 1957 ihre Bleibe im umgebauten Amtsgerichtsgefängnis, die AOK bezog in der Rosenau den von Architekt Johann Elfinger (Ingolstadt) projektierten Neubau. Die Vermessungsbehörde unter Direktor Wilhelm Baumann mußte den drastisch erhöhten Aufträgen durch Straßen- und Wohnungsbauten sowie der freiwilligen Flurbereinigung Herr werden. Die Nachfrage ermöglichte den Aufbau des mittleren Dienstes; dazu gesellte sich seit 1954 eine eigene Katasterabteilung.

Nicht nur im Detail wandelte die Stadt ihr Gesicht. Mit den enormen Leistungen im Baugewerbe gewann sie vor allem an Umfang, an Straßenzügen, die wie bereits „die Siedlung" an der Flurstraße die Wertigkeit eines kleinen Stadtviertels besitzen. Eine derartige Ausdehnung der Siedlungsgrenze war noch nie dagewesen. Dahinter steckt jedoch mehr als ein Wachstum in Zahlen: ein gesellschaftlicher Wandel, das Voranschreiten der Integration. Der soziale Wohnbau machte Alt- und Neubürger zu Nachbarn. Die neuen Dächer hatten so manche Not vertriebener wie eingesessener Bürger trockengelegt.

Verjüngungskur mit Einschränkung: Schulen, Krankenhaus und Freibad

Im wesentlichen hatte die kommunale Politik die großen Nachkriegsaufgaben in den Griff bekommen. Nun mußte darangegangen werden, die weiterführenden Sektoren der Infrastruktur auf Vordermann zu bringen. Einiges Kopfzerbrechen machte, wie aus einem Bürgergespräch mit 500 Beteiligten im März 1954 hervorgeht, der grundsätzlich längst beschlossene Volksschulneubau. Einzig Direktor Hans Schmid reklamierte ein vorrangiges Ende des Dauerprovisoriums Berufsschule. Pfarrer Hübner hielt dagegen, daß bereits der Knabenschulhof ein unzumutbarer „Gefängnishof" sei. Diesen Zustand abzustellen, genoß also absolute Priorität.
Als erstes beschäftigte in Sachen neue Volksschule die Bauplatzfrage: Zur Debatte standen der von Haselberger gestiftete Grund neben der Landwirtschaftsschule, der „Kochanger" am Jakobiweg und der Exerzierplatz, den Plößls Wirtschaftsplan für ein Kulturzentrum freigehalten hatte. Den Umbau der alten Volksschule lehnte Rektor Franz Miller ab. Bürgermeister Werneher sah in dem Gebäude Ecke Hubmann- und Steubstraße bereits die Stadtverwaltung untergebracht – das freiwerdende Barockgebäude am Stadtplatz könne dann zum Heimatmuseum werden. Zum anderen drehte sich das Problem um die Finanzierung. So versuchte sich die Stadt aus dem Berufsschulzweckverband mit derzeit 1109 Schülern zu entwinden: Obwohl nur 364 aus Aichach kamen, trug die Stadt 40 Prozent der Kosten. Dieses Argument anerkannte der Kreis mit einer neuen Staffelung der Trägerschaft.
Vorübergehend machte eine große Lösung die Runde. Sie sah am Kochanger die Volks- und an der Münchener Straße eine neue Berufsschule vor. Das Problem: Der Kreis wollte den Stadtgrund an der Münchener Straße nicht gegen seinen Kochanger – von der Lage und Verkehrsruhe her der Favorit – eintauschen. Mit 8:5 Stimmen votierte der Stadtrat am 30. September 1955 für die ursprünglich vorgesehene Haselberger-Wiese, obgleich diese Lösung noch immer halbherzig anmutete. Viele Eltern waren ebenfalls enttäuscht. Die glückliche Wendung kam durch Landwirt Ludwig Bichler zustande, der großmütig drei Tagwerk Fläche an der Ludwigstraße überließ, während nun der Kreis die zwei Tagwerk der Haselberger-Wiese für 50 000 Mark aufkaufte. Damit würde die Volksschule nah am Zentrum und wenig verkehrsgefährdet liegen, die infrastrukturellen Anschlüsse waren da, und die im Osten anschließenden Neubaugebiete hatten einen komfortablen Platz im Schulsprengel. Schneller als die Standortsuche nahm das Finanzierungskonzept Formen an, auch wenn es 1956 erstmals nach acht Jahren – die Konjunktur sprach längst dafür – wieder eine Steuererhöhung nötig machte. Sie fand von der Bürgerversammlung am 11. Mai weitgehende Zustimmung, zumal sie jetzt einen Staatszuschuß für

den Schulbau garantierte. Die Pro-Kopf-Verschuldung der Stadt betrug zu diesem Zeitpunkt unterdurchschnittliche 19,47 Mark. Im Herbst ging es Schlag auf Schlag: Eine halbe Million hatte Wernseher über Kreditzusagen und Rücklagen bereits auf die Seite gebracht, um für die Mindestbausummen von 1,2 Millionen Mark – bei Verzicht auf ein zunächst vorgesehenes Allzweckbecken und neues Schulmobiliar – die Zuschüsse sicherstellen zu können. Der Startschuß fiel Tage später, am 2. November. Ein halbes Jahr darauf feierte die Baufirma Xaver Führer/Josef Halbeck auf dem Grabendach, das laut Regierungskommission zu großstädtisch wirkte und sich sehr bald als undicht erwies, den Hebauf „des größten nach dem Krieg im Landkreis errichteten Gebäudes".

Doch bevor die Schule am 8. Januar 1958 ihre Klassenzimmer öffnete, mußte still und heimlich, ohne jede Verabschiedung durch ihre Mädchenschule, Direktorin Schwester Othmara Aichach verlassen. Der Protest der Bürger schlug empörte Wellen, doch das Münchener Mutterhaus der Armen Schulschwestern, seit November 1953 ganze 100 Jahre in Aichach vertreten, bat, die Beförderung als endgültig zu respektieren. So war es Schwester M. Herefriedis neben Franz Miller und Hans Höfer, die den Schlüssel des neuen Gebäudes empfing. Der Nachmittagsunterricht von 13 bis 17 Uhr fiel fortan weg, weil künftig jede Klasse ihr eigenes Zimmer besaß. Zur offiziellen Einweihung am 29. Mai 1958 erhielten alle Schüler eine Gedenkmünze, auf dem Pausenhof pflanzte man eine Eiche. 330 000 Mark Staatszuschuß, 50 000 Mark vom Kreis, vom Bezirk Oberbayern 8600 Mark für Mobiliar, 500 000 Mark Kredit durch Vermittlung von Baumeister Halbeck und 300 000 Mark zu verbilligtem Zinssatz seitens der Sparkasse trugen den Neubau letzten Endes. Aus den Personalreihen sollten einige nicht Zeit finden, darin heimisch zu werden. Die Schulleiterkonferenz ver-

---

1950 – in memoriam

ALOIS BEHRINGER (68), 18. März: Der Bäcker- und Innungsobermeister war seit 1904 mit Maria Ertle verheiratet und hatte seinen Betrieb am Kirchenberg. In den 20ern war er Stadtrat und 2. Bürgermeister.

MAX WEIRICH (63), 9. Juni: Der Prokurist einer großen Wäschefabrik bei Zattig führte den Titel Kommerzienrat. Seit 9. September 1946 lebte er in Aichach, wo er als Steuerberater neu begann. Der aktive Stadtrat (ab 1948) übernahm als Referent des Wohnungswesens eine der damals unliebsamsten Aufgaben. In den Stadtrat rückt Theodor Klein, in den Kreistag Josef Dittrich aus Todtenweis nach.

JOSEF SCHMID (63), 6. Juli: Er war ehemaliger Viehkaufmann und Pächter vom Gasthof „Hofman".

JOSEF DINAUER (72), 24. September: 1910 erwarb er die Mehlhandlung Konrad Gurtner in Aichach, die er zu einer „Landesproduktengroßhandlung" ausbaute.

GEORG THOMA (80), 24. Dezember: Bekannt war er nicht nur als Bäckermeister und Obstbauer in der unteren Vorstadt, sondern auch als ehemaliger Stadtrats- und Feuerwehraktiver und ältestes TSV-Mitglied.

FRIEDRICH LEOPOLD VON MOLTKE-MOLTKE (59), 29. Dezember: Als international tätiger Graphiker und Freskomaler erhielt der gebürtige Breslauer 1937 den Ehrentitel Professor. Seit Mai 1946 in Aichach. Dort als Künstler (Pferde- und Landschaftsmalerei) auch für die AZ tätig.

abschiedete am 7. November zwei Lehrer: Nach knapp zehn Jahren Arbeit im Lande erhielt Rektor Miller einen Ruf nach Garmisch-Partenkirchen als Fortbildungsleiter und Schulrat, während Oberlehrer Huber nach 46 Jahren Dienst in Ruhestand ging. Im Sommer 1960 löste der Zollinger Hauptlehrer Fritz Toth Schulrat Vogel ab. Ab 1. Mai hatte die Mädchenschule in Schwester M. Romualda Hochstetter, die von 1950 bis 1956 hier bereits Lehrerin war, ihre neue Rektorin. Toth übernahm bald den Vorsitz des BRK, bis ihn 1965 Dr. Ernst Bringmann ablöste. Der Schulrat verabschiedete sich nach Jahresende auch von seinem Amt und durfte im Mai 1966 Wilhelm Reiser als Nachfolger begrüßen. Bislang Schulratsvize in Schrobenhausen und Rektor der Schule von Brunnen kannte der gebürtige Germersheimer die Verhältnisse bereits.

Eiligst mußte nach Abschluß des Unternehmens Volksschule 1958 auch mit der Berufsschule etwas passieren, sonst fielen Zuschüsse weg. Statt eines Neubaues für rund 1,4 Millionen Mark wollte der Stadtrat die nun leeren Konfessionsschulhäuser kaufen. Wenn es dazu nicht kam, so weil inzwischen der Kreis die Trägerschaft des Berufsschulverbandes akzeptierte und am 17. März 1958 die Umrüstung der Knabenschule für 800 000 Mark als kleine Lösung einleitete:

> **1951 – in memoriam**
>
> Dr. Hermann Werlberger (60), 31. Mai: Er praktizierte bei Aibling als Arzt. Vater und Großvater waren herausragende Aichacher Bürgermeister, er selbst der letzte Sproß der Familie.
>
> Andreas Heinrich (51), 17. September: Der Metzgermeister verkörperte Viehkaufmann und Gastwirt der „Alten Post" in einer Person.
>
> Josef Hörauf (61), 25. Dezember: Seit 1920 baute der Augsburger ein Geschäft am Ort als Uhrmachermeister auf; er war unter anderem Schützenmeister bei Tell.

Neun Monate später hatte einfacher Edelputz die klassizistischen Straßenfronten abgelöst, während das Bauwerk innerlich eine ganz andere Raumaufteilung erhielt. Nach einem 90jährigen Notzustand besaß die Berufsschule nun endlich ihre Bleibe. Damit konnte der Stadtrat einen Teil des bisherigen Provisoriums, das Nordheim, dem Kindergarten für untere Vorstadt und Siedlung, den Luftsportlern und dem BCA verfügbar machen. In einem zweiten Schritt erhielt die neue Berufsschule einen Erweiterungsbau für 280 000 Mark an Stelle des historischen Reithmeier-Hauses.

Und noch eine Bildungseinrichtung unterlag einem Wandel, die Landwirtschaftsschule: Zum einen verabschiedete sich am 29. April 1958 Direktor Dr. Josef Neeser vom Dienst; Regierungspräsident Dr. Mang überreichte ihm dabei das Bundesverdienstkreuz am Bande, denn seine Verdienste waren vielfältig. Bestens geführt hatte er das eingegliederte Landwirtschaftsamt, mit Nachwuchsagrariern besondere Erfolge erzielt und so den hohen Stand der heimischen Landwirtschaft mitverantwortet; sein weiteres Engagement gehörte der Kartoffelflocken- und Stärkefabrik Schrobenhausen und dem Aufbau guter

Das alte Natur-Freibad aus der Vogelperspektive.

Zuchtverhältnisse. Kreisbäuerin Lina Bauer dankte ihm für sein inniges Verständnis für die Landfrauen. Ab 1. Mai trat Karl Schropp die Direktion an. Als zweites ließ der Kreistag der Einrichtung einen Umbau für letztlich 101 000 Mark angedeihen, per Beschluß vom 26. August 1959, jenem Sitzungstag, an dem die soziale Wohnbaustiftung aufgelöst wurde. Der große Schlafsaal des Internats mit 26 Betten wich modernen Unterkünften, und die Örtlichkeiten für die Mädchenlehrgänge bekamen eine modernere Ausstattung.

Nach dem Kapitel Volksschule trat der Stadtrat nicht kürzer, Wernseher trieb jetzt die Freibadfrage vorwärts. Ein Allzweckbassin an neuem Standort – er liebäugelte mit dem Süden des Kellerbergs – fiel schnell unter den Tisch: Auf 21 mal 50 Meter sollte die bestehende Holzwanne 1959 ausbetoniert werden, Kostenpunkt 200 000 Mark. Weit schwerer lag den Stadträten das veraltete, vor allem aber zu kleine Krankenhaus im Magen. Die Voraussetzungen für einen rentablen Betrieb fehlten nach wie vor, und acht von zehn Patienten kamen aus den Landgemeinden. Wernseher schlug dem Kreistag deshalb vor, die selbständige Krankenhausstiftung aufzulösen – was gegen dessen anfänglichen Widerstand später auch geschah – und einen Neubau als Kreiskrankenhaus ins Auge zu fassen. Im Raum stand zuerst ein Erweiterungsbau von 100 auf 140 Betten, den die Stadt allein nicht tragen konnte: Für ein Bett setzte man 15 000 bis 20 000 Mark an.

Wie wichtig all diese Vorhaben auch für die Zukunft der Stadt als zentraler Ort waren, deutet sich bereits in einem zeitgenössischen Vergleich mit Schrobenhausen an: Dessen Stadtrat befürchtete im Juni 1957 die Auflösung des Landkreises, weil er weniger als 30 000 Einwohner hatte. Es wurde deshalb vorgeschlagen, der Kreis Aichach solle seinem Nachbarn zum Überleben einige seiner 73 Gemeinden inklusive Pöttmes abtreten.

„VOLKSSEUCHE" VERKEHRSUNFÄLLE

Die Motorisierung der Bevölkerung

Eine der gravierendsten Änderungen zeitigte die Motorisierung. 1950 war allenfalls die Verkehrsdichte noch menschlich, denn glimpfliche bis tödliche Unfälle, ob im Stadtgebiet oder am Gallenbacher Berg, stimmten bereits nachdenklich: Zu viele Fahrer hatten die neuen technischen Möglichkeiten nicht recht im Griff, andere, auch die unmotorisierten Verkehrsteilnehmer, unterschätzten oft die Situation. Dabei überrollte sich die anfangs ruhige Entwicklung: Für 1947 vermeldete das Landratsamt 1925 zugelassene Kraftfahrzeuge, 1948 dann 2248, 1949 waren es erst 2361, davon allerdings 1483 Krafträder, 397 Zugmaschinen und nur 243 Personenwägen. Aber von 1950 bis 1953 verdoppelte sich der Stand mit über 2300 neuen Fahrzeugen. Und 1963 waren ihrer 11 000 angemeldet. Besonders ins Gewicht fiel noch dazu der auswärtige Verkehr, der die B 300 und ihre Teilstrecke, den Stadtplatz, immer stärker auslastete. 1953 lag der Tagesdurchschnitt bei 5200 Gefährten und 17 000 Tonnen auf Rädern. Die Zunahme erforderte 1952 neue Kfz-Kennzeichen aus dem Code „AIC" und einer vierstelligen Zahl, „womit die Zulassungsstelle voraussichtlich auf lange Zeit hinaus eine ausreichende Zahl von Nummern zur Verfügung hätte". Dieser Anstieg und die „Volksseuche Verkehrsunfall" – ein Gefahrenpunkt war schon damals die Neubaur-Kreuzung – wurden am 13. Juni mit Gründung der Verkehrswacht unter Vorsitzendem Franz Xaver Eberl beantwortet. 1950 zog die Polizei 20 Führerscheine, meist wegen Alkohol, ein. Dabei lag die Promillegrenze bis in die 60er Jahre hinein bei 1,5, obwohl vereinzelte Stimmen schon 0,8 forderten. Alsbald füllten Verkehrsdelikte die Tagesordnung des Amtsgerichts. Mit der Stoppuhr am Straßenrand oder Aufklärungskampagnen in der Zeitung versuchten es die Gesetzeshüter, doch die Rückschläge taten sich immer wieder in Todesanzeigen kund, allein ein Dutzend im Jahr 1955, als schon jeder Fünfte motorisiert war. Die Landpolizei hatte in diesem Jahr 260 Unfälle aufgenommen, bei denen 62 Menschen schwer verletzt wurden. Und das war erst der Anfang: 1957 lag die Zahl der Verletzten schon bei 218 und kletterte bis 1966 auf 290. Noch krasser verdichtete sich das Unfallaufkommen von 359 im Jahr 1959 auf 453 drei Jahre später und einen Rekord von 550 im Jahr 1965. Fast jedes Jahr bis 1966 ließen dabei elf oder zwölf Menschen ihr Leben.

Von 1928 bis zur Gleichschaltung hatte es bereits einen Automobilclub gegeben, den die künftigen Vorsitzenden Josef Haselberger und Josef Sandmeier am 1. Juli 1952 als „Motorclub" (MC) neu ankurbelten. Er widmete sich ähnlich wie der im Februar 1954 gegründete DKW-Club geselligen Vorhaben, vor allem „Fuchsfahrten" und Geschicklichkeitsturnieren, doch sehr bald schob sich ein ernsthaftes Aufgabenfeld in den Vordergrund: Disziplinierung und

Erziehung. Der MC unter Walter Mill nahm das Thema durchaus ernst und brachte als erster eine Ampelanlage an der Neubaur-Kreuzung ins Gespräch. Die Verkehrswacht probierte es mit Schulungen und Verkehrsschutzwochen, sie begann unfallfreies Fahren zu ehren, und sie setzte bei den schwachen Verkehrsteilnehmern an: 1961 führte die Volksschule mit ihrer Unterstützung erstmals eine Radfahrprüfung durch, die zunächst noch freiwillig war. Dazu steuerte das BRK Kurse in Erster Hilfe bei und verwies auf den erhöhten Bedarf von Blutkonserven. Auch die Politik blieb Antworten nicht schuldig: Der Staat ließ 1956 für 800 000 Mark am „Giftberg" bei Neulwirth (heute Westerncity) – so hieß die Flur – die B 300 begradigen, der Kreistag weiterhin die Kreisstraßen ausbauen; im Jahr darauf legte der Stadtrat 40 Kilometer pro Stunde als Höchstgeschwindigkeit auf dem Stadtplatz fest. 1958 war es dann die Landpolizei, die eine Ampel an der berüchtigten Neubaur-Kreuzung befürwortete, denn hier wurde die höchste Verkehrsdichte gemessen. In dieser Zeit wurde bereits jeder zehnte Heiratsantrag im Auto ausgesprochen, und 40 Prozent aller Autobesitzer fuhren damit in die Arbeit. Anfang 1960 pendelten aus 35 Gemeinden 800 von Berufs wegen nach Aichach, allein 123 aus Oberbernbach, 81 aus Ecknach und 76 aus Kühbach, während die Stadt selbst 500 Auspendler hatte.

Einen Siegeszug hielten die Kraftfahrzeuge, so war das Pferd vom Aussterben bedroht. 1959 gab es im Landkreis nur noch 18 Fohlen und 1009 Pferdehalter mit 1639 Stück.

1952 – in memoriam

JOSEF ECHTER (80), 14. Januar: Der Landshuter war von 1. Oktober 1917 bis 30. September 1937 Vorstand des Aichacher Bezirksamtes, nach dem Krieg Oberregierungsrat in München. Er erwarb sich Ansehen als akkurater, jedoch im Dritten Reich autoritär-konservativer Beamter, der Aichach vielfach zu fördern verstand.

BERNHARD BEYER (67), 2. Februar: In Wien geboren, war er in einer Exportfirma international, dann in Rothenburg tätig, berühmt auch durch dortige Festspiele, und schon früh ein Pferdeliebhaber, im Weltkrieg fungierte er auch als Dolmetscher von Kronprinz Rupprecht. 1932 heiratete er Mathilde Schunck, vier Jahre darauf übernahm er die Aichacher Aktien-Kunstmühle des Schwiegervaters. An der Beerdigungsfeier nahm auch Prinz Franz von Bayern teil.

MARIE ACHER (88), 7. Juli: Die Privatiere – rührige Tochter des „Knoller"-Brauerei-Besitzers – pilgerte bis zum 83. Jahr zu Fuß nach Maria Birnbaum.

JOSEF RÖMER (80), 19. August: Wie seine Vorfahren war auch der Urenkel Lorenz Alois Gerhausers Säcklermeister.

Vollbeschäftigung und „Freßwelle" – die Wirtschaft

Vom „Altbayer" zum Viehhandel

Am deutlichsten kündete die Wirtschaft von Fortschritt in Form von Modernisierung und Wachstum. Als die Gewerkschaft Elwerath im März 1950 auf Aichacher Flur nach Erdöl bohrte, hatte sie einige Lacher auf ihrer Seite. In Sachen „Autobahnbau Augsburg–Regensburg" wurden die Gemüter schon ernster; Stadt und Kreis rechneten sich davon einen wirtschaftlichen Aufschwung aus, doch es war und blieb ein Schubladenprojekt. Die Bausaison riß wie stets Arbeitslose von der Straße, in der zweiten Märzhälfte beispielsweise 300. Diese Tendenz wurde in den Folgejahren immer deutlicher. Mehr zu schaffen machte die Lehrstellenfrage, für viele Schulabgänger blieb sie im ersten Jahrfünft noch unbeantwortet, doch die Wende folgte stehenden Fußes: Das Wirtschaftswachstum sollte alsbald den Arbeitsmarkt leerfegen. Rationalisierungsmaßnahmen wirkten nicht als Bremser. Sie bescherten vielmehr die Kürzung der Wochenarbeitszeiten auf 45 Stunden.

Beim Milchwerk stand seit Sommer 1949 die Absatzsicherung im Vordergrund, verbunden mit steigender Qualität. Seit Verschmelzung mit dem Milchwerk Aindling hatte die Genossenschaft 283 neue Teilhaber, insgesamt 2098; sie beschäftigte außerdem 82 Kräfte. Raiffeisenverbandspräsident MdB Michael Horlacher, bis 1933 Direktor der bayerischen Landesbauernkammer, führte aus, daß die „Zwangswirtschaft zusammengebrochen" sei und als „neue Majestät der Verbraucher sich erhoben" habe. Das Aichacher Milchwerk stufte er bei der Jahresversammlung als „die bestgeleitete Molkereigenossenschaft Bayerns" ein. Alfons Merk, für ein solches Lob hochgradig mitverantwortlich, wurde nun zum Direktor ernannt. 1950 verzeichnete der Betrieb um einiges über vier Millionen Mark Umsatz. Die Produktion von Käse Marke „Altbayer" konnte dank neuer Technik zwei Jahre später um 40 Prozent hochgefahren werden. Die Bilanzen wurden ständig stolzer, verkündeten für 1955 über 19 000 Tonnen angelieferter Milch gegen 5,3 Millionen Mark Auszahlung und mehr als 1100 Tonnen Käse. Horlacher warnte angesichts des

> **Merk verunglückt tödlich**
>
> Das Ehepaar Sofie und Alfons Merk (53 und 57) verunglückt am 9. Dezember 1959 tödlich bei einem Autounfall bei Kaufbeuren. Der Milchwerksdirektor wurde 1902 in Heimenkirch geboren. Seine Ausbildung führte ihn 1934 zum Landesfachberater für Milchwirtschaft. In den 14 Jahren seit seiner Berufung nach Aichach – „weil es dort brenne" – verhalf er dem Milchwerk zu deutschlandweitem Ruf, er war ein Vorreiter der Tbc-Bekämpfung in den Ställen, gründete ein Trocknungswerk und forcierte den Zusammenschluß der Landwirtschafts- und Gewerbebank. Seit 1948 war er Kreisrat, seit 1956 stellvertretender Landrat. Er hatte 1931 die Würzburgerin Sofie Hübner geheiratet.

Erfolgs vor einer „Änderung der Agrarstruktur", der freilich mit der Motorisierung und dem kommenden lukrativen Arbeitsangebot in Industrie und Gewerbe der Weg geebnet wurde. Alfons Merks Kurs erwies sich aber als krisenfest, spätestens seit niederländische Massenimporte wiederholt dem Käsemarkt allgemein zusetzten. Um so härter traf sein Tod 1959. Die Geschäfte übernahm zunächst Walther Herburger, doch erst im Juni 1961 konnte die Lücke ersetzt werden mit dem ehemaligen Betriebsleiter der Omira Ravensburg, Gaudenz Müller-Paradeis.

> **Kaffee lockt Kunden**
>
> 25. August 1950: Gubi ist ans Obere Tor in eine ehemalige Schlosserei übergesiedelt. Zur Neueröffnung wird mehrere Tage lang Bohnenkaffee gratis ausgeschenkt und pro Kunde ein halbes Pfund Zucker verkauft. Der Andrang ist so groß, daß die Stadtpolizei regelnd eingreifen muß.

Mit dem Milchwerk rückt auch die Landwirtschaft ins Blickfeld. Nachdem die Hungerjahre ausgestanden waren, verloren die Ernteprognosen in der Bevölkerung an Brisanz. Das Klima zeigte sich die kommenden Jahre den Landwirten zudem gnädiger. Trotz der Kartoffelkäferplage fuhr das Aichacher Land 1950 eine mehr als gute Ernte ein, den Erfolg dämpften jedoch schlechter Absatz und Preisabschlag. Immerhin flossen kreisweit 10 000 Mark in zwei Jahren aus Mitteln des Marshallplanes in vorwärtsstrebende Anbauversuche. Vor allem hatten aber die Fortschritte der Motorisierung Konsequenzen. Da gab es zum einen Höfe unter 20 Tagwerk, die sich einen Schlepper anschafften, was der Direktor der Landwirtschaftsschule, Dr. Neeser, als „unrentabel" und fragwürdige Kapitalanlage beurteilte. Auf der anderen Seite befand sich die Aichacher Pferdezucht-Genossenschaft am Tiefpunkt. Qualitätszüchtungen, ein vom Stadtrat gegründeter Pferdeverein und ein nach wie vor ungebremstes Interesse am Reitsport – das Herbstrennen 1951 holte erneut 2500 Besucher auf die Wiese – ermunterten abermals zu Auftrieb: Noch zählte das Pferd nicht zu den nostalgischen Freizeitobjekten, noch zog man kommende Nöte ins Kalkül, ja sogar Treibstoffmangel – und das war in Betracht der Suezkrise, die im Winter 1956 zum Anstieg der Heizöl- und Benzinpreise führte, nicht ganz aus der Luft gegriffen. Die Stadt selbst war mit Scholle und Weide eng verbunden. Zum 4. Juni 1951 zählte sie, von den vier Schafen abgesehen, 356 Stück Rindvieh bei 38 Haltern und 576 Schweine bei 171 Besitzern. Hinter diesen Zahlen stehen Viehhändler, Metzger und Gastwirte – etliche Aichacher übten alle drei Berufe in einer Person aus, so konnte man zum Beispiel in der „Alten Post" billig sein Fleisch kaufen. Ab 1. Mai 1952 sollten die Viehmärkte vom Stadtplatz als Teil der B 300 verlagert werden und dem Kraftverkehr künftig Vorfahrt einräumen. Der Stadtrat rang vergebens bei der Regierung darum, die Martinstraße als engste Umgehung der Altstadt als Teil der Fernstraße durchzusetzen und den Stadtplatz aus der Pflicht zu nehmen. Damit hätte sich auch die Hoffnung verbunden, dem Oberen Tor zu helfen: Immer wieder nahm es Schaden, wenn sich die Laster unter seinem Bogen hindurchquetschten. Die 54er Zuchtvieh- und Fohlenmärkte hatten teils noch einmal reißenden Absatz. Allein, das Aufbäumen gegen die Kraftfahrzeuge währte nur kurz, die Zeit der umsatzschweren Viehmärkte war für Aichach endgültig dahin. Zu den 16 Großviehmärkten des Jahres 1958 (jeden ersten Montag im Monat und an Samstagen vor Jahrmärkten) hatte man insgesamt 21 Rinder aufgetrieben, zu den letzten sechs Terminen kein einziges mehr. Die Stadt strich für 1959 endgültig die alten Fastenmärkte, und am 5. September 1960 fand der letzte Großviehmarkt überhaupt statt. Auch war kein Pferd zu den beiden Roßmärkten erschienen, erstmals fiel die Marke auf unter 2000 Pferde im Kreis, während zwei von drei Höfen einen Kleintraktor besaßen. Was blieb, waren die Kleinvieh- und Ferkelmärkte.

Die fatalen Investitionen vor allem der kleinen Betriebe in die Motorisierung ließen die Landwirte nicht kehrtmachen. Man suchte vielmehr nach Innovationen. Eine sehr zukunftsträchtige regte Dr. Erich Geiersberger, der Chef vom Landfunk, im Februar 1960 an: eine gemeinschaftlich getragene Maschinenbank. Sie nahm am 27. Juli dann als Landmaschinen-Ring mit Vorsitzendem Josef Huber aus Buxberg bei Schiltberg Formen an. Die Einrichtung sollte das Ausbluten der Betriebe verhindern, die aufgrund der Personalnot zur Rationalisierung gezwungen waren. „Anpassungshilfen" alleine – die Subventionen des Staats – konnten den sinkenden Einkünften in der Landwirtschaft nicht restlos gegensteuern. Dennoch, die Zahl der Landwirte war im Abnehmen begriffen. Ein Betrieb wie das Kreisgut dagegen hatte von der Währungsreform an bis Ende 1957 fast 250 000 Mark Überschüsse abgeworfen und konnte damit die Defizite der Landwirtschaftsschule tragen. Gerade diese Schule bekam den Umschwung am schnellsten zu spüren: Im Juli 1960 verließen zwar 109 Schüler den Lehrgang, neu traten aber nur 53 ein.

1953 – in memoriam

LEONHARD LÖLL (81), 14. Februar: Bekannt als „eine Art humoristisches Aichacher Original", war der „Löllvater" von 1921 bis 1946 Versicherungsvertreter, zuvor 30 Jahre Gefängniswächter.

JOSEF STANGLMAYR (74), 15. April: 44 Jahre in Aichach als Rechtsanwalt tätig, wirkte er als Vorsitzender der DAV-Sektion und im Kirchenchor.

JOSEF GEMACH (67), 15. Mai: Der Kinobesitzer zählt zu den wenigen aktiven Rettern Aichachs zu Kriegsende. 1944 hatte er München verlassen müssen; er führte erste Filme in der Turnhalle vor.

XAVER FINKENZELLER (56), 2. Juli: Er war Bäcker- und Innungsobermeister.

GEORG FESTL (70), 17. Juli: Der „Zieglerwirt" war Gründungsmitglied der Artillerie-Vereinigung.

JOSEF BOIGER (38), 13. Oktober: Als Zahnarzt behandelte er viele Minderbemittelte ohne Entgelt. Er erlag seinen Leiden aus dem vergangenen Weltkrieg.

MARTIN KÖLLENSPERGER (84), 13. Oktober: Er wirkte als Braumeister bei „Müllerbräu" und „Stieglbräu".

Investitionsbereitschaft zeigten längst auch die Mühlen. Die Tränkmühle, am 15. Februar 1955 nun 25 Jahre in Händen Josef Heggenstallers aus einer Familie mit 100jähriger Müllerstradition, stellte 1952 auf vollautomatischen Betrieb um und mahlte täglich im Schnitt 450 Zentner Korn, setzte aber auch auf die Herstellung von Kraftfutter. Aus sicherer Position konnte im September 1957 die Aktien-Kunstmühle, seit drei Jahren unter Josef Erhard als Direktor, auf 75 Jahre zurückschauen. Das siebenstöckige Betriebsgebäude von 1955 war der bislang größte Privatneubau nach dem Krieg.

Industrie, Gewerbe und Geldmarkt

In kurzer Zeit mauserte sich das städtische Gewerbe, die Gewerbesteuer – 143 000 Mark im Rechnungsjahr 1950, über das Doppelte im Jahr darauf (330 290 Mark) – avancierte zum Spitzenposten der Haushaltseinnahmen. Rasant schwang sich auch der Export von 30 Betrieben im Kreis nach oben. Im Oktober 1953 lagerte der Ausfuhrwert noch bei 35 000 Mark, ab da legte er monatlich zu, um im März 1954 bei 85 000 Mark anzulangen. So drastisch die Unternehmergewinne wuchsen, die Lohnentwicklung hielt damit nicht Schritt, sondern stieg im gewöhnlichen Maß. Das hatten die Gewerkschaften bislang hingenommen, um den Arbeitsmarkt nicht zu belasten. Doch 1954 sah sich die Tarifkommission der IG Metall veranlaßt, eine extreme Lohnanhebung um 8,5 beziehungsweise zwölf Prozent zu fordern, was unweigerlich am 9. August in einen Arbeitskampf mündete, wie es ihn in Bayern noch nicht gegeben hatte. Die Betriebe Meisinger – hier produzierten 200 Arbeitskräfte Eisenfenster und Baueisenwagen – und Unsinn waren davon gleichfalls betroffen, jedoch ging der Streik trotz seiner langen Dauer friedlich über die Bühne. Obwohl der Kampf am 1. September mit dem mittelmäßigen Zugeständnis von 4,5 Prozent Lohnerhöhung beigelegt wurde, hatte er doch demonstriert, daß die Lohnabhängigen künftig nicht mehr bereit waren, den steigenden Gewinnmargen zuzuschauen. Der Bruttostundenlohn lag nun im Durchschnitt bei 1,46 Mark. Der Vizevorsitzende des Bayerischen Gewerkschaftsbundes, Max Wönner, forderte bei einer Rede in

Robert Haselberger seit 1900 tätig

50 Jahre im Berufsleben steht am 14. Juli 1950 „einer der prominentesten und beliebtesten Bürger der Stadt", Robert Haselberger. Der 66jährige konnte nach Absolvierung der Fleischerfachschule Hamm mit seinem Bruder Ignaz die Konservenfabrik deutschlandweit, vor 1933 auch im Ausland, bekannt machen. Das begann 1906 mit dem Versandgeschäft und wurde durch den Ersten Weltkrieg stark forciert. Seither gewann die Firma über 200 Preise und acht Sieger-Ehrenpreise. Den Titel Kommerzienrat erhielt er – auch in Reichsgremien mit hohen Ämtern versehen – 1928 von der Regierung verliehen.

Aichach die angemessene Beteiligung der Arbeitnehmer am Aufschwung. Nur so könne die künftige Wirtschaftsentwicklung, die Mehrerzeugung an Konsumgütern, getragen werden.

Die wichtigsten am Konjunkturmotor Export Beteiligten waren Engelskinder Gummiwaren, Neusa, Elektro Schwarz & Combes, die Honig- und Wachs GmbH Max Seitz, Zenker und Unsinn. Haselberger und Unsinn heimsten bei der DLG-Ausstellung Frankfurt obendrein Auszeichnungen ein. Schwarz & Combes mit 38 Angestellten fertigte in Oberbernbach auf der Grundlage von fünf eigenen Patenten spezielle Strommeßgeräte und Trafos, zumeist als Aufträge aus der Großindustrie. In ganz Westdeutschland gab es 1955 nur vier vergleichbare Betriebe. Im August dieses Jahres siedelte die Deutsche Photomaton von Berlin auf das Grundstück der Engelskinder, nachdem Erwin Loichen Mitinhaber und zum alleinigen Leiter wurde. Im März darauf baute die Ecknacher Firma des verstorbenen Sebastian Unsinn mit 100 Angestellten den 1000. vollautomatischen Stallmiststreuer „Record". Das war bundesweit eine einzigartige Leistung und trug der umsichtigen Inhaberin Barbara Unsinn großen Respekt ein. Als Dorfschmied hatte ihr Mann am Amboß begonnen, bis er 1947 von der konventionellen Huf- und Wagenschmiede auf die großangelegte Fabrikation umsattelte, um ab 1950 die Entwicklung des „Record" aufzunehmen. Bis Frühjahr 1961 hatten insgesamt 10 000 Streuer die Werkstore verlassen.

Die Gewerbesteuer von Unsinn und einigen größeren Betriebe im Umkreis kam den selbständigen Gemeinden zugute – Ecknach, Algertshausen und Oberbernbach etwa. Unverzichtbar waren diese Firmen für die Stadt trotzdem – als Arbeitgeber vieler Aichacher. Der Arbeitsmarkt fühlte seit der Währungsreform mit Ausnahme der Landwirtschaft einen Nachfragemangel. Ab Sommer 1951 entspannte sich dieser Zustand leicht, im Kreis gab es erstmals seit Kriegsende – wenngleich saisonal bedingt – weniger als tausend Arbeitslose, und dieser Stand sank die kommenden Jahre mühelos weiter.

1954 – in memoriam

FRANZ STADLMAYR (68), 15. Mai: Der Unterschneitbacher war Werkführer der Stadtverwaltung.

SIEGFRIED PRASCH (54), 25. Juni: Der Leiter des Finanzamtes war privat ein „Musiker von Format" und Förderer der VHS. Sein Nachfolger wurde Paul Knippel aus Neuburg.

IGNAZ HEINZELMEIER (65), 20. Juli: Den Braumeister zwang ein Kriegsleiden, ab 1927 Weg zum Steuerinspektor (1951) einzuschlagen.

EMIL GERUM (68), 6. August: Der Schlossermeister und Kunstschmied am Oberen Tor war ehemaliger Kreishandwerksmeister und Stadtrat, seit 1920 verheiratet mit Maria Sitzmann († 1953).

JOHANNA NEUMAYR (74), 29. September: Die Leichenfrau hatte mit Pietät und Geschick „3000 Verstorbenen die letzten Handreichungen erwiesen".

FRITZ EBERLEIN (75), 21. Dezember: Er war von 1924 bis 1952 Bezirkskaminkehrermeister und erhielt nach dem Krieg auch einen Teil der Stadt zu seinem Kehrbezirk. Als Lehrer war er an der Fachschule Ingolstadt tätig.

Und noch eine ungünstige Nebenwirkung der neuen Mark war im Abklingen begriffen: Für 1951 meldeten die beiden Banken, Hans Zapf, seit 1930 Direktor der Sparkasse, und Siegmund Engelhardt von der Vereinsbank, eine langsame Stabilisierung auf dem tertiären Sektor. Am 30. Oktober 1952 versuchten die Geldinstitute durch Teilnahme am Weltspartag vor allem der Landbevölkerung die Barschaft aus den Strümpfen und Kopfkissen auf die hohe Kante zu kitzeln.

Der Geldmarkt blüht auf

Die Entwicklung der Landwirtschafts- und Gewerbebank (auf 1000 DM gerundet)

Jahr	Einlagen	Ausleihungen
1956	445 000	538 000
1957	638 000	937 000
1958	1 544 000	1 099 000
1959	2 145 000	1 491 000
1960	3 026 000	1 822 000
1961	3 203 000	2 134 000
1962	3 537 000	2 247 000
1963	4 524 000	3 346 000
1964	5 431 000	4 098 000
1965	6 322 000	5 688 000

100 Jahre konnte die Sparkasse am 21. August 1954 feiern, Minister a. D. Dr. Rudolf Zorn, Präsident des bayerischen Sparkassen- und Giroverbandes, stellte ein „vorzügliches Kreditgeschäft" in Aichach heraus, aber auch ein löbliches Hypothekengeschäft, „das maßgeblich zur Förderung der Bautätigkeit in Aichach und in den Gemeinden des Landkreises beitrage". Der Einlagebestand betrug 6 401 394, die Kredit- und Darlehensauslage 5 829 206 Mark. Die Sparguthaben waren gegenüber 1953 um 38 Prozent von 203 auf 280 Mark gestiegen. 172 Mark je Konto oder 74 Mark je Kopf gibt die Statistik für den Durchschnitt von 1953 im Kreis an. Bei Einweihung der umgebauten Räume im Oktober 1956 verzeichnete die Sparkasse 16 000 Spar- und 2356 Girokonten bei zwölf Millionen Mark Gesamteinlagen. Dem Trend der Zeit gehorchend, beschloß die Raiffeisenkasse Oberbernbach unter ihrem Vorsitzenden Josef Marquart die Verlegung in die Stadt, wobei sie zunächst im Milchwerk ihre naheliegende Zentrale fand. Der Umsatz dieser Landwirtschafts- und Gewerbebank stieg im Rechnungsjahr 1957 um 46 Prozent auf 38 Millionen, die Ausleihungen wuchsen, und die Gesamteinlagen schnellten aufgrund der Zinssenkungspolitik 1958 und einer allgemeinen Geldflüssigkeit rasant nach oben. Zum 50jährigen zog die Gewerbebank in die Hubmannstraße. Am 20. April 1960 kam noch ein viertes Geldinstitut nach Aichach, und zwar im Rahmen einer Expansion der Volksbank Lechhausen. Die Aichacher Zweigstelle bezog Räume im „Froschermayr"-Anwesen.

Alle Wirtschaftsbereiche liefen auf Hochtouren. Investitionen, Bauboom und Export ließen Arbeitskräfte verknappen, im Sommer 1956 hatte erstmals fast jeder Arbeitnehmer eine Stelle, die „Vollbeschäftigung" war beinahe erreicht.

Zum Sommer 1955 war auch der „Überhang an Lehrplatzanwärtern so gut wie aufgesogen". Da und dort, vor allem im Schlüsselgewerbe, machte sich „bereits ein empfindlicher Nachwuchsmangel" bemerkbar. Im Baugewerbe trat ab Mitte der 50er Jahre eine Konjunkturüberhitzung ein, zu schnell hatten die Betriebe vor dem Auftragsdruck die Grenzen ihrer Kapazitäten erreicht. Der heimische Textilsektor war im Herbst 1955 für Frauen, 162 im Kreis hatten keine Arbeit, sogar noch aufnahmefähig. In der Hoffnung auf bessere Chancen bei der kommenden Jagd um Arbeitskräfte lagerte 1960 die mechanische Strickwarenfabrik Max Brüstle München nach Aichach aus.

Der behäbige Aichacher Mittelstand dagegen wurde sehr spät initiativ, sich dem Boom anzupassen und sich das gewandelte Konsumverhalten zunutze zu machen. Erst im April 1955 unternahm Schreiner Hans Englmaier den Gründungsschritt zum Gewerbeverein für Aichach und Umgebung, „um bei der Amerikanisierung der Wirtschaft" nicht unterzugehen. Cafétier Georg Kögl wurde ein aktiver Vorsitzender, der den Bundesgeschäftsführer des Deutschen Gewerbeverbandes, Dr. Mackh, oder Staatssekretär Albrecht Haas als Referenten gewinnen konnte. Die Einzelhändler versuchten denn auch einige Initiativen. Bierling, Schuh-Winkler, Leder-Kögl und Uhren-Müller baten im Herbst 1953 vier Mannequins im Café Kögl zu Modenschauen auf den Laufsteg. Grieb zog mit einer „Schaufenstermodenschau" am Sonntag nach. Mit diesem originellen Einfall, bei dem viele vertraute Gesichter hinter Glas erschienen, zog das Bekleidungshaus Hunderte vor seine Auslagen.

Stärker wog, daß sich in der Dekade seit der Währung die industrielle Arbeitsleistung verdoppelt hatte und trotz notwendiger Rationalisierung auf dem Arbeitsmarkt im Oktober 1958 Vollbeschäftigung, bald sogar „Arbeitskräftemangel" herrschte. In den vergangenen vier Jahren hatte die Zahl der Industriebetriebe im Kreis um 16,7 Prozent auf 35 zugenommen (in Oberbayern nur um 6,6), die Zahl der Beschäftigten war um 35 Prozent von 1362 auf 1839 gewachsen; Löhne und Gehälter um 59,3 Prozent gestiegen, der Umsatz um 36,2. Ein Jahr darauf betrug das per Lohntüte wöchentlich

200 Jahre Bürstenmacherei Jakob

1. Mai 1950: Die Bürstenmacherei Josef Jakob feiert ihr 200jähriges Bestehen. Es begann mit Josef Stammler, dessen Witwe den Bürstenbinder Karl Anton Jakob heiratete (1776). Josef Jakob übernahm 1922 das elterliche Geschäft und erweiterte das Spektrum: 1928 begründet, leitete er den ältesten Damenfrisör am Ort.

ausbezahlte Durchschnittseinkommen eines Arbeitnehmers 363 Mark im Monat. Erst langsam wurde auf bargeldlose, monatliche Zahlung umgestellt. Von „Wohlstand", so Norbert Fischer vom DGB, dürfe aber noch keine Rede sein: Der Lebensunterhalt sei zwar gesichert, doch Pensionen und Studienbeihilfen seien zu schmal. Immerhin, die langsame Anhebung des Lebensstandards war bei höheren Löhnen und steigender Nachfrage eine unausweichliche Folge. Auch die AZ diagnostizierte ein „höheres Einkommen, Gewöhnung des Gaumens an verfeinerten Geschmack" und insgesamt ein „Glücksgefühl des Lebens". Die „Freßwelle" ab Mitte der 50er Jahre – im Vergleich zu den Jahren der Entbehrung so genannt – war bereits höheren Ansprüchen gewichen. Aus Amerika manifestierten sich neue Einkaufsmethoden, einzeln abgepackte Produkte anstelle offener Ware, eine besondere Warenästhetik und ein zeitsparendes Konsumverhalten, das bis zu Fertiggerichten reichte. Diesem Wandel trug der Bäcker Eugen Schmid Rechnung, als er im April 1963 einen ersten, 65 Quadratmeter großen Selbstbedienungsladen in der Gartenstraße, also in dem Viertel der neugebauten Wohnblocks, eröffnete. Ob in Sachen Abfall oder Luftverpestung im Gefolge der Motorisierung, ob bei bedenkenlosen Eingriffen in die Natur, auch im Rahmen der Flurbereinigung, ein Umweltbewußtsein fehlte noch weitgehend. Alles strebte nach Anpassung an den wirtschaftlichen Schwung.

Verstreute Gemeinde, Stadtgemeinde, Gefangenengemeinden

Die evangelische Diaspora und Vikar Hübner

Von 1948 bis 1972 versorgte Fritz Hübner die evangelische Diaspora von Aichach.

Der Bevölkerungssprung hatte den Raum der evangelische Kirche gesprengt: Vikar Pfarrer Hübner mußte in diesen Jahren immer zwei Partien konfirmieren – oft ausschließlich Vertriebenenkinder. Davon machte sich im Rahmen einer Visitation von 1950, der ersten seit sieben Jahren, Kreisdekan Oberkirchenrat Daumiller vom Kirchenkreis München ein Bild. Der evangelische Schulleiter Hans Höfer brachte dabei „das fehlende Gemeindehaus" ins Gespräch, aber dieses wurde zurückgestellt. Als das Kirchenhaus am 12. Juli 1953 fast auf den Tag genau sein 25jähriges Bestehen feierte, mußte Dekan Dr. Lindenmeyers Predigt ins Freie übertragen werden. Mit Kirchenrat Licentiat Simon aus Nürnberg als Referent zum Geburtstag gastierte nicht nur ein emsiger Kirchenhistoriker, sondern ein Bekannter der hiesigen Gemeinde, hatte er doch während des Kriegs, damals in der Pfarrei Hochzoll tätig, in Aichach Gottesdienste gefeiert. Der gesamten Diaspora – dazu gehörten zahlreiche in Oberbernbach angesiedelte Ungarndeutsche – kam inzwischen das Wirken von Hübner und Gefängnispfarrer Niederstraßer zugute, aber auch die Hilfsbereitschaft der katholischen Kirche, die in Sielenbach, Inchenhofen und Kühbach Kapellen für Gottesdienste zur Verfügung gestellt hatte. Seit April 1955, als das Vikariat Indersdorf nach Dachau eingegliedert wurde, kamen Altomünster, Kleinberghofen, Stumpfenbach und Oberzeitlbach mit rund 200

Evangelischen zum Sprengel Aichach; Vikar Hübner mußte seine Tätigkeit ausdehnen. Monatliche Gottesdienste hielt er fortan in der Kriegergedächtniskapelle oder in der Schule von Altomünster.

Die quadratische „Kapelle" am Jakobiweg, so hatte sie ihr Architekt, Professor German Bestelmeyer selbst bezeichnet, wuchs jetzt auf der Portalseite um einen stilgleichen Anbau mit Keller; der um ein Drittel erweiterte Betsaal – die Hälfte der Kosten trug der Landeskirchenrat – erhielt am 23. Oktober 1955 die neue Weihe. Zwei Jahre darauf führte die Baugenossenschaft gegenüber nebst zehn Reihenhäusern das Pfarrhaus aus. An seine Einweihung am 9. November 1958 konnte Hübner die Hoffnung knüpfen, dies möge endlich der Schritt zur eigenen Vollpfarrei Aichach sein. Denn der Kirchenvorstand, darunter Mathias Beyer und Hans Höfer, hatte bereits die Stiftung einer Pfründe beschlossen, und zum Martinstag erfolgte die Bestätigung des Landeskirchenrats – eine „wesentliche Stärkung des Gemeindebewußtseins", so das freudige Urteil Hübners. Am 15. März 1959 anerkannte ihn seine Gemeinde als neuen Pfarrer: Dekan Lindenmeyer und Kirchenrat Friedrich Westermayr konnten darangehen, ihn in sein zukünftiges Amt einzuführen. Mit diesem Ereignis fand das erste Kapitel der gemeindlichen evangelischen Kirchengeschichte, die nur wenig mehr als 50 Jahre maß, seine Vollendung. Der Weg zu den neuen Häusern und die Kirche wurden getauft auf Paul Gerhardt (1607–1676), einem Geistlichen und Lyriker, der dem barocken evangelischen Kirchenlied das Tor zur verinnerlichten Frömmigkeit öffnete. Erst 1960 erhielt die Kirche für 17 000 Mark eine Orgel mit zwei Werken und elf Registern, gebaut von Paul Ott aus Göttingen. Drei Jahre darauf konnte das dumpf klingende alte, eigentlich als Provisorium gedachte Geläute von 1928 zwei neuen Glocken (Cis- und E-Ton) Platz machen.

Enge Verbindung bestand traditionsgemäß zur Gefängnispfarrei. Zu Weihnachten 1962 gastierte dort der evangelische Landesbischof D. Hermann Dietzfelbinger. Das Haus öffnete am 30. Dezember 500 Besuchern seine Pforten für ein öffentliches Weihnachtsspiel in der Kapelle.

Die evangelische Kapelle hatte bis zu ihrer Erweiterung 1955 einen quadratischen Grundriß.

Seit 1946 ist in Aichach die Neuapostolische Kirche vertreten. Das Gemeindeleben begründeten Angehörige, die aus dem Sudetenland vertrieben worden waren. Sie gehörten zur Augsburger Diaspora und mußten die ersten Jahre auch dort die Gottesdienste wahrnehmen. Seit 1948 bot ihnen dann der „Froschermayr" eine Bleibe, von 1959 bis 1961 konnten sie im „Stemmer" Gottesdienste feiern. Doch die Gemeinde verlor am 10. Mai 1960 ihren Priester Rudolf Lehmann. Der 28jährige Weber war seit 1951 Diakon und seit folgendem Jahr Priester in Göggingen und Augsburg, ehe er im Juni 1959 der Gemeinde Aichach zugeteilt wurde. Rein aus eigenen Mitteln konnten die rund 140 Angehörigen 1961 einen Raum in einem Anwesen an der Freisinger Straße zu einer Kapelle umgestalten, die am Gründonnerstag 1961 von dem Augsburger Bischof Bahmann eingeweiht wurde.

Konfessionen und Religionen im Kreis (1950)		
	Seelen	Prozent
Katholisch	40 343	92,87
Evangelisch	2 819	6,49
Sonstige		zusammen 0,64
Freireligiös	163	
Freikirchlich-evangelisch	57	
Altkatholisch	31	
Griechisch-orthodox	14	
Israelitisch	2	
Ohne Angabe	12	

Geistlicher Rat Wilhelm Hacker und Dekan Johann Reiter

Am 29. Oktober 1950 erhob sich ein Kreuz auf dem Friedhof, das höher war als manch andere, ohne ein Grab an seinem Fuße zu bergen. Es besteht aus Lärchenholz und ist nach Osten gewandt. Die Sudetendeutsche Landsmannschaft hat es aufstellen lassen, fraglos im ökumenischen Sinne: „Dieses Gedenkkreuz soll nun ein Platz sein, von dem eine Brücke zu den Gräbern in der Ferne führen soll." Die Neubürger – in der Mehrheit katholisch – sprengten aber nicht das Gemeindeleben. Ein so vorwärtsblickender Pfarrer wie Hacker machte zugunsten ihrer sozialen Integration keine Kompromisse: Taub gegen das Murren beharrlich-konservativer Kirchgänger schaffte er die Sitte der gekauften Plätze in den Sitzbänken ab. Innerhalb der katholischen Kirche lehnte sich das Gemeindeleben ansonsten an den verwurzelten Traditionen an. Da zogen vor allem die Prozessionen Tausende in die Stadt; aber auch 870 Firmlinge wie 1951 und mehr waren keine Seltenheit; das Sakrament spendeten ihnen Weihbischof Franz Xaver Eberle oder Bischof Joseph Freundorfer.
Zum schwarzen Tag für die geschlossene Stadtpfarrei wurde der 15. Oktober 1953: Unvermutet erlag Geistlicher Rat Wilhelm Hacker einem Herzschlag. Hacker, von Berufung rührig, über Jahre zum Wohle aller engagiert, und das zumeist mit aller Kraft; menschlich ein Sanguiniker, lebendig und gewitzt, der

gerne die Gesellschaft suchte – sechs Wochen nach seinem 60. Geburtstag starb er. Geboren am 30. August 1893 bei Straßburg, zum Priester geweiht 1922, trat er in Penzberg sein erstes Amt an. Seit 2. Dezember 1943 versah er Aichach mit Walchshofen und Schneitbach, leitete mit großer Fürsorge die Bezirks- und Ortscaritas und nahm zu diesem Zweck im Kreistag und Kreisausschuß am politischen Geschehen teil. Die Stadt war vom Verlust dieser Persönlichkeit konfessionell übergreifend erschüttert. Wernseher sagte, in seinen Gedanken sei der Geistliche Rat der Zeit vorausgeeilt, so daß ihn viele nicht hätten verstehen können. Durch seinen überlegenen Geist sei er jederzeit über den Situationen gestanden, und mit seinem feinen Humor und verstehendem Mitgefühl habe der Geistliche ausgleichend gewirkt. Bischof Joseph Freundorfer segnete zum Abschluß der Trauerfeier das Grab, auf das, zentral im alten Friedhof gelegen, ein mächtiges, aber schlichtes Holzkreuz aufmerksam macht. Ende Januar konnte Aichach als Nachfolger Johann Baptist Reiter begrüßen. Der gebürtige Augsburger (15. Juni 1911) hatte 1935 in der Universitätsstadt Dillingen die Weihe empfangen; seit 1. April 1944 versorgte er Tandern mitsamt Alberzell.

Wilhelm Hacker war von Ende 1943 bis 1953 Stadtpfarrer von Aichach.

Zu Pfarrer Reiters ersten Aufgaben gehörte die Fortsetzung einer vormals nicht immer ruhmreich geführten Tradition: Ab April 1954 begann im Inneren die bedachtsame Kirchenrenovierung durch Professor Blatner vom Landesamt für Denkmalpflege, verbunden mit einer helleren Farbgebung. Reiter kalkulierte mit maximal 90 000 Mark Ausgaben, die Hälfte wollte er mit Spenden decken, was er seiner Gemeinde vehement und mit Erfolg von der Kanzel nahelegte.

Erstmals lud der alljährliche Katholikentag am 23. Juni 1957 nach Aichach, die Dekanate Bayermünching, Schrobenhausen, Friedberg, Pöttmes und Affing mit über 20 Geistlichen, obenan Bischof Joseph Freundorfer. Das Ereignis umrahmten nicht nur enorme Besucherscharen, sondern auch Seminare. Der Katholische Frauenbund versuchte etwa, den sozialen und menschlichen Standort der Frau in der sich – auch in Aichach – wandelnden Gesellschaft zu lokalisieren.

Zwei Statusänderungen fielen in das Jahr 1960, obgleich die eine nicht unbedingt begrüßt wurde: der Fortgang von Stadtprediger Ignaz Steinhardt im April. Nach fast 15 Jahren Tätigkeit am Ort – seit 1946 auch als Jugendseelsorger im Dekanat – erhielt er seinen Ruf als Pfarrer von Mering. Den im Kreistag erreichten Sitz mußte er nun zurückgeben. Ihm ins Amt folgte nach anderthalb Jahren Tätigkeit als Kaplan Hermann Ehle, an seine Stelle kam der Neupriester Markus Holzheu aus Memmingen. Das andere Ereignis: Zum 1. Februar 1960 konnte Freundorfer Pfarrer Reiter zum Dekan ernennen – als einen der jüngsten der Diözese.

Ein weiterer Wechsel stand in der Chorregentschaft an: Nach 53 Jahren Tätigkeit verabschiedete sich Alexander Klais, übrigens ein Verwandter des berühmten Kölner Orgelbauers Klais. Sein Nachfolger Josef Krämer strebte eine Verjüngung des Chores an. Am 30. Juli 1961 erlebte der Stadtplatz dann etwas noch nie Dagewesenes, die Primiz eines Aichacher Neupriesters, von Hermann Resch. Mit ihm feierten Tausende. Stadtprediger Ehle kam dann im September 1964 nach Kempten; damit rückte Anton Vogler nach. Der neue Kaplan Konrad Müller von Kempten-Kottern verabschiedete sich zum 1. Juli 1965 schon wieder von Aichach, da er für etwa acht Jahre nach Bolivien ging und damit einem dringlichen Bedarf an Priestern Gehör schenkte, er genoß die Unterstützung des nunmehrigen Augsburger Bischofs, Dr. Josef Stimpfle – Freundorfer war im Alter von 66 Jahren am 11. April 1963 gestorben.

Die Justizvollzugsanstalt – „eine Welt für sich"

Das Frauengefängnis mit seiner Kapazität von 605 Plätzen sei „eine Welt für sich wie ein schwimmendes Schiff", urteilte der katholische Gefängnispfarrer Anton Gundlach. Fast nur durchschnittlich und unterdurchschnittlich begabte Insassinnen gebe es in Aichach, der „Landstreichertyp", der zur Überwinterung im Warmen ein Delikt begeht, fehle indes völlig. Dagegen seien viele junge Menschen „als Opfer der Besatzungsmacht" hierher hinter Gitter geraten. Ende Februar 1953 hatte Gundlach 450 Insassinnen zu betreuen, davon 23 lebenslängliche Fälle. Einer von ihnen, Inge B. – „Liebling der Aufseherinnen" – widerfuhr dabei ein nahezu märchenhaftes Geschick: Ein Münchner Reporter stieß auf ihre Akte, wonach sie wegen Beihilfe zum Mord lebenslänglich verurteilt worden war. Die Frau hatte nach Kriegsende aus Naivität versäumt, eine Waffe abzuliefern, sondern sie einem Bekannten weitergegeben, der damit einen Polen erschoß. Mit allen Mitteln bemühte sich der Reporter um die Freilassung. Tatsächlich vermochte er bei den amerikanischen Dienststellen für Inge B. Parole zu erwirken. Das bedeutete bedingten Straferlaß: Nach sechs Jahren Gefängnis durfte sich die Frau nun in Freiheit bewähren, einzig mit der Pflicht verbunden, sich nichts mehr zuschulden kommen zu lassen. Inge B. schritt kurz nach der Entlassung mit dem Journalisten vor den Traualtar.

Aus den Fängen der Fremdenlegion befreit

Der Vertriebenensohn Karl Gicklhorn aus Aichach ist 1951 verschwunden. Seine Eltern entdecken ihn erst wieder auf dem Foto einer Illustrierten als französischen Fremdenlegionär. Über einen fingierten Arbeitsvertrag war er der Legion ins Netz gegangen und hätte nach Übersee verschifft werden sollen, doch gelingt es den Eltern nach mühevollen Verhandlungen mit den Botschaften, den Sohn im Oktober 1952 zu befreien.

Der JVA war auch das einzige Frauenarbeitshaus Bayerns angegliedert. Als erste wurde eine 27jährige Prostituierte aus Garmisch im Oktober 1953 für mehrere Wochen eingewiesen. Diese erzieherische Maßnahme betraf vor allem 20- bis 30jährige Frauen. Ein Viertel hatte erst ein Alter von 16 bis 21 Jahren, 90 Prozent aller Fälle Erfahrung mit Geschlechtskrankheiten: Viele von ihnen blickten auf einen Lebenswandel als „Ami"-Mädchen und „Donau-Hafenmädchen" zurück.

Als sich im Oktober 1955 der Bundesstrafrechtsausschuß zusammen mit Bundestagsalterspräsidentin Marie-Elisabeth Lüders und dem Referenten des Strafvollzugs in Bayern, Ministerialdirigent Hans Leopold, dereinst Amtsrichter von Aichach, ein Bild von der JVA machte, zählte diese insgesamt 658 Insassinnen, davon 101 im Zuchthaus. Die Anstalt

> **JVA-Wachtmeisterin erstochen**
>
> Am 16. Oktober 1954 tötet ein 25jähriger Friedberger, verheiratet und werdender zweiter Vater, die Oberwachtmeisterin der Aichacher JVA, Luise Hiermeyer (39), spät nachts im Garten der Friedberger Mädchenschule. Statt ihr wie versprochen ein Quartier zu verschaffen, will er sie vergewaltigen. Auf ihre Drohung mit einer Anzeige hin verletzt er sie rabiat mit Messerstichen, an denen das Opfer nach Stunden innerlich verblutet.

unterhielt 62 Kräfte. Drei Jahre später waren 484 Frauen in Haft, darunter 89 Zuchthäuslerinnen, 171 im Gefängnis, 220 im Arbeitshaus, der Rest in Sicherheitsstrafe. Seit Inge Bs. Entlassung war der Stand bei 22 Lebenslänglichen geblieben. In Gewahrsam hatte die Anstalt auch einige Männer, die als „Baukolonne" fungierten.

Einige Änderungen ergaben sich in der Ämterbesetzung. Nach dem Krieg hatte Beate Mühl die Anstalt geleitet. Auf die 1946 nach Aichach berufene Direktorin Therese Stephan folgte vom 28. Januar 1957 bis 3. Mai Fritz Höchtl aus Bayreuth, dann Hans Häge, der 22 Jahre zuvor in Aichach seine Laufbahn begonnen hatte. Er tauschte zu Jahresbeginn 1960 mit Elmar Groß vom Gefängnis Bernau die Stelle. Im Oktober 1963 ging Groß dann in die architektonisch identische JVA nach Landsberg, während Alfons Schober aus München seine Stelle übernahm.

An katholischen Geistlichen wirkten vom 1. Februar 1929 bis 1. März 1953 Martin Krauß, der am 16. Februar 1957 in Regensburg starb, und seither Anton Gundlach. Ernst Stark versah von 1929 bis 1945 und dann wieder von 1953 bis November 1959 die evangelische Seelsorge, zwischenzeitlich amtierte Pfarrer Wolfgang Niederstraßer. Stark zog nach Furth im Wald in Ruhestand. Am 16. März 1960 siedelte der 46jährige Kaspar Geiling von der JVA Bernau über, der jedoch sehr bald starb. So kam Artur Nauschütz, zuvor Pfarrer in Tettau (Landkreis Kronach), hierher. Am Sonntag, 22. Oktober 1962 wurde mit Nauschütz erstmals in einer JVA ein Geistlicher in aller Feierlichkeit in sein Amt eingeführt. Anstaltsarzt Dr. Schemmel ging 1960 in sein 30. Amtsjahr in dieser JVA. Zu den besonderen Gästen gehörten – vor allem in der Weihnachtszeit – hohe Geistliche. Erstmals seit Bestehen der JVA feierte in der Heiligen Nacht 1965 mit Josef Stimpfle ein Augsburger Bischof zusammen mit den Gefangenen die Mitternachtsmesse.

Im gleichen Jahr hielt zumindest im Westflügel mit rund 100 Zellen eine hygienische Neuerung Einzug: das Wasserklosett. Bis dahin hatte es nur ein Kübelsystem gegeben, von dem auch Margarete Schütte berichtet hat. Unter Zita Zehner (CSU-MdL) bestand ein Gefängnisbeirat, dem SPD-MdL Maria Günzl, aus Aichach Oberlehrerin Magdalena Scherer, Pfarrfrau Elisabeth Hübner und Therese Haselberger angehörten. Der Beirat lobte nicht nur diese Neuerung, sondern auch die guten Berufschancen für Haftentlassene. In Gesprächsstunden hatte er ein offenes Ohr für Beschwerden der Insassinnen.

Allgemein kamen die Neuankömmlinge in einen halbjährlichen „Anfangsvollzug", der mit der Einkleidung begann. Die neuere Kleidung – sie löste die ältere, seit 50 Jahren gebrauchte nach und nach ab – bestand aus grauem Trägerrock mit Gürtel, blauer Waschbluse und Kostümjacke und entsprach laut Direktor Groß „weit mehr den Wünschen und dem Schönheitsgefühl der inhaftierten Frauen". Ein zweiter Schritt war die Einführung in die 45-Stunden-Arbeitswoche. Wecken war um 5.45 Uhr, „Lichtschluß" um 21 Uhr. Normalerweise bestand das erste halbe Jahr aus Einzelhaft, Besuchsverbot und Verwahrung der Arbeitsentlohnung von 17 Pfennig pro Stunde, jedoch gab es auch Milderungen. Gottesdienste, Fortbildungskurse und Entleihungen aus der 5000 Bücher zählenden Bibliothek boten sich für die Freizeit an, lockere Gespräche beim Spaziergang wurden genauso gebilligt wie maßvolle Unterhaltung während der Arbeit. Nachrichtenschmuggel etwa von Fenster zu Fenster zog dagegen eine Disziplinarstrafe nach sich, ebenso Lügen oder unbegründeter Arztbesuch: Kostentzug, Schreib- und Leseverbot oder gar Arrest. Wer dagegen in die „Führungsstufe" kam, durfte einen weißen Kragen tragen.

1955 – in memoriam (I)

GUSTAV KELLERMANN (68), 19. Januar: Der Rothenburger wurde nach Tätigkeit in Chemnitz 1933 als Prokurist in die Aktien-Kunstmühle berufen. Er war 1946 bis 1948 zweiter Bürgermeister, 1946 bis 1952 im Kreistag und seit 1948 Vorsteher der evangelischen Gemeinde sowie Kirchenpfleger.

WILHELMINE ZAMETZER (68), 25. Januar, geborene Lindinger: Seit 1939 Witwe, führte sie teils alleine die Bäckerei in der unteren Vorstadt.

JOSEF KOPPOLD (79), 24. Februar: Der Kaufmann saß 24 Jahre im Turnrat, war 60 Jahre bei der FFW und 40 Jahre Vorsitzender des Fischereivereins.

ANNA WEINMILLER (80), 23. März: Seit 1951 lebte sie im Bürgerheim, zuvor war sie mit ihrem Mann, Notar August Weinmiller († 1939), in Haag. Mit ihr stirbt das Geschlecht der berühmten Aichacher Gerbersfamilie aus.

ANNA BÖSL (62), 8. April: Die Köchin und Kriegswitwe heiratete 1925 ihren zweiten Mann Josef Bösl und führte seitdem das gemeinsame Limonadengeschäft in der Freisinger Straße.

Ein spezielles Problem der JVA Aichach waren die internen Geburten: Von 1909 bis 1963 erblickten hinter Gefängnismauern rund 1100 Kinder das Licht der Welt, rund 600 in der Nachkriegszeit. „Auffallend ist immer wieder, wie groß und kräftig die meisten der neugeborenen Kinder sind" – die besondere Versorgung der Schwangeren sei „oft besser als in der Freiheit". Von den 85 Kindern seit 1959 waren nur 13 ehelich geboren. Fast keines der JVA-Babys kehrte später als Insasse zurück, das betraf von 1100 nur zwei Fälle. Eine gefangene Wöchnerin durfte ihr Kind drei Monate bei sich behalten.

Städtisches Leben – Gesellschaft und Kultur in den Fünfzigern

Aktionsräume zwischen Fasching und Volksfest

„Wer soll das bezahlen!" schallte es aus 400 Kehlen – auf einer Demonstration von Ausgelassenheit: Der Turnerball, 1950 „ein Sorgenbrecher reinsten Wassers", signalisierte, daß die fünfte Jahreszeit erstmals wieder so richtig das Klima der Stadt bestimmte. Was am 7. Januar mit Tanz begann, gipfelte am 19. Februar in einem Umzug, dem ersten seit elf Jahren. Bei bestem Frühlingswetter zogen 20 Wagen, das Prinzenpaar und mehrere Gruppen der Kapelle Baronner hinterher. Tausende sahen zu – kein Kostümier- und Konfettiverbot hemmte mehr ihre Ausgelassenheit. „Aichach erhält Straßenbahn" und ähnlich spektakuläre Überschriften präsentierte der ersten Jahrgang des Aichacher Narrenspiegels in der Aichacher Zeitung. Heini Baronner, ein Freund des legendären Kreuther Volksmusikers Kiem Pauli, dem Wiederentdecker des bayerischen Volksliedes, hatte am Faschingsdienstag 20 Jahre zuvor in der Schloßgaststätte Obergriesbach seine Karriere als Kapellenleiter begonnen, seit 1939 agierte er in Aichach, und im Vorjahr berief Sepp Spitzel ihn in seine neu gegründete Paartaler Tanzkapelle als Leiter. Nun, im Fasching 1950, traten, von keiner MG-Sanktion mehr gehindert, erstmals wieder die Tell-Schützen mit ihrem Vorsitzenden Anton Neuß an die Öffentlichkeit. Edelweiß zog später nach, am 11. März zudem die Jagdgenossenschaft unter Johann Marquart. Im Jahr darauf hatten als Dritte im alten Bunde auch die G'mütlichen wieder ihre Schützen unter Dach und Fach.
Gründe zum Feiern boten sich 1950 auch sonst gar etliche. So begingen fast sämtliche Wirtsleute am Ort das 50jährige Wirtschaftsjubiläum von Babette Heinrich, der betagten und rüstigen Wirtin der „Alten Post". Genauso lang bestand der 110 Bergfreunde starke Alpenverein. Konnte er Anfang Februar die eigene Kirchstein-Skihütte im Längental einweihen, lud Vorsitzender Toni Lindermeier im März zum verspäteten Geburtstag, dessen Feier die Wäh-

DER WEG DURCHS WIRTSCHAFTSWUNDER

Ausgelassenheit im „Elferrat" beim Faschingsumzug 1952. Von links: Raimund Neusiedl, Wilhelm Kloubert, Wilhelm Wernseher. Sitzend: Hans Englmaier, Anton Pfister und Alois Heilgemeir.

rungsreform verzögert hatte. Einziges lebendes Gründungsmitglied von 1897 war der nach wie vor begeisterte und vitale Bergfreund Gottlieb Schmid. Sprichwörtlich war und blieb der landläufige Patriotismus: „Ein Band herzlicher Zuneigung umschlang alle Versammelten", als wieder einmal Kronprinz Rupprecht nach Oberwittelsbach zu Besuch kam, um an der Glockenweihe am 21. Mai 1950 teilzuhaben. Hernach folgten er und seine Angehörigen Kunstmühlendirektor Bernhard Beyers Einladung zum Tee. Pferdefreund Beyer hatte im Ersten Weltkrieg Rupprecht als Dolmetscher beigestanden und Prinz Franz später als Rittmeister.

Seine Fahnenweihe beging dann der Trachtenverein Almenrausch am ersten Juliwochenende mit mächtigem Aufgebot. Nicht nur, daß mit Hilfe gar vom Kultusministerium das Aichacher Gewand hatte angeschafft werden können – über 40 Vereine und 1500 Teilnehmer machten Vorsitzendem Ferdl Neumair und Fahnenmutter Maria Neumair ihre Aufwartung. Schirmherr Wernseher mußte sich als Dirigent behaupten: „Mit dem Marsch ‚Alte Kameraden' erregte er wahre Stürme der Begeisterung." Drei Jahre später, zum 25jährigen, erhoben die Trachtler Wernseher zum Ehrenmitglied.

Als Ende August der Barthlmarkt wieder einmal Tausende anzog, lag offenbar etwas in der Luft: „Die alten Häusergiebel und Türme schauten herab auf das ihnen seit vielen Jahrzehnten, ja Jahrhunderten so vertraute Treiben und umschlossen dicht gedrängt das bunte Gewühl, als wenn sie darüber zu wachen hätten, daß das Hin- und Hergewoge der Menschen nicht außer Rand und Band komme." Am Exerzierplatz lockte ein großer Vergnügungspark mit Überschlag-Schiffschaukel und Schlangenbahn. Es war geradezu der inoffizielle Auftakt zum ersten Aichacher Nachkriegsvolksfest. Das nahm am 2. September im Rathaus seinen Ausgang. Dort wurden drei Personen ausgezeichnet, „die mitgeholfen haben, das Antlitz der Stadt Aichach zu formen, deren Wirken man heute in Aichach auf Schritt und Tritt feststellen und deren uneigennütziges Schaffen Vorbild für jeden Bürger sein kann", wie Wernseher resümierte. Die Ehrenbürgerschaft erhielten Baumeister und Altbürgermeister Gottlieb Schmid, Georg Beck und Robert Haselberger. Dessen Familie stiftete bald darauf im Gegenzug für diese Ehrung 1,88 Tagwerk Grund neben der Landwirtschaftsschule für den Neubau der Volksschule, der den Stadtrat längst beschäftigte. „Wie bei einer Völkerwanderung" ging es dann am Nachmittag zu. Erst trafen aus den Landgemeinden Läuferstaffeln ein, und zeitgleich erwarteten 20 000 Zuschauer den kilometerlangen Festzug mit Ferdl Neumair als Landsknecht an der Spitze. Der Zug bot Festwagen mit historischer Stadtratssitzung, Sepp Haselbeck als Hochzeitslader, Beiträge der Umliegergemeinden, der Vereine und der Handwerkerschaft, ein Riesenfaß der Schloßbrauerei Unterbaar und zum Schluß die Alt-Aichacher Feuerwehr, die mit der Handspritze das überraschte Volk begoß. Besonderes Aufsehen erregte ein Riesen-Stadtwappen aus Blumen. Am Exerzierplatz erwartete Festwirt Xaver Strassers Zelt das Publikum mit 14gradigem Märzen, die Maß zu 1,30 Mark.

In sechs Ausstellungen betrieben Stadt und Umland einen umfangreichen Querschnitt: Die Handwerker präsentierten sich in der renovierten Turnhalle. Eine Getreide- und Obstausstellung zeigte die Landwirtschaftsschule. „Nicht zu erwarten in unserem oft ‚als von der Kultur entfernt liegend' bezeichneten Kreise", so ein Reporter, seien die 113 künstlerischen Schöpfungen im Nordheim gewesen, darunter Arbeiten von Carl von Dombrowsky (Affing), aus Aichach Anneliese Böhm-Gröber, Georg Wirnharter und Friedrich von Moltke. Im Freien eine landwirtschaftliche Geräteausstellung, daneben eine Foto- sowie Lehrlingsschau komplettierten das Aufgebot. Ins Programm gehörten obendrein Motorradrennen – sehr wohl auch mit weiblichen Teilnehmern – und fünf Pferderennen. Weniger dem geselligen als dem gesellschaftlichen Part sah sich der VdK verpflichtet. Er gedachte am Sonntag vor dem Kriegerdenkmal aller Opfer. Tell und Trachtenverein nahmen Aufstellung, und diese Ehrenbezeigung sollte Tradition werden. Unterm Strich sorgte das Volksfest für leere Fußballplätze am Wochenende und für beachtliche 15 000 Ausstellungsbesucher.

Fasching und Volksfest, beides erlebte die kommenden Jahre eine Konjunktur. In der Vorzeit von Freizeitangeboten rund um die Uhr spielte gerade der Fasching eine Hauptrolle unter den Vergnügungen. Das seit 1950 bestehende Komitee organisierte sechsmal in Folge launige Umzüge. In der Saison 1955 jagten sich 82 närrische Veranstaltungen allein in der Stadt, rund 6500 Besucher hatten sie im Schlepptau. Das Jahr 1957 durchbrach dann die Hunderter-Marke, gefolgt von 72 angemeldeten Veranstaltungen im nächsten Fasching. 1959 schloß mit 51 Veranstaltungen: Der Pegel normalisierte sich.

Das Volks-, ab dem zweiten Mal auch „Wiesenfest", blieb bis 1956 Sache der Stadt und des Aichacher Fest-Rings mit Vorsitzendem Fritz Schmid – der spätere Verkehrsverein unter Josef Sandmeier – und zugleich Schmelztiegel vielfältigster Zusatzveranstaltungen von der Autoschau

> **Vatertag ohne Väter**
>
> Am 3. Juni 1951 steht erstmals „Vaters Weintag" vor der Tür: das Äquivalent zum Muttertag? In Aichach ist der neue Brauch nicht recht bekannt, „nicht einmal alle unmittelbar ‚Betroffenen', die Väter selbst, sind sich ihrer Chance bewußt". Bei einer Umfrage befindet nur einer, man solle, wenn, so neutral von einem „Vatertag" sprechen.

(DKW Junior, Lloyd Arabelle, Gogomobil, Käfer) über Jugend- und Schützengauwettkämpfe zu Feuerwehrübungen. Das Programm wurde Jahr für Jahr bunter, im prallvollen Festzelt wurden die schönsten Frauenbeine prämiert oder die netteste Aichacherin namhaft gemacht. Die erste Miß Aichach heißt Wilhelmine Zinsmeister; sie war 1951 erst 20 Jahre alt: Minderjährige – die Grenze lag damals noch bei 21 Jahren – durften eigentlich nicht alleine ins Festzelt gehen. Obendrein blieb das Fest ‚naturgemäß' stets ein Forum von alkoholgespeisten Raufhändeln, die der Polizei manchen Einsatz bescherten. In einem ominösen Fall erschoß im Verlauf einer brenzligen Randale ein Polizist angeblich aus Notwehr Alfred Pfister. Der Polizist wurde zwar keiner Schuld bezichtigt, jedoch sehr bald von Aichach abgezogen.

Der Stadt wuchs das Volksfest schnell über den Kopf. Nach zwei Jahren Pause hißte sie abermals 1955/56 die Fahnen, doch daraufhin ließ der Stadtrat davon endgültig ab, „da genügend andere Vergnügungen geboten" würden. Dieses Argument berücksichtigte noch nicht, daß auf dem Exerzierplatz, ja sogar im Festzelt dank einer etwas laxeren Handhabung der Vorschriften die Jugend zum Zuge kam – in einer Zeit, „als der Zugang zu erwachsenen Freizeitprivilegien noch nachdrücklich verwehrt wurde", wie Peter Spengler feststellt. Seit 1958 wird das Volksfest kommerziell betrieben, der Umsatz stieg mühelos, hin zum 59er Rekord-Bierausstoß von 300 Hektolitern und 1000 verspeisten Brathähnchen. Der „Tag der Jugend", den Eduard Maier und der Kreisjugendring organisiert hatten, fiel nun weg, beibehalten wurde das Feuerwerk, das seit 1952 zu den Attraktionen gehört.

Die bemerkenswerte Resonanz und der Zustrom dieser am Ende doch Frohsinn stiftenden Großveranstaltungen – die geselligen Jahrmärkte könnte man auch noch dazurechnen – sprechen für sich. Das war aber nicht alles. Wie gewohnt lockten kulturelle und unterhaltsame Termine in die Turnhalle, ins Lichtspielhaus, sommers auf die Tanzgärten des Kellerbergs, seit Pfingsten 1952 aufs neu errichtete Naturfreundehaus und einige Male auf den Stadtplatz, wo immer wieder Akrobaten atemberaubende Kunststücke vorführten.

Gemeinnutz und Geselligkeit: Vereine in Aktion

Die Phase der Neu- und Wiedergründungen von Vereinen oder ihre innere Konsolidierung stand noch vor dem Abschluß. Traditionell sind einige von ihnen mit der Stadt besonders eng verbunden, so die beiden großen Sportvereine und die Feuerwehr. Kommandant und Vorsitzender Anton Pfister, übergangsweise bis April 1953 eingesprungen, verkleinerte die Freiwillige Feuerwehr auf zwei effektivere statt bisher drei Löschzüge mit 62 Aktiven. 1950 bekämpfte sie 15 Brände, die 259 000 Mark Schaden verursachten. Die Leiter wurde auch zu ungewöhnlichen Einsätzen ausgefahren, etwa um einen hilflosen Jungstorch vom Oberen Tor zu bergen und dem Augsburger Zoo anzuvertrauen, wie im August 1957. Eine erste Jugendfeuerwehr mit Ausbilder Josef Jakob kam 1952 dazu. Auf Pfister übernahm Wernseher den Vorsitz, und als provisorische Kommandanten betätigten sich der Reihe nach Paulus Glaswinkler, Ludwig Hausmann und Stadtbaumeister Robert Ulrich. Erst seit März 1958 hatten die Bekämpfer des roten Hahnes mit Kaminkehrer Fritz Eberlein wieder einen ordentlich gewählten Kommandanten. Partnerverein der FFW ist seit alters her der TSV. Er reicherte seine sportliche Palette weiter an: mit Basketball (1950 bis 1960), Eissport (1955 bis 1958) und

> **1955 – in memoriam (II)**
>
> ERICH GÄRTNER (64), 24. Mai: Der Kaufmann aus Schwarzenberg war seit 1929 in Aichach, als erster NS-Bürgermeister 1933 bis Frühjahr 1936 mitverantwortlich für die Heimstättensiedlung, die Paarregulierung und den Umzug der Sparkasse vom Rathaus in den Salzstadel, danach Bezirksfachberater für Obst- und Gartenbau.
>
> OTTO SANDER (50), 8. Juni: Der Friseurmeister heiratete 1939 Anna Schilling aus Aichach und eröffnete 1943, nach Ausbombung in München, einen neuen Salon in der Bauerntanzgasse.
>
> LORENZ KRAMMER (65), 27. Juni: Der Schrobenhausener war Aichacher Kreisbaumeister.
>
> JULIUS THOMA (85), 30. September: Der Oberamtsrichter heiratete 1913 Fanni Meisinger († 1943) und war von 1927 bis 1943 Vorstand des Amtsgerichts Schrobenhausen. Er wurde aufgrund seiner Gesinnung gebeten, der Spruchkammer Aichach trotz des Alters vorzusitzen.
>
> VIKTORIA WEISENHORN (64), 7. Dezember: Eine geborene Kugler, baute sie mit ihrem Mann eine Metzgerei auf, die sie ab 1932 als Witwe weiterführte.

Schwimmen (1956 bis 1973); später folgten Jedermannturnen (ab 1961) und Skifahren (ab 1962); sogar ein Spielmannszug gehörte seit 1955 dazu. Seit 1950 nahm der TSV das begehrte bayerische Sportabzeichen ab. Als er dann aus finanziellen Zwängen heraus 1952 den Fußball einführen wollte, eckte er mächtig beim BCA an. Das sei ein „eklatanter Bruch" von 1948 getroffenen Vereinbarungen, so Clubchef Hans Jung. Dieses Dokument – damals zustande gekommen wegen einer Hilfeleistung des BCA – sei ihm, wie der noch junge Turnratsvorsitzende Hanns Muck gestand, unbekannt gewesen. Der TSV lenkte umgehend ein, erklärte jedoch das Dokument für nichtig. Das Leck wurde mit Beitragserhöhungen und dem Zuwachs der VdK-Versehrtensportgruppe abgedichtet, obligatorischen Feiern stand also nichts im Wege. Vor allem des Burschenschafters und „Turnvaters" Friedrich Ludwig Jahn gedachte der TSV am 100. Todestag am 15. Oktober 1952. Zwei Jahre später weihte er seine Tennisanlagen auf der ehemaligen Wiese des Eisweihers ein, und 1958 durfte er das Gauturnfest mit 2000 Teilnehmern bei 68 Wettkampfdisziplinen ausrichten. Zu den langfristigen Gewinnen gehörte die Turnhallenerweiterung mit Bundeskegelbahn, die ab 1965 der Öffentlichkeit zugute kam.

> **Landesweiter Turnerfolg**
>
> Am 29. Juli 1956 beim bayerischen Landesturnfest in Bamberg erringt Gabriele Pott aus Aichach den Sieg im gemischten Sechskampf. Seit Jahrzehnten ist dies der erste größere Turnerfolg aus Aichach.

Indes wachte der BCA eifrig über sein sportliches Monopol. Begeisterte Aichacher pilgerten sogar zum Vorrundenspiel der Weltmeisterschaft im Sommer 1954 nach Basel – erstmals standen wieder westdeutsche Spieler auf dem Rasen. Das Team um Sepp Herberger versiebte die hehren Hoffnungen der BCAler mit 3:8 gegen Ungarn. Am Ende kehrte die bundesdeutsche Mannschaft dann als Weltmeister zurück – der Fußball wurde zum Drehpunkt der Identifikation: „Wir sind wieder wer", hallte es durchs Aichacher Land; das Kicken hatte älteren Sportarten den Rang abgelaufen. Der Kapitän der Weltmeisterelf, Fritz Walter – 61mal trug er das Nationaltrikot – weilte am 17. März 1960 geschäftlich in Aichach.

Nach 13 Monaten und 15 000 Arbeitsstunden hatte der BCA 1957 sein Fußballhauptfeld auf 105 mal 68 Meter und 5000 Zuschauerplätze vergrößert – dank des gelungenen Flächennutzungsplanes. Seit 1939 zog die BCA-Elf am 13. Juni 1959 erstmals wieder ins Stechen um den Aufstieg in die höchste schwäbische Spielklasse, die zweite Amateurliga (heute: Bezirksliga). Von 1000 Schlachtenbummlern angefeuert, unterlag sie bei strömendem Regen einem entschieden besseren Sportverein Mering mit 0:4. Der Aufstieg des ewigen Vize unter Spielführer Josef Krucker ließ bis zum Saisonende 1960/61 auf sich warten. Zwar gelang es Vorsitzendem Hans Jung 1963 mit einigem Zureden, sein nur fünfplaziertes Schlachtschiff in der neu eingeführten Landesliga (Gruppe Süd) unterzubringen, doch das Gastspiel hatte im Jahr darauf mit dem Abstieg ein promptes Ende. Der nächste Coup sollte erst 1967 gelingen. Einen Erfolg schafften auch die Kraftsportler: Im Frühjahr 1965 stemmte sich die Eiche in die südbayerische Gruppenliga. Aus Aichach kamen sogar Schwabens beste Radrennfahrer. Nach dem Krieg hatte sich offensichtlich niemand des einstigen städtischen Radsportvereins Solidarität entsonnen. Eine aktive Schar junger Aichacher startete damals im Feld des Augsburger RV Phönix. 1965 errang der Jugendvierer (aus Aichach: Herbert Brandner, Konrad Kaffka, Josef Kugler) den bayerischen Vizemeister, der Amateurvierer (mit dabei Hubert Stöffel und Gerd Telischek) den Schwabenmeister. Noch mehr: Stöffel stand im Gesamtklassement Schwabens im selben Jahr an der Spitze. Das waren die ersten dicken Lorbeeren des einstigen Fußballers und späteren Lizenzfahrers. Die Paarstadt selbst lud ab Ende der 50er Jahre zu Radrennen in der „Siedlung", die ein bayernweites Feld und sogar Nationalfahrer anzogen.

Aichachs Handballerste, „die Rot-Weißen", konnte sich in der Saison 1964/65 den Titel des schwäbischen Bezirkshallenmeisters holen und ihn die Saison darauf verteidigen. Gerhard Weirich wurde damals als bester Keeper Schwabens gehandelt, Herbert Braun als gefürchteter Torschütze, Spielertrainer war seit Oktober 1965 Rupert Niederlechner. Diesem enormen Erfolg, der 1966 noch mit dem Großfeldbezirksmeister bekrönt wurde, ging ein steiler Aufstieg vorher: Im Verband der Hallenhandballer mischte die TSV-Abteilung nämlich erst seit Herbst 1960 mit, zuvor kämpfte sie – auch bei Schnee und Eis – im Freien auf dem Großfeld des BCA. In die Hallenbezirksklasse hielt Aichach erst 1963 Einzug. In Zukunft mußten sich die Landesligisten, nun unter Abteilungsleiter Erwin Gaugigl, erst einmal um den Klassenerhalt sorgen.

Zu den neuen sportlich aktiven Zusammenschlüssen gehörten die Ortsgruppe des Vereins für deutsche Schäferhunde mit Vorstand Josef Haselberger (7. Februar 1950) und der wiedergegründete Luftsportverein mit 17 Mitgliedern. Unter Jakob Schmid (Oberbernbach), dem ersten Vorsitzenden (20. Sep-

> **BCA erlebt internationalen Fußball**
>
> „Eine bessere Mannschaft hat in Aichach noch nie Fußball gespielt", sind sich die Zuschauer am Abend des 26. Mai 1955 einig: Als „Bubenmannschaft" belächelt, laufen die Junioren des „Manchester United Football Club", seit drei Jahren Juniorchampion auf der Insel, ein. Mit der BCA-Ersten spielen sie schlichtweg Katz und Maus und räumen 10:2 ab. Mit dabei der noch blutjunge Bobby Charlton.
> Turnierluft schnuppert der BCA im April 1958 in Lunéville (Lothringen) und verliert nach einem 2:1-Sieg im Vorjahr nun 1:3 gegen deren „Union sportive". Als offizieller Augenzeuge ist von der deutschen Botschaft in Paris Attaché Dr. Hans Reitberger zugegen, ein Aichacher Landsmann, der die „völkerverbindende Idee des Sports" geglückt sieht.

DER WEG DURCHS WIRTSCHAFTSWUNDER

Erster Eigenbau der Segelflieger war der „Doppel-Raab" 1953. Er trug das Aichacher Stadtwappen und als einen der ersten Fluggäste Wilhelm Wernseher die Lüfte.

tember/3. Dezember 1950) wurde mit 60 Mark Startkapital ein zweisitziger Segelflieger – bis dahin eine reine Papierschöpfung – gebaut. Dieser nach seinem Konstrukteur benannte „Doppel-Raab" erlebte seinen Jungfernflug 1953 auf der Kreisgutwiese, gesteuert von Fluglehrer Franz Halder, der als einen der ersten Fluggäste den begeisterten Wernseher begrüßen durfte. Der neue Leistungseinsitzer L Spatz „Strolch" machte dann zum Volksfest 1959 von sich reden. Drei Jahre darauf fanden die Flieger auf den städtischen Paarwiesen ihre Bleibe, nachdem sie bis dahin im Kreisgut und auswärts ihren Betrieb pflegten. Dem Straßenverkehr zunächst in geselliger Absicht widmete sich der Motorclub. Nach Dr. Adolf Dietrich übernahm 1958 Walter Mill die Leitung des Clubs, der erst zwei Jahre später einen kleinen Mitgliedsbeitrag erhob.

Als Rettungsorganisation mit passenden sportlichen Ambitionen bildete sich im Juli 1955 innerhalb der Reihen des RK eine Wasserwacht, die sich zum 16. Mai 1956 verselbständigte. Eng verbunden sind diese Anfänge mit Ingenieur Josef Schwarz. Bei den Olympischen Spielen 1936 Mitglied des Deutschland-Achters, hatte er nach dem Krieg in Aichach mit seinem Freund die Elektrofirma Schwarz & Combes ausgebaut. Unter seinen Mitarbeitern, bei den Schwimmern des TSV und den Leuten der Sanitätskolonne fand er 25 Begeisterte, die ihre Aufgabe zunächst im hölzernen, von der Paar bewässerten „Moorbad" fanden. Die Stadt stellte ihnen eine ehemalige Umkleidekabine als Wachhäuschen zur Verfügung. Hier wurden dann auch Saisonbeginn und -ende mit dem „An- und Abessen" begangen. Im Zentrum stand die Vermittlung des Freischwimmens, was noch für viele ein Fremdwort war. 1957 zimmerten die Wasserwachtler einen Sprungturm mit einer entsprechend tiefen „Aalgrube". Doch auch der Hieslinger Weiher, bis in die 60er hinein ein beliebtes Ziel der Wasserratten, bedurfte der Beaufsichtigung. Das änderte sich langsam mit dem 1959 angegangenen Neubau des Freibades. Der eröffnete am 3. Juli 1960 mit einem Hechtsprung von Stadtbaumeister Robert Ulrich. Gleich auf den ersten Tag fiel die Rettung eines elfjährigen Nichtschwimmers durch die Wasserwacht. Die neue Anlage, die im weiteren Verlauf von Duschen und Kinderbecken ergänzt wurde, betreute Bademeister Sebald Kersten.

Im April 1951 schlossen sich 15 Schützenvereine unter ihrem Vorkriegsschützenmeister Josef Einsle zum Schützengau zusammen. Die selbständigen Aichacher Vereine Tell und Edelweiß wagten im Herbst 1954 eine Probe-Fusion auf ein Jahr unter Vorsitzendem Georg Rachl und Schützenmeister Xaver Ettner – mehrfache Verlängerungen mündeten in die Vereinigung. Schon 1951 konsolidierte sich der Kreisverband der Kriegsheimkehrer unter Eugen Drescher. Eine Ortsgruppe des Bundes der Flieger- und Kriegsgeschädigten mit Otto Stiegelmaier an der Spitze kam am 7. Juli dazu, die Krieger- und Soldatenkameradschaft als rechtmäßige Nachfolgerin dreier älterer Vereine mit Vorsitzendem Franz Hermann erst 1954. Für sie war es „ein Alarm", als sich am 20. März 1960 ein zweiter Kriegerverein, die Kameradschaft der Krieger- und Veteranenvereinigung mit Max Appel in Aichach erhob. Exakt acht Monate später wurde der „Kalte Krieg" zwischen beiden beigelegt, und am 24. Januar 1965 vereinigten sie sich nach letzten Streitigkeiten zur „Krieger- und Soldatenkameradschaft 1873" mit Stadtrat Josef Kapfhamer als Vorsitzendem.

In den Knoller-Turm (hinter Gasthaus Specht) steckten Verkehrsverein und Faschingskomitee nicht umsonst ein halbes Jahr Aufräumarbeit. Bis Oktober 1954 verfügten sie dort über einen einzigartigen Treffpunkt. In dieser Zeit erlebte auch das Grubet eine erfolgreiche Wiederbelebung. 1936 abgebrannt, erstand die Hütte der Naturfreunde bis Pfingsten 1952 neu. Sie zog seither die Ausflügler scharenweise auf die malerische Paartalflanke.

1956 – in memoriam

XAVER NEUMAIER (47), 6. März: Er war Mitinhaber vom Bekleidungshaus Rupp, seit 1928 Förderer von Almenrausch, dort auch Ehrenmitglied.

CILLY STRASSER (66), 14. März: Eine geborene Stegmaier, heiratete sie 1912 nach Augsburg. 1919 eröffnete sie ein Tabakwarengeschäft im Aichacher Rathaus, nach Umzug ins Rothenfußer-Anwesen folgte die Erweiterung zum Tabakgroßhandel, 1939 kaufte sie das Haus Nr. 10, das sie mit ihrem Schwiegersohn Alois Finkenzeller modernisierte.

BABETTE HEINRICH (78), 7. Juni: Die Schrobenhausenerin heiratete 1900 nach Aichach und wurde Mutter von zehn Kindern, war seit 1944 Witwe, Gastwirtin, Landwirtin und Metzgerin. Sie galt als die Seele der „Alten Post".

EHRENBERTA T. GROITL, 25. Oktober: Die Mallersdorfer Schwester und Oberin stand 36 Jahre im Dienst des Spitals und trug 46 Jahre das Ordenskleid.

JOSEF MECKLINGER (54), 13. Dezember: Der Glaser, einer der Pioniere der Aichacher Fußballbewegung, war trotz körperlicher Behinderung durch den Ersten Weltkrieg Torwart des ersten Nachkriegsspieles.

JOSEF EINSLE (73), 31. Dezember: Der Kaufbeurer arbeitete als Dentist. Er war 25 Jahre Aichacher Gauschützenmeister und Ehrenmitglied von Tell und Edelweiß.

Ehrenamtliches und kommerzielles Angebot: Freizeitkultur

Etliche Vereine arbeiteten vornehmlich auf kultureller Schiene. Am 9. November 1950 erlebte der Gesangs- und Orchesterverein ein Comeback mit Musiklehrer Adolf Scheiter als Dirigent und Sepp Haselbeck als Vorsitzendem. Die Mitgliederzunahme der seit 1948 bestehenden Ortsgruppe des Landesvereins für Heimatpflege ermunterte Karl Leinfelder, am 30. Mai 1950 einen eigenen Heimatverein ins Leben zu rufen, der prompt 41 Beitritte verzeichnete, darunter Glötzl, Wernseher und Beck, Schulrat Vogel und Pfarrer Hübner. Für sein umfassendes Wirken erhielt der 69jährige Kreisheimatpfleger Leinfelder am 15. Juli 1952 vom Regierungspräsidenten Oberbayerns, Heinrich Kneuer, das Bundesverdienstkreuz übergeben. Der gebürtige Münchner hatte über seine aufgeschlossene Familie Ludwig Thoma, Ludwig Ganghofers Bruder Emil, den Tenor Leo Slezak und andere näher kennengelernt. Als Messungsbeamter und -direktor arbeitete er von 1913 bis 1943 fast immer in Aichach. Der passionierte Geiger und Hobby-Parapsychologe war vor allem „ein wandelndes Historienbuch", dessen Wissen die Friedberger Heimatblätter füllte, die genauso auf sein Konto gehen wie das bundesweit archivierte Aichacher Heimatblatt der AZ (erster Jahrgang 1953). Der Heimatverein konnte binnen zweier Jahre 155 Mitglieder, nach einem Jahrzehnt über 300 gewinnen. Seine Zielsetzung war nicht Brauchtumspflege, sondern kulturelle Weiterbildung, wie sie auch die VHS betrieb. In seinen Reihen gastierten große Namen, so der berühmte Schriftsteller Horst Wolfram Geißler („Der liebe Augustin"), ein Verwandter der Werlbergers. Die Forschungs- und Vermittlungsfunktion des Vereins betraf auch das Heimatmuseum, welches man sich ins letztlich zu kleine Obere Tor umzusiedeln erhoffte. Die alte Feuerwehrstandarte von 1872 wurde im Heimatmuseum geradezu wiederentdeckt. Josef Jakob überreichte sie zu Weihnachten 1950 dem erstaunten Kommandanten Pfister.

Karl Leinfelder (1884 bis 1964)

> **1000. Einsatz einer Hebamme**
>
> Die Hebamme Maria Schwarz (Werlbergerstraße) verhilft am 9. November 1950 zum 1000. Mal einem Baby zur Geburt. Diesmal wird sie zu Katharina Mangold nach Obermauerbach gerufen, die ihr viertes Kind bekommt. Die gebürtige Augsburgerin ist seit 1943 im Kreis tätig, zugleich auch in der JVA, wo sie seither an die 200 Geburten betreut hat.

Zum Kulturbedarf gehörte nicht nur eine Schulbildung, um deren Verbesserung sich der BLLV und seit einem ersten Treffen im Januar 1952 die Katholische Erziehergemeinschaft (KEG) sorgten. Vor allem die freiwillige Weiterbildung stand hoch im Kurs. In ihrem Rahmen wurden auch neue, bisher vernachlässigte Kapitel aufgeschlagen. So jenes um den Stand der Frau, der zumal im Kontext der Nachkriegsnöte, des Männermangels und der physischen Belastungen im Wiederaufbau eine besondere Wertigkeit hatte, an die sich für die Zukunft neue Fragen knüpften. Ihnen nahmen sich als erste die VHS mit einer exklusiven Veranstaltung für Frauen und das Resident Office an. Dessen Geschäftsführer Walter Müller organisierte einen Vortrag zur Gleichberechtigung, den der Rechtsanwalt Dr. Alois Ahne hielt. Eine literarische Einbuße stand hingegen mit Auflösung der Amerikanischen Bücherei und des „Bücherwurmclubs" ins Haus. Daß sich Kultur genauso hinter Gittern entfalten kann, demonstrierte 1950 JVA-Direktorin Stephan geladenen Gästen. Unter der Zentrale des JVA-Komplexes führten Häftlinge das Weihnachtsspiel in neuartiger Form auf, begleitet vom Gefangenenchor; Pfarrer Niederstraßer und Fritz Gleitsmann wirkten als Solisten mit. Auch das sollte fortan Tradition genießen.

1952 besann sich die Stadt ihres kulturellen Auftrags: Nach ihrem zehnten Trimester und der Präsentation international bekannter Referenten wie des Miterfinders der V-2-Rakete, Rudolf Nebel, übernahm die Stadt die Trägerschaft der VHS, ebenso der Singschule. Ein erstklassiges Erbe trat die VHS mit den vielen hundert Kulturfilmen des Amerikahauses, seinen Vorführgeräten und einem Transportwagen an. Mit dieser Ausrüstung ging sie im Landkreis vier Jahre lang, bis 1954, regelrecht auf Tour und gewann dabei vor allem in der Jugend einen bedeutenden und ungebrochenen Zulauf. Seit 4. September 1954 unterhielt sie eine erste Außenstelle in Pöttmes. Ende 1955 blickte die VHS zurück auf das 17. Trimester, in dem die neue Serie „Probleme der Zeit" überraschenden Anklang gefunden hatte: Leute wie Wernseher, Anstaltsarzt Dr. Schemmel und Ministerialdirigent Leopold hatten zu diskussionsartigen Vorträgen 380 Leute angezogen, drei Lehrgänge weitere 145. Das Publikum war zu 90 Prozent jünger als 25. Die zwölf Vorträge erfreuten sich 2346 Besucher. Ins Zehnjährige ging die Volksbildung in Aichach Ende September 1957; bis dahin hatte die VHS rund 400 Veranstaltungen geboten. Aber so ernst der Bildungsauftrag genommen, so sehr an methodischen Neuerungen gearbeitet, dabei die Palette erweitert und auf eine breite Hörerschaft gezielt wurde, die angemessene Förderung der Stadt blieb aus: Es fehlte an Geld für diesen Sektor, an Räumen und an entlastenden Maßnahmen. Ihr ehren-

> **„Steub-Renaissance"**
>
> 72 Jahre nach dem Tod des aus Aichach stammenden Schriftstellers Ludwig Steub (1812 bis 1888) bringt der Münchner Verleger Ernst Heimeran eine weitere Auflage der Sammlung „Sommer in Oberbayern" (1947), deren Reiz „sich in der Verflechtung epischer, stilistischer und kulturhistorischer Elemente" offenbart, wobei „Steub in der Kunstform von Wanderbildern sein Bestes gegeben" hat. „Seine Liebe zur Heimat, und das gilt auch für Tirol, war so unduldsam und ungeduldig, daß er sich allzu leicht zu einer Polemik hinreißen ließ, die oft bösartig und verletzend wirkte. Ursache ist wohl [...] der Zwiespalt im eigenen Ich" (Hans und Karl Pörnbacher). Steub ist nicht nur der literarische Entdecker Tirols und ein Pionier des Alpintourismus, etliche seiner Werke handeln auch vom Griechenland seiner Zeit.

amtlicher Direktor sowie Geschäftsführer Gustav Heger wollten nach langer und erstaunlicher Aktivität 1959 zurücktreten. Der Gedanke um eine Nachfolge war freilich gar nicht angestellt worden und brachte das VHS-Kuratorium in die mißliche Lage einer Überbrückung hinein ins Jahr 1960, ohne daß es einen Nachfolger fand. Erst nach der Drohung, die Mittel auszusetzen, erklärte sich Hans Schmid zur Fortsetzung bereit. Mit dieser äußerlichen Erstarrung ging eine innerliche Talfahrt einher: Bis Ende der 50er Jahre sank das Kursangebot bei steigender Besuchsdichte, ab 1960 lichteten sich die Reihen, ein Trend, der noch einige Zeit anhalten sollte. Mitschuld hatte zu einem gehörigen Anteil die Modernisierung der Medienwelt – die auch dem Kino schwer zusetzte.

> **Indischer Radfahrer trifft ein**
>
> Nach 20 Monaten trifft am 5. Dezember 1953 Nilendranath Bhanja, Lehrer aus Kalkutta und Weltreisender (30), per Fahrrad in Aichach ein, wo er gastiert und sich auch öffentlich äußert. Vor allem die „Selbständigkeit der Frauen" überrascht ihn. Den Wald um Unterwittelsbach bezeichnete er als „netten Dschungel". Wernseher sei „ein mittelgroßer, klug blickender Mann mit einem Gesicht, das mich an den türkischen Reformer Kemal Atatürk erinnert".

Die Eröffnung der neuen „Film-Bühne" Aichach im Jahr 1952, dem Lebenswerk des zu jener Zeit jedoch schwerkranken Josef Gemach, war ein Ereignis. Der feudale Saal mit 442 Sesseln am Tandlmarkt begrüßte die ersten Gäste mit dem Revuefilm „Die Czárdásfürstin" (Hauptrolle: Marika Rökk) und Wernsehers Geleitworten, der den Beifall von sich wies: „Sie verwechseln mich; ich bin kein Filmstar". Die Aichacher Konzertpianistin Babette Büttner gestaltete dort einen freudig begrüßten Klavierabend, wie es ihn seit 30 Jahren nicht mehr gegeben hatte – das Kino partizipierte fortan mit solchen Auftritten an der Kulturszene. Ende 1954 läutete Franziska Schmidbauer Gemachs Erbe mit einem humorvollen Auftritt des kernigen Schauspielers Beppo Brem in der „Film-Bühne" ein, ehe dann mit ihm als Akteur „Das Kreuz am Jägersteig" anlief. „Der Königswalzer" brachte zum Herbstbeginn 1956 die breitwandige Cinemascope-Ära auf Aichachs Leinwand. Paul Würges,

> **Theo Lingen am Rathaus**
>
> Im Dezember 1950 dreht die Dörfler Filmgesellschaft (München) am Rathaus Szenen für die Filmkomödie „Mitternachts-Venus". Mit dabei sind namhafte Schauspieler wie Theo Lingen, Paul Kemp und Hella Lexington. Ende März 1958 verfilmt „Bavaria" Leo N. Tolstois „Auferstehung" (Regie: Rolf Hansen). 100 in Lumpen gehüllte Komparsen aus Aichach können sich bei den Dreharbeiten zwischen Wollomoos und Sielenbach 16 Mark Tagesgage verdienen.

der deutsche Bill Haley, legte am 4. Mai 1957 in dem bisher einzigen Theater Aichachs los, dazu feierte Schlagersängerin Renée Franke einen Auftritt vor vielen. Die Filmkultur selbst blieb, in Anlehnung an den breiten Publikumsgeschmack, weitgehend bieder-unterhaltsam bis hin zu schwulstig-trivial: Heimatstreifen nach Vorkriegsstrickmuster gehörten ständig ins Programm des alten Lichtspieltheaters; der deutsche Film erzeugte kaum noch Beiträge mit realem Gehalt („Försterchristl", „Unter den Sternen von Capri"). Das Nachtprogramm bestand aus einer Mixtur verklemmt-andeutungshafter Liebesfilme der körperfeindlichen 50er Jahre, die Erich Kästner als das „motorisierte Biedermeier" charakterisiert hat, und echten Klassikern von „La Strada" bis zu „Verdammt in alle Ewigkeit". Bei Erfolgstiteln wie Hans Hellmut Kirsts „08/15" mußte wegen Andranges am Kassenhäuschen im Januar 1955 die Polizei einschreiten. Freilich gelang es den jüngeren Cineasten immer wieder, sich in Tabu-Filme ab 16 zu stehlen, so etwa zu „Die Sünderin" (1950), wo sich Hildegard Knef einen Moment lang nackt zeigt und deshalb einen Skandal auslöste. Der Kinobesitzer selbst attestierte seinem Publikum 1956 einen „Kammerfensterl-Geschmack", und daran scheiterte auch ein vom Stadtrat unterstütztes Kino für Kenner mit Titeln von „Oliver Twist" (1948) bis Marguerite Duras' „Hiroshima mon amour" (1959). Ähnlich zweischneidig sah es auf dem Sektor Musik aus. Was James Dean im Film, war Elvis Presley im Radio. Deutscher Kontrahent: Freddy Quinn. Für April 1965 stellte die AZ sogar eine „Aichacher Hitparade" zusammen. An der Spitze standen hier Bernd Spier („Das war mein schönster Tanz"), Petula Clark („Downtown") und Martin Lauer („Taxi nach Texas"), daneben Peter Alexander und Drafi Deutscher, die Four Seasons und die Beatles („No Reply").

1957 – in memoriam

ANNELIESE GEYER (20), 1. Januar: Eine Lawine kostete die Stenotypistin bei einer Ski-Führungstour des Aichacher DAV das Leben.

FRITZ REITINGER (71), 4. Februar: Als Amtmann war er von 1901 bis 1945 in Diensten der Stadt, danach im Pfarramt.

FELIX GRUND (77), 4. März: Nach der Vertreibung 1946 baute der Kaufmann ein Gemüsegeschäft in Aichach auf. Er war 52 Jahre SPD-Mitglied, vier Jahre im Stadtrat und besonders geschätzt wegen seiner Hilfsbereitschaft.

JOSEF EGEN (61), 16. Juni: Der Ecknacher Landwirt war zwölf Jahre lang Kreisbrandinspektor und 45 Jahre im Dienst der Feuerwehr.

JAKOB REHLE (73), 23. Juni: 1913 heiratete der Baumeister Maria Miller; er war 27 Jahre im Baugeschäft der Eltern tätig, dann übernahm er die Drogerie Miller.

KARL SEDLMEIER (49), 24. Oktober: Als Münchener Bombenopfer kam er nach Schrobenhausen, war dort Spruchkammerermittler, Kreistags- und Stadtratsmitglied, seit 1947 Vorsitzender des Kreisausschusses Aichach-Friedberg des DGB und seit 1921 SPD-Mitglied.

ANNA BECK (71), 20. Dezember: Die geborene Weinzierl ehelichte 1908 Kunstmühlenbesitzer Georg Beck. Sie war eine Wohltäterin für Arme und Kranke, auch in der Pfarrgemeinde.

Dem Kommerz vermochte die kommunale Jugendarbeit kaum etwas entgegenzuhalten. Seit seiner Geburt durch den Kreistag 1947 war der Kreisjugendausschuß (KJA) nie recht auf zwei Füße zu stehen gekommen. Erst mit Manifestierung der verbandlichen Jugendarbeit im Bayerischen Jugendring zwei Jahre später tat sich etwas: Zumindest quantitativ verbuchte der KJR den

Erfolg von nun verpflichtenden Beitritten. 1948 hatten zwölf Jugendgruppen mit 870 Mitgliedern einen Zusammenschluß versucht, 1953 waren es – nominell – 45 mit 2647. Immerhin konnten sie ihre Stimme bei der Besetzung des KJA geltend machen. Der Jugendring fühlte sich von den Politikern auf das Metier der bloßen Freizeitgestaltung zurückgedrängt, eine bezahlte Fachkraft zur Jugendpflege entsagte man ihm. 1956 quälten ihn dann Auflösungsgedanken wegen fehlender Interaktivität, aber wohl mehr noch wegen fehlender politischer Aufgeschlossenheit. Zuschüsse flossen fortan nur noch für die Jugendfürsorge und nicht für die als „wenig erfolgreich" eingestuften, verbandsspezifischen Aktivitäten. Rein „formhalber" sollte der KJR bestehen bleiben, so beschlossen Vorsitzender Hans Mayer und sein Amtsvorgänger und jetziger Vize Eduard Maier wenig zuversichtlich. Mitte Oktober 1958 wurde die Auflösung akut, die Weiterarbeit angesichts der bestehenden Verhältnisse als sinnlos gewertet. Im Mai 1966 mußte der Jugendring tatsächlich neu gegründet werden. An seiner Spitze stand Dieter Heilgemeir. Der KJR versuchte in einer ersten Stufe, überhaupt einmal öffentliche Kenntnisnahme zu gewinnen, und sei es durch unterhaltsam-kulturelle Veranstaltungen mit aktiven Jugendlichen.

1958 – in memoriam

RAIMUND NEUSIEDL (57), 26. Februar: Der Inhaber von Neusa wich 1942 wegen des Kriegs nach Aichach aus, zwei Jahre später siedelte er den ganzen Betrieb um und bot vielen Vertriebenen Arbeit.

ALOIS SULZER (74), 22. April: Der approbierte Bader und Friseurmeister heiratete 1919. Er war 32 Jahre im KUV, lange auch im Vorstand.

JOSEF ZWERGER (77), 6. Mai: Aus Oettingen stammte der Schreinermeister, der 1911 Franziska Walter aus Aichach heiratete und hier ab 1912 seine Werkstatt aufbaute. Er war 1945 bis 1951 Innungs- und danach Ehrenobermeister, Vorsitzender der Baugenossenschaft und Stadtrat.

JOHANN EICHINGER (72), 9. August: Der Schneidermeister aus Tepl machte sich nach der Ausweisung in Aichach wieder selbständig. Er war politisch (WAV) und sozial engagiert (NB, AWO).

JOSEF SCHIFFMANN (79), 19. November: Der Maurer und amtierende 2. Bürgermeister starb bei einem Motorradunfall. 1910 heiratete er Franziska Maier. Er war enger Frontkamerad Pater Rupert Mayrs, nach dem Krieg 1918 selbständig, ab 1952 im Stadtrat, seit 1956 im Kreistag und Ehrenmitglied von „Edelweiß-Tell", Kamerad vieler Vereine und Waidmann.

MAX ASAM (57), 17. Dezember: Nach 22 Jahren Tätigkeit als Setzer bei Mayer & Söhne heiratete er 1937 die Wirtswitwe Betty Redl, geborene Wimmer, und begann als Gastwirt des „Müllerbräu".

Politik und Gesellschaft bis zum Ausklang des Wirtschaftswunders (1961 bis 1966)

Wirtschaftliche Wende und soziale Wirkungen des Wohlstandes

Landauf, landab boomte es, die bayerische Wirtschaft suchte Hilfe in ausländischen Arbeitskräften, so kritisch drückte der Kräftebedarf weiter auf den Arbeitsmarkt. Die Anzeichen einer Abkühlung der Konjunktur häuften sich jedoch bis Mitte der 60er Jahre, einige Wirtschaftszweige waren an die Grenzen der Expansionsfähigkeit gestoßen. 1966 klang denn das Wirtschaftswunder gelinde aus. Für die Aichacher Betriebe ließ sich der Umschwung – weit entfernt von einer Krise – gut verschmerzen. Hannes Meisinger, seit 1958 Geschäftsleiter der Metallfabrik MEA Meisinger, stellte vielmehr eine stabilisierende Wirkung fest, die nichts am Bedarf qualifizierter Arbeitskräfte ändere. Rechtzeitig war die „Ausweitung des Sortimentsgebiets" auf den Kunststoffsektor vorgenommen worden, dazu gehörten Stallfenster, PVC-Profile und Dübel, aber auch Fertigteile, deren Montage am Bau mehrere Arbeitsschritte einsparen halfen. Seit 1955 deckten Auslieferungslager neben dem Bundesgebiet die Schweiz und Österreich ab. Der Umsatz des Betriebs belief sich 1966 auf 20 Millionen Mark, die Steuerkraft war erklecklich: MEA hatte mit einem Zehntel den größten Anteil an den Gewerbesteuereinnahmen der Stadt. Für die Handschuhfabrik Nitzsche bedeutete der spürbare Import aus „Billigstländern" wie Hongkong eine „Entspannung des Arbeitsmarktes" und dennoch einen sicheren Auftragsbestand der Firma. Auch Kleiderfabrikant Walter Mill verbuchte nur saisonale Schwankungen, aber keinen Einbruch. Vor eine Rationalisierung und Verringerung der Exporte gestellt sah sich die Maschinenfabrik Unsinn. Sie registrierte die zurückgeschraubten Staatszuschüsse aus dem „Grünen Plan" für die Landwirtschaft. Neusa und Alfred Zorn waren vollkommen ausgelastet. Ein rückläufiges Frühjahrsgeschäft und damit nichts Außergewöhnliches befürchtete Alfred Grimm für seine Lederhandschuhfabrik. Einige Betriebe konnten trotz der Umstände ungetrübte Jubiläen feiern. 1962 war die Buchdruckerei Mayer 100 Jahre alt geworden, zu Ende des Jahres 1965 kündigte die Aichacher Zeitung ihr Zentenarium mit vier großen Extrabeilagen an. Das Sterben der kleinen Landwirtschaften ging am Milchwerk spurlos vorüber: Die Güter wurden nicht aufgelassen, sondern von größeren Betrieben einverleibt. Dank der Rationalisierung – im Mai 1964 zählte der Maschinenring des Kreises 478 Mitglieder und war somit der größte Westdeutschlands – erlebten Ernten, Erträge und Milchleistungen keine Einbußen. Das Milchwerk zog 1962 seine bisher größte Umbaumaßnahmen – Kälteversorgung, Tanklager, neue Butterei mit Kühlraum – durch, kaufte weiteres Gelände für künftige Erweiterungen auf und ließ im November 1964 ein Kesselhaus und ein Gebäude zur Molkeverwertung mit 45 Meter hohem Kamin folgen. Ein Jahr darauf – die Jahresmilchanlieferung hatte erstmals die 50 000-Tonnen-Grenze unter sich gelassen – wurde nun Tütenmilch abgezogen. Vor solchen Schritten konnte die Genossenschaft am 6. Oktober 1966 das 25jährige Bestehen feiern. Minister Hundhammer forderte als Gastredner angesichts steigender Mengen dazu auf, nun verstärkt „Spitzen-Qualitäten auf den Markt" zu bringen.

Die Strukturmerkmale der Gewerbe- und Industrielandschaft des Raumes Aichach bedingten eher eine feste Arbeitsplatzbindung und einen bislang nur geringen Bedarf an ausländischen Arbeitskräften. So kann man zum wenigsten an den Arbeitslosenzahlen eine Wende ablesen. Immerhin, das Weihnachtsgeschäft verzeichnete 1966 einen Umsatzdämpfer: Die Zinsen waren nach oben geschnellt, die Liquidität der Banken war angespannt, die Kredite wurden unerschwinglicher, die Investitionstätigkeit ließ so erst recht nach. Allgegenwärtig war noch dazu ein Kaufkraftschwund, denn 1964/65 hatten die Effektivlöhne eine übermäßige Erhöhung um jeweils neun Prozent erfahren – die Preissteigerungen erklärten sich so nicht mehr aus dem ehemaligen Nachfragedruck. Was die Wende ausmachte, war eine „heilsame Ernüchterung" (H. Roeper), ein wichtiger Denkzettel für eine inflationäre Ausgabenpolitik, die Bonn vorgemacht hatte, während die Spitzenpolitiker zunehmend an Glaubwürdigkeit eingebüßt hatten, wenn sie ausgerechnet den Bürger zur „Mäßigung" anhalten wollten.

1959 – in memoriam

JOHANN KRAUSS (75), 25. Februar: Der Gendarmerie-Oberleutnant aus Neumarkt war 1938 für den ganzen Bezirk Aichach zuständig. Nach 1945 baute er die LP mit auf. 14 Jahre setzte er sich in der Baugenossenschaft ein.

JOSEF REITINGER, (70), 19. Mai: 1913 heiratete der Sattlermeister Anna Müller, bis 1933 war er 2. Bürgermeister. Er beteiligte sich stark am Wiederaufbau des Kriegerkreisverbandes und wurde Ehrenmitglied; 26 Jahre wirkte er im Gesangverein mit.

MARIA LINCK (49), 25. Juli: Die Studienrätin aus Untertürkheim hatte an der Werkakademie Berlin studiert und kam als Vollwaisin im Krieg zu ihrem Onkel Robert Haselberger. Sie unterrichtete Kunsterziehung am Stetteninstitut Augsburg.

ROBERT HASELBERGER (75), 29. September: Der Seniorchef der Konservenfabrik Josef Haselberger gehörte von 1914 bis 1933 dem Stadtrat an, die letzten vier Jahre als Bürgermeister. Er war Gründungsmitglied des Verbandes bayerischer Fleischwarenfabrikanten und Mitglied der Münchner IHK. 1950 wurde der Kommerzienrat Ehrenbürger Aichachs; zu seinem 70. Geburtstag 1954 erhielt er die Goldene Staatsmedaille für besondere Verdienste aus der Hand von Landwirtschaftsminister Alois Schlögl.

RUDOLF AICKELIN (75), 27. Dezember: 1884 in Reutlingen geboren, zog er 1920 nach Aichach und heiratete Karoline Drescher; er war zunächst im Wirtschaftsamt, dann Direktor von der BayWa und im Stadtrat bis 1933, 1938 begann er als Prokurist bei Werthmann. Vor wie nach dem Krieg war er Vorsitzender des Einzelhandelsverbandes im Kreis.

FRANZ SCHIFFMANN (77), 28. Dezember: Der Baumschulenbesitzer war an der Gründung der Baugenossenschaft beteiligt, er war im Turnrat des TSV und engagierte sich bei den Naturfreunden, bei Edelweiß-Tell, KUV, Kriegern und Almenrausch.

Diese erste Rezession nach dem Krieg beendete den Anstieg der Steuereinnahmen, die zu Anfang des Jahres 1965 noch mit Senkung der Einkommensteuer völlig entgegen der Hochkonjunktur beantwortet worden war. Das drosselte die bundesweit allzu großzügige Investitionsbereitschaft der öffentlichen Hand beim Ausbau der Infrastruktur. Ein Hauptteil der Mittel war schon fest verplant, Stadt und Kreis konnten noch 1965/66 kraftvoll darangehen, aufwendige Vorhaben zu realisieren – und damit die gestiegenen Ansprüche der Öffentlichkeit erfüllen. Gerade in dieser Zeit der Abkühlung erwies sich die Kommunalpolitik der letzten Jahre als vorausschauend und solide: Die Finanzierung der beschlossenen Großprojekte war rechtzeitig abgesichert worden.

Den Boom der letzten zehn Jahre konnte man auf der Straße ablesen. Um die Altstadt legte sich ein Kranz, der die alten Vorstädte schnell absorbiert hatte. Sogar die Paarauen nahmen ihren Platz im Stadtplan ein, und sei es nur als Flugwiese mit neuer Halle der Segelsportler (ab 1964). Die 50er Jahre hatten der Stadt, die seit 1962 die Postleitzahl „889" hatte, neun neue Straßen und Wege verpaßt. Aus Aichachs Mitte hatte sich die alte Behäbigkeit ein Stück weiter gekehrt: Schon 1960 schrieb die Presse von Parkplatznöten, und Halbstarke kippten nachts Kleinwägen wie Isetta oder Lloyd auf die Seite um. Mas-

1960 – in memoriam (I)

LUDWIG RANZINGER (68), 1. Februar: Der Kaufmann war von 1920 bis 1925 Geschäftsführer des Kommunalverbandes Aichach; seine große Liebe gehörte der Kirchenmusik.

IDA MARTHA BERTHA (79) und FRANZ LUDWIG BEISBARTH (81): 6. und 9. Februar. Das Ehepaar heiratete 1906 in Stettin. Nach seiner Ausbombung in Berlin verbrachte es in Aichach den Ruhestand. Seine Mutterstadt Rothenburg berief den Bauingenieur jedoch zum Stadtbaumeister, bis er 1950 in Aichach in zweiten Ruhestand ging.

WILHELM KLOUBERT (46), 7. Februar: Der in Troisdorf gebürtige Kaufmann und Ingenieur kam im Auftrag der Dynamit AG 1943 nach Aichach, wo er in der JVA deren Filiale übernahm. Danach war er im Wirtschafts- und Landratsamt tätig, ehe er 1947 eine Eisenwarenhandlung eröffnete. Er war von 1948 an sehr produktiver und um die sozial Schwachen bedachter SPD-Stadtrat, bis 1956 auch im Kreistag vertreten.

JULIE ZENKER (84), 10. Februar: Die Landwirtsfrau aus Bergstadt-Platen war seit 1938 Witwe. Nach der Vertreibung folgte sie ihren Kindern nach Aichach.

CENTA PORT (72), 16. Februar: 1907 heiratete sie Bezirkskaminkehrermeister Hans Port und kam nach Aichach.

WALBURGA ZIEGLER (68), 12. April: Die geborene Bierling heiratete 1913 den Kaufmann Johann Ziegler. Seit 1946 war sie verwitwet.

WALTER AHNE (17), 18. Juni: Am Kenzenkopf, „in den von ihm glühend geliebten Bergen", fand er bei einer Klettertour den Tod.

XAVER SITZMANN (69), 13. Juli: Der Aichacher hatte vom Vater die Schlosserei übernommen, wurde im Ersten Weltkrieg verwundet und war Freund der Vereine BCA und TSV.

THOMAS GRAD (91), 6. September: Der in Fürstenfeldbruck gebürtige Bezirksschulrat (1923 bis 1934) wurde als ausgezeichneter „Bilder des Geistes und des Herzens" gepriesen. 1911 kam der Pädagoge nach Aichach. Die Schulen auch des Kreises Schrobenhausen hatte er zu Fuß oder Rad visitiert. Nach 1918 setzte er sich für den Aufbau der BVP mit Ferdinand Müller ein, am Ort wirkte er nicht nur als Stadt- und Kreisrat, sondern auch als Leiter der Liedertafel.

siert im Jahr 1961 verschwand so manch lange gewohnter Anblick. Max Geistbeck schloß seinen Kaufladen Ecke Stadtplatz/Bauerntanzgasse, kurz darauf zerstörte die Abbruchbirne das interessante Gebäude. An seine Stelle trat der Neubau der Vereinsbank. Im Falle des ehrwürdigen „Froschermayr"-Anwesens besorgte ein mächtiger Dachstuhlbrand den nächsten Verlust: Es geschah am Sonntag abend, 25. Oktober, zum Auftakt der Brandschutzwoche. Die war auch der Grund, weshalb Passanten die Flammen erst einmal als „Lichteffekte" zwecks eines realistisch nachempfundenen Probefalles deuteten. Zahlreiche Feuerwehren bis von Schrobenhausen rückten an, zunächst, um das Feuer von einem Übergreifen auf das benachbarte Wimmerhaus oder das Spital abzuhalten. Auch der erste Stock brannte fast ganz aus, der Wasserschaden war beträchtlich. Der Besitzer, die Altomünsterer Brauerei Wiedemann („Kappler"), ließ 1963 einen Neubau errichten, in den die Volksbank nach zwei Provisorien im Frühling 1964 zurückzog. Aber auch auf planvolle Weise verloren viele Hausfronten ihr altes Gesicht: Die Kaufleute am Stadtplatz hatten längst das Geld, um über das dringend Nötige hinaus zu investieren: Bäcker Josef Bauer baute

Ein Brand bedeutete das Ende für das Anwesen des Gasthauses „Zum Froschermayr" (25. Oktober 1961).

um, Fritz Kögl und Franziska Hörauf ließen ihre Fassaden im Stil strenger Sachlichkeit, wie die Presse lobte, modernisieren, 1965 ließ Karl Waltner sein Elektrogeschäft umgestalten. Die Stadt dagegen versuchte eineinhalb Jahre lang, das malerische Steubhaus abzustoßen, bis sich 1963 die Baugenossenschaft seiner mit Renovierungsplänen annahm. Im selben Jahr diagnostizierten Gutachter die drastische Baufälligkeit des Amtsgerichtsgebäudes und mahnten einen Neubau dringend an. Justitia konnte am 17. Januar 1965 auf dem Schloßplatz in modernsten Räumlichkeiten die Tätigkeit fortsetzen. Im Oktober 1966 verlor der beidseitig kastaniengesäumte Jakobiweg, bis dahin ein geruhsamer Fuß- und Fahrweg, sein Idyll. Die Bäume wurden gefällt, die Straße verbreitert und geteert; sie mündet seither westlich der Sebastianskapelle in die Donauwörther Straße. Von dem Charakter eines „Weges" zeugt heute nur noch die Passage östlich des Kirchleins. Auch der beliebte Spazier-

weg nach Oberwittelsbach erhielt eine Asphaltdecke. Unstrittig der ästhetischste Gewinn war die seit Ende Oktober 1966 in neuem Glanz erstrahlende Spitalkirche mit ihrer prachtvoll gegliederten Fassade.
Nach langen Vorbereitungen konnten endlich auch die alten RAD-Wohnbaracken an der heutigen Schulstraße verschwinden, als die Baugenossenschaft für über 600 000 Mark an der Ludwig-Thoma-Straße einen neuen Block schuf. Diese sichtbaren Veränderungen zeigen, daß in Aichach längst nicht mehr jeder Pfennig zweimal umgedreht werden mußte. Ob 1965 ein neues Geleise für den Bahnhof und ein 1700-Tonnen-Silo der BayWa, ob 1966 der Umbau des Postamts zugunsten eines raum- und zeitsparenden Arbeitsbetriebs (Leiter Franz Fenk ging im April 1965 in Ruhestand, Nachfolger wurde Josef Lueg) – fast überall griff die Modernisierung.
Aber gerade der Baubereich war es, der 1966 die Stagnation mithin am deutlichsten vor Augen führte. Im Vorjahr hatten 1308 Bauanträge das Landratsamt durchlaufen, nun mit 1178 zehn Prozent weniger. Hemmend wirkten sich auch erhöhte Hypothekenzinsen aus.
Dem Abflachen des ständigen wirtschaftlichen Wachstums ging – eher hinter den Kulissen – eine schwer zu bezwingende kulturelle Stagnation voraus, die im Falle der Volkshochschule schon einen Abschwung einläutete. An neuen Vereinen kam kaum noch einer hinzu. Der AZ-Kolumnist schlug einen „Fernseh-Club" vor, um die Idee gleich wieder zu verwerfen: „Die notwendigen Versammlungen könnten gar nicht stattfinden. Wie sollte man denn bloß an diesen Abenden ... ohne Bildschirm auskommen?" Das deutsche Kino jammerte eh schon, und mit ihm Kurt Schalk, der inzwischen die „Film-Bühne" innehatte, bald darauf zusätzlich einen Selbstbedienungswaschsalon aufmachte und zuschauen mußte, wie das

---

1960 – in memoriam (III)

ANTON PFISTER (69), 13. Oktober: Der gebürtige Klingener, der am Ersten Weltkrieg teilnahm, 1922 heiratete, Hitler im Münchner „Bürgerbräukeller" erlebte, selbst aber auch während der NS-Zeit zur KPD stand, war erst Bauparlier, dann in der schwierigen Zeit von 1945 bis 1953 Stadtbaumeister, zudem Ehrenmitglied des KSC Eiche.

KRESZENZ ROTHENFUSSER (87), 15. Oktober: 1925 und 1935 verwitwete die gebürtige Waidhofenerin, die ein arbeitsames Leben als Land- und Gastwirtin hinter sich brachte.

MARIA HEREFRIDIS MÜLLER (49), 25. Oktober: Seit 1927 im Orden der Armen Schulschwestern, kam sie im Herbst 1957 in die Aichacher Mädchenschule, deren Rektorin sie im Februar darauf wurde.

DR. HANNS KIRCHMANN (56), 29. Oktober: Ab 1927 verwaltete er das Aichacher Kreisgut, doch aus gesundheitlichen Gründen studierte er bis 1933 Jus. Bis Kriegsende vertrat er die Notariate Aichach, Dillingen und Höchstätt, danach war er hauptamtlich in Aichach. Er war Stadtrat (1948 bis 1956), Kreisrat (1952 bis 1960) und Leiter des CSU-Kreisverbands (1953 bis 1957).

DR. JOSEF NEESER (68), 20. Dezember: Der gebürtige Landshuter studierte Tiermedizin und absolvierte das Staatsexamen für den landwirtschaftlichen Staatsdienst. 1928 wurde er Vorstand der neugegründeten Aichacher Landwirtschaftsschule, in der er 30 Jahre wirkte. Seinen Ruhestand verbrachte er in Augsburg.

berüchtigte „Pantoffelkino" zum ungeahnten Konkurrenten wurde. Dieses hatte immerhin einen erstaunlichen Effekt: Seine Anschaffung wurde zum Prestigeproblem – man konnte sonst nicht mehr mitreden, wenn es übers Programm des Vortages ging. Mehr noch, die ARD konnte die Nachfrage nicht mehr alleine befriedigen – 1963 ging ein „Zweites Deutsches Fernsehen" auf Sendung. Gesellschaftlich hatte das mächtige Folgen: Statt Dämmerschoppen und Stammtisch zu pflegen, verhäuslichte der Mann, der Fernseher wirkte zunächst familienbindend. Schwach Verdienende sparten sich Geld für Verzehr und Eintritt – nicht einmal mehr die „Schwarzmeer-Kosaken" konnten respektable Besuchszahlen garantieren (August 1963); auf dem Land schloß bereits manche Dorfwirtschaft. Wichtiger als die Wahrung der alten Gepflogenheiten war vielen die Erfüllung des Slogans „Freie Fahrt für freie Bürger". Bei Wochenendfahrten blieb es nicht. Der steigende Reisetrend gehörte ins Repertoire des Wohlstandes der breiten Mitte: Im Sommer 1963 suchte schon jeder zweite Aichacher Urlaubsfreuden außerhalb Deutschlands. Die „Kleinwagenwelle" brach jedoch die Jahre darauf zur „Gebrauchtwagenwelle". Höhergeschraubte Versicherungssätze und Mineralölsteuern – daneben niedrigere Streckenpauschalen für Pendler – versetzten ab 1967 der idyllischen „Fahrt ins Blaue" einen herben Teuerungsschlag.

Die gewachsene Konsumfähigkeit und -bereitschaft erweiterte auch die Konsumqualitäten – bis hin zu „den Rekordjaulern von Liverpool", wie die Presse die Beatles despektierlich glossierte. „Glückliches Aichach! Nicht länger mußt du auf den Anblick von Bluejeans-bekleideten Mähnenträgern männlichen Geschlechts verzichten", so

1961 – in memoriam (I)

GEORG BECK (82), 28. März: Ab 1899 war er mit seinem Bruder Xaver in der Mühle der Eltern tätig, wo der in den Reichstag gewählte Vater Franz ersetzt werden mußte. Bis 1958 war er dort Seniorchef. Dem Stadtrat gehörte er 1912 bis 1933 und 1948 bis 1952 an. Auf seine heile Rückkehr aus dem Ersten Weltkrieg geht das Feldkreuz zwischen Algertshausen und Martinshöhe zurück. Die Taitinger Marienkapelle ließ er wiedererrichten zum Dank dafür, daß seine vier Kinder nach 1945 wieder unbeschadet zusammenfanden.

VINCENZ MÜLLER (67), 12. Mai: Der Sohn von Ferdinand und Viktoria Müller machte Karriere im Reichsheer. Dort brachte er es 1936 zum Generalstabsoffizier und wurde im Spanischen Bürgerkrieg gegen die „Rote Armee" eingesetzt. 1941 kam er an die Ostfront, drei Jahre später besuchte er zum letzten Mal seine Vaterstadt. Bei Minsk, als stellvertretender Oberbefehlshaber über die 4. Armee, kapitulierte er im Juli 1944, um unnötige Verluste gegen Hitlers Willen zu vermeiden. Als Regimegegner, der bereits an der Offiziersopposition gegen Hitler beteiligt war, jedoch als Nationalist kam er nach Ostdeutschland und war am Aufbau der Volksarmee maßgeblich beteiligt. 1955/56 führte er mit Bundesfinanzminister Fritz Schäffer in Sachen deutsche Wiedervereinigung vertrauliche Sondierungsgespräche. Doch im Rahmen einer „Reinigung" wurde er in den Ruhestand versetzt. Müller starb in Berlin an den Folgen eines Fenstersturzes. Vermutlich sollte er inhaftiert werden und suchte deshalb den Freitod.

CENTA RÖMER (77), 28. Juli: Sie heiratete 1912 in den Betrieb von Säcklermeister Josef Römer ein; seit 1952 war sie verwitwet.

wurde die Nachahmung der Idole ganz im Sinne des „Kulturkonservativismus" kommentiert. Auf bares Unverständnis stieß das erste Beatkonzert am 12. März 1966 in der TSV-Halle: Drei Bands versetzten 450 junge Leute in Begeisterung, darunter die Aichacher Gruppe „The Ravens" mit Sänger Wolfgang Moosbichler und Gitarrist Hubert Stöffel. Eine „verheerende Garderobe" und „lange, strähnige Haare" bei Mädchen wie Jungen beanstandete der Reporter in seinem Artikel, neben dem passend ein Inserat des Kleiderhauses Bierling plaziert war: „Zur Beatmode gehört die Shakehose in schwarz, grau oder blau mit farbigem Montage-Gummigürtel". Knallgelbe oder hellblaue Teddyhosen „im Liverpoolstil", dazu übergroße Pullover, das trugen indes die Augsburger Fans. Gekreischt und gepfiffen wurde, für die „Crasher" und die „Earls" aus der Lechmetropole ließ der Reporter das Wort „Musik" erst gar nicht gelten. „Gegen zehn Uhr war dann das Konzert zu Ende, und begeistert verstreuten sich die Jugendlichen. Die Turnhalle stand noch." Neben den „Ravens" sorgten im Aichacher Bereich noch die „Cavebeats" für den aktuellen Sound. Was der modernen Musik den Appeal gab, war die Lautstärke. Denn die technische Ausrüstung – Röhrenverstärker – verzerrte die Instrumente erst bei Übersteuerung. Der Melodiegehalt war hinter Wucht und Rhythmus zweitrangig. Die zunächst lokalen, später teils professionellen Kapazitäten, die sich auch gebührend dem Jazz widmeten, hießen etwa Otto Steuerl, Walter „Fips" Neumann oder Werner „Tschupo" Jung. Dem Gewohnten entsprachen da eher die St.-Georgs-Pfadfinder (Mitgründer von

1961 – in memoriam (II)

SERAPHIKA MAIRHOFER (69), 18. August: In der ambulanten Krankenfürsorge des Dritten Ordens hatte sie 38 Jahre lang am Ort gewirkt.

KÄTHE KNABL (54), 2. September: Seit sie 17 Jahre alt war, gehörte sie dem TSV als begeisterte Turnerin an. Mit Rektor Norbert Knabl war sie von 1931 bis zu dessen Tod 1945 verheiratet. Aktiv war sie im Kirchenchor.

HERMANN F. S. VON REITZENSTEIN (78), 16. Oktober: Der Dillinger war bis 1914 Rechtsanwalt, trat 1918 in den Staatsdienst und kam 1933 als Direktor an die JVA Aichach, jedoch als Gegner von NS-Sitten. Er sammelte Zeitungsenten und war begeisterter Philatelist, wobei er auch über das „Aichacher Portomarkenprovisorium", eines der teuersten Briefwertzeichen der Welt, forschte.

FRITZ SCHIMON (88), 5. November: Der Münchner entstammte der Besitzerfamilie des dortigen Hotels „Vier Jahreszeiten". Von 1901 bis 1934 hatte er die Aichacher Stadtapotheke inne.

ANNI GROEBER (65), 11. November: Über 50 Jahre arbeitete sie im Bekleidungshaus Bierling. Die Prokuristin ging 1958 in Ruhestand.

MARIA SCHREIBER (48), 15. November: Als Vertriebene kam die Drogistin 1946 nach Aichach, wo sie eine Spitzenklöppelei initiierte. Später wurde sie Teilhaberin der Polstermöbelfirma Ullmann in der Koppoldstraße.

OTTO ZIEGLER (75), 30. November: Im Ersten Weltkrieg schwer verwundet, führte der Aichacher einen Kaufladen am Stadtplatz.

HANS REITBERGER (66), 15. Dezember: Der Schrobenhausener ging bei der Aktien-Kunstmühle in die Lehre und kaufte später das Melber-Kirmair-Anwesen in der Hubmannstraße, um sein Landesproduktengeschäft auf Maschinenhandel auszudehnen.

1955 Heinrich Hutzler, Stammesführer Gerd Mill), die am 28. November 1965 im Oberen Tor ihre neuen Räume einweihen konnten, oder der „Reit- und Fahrverein", der am 27. Juli des Jahres auf der Wiese neben der Firma Zenker in Oberbernbach seinen Anfang nahm.

1962 – in memoriam

ADOLF HOFMANN (72), 24. Februar: 1919 übernahm er die Gärtnerei der Eltern und heiratete Maria Karl. Der langjährige Innungsobermeister war 1945/46 der letzte der kommissarischen Bürgermeister.

KASPAR GEILING (48), 4. März: Der evangelische Pfarrer aus Buchbrunn wirkte in der JVA, er unterstützte aber auch Pfarrer Hübner in seiner Gemeindearbeit.

BRUNO BAYER (71), 3. April: Der Neuhausener empfing 1918 die Priesterweihe und wirkte von 1931 ab 31 Jahre als Kurat in Oberwittelsbach und war Ehrenbürger von Ober- und Unterwittelsbach.

ALOIS WERNSEHER (83), 10. April: Nach der Kriegsteilnahme kam der Vater des Bürgermeisters 1918 als Offiziant ans Aichacher Landratsamt.

ALEXANDER KLAIS (78), 4. August: Der Rheinländer kam 1906 als Organist und Chorregent nach Aichach. 1925 heiratete er Hilde Groeber. In seine über 50jährige Amtszeit fielen auch eigene Kompositionen wie die „Marienmesse" und die „Sterbekantate". Von 1929 bis 1939 war er Bezirkskassier. Er gründete nach 1945 den Hausbesitzerverein und wirkte in der Bienenzucht.

IGNAZ FINKENZELLER (61), 2. Oktober: Der Aichacher heiratete 1927 Elisabeth Gutschon, er war 27 Jahre Stadtkämmerer und 23 Jahre Bezirksleiter der Bayerischen Landesbausparkasse.

FRANZ RAST (73), 4. November: 53 Jahre, von 1904 an, war der Inspektor am Aichacher Notariat tätig. Er beteiligte sich auch am Aufbau der Bayernpartei und war 15 Jahre ihr Kreisvorsitzender.

FRITZ GUT (82), 18. November: Der Schleifmüller und Pferdefuhrunternehmer, der 1921 Barbara Wagner heiratete, besaß die letzte Aichacher Postkutsche, mit der er die Paketsendungen zustellte.

MICHAEL RAPPEL (65), 15. Dezember: Der gebürtige Klingener ehelichte 1928 Kreszentia Wimmer. Selbst Maurermeister, gründete er in der Donauwörther Straße ein Baugeschäft.

Für die Stadt selbst bahnte sich zu Beginn der Sechziger auf Werbung der deutschen Botschaft in London eine Partnerschaft mit der wirtschaftlich gleichgelagerten schottischen Stadt Lasswade zwölf Kilometer südöstlich von Edinburgh an. Vor allem die Aichacher Zeitung war hellauf begeistert und nahm Kontakt auf mit Bürgermeister Eric Thompson. Eine Partnerschaft scheint wegen der örtlichen Vorhaben jedoch nicht weiter verfolgt worden zu sein. Folgenlos blieb auch eine Tour der Kapelle Baronner im Jahr 1966: Es ging in die irische Brauereistadt Kilkenny aufs dritte dortige „beer festival", das bayerischen Verhältnissen nachempfunden war. Die Ankunft am 20. Mai auf dem Flughafen Dublin wurde sogar in der Tagesschau gesendet. Vom 21. bis zum 30. Mai spielten die 16 Mann unter Baronner in dem 4000-Personen-Bierzelt, wobei die Nervosität schnell verflog, „denn die Iren feierten die bayerische Kapelle stürmisch". Baronner: „Ein sehr sangesfreudiges und aufgeschlossenes Volk mit viel Sinn für Humor."

Politische Wahlen jagen sich

Gesellschaftlich rührte sich etwas. Das Wählerverhalten war dafür jedoch kein Gradmesser. Die anstehenden Bundestagswahlen am 17. September 1961 brachten nur wenig Schwung in das Leben der Parteien. Der GB/BHE folgte der Bundesfusion mit der DP zur Gesamtdeutschen Partei, deren Kreisverband als bewährte Größe Ernst Herold vorsaß. Der Wahlkampf hielt sich in Grenzen. Als zwei Wochen vor dem Wahlgang eine Kapazität wie Bundestagsvizepräsident Thomas Dehler (FDP) in Aichach sprach, hatte er nur magere 60 Zuhörer.

Zur Landtagswahl am 25. November im Jahr darauf wurde mit kräftigeren Schlägen mobilisiert. Die CSU etwa bewarb großflächig die Zeitung. Das stand sicher auch in Zusammenhang mit der unrühmlichen Rolle von Strauß in der „Spiegel-Affäre" (er ließ einen Spiegel-Redakteur in Spanien verhaften und warf dem Magazin „Landesverrat" vor), die ausgerechnet sechs Tage vor den Wahlen ausgelöst wurde. Die krude Vorgehensweise der Regierung gegen das ihr mißliebige Presseorgan entzündete eine Kritik auch im Ausland, die eine innenpolitische Krise auslöste. Das war nicht nur ein Signal für Adenauers schwindende Autorität, sondern auch das Ende Strauß' als Verteidigungsminister. Die CSU hatte Glück: In Bayern, geschweige denn im Kreis Aichach, hinterließ die Krise keine Spur, im Gegenteil, zum dritten Mal bei Landtagswahlen holte die CSU die bisher deutlichste Zwei-Drittel-Mehrheit (67,6 Prozent) – Goppels Zeit war gekommen. Doch auch die SPD hatte mit 19,2 Prozent

Ergebnisse der überregionalen Wahlen

Bundestagswahl am 17. September 1961 (Zweitstimmen)

Partei	Stadt	Kreis	Bund
CSU	54,4	77,1	45,2
SPD	30,6	15,1	36,6
FDP	6,6	3,3	12,7
GDP	6,6	3,8	2,7
DFU	0,6	0,5	–

Landtagswahl am 25. November 1962 (Zweitstimmen)

Partei	Stadt	Kreis	Land
CSU	45,0	67,6	47,5
SPD	39,0	19,2	35,3
GDP	5,7	3,6	5,1
BP	5,2	7,4	4,8
FDP	3,6	1,9	5,6

Bundestagswahl am 19. September 1965

Partei	Stadt	Kreis	Bund
CSU	56,61	76,79	47,6
SPD	32,86	17,66	39,3
FDP	7,61	4,31	9,5
NPD	2,33	0,91	2,0

Land-/Bezirkstagswahl am 20. November 1966

Partei	Stadt	Kreis/Stimmkreis mit Dachau	Land/Bezirk
CSU	48,2/48,0	71,2/56,4	48,2/42,3
SPD	34,8/33,9	19,6/30,2	35,8/39,0
FDP	4,6/4,6	5,0/2,8	5,1/5,8
BP	2,5/2,5	2,5/5,1	3,4/6,2
NDP	6,4/6,5	3,6/5,5	7,4/6,7

ihr bisher bestes Ergebnis. Mit über fünf Prozent Einbußen mußte beide Gewinne die Gesamtdeutsche Partei (GP) bezahlen. Zum selben Termin fiel die Entscheidung über einen Nachfolger für Landrat Glötzl, der aus gesundheitlichen Gründen um seinen Rücktritt angesucht und am 23. August das Einverständnis des Kreistages erhalten hatte. So schwer und herzlich der Abschied von dem bewährten Landrat fiel, so reibungslos konnte die Nachfolge eingefädelt werden: Am 7. Oktober nominierte die CSU Regierungsrat Josef Bestler einstimmig als Kandidaten. 1925 im Kreis Günzburg geboren, wurde er 1945 im Krieg bei einem Flugzeugabsturz schwer verletzt. 1946 holte er das Abitur nach, studierte von 1946 bis 1949 Rechts- und Staatswissenschaft und trat 1954, nach über dreijährigem Referendariat in Günzburg und München, als Regierungsassessor in die Regierung von Oberbayern ein, kam darauf nach Garmisch, rückte 1956 zum Regierungsrat auf und wurde 1957 nach Aichach versetzt. Erwartungsgemäß fiel das Votum für den einzigen Kandidaten Josef Bestler aus, mit 99,05 Prozent der Stimmen im Kreis. Seine Nachfolge im Landratsamt trat Dr. Karl Josef Beck an. In der „Film-Bühne" wurde Bestler dann am 15. Januar von Oberbayerns Regierungspräsident Dr. Adam Deinlein in sein Amt eingewiesen. Als drittes wurde am 25. November noch der Bezirkstag gewählt, mit der CSU (54,4 Prozent im Bezirk), SPD (29,9) und BP (8,6) als maßgebliche Parteien. CSU-Direktkandidat Josef Kreitmeir aus Gartelsried zog mit 52,4 Prozent ins Parlament.

1963 – in memoriam

M. Blandina Baumann (82), 7. Januar: 1899 kam die Junglehrerin als Praktikantin nach Aichach und blieb als Hilfslehrerin bis 1903. Nach zwei Jahren in Mühldorf wirkte sie 45 Jahre.

Rudolf Rehle (72), 26. Januar: Der Steinmetzsohn ging in München auf die Schule für Bildhauer und übernahm die Werkstatt des Vaters, in der er viele Grabsteine schuf. Als letzter Aichacher kehrte er 1920 aus der Kriegsgefangenschaft zurück.

Josef Böck (74), 26. Februar: Er folgte seinem Vater in die Bierbrauerei „Stieglbräu" und heiratete 1919 Maria Bauer.

Maria Lindinger (80), 2. April: Die Obermauerbacherin war Pächterin der Klosterwirtschaft Inchenhofen und des „Bauerntanz" (20 Jahre). Ein Schlaganfall führte die dreifache Witwe nach Schönbrunn.

Nikolaus Schwarzenberger (62), 5. April: Der gebürtige Münchner war bis zuletzt 40 Jahre bei den Isar-Amperwerken tätig, nach zwei Jahren wurde er Bezirksmonteur und 1947 Betriebsmeister.

Theodor Klein (67), 6. Mai: Der Stadtbauinspektor von Ratibor kam 1946 nach Aichach und wurde Kreisbaumeister, mußte jedoch wegen seiner Kriegsverletzung 1953 ausscheiden.

Otto Neuger (49), 31. Mai: Der Ingolstädter begann 1948 im Aichacher Einwohnermeldeamt. Vorstand des SPD-Kreisverbandes, wurde er ab 1956 in den Kreistag und Stadtrat, dort als Verwalter des Kindergartens, gewählt. Er gehörte zum Ausschuß des BCA und war amtierender Vorsitzender des Fischereivereins, dessen Nachfolge Karl Gerum antrat.

Karl Wetzel (76), 19. Oktober: Von 1911 bis 1916 verwaltete der Altheimer die Beckschen Güter zu Kühbach, von 1929 bis 1955 das Kreisgut, das er zu einem modernen Betrieb reformierte.

Leonhard Michl (75), 24. Oktober: Bekannt war der gebürtige Altomünsterer als langjähriger Gastwirt und ab 1957 als Inhaber eines Milchgeschäfts im „Braunen Haus" in der Bauerntanzgasse.

Am 15. Oktober 1963 endete denn die „Ära Adenauer", die für die weiterführende Politik der Bundesrepublik bestimmend wurde: Mit CDU-Politiker Ludwig Erhard als erstem Mann in Bonn vollzog sich der Wechsel von der pragmatisch orientierten Kanzler- zur Koalitionsdemokratie. Strauß resümierte in Aichach: „15 Jahre kontinuierlicher Politik waren ein wahrer Segen für Deutschland!" Deutlicher als die Bundespolitik spürte man in Aichach den Kurs des ersten Kabinetts Goppel, das den Strukturwandel Bayerns gemeinsam mit Wirtschaftsminister Otto Schedl über die Energiepolitik einläutete – Heizöl kostete hier um 40 Prozent mehr als im Ruhrgebiet. In das Konzept gehörte die Ansiedlung von Raffinerien im Raum Ingolstadt samt den Mittelmeerpipelines (das erste Erdöl floß am 19. November ein).

Daß in der CSU-Landesspitze „absolute Einigkeit" bestehe, davon konnten sich an die 800 Besucher am 26. Oktober 1963 bei einem „ungewöhnlichen Aufmarsch bayerischer CSU-Prominenz" mit CSU-Landesvorsitzendem Strauß überzeugen, den der in Aichach als Stimmkreiskandidat bekannte Heinrich Junker, inzwischen bayerischer Innenminister, und MdB Paul Weinzierl (Ingolstadt) begleiteten. Strauß und Junker lobten die Leistung des bayerischen Wiederaufbaus und des wirtschaftlichen Aufholens gegenüber Ländern, die nach Kriegsende eine bessere Ausgangslage gehabt hätten.

1964 – in memoriam

KARL LEINFELDER (80), 21. Februar: Seit 1913 in Aichach, heiratete der Direktor des Vermessungsamtes (bis 1943) 1921 Katharina Uhl. 1952 wurde er zum Kreisheimatpfleger berufen. Er baute das Museum weiter auf und sorgte sich um die Archive Aichach, Aindling und Kühbach. Als Künstler hinterließ er zahlreiche Drucke seiner Radierungen.

KARL SCHROPP (52), 16. März: Von Mai 1947 an war er in Aichach tätig, 1958 übernahm er das Landwirtschaftsamt. Der Leiter der Landwirtschaftsschule wurde im Gasthaus Specht von einem tödlichen Projektil aus einer Handfeuerwaffe getroffen. Den ungezielten Schuß hatte ein angetrunkener 23jähriger Metallarbeiter abgegeben.

GUSTAV HEGER (61), 21. April: Der vertriebene Bergbauspezialist begann 1948 als Fachlehrer an der Verbandsberufsschule, wo er Vizedirektor wurde. Seit den Anfängen der VHS gab er auch Kurse und betrieb die Geschäftsführung mit Qualitäten, die in ganz Oberbayern bekannt waren. Obendrein gehörte er dem Kreisjugendring, dem städtischen Wohnungsausschuß sowie dem Aufsichtsrat der Baugenossenschaft an.

GOTTLIEB SCHMID (92), 14. Juni: Schon ab 23 Baumeister, machte er sich um den Erhalt vor allem von Kirchen im Landkreis verdient. In sein Spektrum gehörten die Baubeteiligung an der neuen JVA, das Martinsche Waisenhaus und der evangelische Kirchenbau. Ab 1919 leitete er das Gemeindekollegium, von Jahresbeginn 1924 an war er sechs Jahre Bürgermeister, weitere 24 Jahre gehörte der Ehrenbürger dem Stadtrat an. Privat war er 50 Jahre im Kirchenchor und 70 bei der FFW aktiv, noch länger beim TSV, und in der DAV-Sektion hatte der Bergliebhaber – „mit 83 Jahren ließ er sich seine letzten Bergstiefel schustern" – 54 Jahre repräsentativ gewirkt und die bayerischen Sektionstage des DAV mit initiiert.

GEORG KÖGL (58), 4. September: Er heiratete 1929 Dora Raun und übernahm die elterliche Konditorei. 1954 gründete er den Gewerbeverein, beteiligte sich aber auch am Gewerbebund und in weiteren Gründungen in Bayern.

M. EDITHA BRAXMEIER (89), 16. Oktober: Von den 33 Jahren, welche die Mallerdorfer Schwester im Krankenhaus arbeitete, fungierte sie 27 Jahre als Oberin.

Kaum einen Monat später, am 22. November, wollte der Stadtrat tagen, da bereitete eine frisch eingetroffene Nachricht der Sitzung ein jähes Ende: Der US-amerikanische Präsident John F. Kennedy war erschossen worden. „Seit der Währungsreform 1948 wurden die Rundfunkgeräte nie mehr so belagert wie seit Freitag abend." Für viele, vor allem jüngere Menschen war Kennedy mehr als nur ein Weltpolitiker. Als Idol auf Poster gebannt, verkörperte er die Amerikanisierung schlechthin.

Am 20. Februar 1964 gründete sich bei 80 Beitritten im „Triltsch" die Junge Union (JU) unter Anwesenheit des JU-Landesvorsitzenden Max Streibl, der von dem regen Interesse überrascht war. Hermann Huber (Griesbeckerzell) wurde Kreisvorsitzender, Alarich Kögl Vize. Die Organisation wollte auch auf die hausgemachte Politik kritisch einwirken.

Im Vorfeld der Bundestagswahlen am 19. September 1965 hatten freilich die alteingesessenen Politiker das Sagen, die JU konnte Ergebnisse auf gemeinsamen Treffen allenfalls kommentieren. Karl-Heinz Gierenstein trat als CSU-Kandidat des Wahlkreises Ingolstadt an. Sein Kollege Junker stellte bei einer Kreisversammlung am 1. August 1965 frühzeitig die wirtschaftliche Wende heraus: „Wir sind am Rande einer schleichenden Inflation". Drei Tage später gastierte von Knoeringen im „Triltsch-Saal" zusammen mit CSU-Wahlkreiskandidaten Fritz Böhm, der Erhards Stündchen geschlagen sah: „Mit einem weichen Kanzler gibt es nun einmal keine harte DM." Von Knoeringen nahm unter anderem für eine bessere Schulausbildung versus Konfessionsschulen Stellung sowie für die Förderung der Forschung über die bare Produktion hinaus: „Forscher produzieren kein Pfund Butter, finden aber Wege, um die Butter kiloweise zu produzieren." Die AZ wertete die Veranstaltung als „stattlichen Erfolg" für die SPD. Als FDP-Mann stellte sich Volkmar Diez den Wahlen.

Am 14. März 1966 wurde Wernseher zum vierten Mal – erneut ohne Gegenkandidat – als Bürgermeister bestätigt. Die SPD verlor jedoch die absolute Mehrheit, „zu deren Anwendung es freilich nie kam", wie die Presse ein-

---

Der sechste Stadtrat (14. März 1966)

Bürgermeister:
Wilhelm Wernseher (SPD)

CSU (8 Sitze)
Josef Kapfhamer (2. Bürgermeister), Spediteur
Alfred Riepl, Oberlehrer
Hannes Meisinger, Diplomkaufmann
Alfred Rappel, Bauingenieur
Alfred Rehle, Kreisbaumeister
Dr. Ignaz Haselberger, Fabrikant
Theodor Ziegler, Kaufmann
Josef Käuferle, Schlossermeister

SPD (7 Sitze)
Heinz Markowski, Justizoberinspektor
Emil Lorenz, Dienststellenleiter
Franz Kukol, Postoberschaffner
Xaver Führer, Stadtpolier
Richard Schönwälder, Verwaltungsangestellter
Jakob Keiper, Kaufmann
Anton Heinrich, Postoberschaffner

FDP/GfW (1 Sitz)
Volkmar Diez, Notar

räumt. Sieben Sitze (42,4 Prozent) standen nun acht der CSU gegenüber (46,2), die FDP-und-Freie-Wähler-Liste hatte einen Sitz erlangt (11,4). Ihr Mandant konnte sich fortan theoretisch als entscheidendes Gewicht in die Waagschale werfen, falls sich die großen Blöcke CSU und SPD inklusive Bürgermeister stimmengleich gegenüberliegen sollten.

Obwohl die Kandidaten der naziartig strukturierten NPD kaum persönlich im Kreis bekannt waren, überflügelten sie in der Persönlichkeitswahl BP und FDP. Im Stimmkreis klar in den Bezirk gewählt wurde Josef Kreitmeir (CSU).

> **Kreistagswahlergebnisse von 1966**
> Kreistagswahlergebnisse Kreis/Stadt in Prozent (Sitze) sowie Vertreter aus der Stadt
> CSU 71,5/47,2 (30): Alfred Rehle, Jakob Ettner, Alois Heilgemeir, Josef Kapfhamer, Gottfried Beck, Ignaz Haselberger.
> SPD 20,2/41,5 (8): Wilhelm Wernseher, Emil Lorenz, Xaver Führer, Paul Schiffmann.
> FDP-GfW 8,3/11,3 (3): Volkmar Diez.

Früchte des Aufschwungs: Projekte von Stadtrat und Kreistag

„Ich glaube sagen zu dürfen, daß das, was in der Stadt Aichach und auch im Landkreis in den letzten Jahren geleistet wurde, unabhängig von parteipolitischen Gesichtspunkten war." Das befand Wernseher zum Jahresende 1965, in der Zeit der Konjunkturwende. Alljährlich meldete die Zeitung bis dahin einen neuen Rekordhaushalt, sei es bei Kreistag oder Stadtrat. Dahinter standen weniger die wachsenden laufenden Kosten im ordentlichen Plan, sondern finanzielle Starkzehrer: Die Investitionsbereitschaft der öffentlichen Hand – und damit die Rückführung der ständig steigenden Steuereinnahmen in den Wirtschaftskreislauf – war weniger mutig als dringend nötig. Denn diese hohen Summen wurden nicht in fragwürdigen Vorhaben verplant. Kreiskrankenhaus, Mittelschule und zu allem noch das Landratsamt waren die Themen, die 1965 die Tagesordnungen des Kreistages beherrschen sollten: „Vielleicht auch die Ursache manch schlafloser Nacht des Aichacher Landrats Josef Bestler". So sprang der Kreisetat 1964 um eineinhalb Millionen auf fast 6,66 Millionen Mark, 1965 auf erkleckliche 10,7. 1966 rangierte der ordentliche Etat dann bei 6,2, der außerordentliche bei knappen neun Millionen – ohne Berücksichtigung des Nachtragshaushalts. Schon mehrfach hatte die Stadt angedeutet, sie würde ein neues – und dringend nötiges – Krankenhaus nicht mehr allein tragen. Noch weit vor Ausschreibungsbeginn führten Stadt und Kreis Rücklagen auf die hohe Kante. Denn die Kostenfrage des Bauvorhabens besah niemand blauäugig, hier ging es um mindestens fünf Millionen Mark. Sehr bald schob sich ein weiteres Kriterium in die Vorplanungen: 6656 Einwohner hatte die Stadt am 31. Dezember 1960, Tendenz fallend. Die Zahl der Wegzü-

DER WEG DURCHS WIRTSCHAFTSWUNDER

Am 15. Januar 1963 wurde der neue Landrat Josef Bestler in der „Film-Bühne" von Aindlings Bürgermeister und Kreisrat Xaver Huber vereidigt.

ge verstand der Stadtrat als Warnsignal. Emil Lorenz verwies auf den ursächlichen Mangel, daß Aichach eine gediegene Ausbildung nicht anbieten könne. Er und CSU-Kollege Riepl befürworteten am 25. Mai 1962 eine Mittelschule als überfälligen Beitrag zur „Bildungsoffensive" der angehenden 60er Jahre. Mit einem solch löblichen und aufwendigen Vorhaben hätte man zugleich das Argument, das neue Krankenhaus unter die vollständige Kompetenz des Kreises zu schieben. Auf der Bürgerversammlung am 28. Juni 1962 hieß Wernseher mit Blick auf die Finanzen die Schule als „das kleinere Übel". Doch wußte er auch, daß die Kreisstadt schulisch gegenwärtig reines „Niemandsland" war, und der Kreistag – noch unter Glötzls Führung – unterstrich diese Ermahnung zu Taten nur. Am 16. November kam es zu einem allseits belobten Junktim: Die Stadt verpflichtete sich zu einer Höchstbeteiligung am Krankenhaus von 20 Prozent an den 4,2 Millionen Mark, die nach Abzug der Zuschüsse zu tragen verblieben. Der Kreis wollte sich im Gegenzug an der Mittelschule beteiligen. Nachdem diese Ausgangslage abgezirkelt war, machten die Politiker bald Nägel mit Köpfen. Das Krankenhausprojekt wurde die erste große Maßnahme, die der neue Landrat Bestler in den Griff zu bekommen hatte. Im März 1963 kaufte der Kreis am Kellerberg, dem künftigen Baugrund, sechs Tagwerk des „Stieglbräu"-Anwesens („Hutfeld"), die direkt neben 3,5 Tagwerk Stadtgrund lagen. Auf Donnerstag, 18. Juli, fiel dann der einstimmige Kreistagsbeschluß für den Neubau, dessen Kosten zunächst bei acht, bald

bei knappen elf Millionen Mark rangierten. Erneut einstimmig befürwortete der Kreistag am 27. September 1963 den Plan der Münchner Architektengemeinschaft Rappmannsberger-Zemsky-Rehle-Hermann. Sie entwickelten ein T-Modell für 126 Betten mit Erweiterungsfähigkeit auf 200, mit getrenntem Betten- und Behandlungsbau. Obwohl dem Baustart Ende April 1965 eine reichlich nasse Saison folgte, konnte die Prominenz am 3. März des folgenden Jahres Richtfest am ersten Bauabschnitt feiern.
Die Mittelschule ruhte in dieser Zeit keineswegs, vielmehr erklärte der Kreistag ihre Verwirklichung zur Chefsache: Am 30. Januar 1964 segnete er den Grundstückskauf an der Jahnstraße, das Projekt zunächst als vierklassig und die Trägerschaft ab. Wernseher lobte Bestler ausdrücklich für die gute Vorbereitung des Vorhabens inklusive positiver Gespräche in München. Der staatliche Schulentwicklungsplan sah entweder Aichach oder Schrobenhausen, das zwar zwei höhere, aber keine Mittelschule besaß, vor. Aichachs Vorstoß rief sofort die Nachbarstadt auf den Plan, womit beide Orte wieder einmal Kopf an Kopf um den Standort rangen. Als Ende Oktober Aichach Gewißheit erhielt, daß der Plan klappte, hatte auch Schrobenhausen noch Chancen für eine eigene Version. Außerdem wurde der Forstbezirk zum 1. April 1966 dem Forstamt Schrobenhausen zugewiesen, das in Aichach – es residierte im Unterwittelsbacher Schloß – aufgehoben. So waren die Wogen bald wieder geglättet.
Kultusminister Dr. Ludwig Huber sagte verbindlich den Beginn des Schulbetriebs für 1966/67 zu – die Volksschule stellte entsprechend Räume zur Verfügung –, kurz nach diesem Startschuß liefen die Anmeldungen ein, 134 an der Zahl, 68 von außerhalb der Stadt. Letztlich 126 unterzogen sich im Mai 1966 mit Erfolg einem Probeunterricht für den Übertritt in die „Realschule", wie sie inzwischen hieß. Ihr Rektor, Roman Antoni, kam von der Realschule Abensberg, Konrektor Werner Dünkel aus Kronach. Auf Dienstag, 6. September 1966, fiel dann der überfällige „Markstein" in Aichachs Bildungsgeschichte, die Eröffnungsfeier. Das neue Bauwerk mit zeitgemäßem Flachdach an der Jahnstraße gewann bereits Konturen, als der Lehrbetrieb in der Volksschule anlief. Landrat Bestler wertete den Gewinn als „kulturelle, soziale und wirtschaftliche Aufwertung" für den Landkreis. Auswärtspendeln und Schulgeld entfielen endlich für viele, die einen höheren Abschluß anstrebten, neue Bildungsreserven seien erschließbar, um den Mangel an qualifiziertem Nachwuchs in Handel, Gewerbe und Verwaltung im Kreis aufzuheben.
Der BLLV (Vorsitzende: 1953 bis 1962 Hans Höfer, bis 1965 Leopold Scholz, bis Ende 1973 Anton Hammer) ließ es damit nicht genug sein. Er forderte 1966 nicht zum ersten Mal den Ausbau der Volksschuloberstufe um ein achtes Jahr zur Hauptschule; die „Bildungsoffensive" ließ dieses Thema außen vor, ob-

wohl es auch der neuen Realschule, die laut Prognose ein Viertel der Volksschulabgänger empfangen würde, zusätzliche Kandidaten einbrächte. Obsolet mußte bei diesen Impulsen das System der Konfessionsschule anmuten, für die SPD haftete ihr gar der „Geruch der Verwesung" an: Die höhere Bildung wurde ohne konfessionelle Unterschiede vermittelt. In den Reihen des BLLV wurde im Juli 1967 auch die „christliche Gemeinschaftsschule" als Regelschule für richtig empfunden, doch die evangelischen Autoritäten pochten immer noch auf die gespaltene Volksschule. Eine nächste überfällige Entscheidung traf der Stadtrat am 24. Juni 1966: Weil „Sonderschulen einem Bedürfnis entsprechen", so Walter Voglgsang, das in Aichach sehr wohl existierte, entschied der Stadtrat für zwei gemischte Klassen mit lernbehinderten Kindern. Man verfügte über zwei Lehrkräfte mit zusätzlicher Fachausbildung und fürchtete, sie könnten an einen Ort mit entsprechender Einrichtung abberufen werden.

Mitten in diese Ereignisse platzte ein „neues Sorgenkind": Die bayerische Justizverwaltung kündigte dem Landrat den Mietvertrag der Räume zum 30. Juni 1965. Das wiederum hing eng mit dem Neubau des Amtsgerichtes und dem Abriß der alten Dienstgebäude zusammen. Bis 1967 sollte der Schloßplatz ein neues Gesicht erhalten haben. Der Bau eines Landratsamts stellte den Kreistag vor weitere Ausgaben in Millionenhöhe, und das vertrug sich trotz glänzender Kasse nur begrenzt mit dem Bau des Kreiskrankenhauses. Doch die höhere Gewalt forcierte den Beschluß vom 23. September, daß der Verwaltungsneubau des Kreises auf der Haselberger-Wiese an der Münchener Straße erstehen sollte, die einst für die Volksschule gedacht gewesen war. Die Ernte eines Ar-

1965 – in memoriam

KURT BRANDT (51), 2. März: Gebürtig in Osterode, übersiedelte er 1945 von Wien nach Aichach und trat im selben Jahr in die Stadtverwaltung, wo er Standesbeamter und bald auch Kämmerer wurde.

BABETTE TRIEBENBACHER (98), 20. März: Gebürtig in Handzell, überlebte sie alle vier Kinder. 1892 heiratete sie den Schuhmacher Josef Triebenbacher und war seit 1933 Witwe und zuletzt Aichachs älteste Einwohnerin.

ANNA GLASWINKLER (73), 21. März: Die in Aichach gebürtige Rast heiratete 1919 in den Spenglereibetrieb in der Koppoldstraße ein. Ab 1942 Witwe, mußte sie zunächst das Geschäft alleine führen und half weiterhin ihrem Sohn dabei.

IGNAZ STEINHARDT (52), 4. August: Der Kissinger empfing am 2. Juli 1939 seine Priesterweihe, kam erst in ein Dorf bei Markt Legau, nahm als Feldgeistlicher am Krieg teil und trat im Dezember 1945 die Aichacher Stadtprädikatur an, wo er sich nicht nur als Religionslehrer sehr um die Jugend bemühte. Er belebte die Aichacher Kolpinggruppe neu und gründete weitere Familien in Tandern und Oberbernbach - als Verwirklicher des Kolpinggedankens war er über Bayern hinaus bekannt. Seit Mai 1960 betreute er die Pfarrei Mering.

LUISE MEIXNER (85), 16. August: 35 Jahre war die gebürtige Aichacherin als Aufseherin des Holzgartens tätig.

HEINRICH WERNER (75), 13. November: Der bekannte Hafnermeister heiratete 1926 Kreszenz Reitberger. Er ging bis ins hohe Alter seinem Handwerk nach.

chitektenwettbewerbs brachte über 100 Modelle mit zahlreichen für interessant befundenen Ideen ein. Den ersten Preis gewann Karl-Heinz Rudel (München) für seinen Atriumbau. Dieses dritte Vorhaben sprengte schließlich die Finanzkraft des Kreises. In seiner dritten Sitzung am 29. September machte der neue Kreistag einen schnellen Rückzieher, als Bestler bekanntgab, daß sich die Kostenschätzung von vier auf sechs Millionen erhöht hätte – steigende Löhne inklusive. Auch dies ein Anzeichen für die wirtschaftliche Wende, härtere Preis- und Lohnsteigerungen. Ein neues Gutachten ergab nun, daß das alte Kastengebäude durch Sicherungsmaßnahmen für bis zu 80 000 Mark noch ein bis zwei Jahre erhaltbar sei und die Kündigung zurückstellen würde. Bereitwillig gab der Kreistag diesem Provisorium den Vorzug. Wernseher stellte zum weiteren Übergang das alte Krankenhaus für den Kreis in Aussicht.

Neben diesen Großvorhaben kam es zu etlichen weiteren Fortschritten. So hatte der Stadtrat am 31. Januar 1964 die zukunftsträchtige Gasversorgung beschlossen. Ein schöner Gewinn war ein neuer Kindergarten für eineinhalb Millionen Mark. Er öffnete am 10. Januar 1966 seine Tore an der Krankenhausstraße. Die Leitung trug nach wie vor Schwester Hildburga. Der alte Kindergarten

> **Gerichtsneubau: Altes Schloß tritt zutage**
>
> Die Nordseite des alten Amtsgerichts überschnitt den ehemaligen Friedhof, wie ein Skelettfund nach seinem Abriß im Sommer 1964 beweist. Weiter stand das Gebäude auf den Aufschüttungen und dem Eichenpfahlrost der Grundmauer des einstigen Schlosses. Es erstreckte sich in drei Meter Abstand parallel zur Stadtmauer in Nord-Süd-Richtung auf einer Länge von 21 und einer Breite von 15 Metern und wurde später um weitere zehn Meter verlängert. Auch die Brandschicht und das Abbruchmaterial seiner Zerstörung im Spanischen Erbfolgekrieg waren sichtbar. Der verfüllte Wassergraben des Schlosses gefährdete auch das Fundament des Landratsamtsgebäudes. 1966 steht die Zukunft des ehemaligen „Kastens" Spitz auf Knopf.

nahm nun die inventarisierten Bestände des Heimatmuseums aus dem Steub-Haus auf. Die AWO siedelte darin innovativ den Altenclub an, indem sie einen Aufenthaltsraum mit Bibliothek und Spielen einrichtete, der sich jedoch nicht in der Tradition der ehemaligen „Wärmestuben" sah, sondern ausschließlich alte Menschen zur Erholung einladen wollte. Dazu öffnete er an zwei Nachmittagen pro Woche. In Sachen Bebauungsplanung gab das Stadtparlament grünes Licht für den Ecknacher Weg und die Fortsetzung der Oskar-von-Miller-Straße, an der die Baugenossenschaft weit ausholte: zu einem Block mit 27 Einheiten, der denn gleich mit Gas beheizt werden sollte. Die zuständige Tochtergesellschaft der Amperwerke konnte jedoch den Stichtag (1. Juli 1965) nicht einhalten, weshalb die Zentralheizung über Propan lief. Im Jahr darauf konnte die Baugenossenschaft Grund vom „Hofman"-Anwesen (Besitzer: Löwenbräu AG) erstehen. Sie wollte hier ihren Leistungsrekord mit einem Hochhaus für über 60 Partien und etlichen freistehenden Häusern brechen – die angespannte Kreditlage legte das Mammutvorhaben aber erst einmal auf Eis. Die bisher dort ansässigen Heimgärtner siedelten aber bereits auf das Griesbacherl-Gelände um. Die Stadt selbst konnte weiter wachsen: Am 2. April 1965 stellte der Kreistag der Stadt vom Kreisgutanteil acht Tagwerk Bauland, später weitere zwölf, zwischen Oskar-von-Miller-Straße und Strafanstalt zur Verfügung.

Am 25. Juni 1965 beschloß der Stadtrat, das Bürgerheim für 1,5 Millionen zu vergrößern, um einen Trakt mit 62 Betten parallel zum Badgäßchen. Auch hier schossen die Ideen über die finanziellen Möglichkeiten fürs erste hinaus, es blieb beim Plan. Dagegen floß ab 1965 das Wasser der vier Tiefbrunnen zentral im neuen Wasserwerk zusammen. „Früher kamen oft Aichacher zu mir, die mir in einem Fläschchen die ‚braune Brühe' auf den Schreibtisch stellten", erinnerte sich Stadtbaumeister Ulrich an die Zeit davor. Die Sanierung des Leitungswassers mitsamt Enteisenung und Sauerstoffanreicherung stellte sich sofort als geglückt heraus. Der abschließende Akt der Wasserver- und -entsorgung lag Juli 1965 auf dem Tisch: Die Pläne für die „mechanisch-biologische schwachbelastete mit Oxidationsbecken ausgestattete Kläranlage"

1966 – in memoriam

MAX MAYINGER (53), 14. Juni: Der gebürtige Münchner wurde 1936 zum Priester geweiht, war 1946 bis 1957 Pfarrer in Forst und kam dann nach Klingen mit Thalhausen und Obermauerbach. In Klingen sorgte er sich auch um bauliche Neuerungen.

JAKOB KEIPER (37), 28. September: Der gebürtige Jugoslawe kam 1946 nach Aichach und heiratete 1954 Gertraud Strobl. Die Leichtathletikabteilung des TSV verdankte ihm einen starken Aufschwung; er leitete auch die Jugendgruppe des evangelischen Kinderchores. Im Frühjahr war er in den Stadtrat gewählt worden.

VINZENZ RAMMELSBERGER (84), 29. Oktober: Das Ehrenmitglied der Kriegerkameraden war 53 Jahre bei der Landeskrankenkasse tätig.

gingen ins Genehmigungsverfahren. Bei der Ausschreibung lag die Firma Kunz vorne, mußte jedoch im April 1966 wegen Überlastung vom Vertrag zurücktreten. Das Ingenieurbüro Götz handelte dabei 60 000 Mark Abschlagsumme aus. Zum Zuge kam nun die Aichacher Arbeitsgemeinschaft Heißerer-Rehle-Amon für 1,215 Millionen Mark.

Auch ein sehr realistischer Vorentwurf für die Umgehungsstraße, die schon seit Jahren für Spekulationen gesorgt hatte, war 1965 in aller Munde. Bundesverkehrsminister Seebohm befand das Projekt als „vordringlich". Die Linienführung erlaubte drei Bauabschnitte: Erster Abschnitt war die Verlegung der B 300 am Gallenbacher Berg und Umgehung Aichachs binnen zweier Jahre. Unterwittelsbach und Kühbach sollten später an die Reihe kommen.

Die Umgehung verschwand zwar neuerlich auf Jahre in der Versenkung, doch an mächtigen Aufgaben herrschte auch so kein Mangel. Stadt und Kreis mauserten sich. Beide waren auf dem besten Wege, die Strukturschwäche der Region abzubauen und durch allseits um sich greifende Modernisierungsvorhaben, aber auch durch eine auf Aichach fixierte Steigerung der Zentralörtlichkeit in Zukunft wettbewerbsfähig zu bleiben. Fortschritt und Investitionsrausch zogen einen Schweif an Tendenzen hinter sich her, denen kaum Beachtung geschenkt wurde. Die Sorge um pflegliche Traditionen und die Voraussicht auf künftige Nebenwirkungen des Fortschritts blieb Sache einiger weniger. Aus den politischen Gremien kamen nur die Anstöße, das bisher Erreichte auch nach außen hin symbolisch zu dokumentieren: Am 27. April 1966 segnete der Kreistag das erste Landkreiswappen mit schlichter Raute und Eichenlaub ab. Im Juni feierte dann der Aichacher Golddukat (vier Gramm Gold, 20 mm Durchmesser, Preis: 39,50 Mark) Premiere. Die Vorderseite zeigte die städtischen Wahrzeichen, Aichachs alte Türme. Ob Wappen oder Münze, beide griffen eine historische Form mit historischen Stilisierungen auf – modern daran war alleine ihre materielle Neuartigkeit.

Das Geistbeck-Anwesen an der Ecke Stadtplatz/Bauerntanzgasse wurde 1961 abgebrochen. Es folgte der Neubau der Vereinsbankfiliale.

DER WEG DURCHS WIRTSCHAFTSWUNDER

Der östliche Stadtbereich um 1955. Die Grundschule stand noch nicht. Unten die Gärtnerei Friedl.

Der Bereich zwischen Paar und Innenstadt etwa 1958.

Aichacher Zeitgeschichte 1945–1997
Teil II 1967–1997

HARALD JUNG

DIE WICHTIGSTEN SCHRITTE IN DIE SIEBZIGER JAHRE

Sonntagsruhe auf dem Stadtplatz. Die Motorisierung kommt erst langsam in Gang.

Hinterhof-Atmosphäre beim alten Einsle-Anwesen an der Friedenseiche.

Die wichtigsten Schritte in die siebziger Jahre

Kulturelle und gesellschaftliche Entwicklung

Faschingsbälle als Großereignis

Am 18. Januar 1967 erschien eine Bonner Statistik über die zu erwartende Bevölkerungsentwicklung. Darin wurden für die Stadt Aichach bis zum Jahr 2000 rund 7600 Einwohner prognostiziert. Anfang 1966 zählte man erst knapp 6100 Menschen, drei Jahre später rund 100 mehr. Daß die Pläne für eine Gebietsreform bereits in den Schubladen der bayerischen Landesregierung schlummerten, wußten die Bevölkerungsforscher noch nicht. Durch die Eingemeindungen wuchs Aichach bedeutend schneller.
Die kleinen Freuden machten in dieser Zeit das Leben in der Kleinstadt noch so schön. Da war zum Beispiel der Fasching 1967. Viele hundert Narren machten sich auf nach Griesbeckerzell. Dort war für den Faschingssonntag wieder ein Umzug angesagt, den Bürgermeister Karl Gaßner mitorganisiert hatte. Allerdings war die Gaudi kaum mit jener der Gegenwart zu vergleichen. Gerade mal sechs Festwagen schlängelten sich durch die zum Großteil ungeteerten Straßen. Das Faschingswochenende bot alljährlich noch viele weitere Höhepunkte. Das gesellschaftliche Großereignis war der Ball des Roten Kreuzes. In der TSV-Turnhalle ging auch der traditionelle „Blau-Weiß-Ball" des BC Aichach über die Bühne, der stets restlos ausverkauft war. Am Vorabend füllte der Verein der ehemaligen Landwirtschaftsschüler die Turnhalle, und am Rosenmontag sprengten die Besucher bei der „Redoute" alle Kapazitäten. Im Triltsch-Saal feierten in diesen Tagen die Egerländer – von vielen traditionellen Faschingsveranstaltungen ist heute nur noch die Erinnerung geblieben.
Außerhalb der Faschingszeit vergnügten sich die Aichacher beim Tanz. In der Turnhalle spielten im August 1968 „The Golden Stars" und „The Teddys", zwei bekannte Amateurbands aus Ingolstadt, zum „Tanz ohne Pause". Das war der Renner damals. Der Untergriesbacher Gastwirt Kaspar Wagner ent-

deckte die Marktlücke und stieß hinein. Als er im August 1968 sein neues Tanzcafé eröffnete, herrschte Hochbetrieb. Eine Discothek gab es erst Jahre später: Ab März 1972 dröhnten im „Burghof" in Oberwittelsbach die Klänge moderner Musikrichtungen aus dem Lautsprecher.

Fritz Gleitsmann übergibt den Dirigentenstab

Wesentlich sanftere Akkorde erklangen bei der Chorgemeinschaft, die im Februar 1967 ihren Leiter Fritz Gleitsmann verabschiedete, der den Taktstock mit 73 Jahren aus der Hand gab. Er war 1937 in die Paarstadt gekommen und hatte die Chorgemeinschaft kontinuierlich aufgebaut. Bei einer Feier im „Café Kögl" nahm das „kulturelle" Aichach Abschied von ihm. Allen voran Vorsitzender Anton Braun, der sich viele Verdienste beim Aufbau des Liederchors erworben hatte. Im Juni 1972 trat auch er zurück, die Chorgemeinschaft wählte Josef Biebl zum Nachfolger.

Fritz Gleitsmanns gleichnamiger Sohn war tatkräftiger Vorsitzender beim Luftsportverein, wo er Ende 1967 ins zweite Glied zurücktrat. Elf Jahre hatte er den Verein geleitet. Nachfolger wurde Konrad Wünsch. Zwei Jahre später beantragte Wünsch beim Stadtrat den Bau einer Landebahn für die neuen Motormaschinen des Luftsportvereins. Im Juni 1969 stellte Bürgermeister Wernseher eine Fläche zwischen der neuen Kläranlage und dem Schuttplatz in den Paarauen in Aussicht. Im September 1970 feierte der Verein die Fertigstellung der Anlage, zu der auch eine geräumige Flugzeughalle gehörte. Die Namen Hans Molz, Fritz Schmid oder Klaus Peters sind eng mit der Geschichte des Aichacher Luftsportvereins verbunden. Ihre fliegerischen Erfolge mit Segler und Motorsegler wurden Ende der sechziger Jahre allseits bewundert. Nicht unerwähnt bleiben darf der Name einer Frau: Heidi Rappel absolvierte am 11. Juli 1971 als erste Aichacher Pilotin einen Alleinflug.

Der Baronner-Heini und seine Musik waren längst ein fester Bestandteil bodenständiger Kultur. Immer wieder war die Kapelle Baronner, aus der sich inzwischen die Aichacher Bauernmusi entwickelt hatte, im Rundfunk zu hören. Stolz meldete die Aichacher Zeitung am Freitag, 3. März 1967, daß Baronner

---

Ministerpräsident Goppel kommt

Der 13. Mai 1968 wird zu einem besonderen Ehrentag für Stadt und Landkreis: Bayerns Ministerpräsident Dr. h. c. Alfons Goppel kommt. Nach dem Besuch der Gemeinden Adelzhausen, Sielenbach und Klingen stehen Visiten im Milchwerk und im neuen Krankenhaus im Programm. Dazwischen folgt der obligatorische Eintrag in das Goldene Buch der Stadt. Nachmittags steuert Goppel die Firma Rupp & Taureck in Pöttmes an, abends lädt Landrat Bestler zu einer Festsitzung des Kreistages in die Aula der neuen Realschule ein.

und seine Musikanten am darauffolgenden Sonntag im Radio zu hören sein werden. „Auf geht's" hieß der Titel der Sendung, die einige Wochen vorher bei einem Musikantenwettstreit in Rosenheim aufgezeichnet worden war.

Neben dem Volksfest bildeten die Feiern der Vereine sommerliche Höhepunkte. Am 7. Juli 1968 stand ein solcher mit dem 40jährigen Gründungsfest des Trachtenvereins an. Über 1200 Trachtler aus dem ganzen Gau nahmen daran teil. Vorsitzender war immer noch Ferdinand „Ferdl" Neumair, den seine Vereinskameraden wegen seiner vielfältigen Verdienste mit der Ehrenmitgliedschaft auszeichneten.

Gefeiert wurde auch bei der Sudetendeutschen Landsmannschaft. Die Heimatvertriebenen pflegten nach der Integration weiter ihre Traditionen. Am Samstag, 21. Oktober 1967, beging sie ihr 20jähriges Bestehen. Kreisvorsitzender Ernst Herold und Dr. Alois Ahne erinnerten an die jüngere Geschichte der Landsmannschaft in Stadt und Kreis. Als besonderen Ehrengast konnte sie den Präsidenten des Sudetendeutschen Rats, Dr. Johannes Strosche, in der Turnhalle begrüßen.

Der karge Geldbeutel zwang Ende der sechziger Jahre beim Freizeitverhalten zu Genügsamkeit und zurückhaltendem Anspruchsdenken. Willkommene Abwechslung an den Wochenenden suchten viele Bürger nicht nur auf den Sportplätzen, sondern auch bei den Wandertagen, die groß in Mode waren. Beim traditionellen Treffen der Herbstmarschierer rund um Blumenthal im Oktober 1967 zählte man beispielsweise mehr als 3200 Teilnehmer, bei einer Wanderung rund um Klingen im Frühjahr 1968 über 5000.

> **Heini Baronner tödlich verunglückt**
>
> Am 28. April 1972 wird Heini Baronner Opfer eines Verkehrsunfalles in der Bahnhofstraße. Der Gründer der Aichacher Bauernmusi, der die Volksmusik weit über den Kreis hinaus jahrzehntelang geprägt und mitbestimmt hat, stirbt im Alter von 61 Jahren. Seine Ader für die Musik hatte dem späteren Angestellten beim Aichacher Finanzamt der Vater in die Wiege gelegt. Seit 1966 spielte er mit seiner Bauernmusi 45 Titel im Bayerischen Rundfunk. Fünf Tage vor seinem Tod begeisterten Baronner und sein Ensemble noch bei einem Großauftritt vor 2500 Menschen im Münchener „Löwenbräukeller". Heini Baronner kam am 20. Juni 1909 in Willprechtszell zur Welt.

Die Jugend meldet sich zu Wort

Stärker denn je wollte die Jugend in dieser Zeit ausbrechen aus den Traditionen. Im Frühsommer 1969 war das in Aichach nicht anders. Bürgermeister Wernseher mußte sich mit massiver Kritik aus den Reihen der Jungbürger auseinandersetzen. Auslöser war vermutlich ein Zwist mit den Pfadfindern, die 1955 von Heinrich und Georg Hutzler unter der Mithilfe von Gefängnispfarrer Anton Gundlach aus der Taufe gehoben worden waren. Die Pfadfinder hatten mehrmals vergeblich dringende Reparaturarbeiten im Oberen Stadttor angemahnt, wo die Aichacher Stammesgemeinschaft ihre Bleibe hatte. Die jungen Menschen fühlten sich von den Stadtvätern zu wenig beachtet und kaum ernst genommen. Deshalb luden sie im November 1969 zu einer Podiumsdiskussion mit Bürgermeister und Landrat in die neue Realschule ein. Das Motto: „Aichach – ein Platz für die Jugend?" Der Vorsitzende des Kreisjugendringes, Günther Zach, monierte die fehlende Jugendarbeit in Stadt und Landkreis. Diözesanjugendleiter Dieter Heilgemeir forderte einen kommunalen Jugendplan und sprach sich für den Bau eines Jugendzentrums aus, das eventuell in dem zur selben Zeit geplanten Pfarrzentrum integriert werden könne. Diese Forderung der Jungbürger stieß den Älteren nicht selten sauer auf. Bei der Generalversammlung des Trachtenvereins wurde Tage später denn auch herbe Kritik geübt: Die Jugend gehe lieber in einen „Beatschuppen oder in ein Tanzlokal", statt sich in den Vereinen zu engagieren, wurde geschimpft.

> **Fritz Schuster als Lebensretter**
>
> Am Montag, 15. Januar 1967, rettet der 43jährige Kraftfahrer Fritz Schuster drei Kinder aus dem eisigen Wasser des Augsburger Stadtgrabens. Schuster wird dafür am 8. Mai vom stellvertretenden Ministerpräsidenten Dr. Alois Hundhammer bei einem Festakt in München ausgezeichnet.

Das Heimatmuseum zieht in das alte Stadtkrankenhaus

Fester Bestandteil im kulturellen Leben war der Heimatverein, der bei der Generalversammlung am 26. November 1967 Professor Toni Grad als Vorsitzenden bestätigte. Grad hatte in jenen Tagen die Weichen zum Umzug des Heimatmuseums in das alte Stadtkrankenhaus gestellt, dessen Auflösung mit der Inbetriebnahme des Kreiskrankenhauses im folgenden Jahr kurz bevorstand. Ende März 1968 genehmigte der Stadtrat den Einzug des Museums im westlichen Trakt des Gebäudes und gab 10 000 Mark für dringende Umbaumaßnahmen. Ab August 1968 richtete sich das Museum im neuen Domizil ein. Im Mai 1968 erhielt es eine wertvolle Schenkung von der Universität Basel: Liederhandschriften aus der Feder des Komponisten Mathias Greiter, der um 1490 in Aichach das Licht der Welt erblickt hatte. Nach dem Umzug in das alte Stadtkrankenhaus wurde die Sammlung immer reichhaltiger. Viele Bürger der Stadt und aus dem Umland überließen Toni Grad Exponate teils als Schenkung, teils als Leihgaben.
Der Leiter des Museums geriet dadurch allerdings bereits 1971 in öffentliche Kritik: Bürgermeister Wernseher rügte im Stadtrat die Gepflogenheiten Grads, was die Behandlung und ordnungsgemäße Buchung von Spendengel-

dern und die Inventarisierung von Ausstellungsstücken anbelangte. Gleichwohl stand Toni Grad am Dienstag, 17. August 1971, glanzvoll im Licht der Öffentlichkeit: In Würdigung seiner Verdienste um die Musik erhielt er das Bundesverdienstkreuz.

Der Motorsport stand Anfang der siebziger Jahre hoch im Kurs. Die stolzen Wagenbesitzer nutzten jede Gelegenheit, um ihre Fahrkünste unter Beweis zu stellen. Bei der Orientierungsfahrt des Motorclubs im Herbst 1970 gingen über 200 Fahrzeuge an den Start. Das Auto mauserte sich zum „liebsten Kind", das gehätschelt und gepflegt wurde: Wenn der ADAC mit einem Einsatzwagen auf den Volksfestplatz kam, um Bremsen, Beleuchtung oder Stoßdämpfer zu prüfen, war die Autoschlange vor dem Servicestand lang.

Die Motorisierung hatte einen ersten Höhepunkt erreicht: Im Sommer 1970 gab es 15 087 Fahrzeuge im Landkreis und damit statistisch 356 je 1000 Einwohner. Der Kreis Aichach lag somit über dem Bundesdurchschnitt von damals 285 Kraftfahrzeugen pro 1000 Einwohner. Doch das Auto wurde auch vielen Menschen zum Verhängnis. Schon damals gab es neuralgische Punkte im Verkehrsnetz. Einer davon war der Bahnübergang bei Sulzbach: Ein tödlicher Autounfall ereignete sich dort am Samstag, 31. Oktober 1970. Der 15jährige Rudolf Rauscher und der 18 Jahre alte Günther Merz aus Aichach kamen in ihrem VW Käfer ums Leben. Es war der vierte tödliche Unfall seit 1968 an dieser Stelle. Das fünfte Todesopfer wurde am Montag, 11. Oktober 1971, gemeldet: Ein 27jähriger aus Haunswies raste in den Zug. Er hatte offenbar das Blinklicht wegen der tiefstehenden Sonne übersehen. Die Rufe nach einer Schranke an diesem Übergang wurden immer lauter. Doch es zogen viele Jahre ins Land, bis diese Absicherung erfolgte – die Liste der Opfer wurde noch länger.

> **Zwei Bergsteiger verunglücken tödlich**
>
> Der 54jährige Aichacher Bergsteiger Erhard Schaal und sein erst 18 Jahre alter Bergfreund Wieland Schimunek stürzen am 2. September 1967 im Dachsteingebiet ab und werden tödlich verletzt. Die beiden Mitglieder der Sektion Aichach des Alpenvereins werden unter großer Anteilnahme der Bevölkerung beerdigt.

> **30 Grad Hitze am 13. April 1969**
>
> Das Wetter vollführt seit jeher die kühnsten Kapriolen. Der 25. April 1968 wird mit 27,5 Grad in Aichach als „wärmster seit Menschengedenken" bezeichnet, doch schon im Jahr darauf gibt es einen neuen Rekord: Am 13. April 1969 lastet nach einem Bericht der Aichacher Zeitung „eine bleierne Hitze über der Stadt": Das Thermometer zeigt 30 Grad an. Weil das Freibad noch nicht geöffnet hat, suchen die Menschen in der Paar nach Abkühlung.

DIE WICHTIGSTEN SCHRITTE IN DIE SIEBZIGER JAHRE

Die Presselandschaft verändert sich

Konkurrenz für die Heimatzeitung

Schöne und traurige Ereignisse kundzutun, war seit über einem Jahrhundert ureigenste Aufgabe der Aichacher Zeitung, die als einziges Presseorgan und trotz aller Wirren und Nöte der Zeiten ihrer Aufgabe nachgekommen war, das Aichacher Land darüber zu informieren, was sich „draußen" in der Welt und auf lokaler Ebene abspielt. Als sich Ende der sechziger Jahre abzeichnete, daß die Gebietsreform den Aichacher Landkreis nach Schwaben verschlagen würde, reagierten die Herausgeber der Schwäbischen Landeszeitung (später: Augsburger Allgemeine). Sie hatte sich als eine der größten Tageszeitungen Süddeutschlands die Verbreitung in ganz Schwaben zum Ziel gesetzt. Vorausschauend auf die politische Entwicklung war deshalb bereits ab 1959 eine Landausgabe ins Leben gerufen worden, die auch aus Stadt und Kreis Aichach berichtete. Zunächst beschränkte sich Erwin Misera als verantwortlicher Redakteur auf wenige Spalten pro Ausgabe. Anfang 1970 war allerdings eine Lokalseite im Regionalteil bereits das Minimum. Der redaktionelle Umfang wurde stetig ausgebaut. Die Landausgabe hatte sich rasch vor allem bei Politikern, Behördenleitern und vielen Funktionsträgern der Vereine einen guten Namen verschafft.

Seit 1. Juli 1972 erscheint die Aichacher Nachrichten.

Als die Politik die Weichen endgültig gestellt hatte und das Aichacher Land „schwäbisch" wurde, entbrannte der Konkurrenzkampf zwischen der alteingesessenen Aichacher Zeitung und dem Mitbewerber aus der Fuggerstadt vollends. Mit dem Vollzug der Gebietsreform zum 1. Juli 1972 wurde die Aichacher Nachrichten als Kopfblatt der Augsburger Allgemeinen herausgegeben. Das Redaktionsbüro im Haus von Schreibwaren Zenz wurde mit dem Umzug an die Werlbergerstraße größer.

Herbert Brunner berichtet aus der Welt

Er wird in den sechziger Jahren als der „Weltenbummler" bekannt: Herbert Brunner geht mit seinem BMW-Motorrad auf große Reisen. Seine Erlebnisse schreibt er nieder und schickt die Berichte an die Aichacher Zeitung. Am 28. April 1968 startet er in den Orient. Am 9. Juni erreicht die Heimatzeitung Brunners erste Geschichte, die er in Teheran abgeschickt hat.

Mit der Gebietsreform war der „Pressekrieg" im Aichacher Land sogar doppelt entflammt. Die Zeitung aus dem Verlag Mayer & Söhne mußte sich zeitgleich noch auf einen weiteren neuen Gegner einstellen: Als deutlich wurde, daß der Raum Altomünster/Hilgertshausen im neuen Kreis Dachau aufgehen wird, konzentrierte der Münchner Merkur sein Kopfblatt mit dem Titel Dachauer Nachrichten auf dieses Gebiet und rang der seit 107 Jahren erscheinenden Heimatzeitung aus Aichach viele Abonnenten ab.

Bevor der „Pressekrieg" anlief, hatte die Aichacher Zeitung bereits ihre wichtigste Säule verloren: Am 24. November 1970 schloß Hanns Erich Muck im Alter von 58 Jahren für immer die Augen. Muck hatte die Geschichte der Zeitung mehr als 40 Jahre – davon 21 als verantwortlicher Redakteur – entscheidend bestimmt. Darüber hinaus widmete sich der Familienvater dem TSV Aichach, dessen Vorsitz er erst wenige Monate vor seinem Tod abgegeben hatte, und war seit 1952 Gemeinderat und seit 1960 zweiter Bürgermeister von Oberbernbach. Sein Tod riß zunächst eine gewaltige Lücke, die der Verlag erst wieder schließen konnte, als es Peter E. Mossack ab 1973 gelang, ein erfolgreicheres Kapitel der Zeitungsgeschichte zu eröffnen. Unter seiner Führung erholte sich die AZ vom Auflagenschwund und blieb die am weitesten verbreitete Tageszeitung im Kreis.

Das Zentrum wird städtischer

Neue Geschäfte verschönern den Stadtplatz

Langsam wandelte die Innenstadt Ende der sechziger Jahre ihr Gesicht. Das alte Haus vom Bäcker Schmid am Stadtplatz neben der Sparkasse war verschwunden und wurde 1970/71 durch einen Neubau ersetzt, in den zunächst das Kaufhaus Schmid zog. Im selben Jahr eröffnete auch das neue Kaufhaus der Firma Meisinger in der Werlbergerstraße. 1971 rückte der Bagger einem weiteren historischen Gebäude zu Leibe, das das Bild des oberen Stadtplatzes prägte: Der „Gasthof zum Knoller" (heute „Specht") wurde abgebrochen. Das traditionsreiche Gasthaus drehte am 2. Januar 1972 in einem zeitgemäßen Neubau erneut den Zapfhahn auf. Renoviert und saniert war inzwischen auch der „Zieglerwirt", der im März 1971 Wiedereröffnung feierte. Noch „städtischer" wurde es, als im September 1971 das umgebaute und modernisierte „Café Koch" erstmals wieder Gäste bewirtete.
Ziel Nummer eins der Ausflügler beim Sonntagsspaziergang war zu Beginn der siebziger Jahre übrigens längst das Grubet mit dem Vereinsheim der Naturfreunde. Deren Vorsitzender Konrad Mitterhuber und die Mitglieder hatten die alte „Hütte" um einen stattlichen Anbau erweitert. Im September 1971 wurde die Anlage in Betrieb genommen und eingeweiht.
Veränderungen erfuhr auch ein weiteres, sehr geschichtsträchtiges Gebäude: Im kleinen Stadtschreiber-Haus am Krautmarkt erblickte der Dichter und Schriftsteller Dr. Ludwig Steub als einer der bekanntesten Söhne Aichachs am 20. Februar 1812 das Licht der Welt. Das Haus und ein Nachbargebäude wurden kurz nach der Jahrhundertwende abgerissen und durch einen zweistöcki-

DIE WICHTIGSTEN SCHRITTE IN DIE SIEBZIGER JAHRE

gen Neubau ersetzt. Obwohl dieses Gebäude (1908 bezogen) mit dem berühmten Dichter praktisch keine Verbindung mehr hatte, blieb es das Steub-Haus. Zum 100. Geburtstag Steubs 1912 verschwand auch die Bezeichnung für die Straße, an der es steht: Der Krautmarkt wurde in Steubstraße umbenannt.

Die Stadtpost – eine Filiale der Bundespost an der Bahnhofstraße – und der Vorläufer des Heimatmuseums waren bis Mitte der sechziger Jahre in diesem Haus untergebracht. Dann kaufte es die Baugenossenschaft, die umfangreiche Sanierungsmaßnahmen vornahm und das Gebäude zu einem Wohn- und Geschäftshaus umfunktionierte. In den Sommermonaten 1967 wurde der Abschluß der Renovierung gefeiert. Die verspielten Verzierungen der Frontseite waren abgeschlagen worden, der wuchtige Erker all seiner Charakteristika beraubt. Ende der 60er Jahre galt die traditionelle Baukunst nicht mehr viel. Glatte Fassaden ohne Holzläden an den Sprossenfenstern entsprachen schon eher dem allgemeinen Streben nach moderneren Zügen.

Das alte Steub-Haus vor der Sanierung.

Der Auer-Turm bleibt erhalten

Ein glücklicheres Schicksal als manch anderes altehrwürdiges Gebäude der Stadt erlebte der Auer-Turm an der Prieferstraße. Von 1959 bis 1968 wurde immer wieder heiß über Abbruch oder Erhaltung des alten Wehrturmes diskutiert, der zum Besitz der Familie Strauch gehört. Schreinermeister Herbert Strauch war das wuchtige Zeugnis der einstigen Stadtverteidigungsanlage allerdings ans Herz gewachsen. Nach zahllosen Gesprächen mit dem Landesamt für Denkmalpflege in München und weiteren zuständigen Behörden über mögliche Zuschüsse für eine Renovierung fiel im August 1968 eine positive Entscheidung. Der über 600 Jahre alte Turm konnte der Nachwelt schließlich erhalten werden. Die umfangreiche Sanierungsmaßnahme selbst lief allerdings erst Jahre später an.

Die sozialen Seiten der Stadt

Die ersten Pläne zum Bau des AWO-Heimes

Nach dem Wechsel ins Jahr 1967 kündigten Bürgermeister Wernseher und der Kreisvorsitzende der Arbeiterwohlfahrt (AWO), Stadtrat Franz Kukol, eine wesentliche Investition im Bereich der Altenfürsorge an: Bei der Jahreshauptversammlung im Gasthof Triltsch erläuterten sie Pläne zum Bau eines Seniorenheimes mit 100 bis 120 Plätzen. Damit war der planerische Grundstein für eine segensreiche neue Einrichtung gelegt. Ziemlich genau ein Jahr später gab der Vorsitzende des AWO-Bezirksverbandes Oberbayern, Walter Treitinger, eine überraschende Erklärung zu dem Projekt ab: Die AWO habe bereits 2,4 Millionen Mark für den Neubau bereitgestellt. Der Landkreis wurde aufgefordert, im neuen Baugebiet Kreisgutwiese ein Grundstück zur Verfügung zu stellen und einen Zuschuß von 400 000 Mark zu leisten. Die Stadt solle sich mit 200 000 Mark beteiligen, forderte Treitinger, der die Notwendigkeit eines weiteren Altenheimes neben dem Spital herausstellte: In Aichach lebten 1968 exakt 972 Menschen, die über 65 Jahre alt waren und ein Monatseinkommen von weniger als 300 Mark (!) zur Verfügung hatten.

Am 1. März 1968 signalisierte der Stadtrat die Bereitschaft zur finanziellen Unterstützung. Tage zuvor war auch die Weichenstellung im Kreisausschuß erfolgt. Allerdings blieb zunächst zweifelhaft, ob der Landkreis eine geeignete Fläche für den Neubau anbieten würde. Einige Monate tat sich nichts mehr. Dann ergriff Wernseher die Initiative und kaufte im Februar 1969 das Haselberger-Gelände. Davon bot er eine Fläche für das Altenheim an. „Die Verpflichtung auf dem sozialen Gebiet kommt zu kurz, und man könnte durch das eigene Gewissen wachgerüttelt werden", begründete Wernseher diesen Schritt bei einer AWO-Versammlung. Der Landkreis stand nun unter Druck. Die Wirkung blieb nicht aus: Am 24. Februar 1970 entschied sich der Kreistag, für den Bau des Altenheimes 250 000 Mark Barzuschuß und ein zwei Tagwerk großes Grundstück an der Oskar-von-Miller-Straße zur Verfügung zu stellen. Erst im Oktober fiel die endgültige Entscheidung: Die AWO ging das Projekt mit geschätzten Gesamtkosten von rund fünf Millionen Mark an. Wohl auch wegen der Gebietsreform und der damit verbundenen Neustrukturierung der Arbeiterwohlfahrt vergingen noch Jahre bis zum Spatenstich, der erst 1973 vollzogen wurde.

Nachholbedarf bestand nicht nur im Seniorenbereich. Weiterhin blieb auch Wohnraum zu günstigen Mieten gefragt. Dem trug die Baugenossenschaft mit einem ehrgeizigen Projekt Rechnung, das zunächst allerdings hauptsächlich aus städtebaulichen Gründen in der Öffentlichkeit diskutiert wurde. Schon

DIE WICHTIGSTEN SCHRITTE IN DIE SIEBZIGER JAHRE

1966 liebäugelte die Genossenschaft mit dem Bau eines Hochhauses mit 63 Wohneinheiten im Bereich der ehemaligen Heimgärten (heute Sankt-Helena-Weg). Zur Verwirklichung eines so großen Gebäudes, das alle Bauwerke der Nachbarschaft weit überragt hätte, kam es aber nicht: Das Gesamtbild der oberen Vorstadt war zu sehr gefährdet. Nach vielen Gesprächen mit den Behörden plante man doch um. Vorstandsvorsitzender Ludwig Sandmeier und Kreisbauamtmann Alex Rehle stellten der Öffentlichkeit im Sommer 1967 das Konzept für den Bau von drei Blöcken mit je 20 Wohneinheiten vor. Noch im Herbst war Spatenstich für den ersten Bauabschnitt. Wie sehr ein solches Sozialprojekt gefragt war, zeigt eine Zahl aus der Wohnungszählung des Jahres 1968: In 1098 Wohngebäuden der Stadt lebten mehr als 6200 Einwohner.

Stille Helfer in der Not

Eine wichtige soziale Einrichtung vor allem in der Nachkriegszeit beging am 8. Juli 1967 in aller Bescheidenheit ihr 90jähriges Gründungsfest: Der Krankenunterstützungsverein (KUV) entstand aus einer losen Vereinigung von Handwerksmeistern und Gesellen, die sich nach dem Krieg 1870/71 zusammengetan hatten, um den Armen und Schwachen zu helfen. Am 29. Juli 1877 wurde ein Verein gegründet. Kurz vor dem Ersten Weltkrieg zählte er bereits über 300 Mitglieder und hatte eine Rücklage von mehr als 15 000 Goldmark. Vorsitzender Anton Happach erinnerte bei der Jubiläumsfeier im Nebenzimmer des „Bauerntanz" an die Verdienste der Gründungsväter.
Deren Arbeit zum Wohl vieler Kriegsbeschädigter wurde auch bei der Feier zum 20jährigen Bestehen des VdK herausgestellt. Ortsvorsitzender Hans Pösselt konnte dazu am 4. November 1967 fast alle Mitglieder in der Turnhalle begrüßen.

Das Stadtkrankenhaus am Griesbacherl.

NEUBAU FÜR DIE AMBULANTEN SCHWESTERN

Nicht minder wichtig für Aichach waren die Ambulanten Schwestern des Dritten Ordens, die seit 1923 still und doch so wirkungsvoll in der Stadt lebten. Benefiziat Franz Xaver Schineis hatte ihnen in den vierziger Jahren sein Haus an der Prieferstraße vermacht. Als das Heim der Schwestern 1968 derart große Schäden aufwies, daß ein Neubau unumgänglich wurde, rief die Stadt zu einer Spendenaktion auf. Im September konnte bereits Hebauf an dem 165 000 Mark teuren Bau gefeiert werden. Im Jahr darauf zogen die Schwestern in ihr schmuckes neues Heim an der alten Stadtmauer. 1997 endete die Geschichte der Ambulanten Schwestern in der Stadt. Die beiden letzten Helferinnen des Ordens, die Schwestern Witta (Maria Wurm) und Lioba Haslach, verließen Aichach und kehrten in ihr Münchener Stammhaus zurück.

Im Mai 1968 feierte das Rote Kreuz eine weitere Verbesserung: Die Rettungswache bekam einen neuen Sanitätswagen. Der „Sanka Nummer fünf" hatte 32 000 Mark gekostet. Vorsitzender des BRK-Kreisverbandes war zu der Zeit der Aichacher Arzt Dr. Ernst Bringmann, der wesentlich am Neuaufbau des Roten Kreuzes nach dem Zweiten Weltkrieg beteiligt war. Im Juli 1968 wurde Bringmann von Oberbayerns Regierungspräsident Dr. Deinlein mit dem Steckkreuz geehrt, der höchsten Auszeichnung des Innenministeriums für Verdienste beim Roten Kreuz. Bringmann war seit 1945 aktives BRK-Mitglied, seit 1948 Chefarzt und seit 1965 Vorsitzender des Kreisverbandes. Am 20. Juni 1969 löste ihn Landrat Josef Bestler ab.

Die Ambulanten Schwestern wirkten über sieben Jahrzehnte segensreich in der Stadt.

Ein treuer Begleiter der Sanitäter war auch Dr. Gerhard Stocker, der ab 1961 als Rotkreuzarzt wirkte. Im März 1971 wurde ihm und Kolonnenführer Franz Snehotta in einer Feierstunde bei der Regierung von Oberbayern das DRK-Ehrenzeichen und damit die höchste Auszeichnung des Roten Kreuzes verliehen. Franz Snehotta war seit 1953 aktiver Rotkreuzmann und längst Kolonnenführer.

Das Bild des „sozialen Aichach" an der Schwelle in das neue Jahrzehnt vervollständigt das Aichacher Werkvolk. Entstanden aus dem Katholischen Arbeiterverein, feierte es im Oktober 1967 sein 50jähriges Jubiläum. Vorsitzender zu diesem Zeitpunkt war Albert Krammer.

DIE WICHTIGSTEN SCHRITTE IN DIE SIEBZIGER JAHRE

Neuerungen bei den Kirchen

Walter Hermannstädter erster Lektor

Die evangelische Kirchengemeinde bekam am 29. Januar 1967 erstmals einen Lektor: Walter Hermannstädter, Direktor der Landwirtschaftlichen Berufsschule, wurde als erstes Mitglied der Kirchengemeinde in dieses Amt eingeführt. Vier Jahre nach einer entsprechenden Ordnung der Evangelisch-lutherischen Landeskirche in Bayern wurde damit in Aichach erstmals ein Laie benannt, der den damaligen Pfarrer Fritz Hübner bei den Gottesdiensten unterstützen oder gar vertreten durfte.
Am 20. Oktober 1968 feierte der evangelische Kirchenchor sein 20jähriges Bestehen. Elisabeth Hübner leitete den Chor. Mehr als 20 Jahre war Otto Blotny Kirchenpfleger des evangelischen Pfarramtes. Im Februar 1975 trat er sein Amt an Robert Seideneder ab.
Zwei Massenveranstaltungen gingen 1968 in die Annalen der katholischen Kirchengemeinde ein: Am 17. Mai strömten über 5000 Menschen in die Stadt, um den schlesischen Jesuitenpater Johannes Leppich auf dem Schloßplatz zu hören. Der Reformprediger, der die USA und ganz Europa bereist hatte, um die Einheit der Kirchen – nicht aber die Einheitskirche – zu predigen, rief den Gläubigen zu: „Brecht aus aus Eurer katholisch-evangelischen Inzucht!" 8000 Gläubige pilgerten dann am 30. Juni nach Unterschneitbach, wo Neupriester Johann Menzinger seine Primiz beging. Begleitet wurde er nicht nur von Generalvikar Martin Achter aus Walchshofen, sondern auch von seinem Bruder Wilhelm, der im Juli 1965 in seiner Heimatgemeinde sein erstes Meßopfer gefeiert hatte.
Zum 1. September 1969 verließ Stadtprediger Anton Vogler Aichach. Er trat eine Stelle als Pfarrer in Lenzfried im Allgäu an. 1962 war der Geistliche in die Pfarrei gekommen, wo er sich besonders der aktiven Seelsorge in der Landjugend gewidmet hatte. Als Nachfolger Voglers wurde dem Pfarrgemeinderat Kaplan Seeberger vorgestellt. Seeberger nahm im September 1973 wieder Abschied von Aichach und ging als Kaplan nach Neuburg.
Zwei wesentliche Neuerungen gab es im Sommer 1969: Zunächst wurde im August nach vorheriger Entscheidung der Diözese Augsburg im Bistum erstmals die Handkommunion erlaubt und auch in der Stadtpfarrkirche eingeführt. Am 17. September 1969 brach Stadtpfarrer Johann Baptist Reiter

Ecknachs Pfarrer Steinacker stirbt

Am 24. November 1969 stirbt Pfarrer Leonhard Steinacker im Alter von 83 Jahren. Von 1938 bis zum 31. August 1969 war er Seelsorger in Ecknach. Die Gemeinde würdigte seine Verdienste noch zu Lebzeiten mit dem Ehrenbürgerrecht.

schließlich mit der Tradition, Beerdigungen von Katholiken nur an einem Vormittag durchzuführen. Der im Alter von 71 Jahren verstorbene ehemalige Bahnangestellte Josef Lessig war der erste Katholik, für den in Aichach an einem Nachmittag eine Trauerfeier abgehalten wurde.

Pläne für ein Pfarrzentrum

Der Pfarrgemeinderat bestätigte im August 1969 Hermann Plöckl als Vorsitzenden. Kurz darauf wurde der Ruf nach einem Pfarrzentrum laut, in dem die zahlreichen kirchlichen Organisationen Aichachs eine Bleibe finden sollten. Das alte Pfarrheim an der Werlbergerstraße war in einem desolaten Zustand und diente als Treffpunkt der KJG. Weil die räumlichen Anforderungen an ein Pfarrzentrum in diesem alten Haus nicht zu erfüllen gewesen wären, wurde gleich ein Neubau ins Visier genommen. In der Sitzung des Stadtrates am 5. September 1969 erklärte Bürgermeister Wernseher, daß man auf der Suche nach einem geeigneten Grundstück sei. Zunächst wurde eine Fläche an der Bahnhofstraße in der Nähe des Freibades ins Auge gefaßt, doch diese Pläne zerschlugen sich wieder. Etwas überraschend gab Hermann Plöckl dann im März 1971 bekannt, daß die Kirche ein Gelände an der Schulstraße neben dem Griesbacherl gekauft habe. Es dauerte allerdings noch einige Jahre, bis der Neubau verwirklicht werden konnte, denn die Diözese hatte aus finanziellen Gründen einen Baustopp für solche Projekte ausgesprochen.
Den Wunsch nach einem Pfarr- oder Jugendzentrum hatte Anfang 1970 auch die KJG formuliert. Diözesanjugendführer Dieter Heilgemeir hatte die auf zehn junge Männer geschrumpfte Gruppe zu einer Klausurtagung geladen. Bei der wurden allerdings auch die von Anliegern und Bürgern oft kritisierten Verhältnisse im bestehenden KJG-Heim offen angesprochen. Die jungen Leute versprachen, sich für eine „größere Ordnung" einzusetzen.

Bischofsbesuch 1970

Hohen Besuch bekam die Pfarrei am Montag, 9. März 1970: Der Augsburger Bischof Dr. Josef Stimpfle informierte sich über kirchliche und soziale Einrichtungen der Stadt wie das Kreiskrankenhaus und das Spital.
Ein ehrgeiziges Projekt ging die Pfarrgemeinde Ecknach 1970 an. Weil das Gotteshaus zu klein geworden war, dachte man über den Neubau einer Kirche nach, dem auch ein Pfarrzentrum angegliedert werden sollte. Altbürgermeister Jakob Loderer in seiner Funktion als Vorsitzender der Kirchenver-

waltung stellte das Projekt im November zusammen mit Geistlichem Rat Johannes Sosnik vor. In einer Abstimmung sprachen sich 96 Prozent der Ecknacher für dieses vielbeachtete Werk aus, das auch die Verlegung des Friedhofes an den Ortsrand notwendig machte. Das „neue Haus des Hirten" wurde im Oktober 1972 von Bischof Dr. Josef Stimpfle eingeweiht. Im November 1973 wurde auch das Pfarrzentrum Ecknachs fertiggestellt und seiner Bestimmung übergeben.

> **Gallenbach trauert um Pfarrer Grochowina**
>
> Mit dem Wechsel ins Jahr 1970 trauert Gallenbach um seinen ehemaligen Pfarrvikar und Ehrenbürger Augustin Grochowina. Der Päpstliche Geheimkämmerer und Geistliche Rat ist im Alter von 86 Jahren verstorben.

Anfang 1972 gab das Landesamt für Denkmalpflege die Genehmigung zur Renovierung der Sebastianskapelle an der Einmündung des Jakobiweges in die Donauwörther Straße. 1973 erfolgte die Fertigstellung. Die Gesamtkosten betrugen rund 65 000 Mark.

Auf Initiative von Bürgermeister Josef Heinrich wurde 1972 das Kirchlein in Algertshausen saniert. Hohes Engagement dafür zeigte auch Gustl Fuchs vom Liederchor. Er hatte zur Finanzierung ein Benefizkonzert organisiert und um Spenden aus der Bevölkerung gebeten.

1967 war Stadtkaplan Hans Häußler nach Aichach gekommen. Er wurde im Mai 1972 verabschiedet. Als Nachfolger begrüßte man den 30jährigen Kaplan Helmut Enemoser, der zuvor in Manching gewirkt hatte.

Die erste Trauung, die in Aichach von einem Bischof durchgeführt wurde, vollzog Weihbischof Manfred Müller im Juli 1972: Er traute den jungen Arzt Dr. Joachim Bringmann und Brigitte Hausmann.

Zum Wechsel ins Jahr 1974 verkündete Stadtpfarrer Reiter den Gläubigen eine Neuerung in der katholischen Kirche: Auch unverheiratete Damen durften ab sofort mit „Frau" angesprochen werden – das „Fräulein" war passé.

BCA und TSV dominieren im Sport

Das „Nordheim" wird umgebaut

Zwei Vereine bestimmten Ende der sechziger Jahre das sportliche Geschehen: der BC Aichach als wesentlich vom Fußball geprägte Gemeinschaft und der TSV Aichach, der sich längst dem Breitensport verschrieben hatte.
Die Mitglieder des BCA krempelten im Frühjahr 1967 ihre Hemdsärmel hoch und packten tatkräftig beim Ausbau des neuen Vereinsheimes an. Was heute als BCA-Clubhaus bekannt ist, trug damals noch einen Namen aus brauner Vergangenheit: „Nordheim" hieß das Haus an der Schrobenhauser Straße. Wo die Hitlerjugend ihre Treffen abgehalten hatte, zogen nun bald die Sportler ein. Nachdem das alte Clubhaus am BCA-Platz längst zu klein geworden war, hatte der Stadtrat einstimmig die Überlassung des „Nordheimes" an den Fußballclub gebilligt.

> **Richard Kratzenberger erster Sportreferent**
>
> Der Stellenwert des Sports in der Stadt und in der Region steigt. Auch auf politischer Ebene trägt man dieser Entwicklung Rechnung: Am 6. Oktober 1967 beschließt der Stadtrat die Berufung eines Sportreferenten. Das Amt wird Stadtrat Richard Kratzenberger (SPD) übertragen.

Bürgermeister Wernseher und BCA-Vorsitzender Hans Jung unterzeichneten Ende Februar 1967 die Urkunde beim Notar. Mitte April 1968 wurde die Fertigstellung gefeiert. Die Helfer hatten über 8000 Arbeitsstunden geleistet.
Ein Sportereignis ersten Ranges ließ die Fans am 9. April 1967 in Scharen strömen: Der BCA empfing zum 50jährigen Bestehen den deutschen Fußballmeister TSV 1860 München. Der Bezirksklassist wehrte sich tapfer, unterlag aber dem Aushängeschild des deutschen Fußballs mit 0:8 Toren. Die Vorstellung der Münchener – mit Wolfgang Fahrian, Peter Grosser, Hans Rebele oder Nationalspieler Timo Konietzka angetreten – mobilisierte die Massen, über 6200 Fans kamen. Der Vergleich mit dem hochklassigen Gegner tat den Ballkünstlern des BC Aichach offensichtlich nicht nur finanziell gut: Noch im selben Jahr feierte die Mannschaft um Spielführer Willi Golling den Aufstieg in die Landesliga Süd. Der BC Aichach legte bei der Generalversammlung im 50. Jahr seines Bestehens eine glanzvolle Bilanz vor. Bei der Jubiläumsfeier am 9. Dezember 1967 in der Turnhalle durfte Vorsitzender Hans Jung die Ehrenplakette des Bayerischen Fußballverbandes für den Verein entgegennehmen. Krönung des Abends war der Auftritt des bekannten Münchener Humoristen Schorsch Blädel.
Mit einem weiteren fußballerischen Leckerbissen wartete der Ballspiel-Club am 12. August 1968 auf: Die Münchener „Bayern" kamen. Der BCA zog sich mit einer 0:6-Niederlage gegen den Europapokalsieger des vorangegangenen

DIE WICHTIGSTEN SCHRITTE IN DIE SIEBZIGER JAHRE

Jahres wiederum äußerst achtbar aus der Affäre, was vor allem ein Verdienst von Torhüter Klaus Laske war. Die Kulisse gegen die Bayern war übrigens etwas kleiner, als im Jahr davor gegen die „Sechziger": „Nur" 5000 Zuschauer kamen, um Gerd Müller, Sepp Maier, Reiner Ohlhauser und Co. zu sehen. Das Interesse der Fußballfans galt in dieser Zeit auch dem Aichacher Reinhard Jung, der als erster Kicker der Stadt den Einstieg ins Profilager schaffte. Stationen seiner sportlichen Karriere waren nach dem BC Aichach und dem BC Augsburg der TSV 1860 München, Austria Salzburg, der 1. FC Saarbrücken und der SV Wuppertal, ehe Jung wieder ins Ausland ging, unter anderem nach Belgien und in die Schweiz.

1970 litt der BCA unter akuten Platzproblemen: Zum Training der vielen Mannschaften stand lediglich der Exerzierplatz zur Verfügung. Vorsitzender Hans Jung offerierte Bürgermeister Wernseher zwei Lösungsmöglichkeiten: Trainingsplätze im Bereich des neuen Flugplatzes der Segelflieger an der Kläranlage, oder: Die Stadt solle dem Fußballverein den Exerzierplatz ganz überlassen, damit darauf ein Trainingsgelände geschaffen werden könne. Wohin aber dann mit dem Volksfest? Diese Frage war nicht zu beantworten. Die Trainingsplatz-Idee an der Paar schien also doch die bessere zu sein. Im Oktober 1970 wurde im Stadtrat davon gesprochen, daß man auf dem Gelände bei der Kläranlage langfristig sogar ein großes Sportzentrum für alle Vereine schaffen könne. Dazu kam es allerdings nie. Für den Bau der Fußballfelder wurden 100 000 Mark bereitgestellt.

Unter der Regie von Abteilungsleiter Martin Huttner baute die Stockschützenabteilung am Clubhaus eine Asphaltanlage. Am 18. September 1971 erfolgte die Einweihung. Den ersten Schub tat Bürgermeister Wernseher, der selbst ein begeisterter Stockschütze war.

Der BCA-Platz und die alte Siedlung.

100 Jahre TSV Aichach

Voller Optimismus ging der TSV Aichach 1968 in sein 100. Vereinsjahr, in dem er fast 700 Mitglieder zählte. Der Verein hatte große Pläne: Zum Gründungsfest mußten die teuren Umbauarbeiten an Halle und Nebengebäuden abgeschlossen sein. Die Jubiläumsfeier am 18. Mai in der Turnhalle wurde zu einem großartigen Ereignis. Hanns E. Muck, Vorsitzender und Motor des Vereins, erinnerte an die Ursprünge des TSV, der aus der Turnergilde Unter Uns hervorgegangen ist. 47 Jahre hatte Verleger Fritz Mayer den Turnverein geführt, was Muck als beispiellose Leistung zum Wohl des TSV Aichach herausstellte. Der Verein war in jener Zeit längst ein wichtiger gesellschaftlicher Faktor in der Stadt. Auch die sportlichen Erfolge waren groß. Kurz nach der Jubelfeier wurden 26 Sportler nach Berlin verabschiedet, wo sie sich mit 67 000 Teilnehmern am Deutschen Turnfest beteiligten.

> **Zwei Aichacher tragen das olympische Feuer**
>
> Die beiden Aichacher Ausnahmesportler Herbert Braun (Handballer und Leichtathlet beim TSV) und Rolf Maier (Fußballer beim BCA) sind auserkoren, das olympische Feuer zu tragen. Am Abend des Samstag, 27. August 1972, laufen sie mit der Olympiafackel zwei kurze Etappen durch die Augsburger Innenstadt in Richtung Eiskanal, wo die Kanuwettkämpfe der Spiele von München ausgetragen werden. Tausende säumen die Straßen und jubeln den Läufern zu – für Braun und Maier ein unvergeßlicher Tag.

Im August hatten die Handballer des TSV Spitzensportler zu Gast: Abteilungsleiter Erwin Gaugigl begrüßte Männer- und Frauenmannschaft vom tschechischen Erstligaclub Uhersky Hradiste. Die Sportfreunde waren kaum abgereist, als eine Nachricht die Welt erschütterte. „Panzer walzen Reformen nieder!" verkündete die Aichacher Zeitung am 22. August 1968 die „Blitzinvasion" der Sowjetunion, deren Streitkräfte in Prag einmarschierten.

Auf fünf Plätze wurde 1969 die Tennisanlage des TSV beim Freibad vergrößert. Der Stadtrat stellte dafür Grundstücke zur Verfügung.

Am Freitag, 17. April 1970, ging eine Ära im TSV zu Ende: Muck, der mehr als 20 Jahre lang an der Spitze des Turnvereins gestanden war, gab das Steuer an Klaus Laske ab und wurde zum Ehrenvorsitzenden ernannt. Es kam zur großen „Wachablösung" durch die jüngere Generation: Laske und seine Stellvertreter Norbert Schmid und Erwin Gaugigl übernahmen mit einem Durchschnittsalter von gerade 33,3 Jahren die Verantwortung.

Die Handballer bauten sich neben dem Hauptfeld an der Donauwörther Straße im Bereich des alten Holzgartens ein Kleinfeld. Zu der Anlage gehörte eine absolute Neuheit: Flutlicht! Im August 1970 weihte man sie mit einem Spiel gegen IFK Karlskrona aus Schweden ein. Am 28. August erfolgte die Flutlichtpremiere mit einem Freundschaftsspiel gegen den Bundesligisten TSV Milbertshofen, der mit 33:13 siegte.

DIE WICHTIGSTEN SCHRITTE IN DIE SIEBZIGER JAHRE

Im alten städtischen Kindergarten an der Martinstraße durften sich ab 1968 die Athleten vom Kraftsportclub Eiche Aichach ein eigenes Heim schaffen. Mit dem größten Erfolg in der Nachkriegsgeschichte schlossen die Ringer die Saison ab: Die Mannschaft wurde Dritter in der südbayerischen Gruppenliga. Bei der Generalversammlung im Januar 1969 gab es dann einen Wechsel in der Vereinsführung: Peter Echter gab das Amt des Vorsitzenden ab, an seine Stelle rückte Andreas Stegmair.

Anfang 1970 hatten auch die Schützenvereine der Stadt Raumprobleme. Zwar konnte Edelweiß-Tell im alten BCA-Clubhaus Stände und Schützenheim einbauen, doch die Zukunft einiger Vereine hing mit dem Um- und Ausbau der Gaststätten, in denen sie bislang beherbergt waren, am seidenen Faden. Einer der erfolgreichsten Schützen war Horst Willfahrt von Edelweiß-Tell. Als Gauschützenkönig nahm er 1971 am traditionellen Oktoberfest-Landesschießen in München teil und sicherte sich mit hervorragenden Ergebnissen zwei erste Ränge und einen zweiten.

Der alte Kindergarten an der Martinstraße war ab 1968 Domizil der Ringer des KSC Eiche. Später mußte das Gebäude dem Neubau der Feuerwehrzentrale weichen.

Die wirtschaftliche Situation

„Dramatische Lage" – knapp zwei Prozent Arbeitslose

Die wirtschaftliche Situation in Stadt und Umkreis wurde noch Anfang 1967 eher negativ beurteilt. „Zuversichtlich, aber nicht ohne Sorgen", hatte Landrat Bestler seine Vorausschau auf das neue Jahr überschrieben. Tatsächlich hatten die Kommunen Schwierigkeiten mit ihren Baumaßnahmen, weil die Gelder der öffentlichen Hand nur schleppend eingingen. Das Arbeitsamt Ingolstadt meldete die höchste Arbeitslosenquote seit 1959: „Auf eine offene Stelle kommen acht Arbeitslose!" Gemessen an der Gegenwart war die Lage so „dramatisch" allerdings nicht: Die Quote belief sich auf knapp zwei Prozent. Gut ein Jahr später sah ohnehin wieder alles ganz anders aus. Im September 1968 war der „Arbeitsmarkt praktisch leergefegt". Nur 0,6 Prozent der Erwerbstätigen hatten keine Stelle. Die „goldenen Siebziger" kündigten sich langsam an. Im Hochsommer 1969 erreichte man den absoluten Tiefstand von 0,3 Prozent. Dem standen 570 offene Stellen gegenüber, die praktisch nicht mehr zu besetzen waren. Firmen wie Mondi, Unsinn und Meisinger warben mit Slogans wie „Pendeln nach Augsburg lohnt sich nicht" um Arbeitskräfte. Rund 5000 Menschen aus dem Aichacher Nahbereich verdienten in dieser Zeit ihren Lohn in der Fuggerstadt. Etwa 500 pendelten in den Ballungsraum München.

> **Dr. Heinrich Link geht in den Ruhestand**
>
> Am 1. Oktober 1968 geht Amtstierarzt Dr. Heinrich Link in den Ruhestand. Seit 1947 hat er das Veterinäramt geleitet. Als Nachfolger wird im Februar 1969 Dr. Theo Capeller vorgestellt.

Die landwirtschaftlichen Betriebe im Stadtgebiet spielten für die Entwicklung Aichachs selbst keine dominierende Rolle, sieht man einmal davon ab, daß das Kreisgut mit seinem riesigen Grundbesitz zur Paarstadt gehörte. Der Bauernstand des Umlandes jedoch blieb ein bedeutender Faktor für Handel und Wandel. Viele Landwirte waren im Landmaschinenring Aichach zusammengeschlossen. Dessen Vorsitzender, der Gallenbacher Bürgermeister Josef Schweyer, verkündete bei der Generalversammlung im Januar 1967 stolz, daß die Genossenschaft nun 601 Mitglieder habe und damit zu den größten in Bayern und in der Bundesrepublik zähle.

Landwirte und Gesundheitsbehörden hatten 1967 allerdings größte Probleme, weil sich wieder Viehseuchen ausbreiteten. Die Tollwut befiel immer mehr Bestände in den Ställen. Auch die Maul- und Klauenseuche nahm beängstigend zu. Das Veterinäramt ermittelte fast 1200 kranke Tiere in 26 Betrieben des Aichacher Raumes. Amtstierarzt Dr. Heinrich Link legte einen Bericht vor, wonach allein wegen der Maul- und Klauenseuche im Landkreis mehr als 1000

Tiere „gekeult", also getötet, werden mußten. Viele Bauern mißachteten jedoch die Verbote und verstießen gegen die Auflagen der freiwilligen Selbstkontrolle. Beim Ferkelmarkt in der Flurstraße gab es deshalb scharfe Kontrollen. Denn nicht selten wurden Tiere, die zuvor nicht von den Veterinären untersucht worden waren, verkauft und in neuen Ställen untergebracht. Das hatte oft fatale Folgen. Stadt und Amtstierarzt gingen deshalb mit Strafanzeigen gegen einige Landwirte vor, was zu empörten Reaktionen der Bauern führte.

Und deren Wort hatte Gewicht in der Stadt, denn die Landwirte aus dem Umkreis bestimmten als Mitglieder und Lieferanten gleichermaßen über die wirtschaftliche Entwicklung des Aichacher Milchwerks, das nach wie vor glänzende Zuwachsraten vorweisen konnte. In der Generalversammlung der Molkerei am 19. März 1967 vermeldete Direktor Gaudenz Müller-Paradeis, daß man im abgelaufenen Geschäftsjahr fast 20 Millionen Mark Milchgeld an die Bauern ausbezahlt hatte. Knapp 49,9 Millionen Kilogramm Milch hatte die Genossenschaft vermarktet.

Kinoära endet mit „Pulver und Blei"

In den beiden Kinos, die Kurt Schalk am Tandlmarkt (Filmbühne) und in der Hubmannstraße (Lichtspiele) betreibt, sind Westernfilme oder Ludwig Thomas Farbfilm „Wenn Ludwig ins Manöver zieht" gerngesehene Streifen. Weitgehend leer bleiben die Ränge indes, als „My Fair Lady" über die Leinwand flimmert, beklagt der Kinobesitzer im Sommer 1967 das mangelnde „Kulturbedürfnis". Weil sich immer mehr Haushalte einen Fernseher leisten können, gehen die Besucherzahlen rapide zurück. Am 30. Juni 1970 ist die Kinozeit in Aichach vorerst beendet. Schalk schließt die beiden Filmtheater – am letzten Vorstellungstag läuft in den Lichtspielen der Metro-Goldwyn-Mayer-Film „Pulver und Blei". Aichach und der Kreis haben zunächst kein Kino mehr.

Kreditwesen: Die „Gewerbebank" gibt es nicht mehr

Viele Bauern hatten ihr Geld traditionell bei der Landwirtschafts- und Gewerbebank in Aichach angelegt. Am 29. Juni 1967 beschloß deren Mitgliederversammlung einen „zeitgemäßeren" Namen für das Geldinstitut: Spar-und Kreditbank. Die Genossenschaft fusionierte gleichzeitig mit der Raiffeisenkasse in Unterschneitbach. Direktor Jakob Priller und Vorstandsvorsitzender Gaudenz Müller-Paradeis begründeten die Notwendigkeit der Namensänderung mit dem neuen Kundenkreis, den sich die Genossenschaft erschlossen hatte. Später wurde die Spar- und Kreditbank zur Raiffeisenbank. Die Bezeichnung „Gewerbebank" blieb bei den älteren Bürgern der Stadt jedoch noch viele Jahre im Sprachgebrauch.

Die städtische Sparkasse entließ 1967 ihren bisherigen Vorstandsvorsitzenden, Direktor Hans Zapf, in den Ruhestand. Nachfolger wurde Hermann Kronawitter. Am 4. Februar 1969 schied auch der Sparkassenrat Josef Sandmeier aus dem Arbeitsleben aus. Der stellvertretende Leiter blickte an diesem Tag auf 40 Dienstjahre bei der Sparkasse zurück, die Anfang 1970 konkrete Pläne zur Erweiterung des Geldinstitutes im Stadtzentrum schmiedete. Die ersten Bauvoranfragen hatte der Stadtrat schon abgesegnet, als die Entwicklung plötzlich in eine ganz andere Richtung ging: Die Handschuhfabrik Nitzsche legte die Produktion in ihrem erst 1966 erbauten Gebäude an der Donauwörther Straße still. Die Sparkasse kaufte die Immobilie und installierte dort 1972 zunächst die gesamte Verwaltung. Später wurde die Zweigstelle an der Donauwörther Straße Hauptsitz.

Ihr 50jähriges Jubiläum feierte im April 1968 die Filiale der Bayerischen Vereinsbank. 1918 war sie aus dem ehemaligen Bankhaus Paul Rhe – dem zweitältesten Kreditinstitut Aichachs – am Danhauserplatz, gleich gegenüber der Stadtpfarrkirche, entstanden. 1962 zog sie an den Stadtplatz um, wo an Stelle des Kaufhauses Geistbeck ein Neubau geschaffen wurde. Untrennbar mit der Geschichte der Filiale Aichach ist der Name des damaligen Direktors, Victor Hospach, verbunden, der im Jubiläumsjahr 1968 bereits 41 Jahre im Dienste der Bank stand. Anfang März 1970 ging er in den Ruhestand. Nachfolger wurde Helmut Sauter.

Diskussionen über einen Supermarkt

Die Konsumgedanken griffen langsam, wenngleich die Einkaufsmöglichkeiten in der Stadt lange auf die Einzelhandelsläden beschränkt blieben, die fast ausnahmslos seit Generationen im Familienbesitz waren. Im Frühjahr 1967 wurde ein fast revolutionäres Großprojekt einer Augsburger Handelskette bekannt: Auf dem freien Areal zwischen der Schrobenhauser Straße und dem Wittelsbacher Weg sollte ein Supermarkt entstehen. Der CSU-Ortsverband unter seinem neuen Vorsitzenden Josef Käuferle diskutierte ausgiebig darüber. Viele Geschäftsleute befürchteten eine akute Gefahr für Einzelhandel und Kleingewerbe. Zweiter Bürgermeister Josef Kapfhamer stellte aber schon damals heraus, daß man das Vorhaben letztendlich wohl nicht werde verhindern können.

Es dauerte allerdings noch fast genau sechs Jahre, bis der Bauantrag der Augsburger Firma Doderer im Stadtrat durchging. Am 28. Januar 1972 wurden der „Südmarkt" und zugleich der Bau eines Möbelhauses der Schrobenhausener Firma Ottillinger am Wittelsbacher Weg genehmigt. Am Donnerstag, 26. Oktober 1972, eröffnete der Einkaufsmarkt mit 2000 Quadratmetern Verkaufsfläche. Am 9. Dezember wurde schließlich auch das Einrichtungshaus in Betrieb genommen.

DIE WICHTIGSTEN SCHRITTE IN DIE SIEBZIGER JAHRE

Das erste neue Kaufhaus der Stadt war schon vorher am Tandlmarkt entstanden. Die „Film-Bühne Schalk" wurde dafür 1969 teilweise abgebrochen und umgebaut. Am Donnerstag, 13. November, eröffnete in dem Neubau eine Filiale des Dachauer Kaufhauses Hörhammer.

Unsinn und Meisinger auf internationalen Messen

Die Firma Meisinger (etwa 300 Mitarbeiter) und die Ecknacher Landmaschinenfabrik Sebastian Unsinn waren Anfang der siebziger Jahre die größten Arbeitgeber im Raum. Die beiden Unternehmen präsentierten sich im August 1967 unter anderem auch auf der Nürnberger Frankenschau. Unsinn stellte neue Kipper, Stalldungstreuer und Ackerwagen vor. Meisinger zeigte einen Querschnitt aus seinem Programm als Zulieferer der Baubranche: Kellerfenster aus Stahl und neue Kunststofffenster. Ein Jahr später präsentierte Meisinger auch Produkte auf der Kölner Messe für Hausrat und Eisenwaren.
Unsinn und Meisinger dürften den Aufbruch Aichachs in das moderne Industriezeitalter eingeläutet haben. Im April 1969 ging die neue Feuerverzinkerei bei Meisinger in Betrieb. Zeitgleich stellte man weitere Rationalisierungsmaßnahmen vor. Neue Fertigungsmaschinen erleichterten die Serienherstellung von Stahlkellerfenstern und Gitterrosten.

Handarbeit der Zimmerer in der Werkhalle von Holzbau Merk.

Im März 1968 beschickte die Firma Unsinn mit dem neuen „Weinbauernstreuer" gar die Weltausstellung in Paris. 50 dieser speziell für die Weinbauern umgestalteten Stalldungstreuer wurden nach der Ausstellung in der französischen Hauptstadt bei dem Ecknacher Unternehmen geordert. Im Januar 1969 versprach Unsinn 100 neue Arbeitsplätze durch die Erweiterung um eine Fertigungshalle mit einer Grundfläche von 4500 Quadratmetern. Schlosser, Stanzer, Schweißer, Dreher und Spengler wurden gesucht. Der Landmaschinenhersteller mit seinem Betriebsleiter Georg Müller beantragte Gebrauchsmuster für neue Maschinen quasi am laufenden Band.
In der Ecknacher Gemeindeflur ließ sich im Sommer 1967 ein neues Unternehmen nieder: Die Emsdettener Firma Jansky verlegte einen Teil ihrer Produktion (Tankwagen- und Apparatebau) dorthin. Im September feierte sie

Hebauf an den Hallen, die neben denen der Maschinenbaufirma Collin an der Straße nach Klingen entstanden. Mindestens 15 Arbeitsplätze wurden versprochen – für die Stadt ein erfreulicher Zuwachs. Am 28. Juni 1968 war Einweihung. Wenige Wochen zuvor hatte sich das Augenmerk auf eine Traditionsfirma gerichtet: Holzbau Merk feierte den 100. Geburtstag. Der Zimmereibetrieb war damals noch an der Münchener Straße ansässig.

Neue Gewerbeflächen im Süden

Neuansiedlungen, wie die der Firma Jansky waren zu der Zeit aber eher die Ausnahme, weil kaum Flächen für das Gewerbe zur Verfügung standen, was Bürgermeister Wernseher Ende 1968 auch bedauerte: Aichach habe sich bei der Erweiterung der Wohnbauflächen zwar entwickelt, doch die Stadt suche ganz dringend nach Grundstücken für neue Firmen, die Gewerbesteuer in die Stadtkasse bringen könnten.
Der Kauf des Haselberger-Geländes und die Ausweisung des Industriegebietes Aichach-Süd dort brachten eine Wende. 1969 wurde das Areal entlang der Kreisstraße in Richtung Klingen bebaubar gemacht.
Auch die Geschäftswelt in der Innenstadt wandelte ihr Gesicht. Ab Juni 1967 war es schick, ins renovierte Café Kögl zu gehen. Im Dezember meldete die Firma Haselberger die Fertigstellung ihres neuen Ladengeschäftes am Stadtplatz. Pünktlich vor Weihnachten 1967 eröffnete der Damen-Salon Schwarz in dem Neubau Am Schlößl. Die Einkaufsstadt Aichach bot ab Februar 1971 einen weiteren „Selbstbedienungsladen": Der Bäcker Schmid am Stadtplatz gleich neben der Sparkasse war abgebrochen und durch einen Neubau ersetzt worden, in dem ein Lebensmittelgeschäft eingerichtet wurde. Aichach wurde obendrein „modischer": Am Nikolaustag 1968 eröffnete das neue Bekleidungshaus Burkhard beim Rathaus, und im April 1969 zog gleich daneben die Stadt-Apotheke vom Büchel in den Neubau des altehrwürdigen Hauses Nummer 29 ein.
Am 1. September 1967 nahm die Firma Mondi an der Flurstraße ihre Produktion auf. Der Strickwarenhersteller bot vor allem jungen Frauen viele Arbeitsplätze. Ende 1971 zählte er bereits 260 Beschäftigte. Einen noch steileren Aufschwung nahm der bekannte Modehersteller im Januar 1972 durch eine in der Branche vielbeachtete Firmenzusammenlegung: Mondi fusionierte mit der Slendor GmbH aus Detmold und der Max Brüstle KG aus München. Damit war ein Unternehmen mit insgesamt rund 700 Mitarbeitern und einem Umsatz von bereits mehr als 60 Millionen Mark jährlich geschmiedet.

Die wichtigsten Schritte in die siebziger Jahre

Fast 300 ausländische Arbeitnehmer

Die Wirtschaft florierte plötzlich. Aichachs Finanzamt meldete am 13. Februar 1970, das Steueraufkommen habe sich 1969 um fast ein Viertel vermehrt. Die Betriebe suchten fast verzweifelt nach Arbeitskräften. 1970 betrug das Gesamtsteueraufkommen 31,4 Millionen und damit 3,4 Millionen Mark mehr als im Jahr davor. „Vollbeschäftigung" war angesagt. Obwohl der Wohnungsbau Motor der Konjunktur war, verursachten auch frostige Wintermonate kaum gravierende Steigerungen bei den Arbeitslosenzahlen. Das Land blühte auf. Die Firmen brauchten Beschäftigte, warben mit teils verlockenden Angeboten um Lehrlinge und griffen bald schon auf ausländische Kräfte zurück. Im März 1970 erreichte die „Ausländerbeschäftigung" einen Höhepunkt. So jedenfalls eine Meldung des Ingolstädter Arbeitsamtes, das im Raum Aichach fast 300 nicht-deutsche Lohnempfänger registriert hatte. Bei der Mehrzahl (82) handelte es sich um türkische „Gastarbeiter", doch auch Jugoslawen (55), Spanier (45) und Griechen (40) verdienten sich ihr Geld fern der Heimat, viele in der Firma Meisinger und bei der Lederwarenfabrik Neusa. Vor allem die Mitbürger türkischer Herkunft zeigten schon bald Bemühungen zur Integration.

Im Sommer 1970 boten viele Aichacher Firmen Schülern erstmals im großen Stil einen Ferienarbeitsplatz an. Die Beweggründe lagen sicherlich weniger darin, jungen Menschen die Gelegenheit zu geben, sich ihr Taschengeld aufzubessern. Die Hochkonjunktur hatte für volle Auftragsbücher gesorgt. „Betriebsurlaub" war da oft nicht denkbar – Schüler und Studenten konnten zumindest einen Teil der Urlaubsausfälle wettmachen.

Gleich ob für Gewerbe oder Wohnen: Der Bau blühte auf. Das erkannte auch ein Kreis Aichacher Geschäftsleute, die im April 1969 die Helios Wohnbau- und Eigenheimgesellschaft gründeten und eine Fläche in der Kreisgutwiese mit Häusern im – völlig ungewohnten – Bungalow-Stil vermarkteten. Im April 1971 folgte die AIC Bauträger-GmbH mit ihren Geschäftsführern Schorsch Jung und Heiner Gruber, die an der Hauptstraße nach Oberbernbach eine moderne Wohnanlage entstehen ließen.

Dr. Alto Schwarz Chef im Finanzamt

Zum 1. August 1967 scheidet Oberregierungsrat Richard Daub als Leiter des Aichacher Finanzamtes aus. Er wird nach Wolfratshausen versetzt. Beim Abschied legt er beeindruckende Zahlen vor: Von 1960 bis 1967 betrug das Gesamtaufkommen der Steuern an Bund und Land beim Finanzamt Aichach 135,5 Millionen Mark. Nachfolger von Daub wird Dr. Alto Schwarz aus Aichach, der allerdings erst am 12. August 1968 in sein Amt eingeführt wird.

Veränderungen bei Justiz und Polizei

Erwin Schroeder neuer JVA-Direktor

Auch aus wirtschaftlicher und arbeitsmarktpolitischer Sicht stellte die Justizvollzugsanstalt Ende der sechziger Jahre einen bedeutenden Faktor in der Stadt dar. Die Rückblende über die weitere Entwicklung im Bereich der Justiz in Aichach beginnt deshalb mit der JVA.
Oberregierungsrat Alfons Schober leitete sie von 1964 bis 1968. Im Januar wechselte Schober als Leiter zur Strafanstalt Bernau am Chiemsee. Nachfolger wurde Regierungsdirektor Erwin Schroeder, der von der JVA Straubing nach Aichach versetzt wurde.
Immer wieder geriet die JVA durch ihre prominenten Insassen in die Schlagzeilen. 1966 beschäftigte die Gazetten ein Tötungsdelikt, das unter dem Begriff „Enzian-Mord" für Furore sorgte. Eine 25jährige Frau aus Kempten wollte ihren Ehemann zusammen mit ihrem 26 Jahre alten Geliebten auf ungewöhnliche Art und Weise umbringen: Sie füllten Blausäure in einen Enzian-Steinkrug. Doch nicht der Ehemann, sondern einer seiner Arbeitskollegen trank aus dem Krug und starb qualvoll. Die „Enzian-Mörderin" wurde bis zum Prozeßbeginn im Sommer 1967 in Aichach inhaftiert.
Hohe kirchliche Würdenträger statteten der Strafanstalt an besonderen Festtagen immer wieder einen Besuch ab. Am Heiligen Abend 1967 kam der Augsburger Bischof Dr. Josef Stimpfle, am Freitag, 5. Juli 1968, sogar der Apostolische Nuntius in Deutschland, Erzbischof Konrad Bafile, um eine Messe mit den Inhaftierten zu feiern. Die Gefangenen wurden von Seelsorgern beider Konfessionen betreut. Einer der bekanntesten war Oberpfarrer Anton Gundlach. Der Geistliche wurde 1928 von Kardinal Faulhaber zum Priester geweiht und kam 1952 in die Aichacher JVA, wo er 1968 auch sein 40jähriges Priesterju-

Blick auf die JVA Ende der sechziger Jahre.

biläum feiern konnte. Im August 1968 nahm Anton Gundlach sogar am Eucharistischen Weltkongreß in Bogotá teil. Zum 31. Juli 1969 ging Gundlach mit Erreichen seines Pensionsalters nach Landshut, um dort im Auftrag der Erzdiözese München als Stiftskanonikus bei St. Martin neue Aufgaben im Bereich der Erwachsenenbildung zu übernehmen. An seine Stelle rückte zum 1. Februar 1970 Pfarrer Johann May, der vorher Pfarrvikar in Altenburg bei Lauingen war.

Auch der evangelische Pfarrer Artur Nauschütz bemühte sich viele Jahre um die inhaftierten Frauen. Er war am 1. Oktober 1962 nach Aichach gekommen und schied im Januar 1971 als Hauptamtlicher aus, blieb aber bis Ende Oktober 1972 als Seelsorger tätig. Nauschütz starb 1978.

Ab 1974 auch Männer im Frauengefängnis

Am 23. Juni 1969 besuchte der bayerische Justizminister Philipp Held die Aichacher Frauenstrafanstalt. Dabei ging er vor allem auf die umfangreichen Maßnahmen im Hinblick auf die Resozialisierung der Inhaftierten nach deren Freilassung ein. Der „moderne Strafvollzug" greife langsam. Trotzdem, betonte Held, sei die Aichacher JVA „kein Sanatorium" für die verurteilten Frauen. Zum Zeitpunkt des Besuchs zählte die Anstalt noch 269 Gefangene, darunter 28 Jugendliche. Die Zahl der Inhaftierten schrumpfte ganz beachtlich. Als Bischof Dr. Josef Stimpfle an Weihnachten 1970 erneut in die JVA kam, waren es nur noch 170 Häftlinge. In der Folge gab es Überlegungen, auch männliche Gefangene in die Frauenstrafanstalt einzuweisen, um deren Fortbestand zu sichern. Im Januar 1974 fiel die entsprechende Entscheidung des Justizministeriums: Der JVA wurde ein Männertrakt angegliedert, was allerdings zusätzliche Probleme brachte, denn fortan gab es immer häufiger Meldungen über die Flucht von Gefangenen, die freilich in den meisten Fällen schon nach kurzer Zeit wieder aufgegriffen werden konnten.

> **Ilse Koch erhängt sich in ihrer Zelle**
>
> Eine der bekanntesten Gefangenen in der JVA der Nachkriegszeit ist Ilse Koch. Die Frau des früheren SS-Standartenführers Karl Koch, der als Kommandant des Konzentrationslagers Buchenwald an den dunkelsten Kapiteln der deutschen Geschichte mitschrieb, nimmt sich in der Nacht zum Samstag, 2. September 1967, das Leben. Die 61jährige hat sich in ihrer Zelle mit einem Bettlaken erhängt. Sie war vom Augsburger Schwurgericht im Januar 1951 zu lebenslanger Zuchthausstrafe verurteilt worden. Die Frau des Nazi-Schergen hat sich des Mordes und der Anstiftung zum Mord schuldig gemacht. Knapp 17 Jahre nach ihrer Verurteilung setzte sie ihrem Leben ein Ende.
> Als Gefängnispfarrer Anton Gundlach den Leichnam auf dem Aichacher Friedhof beerdigt, ist strengste Geheimhaltung angesagt. Nur der damals 19jährige Sohn darf teilnehmen.

Am Amtsgericht spricht erstmals eine Frau Recht

Eine Art „Mini-Gefängnis" entstand im Sommer 1968 im Keller des Amtsgerichts. Dort wurden drei Arrestzellen eingebaut, in denen straffällig gewordene Jugendliche Freizeitarreste verbringen mußten. Der „Speisezettel" war übrigens nicht gerade üppig: Nach den Vollzugsbestimmungen gab es morgens, mittags und abends je ein warmes Getränk mit 200 Gramm Schwarzbrot. Seit 1. Februar 1947 leitete Amtsgerichtsrat Franz Wiedenmann die Behörde. Er schied zum 1. März 1969 aus. Sein Nachfolger wurde Richter Nikolaus Wall, ab 1951 Amtsrichter, von 1973 bis 1981 Oberamtsrichter.
Einen besonders aufsehenerregenden Fall hatte Amtsgerichtsrat Nikolaus Wall im Juni 1969 zu verhandeln: Elf Männer aus dem Bereich Kühbach standen vor dem Kadi – sie waren bei einer Razzia der Polizei gefaßt worden, als sie verbotenerweise Poker gespielt hatten. Der Amtsgerichtsrat ließ keine Zweifel aufkommen, wer die Autorität hat: „Meine Herren, ich verstehe selbst einiges vom Pokern", ermahnte Wall die Angeklagten, gleich mit der Wahrheit herauszurücken.
Im ländlich strukturierten Aichacher Raum war die Rechtsprechung Anfang der siebziger Jahre noch reine Männersache. Seit 1970 ist in Aichach auch das weibliche Geschlecht auf der Richterbank vertreten. Am 16. April trat mit Ingeborg Steffens-Westarp die erste Frau ihren Richterdienst in der Paarstadt an. Die Augsburger Juristin hatte anfangs gehörig gegen Vorurteile anzukämpfen. Nach der Gebietsreform des Jahres 1972 änderte sich auch der Zuständigkeitsbereich des Amtsgerichtes. Ab dem 1. Januar 1973 waren die Justizbeamten in Aichach für den gesamten Landkreis zuständig. Friedberg hatte mit dem Verlust des Kreissitzes auch das eigene Amtsgericht abgeben müssen.

Walter Kunesch wird Polizeichef

Die schwere Kriminalität war noch nicht aufs Land gezogen. Entsprechend anders gelagert war das Aufgabengebiet der Polizei, die sich im wesentlichen auf die Verkehrsüberwachung konzentrieren konnte. Der „Schutzmann" genoß noch hohen Rang und Ansehen in der Bevölkerung. Einer von ihnen war Johann Stöffel, der im Oktober 1969 in den Ruhestand verabschiedet wurde. Er war von 1950 bis 1960 Leiter des Landpolizei-Postens in Affing und nach dessen Auflösung zur Aichacher Inspektion versetzt worden.
Zum 1. August 1970 nahm ein weiterer Polizeibeamter von der Inspektion Abschied, dessen Name für die meisten Bürger des Kreises ein Begriff war: Paul Pöllot wurde in den Ruhestand versetzt. 42 Jahre war Pöllot Polizist, davon

DIE WICHTIGSTEN SCHRITTE IN DIE SIEBZIGER JAHRE

25 Jahre als Leiter der Landpolizei in Aichach. Der 27jährige Oberkommissar Werner Aigner, der von der Bereitschaftspolizei Augsburg kam, löste ihn ab, um im September 1973 wieder zur Bereitschaftspolizei zurückzukehren. Nachfolger wurde Oberinspektor Manfred Hölzl, der von der Polizeischule Fürstenfeldbruck nach Aichach versetzt wurde. Bereits im Februar 1974 wechselte Hölzl wieder an die Polizeischule. Fortan war Walter Kunesch Leiter der Inspektion, der er bereits zwei Jahrzehnte angehört hatte.

Die Landpolizei ging noch mit dem VW Käfer auf Streifenfahrt.

Verbesserungen im Bereich der Infrastruktur

Das Auto beherrscht Denken und Planung

Die Kraftfahrer sehen erstmals „Rot"

Wie behäbig aus heutiger Sicht das Leben in der oberbayerischen Kleinstadt Ende der sechziger Jahre ablief, zeigt die Wirkung der Ankündigung einer „modernen" Verkehrsregelung: Weil die Gaststätte „Hofman" an der Augsburger Straße im Frühjahr 1967 eine neue Wasserleitung bekam und die Bauarbeiten den Verkehr behinderten, wurde vorübergehend eine Ampelanlage installiert. Sogar der Stadtrat debattierte, ob es tatsächlich „nötig ist, die Autofahrer durch Lichtzeichen zum Anhalten oder Weiterfahren zu nötigen". Die Baustellenampel überzeugte die Stadtväter dann anscheinend doch vom Sinn und Nutzen einer solchen Verkehrsführung. Wiederholt diskutierten sie mit den Vertretern des Straßenbauamtes Ingolstadt über die dauerhafte Installierung von Ampeln an den neuralgischen Punkten entlang der Bundesstraße 300 im Stadtgebiet. Am 17. Dezember ging schließlich am Oberen Tor die erste Ampelanlage in Betrieb – plötzlich wurde als Errungenschaft gefeiert, was man wenige Monate zuvor noch vehement in Zweifel gezogen hatte.
Ein Opfer der Beampelung wurde die alte „Gasolin-Tankstelle" bei der ehemaligen Schmiede und späteren Kfz-Werkstätte Neubaur an der gleichnamigen Straßenkreuzung. Weil zeitgleich auch Kanalbauarbeiten durchgeführt wurden und die Ampelschaltungen die Anfahrt zur Tankstelle erschwerten, blieben die Kunden aus. Bald verschwanden die nostalgischen Zapfsäulen.
Die Ampeln hatten rund 20 000 Mark gekostet. Der Motorclub diskutierte wenige Wochen nach der Inbetriebnahme die ersten Erfahrungen. Vorsitzender Walter Mill betonte im Januar 1968 bei der Jahreshauptversammlung, daß es ausreichend sei, wenn die Lichtzeichenanlage werktags nur bis 18.30 Uhr eingeschaltet sei. Am Wochenende könne man sogar ganz darauf verzichten, weil die Ampeln nur unnötige Verkehrsstauungen auslösen würden.

VERBESSERUNGEN IM BEREICH DER INFRASTRUKTUR

Der fahrbare Untersatz mit vier Rädern wurde langsam ein Statussymbol. Und das brauchte entsprechende Pflege: Als die Fina-Tankstelle an der Schrobenhausener Straße Ende Januar 1967 die erste vollautomatische Autowaschanlage im weiten Umkreis in Betrieb nahm, zeigten sich die stolzen Wagenbesitzer begeistert. Pro Wäsche verbrauchte die Anlage mehr als 200 Liter Frischwasser. Umweltbewußtsein und eine Lebensweise nach halbwegs ökologischen Grundsätzen waren noch wenig verbreitet.

Baudenkmäler weichen neuen Parkplätzen

„Götze Auto" bestimmte Denken und Handeln, obwohl der Liter Normalbenzin wegen des Krieges im Nahen Osten fast 59 Pfennig kostete. Bereits Ende der sechziger Jahre klagten Autofahrer und Geschäftsleute, daß kaum noch Parkgelegenheiten in der Innenstadt zu finden seien. Der Stadtrat gab dem Druck nach und suchte Lösungsmöglichkeiten. Die Opfer waren allerdings groß. Altehrwürdige Gebäude mußten im Mai 1967 weichen. Zunächst wurde das Totengräber-Haus an der Krankenhausstraße abgerissen, um beim Friedhof weitere Abstellmöglichkeiten für die Autos zu schaffen. Dieser Verlust war für das Stadtbild noch halbwegs zu verkraften. Doch dann folgte auch der Abbruch des Rothenfußer-Hauses am Tandlmarkt gleich gegenüber dem Rathaus. Diese Maßnahme war in der Bürgerschaft heftig umstritten. Denn das Gebäude, das als „Münchener Hof" bekannt war, stammte noch aus dem Dreißigjährigen Krieg. Gleich daneben befand sich das Kistler-Zick-Haus, dessen Ursprünge ebenfalls Jahrhunderte zurückverfolgt werden konnten. Auch dieses Stück Alt-Aichach fiel der Spitzhacke zum Opfer, weil im Rat die Bedenken der traditionsbewußten Bürger nicht gegen die Forderungen der „automobilen" Neuzeit durchdrangen.

Der „Münchener Hof" am Tandlmarkt wurde 1967 abgerissen.

Der neue „Großparkplatz" beim Rathaus und die vergrößerte Stellfläche am Friedhof linderten das Parkplatzproblem aber offenbar nur unzureichend. Denn schon seit Sommer 1966 unterhielt sich der Stadtrat über die Einführung von Parkuhren, die am 30. Juni 1967 zumindest vorläufig abgelehnt wurden. Bereits damals war den politisch Verantwortlichen klar: Die meisten Stellplätze im Zentrum blockieren die Dauerparker. Aber die zeigten kein Einsehen. Sämtliche Appelle fruchteten nicht. Im Februar 1968 war es schließlich doch soweit: Der Stadtrat entschied sich für die zunächst probeweise Einführung von Parkuhren auf dem oberen Stadtplatz und in der oberen Vorstadt zwischen dem Anwesen Rabl und der Gaststätte „Friedenseiche".

Der Zielverkehr in die Innenstadt war aber im Grunde genommen längst nicht mehr das dominierende Verkehrsproblem. Seit Mitte der sechziger Jahre wurde der Ruf nach einer Umgehungsstraße laut. Der Stadtrat diskutierte 1967 einmal mehr die mögliche Trassierung. Vor allem die Frage, ob die Umgehung östlich an Untergriesbach vorbei oder zwischen Aichach und Untergriesbach durchführen soll, erhitzte auch die Gemüter bei der Bürgerversammlung in der TSV-Turnhalle.

Die Umfahrung beschäftigte nahezu alle Bevölkerungsgruppen. Die Bundesstraße 300, jahrhundertelang eine Hauptschlagader, die Aichach Wachstum und pulsierendes Leben beschert hatte, war zur Geißel geworden. Besonders die Belastung durch die schweren Tanklastzüge von und zu den Raffinerien im Großraum Ingolstadt war für die Anwohner eine Qual. Die Innenstadt stellte für den ständig zu-

1967 – in memoriam

SCHWESTER CLODWIGA WAGNER (72), 12. Januar: Die Ordensfrau war seit 1956 Oberin im Spital.

MAX BURZLER (69), 8. Februar: 28 Jahre war er bei der Feuerwehr engagiert, 20 Jahre beim Trachtenverein.

JULIUS ZORN (64), 15. Februar: Der Seniorchef der Firma Zorn war 1954 nach Aichach gekommen und half dem Sohn beim Aufbau des neuen Betriebes.

SEPP ILMBERGER (69), 4. April: Nach dem Krieg bis 1946 war er Bürgermeister von Oberbernbach, wo er Ende der fünfziger Jahre eine Serienfertigung von Türen und Fenstern aufbaute.

ANTON GUTMANN (77), 5. Mai: Der Gastwirt war beliebter Herbergsvater der Ecknacher Vereine.

GRETE MAYER (55), 9. Mai: Die Frau des Verlegers Fritz Mayer war seit 1956 Mitglied im Jugendwohlfahrtsausschuß des Kreistages.

MATTHÄUS HELD (70), 29. Mai: Er war sechs Jahre Gemeinderat und von 1956 bis 1964 Bürgermeister von Klingen.

HEINRICH HUBER (74), 10. Juni: Von 1945 bis 1947 war er kommissarischer Schulrat, von 1947 bis 1958 Stellvertreter des Schulrates. 38 Jahre war er Lehrer und Bürger in Obermauerbach, wo ihm das Ehrenbürgerrecht verliehen wurde.

MAX KLINGER (67), 28. Juli: Der Oberschlesier war 1945 nach Aichach gekommen, wo er in seiner kleinen Gaststätte an der Donauwörther Straße auch eine Eisdiele betrieb.

JOSEF WINKLER (71), 8. Dezember: Der Inhaber des Schuhgeschäftes war ein großer Förderer des TSV.

„PEPPI" MEMMEL (56), 13. Dezember: Die ehemalige Wirtin in der Turnhalle (bis 1955) war ein Kind der Wirtsleute Kügle („Friedenseiche") und betrieb mit ihrem Mann Karl nach dem Krieg auch ein Feinkostgeschäft in der Gerhauserstraße.

nehmenden Fernverkehr ein Nadelöhr dar, das wegen der engen Kurven erhebliche Gefahren in sich barg. Viele Autofahrer brausten trotzdem mit viel zu hoher Geschwindigkeit hindurch. Auf Antrag des Stadtrates kam es deshalb am 22. März 1967 zum ersten Einsatz eines Radarwagens in Aichach überhaupt. Die Beute der Beamten vom Verkehrszug der Münchener Polizei war groß.

Neuen Optimismus zur Umgehungsstraße verbreitete Anfang 1968 der Arbeitskreis „Wirtschaftsraum Augsburg", der Pläne forcierte, die die Landesregierung in der Vergangenheit schon öfter in die Diskussion geworfen hatte: den autobahnähnlichen Ausbau der B 300 ab Dasing in Richtung Regensburg. Die Überlegungen des Straßenbauamtes Ingolstadt und des Autobahnbauamtes München gingen ebenfalls in diese Richtung. Landrat Josef Bestler griff die Idee auf: Einem autobahnähnlichen Ausbau der B 300 zumindest von Dasing bis Langenbruck sei der Vorzug zu geben. Allein die Kosten von 190 Millionen Mark für dieses Teilstück und der Umstand, daß Schrobenhausens Ortsumgehung (1968 in Betrieb genommen) bereits kurz vor der Fertigstellung stand, ließen die Pläne jedoch wieder in den Schubladen verschwinden. Es sollten noch viele Jahre ins Land gehen, bis die Ortsumgehung Wirklichkeit wurde.

Er war der erste Lkw-Fahrer im Kreis

Im gesegneten Alter von 84 Jahren stirbt am 15. Januar 1969 Josef Posch aus Inchenhofen. Er war nicht nur ehemaliger Bürgermeister der Marktgemeinde in der Nachbarschaft, sondern auch der erste „Lastwagen-Kraftfahrer" des Landkreises Aichach. Am 3. Januar 1911 erhielt er als erster die „Genehmigung zum Steuern von Verbrennungsmaschinen der Klasse II" und war fortan mit dem Lastkraftwagen der Kunstmühlenwerke Franz Beck aus Aichach unterwegs. Als Posch und sein Lastwagen ihren Dienst antraten, musterte die Mühle 20 Pferde aus, die bis dahin das Transportgeschäft erledigt hatten.

Die Stadtväter konzentrierten sich Anfang 1968 weiter auf den eigenen Straßenbau. Weil die teils über 60 Jahre alten Trinkwasserleitungen erneuert werden mußten und der Kanalbau wegen der neuen Kläranlage ebenfalls drängte, wurden auch die Freisinger und die Werlbergerstraße umgestaltet und ausgebaut. Als man dabei in der Gerhauserstraße (im November 1967) und in der Werlbergerstraße (im Herbst 1968) alte Knüppeldämme, Menschenknochen und die Reste mittelalterlicher Fahrbahnbeläge fand, wurde das höchstens als „Störfaktor" aus der Zeit der Vorväter angesehen – interessiert hat das nur wenige.

Die Neuverlegung beispielsweise der Wasserleitungen hatte ganz andere „Folgen": 1969 meldete das städtische Wasserwerk wegen der enormen Investitionen wieder rote Zahlen für das abgelaufene Geschäftsjahr. Der Stadtrat entschied sich deshalb in einer recht turbulenten Sitzung mit lautstarken Auseinandersetzungen für eine Anhebung des Wasserpreises um 20 auf 80 Pfennig pro Kubikmeter. Das löste bei vielen Bürgern Entrüstung aus.

Wichtige Investitionen für die Gesundheitsvorsorge

Das Kreiskrankenhaus wird gebaut

Trinkwasserversorgung und Abwasserprobleme waren für die Politiker an der Schwelle in die siebziger Jahre nur eine von vielen dringlichen Aufgaben der Daseinsvorsorge. Auch im Gesundheitswesen waren Verbesserungen notwendig. Der Kreistag trug diesen Anforderungen durch den Beschluß zum Neubau eines Kreiskrankenhauses mit 126 Betten am Kellerberg Rechnung. Das alte Stadtkrankenhaus sollte nach der Inbetriebnahme aufgelassen werden.

Im Herbst 1967, wenige Monate vor der Fertigstellung des Krankenhauses, gab es im Kreistag eine lebhafte Diskussion, denn die geschätzten Kosten von 10,9 Millionen Mark lagen inzwischen bei fast 15 Millionen Mark. Nach langer Debatte segnete der Kreistag die Mehrkosten ab. Der Krankenhausbau war bis zu diesem Zeitpunkt bereits weit fortgeschritten. Gleich nach dem Jahreswechsel begann der Aufbau der innerbetrieblichen Organisation. Die ersten Patienten konnten im Februar 1968 aufgenommen und versorgt werden. In einem Brief an die Ärzteschaft bat Landrat Josef Bestler um Verständnis für die besondere Situation, daß dringende Fälle während der Aufbauphase möglicherweise in die umliegenden Krankenhäuser überwiesen werden mußten.

Unmittelbar nach dem Jahreswechsel begann am 2. Januar 1968 der Probebetrieb im neuen Krankenhaus. Die beiden ersten Chefärzte waren Dr. Wilhelm Kick (Chirurgie) und Dr. Albert Mack (innere Medizin), Dr. Peter Paul Münzberg leitete die Gynäkologie. Zum 5. Februar 1968 meldete das Kreiskrankenhaus nach rund zweijähriger Bauzeit Dienstbereitschaft. Am ersten Tag wurden 15 Patienten aufgenommen, als jüngste die zweijährige Karin Braun aus Aichach. Zwei Wochen später meldete man volle Belegung: Von 126 Betten waren 120 besetzt. Die letzten Befürchtungen, die Bürger könnten das neue Haus vielleicht nicht so gut annehmen, waren damit verflogen. Wenige Wochen nach der Eröffnung diskutierte der Kreistag bereits über Erweiterungspläne. Als weitere Neuerung kam am 16. November 1970 die Schule für Krankenpflegehilfe hinzu, in der junge Frauen für den Pflegedienst ausgebildet wurden.

> **Andrea Szierbeck war das erste Baby**
>
> Die erste Geburt im neuen Kreißsaal läßt kurz nach der Inbetriebnahme des Aichacher Kreiskrankenhauses nicht lange auf sich warten: Am 6. Februar 1968 um 0.30 Uhr erblickt Töchterchen Andrea der Eheleute Johann und Gerda Szierbeck aus Aichach das Licht der Welt.

VERBESSERUNGEN IM BEREICH DER INFRASTRUKTUR

Das Stadtkrankenhaus wird geschlossen

Zum 31. Dezember 1967 schloß das städtische Krankenhaus Aichach offiziell. Entstanden war es aus dem Waisen- und Armenhaus und der Kinderbewahranstalt. Die Anfänge reichten in das Jahr 1870 zurück. Jahrzehntelang hatte das Haus – 1912 bis 1914 durch einen Anbau erweitert – der medizinischen Grundversorgung der Bevölkerung gedient. Die beiden Chefärzte waren zuletzt Dr. Ernst Bringmann (chirurgischer Bereich) und Dr. Josef Kern (internistische Abteilung). Die Schließung wurde im Gasthaus „Friedenseiche" mit einem kleinen Festakt begangen. Der Dank von Bürgermeister Wilhelm Wernseher galt dabei vor allem den beiden Chefärzten und dem übrigen Personal, an der Spitze die Ordensfrauen mit Oberin Dekomeda und ihrer Vorgängerin, Oberin Rodigna, die zwischenzeitlich in das Spital gewechselt war.
Fast das gesamte Personal wurde im neuen Kreiskrankenhaus weiterbeschäftigt. Wenige Tage nach der Eröffnung des Kreiskrankenhauses wurde allerdings vor dem Verwaltungsgericht in München ein Rechtsstreit wegen der Besetzung der Chefarztstelle verhandelt. Dr. Ernst Bringmann fühlte sich bei der Besetzung dieser Position übergangen und hatte auf Übernahme durch den Landkreis geklagt. Der bekannte und geschätzte Mediziner, dem Bürgermeister Wilhelm Wernseher als ehemaligen Leiter des Stadtkrankenhauses während zweier Jahrzehnte das beste Zeugnis ausstellte, führte einen monatelangen Rechtsstreit. Im April 1968 entschied das Verwaltungsgericht gegen den Aichacher Arzt: Ein Recht auf Übernahme durch den Landkreis habe nicht bestanden. Doch es kam zu einer Berufungsverhandlung, die mit einem Vergleich endete. Danach übernahm der Landkreis Dr. Bringmann in seinen Dienst und versetzte ihn sofort in den vorzeitigen Ruhestand.

Trinkwasserversorgung, Abwasser und Müll

Die Kläranlage geht 1968 in Betrieb

Die Entscheidung für den Bau eines neuen Krankenhauses war übrigens auch mit Forderungen an die Stadt verbunden: Aichach mußte eine Kläranlage bauen und seine Kanalisation – Mitte der sechziger Jahre gab es nur ein bescheidenes Leitungsnetz, das sich weitgehend auf den Stadtkern beschränkte – verbessern. Bürgermeister Wilhelm Wernseher und sein Rat standen damit vor einer gigantischen Aufgabe. Denn die Kläranlage mit 2,2 Millionen Mark Baukosten war das bis dahin größte Einzelprojekt in der Geschichte der Stadt. Der Fertigstellungstermin wurde auf den Tag der Inbetriebnahme des Krankenhauses fixiert und konnte eingehalten werden. Am Mittwoch, 20. August 1968, wurde die Kläranlage offiziell in Betrieb genommen und als eine der bedeutsamsten Einrichtungen für die Weiterentwicklung der Kreisstadt herausgestellt.

Mit der Kläranlage gelang es Wernseher und dem Stadtrat, manche Nachbargemeinde stärker in Abhängigkeit von der Stadt zu stellen. Nicht nur Untergriesbach, sondern auch Oberbernbach und Algertshausen wurde im Jahr 1970 gestattet, ihre Kanalisation an das Aichacher Klärwerk anzuschließen. Bei der Trinkwasserversorgung herrschte in vielen Gemeinden Mitte der sechziger Jahre noch enormer Nachholbedarf. Der Bau zentraler Anlagen wurde aber erschwert, weil die staatliche Förderung in weiten Gebieten des nordwestlichen Oberbayerns nur schleppend einging oder gänzlich ausblieb. Bei einem Gespräch am 11. April 1967 mit dem neugewählten Bundeswahlkreisvorsitzenden MdB Karl-Heinz Gierenstein (CSU) in Pfaffenhofen an der Ilm mahnte Landrat Josef Bestler die verzögerte Unterstützung des Freistaates an. Aichach erneuerte in jenen Tagen auch das Leitungsnetz.

> **Abschied von Stadtbaumeister Ullrich**
>
> Zum 1. November 1971 scheidet Stadtbaumeister Robert Ullrich aus dem Dienst. Seit 1953 war er Leiter des Bauamtes. In Ullrichs Amtszeit fielen Großprojekte wie der Bau von Volksschule, Kläranlage, Freibad, Wasserwerk und zweier Kindergärten sowie die Kanalisation weiterer Bereiche in der Stadt. Zum Nachfolger ernannte der Stadtrat Walter Ducrue, der im April 1967 als Mitarbeiter des Bauamtes eingestellt worden war.

Das Abfallaufkommen in der Stadt Ende der sechziger Jahre war mit der Müllflut der Gegenwart keinesfalls zu vergleichen. Allerdings nicht, weil die Bürger damals mehr Umweltbewußtsein zeigten. Ganz im Gegenteil: Die Haushalte entsorgten erhebliche Mengen Müll über den Hausbrand. Mutters Kochherd fraß praktisch alle brennbaren Überbleibsel der zu Beginn der siebziger Jahre bereits herangewachsenen „Wohlstandsgesellschaft". Was der Ofen nicht schaffte, landete oftmals in der Natur.

Viele Jahrzehnte wurde der Müll im Bereich der Flurstraße an der Paar eher ungeregelt abgelagert, und auch da war es noch üblich, Müllfeuer zu entzünden, um das Volumen weiter zu reduzieren. Später verlagerte die Stadt ihren Schuttplatz weiter nördlich in den Bereich der Kläranlage. Diese eher ungeordnete Abfallbeseitigung kostete 1970 noch zwei Mark je Tonne und Monat. Als eine Anhebung auf 2,44 Mark im Raum stand, kochte des Volkes Seele.

VERBESSERUNGEN IM BEREICH DER INFRASTRUKTUR

Aichach wird zur Schulstadt

Neubau der Realschule

Im schulischen Bereich wurden in den sechziger Jahren wesentliche Verbesserungen angestrebt, um Aichachs zentrale Position im Umland zu festigen. Als das Kultusministerium dem Kreis eine Realschule in Aussicht stellte, packte der Kreistag die Gelegenheit beim Schopf und beantragte die Errichtung dieser höheren Bildungsanstalt. Am 9. September 1964 gab das Ministerium grünes Licht. Bereits zwei Jahre darauf nahm die Schule unter Direktor Roman Antoni den Betrieb auf. Die ersten drei Klassen wurden in der städtischen Volksschule untergebracht. Zeitgleich stellte der Landkreis die Weichen für den Neubau und ging die Verwirklichung mit großem Ehrgeiz an. Viel politische Prominenz kam am 21. April 1967 zum Richtfest. Die Gesamtkosten waren auf 6,5 Millionen Mark veranschlagt. Beim Hebauf stellte Landrat Bestler heraus, der rasche Baufortschritt sei wesentlich auf die Tatsache zurückzuführen, daß die Grundstücksverhandlungen mit den Familien Werner Kapfhamer, Koch-Granvogl und Franz Gut so angenehm und schnell über die Bühne gegangen seien. Die Wichtigkeit der weiterführenden Schule für die Entwicklung der Stadt betonte Bürgermeister Wernseher. Tage später berichtete Direktor Roman Antoni stolz, daß die Anmeldungen für das neue Schuljahr alle Erwartungen übertroffen hätten. Aichach hatte damit den wichtigen ersten Schritt in Richtung „Schulstadt" getan und seine Position in der Region gestärkt. Die positive Entwicklung der folgenden Jahre machte das deutlich: Schon Ende 1969 diskutierte man wegen der vielen Anmeldungen über eine Erweiterung des Schulgebäudes, die noch 1972 in Angriff genommen wurde.

1968 – in memoriam

ANTON GRANVOGL (77), 11. April: Der Vater des Kaffeehausbesitzers war einer jener Männer, die den Kriegerverein neu belebt hatten.

BABETTE ASAM (64), 20. Juli: Sie hatte mit ihrem Mann Kaspar das Unterwittelsbacher Rasthaus und das Fuhrunternehmen aufgebaut.

DR. LUDWIG PFISTERSHAMMER (74), 19. August: Er war von 1945 bis 1956 Leiter des Staatlichen Gesundheitsamtes.

ALT-LANDRAT MAX GLÖTZL (65), 7. Oktober: Er war vom 30. Mai 1947 bis zum 31. Dezember 1962 Landrat im Kreis Aichach.

JULIUS ZENKER (68), 16. Oktober: Der Inhaber der Aichacher Metallwarenfabrik wurde am 16. Oktober Opfer eines Verkehrsunfalles.

JOSEF JAKOB (72), 21. November: Herausragende Verdienste erwarb er sich als Feuerwehrkommandant, Kreisbrandmeister und TSV-Vorsitzender.

FRITZ GUT (47), 28. November: Der Fuhrunternehmer verunglückte tödlich, als in einer metallverarbeitenden Firma in Hilgertshausen die Tragekonstruktion eines Lastkrans zusammenbrach.

Im Februar 1968 konnte das Hallenschwimmbad für den Schulbetrieb eröffnet werden. Zum 1. April wurde die Schwimmhalle für die Öffentlichkeit zugänglich gemacht. Der Zulauf war riesig: An den beiden ersten Wochenenden wurden jeweils über 350 Besucher gezählt. Im ersten Jahr tummelten sich mehr als 107 000 Gäste im Hallenbad, 1971 waren es sogar über 200 000. Dennoch war das Schwimmbad von Anfang an ein Zuschußbetrieb.

Gymnasium im Schulentwicklungsplan

Doch nicht nur die mögliche Erweiterung der neuen Realschule beschäftigte die Gremien des Kreistages. Schon 1969 stellte Landrat Bestler fest, daß die Voraussetzungen zum Bau eines Gymnasiums aufgrund der Schülerzahlen sehr günstig seien. Aichach war vom Kultusministerium zu diesem Zeitpunkt allerdings noch nicht als Standort für ein Gymnasium vorgesehen. Am 30. Juni stellte der Kreistag Antrag auf Aufnahme in den Schulentwicklungsplan: Er verpflichtete sich zur Übernahme der Trägerschaft für ein neunklassiges Gymnasium und zum Bau des notwendigen Gebäudes und beantragte ebenfalls die Genehmigung der Schule beim Kultusministerium. „Mit diesen Beschlüssen werden wir einen sehr kräftigen und sehr guten Schritt auf das Jahr 2000 zugegangen sein", wertete Landrat Bestler damals die Entscheidungen, die auch in Richtung Schulzentrum abzielten. Denn zeitgleich dachte die Stadt über den Bau der neuen Hauptschule direkt neben der Realschule nach. Im Oktober 1970 erfolgte die finanzielle Weichenstellung: Die Bürgermeisterversammlung stimmte für eine Anhebung der Kreisumlage von 40 auf 45 Prozentpunkte, um dem Landkreis die notwendigen Mittel für den Neubau des Gymnasiums und die Erweiterung der Realschule an die Hand zu geben. Damit waren von seiten des Landkreises alle Voraussetzungen geschaffen. Am 2. Dezember 1970 erhielt Bestler aus dem Ministerium die Nachricht, daß Aichach in den Schulentwicklungsplan aufgenommen worden sei.
Wohl auch im Hinblick auf die anstehende Gebietsreform beschloß der Kreistag im Februar 1972, das Gymnasium bereits im Herbst in Betrieb zu nehmen, obwohl der Bau eines Schulgebäudes noch in weiter Ferne lag. Der Kreistag entschied sich, ein Provisorium in Kauf zu nehmen und die Klassen zunächst im alten Schulhaus in Oberbernbach, in der bestehenden Aichacher Volksschule, in der Realschule (deren Anbau bereits beschlossen war) und in der neuen Hauptschule unterzubringen.

VERBESSERUNGEN IM BEREICH DER INFRASTRUKTUR

Die „Zwergschulen" sollen verschwinden

Die Reform des Volksschulwesens beschäftigte ab 1968 alle Gemeinden des Kreises. Viele Kommunen wollten ihre „Zwergschulen" aber nicht so schnell aufgeben. Heiße Debatten über die Neueinteilung der Schulsprengel gab es auch in der Stadt Aichach. Bürgermeister Wernseher hatte immer betont, daß man diese Fragen nur in enger Verbindung mit der angekündigten Gebietsreform betrachten könne, und sich gegen den Fortbestand der „Dorfschulen" in jenen Gemeinden gewehrt, die im Rahmen der bevorstehenden Gebietsreform in absehbarer Zeit ohnehin der Stadt Aichach zugeschlagen werden könnten.

Im August 1969 ordnete die Regierung von Oberbayern nach monatelangem, teils heftigem Streit in den Kommunen die Neuordnung des Volksschulwesens an. Im Grundschulbereich wurden Algertshausen, Oberbernbach, Oberwittelsbach, Untergriesbach, Unterwittelsbach und Unterschneitbach dem Schulsprengel Aichach zugeschlagen. Die neu zu bildende Hauptschule nahm darüber hinaus auch die Kinder aus Ecknach, Edenried, Gallenbach, Griesbeckerzell, Klingen, Obergriesbach, Obermauerbach, Oberschneitbach, Sulzbach, Thalhausen, Unterschneitbach und Zahling auf. In den Schulsprengel Ecknach wurden Gallenbach, Klingen, Obermauerbach und Thalhausen eingeteilt, was die Klassen eins bis sechs betraf.

Rektor Alois Baier geht in Ruhestand

Am Montag, 19. Juli 1971, wird Volksschulrektor Alois Baier in den Ruhestand verabschiedet. 1947 kam der Pädagoge nach Aichach, um 1959 die Leitung der Knabenvolksschule zu übernehmen. 1969 wurde Baier Rektor der neugebildeten Hauptschule. Sein Nachfolger an der Hauptschule ist Anton Hammer. Die Grundschule leitet ab 1971 Luise Müller. Am 27. Januar 1973 stirbt Alois Baier im Alter von erst 63 Jahren.

Entscheidung für eine neue Hauptschule

Die Reform stellte so manche Gemeinde vor finanzielle Probleme, weil neue Schulräume gebraucht wurden. Aichach diskutierte ab dem Sommer 1969 intensiv über die Erweiterung der Volksschule an der Ludwigstraße, um darin die neue Hauptschule unterzubringen. Die Entscheidung zur weiteren Nutzung der Schule in Oberbernbach für die Klassen eins bis vier gestattete dem Stadtrat in dieser Frage aber eine kurze Verschnaufpause. Ende 1969 kristallisierten sich schließlich ein Anbau an die bestehende Volksschule oder der Neubau einer Hauptschule als einzig mögliche Alternativen heraus. Im April 1970 machte sich auch der Elternbeirat für einen Neubau im Bereich der Realschule stark.

Plötzlich lag die große Lösung auch als Modell auf dem Tisch: Architekt Heiner Gruber hatte nicht nur Entwürfe für einen Anbau an die Volksschule ausgearbeitet, sondern präsentierte dem Stadtrat am 24. April für viele völlig überraschend auch ein Modell für einen Neubau an der Realschule, die er ebenfalls geplant und gebaut hatte. Ein Schulzentrum zwischen der Freisinger und der ehemaligen Krankenhausstraße (heute Schulstraße), in dem neben der Realschule die Hauptschule und das inzwischen geforderte Gymnasium entstehen sollten? Obwohl mancher Bürgermeister im Schulverband das auf 5,2 Millionen Mark veranschlagte Neubauvorhaben wegen der hohen Kosten zunächst noch äußerst skeptisch betrachtete, fand die Idee schnell zahlreiche Befürworter. Der Kreis überließ der Stadt schließlich die ausersehene Fläche im Erbbaurecht. Damit waren die Würfel endgültig gefallen. Einmal mehr hatten Landrat Bestler und der Kreistag einen Klimmzug unternommen, um das Schulzentrum zu verwirklichen und die Position der Kreisstadt zu verbessern. Im März 1971 wurde mit dem Schulhausbau begonnen, im Dezember war bereits Hebauf. Die Zeit drängte: Die Inbetriebnahme war fest auf das Jahr 1972 terminiert.

Die TSV-Halle war das Zentrum für Kultur und Sport.

Umstrittenes Turnhallenprojekt

Im Januar 1969 forderte der Elternbeirat auch dringend den Bau einer Schulturnhalle, weil ein zeitgemäßer Sportunterricht nicht mehr durchzuführen war. Neben der TSV-Halle stand bislang nur der Platz des Turnvereins zur Verfügung. Als Kreisbaumeister und Stadtrat Alex Rehle im April 1969 im Stadtrat davon berichtete, daß die Aussichten auf hohe Zuschüsse für eine Turnhalle sehr günstig seien, handelte man rasch. Anfangs war von einem fünf Millionen Mark teuren Projekt die Rede. Die ehrgeizigen Pläne zum Bau einer großen Dreifachturnhalle, in der auch die Vereinssportler eine Bleibe finden könnten, mußten allerdings zurückgeschraubt werden. Sehr zum Leidwesen der Hallensportler, vor allem der Handballer. Als der Stadtrat wegen der anderen dringenden Investitionen im Sommer 1970 und unter dem Druck der Bürgermeister im Schulverband nur eine Doppelturnhalle und damit die kleine Lösung favorisierte, protestierten die Sportler: Eine solche Entscheidung sei „wenig weitsichtig", weil die Ausmaße für viele Hallensport-Wettkämpfe überhaupt nicht ausreichend seien. Einem taktischen Schachzug gleich kam zunächst die Erklärung von Bürgermeister Wernseher in der Stadtratssitzung am 23. Oktober 1970: Dabei wurden dem BCA 100 000 Mark Zuschuß für den Bau der Paarplätze bei der Kläranlage gewährt und gleichzeitig ein großes Sportzentrum auf diesem Areal in Aussicht gestellt. Und zwar mit Eislaufplätzen und einer großen Halle für Schulen und Vereine. Solchermaßen „ruhiggestellt" nahmen die Vereine dann die kleine Lösung an der Volksschule hin, deren Fertigstellung für 1972 vorgesehen war.

Das „spanische Rohr" ist passé

„Das Kultusministerium hat eine Änderung der Schulordnung erlassen, die die Erziehungsmaßnahmen und die Schulstrafen betrifft. Körperliche Strafen sind als Erziehungsmittel nicht mehr vorgesehen", heißt es in einer Meldung der Aichacher Zeitung am Samstag, 11. Juli 1970, unter der Überschrift „Das spanische Rohr gehört der Vergangenheit an". Die Realität sieht allerdings in vielen Klassenzimmern etwas anders aus: Es dauert noch einige Zeit, bis es wirklich keine „Tatzen" mehr gibt ...

Doch tatsächlich führten andere Umstände dazu, daß die städtischen Pläne für eine „Großturnhalle" bald wieder ad acta gelegt wurden: Weil der Landkreis den Bau des Gymnasiums im künftigen Schulzentrum vorsah, erschien dem Kreisausschuß im Dezember 1970 dort auch der Bau einer großen Sporthalle als logische weitere Investition. Die Stadt konnte angesichts dieser Nachricht getrost abwarten.

Die Sonderschule zieht ins alte Stadtkrankenhaus

Längst bevor das Stadtkrankenhaus seine Pforten schloß, gab es Diskussionen über die künftige Verwendung des Gebäudes. Schnell war die Rede von einem „Kulturzentrum", das man inmitten der Stadt – umgeben von der „grünen Lunge" des Krankenhausparkes – schaffen könnte. Diese Idee wurde nur teilweise verwirklicht: Das Heimatmuseum durfte den älteren Gebäudeteil für sich in Anspruch nehmen und im August 1968 einziehen.
Das Schulamt stellte gleich nach der Schließung des Krankenhauses den Antrag, in dem Haus die „Sondervolksschule für körperlich und geistig behinderte Kinder" installieren zu dürfen. Die Sonderschule war bis dahin noch in den Räumen der Volksschule untergebracht. Bei einer CSU-Versammlung am 21. März 1968 betonte Stadtrat und Schulreferent Hannes Meisinger, daß die Sonderschule der Stadt „längst über den Kopf gewachsen ist", weil sie behin-

derte Kinder aus allen Gemeinden des Landkreises betreute. Die Raumnot zwinge förmlich dazu, der Schule im alten Stadtkrankenhaus eine neue, eigene Bleibe zu geben. Allerdings müßte dann auch die Frage der Trägerschaft neu überdacht werden. Landrat Bestler sah zwei Alternativen: die Gründung eines Sonderschulverbandes, in dem alle Kreisgemeinden Mitglied werden, oder aber eine kreiseigene Sonderschule, deren Finanzierung allerdings eine erhebliche Steigerung der Kreisumlage mit sich bringen würde.
In der Sonderschule wurden im Schuljahr 1968/69 114 Buben und Mädchen betreut, fast 75 Prozent kamen aus den umliegenden Gemeinden. Das gab am 17. September 1968 auch den Ausschlag für die Zustimmung im Kreisausschuß zur Übernahme der Trägerschaft durch den Landkreis. Das Gremium gewährte rund 510 000 Mark Zuschuß für den Umbau des Osttraktes im alten Aichacher Stadtkrankenhaus. Am 9. September 1969 erfolgte die offizielle Einweihung. Wesentliche Aufbauarbeit hatte der junge Sonderschullehrer Walter Voglgsang geleistet, der schließlich mit Wirkung zum 1. September 1971 auch Rektor der neuen Schule wurde.

> **Die Lebenshilfe wird gegründet**
>
> Am Mittwoch, 2. Februar 1972, wird im „Ziegler"-Saal die Lebenshilfe gegründet. Die karitative Vereinigung hat sich die Unterstützung geistig und körperbehinderter Menschen zum Ziel gesetzt. Zum Vorsitzenden wählen die Gründungsmitglieder Hans Behr aus Aichach.

Neugliederung im Berufsschulwesen

Im Sommer 1968 wurde auf Vorschlag der Schulabteilung der Regierung von Oberbayern eine Neugliederung des Berufsschulwesens vollzogen. Die Landkreise Aichach, Dachau, Pfaffenhofen und Schrobenhausen tauschten Berufsschüler aus. Bestimmte Bereiche wie Maler, Maurer oder Elektriker wurden in Aichach unterrichtet, Fachschüler anderer Berufsgruppen wurden in den benachbarten Kreisen ausgebildet.
Vier Jahrzehnte lang hatte der „Gewerbelehrer" und Kreisheimatpfleger Hans Schmid als Direktor die Entwicklung der gewerblichen Aichacher Berufsschule maßgeblich beeinflußt. Im Juli 1968 wurde Schmid im Rahmen einer Dienstbesprechung in Altötting in den Ruhestand verabschiedet. Tage später nahmen auch die Schule, die Vertreter der Stadt und der Landkreis Abschied bei einer Feierstunde. „Eine Institution geht", betonte Bürgermeister Wilhelm Wernseher. Nachfolger von Hans Schmid wurde Anton Pechter, der ein Jahr später – am 24. Oktober 1969 – das 100jährige Jubiläum der Berufsschule mitfeiern konnte.

VERBESSERUNGEN IM BEREICH DER INFRASTRUKTUR

Die landwirtschaftliche Berufsschule Aichach hatte zu diesem Zeitpunkt bereits mit zurückgehenden Schülerzahlen zu kämpfen. Bei der Vollversammlung des Berufsschulverbandes im Juli 1968 verwies Altomünsters Bürgermeister Dr. Wolfgang Drach mit Sorge auf diesen Umstand. In dieser Zeit wurde die endgültige Schließung der landwirtschaftlichen Berufsschule des Marktes Aindling und ihre Angliederung an Aichach beschlossen.

Zweiter Kindergarten im Holzgarten

Nicht nur für die Schüler, sondern auch für die ganz kleinen Aichacher mußte gesorgt werden. Ende der sechziger Jahre spitzte sich die Situation im städtischen Kindergarten neben dem alten Stadtkrankenhaus zu. Lange wurde über einen Anbau nachgedacht, am Ende aber doch ein Neubau ins Auge gefaßt, der im ehemaligen Holzgarten an der Auenstraße verwirklicht werden sollte. Weil ein Neubau nicht rechtzeitig realisiert werden konnte, wurde das alte Wasserwerk an der Martinstraße kurzerhand etwas umgebaut und darin ein provisorischer Kindergarten eingerichtet. Im September 1970 zog dort Schwester Hildburga mit 45 Buben und Mädchen ein. An der Holzgartenstraße konnte der Betrieb im Herbst 1971 aufgenommen werden.

VHS: Einzigartige Erwachsenenbildung

Den Bildungshunger der Erwachsenen stillte schon seit 1947 die Volkshochschule, die 1954 eine Außenstelle im Markt Pöttmes gründen konnte. Anläßlich des 20jährigen Bestehens wurde allerdings nicht nach Aichach, sondern nach Altomünster eingeladen, wo die VHS ihr Jubiläum mit einem Volksmusikabend im Saal des Gasthauses „Maierbräu" feierte. Den Abend hatte Kreisheimatpfleger Otto Killi aus Kleinberghofen – ein großer Freund und Förderer der Volksmusik – organisiert. Die Bildungseinrichtung für Erwachsene war in jener Zeit einzigartig im weiten Umkreis. Allein von 1957 bis 1967 nahmen über 40000 Hörer und Teilnehmer das Angebot wahr.
Als Hans Schmid 1969 die Leitung der Volkshochschule abgab, wurde er bei einer Festsitzung des Kuratoriums im Nebenzimmer der Gaststätte „Müllerbräu" von Stadtrat und Schulreferent Hannes Meisinger belobigt. Schmids Nachfolger wurde der Lehrer Anton Gföllner. Gleichzeitig nahm Geschäftsführer Kurt Hesral seinen Abschied. Im November 1970 wurden Hans Schmids Verdienste während seiner 22jährigen Tätigkeit für die VHS auch mit dem Bundesverdienstkreuz gewürdigt.

Zum 25jährigen Jubiläum der VHS gab es einen Wechsel in der Führungsspitze. Kunstmühlendirektor Josef Erhard legte den Vorsitz im Kuratorium nieder. Seine Funktion übernahm Hannes Meisinger. Anton Gföllner gab gleichzeitig die Geschäftsführung ab. Sein Nachfolger wurde Norbert Körffer.

Neuigkeiten im Nachrichtenwesen

1968 gab es erst zwei Fernschreibgeräte

Im September 1967 trug auch die Bundespost der steigenden Bedeutung der Stadt Rechnung. Die Linien der Postomnibusse in die Umlandgemeinden wurden verstärkt und damit Aichachs zentrale Funktion unterstrichen. Hinzu kamen im Herbst 1967 Investitionen im Fernmeldebereich. Die Geschichte des „Telefonwesens" reichte zwar bis in das Jahr 1899 zurück, doch die Zahl der Anschlüsse war gering. Im Sommer 1968 entschied sich die Bundespost zum Bau des neuen Fernmeldegebäudes am Forellenweg, um die Kapazitäten der Vermittlungsstelle zu vergrößern. 1968 lagen aus dem Landkreis 94 Anträge auf ein Telefon vor, 38 kamen aus dem Stadtgebiet, in dem es 398 Anschlüsse für Telefon und zwei für Fernschreibgeräte gab.
Das neue Fernmeldegebäude kostete knapp zwei Millionen Mark, die technische Ausstattung der Knotenvermittlungsstelle verschlang nochmals über 3,1 Millionen Mark. Am 13. Oktober 1969 morgens um sechs Uhr wurde umgestellt. Mit diesem Zeitpunkt änderten sich zahlreiche Rufnummern von Firmen und Privatpersonen, die dreistelligen verschwanden ganz. Schon vier Wochen nach Inbetriebnahme der Vermittlungsstelle meldete die Post, daß die Aichacher rund 7000 selbstgewählte Ferngespräche geführt hätten. Die Zahl der Anschlüsse im Stadtgebiet war fast sprunghaft auf 1245 gestiegen, die Warteliste auf ein Telefon nahezu abgebaut.
Aichach besaß 1969 ganze zwei öffentliche „Münz-Fernsprechgeräte". Später stellte die Post zwei neue Telefonhäuschen an der Münchener Straße auf Höhe des Vermessungsamtes und an der Schrobenhausener Straße auf. Beide Zellen besaßen den modernen „Fernwählanschluß". Ab 1971 wurde schrittweise der „Selbstwählferndienst" für alle Telefonanschlüsse geschaltet. Das „Fräulein vom Amt" hatte seinen Arbeitsplatz endgültig verloren.
Wer das Geld hatte, besaß 1970 bereits ein Autotelefon. Die „Funksprechgeräte" der Bundespost für den fahrbaren Untersatz waren allerdings sehr teuer: Über 6000 Mark kostete das Gerät, die monatliche Grundgebühr lag bei 65 Mark. Trotzdem: Sechs Kreisbürger – darunter drei aus Aichach – konnten sich diesen Luxus damals bereits leisten.

Auch an der Verbesserung des Fernsehempfanges wurde gearbeitet. Am 1. Juli 1967 gab es in den Elektrogeschäften bereits die neuartigen Geräte zu sehen, die von 8 bis 10 und von 14 bis 16 Uhr die Testsendungen zum Farbfernsehen ausstrahlten. Am 25. August wurde die beliebte Unterhaltungssendung „Der goldene Schuß" erstmals in „Farbe" ausgestrahlt. Die Mehrzahl der Aichacher Fernsehempfänger sah die Sendung freilich noch in „Schwarzweiß". Die Bundespost bastelte zu der Zeit noch an der Verbesserung der Empfangsqualität für die konventionellen Geräte: Ein Verstärkerturm bei Klingen sollte das „Zweite" und das „Dritte" mit schärferem Bild in die Haushalte bringen. Im November 1970 ging die Anlage in Betrieb.

Neuer Friedhof am Hennentalweg

Ab 1966/67 kristallisierte sich heraus, daß der Gottesacker im Herzen der Stadt langsam zu klein wurde. Bei einer Versammlung im Frühjahr 1967 sprach sich der CSU-Ortsverband unter seinem neuen Vorsitzenden Josef Käuferle für die Erweiterung des Friedhofes auf dem Gelände des angrenzenden Barackenlagers an der Krankenhausstraße aus. Der Stadtrat diskutierte lange über die Frage Erweiterung oder Neuanlage. Anfang April meldete Bürgermeister Wernseher für manche etwas überraschend den Kauf eines 9,5 Hektar großen Areals östlich der Strafanstalt am Hennentalweg zum Preis von 520 000 Mark. Dort könne der neue Friedhof angesiedelt werden. Bei der Bürgerversammlung am 23. Juni 1967 entschied sich die Mehrheit der Aichacher für den neuen Friedhof am Stadtrand. Der wurde im Frühjahr 1971 fertiggestellt. Am Mittwoch, 31. März, fand die erste Beerdigung statt: Fanny Gruber, die im Alter von erst 56 Jahren verstorben war, fand ihre letzte Ruhestätte im neuen Gottesacker am Hennentalweg.
Die Grundstücke, die man nicht für den Friedhof benötigte, sollten dem Wohnungsbau vorbehalten bleiben. Die Erschließung wurde im Oktober 1967 in Auftrag gegeben. Damit waren die Weichen für eine weitere Bevölkerungszunahme gestellt. Und zwar in enger Abstimmung mit dem Landkreis, dem fast die gesamte Kreisgutwiese gehörte. Als zum Jahresende genauere Zahlen vorlagen und sich herausstellte, daß die nötige Infrastruktur über 1,6 Millionen Mark kosten würde, gewährte der Landkreis auch noch einen Zuschuß von 420 000 Mark. Das Interesse an den Bauplätzen war groß. Kein Wunder, denn der Quadratmeter kostete nur 40 Mark.

Wernsehers „Coup" mit dem „Haselberger-Gelände"

Während die gedeihliche Entwicklung der Kreisstadt beim Wohnungsbau in den Jahren 1968/69 durch die Ausweisung der „Kreisgutwiese" gesichert war, fehlte es an Flächen für Industrie und Gewerbe. Fieberhaft wurde danach gesucht, doch viele Verhandlungen zerschlugen sich. Am 14. Februar 1969 kam dann die überraschende Nachricht: Bürgermeister Wilhelm Wernseher hatte praktisch im Alleingang das Haselberger-Gelände an der Münchener Straße gleich im Anschluß an das Areal der Strafanstalt gekauft. 1,2 Millionen Mark hatte er für die 80 Tagwerk Grund bezahlt – der Stadtrat sanktionierte den „Coup" des Bürgermeisters nachträglich. „Gegen die Schnelligkeit des Stadtoberhauptes war kein Kraut gewachsen", schrieb die Aichacher Zeitung.

Das Areal wurde für Wohnbebauung und Gewerbe aufgeteilt. Im Juli 1970 präsentierte der Stadtrat die Pläne für eine „Trabantenstadt" auf einem Teilbereich des Haselberger-Geländes an der Münchener Straße, in der 1400 Menschen eine Wohnung finden sollten. Zu diesem Zeitpunkt war die finanzielle Lage der Stadt allerdings sehr angespannt. Die Frage, ob Steuererhöhungen notwendig seien, um die neue Hauptschule, den zweiten Kindergarten, die Turnhalle oder den neuen Friedhof bauen und gleichzeitig das Neubaugebiet erschließen zu können, führte im Stadtrat zu hitzigen Wortgefechten. Am Ende lenkte auch die CSU ein und stimmte der Anhebung der Hebesätze zu. Wenige Tage vor seinem Ausscheiden aus dem Bürgermeisteramt vollzog Wernseher am Montag, 19. Juni 1972, den Spatenstich für die Erschließung der „Trabantenstadt".

1969 – in memoriam

KARL BAUER (67), 9. Januar: 50 Jahre lang war der Bäckermeister engagiertes Mitglied im TSV.

MATTHÄUS REICHART (89), 6. Februar: Der Steinmetzmeister war 1945 drei Monate kommissarischer Bürgermeister und bis Juni 1946 Landrat im Kreis.

AUGUST RAMMELSBERGER (73), 31. März: Seit 1945 war der bekannte Waidmann Kreisjagdberater.

THOMAS MICHL (73), 4. Juni: Der Metzgermeister und Gastwirt der „Friedenseiche" war ein beliebtes Original vom „alten Schlag".

PETER LINZENKIRCHNER (67), 19. Juni: 21 Jahre saß der SPD-Mann im Nachkriegs-Stadtrat.

MARTIN FRIEDL (66), 24. Juli: Der Unterschneitbacher war seit 1951 Vorstandsvorsitzender im Milchwerk, nach dem Krieg Gründungsmitglied des Kreistages und des Bezirkstages, von 1946 bis 1966 Gemeinderat und 17 Jahre zweiter Bürgermeister von Unterschneitbach.

ALFRED GRIMM (49), 1. September: Der Handschuhfabrikant stammte aus dem Sudetenland und hatte sich 1952 in Aichach selbständig gemacht.

LORENZ HASLER (63), 19. November: Er war Bürgermeister (1950 bis 1955) und Gemeinderat (seit 1956) von Obermauerbach.

VERBESSERUNGEN IM BEREICH DER INFRASTRUKTUR

Wasserwirtschaftliche Bereiche

Regulierung der Paar scheitert an den hohen Kosten

Seit jeher prägte der Lauf der Paar das Leben in der Stadt. Und wenn es nur die Hochwasser waren, die im Frühjahr die Wiesen überfluteten. Die zu zähmen war eines der Ziele der großen Flußregulierung im Dritten Reich. Mit zweifelhaftem Ergebnis: Viel Natürlichkeit des Flusses wurde damals zerstört. Als man im Winter 1967 Hochwasserschäden an der Paar ausbesserte, wurden nach einer Meldung des Wasserwirtschaftsamtes „endlich auch" die Reste der alten Mühle bei Walchshofen beseitigt. „Die Entfernung von sechs Pfeilern mit einem Durchmesser von mehr als 60 Zentimetern machte besondere Schwierigkeiten." Bis zu zwei Meter tief ruhten die Fundamentsäulen einer mittelalterlichen Mühlenanlage noch damals im Schlamm des Flusses. Die Fichtenstämme wirkten nach einer Zeitungsmeldung von damals „wie neu", als sie „gezogen waren".
1967 gab es weitere ernsthafte Bemühungen, den Wasserlauf oberhalb der Stadt in ein künstliches, neues Bett zu zwingen und zu zähmen. Die Hochwasser des Jahres 1966 hatten die Ufer an der Paar in Richtung Sulzbach stark in Mitleidenschaft gezogen. Auch das Bett des Flutgrabens wurde teilweise zerstört und mußte erneuert werden. Als Vorsitzender des Wasserverbandes Paar legte Bürgermeister Wernseher den Landwirten zwei Alternativen vor: einmal die reine Reparatur, die sich nach Berechnungen des Wasserwirtschaftsamtes Ingolstadt auf rund 40 000 Mark belaufen würde; zum anderen eine gleichzeitige Flußregulierung, von der man sich auch eine Entschärfung der Hochwassersituation versprach. Die zweite Alternative verwarf die Mitgliederversammlung im „Café Koch" schon wegen der immensen Kosten von über 1,1 Millionen Mark. Die Verbandsmitglieder stimmten mit großer Mehrheit für reine Reparaturmaßnahmen, die ihrer Meinung nach ohnehin schon viel zu sehr ins Geld gingen: Die Umlage pro Hektar Acker oder Wiese am Fluß stieg von 20 auf 100 Mark. Die Erhöhung wurde zähneknirschend in Kauf genommen. Diese Entscheidung – obwohl rein aus Kostengründen gefällt – bewahrte dem Flußlauf im Bereich von Unterschneitbach und Ecknach seine weitgehende Ursprünglichkeit. Im Januar 1970 wurde die Paar zum Gewässer zweiter Ordnung aufgestuft und fiel damit in die Zuständigkeit des Bezirks Oberbayern,

75 Jahre Kreisfischereiverein

Ende November 1969 feiert der Kreisfischereiverein Aichach sein 75jähriges Bestehen. Längst ist Karl Gerum Vorsitzender der Petrijünger. Für seine Verdienste um die Fischerei wird er vom oberbayerischen Verbandsdirektor Schauer mit der goldenen Ehrennadel des Verbandes ausgezeichnet.

der fortan auch die Kosten für Baumaßnahmen tragen mußte. Die Grundstücksbesitzer an den Ufern waren entlastet, der Wasserverband konnte sich auflösen.

Das Griesbacherl wird verrohrt

Als dereinst noch die Rotgerbereien in der oberen Vorstadt in Betrieb waren, lieferte das Griesbacherl diesem Handwerk das erforderliche Frischwasser. Im Lauf der Jahrhunderte schwand diese Bedeutung des Wasserlaufes, der sich von Untergriesbach kommend gleich an der Stadtgrenze in zwei Arme teilte und als „oberes" und „unteres" Griesbacherl durch die Stadt plätscherte. Weil es städtische Verkehrsplanungen behinderte, teilweise auch die bauliche Entwicklung im Kernstadtbereich einschränkte und sein Hochwasser schnell über die Ufer und in die Keller der angrenzenden Häuser lief, wurde das „obere Griesbacherl" 1969 per Rohrleitung in das „untere" umgeleitet.
Auch die Hochwasserfreilegung von Ecknach beschäftigte Anfang 1970 den Aichacher Stadtrat. Die Gemeinde bekam die Erlaubnis, das Hochwasser aus dem Warmbach in den Flutgraben einzuleiten. Allerdings war dafür eine Weiterführung des Flutgrabens in Richtung Ecknach nötig, was nicht nur die Querung der Bundesstraße 300, sondern auch der Paar notwendig machte. So entstand ein „technisches Wunderwerk" der Wasserbauer: der Paar-Düker in Richtung Unterschneitbach – seither unterquert der Fluß den Flutgraben.

Hochwasser 1968: Die Straße nach Unterschneitbach ist überflutet.

Landkreisreform: „Bayerisches Herzland" wird schwäbisch

1968 erste „Pläne für eine kommunale Neugliederung"

Kreitmeir warnte: „Stammesmäßige Zugehörigkeiten" nicht trennen

Für viele Bürger der Stadt und des Landkreises ist die Zeit um das Jahr 1972 „dunkelste Vergangenheit". Der urbayerische Landkreis Aichach wurde dem Regierungsbezirk Schwaben zugeschlagen. Plötzlich als Schwaben zu gelten – das gärte und kochte in des Volkes Seele. Althergebrachtes Stammesdenken, das Jahrhunderte brav in den Herzen der Menschen dahingeschlummert haben mag, brach mit einem Male wieder durch. Doch wer behauptet, die Gebietsreform sei Knall auf Fall über die Altbayern hereingebrochen, der irrt. Schon Jahre vor dem historischen Datum 1. Juli 1972 hat es klare Anzeichen dafür gegeben, daß eine Neuaufteilung der bayerischen Verwaltungsstrukturen erfolgen würde. Und zwar nicht bloß durch Zwang und Druck der Ministerien, sondern auch auf freiwilliger Basis, wie es selbst in zahlreichen Fällen in Aichach und im Altlandkreis der Fall war. Die Entwicklung Aichachs muß ganz besonders in diesem Punkt in enger Verknüpfung mit der des Altlandkreises betrachtet werden. Gerade die Gebietsreform ist ein Paradebeispiel dafür, wie sehr Stadt und Land im Laufe der Jahrzehnte davor Hand in Hand gegangen waren. Deshalb wird zunächst die große Reform im Altlandkreis dargestellt.
Bereits im Februar 1968 wurden „Pläne für eine kommunale Neugliederung in Bayern" bekannt. Innenminister Bruno Merk setzte sich für die Abschaffung der „Zwerg-Gemeinden" mit oft nur 300 bis 500 Einwohnern oder weniger ein. Daß diese Reformpläne auch die flächenmäßige Neubildung der Regierungsbezirke zum Inhalt haben könnten, „schwante" vielen Bürgern damals freilich noch nicht. Zumal Ministerpräsident Dr. Alfons Goppel den Landkreis erst im Mai 1968 besucht und dabei betont hatte: „Das Aichacher Gebiet ist bayerisches Herzland." Und das – so mögen viele geglaubt haben – könne ja auch in Zukunft nur in Oberbayern liegen. Spätestens am 26. Sep-

tember 1968 schrillten allerdings die Alarmglocken in den höchsten Tönen: Die Aichacher Zeitung hatte unter der Überschrift „Gegen die Aufsaugung oberbayerischer Gebiete" von einer Sitzung des oberbayerischen Bezirkstages am 24. September berichtet, in der ganz konkret über eine mögliche Neuaufteilung der Region Augsburg debattiert wurde. Bezirkstagspräsident Georg Klimm, Vizepräsident Dr. Hans Schmitt-Lermann und der Bezirkstagsabgeordnete des Stimmkreises Aichach-Dachau, Josef Kreitmeir aus Gartelsried, warnten: Es sei in keiner Weise im Sinne der Bevölkerung, wenn „altgewachsene, stammesmäßige Zugehörigkeiten" durchtrennt und mißachtet würden.

Am 4. November 1968 entschied sich der Kreistag allerdings erst einmal für eine ganz andere Lösung: Die Landesplanung hatte in ihren Neuordnungsentwürfen zunächst einen Sonderbezirk unter der Bezeichnung „Grüne Region" vorgeschlagen. Darin sollten sich alle Kreise zusammenschließen, die unter der Sogwirkung verschiedener Ballungsräume standen. Den Kreisen Aichach, Schrobenhausen, Pfaffenhofen und Erding war die Eingliederung in diese „Grüne Region" zunächst in Aussicht gestellt worden. Im Kreistag gab es aber schon deutliche Stimmen: Die wirtschaftlichen Verflechtungen mit der Stadt Augsburg seien bereits so stark, daß man auch die Eingliederung in die Region Augsburg ins Auge fassen müsse. Tage später bekam Josef Bestler bei der Landratswahl am 11. Juni 1968 85,7 Prozent der Stimmen und damit einen deutlichen Vertrauensbeweis, obwohl Kreisbaumeister Alex Rehle überraschend gegen ihn kandidiert hatte.

Einen Tag vor der Landratswahl hatte im Unterwittelsbacher Rasthaus ein Seminar der Hanns-Seidl-Stiftung stattgefunden, bei dem sich Staatssekretär Hugo Fink vom Innenministerium vor 100 Kommunalpolitikern für eine Ver-

1970 – in memoriam

RAIMUND SPECHT (61), 4. März: Seit 1938 führte der leidenschaftliche Virginia-Raucher mit besonderer Abneigung gegen jeglichen Bürokratismus die elterliche Gastwirtschaft am Oberen Tor.

DR. HEINRICH ARNDT (103), 11. März: Er war der älteste Bürger der Stadt und stammte aus Oberschlesien.

KONRAD WOHLMUTH (83), 5. April: Der „Hauderer" war Aichachs letzter Gerber, Ehrenmitglied bei der Feuerwehr, dem Roten Kreuz und den Tell-Schützen.

FRANZ SCHIFFMANN (52), 21. Mai: Seit 1946 war der Oberbernbacher Kreisfachberater für Gartenbau und Landschaftspflege. Außerdem gehörte er dem Aufsichtsrat der Baugenossenschaft an.

JOSEF KEPPELER (76), 15. Juni: Der ehemalige Leiter des Ausgleichsamtes des Landkreises war auch leidenschaftlicher Turner und Funktionär im TSV.

WILLI BÖSL-SCHWARZ (39), 9. Juli: Der bekannte Jäger und Schützenmeister war im Haus der Familie Bösl in Aichach aufgewachsen.

FRITZ KAPFHAMER (79), 23. Juli: Er war ein Nachfahre der Brauerei- und Gutsbesitzerfamilie „Zum Garaus".

XAVER BAUER (65), 11. August: Der „Verl" führte seit 1960 das traditionsreiche Gasthaus „Zum Bauerntanz".

KARL BAUER (69), 10. Novemver: Der Schlosser war Gründungsmitglied und kurzzeitig Vorsitzender des BC Aichach.

waltungs- und Gebietsreform in Bayern aussprach. Am 28. November 1968 rang sich der Kreistag dann zu einem Beschluß durch, der durchaus als „Signalwirkung" für das Innenministerium in München gelten konnte: „Der vorgelegten regionalen Zuteilung des Kreisgebietes Aichach zur Region Augsburg stimmt der Kreistag zu. Dabei wird besonders darauf hingewiesen, daß der südöstliche Teil des Landkreises Aichach zur Region München tendiert und in die Planungen der Region München einbezogen werden soll." Damit war bereits der Grundstein für die heutige Konstellation gelegt.

Im Juni 1969 brachte die Regierung von Oberbayern dann einen Gesetzentwurf ein, der die Bildung von Verwaltungsgemeinschaften vorsah. Ganz konkret wurde damals auch über die Vergrößerung des Kreisgebietes gesprochen. In der Diskussion stand die Zusammenlegung mit den Nachbarlandkreisen Schrobenhausen oder Friedberg.

Fast zeitgleich gab der „Planungsverband äußerer Wirtschaftsraum München" bekannt, daß der Raum Altomünster in die Regionalplanung München einbezogen werden solle. Altomünsters Bürgermeister Dr. Wolfgang Drach informierte darüber am 20. September 1969 seinen Gemeinderat. Am 28. November 1969 respektierte der Aichacher Kreistag diesen Wunsch, den neben Altomünster auch die Gemeinden Kleinberghofen, Oberzeitlbach und Stumpfenbach ausgesprochen hatten.

Für den 31. Januar 1970 hatte sich Innenminister Dr. Bruno Merk in Aichach angekündigt, um vor der CSU auch über die kommunale Neugliederung zu sprechen. Der Minister kam dann überraschend doch nicht persönlich, sondern schickte seinen Staatssekretär Hugo Fink, der allerdings ganz im Sinne Merks sprach: Die Gemeinden bräuchten moderne Strukturen und Verwaltungsformen, um leistungsfähig zu bleiben, weshalb es zu Zusammenschlüssen kommen müsse. Das Thema Landkreisneugliederung klammerte Fink allerdings fast völlig aus: Über die mögliche Neuaufteilung der Kreisgebiete gebe es noch keine konkreten Vorschläge.

„Mit dem Landkreis fällt auch unsere Stadt Aichach"

Im Januar 1971 kam eine kleine Lawine ins Rollen: „Der Kreis Aichach dürfte in einen neuen Kreis im Osten der Region Augsburg eingebracht werden", erklärte Innenminister Bruno Merk am 18. Januar in München vor der Presse, als er die Grundzüge der Pläne für die Gebietsreform erläuterte. Diese „Einbringung" konnte nur eines bedeuten: Der Kreis Aichach wird dem Landkreis Friedberg „einverleibt" und damit schwäbisch. Spätestens ab diesem Zeitpunkt war klar, daß der Verlust der Eigenständigkeit des Kreises und

des Sitzes der Landkreisverwaltung drohte. Bei der Stadtratssitzung am Freitag, 29. Januar, griff Wernseher das Thema auf und bat mit mahnenden Worten um einen fraktionsübergreifenden Schulterschluß: „Mit dem Landkreis fällt auch unsere Stadt Aichach!" Wenige Tage später beschäftigte sich die Kreisvorstandschaft der CSU im Gasthaus „Stieglbräu" im Beisein des neugewählten Landtagsabgeordneten Dr. Herbert Huber mit dem Thema. Die Diskussion mündete in eine klare Forderung: Aichach muß Kreisstadt bleiben. Die Spitzenverbände der SPD zogen nach. Kreisvorstandschaft, Ortsverein Aichach und die Kreistagsfraktion der Sozialdemokraten schlossen sich dem politischen Gegner diesmal im vollen Umfang an.
Am 4. Februar 1971 sorgte der Augsburger Regierungspräsident Frank Sieder in einer Besprechung bei der Regierung von Schwaben zunächst für etwas Beruhigung: Der Kreis Aichach solle nicht im Landkreis Friedberg aufgehen, sondern mit ihm zusammen einen neuen Landkreis mit „altbayerischer Prägung" bilden. Ob Aichach oder Friedberg Kreisstadt werde, müsse nach sachlicher Abwägung aller Argumente entschieden werden. Damit konnte man vorerst aufatmen: Aichach wird zwar schwäbisch, hat aber noch Chancen, den Sitz der Verwaltung und damit das wesentlichste Instrument des neu zu bildenden Landkreises in seinen Mauern zu behalten.

Paulus Glaswinker ruft zur Demonstration auf

Während Sieders Prognose aus der Sicht der Kommunalpolitiker noch einigermaßen befriedigend sein konnte, wollten sich die Bürger damit keineswegs abfinden. „Aichach bleibt bei Oberbayern", hieß der Slogan, der auf Autos und Transparenten prangte. Am 10. Februar 1971 kam es zu einer Demonstration vor dem Gebäude der Regierung von Oberbayern in München. Über 100 Bürger folgten dem spontanen Aufruf des Aichacher Kreisrates, Spenglermeisters, Geschäftsmannes und Kreisbrandinspektors Paulus Glaswinkler, der sich – wie viele andere Urbayern – überhaupt nicht mit dem Gedanken abfinden konnte, daß er künftig ein „Schwabe" sein sollte. Vor dem Gebäude, in dem zur Stunde Oberbayerns Landräte mit Regierungspräsident Dr. Deinlein über die Gebietsreform sprachen, hielt Glaswinkler mit markigen Worten eine Rede: „Es mag sein, daß es bei den Bayern etwas länger dauert, bis sie aufwachen und rebellisch werden. Aber wenn es soweit ist, dann kann auch aus einem Spenglermeister von Aichach ein Schmied von Kochel werden!"
Die Ansprache des Handwerksmeisters von stattlicher Figur und die Solidarität der übrigen Demonstranten aus der Provinz zeigten zumindest kurzfristig Wirkung: Der persönliche Referent des Regierungspräsidenten erklärte gleich

nach der Demonstration, daß es noch eine Chance gebe, die Zusammenlegung des Landkreises mit Friedberg zu umgehen: Dr. Deinlein habe einen Zusammenschluß der Kreise Aichach, Schrobenhausen und Pfaffenhofen mit dem Kreissitz in Pfaffenhofen in Aussicht gestellt. Aichach bliebe also oberbayerisch, wenn es zu dieser Lösung komme.

Doch kaum waren die Demonstranten im Konvoi der 40 Fahrzeuge von München heimgekehrt, da kam die Nachricht aus Schrobenhausen: Der dortige Kreisausschuß hatte die Möglichkeit einer Zusammenlegung mit dem Kreis Pfaffenhofen mehr oder weniger rundweg abgelehnt. Landrat Dr. Walter Asam stellte fest: Wenn man die Wahl hätte, würde man sich lieber dem Kreis Ingolstadt anschließen, als mit Pfaffenhofen zusammenzugehen. Der „Dreier-Kreis" war damit im Grunde genommen schon wieder geplatzt.

Am Freitag, 12. Februar, ließ Innenminister Merk in einer Pressekonferenz im Hotel „Drei Mohren" in Augsburg erneut vieles offen: Die konkrete Frage nach der Zukunft des Kreises Aichach beantwortete er – wohl auch unter dem Druck der vorangegangenen Demonstration – nicht. Plötzlich sprach Merk wieder von einem „Rohkonzept", das freilich in enger Abstimmung mit Ministerpräsident Dr. Alfons Goppel entstanden sei. Über einzelne Problemfälle – Aichach war ja bayernweit beileibe nicht der einzige – werde man sich „zu gegebener Zeit" unterhalten. Merk wälzte zu diesem Zeitpunkt die Verantwortung auch verbal auf die Regierungspräsidenten und Landräte ab. Die müßten sich über mögliche Zuschnitte von Gebieten abstimmen und Vorschläge unterbreiten. Das taten die Angesprochenen auch gern. Längst war der Flächenbrand in der Region entfacht. Die Landräte und Bürgermeister suchten nach den ihnen genehmsten Lösungen und unterbreiteten in zahllosen öffentlichen Versammlungen immer neue Denkmodelle – meist natürlich auf Kosten des Nachbarn.

> **1971 – in memoriam**
>
> LUDWIG AUER (79), 3. März: Die besondere Liebe des Schreinermeisters zur Volksmusik ließ ihn zum Komponisten werden. Der „Auer-Lugi-Dreher" wurde wiederholt vom Bayerischen Rundfunk gesendet.

Kreistag für Zusammenschluß mit Friedberg

Am Mittwoch, 17. Februar 1971, gab es im Kreisausschuß eine denkwürdige Debatte, die für viele Bürger oberflächlich betrachtet einer Kehrtwende gleichkam: Sicherlich unter dem Eindruck, daß ein Zusammenschluß mit Schrobenhausen und Pfaffenhofen mit einem Kreissitz in Pfaffenhofen nicht in Frage kommt und daß die Zuweisung in den Regierungsbezirk Schwaben nicht mehr abzuwenden sei, sprach sich eine klare Mehrheit der Redner für einen Landkreis mit Friedberg aus. Allerdings nur unter der Voraussetzung, daß Aichach Kreissitz bleibe. Zu dem Zeitpunkt hatte Schrobenhausen dem Aichacher Raum bereits eine Abfuhr erteilt.

Einen Tag nach der fünfstündigen Beratung im Kreisausschuß fiel am Donnerstag, 18. Februar, im Kreistag die historische Entscheidung: Das Gremium sagte einstimmig „ja zum Zusammenschluß mit Friedberg", wenn Aichach Kreisstadt bleibe. Zu Schwaben zu kommen, sei das kleinere Übel, viel wichtiger sei der Kreissitz, faßte Hollenbachs Bürgermeister und Kreisrat Rupert Reitberger die Meinung aller Kollegen zusammen. Der Kreistag unternahm auch noch einen letzten Versuch, die Absplitterung des Gebietes um Altomünster und Hilgertshausen zu verhindern. Die Gemeinden im Osten wurden aufgefordert, ihren Wunsch nach Eingliederung in den Wirtschaftsraum München und die zwangsläufig damit verbundene Hereinnahme in den neuen Landkreis Dachau noch einmal zu überdenken – der Appell war vergeblich. Am Freitag, 13. August 1971, gab die Bürgerversammlung im Maierbräu-Saal in Altomünster ein deutliches Votum ab: 352 von 366 Anwesenden stimmten für den Kreis Dachau.

Auch der Friedberger Kreistag hatte sich am 26. Februar 1971 für eine Zusammenlegung mit dem Kreis Aichach ausgesprochen. Diese Entscheidung fiel ebenfalls unter Druck, denn Augsburgs Oberbürgermeister Pepper ließ keine Gelegenheit ungenutzt: Er wollte Friedberg dem Hoheitsbereich der Fuggerstadt einverleiben. Um nicht zu einem neuen Stadtteil der ohnehin weit ins Umland hinaus dominierenden Stadt Augsburg zu werden, setzte Friedberg lieber auf einen gemeinsamen Landkreis mit der kleineren Nachbarstadt an der Paar. Natürlich verbanden die Friedberger Kreisräte und Landrat Fabian Kastl ihre Entscheidung mit derselben Forderung wie ihre Kollegen aus Aichach: Dem gemeinsamen Landkreis sei nur unter der Bedingung zuzustimmen, daß Friedberg Kreisstadt bleibe. Das Wetteifern und der politische Kampf um die Vormachtstellung im neuen Landkreis gingen also weiter.

Aichach bleibt vorläufiger Kreissitz

Doch am 18. Mai 1971 war für Aichach die erste Schlacht um den Kreissitz geschlagen: Ministerpräsident Goppel hatte zu einer Pressekonferenz zum Thema Gebietsreform nach München eingeladen. Innenminister Merk stellte dort die überarbeiteten Pläne der Landesregierung vor. Demnach sollten die Kreise Friedberg und Aichach einen neuen Landkreis mit knapp 80 000 Einwohnern bilden, der zunächst den Namen Augsburg-Ost bekommen sollte. Dieser Kreis würde zwar dem Regierungsbezirk Schwaben angehören, doch der

Verwaltungssitz werde zumindest vorläufig in Aichach bleiben, bis der neue Kreistag eine offizielle Entscheidung gefällt habe, teilte Merk mit. Das „Aichacher Land" hörte diese Nachricht voller Genugtuung – aus Friedberg kamen verständlicherweise enttäuschte Reaktionen. Die Emotionen schlugen hoch. Wie hoch, zeigt das Stimmungsbild aus einer CSU-Versammlung in Merching am 5. Juni 1971. Bürgermeister Wagner, scharfer Gegner einer Landkreiszusammenführung und einer Kreisstadt Aichach, warf dem Friedberger Landrat Fabian Kastl und seinem Kreistag vor, die Entwicklung „verschlafen" zu haben. Wagner drohte damit, „Odelfässer nach München zu fahren, damit die merken, daß es hier bei uns gewaltig stinkt!" Der Friedberger CSU-Landtagsabgeordnete Schorsch Fendt erhob schwere Vorwürfe gegen die Ministerialbürokratie in München, die sich von den guten „persönlichen Beziehungen" zu Politikern aus dem Aichacher Raum habe leiten lassen. Sogar davon, daß möglicherweise Beamte des Innenministeriums „bestochen" worden seien, war die Rede.

> **Jakob Ettner tritt als CSU-Chef ab**
>
> Bei der konstituierenden Sitzung des neugebildeten CSU-Kreisverbandes Augsburg-Ost am 11. März 1972 im Dasinger „Bäckerwirt" geht die Ära Jakob Ettner zu Ende. Der langjährige Vorsitzende des ehemaligen Kreisverbandes Aichach kandidiert nicht mehr und überläßt dem Meringer Max Sedlmeir das Feld, der zuvor Vorsitzender des Kreisverbandes Friedberg gewesen ist. Jakob Ettner wird zum stellvertretenden Kreisvorsitzenden gewählt. Der Motor der Christlich-Sozialen Union im Altlandkreis Aichach tritt damit ins zweite Glied zurück.

Im Oktober 1971 legte das bayerische Kabinett das „Endstadium" der Reformpläne im Rahmen einer 16stündigen Mammutsitzung fest. Der Ministerrat entschied sich, Gemeinden aus dem Landkreis Neuburg (Reicherstein, Echsheim, Wiesenbach und Grimolzhausen) dem neuen Kreis Augsburg-Ost anzugliedern, womit der Verlust von Gemeinden und Einwohnern durch die Abtrennung der Orte zwischen Altomünster und Hilgertshausen halbwegs ausgeglichen werden konnte. Somit blieb der Kreis Aichach einwohnermäßig stark genug, um seine Forderung nach dem Verwaltungssitz weiterhin sachlich begründen zu können.

Die Gebietsreform wurde zwangsläufig zum Hauptthema der anstehenden Landratswahlen, die auf den 11. Juni 1972 terminiert waren. Bei einer CSU-Konferenz am Sonntag, 24. Oktober 1971, kündigte Bestler offiziell an, daß er als Landrat des neuen Groß-Landkreises antreten werde. Gleiches tat sein Friedberger Kollege Fabian Kastl. In der ersten Sitzung des neugebildeten CSU-Kreisverbandes Augsburg-Ost am 11. März 1972 im Dasinger „Bäckerwirt" bekräftigten beide ihren Willen zur Kandidatur. Bei der offiziellen Nominierungsversammlung am 29. März mußte es also zur Kampfabstimmung kommen. Das Ergebnis war knapp: Josef Bestler bekam 111 und damit auch die Stimmen von Delegierten aus dem Kreis Friedberg. Sein Konkurrent Fabian Kastl erreichte nur 91 Stimmen. Aichachs Landrat Josef Bestler war damit nominiert.

Aichachs Sozialdemokraten versagen SPD-Kandidat die Gefolgschaft

Die CSU hatte den Landkreiszusammenschluß sehr gut vorbereitet. Wie Pilze schossen plötzlich neue Ortsverbände in den Gemeinden aus dem Boden. Als sich der Kreisverband des künftigen Landkreises Augsburg-Ost in Dasing konstituierte, war die innerparteiliche Neuorganisation bereits so gut wie abgeschlossen und zumindest nach außen hin auch ziemlich glatt über die Bühne gegangen.
Mehr Probleme hatte da offenbar die SPD. Sie beriet Monate über einen Schlüssel zur Verteilung der Listenplätze für die Kreistagskandidaten und war sich obendrein bis Mai 1972 unschlüssig, ob sie überhaupt einen eigenen Landratskandidaten aufstellen sollte, weil kein geeigneter Bewerber zur Verfügung stand. Vor allem die Jungsozialisten drängten aber auf einen Gegenkandidaten für Bestler. Am Freitag, 5. Mai, kam es zu einer höchst denkwürdigen Kreisvertreterversammlung in Aichach, bei der es eigentlich mehr Gegner denn Befürworter eines eigenen Kandidaten gab. Die Jungsozialisten schlugen schließlich den Meringer Hans Priller vor, der einziger Bewerber blieb. Priller bekam 26 Stimmen, neun Vertreter gaben ihren Wahlzettel leer ab. Altvordere der Partei sprachen schon bei der Nominierung vom „Opferlamm" Priller, da der Kandidat über keinerlei kommunalpolitische Erfahrung verfügte und deswegen im alten Kreis Friedberg kaum, im Landkreis Aichach praktisch überhaupt nicht bekannt war.
Dazu kam, daß sich Priller als Meringer verständlicherweise für die Stadt Friedberg als künftige Kreisstadt einsetzte. Das führte zu einer bemerkenswerten Reaktion: Am 13. Mai 1972 veröffentlichte die Aichacher SPD eine Erklärung, in der sie Priller wegen seiner Einstellung zum künftigen Kreissitz jegliche Unterstützung versagte. Bürgermeister Wernseher als ehemaliger langjähriger Kreisvorsitzender der SPD wurde überdeutlich: Er sprach Priller „jegliche Qualifikation als Landrat ab" – die Landratswahl war damit praktisch schon entschieden.

"Aichacher, wählt Aichacher!" – Bestler wird Landrat

Der Wahlsonntag, 11. Juni 1972, wurde zum Triumph für die CSU: Josef Bestler erreichte mit 32 258 Stimmen 71 Prozent und wurde Landrat des neuen Kreises Augsburg-Ost. Hans Priller kam auf 28,9 Prozent und holte kaum mehr als den Achtungserfolg, den man ihm zugetraut hatte. Doch von weitaus größerem Interesse war, wie viele der Kreistagskandidaten aus dem Aichacher Raum den Sprung in das neue Gremium schaffen würden. Vorausgegangen war eine nahezu einzigartige Kampagne, die Aichachs Bürgermeister Wernseher drei Tage vor der Wahl bei der letzten Bürgerversammlung seiner Amtszeit in der TSV-Turnhalle entfacht hatte. „Aichacher, wählt Aichacher!" forderte er die Bürger auf, Kandidaten aus Stadt und Altlandkreis – gleich welcher politischer Couleur – ihre Stimme zu geben. Die Aichacher Zeitung berichtete nicht nur ausführlich in der Ausgabe am Samstag vor der Wahl über den Aufruf, sondern gab allen Lesern obendrein auch noch eine exakte Anleitung, wie die Bewerber aus dem Altlandkreis mit der höchstmöglichen Zahl von drei Stimmen bedacht werden konnten.
Die konzertierte Aktion hatte Erfolg: Die CSU aus dem Raum Aichach stellte 25 und die SPD fünf Vertreter im neuen Kreistag. Dazu kam Notar Volkmar Diez aus Klingen, der für FDP und Freie Wähler angetreten war. Mit 31 Mandatsträgern plus der Stimme von Landrat Bestler bekam das Aichacher Land also die Mehrheit im 60köpfigen Gremium des neuen Landkreises.
Am 30. Juni 1972 war es dann soweit: Die Menschen nahmen Abschied von Oberbayern – auf unterschiedlichste Art und Weise. In der Festsitzung des Kreistages gab es eine Flut von Ehrungen für die teils langjährigen Mitglieder.

Kreistagsmitglieder aus Aichach

Neben Landrat Bestler werden bei der Kreistagswahl 1972 weitere 15 Politiker aus der Stadt Aichach in den neuen Kreistag gewählt. Dazu kommt Volkmar Diez aus Klingen, dessen Wohnort zu diesem Zeitpunkt aber noch nicht zum Stadtgebiet gehört. Die meisten Direktstimmen verbucht übrigens neben Landrat Bestler (41 932) Aichachs neuer Bürgermeister Alfred Riepl, auf den 39 324 Stimmen entfallen. Folgende Kommunalpolitiker aus der Stadt Aichach gehören dem Kreistag ab 1972 an:

CSU:
Alfred Riepl, Bürgermeister
Jakob Ettner, Landmaschinen-Mechanikermeister
Horst Thoma, Rechtsanwalt
Alois Heilgemeir, Stadtkämmerer
Josef Käuferle, Unternehmer
Hannes Meisinger, Unternehmer
Josef Kapfhamer, Spediteur
Heinrich Hutzler, Beamter
Gottfried Beck, Sparkassenangestellter

SPD:
Wilhelm Wernseher, Bürgermeister a. D.
Emil Lorenz, Geschäftsführer
Helmut Sander, Kfz-Sachverständiger
Armin Schindler, Beamter
Franz Kukol, Postbeamter

FDP:
Volkmar Diez, Notar (Klingen)

Eine Ehrenbezeugung an den Altlandkreis Aichach erteilte der Bezirkstag von Oberbayern, der am 29. Juni im „Ziegler"-Saal tagte. Präsident Georg Klimm überreichte dabei an den Aichacher SPD-Vertreter Armin Schindler neben einem Wappenteller auch ein Buch, dessen Titel für diesen Anlaß kaum passender hätte sein können: die „Entführung aus dem Serail"...
Zu einem „zünftigen Abschied" hatte einige Tage zuvor der Stammtisch der „Pfaller-Buam" in das Gasthaus „Sternegger" eingeladen. In Lederhose und Trachtenhemd fuhr ein Teil von ihnen mit dem Gamsbart am Hut und dem Hirschfänger in der Hand in einer Pferdekutsche durch die Stadt. Wie arg es manchem Alteingesessenen war, plötzlich zum „Schwaben" zu werden, zeigt dieses Beispiel besonders gut: Ein stammestreuer Bürger nagelte seine alte Lederhose an die Tür des Landratsamtes am Schloßplatz. Daran hängte er einen Zettel, auf dem unter anderem zu lesen war:
„Koa schwäbisches Bier trink' i mehr, koa Schwabenmädel schaug i mehr o, und für die da droben, auf der Regierung häng i mei Hosn hie – de kennas abschlecka, weil mei Arsch mir für de vui d'schod ist ..."

Aichach wird Kreisstadt

Wenngleich die Kreisräte aus dem Aichacher Raum 1972 die Mehrheit im neuen Kreistag hatten, war das Tauziehen um den Kreissitz und den Namen des neuen Landkreises noch nicht entschieden. Das Innenministerium hatte Aichach ja nur vorläufig zum Verwaltungssitz des neuen Kreises Augsburg-Ost erklärt. Noch am 26. Juni 1972 hatten Bürgermeister Wernseher und sein Nachfolger Alfred Riepl eine „Denkschrift zur Erhaltung des Kreissitzes für Aichach" unterzeichnet, die Ministerpräsident Alfons Goppel und seinem Kabinett sowie Schwabens Regierungspräsident Frank Sieder zugeleitet wurde. Darin waren die wesentlichen Argumente festgehalten, die für die Stadt als Sitz der neuen Verwaltung sprechen würden. Alle Stadträte, die Geistlichen, Behördenleiter und die Vorstände der Vereine unterzeichneten ebenfalls.
Als Koalition des guten Willens präsentierte sich der neugewählte Kreistag noch in seiner ersten Sitzung am Dienstag, 11. Juli 1972. Dies zeigte auch die Wahl von Friedbergs Ex-Landrat Fabian Kastl zum Stellvertreter Bestlers. Kastl erhielt 42 von 59 Stimmen, Hans Priller nur 16.
Monate ging das erbitterte Ringen um den Sitz der Landkreisverwaltung, wozu die Staatsregierung eine Empfehlung des Kreistages gefordert hatte. Die historische Entscheidung fiel bei der Sitzung am Donnerstag, 23. Oktober 1972, im Gasthaus „Fritz" in Dasing. Aichachs neuer Bürgermeister Alfred Riepl und sein Friedberger Amtskollege Max Kreitmayr hielten glänzende Plädoy-

ers für ihre Städte, die Diskussion zog sich schier endlos lange hin. Die Pflöcke der zukunftsweisenden Abstimmung waren aber längst eingeschlagen. Es gab auch keine Überraschung: Mit 32:29 Stimmen wurde der Regierung von Schwaben Aichach als Kreisstadt vorgeschlagen. Die „Aichacher" hatten damit gesiegt. Angesichts dessen konnte man den Antrag von CSU-Fraktionsführer Ludwig Schwalber aus Friedberg getrost akzeptieren, daß der Landkreis künftig „Aichach-Friedberg" heißen solle. Die Entscheidung fiel einstimmig, zumal allseits Einverständnis darin bestanden haben dürfte, daß der irreführende Arbeitstitel „Augsburg-Ost" so schnell wie möglich abzulegen sei. Denn Friedberg mußte sich in dieser Zeit immer noch intensiv mit der Stadt Augsburg auseinandersetzen, die sich zumindest Friedberg-West einverleiben wollte. Der Rechts- und Verfassungsausschuß und später auch das Kabinett des Landtages bestätigten die Entscheidung des Kreistages im vollen Umfang und legten obendrein fest: Aichach wird Vermessungsamt, Amtsgericht und Gesundheitsamt mit Zuständigkeit für den gesamten Landkreis (88 343 Einwohner zum Stichtag 30. Juni 1973) erhalten.

Friedbergs Ex-Landrat Fabian Kastl tritt zurück

Die Mandatsträger aus dem Friedberger Raum verloren bei ihren Bürgern und Wählern an Boden. Die Eskalation im Süden des Kreises war da. Mit dem Rücktritt des Friedberger Ex-Landrates Fabian Kastl erreichte die Dramatik ihren Höhepunkt. Der Stellvertreter Bestlers erklärte am Freitag, 16. Februar 1973, sein Ausscheiden aus dem neuen Kreistag. „Die Entscheidung der Staatsregierung über den endgültigen Kreisverwaltungssitz und die Wegnahme sämtlicher wichtigerer Ämter aus Friedberg stellt eine eindeutige Benachteiligung der Stadt Friedberg und der Mehrheit der Bevölkerung des neuen Landkreises dar. Unter diesen Umständen erkenne ich zu einer gedeihlichen Zusammenarbeit mit den für diese Entwicklung Verantwortlichen aus dem früheren Kreisgebiet Friedberg keine Möglichkeit mehr. Ich sehe mich deshalb gezwungen, das Amt des Stellvertreters des Landrats niederzulegen und bitte um Entlassung aus dem Kreistag", formulierte Kastl den für ihn einzigen Ausweg aus seiner Konfliktsituation.

Fabian Kastl

Der Kreistag akzeptierte das Rücktrittsgesuch. Neuer erster Stellvertreter Bestlers wurde CSU-Fraktionsvorsitzender Max Sedlmeir aus Mering, zweiter Stellvertreter Franz Rath (CSU) aus Friedberg.
Aus Aichacher Sicht war die „Schlacht" endgültig geschlagen, doch es gab noch viele Scharmützel und „Nebenkriegsschauplätze": Da mündete die Sitzung zur Zusammenlegung der BRK-Kreisverbände im März 1973 im Fried-

berger „Bauernbräu" in einen Tumult, und die Frage des künftigen Autokennzeichens (AIC oder FDB oder AFB?) bekam plötzlich eine entscheidende Bedeutung. Und im April endete die Neuwahl des Kreisbrandrates mit einem überraschenden Ergebnis: Paulus Glaswinkler aus Aichach dürfte zum Verhängnis geworden sein, daß er sich so lautstark gegen die Gebietsreform gestemmt hatte – Wolfgang Selder aus Mering ging als Sieger aus der Kampfabstimmung der Feuerwehrkommandanten hervor. Die Zusammenlegung von Verbänden und Arbeitsgemeinschaften war nicht selten von skurrilsten Begleiterscheinungen geprägt.

Auf kommunalpolitischer Ebene wurde im Kreistag hart um das Gymnasium gerungen. Am Ende bekam Friedberg den Vorrang, Aichach mußte zunächst zurückstecken. Auch eine Unterschriftenaktion engagierter Eltern hatte vorerst keinen Erfolg. Kultusminister Hans Maier schickte eine klare Absage: Vor 1974 könne Aichach nicht mit der Einführung eines Gymnasiums kalkulieren. Wochen später gründete sich auf Initiative von Bestler der „Förderverein Gymnasium Aichach". Nun machte sich die Hartnäckigkeit bezahlt, denn wenig später stimmte das Ministerium der Inbetriebnahme des Gymnasiums Aichach mit Beginn des Schuljahres 1974 zu. Damit wurde die Stadt auch im Schulbereich den neuen Anforderungen gerecht.

Endgültig zementiert wurde der Kreissitz Aichach durch den Beschluß zum Bau des neuen Landratsamtes an der Münchener Straße. Nach der Kreiszusammenlegung war die Raumnot mit dem steigenden Aufgabengebiet der Verwaltung gewachsen, weshalb man sogar auf Räume der Stadtsparkasse ausweichen mußte. Anfang 1974 fiel die Entscheidung für den Neubau, im September 1975 wurde der Spatenstich vollzogen.

1972 – in memoriam

JOSEF BÖSL (78), 12. Januar: Der gebürtige Peutenhausener hatte in der Freisinger Straße eine Limonadenfabrikation aufgebaut. Bösl war Gründungsmitglied des Arbeitergesangvereins (später Liederchor) und passionierter Jäger.

LUDWIG HORNAUER (90), 3. März: Das Ehrenmitglied des Jagdschutz- und Jägervereins Aichach war einst Oberförster der Fuggerschen Forstverwaltung.

HEINZ COLLIN (70), 27. August: Der Ecknacher Firmenchef erlag bei einer Geschäftsreise einem Herzanfall. Collin hatte nach seiner Vertreibung aus Westpreußen zunächst in Schrobenhausen und dann in Ecknach den Neuaufbau seiner Maschinenbaufirma begonnen.

DER NEUE LANDKREIS

NEUES LANDRATSAMT IN AICHACH

Das alte Landratsamt am Schloßplatz.

Das neue Landratsamt an der Münchener Straße.

Eingemeindungen bis 1972:
Die Stadt wächst

Die „kleine Gebietsreform" in Aichach

Erste Verhandlungen mit Ober- und Unterwittelsbach

Noch bevor der neue Landkreis Augsburg-Ost gebildet wurde, hatte die Stadt Aichach eine „kleine Gebietsreform" auf freiwilliger Basis hinter sich gebracht und die Einwohnerzahl zum 1. Juli 1972 auf rund 8200 schrauben können. Untergriesbach und Unterschneitbach sind 1970, Unterwittelsbach, Walchshofen, Oberschneitbach und Sulzbach 1972 zur alten und neuen Kreisstadt gestoßen.

Aichach zeigte bereits ab 1967 vitales Interesse an der Eingemeindung von Ober- und Unterwittelsbach. Immer wieder hatte Bürgermeister Wernseher aufgezeigt, daß diese beiden Nachbarn schulisch, kirchlich und in vielen weiteren infrastrukturellen Bereichen bereits sehr stark von der Stadt abhängig seien. Als Unterwittelsbach die Ausweisung eines Siedlungsgebietes am östlichen Dorfrand forcierte, kam das Veto aus Aichach: Die Stadt müsse die Lasten dieses Einwohnerzuwachses tragen. „Wir können nicht alleine die Dornen nehmen, wir sollten auch die Rose dazu haben", unterstützte Stadtrat Hannes Meisinger den Bürgermeister bei einer Sitzung, in der Wernseher den Nachbargemeinden ganz unvermittelt den „vollen Anschluß" an Aichach offeriert hatte. Die Bürgermeister Josef Bauer (Oberwittelsbach) und Josef Hörmann (Unterwittelsbach) waren zu einem Gespräch mit dem Stadtrat gebeten worden, weil sich eine noch engere Verknüpfung im schulischen Bereich abgezeichnet hatte. Doch besonders die Un-

> **Bürgermeister Hörmann stirbt – Gail gewählt**
>
> Die Debatte zwischen Aichach und Unterwittelsbach wegen der Eingemeindung hat gerade ihren Höhepunkt erreicht, als Unterwittelsbachs Bürgermeister Josef Hörmann im Alter von 70 Jahren stirbt. Hörmann war von 1925 bis 1945 Gemeinderat und ab 1945 bis zu seinem Tod Bürgermeister. Viele Bürger nehmen Abschied von dem Kommunalpolitiker alten Schlages. Die Neuwahl am 19. Juli 1970 endet mit dem erwarteten Ergebnis: Der bisherige zweite Bürgermeister Josef Gail bekommt 87,4 Prozent der 187 Stimmen und wird Nachfolger Hörmanns.

EINGEMEINDUNGEN BIS 1972: DIE STADT WÄCHST

terwittelsbacher wehrten sich zunächst noch hartnäckig, ihre Selbständigkeit aufzugeben. Als Bürgermeister Josef Hörmann im Juni 1969 seinen 70. Geburtstag feiern konnte, nutzte sein Stellvertreter Josef Gail die Gunst der Stunde. „Es besteht keine Zwangslage für eine schnelle Eingemeindung nach Aichach", betonte er vor den Ehrengästen im Saal der Gastwirtschaft „Huis". Wenige Monate später erreichte der Streit seinen Höhepunkt: Wernseher warf Hörmann im März 1970 öffentlich vor, er wolle die Eingemeindung nur verhindern, weil er sich an sein Amt klammere. Der Gemeinderat mit dem Vizebürgermeister Josef Gail an der Spitze wies das in einem Brief an die Stadt zurück und stellte sich voll hinter Hörmann.

Untergriesbach entscheidet sich – Wernseher spendiert Freibier

Während die Bemühungen bei den Wittelsbachern zunächst scheiterten, kam Wernseher in Untergriesbach schneller ans Ziel. Das kleine Dorf hing Ende der sechziger Jahre schon in vielen Bereichen an der „Nabelschnur" Aichachs. Als der Landkreis im Sommer 1968 die Kreisstraße in Richtung Schiltberg auf einer anderen Trasse durch den Ort verlegte, mußte das 140 Jahre alte Gemeindehaus weichen und abgebrochen werden. Die Untergriesbacher erklärten von sich aus, auf einen Ersatzbau zunächst zu verzichten, weil eine baldige Eingemeindung nach Aichach erfolgen könnte. Diese Überlegung hatte auch einen finanziellen Hintergrund: Untergriesbach war eine jener „Zwerg-Gemeinden" mit weniger als 300 Einwohnern und stand vor einem schier unlösbaren Problem: Die Ortskanalisierung mußte durchgeführt werden – bei mindestens 150 000 Mark Gesamtkosten eine gigantische Maßnahme.

Bürgermeister Gutmann, Untergriesbach

Bereits eine zweite Bürgerversammlung zum Thema Eingemeindung schloß am 3. Januar 1969 im Gasthaus „Wagner" mit einer denkwürdigen Abstimmung: Von 60 Anwesenden sprach sich nur einer gegen den Anschluß an Aichach aus. Wobei Untergriesbachs Bürgermeister Josef Gutmann betonte, daß die Gemeinde schuldenfrei in die „Ehe" mit der Kreisstadt gehe. „Wir nehmen euch unbesehen", versicherte Wernseher, der nach der Abstimmung 100 Liter Freibier spendierte. Zwei Tage später beschloß der Untergriesbacher Gemeinderat einstimmig die Eingemeindung. Die endgültige Entscheidung fiel schließlich bei einer Abstimmung am Freitag, 28. Februar 1969, im Gasthof Wagner: 141 der 167 Wahlberechtigten gaben ihr Votum ab, 114 Bürger (84,4 Prozent) waren für die Eingemeindung. Kurz vor Weihnachten 1969 kam grünes Licht vom Innenministerium. Ab dem 1. Januar 1970 war Untergriesbach somit ein Teil der Stadt Aichach. Bürgermeister Josef Gutmann wurde als beratendes Mitglied in den Stadtrat entsandt.

Klare Mehrheit in Unterschneitbach

Am 10. Juni 1969 entschied sich auch der Gemeinderat von Unterschneitbach in einem einstimmigen Beschluß für eine möglichst rasche Eingemeindung. Ausschlaggebend dafür war die Diskussion über die Neuaufteilung der Schulsprengel. Die Unterschneitbacher Kinder hätten eventuell in Griesbeckerzell unterrichtet werden sollen. Bürgermeister Johann Kugler und die Gemeinderäte votierten vor allem deshalb für Aichach, weil Bürgermeister Wernseher versprochen hatte, sich besonders um die Eingliederung der Schulkinder in den Sprengel der Stadt zu bemühen. Am 20. Juli 1969 stimmten 188 von 209 Wählern für die Eingemeindung. Zum 1. Januar 1970 wurde sie vollzogen. Als beratendes Mitglied im Stadtrat wurde allerdings nicht Bürgermeister Johann Kugler entsandt: Der Gemeinderat entschied sich für Josef Henn.

Bürgermeister Kugler, Unterschneitbach

Im Sommer 1971 war der Kampf um den Landkreissitz zwischen Aichach und Friedberg vollends entbrannt. Zwar war Aichach vom Innenministerium der „vorläufige Verwaltungssitz" des neu zu bildenden Landkreises in Aussicht gestellt worden, doch die politisch Verantwortlichen wußten, daß die zentrale Funktion der Stadt so schnell wie möglich weiter ausgebaut werden mußte, wenn man dauerhaft den Kreissitz behalten wollte. Aus diesem Grund rief die CSU die Bürgermeister der Gemeinden Oberbernbach, Algertshausen, Ecknach, Gallenbach, Klingen, Obermauerbach, Oberschneitbach, Oberwittelsbach, Sulzbach, Unterwittelsbach und Walchshofen zu einem Grundsatzgespräch zusammen. Ortsvorsitzender Josef Käuferle und Landrat Josef Bestler loteten die grundsätzliche Bereitschaft dieser Kommunen zu einer Eingemeindung nach Aichach aus. Falls sich alle elf Orte der Stadt angliedern würden, wachse die Einwohnerzahl auf rund 12 000 an, und dies wiederum sei in der Diskussion um den künftigen Kreissitz ein beachtlicher Faktor, wurde betont. Die Bürgermeister der Umlandgemeinden hatten inzwischen eingesehen, daß es längst um mehr als nur um die Erhaltung ihrer Eigenständigkeit ging. Nicht ausnahmslos, aber doch mit klarer Mehrheit erklärten sie sich grundsätzlich zu einem freiwilligen Zusammenschluß mit der Stadt Aichach bereit. Weitere wichtige Steinchen des Mosaiks einer aufwärtsstrebenden Kleinstadt mit zentraler Oberfunktion in der Region waren gesetzt.

Unterwittelsbacher „vollwertige Aichacher"

Als erstes brach nach diesem Grundsatzgespräch der Widerstand in Unterwittelsbach: Bei einer Abstimmung am Sonntag, 24. Oktober 1971, gab es zwar kein ganz klares Ergebnis, doch stimmten immerhin 104 von 183

Bürgermeister Gail, Unterwittelsbach

EINGEMEINDUNGEN BIS 1972: DIE STADT WÄCHST

Bürgermeister Maurer, Oberschneitbach

Wählern für den Anschluß an die Nachbarstadt. Damit hatten der neue Bürgermeister Josef Gail und sein Gemeinderat einen klaren Wählerauftrag. Wernseher versprach den Unterwittelsbachern, sie als „vollwertige Aichacher" aufzunehmen und auch so zu behandeln. Zum 1. Januar 1972 wurde die Eingemeindung schließlich vollzogen.

Kurz zuvor hatte auch der Bezirkstagsabgeordnete Josef Kreitmeir eine Empfehlung zur gemeindlichen Neuordnung des Aichacher Landkreises ausgesprochen: Der Stadt Aichach sollten demnach Untermauerbach, Ober- und Unterwittelsbach, Oberschneitbach, Ecknach, Walchshofen, Oberbernbach und Algertshausen einverleibt werden. Dagegen sollten Klingen (mit Gallenbach und Obermauerbach) und Griesbeckerzell (mit Sulzbach) eigene Gemeinden bilden. Der „Kreitmeir-Plan" – er hatte die Gliederung des gesamten Kreisgebietes zum Inhalt – fand in breiten Zügen auch Gefallen bei Landrat Bestler.

Doch das Papier heizte auch die Diskussion in den Gemeinden kräftig an. Bei einer Bürgerversammlung im Februar 1970 wandten sich 31 Walchshofener gegen den Anschluß an Aichach und forderten einstimmig einen Zusammenschluß mit Oberbernbach. Der dortige Bürgermeister Leonhard Schelchshorn und sein Gemeinderat hörten das gern: Schelchshorn erklärte im September, daß man den Umbau der alten Schule zum Rathaus nun endlich in Angriff nehmen wolle, um den steigenden Aufgaben der Verwaltung gerecht werden zu können, wenn Walchshofen demnächst Oberbernbach zugeschlagen würde. Der Widerstand der Walchshofener hielt an, doch am 29. Februar 1972 lief er durch eine Entscheidung der Regierung von Oberbayern ins Leere: Walchshofen wurde zum 1. April 1972 in die Stadt Aichach eingegliedert. Bürgermeister Johann Heigermeir und der Gemeinderat mußten diese Anordnung zähneknirschend zur Kenntnis nehmen.

Oberschneitbach und Sulzbach kommen dazu

Bürgermeister Heigermeir, Walchshofen

In der letzten öffentlichen Gemeinderatssitzung des Jahres 1970 am 27. Dezember schnitt auch Oberschneitbachs Bürgermeister Josef Maurer die Eingemeindung an. „Wir können uns auf Dauer dem Fortschritt und der Modernisierung nicht verschließen", betonte er im Gasthaus „Marb". Dem Aufruf des Gemeindechefs, möglichst zahlreich an der Sitzung teilzunehmen, waren viele Bürger gefolgt. Maurer führte eine Abstimmung durch: Nur eine Hand erhob sich gegen die Eingemeindung. Der Gemeinderat beauftragte Maurer, umgehend die Verhandlungen mit der Stadt aufzunehmen. Am 1. Januar 1972 endete schließlich auch die Selbständigkeit Oberschneitbachs.

RÜCKZIEHER IN GALLENBACH

Schnell ging die Entwicklung in Sulzbach, wo Bürgermeister Leo Schurius ebenfalls ein eindeutiges Votum von Gemeinderat und Bürgern bekam. Sulzbach wurde am 1. Januar 1972 ein Teil der Stadt Aichach.

Noch Anfang Dezember 1971 entschied sich Gallenbach für die Eingemeindung. Bürgermeister Josef Schweyer hatte vor seinen Bürgern im überfüllten Gasthaus Kirchberger die Stadt Aichach als „reellen Partner" dargestellt und für den Zusammenschluß geworben. Das Ergebnis war überwältigend: Nur zwei Bürger stimmten dagegen. Der Eingemeindungstermin wurde auf den 1. April 1972 festgelegt, allerdings dann aber doch nicht vollzogen. Gallenbach machte im letzten Moment einen Rückzieher und blieb noch bis zum 1. Januar 1978 selbständig.

Bürgermeister Schurius, Sulzbach

Obgleich diese Gemeinden im Januar 1972 noch kein positives Signal gesetzt hatten, kamen Ecknach, Oberbernbach, Walchshofen und Oberwittelsbach in den Folgejahren ebenfalls zu Aichach. Allerdings gab es 1972 zunächst noch ganz andere Gedankenspiele: Klingen (mit Obermauerbach), Griesbeckerzell (mit Edenried, das seit 1. Januar 1972 eingemeindet war) sowie Obergriesbach (mit Zahling) waren zu dem Zeitpunkt noch als Mitglieder einer Verwaltungsgemeinschaft mit der Stadt Aichach vorgesehen. Im Februar 1972 signalisierte Klingens Bürgermeister Josef Drittenpreis bei einer Bürgerversammlung noch sehr deutlich, daß die Gemeinde ihre Selbständigkeit vorerst behalten wolle.

Eingemeindungen nach Aichach bis 1972	
	Einwohner
1970:	
Untergriesbach	278
Unterschneitbach	399
1972:	
Unterwittelsbach	399
Walchshofen	230
Oberschneitbach	279
Sulzbach	397

EINGEMEINDUNGEN BIS 1972: DIE STADT WÄCHST

Unterschneitbach etwa im Jahr 1960. In der Bildmitte links die Beck-Mühle, unterhalb davon sind deutlich Menschen zu erkennen, die in der Paar ein Bad nehmen. Die Unterschneitbacher ließen sich 1970 nach Aichach eingemeinden.

Der Machtwechsel im Rathaus: Alfred Riepl wird Bürgermeister

Politische Entwicklung 1966 bis 1972

Generationswechsel: Josef Käuferle führt die CSU

Bei der Jahreshauptversammlung der Aichacher CSU am 9. März 1967 gab es einen Wechsel an der Führungsspitze: Dr. Ignaz Haselberger stellte sich nicht mehr als Ortsvorsitzender zur Verfügung. Stadtrat und Firmenchef Josef Käuferle trat die Nachfolge an. Damit war ein Generationswechsel an der Spitze des Ortsverbandes eingeläutet, der in der Rückblende als neuer Anlauf gewertet werden kann, bei der Kommunalwahl 1972 den Machtwechsel im Rathaus herbeizuführen. Das wird allerdings erst später ein wesentliches Thema sein.

SPD und CSU bestimmten zwar in den sechziger Jahren das politische Geschehen in der Stadt, doch immer wieder versuchten auch andere Kräfte, Fuß zu fassen. Am 19. November 1967 forderte der Pfaffenhofener Kreisrat Dr. Hugo Wagner im Gasthaus „Zum Hirsch" zur Gründung eines Kreisverbandes der NPD auf. 465 von rund 500 Städten und Landkreisen der Bundesrepublik hätten bereits eine solche Organisation, argumentierte Wagner. Sein Vorstoß blieb zunächst ohne Erfolg: Die NPD wurde bereits ganz offen als Nachfolgeorganisation der NSDAP gehandelt. Dieses Gedankengut stieß 22 Jahre nach Kriegsende nur noch bei wenigen Menschen auf offene Ohren. Allerdings kam es am 29. September 1970 doch noch zur Gründung eines Kreisverbandes, der Anton Weiß aus Algertshausen zum Vorsitzenden wählte.

Erschüttern konnte das die politische Welt in dieser Wahlperiode nicht, die in das neue Jahrzehnt führte. Neben dem beherrschenden Thema Gebietsreform war alles andere zweitrangig. Einzig interessante „Randerscheinung": Am 2. Februar 1968 schied Volkmar Diez als Stadtrat aus. Grund war sein Umzug nach Klingen, das zu diesem Zeitpunkt noch nicht zu Aichach gehörte. Diez' Nachfolger wurde Karl Burkhard, der bei den Stadtratswahlen 1966 ebenfalls für die gemeinsame Liste von FDP und Freien Wählern kandidiert hatte.

Landratswahl 1968: „Alex" Rehle tritt gegen Bestler an

Ohne Überraschungen schien zunächst die Landratswahl 1968 über die Bühne zu gehen. 101 der 103 CSU-Delegierten stimmten auf der Kreisversammlung für den amtierenden Landrat Josef Bestler als Kandidaten. Kreisvorsitzender Jakob Ettner aus Aichach hatte zuvor zusammen mit dem früheren Minister und Landtagsabgeordneten Heinrich Junker sowie MdB Karl-Heinz Gierenstein auf die erfolgreiche Bilanz Bestlers während der vorangegangenen sechs Jahre verwiesen. Doch gerade in dieser Zeit brodelte die Diskussion über die geplante Gebietsreform. Josef Bestler war bis zum 8. November 1968 einziger Kandidat.

Dann meldete plötzlich die „Aktionsgemeinschaft Christlicher Wähler" (ACW) einen Gegenkandidaten. Der Aichacher Kunstmühlenbesitzer Paul Beck und der Tierarzt Reinhardt Pohl aus Altomünster präsentierten am 9. November – einen Tag vor der Wahl – Kreisbaumeister Alfred „Alex" Rehle als Landratskandidaten. Der gebürtige Aichacher war CSU-Mitglied und bei der letzten Kreistagswahl aufgrund seines Bekanntheitsgrades in der Bevölkerung von Rang zehn auf Platz eins vorgewählt worden. Doch der von Bestlers Gegnern erhoffte Überraschungseffekt bei den Wählern blieb aus. Josef Bestler bekam mit 85,7 Prozent der Stimmen erneut einen klaren Vertrauensbeweis, Rehle blieb bei 13,9 Prozent hängen.

> **Trauer um Bürgermeister Emmeran Achter**
>
> Am 27. August 1969 stirbt Walchshofens Bürgermeister Emmeran Achter im Alter von 65 Jahren. Achter war von 1935 bis 1960 Gemeinderat und ab 1960 Bürgermeister. In seine Amtszeit fielen die Straßenenteerung und der Bau der Bahnunterführung. Die Entscheidung, wer Nachfolger von Achter wird, ist nicht einfach. Am Sonntag, 9. November 1969, treten 134 (95 Prozent) Walchshofener an die Urnen, doch das Ergebnis ist nicht eindeutig: Der bisherige zweite Bürgermeister Michael Kerle bekommt 62 Stimmen, der Landwirt Johann Heigermeir 61. Heigermeir kann später die Stichwahl für sich entscheiden.

Bundestagswahl 1969 heiß umkämpft

Wesentlich länger dauerte naturgemäß der Bundestagswahlkampf, der 1969 auch auf lokaler Ebene Furore machte. Am 8. Februar 1969 wurde der Ingolstädter Bundestagsabgeordnete Karl-Heinz Gierenstein im Rasthaus Unterwittelsbach von der CSU-Wahlkreiskonferenz der Kreise Aichach, Pfaffenhofen, Schrobenhausen sowie Ingolstadt-Stadt und -Land wieder einstimmig zum Kandidaten für die Bundestagswahl nominiert. Für die SPD trat der Ingolstädter MdB Fritz Böhm an. Die Wahl selbst fand am 28. September statt und war im Kreis Aichach hart umkämpft. Für die CSU sprach am 10. Sep-

tember Bayerns Innenminister Dr. Bruno Merk (CSU) in der vollbesetzten Turnhalle, um Gierenstein Schützenhilfe zu leisten. Die Sozialdemokraten wollten nicht nachstehen: Am 14. September konnten sie ihren Landesvorsitzenden Volkmar Gabert zu einer Kundgebung in der Turnhalle begrüßen. Drei Tage vor dem Wahlsonntag kam schließlich der Gegenschlag: Landwirtschaftsminister Dr. Hans Eisenmann sprang für die CSU nochmals in die Schlacht um die Wählerstimmen im Kreis Aichach.
Die Wahl wurde schließlich zu einer klaren Angelegenheit für die CSU. Gierenstein bekam 76 Prozent der Erststimmen und damit das Direktmandat. Erwartungsgemäß erreichte auch Fritz Böhm über die SPD-Landesliste wieder den Einzug in den Bundestag, der Willy Brandt zum neuen Bundeskanzler wählte. Bürgermeister und SPD-Kreisvorsitzender Wilhelm Wernseher machte seine Freude über den Machtwechsel in Bonn auf ganz besondere Weise deutlich: Er ließ das Rathaus am 21. Oktober 1969 beflaggen, was CSU-Kreisvorsitzender Jakob Ettner als „klare Provokation" bezeichnete.

Zwei CSU-Bewerber für den Landtag

Spannend wurde die Landtagswahl 1970. Nachdem MdL Heinrich Junker signalisiert hatte, daß er nicht mehr kandidieren werde, stellte der CSU-Kreisverband Aichach mit Dr. Georg Schmid (Rehling/München) und dem Aichacher Rechtsanwalt Horst Thoma der Stimmkreiskonferenz zwei eigene Bewerber vor. Gleiches tat der Kreisverband Dachau. Bei der Nominierungsversammlung am 1. März 1970 im Gasthof „Maierbräu" in Altomünster scheiterten jedoch beide Aichacher Bewerber. Den Vorzug erhielt Rechtsanwalt Dr. Herbert Huber aus München-Untermenzing. Josef Kreitmeir aus Gartelsried wurde wieder Bezirkstagskandidat.
Eine erfreuliche Überraschung gab es dagegen aus Sicht der Kreis-SPD bei der Nominierung der Bezirkstags- und Landtagskandidaten. Gabriel Schaller aus Dachau wurde wieder Landtagskandidat, Armin Schindler, Vorsitzender der Jungsozialisten in Aichach, mit den Stimmen der Dachauer Delegierten für den Bezirkstag nominiert. Der 29jährige Aichacher konnte damit den amtierenden Dachauer Bezirksrat Kurt Dewitte aus dem Rennen werfen. Schindler erklomm nur wenige Tage später die nächste Stufe seines politischen Aufstiegs: Am 10. Juni 1970 wählten ihn seine Genossen zum neuen SPD-Kreisvorsitzenden. Wilhelm Wernseher hatte nicht mehr kandidiert und wurde zum Ehrenvorsitzenden ernannt.
Im Wahlkampf rangen die Parteien nicht minder hart um Stimmen als bei der Entscheidung zum Bundestag ein Jahr davor. Gleich fünf Bonner SPD-Abge-

ordnete gaben Gabriel Schaller bei einem Besuch am Mittwoch, 21. Oktober 1970, Flankenschutz: Erwin Folger, Dr. Günther Müller und Wenzel Bredl aus München kamen zusammen mit den Augsburger Abgeordneten Richard Kohlberger und Alois Strohmayr zu einem Ganztagsbesuch nach Aichach. Am Samstag, 14. November, setzte die SPD mit einem Auftritt von Familienministerin Käthe Strobl im überfüllten „Triltsch"-Saal einen weiteren Höhepunkt.

Da konnten CSU und FDP kaum nachstehen. Die Union fuhr tatsächlich „schwerstes Geschütz" auf: CSU-Chef Franz Josef Strauß – übrigens in einer großen Zeitungsanzeige als „Bundesminister a. D." tituliert – sprach am Sonntag, 25. Oktober, in der hoffnungslos überfüllten TSV-Turnhalle. Einige tausend Menschen rissen sich um die Plätze, Hunderte standen im Freien, um die Rede des wortgewaltigen Landesvorsitzenden über die aufgestellten Lautsprecher mitzuverfolgen. Die FDP hatte Volkmar Diez ins Rennen und zu dessen Unterstützung ebenfalls einen Spitzenmann geschickt: Am Mittwoch, 18. November, sprach Bundesernährungsminister Josef Ertl in der ebenfalls überfüllten Turnhalle. Die Wahl am Sonntag, 22. November, führte wiederum zu einem glanzvollen Sieg für die CSU, die im Landkreis 75,35 und damit knapp fünf Prozent mehr Erststimmen als bei der Landtagswahl 1966 verbuchen konnte. In Aichach verzeichnete die Partei eine Steigerung von zuvor 49,26 auf satte 55,97 Prozent.

Im Stimmkreis Aichach-Dachau, dessen Zuschnitt die beiden Landkreise Dachau und Aichach umfaßte, kam CSU-Direktkandidat Dr. Herbert Huber auf 62,34 Prozent. Der Münchener Rechtsanwalt zog damit in das Maximilianeum ein. Schaller und die SPD blieben im Kreis bei 16,43 Prozent hängen, in Aichach selbst verbuchten die Sozialdemokraten 28,55 Prozent. Schaller verfehlte damit den Einzug in den Landtag. Die FDP und Volkmar Diez (4,15 Prozent im Landkreis/sieben in der Stadt) spielten eine untergeordnete Rolle. Im Februar 1971 trat Diez schließlich als Bezirksvorsitzender der FDP zurück.

Josef Kreitmeir aus Gartelsried wurde mit 75,8 Prozent wieder für die CSU in den Bezirkstag gewählt. Armin Schindler von der SPD kam im Landkreis auf 19 195 der Direktstimmen und schaffte mit Hilfe des Listenergebnisses ebenfalls den Sprung in den oberbayerischen Bezirkstag.

Schäffer wird Bürgermeister von Ecknach

Als Ecknachs Bürgermeister Jakob Loderer im Sommer 1969 seinen Rücktritt aus gesundheitlichen Gründen einreicht, wird eine außerordentliche Bürgermeisterwahl notwendig. Die Wählergruppe „Dorfgemeinschaft Ecknach" nominiert Lorenz Schäffer zum Kandidaten. Einen Gegenkandidaten gibt es nicht. Schäffer wird am 28. September mit knapp 88 Prozent der Stimmen zum neuen Gemeindeoberhaupt gewählt.

Stadtratswahl 1972: Emil Lorenz für die SPD

Mit stetig steigenden Mehrheiten war SPD-Mann Wernseher immer wieder zum Aichacher Bürgermeister gewählt worden. Allein die Altersgründe machten seinen Rücktritt zum Ablauf der Amtsperiode 1972 absehbar. Bereits im November 1969 forderte der JU-Kreisverband Aichach den Aufbau eines CSU-Bürgermeisterkandidaten. Der politische Gegner blieb die Antwort darauf nicht lange schuldig. Juso-Kreisvorsitzender Armin Schindler sprach sich für eine erneute Kandidatur Wernsehers bei der Wahl in drei Jahren aus. Im März 1970 schaltete sich auch der CSU-Ortsverband in die Diskussion ein und warb für einen Gegenkandidaten aus den eigenen Reihen. Namen wurden allerdings noch nicht genannt. Doch man darf annehmen, daß CSU-Chef Josef Käuferle zu diesem Zeitpunkt längst eifrig auf der Suche nach einem geeigneten Bewerber war.

Ende Mai 1971 ließ Käuferle die berühmte Katze aus dem Sack und empfahl den Mitgliedern Stadtrat Alfred Riepl als Kandidaten. Der gebürtige Algertshausener war im März 1967 als Lehrer an der Aichacher Volksschule ausgeschieden und hatte das Schulamt der Stadt und des südlichen

Obermauerbach: Held tritt zurück

Überraschend tritt im August 1970 Obermauerbachs Bürgermeister Franz Held aus gesundheitlichen Gründen zurück. Held war 34 Jahre für die Gemeinde tätig, die letzten 14 als Bürgermeister. Am Sonntag, 11. Oktober, gehen die Obermauerbacher an die Urnen, um seinen Nachfolger zu bestimmen. Dabei erhält Hans Birkmeir zwar mit 76 von 166 abgegebenen Stimmen die meisten, aber nicht die erforderliche absolute Mehrheit. Ihm am nächsten kommt Josef Ettner, der nur 36 Stimmen bekommt. Bei der Stichwahl am 25. Oktober gibt es eine Überraschung: Nicht Birkmeir, sondern Ettner schafft mit 89 Stimmen die Mehrheit und wird Bürgermeister.
Am 5. Mai 1971 stirbt Altbürgermeister Franz Held im Alter von 72 Jahren. In seiner Amtszeit war die Ortskanalisation durchgeführt, die Wasserversorgung sichergestellt und der Straßenbau weitgehend abgeschlossen worden.

Landkreises Traunstein übernommen. Da Riepl seinen ersten Wohnsitz in Aichach behielt, blieb er im Stadtrat (seit 1960). Das entsprach übrigens auch dem Wunsch von Bürgermeister Wernseher. Riepl wurde in einer Vornominierung mit klarer Mehrheit bestätigt. Stadtkämmerer Alois Heilgemeir und Heinrich Hutzler waren ebenfalls als Bewerber genannt worden, verzichteten allerdings. Hutzler übernahm später die Führung des Ortsverbandes der Jungen Union, der am Mittwoch, 19. Januar 1972, in der „Friedenseiche" gegründet wurde.
Die Meldung aus dem Lager der CSU bereitete der SPD gehöriges Kopfzerbrechen. Am 11. Juni 1971 berief Ortsvorsitzender Richard Kratzenberger eine Mitgliederversammlung ein, die sich mit der Frage des künftigen Bürgermeisterkandidaten auseinandersetzte. Am günstigsten erschien allen eine erneute Kandidatur Wernsehers, doch der hatte längst seinen Abschied an-

gekündigt. Daraufhin konzentrierten sich die Genossen auf Emil Lorenz, der sich als SPD-Fraktionsführer im Stadtrat bereits einen guten Ruf in der Öffentlichkeit erworben hatte.

Am Sonntag, 6. Februar 1972, nominierte die CSU den 47jährigen Schulrat Alfred Riepl im „Ziegler"-Saal offiziell. Riepl bekam 48 von 52 Stimmen und somit das klare Vertrauen, um das Ortsvorsitzender Josef Käuferle und sein Stellvertreter Anton Vogl für den Spitzenbewerber gebeten hatten. Auch die komplette Kandidatenmannschaft für Riepl konnte ohne große Komplikationen auf die Beine gestellt werden.

Bei der SPD herrschte bis dato weiterhin Funkstille. Zwar hatte es zwei Versammlungen gegeben, doch jeweils ohne Ergebnis. Am Freitag, 10. März 1972, gab Wilhelm Wernseher dann öffentlich bekannt, daß er nicht mehr als Bürgermeister antreten wolle, aber als Stadtratskandidat zur Verfügung stehen werde. Gleichzeitig schlug er Fraktionsführer Emil Lorenz als Kandidaten vor, der seit 1956 dem Stadtrat, seit 1960 dem Kreistag angehörte und seit 1946 Leiter des Ausgleichsamtes war. Lorenz wurde mit 30 von 32 Stimmen nominiert.

> **Ja zum Wahlalter 18**
>
> Die bundesweite Diskussion um die Herabsetzung des Wahlalters vom 21. auf das 18. Lebensjahr schlägt 1970 auch auf die kommunale Ebene durch. Politische Nachwuchsverbände im Kreis sprechen sich ausnahmslos für das Wahlalter 18 aus. Am 14. April 1970 zieht auch der Kreistag mit einer einstimmigen Empfehlung nach: Den Bürgern wird nahegelegt, beim anstehenden Volksentscheid am 24. Mai für die Herabsetzung zu stimmen. Dabei kommt es zu einer knappen Entscheidung: 51,29 Prozent der 12 973 Wähler (26 707 Stimmberechtigte) sprechen sich für das Wahlalter 18 aus. In Aichach stimmen 1128 Wähler dafür, 897 dagegen. In vielen kleinen Landgemeinden endet die Auszählung mit einem deutlichen „Nein".

Glanzvoller Sieg für Riepl und die CSU

Der Bürgermeisterwahlkampf verlief ruhig und ohne persönliche Angriffe der beiden Kandidaten, die auf der Tour durch die Stadt und die neuen Ortsteile ihre Programme vorstellten. Am Wahlsonntag, 11. Juni 1972, gab es dann ein überaus deutliches Ergebnis für Alfred Riepl: 68 Prozent (3376 Stimmen) erhielt der Traunsteiner Schulrat. Die Wachablösung im Rathaus war damit vollzogen. Emil Lorenz kam lediglich auf 1515 Stimmen.

Die CSU und ihr tatkräftiger Ortsvorsitzender Josef Käuferle konnten damit einen Erfolg auf der ganzen Linie feiern: Die Partei bekam 13 von 20 Sitzen und damit die klare Mehrheit im neuen Stadtrat. Sechs Sozialdemokraten und Kreisbaumeister Alfred Rehle (FDP/Freie Wähler) komplettierten das Gremium. Obendrein feierte die CSU am selben Tag glanzvolle Siege bei der Wahl zum Kreistag des neuen Landkreises Aichach-Friedberg, dessen Kreisstadt später Aichach werden sollte: Josef Bestler war zum Landrat gewählt worden. Käuferle hatte damit seine drei größten Ziele erreicht, auf die er mit ungeheurer Energie hingearbeitet hatte: Aichach war Kreissitz, Bestler gewählt und mit Riepl ein Christsozialer neuer Chef im Rathaus, in dem er mit satter Mehrheit regieren konnte.

Am Freitag, 30. Juni 1972, unmittelbar vor der „Stunde Null" des neuen Landkreises, tagte der alte Aichacher Stadtrat zum letzten Mal. Dabei würdigte das Gremium die Verdienste von Wilhelm Wernseher für die Stadt mit dem Ehrenbürgerrecht. 24 Jahre hatte er Aichach gedient und die Entwicklung der aufstrebenden Kleinstadt damit ganz maßgeblich beeinflußt.

Wernseher überreichte Riepl noch am selben Abend die Rathausschlüssel. Eine neue Ära der Aichacher Geschichte nahm damit ihren Anfang. An ihrem Beginn stand eine denkwürdige Szene, die in der Rückblende ein Vierteljahrhundert später fast symbolischen Charakter besitzt: Wernseher hatte wieder für den Stadtrat kandidiert und wurde auch gewählt. Mit Beginn der neuen Legislaturperiode war er ältestes Mitglied des Gremiums. Aus diesem Grund wurde ihm auch die ehrenvolle Aufgabe zuteil, seinem Nachfolger Alfred Riepl bei der ersten Sitzung am Donnerstag, 6. Juli, den Amtseid abzunehmen.

Ergebnis der Stadtratswahl 1972

Bürgermeister:
Alfred Riepl (CSU), Schulrat

Stadträte

CSU (13 Sitze):
Josef Kapfhamer, Spediteur, 2. Bürgermeister
Hannes Meisinger, Unternehmer
Josef Käuferle, Unternehmer
Karl Burkhard, Geschäftsmann
Alfred Rappel, Bauunternehmer
Heinrich Hutzler, Beamter
Dieter Heilgemeir, Lehrer
Karl Moser, Unternehmer
Josef Gail, Landwirt
Margit Ismann, Lehrerin
Horst Thoma, Rechtsanwalt
Josef Gutmann, Rentner
Josef Maurer, Landwirt

SPD (6 Sitze):
Wilhelm Wernseher, Beamter a. D. (bis Juli 1976)
Emil Lorenz, Geschäftsführer
Armin Schindler, Beamter
Franz Kukol, Postbeamter
Richard Kratzenberger, Angestellter
Klaus Laske, Angestellter
Werner Aigner, Polizeibeamter (ab Juli 1976)

FDP/Freie Wähler:
Alfred Rehle, Kreisbaumeister

Ortssprecher:
Leo Schurius (Sulzbach)
Josef Henn (Unterschneitbach)
Josef Heigermeir (Walchshofen)

MACHTWECHSEL IM RATHAUS: RIEPL WIRD BÜRGERMEISTER

1972: Wilhelm Wernseher übergibt die Amtsgeschäfte im Rathaus an den neuen Bürgermeister Alfred Riepl.

„Neue Lebensqualitäten" verändern das Gesicht der Stadt (1972 bis 1978)

Die Politik schafft die notwendigen Rahmenbedingungen

Kapfhamer wird wieder zweiter Bürgermeister

Ein brisantes Problem für den neuen Stadtrat und Bürgermeister Alfred Riepl tat sich gleich bei der ersten Sitzung am Donnerstag, 6. Juli 1972, auf: Unter Wernseher war es üblich, daß die CSU den zweiten Bürgermeister stellte. Dieses Amt bekleidete bislang Josef Kapfhamer. Nun, da der „Erste" von der CSU kam, meldeten die Sozialdemokraten Anspruch an, um ihren gescheiterten Bürgermeisterkandidaten Emil Lorenz zumindest auf einem repräsentativen Posten zu wissen. Vergeblich: Die CSU schlug wieder Kapfhamer vor, der mit der Mehrheit seiner Fraktion auch gewählt wurde. Allerdings nur mit zwölf Stimmen, denn die Opposition hatte ihren Protest auf besondere Weise demonstriert und die Wahlzettel geschlossen leer abgegeben. Fraktionsführer der CSU wurde Hannes Meisinger, Armin Schindler führte die Sozialdemokraten.
Die Mitbestimmung der Stadtteile sicherten die Ortssprecher. Die Sulzbacher wählten mit klarer Mehrheit Leo Schurius, die Unterschneitbacher erneut Josef Henn. Walchshofen entsandte Ex-Bürgermeister Josef Heigermeir in den Stadtrat, der außerdem seine Geschäftsordnung änderte: Der Hauptausschuß, der bislang die Vorarbeit leistete, gehörte fortan der Vergangenheit an. Der Verwaltungs- Finanz- und Personalausschuß sowie der Bau-, Verkehrs- und Werkausschuß wurden ins Leben gerufen, daneben benannte das Gremium 15 Einzelreferate. Neu war ab der Amtszeit Riepls auch

Die Bürgermeisterwahl in den Gemeinden

Folgendes Ergebnis hatte 1972 die Bürgermeisterwahl in jenen Umlandgemeinden, die erst später nach Aichach eingemeindet wurden:

Algertshausen:	*Josef Heinrich*
Ecknach:	*Lorenz Schäffer*
Gallenbach:	*Martin Moser*
Griesbeckerzell:	*Karl Gaßner*
Klingen:	*Josef Drittenpreis*
Oberbernbach:	*Leonhard Schelchshorn*
Obermauerbach:	*Josef Ettner*
Oberwittelsbach:	*Josef Bauer*

der Tagungsort: Ab August 1972 debattierten die Räte in der alten Mädchenschule an der Martinstraße. Zuvor hatten die Sitzungen im Rathaus und teilweise in der alten Landwirtschaftsschule an der Münchener Straße stattgefunden.

Nachwehen der Gebietsreform – das Finanzamt wird aufgelöst

Bevor die Entwicklung der Stadt eingehender behandelt wird, ist zumindest ein kurzer Überblick über die Situation im Kreistag des neuen Landkreises Aichach-Friedberg notwendig. Zum einen, weil auch dort in der Legislaturperiode bis 1978 Entscheidungen von herausragender Bedeutung für die Kreisstadt fielen, zum anderen, weil der Nachwelt die Einschätzung der damaligen kommunalpolitischen Situation ohne diese Hintergründe schwerfallen dürfte.

Nachdem sich durch die Landkreiszusammenlegung 1972 tiefe Abgründe in Parteien und Verbänden aufgetan hatten, gab es zahlreiche Nachwehen der Reform. Es wuchs eben nicht so schnell zusammen, was jetzt zusammengehörte. Vielmehr war es oft ein regelrechtes Zusammenraufen: Nahezu jede Investition des Landkreises in Aichach war heftig umkämpft. Dabei zeigte sich immer wieder, wie wichtig es aus Aichacher Sicht war, daß die Mehrheit der Kreisräte aus dem Altlandkreis stammte. Nur so konnte man erreichen, daß wichtige Ämter und Dienststellen im Stadtgebiet verblieben und der Landkreis vor allem auf dem schulischen Sektor und im Bereich des Breitensports Aichach fast jede nur denkbare wohltuende Entwicklung angedeihen lassen konnte.

> **1973 – in memoriam**
>
> HEINZ WEISS (47), 29. Mai: Der Juniorchef des Autohauses hatte nach der Gefangenschaft beim Aufbau der elterlichen Firma mitgewirkt.
>
> RAIMUND VEITH (81), 8. Juli: Von 1918 bis 1957 war er Lehrer im Altlandkreis, die letzten 20 Jahre in Unterschneitbach, wo man ihm auch das Ehrenbürgerrecht verlieh.
>
> MAX SCHORMAIR (67), 21. September: Der Schlossermeister und Waidmann war einst ein gefürchteter „Halbrechts" des BC Aichach.
>
> FRITZ EBERLEIN (64), 31. Dezember: Von 1958 bis 1962 war Eberlein Kommandant der Feuerwehr und als Musiker und Sänger im Liederchor bekannt.

Nicht immer allerdings konnten die Aichacher ihre Interessen durchsetzen. Unmittelbar nach der „Hochzeit der Kreise" mußten sie zunächst den Verlust zweier Ämter beklagen. Als erstes wurden mit Wirkung zum 1. September 1972 die Landwirtschaftsämter Aichach und Friedberg aufgelöst. Sie gingen in dem neugebildeten Amt für Landwirtschaft mit Sitz in Friedberg auf. Ein knappes Jahr lang blieb noch eine Dienststelle in Aichach, die weiterhin Landwirtschaftsdirektor Elmar Stauber leitete. Im Juli 1973 mußte auch er gehen. Stauber hatte die landwirtschaftliche Entwicklung in der Region 18 Jahre lang geprägt. Er wurde Leiter des Amtes für Landwirtschaft in Krumbach. Wesentlich schwerwiegender für die breite Bevölkerung auch des Umlandes war die Entwicklung beim Finanzamt, das ab Juli 1973 zunächst noch als Außenstelle des Finanzamtes Augsburg-Land geführt wurde. Als Behördenleiter Dr. Alto Schwarz versetzt wurde, signalisierte die vorgesetzte Behörde in Augsburg noch, daß keine weiteren einschneidenden Veränderungen geplant seien. Im Februar 1974 kam es allerdings ganz anders: Augsburg meldete überraschend die baldige Schließung der Außenstelle Aichach. Trotz der Protestnoten von Riepl und Bestler in einem monatelangen Kampf um die Erhaltung dieses Stücks Eigenständigkeit wurde die Behörde zum 1. Juli 1975 geschlossen. In das Gebäude am Stadtplatz zog später die Polizei ein.

Mit vereinten Kräften konnte man Anfang 1976 dagegen die drohende Auflösung des Arbeitsamtes an der Ludwigstraße verhindern. Auch diese Behörde hätte ein Opfer der gebietsmäßigen Regulierung werden sollen. Seit dem Krieg unterstand das Arbeitsamt der Direktion Ingolstadt. Mit Angleichung der Bezirksgrenzen ging die Zuständigkeit für den Raum Aichach auf die Behörde in Augsburg über. Landrat Josef Bestler und Bürgermeister Alfred Riepl intervenierten monatelang, bis die Dienststelle an der Ludwigstraße verbleiben durfte.

> **Mutter und Sohn getötet**
>
> Die Menschen sind bestürzt, als die Nachricht von einem tragischen Verkehrsunfall bekannt wird. Der Fahrradausflug der Familie von Mathäus Wörle am Sonntag, 12. August 1973, hat ein schreckliches Ende: Auf der Straße zwischen Harthausen und Dasing werden die 42jährige Frau des Aichacher Schreiners und sein 13jähriger Sohn von einem Auto erfaßt und getötet.

Erfolgreicher Kampf um Gymnasium und Berufsschule

Zwei für Aichach eminent wichtige Kreistagsbeschlüsse müssen an dieser Stelle außerdem beachtet werden: Als der Berufsschulverband Aichach in die neugebildete Kreis-Berufsschule überging, setzten die politischen Vertreter aus Friedberg alle Hebel in Bewegung, um diese Einrichtung in ihre Stadt zu holen. Doch dieser Angriff konnte erfolgreich abgewehrt werden. Im Juli 1973 fiel die Entscheidung: Aichach bekam die gewerbliche Berufsschule, die seit 1. November 1972 Rudolf Betz leitete. Im April 1974 konnten Landrat Josef Bestler und die Riege der Kreisräte aus dem Aichacher Raum auch das Ringen um das Gymnasium für sich entscheiden: Das Ministerium genehmigte diese weiterführende Schule, die bereits im Herbst 1974 in den Räumen der Realschule ihren Betrieb aufnehmen konnte. Die ersten 135 Schüler wurden feierlich begrüßt – ebenso Oberstudiendirektor Adolf Lang, der mit 35 Jahren Deutschlands jüngster Schulleiter wurde.

Mit der Aufnahme des Unterrichts lief auch der Neubau des Gymnasiums an, das 1977 eingeweiht und auf den Namen „Deutschherren-Gymnasium" getauft wurde. Damit war das Schulzentrum vorerst komplett. Die Stadt profitierte in diesem Zusammenhang wieder einmal auch in ganz anderer Hinsicht vom Landkreis. Denn der hatte 1975 ebenso den Bau einer großzügigen Vierfachturnhalle und 1977 den einer nicht minder anspruchsvollen Freisportanlage beim Schulzentrum beschlossen, die allein 6,5 Millionen Mark kostete. Die Stadt beteiligte sich mit zwei Millionen Mark und erhielt im Gegenzug jene Sportstätten, nach denen die aufblühenden Vereine jahrelang vergeblich gerufen hatten. Die notwendigen Finanzmittel für diese Baumaßnahmen beschaffte sich der Landkreis unter anderem durch den Verkauf von weiteren 150 Bauplätzen auf der Kreisgutwiese. Das wiederum bescherte der wohnbaulichen Entwicklung Aichachs positive Impulse.

Ölkrise – das Leben steht still

Der Konflikt im Nahen Osten hat die Ölkrise ausgelöst. Im Herbst 1973 wird das Benzin an den Tankstellen knapp. Hallenbäder müssen schließen, weil die Heizölpreise ins Unendliche steigen. Eitle Autofahrer, die ihrem Normalbenziner gerne „Super" spendieren, müssen zurückstecken: An vielen Zapfsäulen gibt es keinen „Edel-Kraftstoff" mehr. Um Treibstoff zu sparen, werden nationale Fahrverbote angekündigt. Der „autofreie Sonntag" ist in aller Munde. Am 25. November 1973 wird er erstmals Wahrheit: Eine ganze Nation läßt das Auto in der Garage stehen und spart Sprit. Die Straßen sind wie leergefegt – die Wirtschaften überfüllt ...

Ein neues Gemeinschaftsgefühl

Doch nun zurück zur eigentlichen Stadtgeschichte: Im September 1972 konnten der neue Bürgermeister und sein Stadtrat die Ernte der Arbeit vorangegangener Jahre einfahren: Die neue Hauptschule wurde termingerecht fertig. Daß sich die Gesamtkosten von etwa 6,5 Millionen Mark gegenüber den ersten Schätzungen um rund eine Million erhöht hatten, konnte die Freude über das gelungene Werk nicht trüben. Schließlich entspannte sich mit Schuljahresbeginn die Raumsituation an der bisherigen Volksschule wesentlich, nachdem dort bis dahin die Hauptschulklassen untergebracht waren. Einige Wochen nach Unterrichtsstart wurde auch die neue Turnhalle bei der Volksschule in Betrieb genommen. Wenngleich die Vereine immer noch bedauerten, daß die Spielfläche für einige Wettkampfsportarten zu klein ist, hatten sie immer noch Grund zur Freude, weil zumindest bessere Trainingsmöglichkeiten bestanden.

Eine der ersten Initiativen des neuen Bürgermeisters war der Aufruf zu einer Spendenaktion für eine Weihnachtsbeleuchtung. Rasch fanden sich Geschäftsleute, die diese Idee großartig unterstützten. Die Aktion brachte insgesamt 40 000 Mark ein. Damit konnte schon Weihnachten 1972 die Innenstadt im romantischen Lichterglanz erstrahlen. Bei einem Adventssingen mit Bauernmusi, Friedberger Kammerorchester, Liederchor und dem neuen Schülerchor der Hauptschule wurden am 2. Dezember erstmals die Lichter eingeschaltet. Über 1200 Bürger erlebten das Ereignis mit.

Aus diesen Tagen gibt es viele Hinweise darauf, daß das Gemeinschaftsgefühl neu geformt wurde und aufgeblüht ist. Ein Beispiel dafür ist Riepls Spendenaufruf, um Parkbänke für Spaziergänger finanzieren zu können. Das Stück kostete 150 Mark – Banken, Geschäftsleute und Privatpersonen stifteten fleißig. Schon nach wenigen Wochen luden 50 neue Bankerl unter schattigen Bäumen und auf ruhigen Nebenplätzen zu einer Verschnaufpause ein.

> **Das erste Stadtfest**
>
> Im Juli 1973 erlebt die Stadt eine traumhafte Sommernacht. Auf Initiative von Bürgermeister Riepl geht das erste Aichacher Stadtfest über die Bühne. Das Echo ist gigantisch: Über 7000 Menschen feiern zwischen den beiden Tortürmen, die erstmals vom Licht der Scheinwerfer angestrahlt werden. Die Stimmung ist unbeschreiblich, die Bürger feiern ausgelassen – einem Gastwirt geht sogar das Bier aus. Die Aichacher haben ihr Fest bekommen – in den Folgejahren macht das Beispiel der Kreisstadt in vielen Umlandgemeinden Schule.

Neue Parkbänke und beleuchtete Tore verliehen der Stadt zwar einen gewissen Charme, machten sie aber kaum wesentlich lebenswerter. Viele Gebäude im Zentrum waren zu dem Zeitpunkt beileibe noch nicht in einem Zustand, der dem Stadtbild dienlich gewesen wäre. Riepl scheute sich nicht, bei verschiedenen Anlässen immer wieder die Schandflecke aufzuzeigen. Dazu zählte man vor allem die beiden Gebäude im Besitz von Franz Gut in der Hubmannstraße und vor dem Unteren Tor sowie das Rotgerber-Müller-Haus am unteren Stadtplatz, um das lange gerungen wurde. Die Abbruchpläne der Eigentümer scheiterten letztendlich am Denkmalschutz. Im Januar 1974 entschied die Behörde, daß das geschichtsträchtige Gebäude des einstigen Rotgerbers erhalten werden müsse.

Das Obere Stadttor: Sanierung tat not.

Die Stadt gleicht einer Großbaustelle

Während die nächtliche Beleuchtung der beiden wuchtigen Stadttore seit dem Stadtfest 1973 sichtbarer Beweis von Umbruch und modernen Neuerungen war, scheiterte die Sanierung der Tortürme vorerst noch an den Finanzen. Als die SPD im Sommer 1973 im Stadtrat den Zustand der Gebäude einmal mehr ins Gespräch brachte und die Kosten auf dem Tisch lagen, mußte man zunächst Abstand von dem Wunschprojekt nehmen. Mehr als 300 000 Mark waren veranschlagt, und die standen wegen der laufenden Großmaßnahme momentan nicht zur Verfügung. Denn man investierte viele Millionen Mark, und die Kernstadt glich innerhalb weniger Monate einer Großbaustelle.

Im Mai 1973 wurde der Kindergartenbau in Unterschneitbach gestartet und bereits im Dezember abgeschlossen. Enorme Summen verschlang in dieser Phase vor allem der Straßenbau. Wenngleich der in Auftrag gegebene Generalverkehrsplan noch nicht vorlag, gab es genug Ansatzpunkte für Verbesserungen.

Ebenfalls im Mai 1973 wurde auch das bis dato größte Straßenbauprogramm der Geschichte abgesegnet. Über eine Million Mark steckte man in den Ausbau der Flurstraße und deren Verlängerung bis zur Donauwörther Straße. Die Familie Specht hatte ihr Gartengrundstück zur Verfügung gestellt, damit das letzte Teilstück vollendet werden konnte. Im Sommer 1973 wurde die Flutgrabenbrücke in der Donauwörther Straße angepackt, die sich in einem desolaten Zustand befand. Um der Umleitungsstrecke über die Bahnhofstraße überhaupt den Schwerlastverkehr zumuten zu können, wurden die Übergänge des Griesbacherls und der Paar mit Notbrücken überbaut und verstärkt. Dazu kamen die neue Paarbrücke am Schneitbacher Weg und der Ausbau der Oberschneitbacher Ortsdurchfahrt.

Eine Verschnaufpause gab es nicht. Noch im Oktober 1973 verabschiedete der Stadtrat ein neues Bauprogramm mit einem Rekordvolumen von sechs Millionen Mark. Nun konnte die Donauwörther Straße als wichtigste Achse von West nach Ost verbreitert werden. Ihre Fertigstellung im September 1974 wurde mit einem kleinen Volksfest gefeiert. Rund 1000 Bürger verfolgten die „Jungfernfahrt", die Riepl in einem Oldtimer unternahm. Tage später begann

„Unser Kreis ist frei von Autowracks"

1973 ist es offenbar noch üblich, ausgediente Autos einfach am Straßenrand stehenzulassen. Deshalb kommt es im Dezember zu einer großangelegten Gemeinschaftsaktion unter dem Motto „Unser Kreis ist frei von Autowracks". Vornehmlich die Feuerwehren leisten die Hauptarbeit dieser Aktion, die am Sonntag, 9. Dezember, im Raum Aichach mit einem für heutige Verhältnisse kaum denkbaren Ergebnis abschließt: An diesem Wochenende werden 420 ausrangierte Fahrzeuge im Altlandkreis „eingesammelt" und der ordnungsgemäßen Verschrottung zugeführt.

Abbruch der alten Schießstätte an der Donauwörther Straße.

der Abbruch der alten Schießstätte der KöniglichPrivilegierten Feuerschützen an der Donauwörther Straße. Im Sommer 1974 lief auch der Ausbau der Kreuzung am Tandlmarkt an, wo man die dringend benötigte neue, leistungsfähige Zufahrt zur Innenstadt schuf.

Im April 1975 legte Riepl eine Zwischenbilanz vor: Seit seinem Amtsantritt waren 2,3 Millionen Mark in Straßen und Brücken sowie in den Bau des neuen Tiefbrunnens bei Obermauerbach geflossen. Zu dem Gesamtpaket gehörte auch der neue Bauhof im ehemaligen Haselberger-Gelände. Die städtischen Arbeiter hatten sich jahrelang mit nicht zeitgemäßen Provisorien herumschlagen müssen. Ihr langjähriger Chef, Stadtpolier Xaver Führer, erlebte den Neubaubeschluß allerdings bereits als Ruheständler. Er war inzwischen von Georg Eisner aus Klingen abgelöst worden.

Nicht zu lösen war auf die schnelle das Problem der dringend nötigen Stadthalle für Großveranstaltungen kultureller und gesellschaftlicher Art in repräsentativer Atmosphäre. Weil die Mittel auf absehbare Zeit nicht zur Verfügung standen, gewährte der Stadtrat deshalb dem TSV im Sommer 1973 einen Zuschuß in Höhe von 170 000 Mark für den Ausbau der Turnhalle. Im Dezember 1974 feierte der Verein mit einem Festakt die Wiedereröffnung.

Baustein-Aktion zur Sanierung der Tore

Im Juli des europäischen Denkmalschutzjahres 1975 lief die lang herbeigesehnte Sanierung der Stadttore an. Die beiden Wahrzeichen Aichachs machten zu dem Zeitpunkt einen ziemlich verwahrlosten Eindruck. Riepl initiierte eine Baustein-Aktion und stellte jedem Bürger eine Urkunde aus, der mehr als 20 Mark für die Instandsetzung spendete. Das Ergebnis war überaus erfreulich: Mehr als 12 000 Mark gingen ein.

Bei den Arbeiten am Unteren Tor im Sommer fand der Schlosser Rupert Niederlechner in der Kugel der alten Wetterfahne höchst interessante Dokumente. Der Gürtler, Gold- und Silberarbeiter Sebastian Gut aus Aichach hatte 1892 unter anderem eine Schilderung seiner Kriegserlebnisse im Jahr 1870 für die Nachwelt in der Kugel hinterlassen. Außerdem fand man ein Schreiben von Bürgermeister Julius Koppold, aus dem hervorgeht, daß Baumeister Gottlieb Schmid und Stadtbaumeister August Koch im Mai 1892 das Dach des Turmes renoviert hatten. Ein drittes Schriftstück datierte aus der Zeit der Torrenovierung im Jahr 1946: Stadtbaumeister Anton Pfister schilderte die schwere Nachkriegszeit und die Bemühungen ehemaliger Nazis, erneut die Herrschaft in der Stadt an sich zu reißen. Dieses Beispiel spornte auch Bürgermeister Riepl an: Er ließ in die Kugel der neuen Wetterfahne neuzeitliche Dokumente legen. Unter anderem aktuelle Ausgaben der beiden Lokalzeitungen und eine Sonderprägung des Fünf-Mark-Stückes als Zeichen des wirtschaftlichen Aufschwungs der Stadt in dieser Zeit.

Im August war das Obere Tor wieder durchfahrbar, im September auch das Untere. Die Gesamtkosten betrugen rund 375 000 Mark, 200 000 Mark schoß der Denkmalschutzfonds zu. Am 4. Oktober feierten über 1000 Bürger die gelungene Renovierung mit einem kleinen Volksfest am unteren Stadtplatz. Im Januar 1976 gab es für die Maßnahme auch öffentliche Anerkennung: Regierungspräsident Frank Sieder überreichte Riepl bei einer Feierstunde in Augsburg eine Urkunde der Bezirksregierung. Mit dieser Ehrung wurde zugleich die Renovierung der Friedhofskapelle, des Sebastians-Kirchleins und der Filialkirche in Algertshausen gewürdigt.

1974 – in memoriam

LEO SCHWENGSBIER (74), 3. Februar: Der Träger des Bundesverdienstkreuzes war Beauftragter des Landkreises für das Fischereiwesen und den Naturschutz, Mitbegründer der Waldbauernvereinigung und steter Streiter für die Belange der Sudetendeutschen.

KASPAR ASAM (68), 27. August: Der Gastwirt und Spediteur war nach dem Krieg zwölf Jahre Bürgermeister von Unterwittelsbach.

MAX MEISINGER (85), 4. Oktober: Der Seniorchef des gleichnamigen Unternehmens hatte die Firma nach dem frühen Tod seines Bruders Hans aus den schwierigen Nachkriegsjahren geführt und den Neuaufbau vorangetrieben.

Fassaden-Wettbewerb als Anreiz für private Sanierungen

Nur stückweise konnte Riepl sein Wahlversprechen erfüllen, das Barackenlager des einstigen Reichsarbeitsdienstes (RAD) beim alten Friedhof so schnell wie möglich zu räumen, da für die Menschen in den armseligen Behausungen erst neuer Wohnraum gefunden werden mußte. Die Baugenossenschaft half immer wieder bei der Suche nach Ersatzunterkünften für die Bewohner, die dort in einfachsten Verhältnissen lebten. Bis zum Sommer 1975 konnte die Räumung der Holzbaracken schließlich vollzogen und die Hüttenstadt beseitigt werden. Auf dem Areal entstanden nach dem Abbruch die dringend benötigte Sportanlage für die Volksschule sowie der Verkehrsübungsplatz.

Erhebliche Summen mußte man weiterhin in den Ausbau der Infrastruktur stecken. Vor allem Trink- und Abwasserleitungen bedurften der Erneuerung. Eine wesentliche Verbesserung gelang mit der Entscheidung zum Neubau eines Hochbehälters am Waldrand zwischen Untergriesbach und Untermauerbach. Im August 1975 wurde die Maßnahme begonnen. Um die Finanzierung zu sichern, schraubte der Stadtrat den Kubikmeterpreis für Wasser und Abwasser auf 2,25 Mark, was auf politischer Ebene zu weitaus hitzigeren Diskussionen führte als bei den Bürgern, die einsahen, daß verbesserte kommunale Leistungen ohne höhere Beiträge nicht zu finanzieren waren. Bei der Inbetriebnahme des 1,8 Millionen Mark teuren Hochbehälters im April 1977 war der Streit ohnehin schon längst wieder vergessen.

Ebenso verhielt es sich mit der heißen Friedhofsdiskussion im Februar 1976, als die CSU-Mehrheit im Stadtrat die Gebühren um rund 100 Prozent erhöhte und in diesem Zusammenhang gleichzeitig ankündigte, den alten Friedhof Ende des Jahres 1985 zu schließen. Obwohl dieser Beschluß bereits in der Ära Wernseher gefaßt worden war, protestierten die Genossen. Allerdings vergeblich.

Zumal Riepl und seine CSU-Mannschaft inzwischen eine hohe Akzeptanz bei der Bevölkerung genossen, denn die Verbesserungen nach dem stets propagierten Motto „Lebensqualitäten schaffen" wurden dankbar angenommen. Neue Fußwege und Grünzonen am Griesbacherl wurden angelegt, und die

> **Der Goldschmied Gut stirbt**
>
> Der Goldschmied Franz Gut lebt die letzten Jahrzehnte seines Lebens völlig zurückgezogen in seinem Haus in der Hubmannstraße. Man sagt ihm nach, daß er in seinen Wäldern um Aichach nach einem alten Goldschatz der Familie sucht, wenn er frühmorgens aus dem Haus geht und erst am späten Abend heimkehrt. Obgleich wohlhabend, lebt er wie ein armer Einsiedler im Herzen der Stadt, ohne sich um seine Umgebung zu kümmern. Ende August 1975 wird Franz Gut tot in seinem Bett gefunden. Der sagenumwobene Goldschmied hatte am 8. August 1896 das Licht der Welt erblickt.

„NEUE LEBENSQUALITÄTEN" VERÄNDERN AICHACH

Das Einsle-Anwesen.

Renovierung der Stadttore stellte einen ersten wesentlichen Ansatz zur Stadtverschönerung dar. Pläne zur Generalsanierung der Innenstadt lagen ebenfalls schon vor. Das wird allerdings an anderer Stelle ein zentrales Thema sein.

Um einen Anreiz zu schaffen, damit auch die Besitzer der Privathäuser am Stadtplatz Hand an ihren Gebäuden anlegen ließen, lobte der Stadtrat im Februar 1976 einen Fassaden-Wettbewerb aus, dessen Sieger im Sommer darauf bekanntgegeben wurden. Die erfolgreiche Renovierung von Geschäftshäusern, Gasthöfen und privaten Wohngebäuden am Stadtplatz und dessen Randbereichen wurde öffentlich prämiert.

Keine Rettung gab es jedoch für das alte Dotterweich-Anwesen zwischen „Zieglerwirt" und „Stieglbräu", das im März 1976 abgebrochen wurde. Der Neubau konnte noch zum Jahresende bezogen werden. Mit dem Wechsel ins Jahr 1977 fiel schließlich das Gut-Haus in der Hubmannstraße der Spitzhacke zum Opfer. Zur selben Zeit sanierte Raimund Specht den alten Wehrturm auf dem rückwärtigen Teil seines Anwesens, und im Juli 1977 folgte der Angriff auf den nächsten Schandfleck im Innenstadtbereich: Das Einsle-Anwesen vor dem Oberen Tor „verschwand". Lange Zeit wurde die Schaffung einer Grünanlage oder eines Parkplatzes an dieser Stelle diskutiert, doch das Landratsamt pochte im Sinne der Erhaltung des Stadtbildes auf einen Neubau in ähnlicher Form. Der wurde schließlich auch von den Firmen Fuchshuber und Winkler mit einem Wohn- und Geschäftskomplex verwirklicht.

Die Stadt forderte natürlich nicht nur die Privatbesitzer zur Sanierung ihrer Häuser auf, sondern ging selbst mit gutem Beispiel voran: Sie investierte ab Mai 1976 100 000 Mark in die Teilsanierung des Spitals. Fast 57 000 Mark flossen aus öffentlichen Fördertöpfen in die Stadtkasse zurück. Auch die heruntergekommene Fassade der Spitalkirche wurde im August 1977 angegangen, wobei die Stadt von Georg Wirnharter unterstützt wurde. Der Professor an der Fachhochschule Augsburg und bekannte Künstler, der seit 1947 in der Stadt lebte, nahm sich der Gestaltung an. In der Kugel des Turmes fand man übrigens alte Aufzeichnungen von Stadtbaumeister Karl Merk aus dem Jahr 1937.

In neuem Glanz erstrahlte inzwischen ebenso die alte Freibank an der „Friedenseiche", die völlig heruntergekommen war. Auch die Renovierung des Rathauses ging im Dezember 1977 der Vollendung entgegen. Fünf Jahre nach dem politischen Wechsel zeigte sich die Innenstadt von einer völlig veränderten, moderneren Seite. Allein diese sichtbaren Erfolge waren ein gutes Polster für Riepl und seine Mannschaft bei der bevorstehenden Kommunalwahl im März 1978.

Wernseher tritt zurück

Bei der Sitzung des Stadtrates am Donnertstag, 1. Juli 1976, überrascht Altbürgermeister Wilhelm Wernseher mit seiner Rücktrittserklärung aus gesundheitlichen Gründen. Nachfolger ist Polizeihauptkommissar Werner Aigner aus Oberschneitbach, der für die SPD kandidiert hatte. Wenige Tage später bittet Wernseher auch um seine Entlassung aus dem Kreistag. Eine Gallionsfigur der Sozialdemokraten in Stadt und Kreis tritt damit endgültig von der kommunalpolitischen Bühne ab.

Der Verkehrsplan fordert neue Brücken und Straßen

Doch frischer Putz und dezente Farben an Häusern und Kirchen im Zentrum waren nur eines von vielen sichtbaren Zeichen der Neuerung und des Aufschwungs. Gleich nach seiner Wahl hatte der neue Stadtrat einen Generalverkehrsplan in Auftrag gegeben, in dem gravierende Schwächen der innerstädtischen Verkehrsführung aufgezeigt wurden. Zur Beurteilung der Situation wurden darin vorausschauend zwei Faktoren einbezogen: die sich spätestens 1974 abzeichnende Innenstadtsanierung und die Eröffnung der Umgehungsstraße, die 1978 erfolgte und ob ihrer Bedeutung für die Kreisstadt noch ausführlich behandelt wird. Zunächst konzentriert sich diese Rückschau auf die innerstädtischen Verkehrsprobleme.

Da war einmal die baufällige Brücke, die am Oberbernbacher Weg über den Flutgraben führte. Um die Zufahrt in das Gewerbegebiet zu sichern, hatte man das Nachkriegsbauwerk bereits mit Baumstämmen abstützen müssen. Der Neubau wurde im Sommer 1976 fertig und kostete allein 360 000 Mark. Wobei Riepl bei der Finanzierung ein besonderes Kunststück gelang: In seiner Schreibtischschublade schlummerte noch eine alte Urkunde, die der Bürgermeister während der Auseinandersetzung um das Finanzamt entdeckt hatte. Das Papier belegte, daß die Stadt einst das Grundstück für den Bau des Finanzamtsgebäudes am Stadtplatz zur Verfügung gestellt hatte. In der Diskussion um die Erhaltung der Behörde in Aichach hatte diese Argumentation nicht viel Eindruck gemacht. Doch als es nun um den Zuschuß für den Brückenbau ging, zauberte es der Bürgermeister erneut hervor, um bei der Regierung von Schwaben staatliche „Außenstände" bei der Stadt anzumahnen – mit Erfolg: Riepl bekam 250 000 Mark Zuschuß für das Brückenbauwerk ...

> **1975 – in memoriam**
>
> JAKOB LODERER (80), 22. April: Von 1958 bis 1969 war er Bürgermeister der Gemeinde Ecknach.
>
> JONAS BÖSL (52), 6. Mai: Bösl betrieb an der Hauptstraße zwischen Aichach und Oberbernbach ein Futtermittelwerk.
>
> KARL LUKAS (75), 8. Juli: Das Ehrenmitglied des BCA hatte sich insbesondere um die Schachabteilung verdient gemacht.
>
> FRANZISKA MARB (51), 31. Juli: Die bekannte Gastwirtin war eine bliebte Bürgerin von Oberschneitbach.
>
> FRITZ GLEITSMANN (78), 31. Juli: Der Kapellmeister prägte nicht nur den Liederchor, sondern gab auch beim Luftsportverein lange Jahre den Ton an.
>
> KASPAR BÖCK (49), 13. August: Viele Jahrzehnte war er Gemeindesekretär von Griesbeckerzell.
>
> JOSEF STOLL (63), 21. August: Mehr als 30 Jahre war er Herbergsvater der BCA-Sportler zunächst im alten und dann im neuen Clubhaus.
>
> JOSEF NEUBAUR (67), 30. Dezember: Der Kraftfahrzeugmeister hatte die erste Autowerkstätte mit Mercedes-Vertretung in der Stadt.

Eines der schwächsten Glieder im Verkehrsnetz war die Paarbrücke in der Bahnhofstraße, die nur noch eine Tragkraft von gerade mal zehn Tonnen hatte. 1977 wurde deren Neubau bewältigt. Ohne die neue Paarbrücke hätte der beschlossene Ausbau der Franz-Beck-Straße als wichtige Trasse in der Süd-West-Richtung wenig Sinn gemacht. Wobei es schon im Vorfeld kritische Stimmen der Anlieger gab, die eine übergebührliche Verkehrsbelastung auf sich zukommen sahen, was sich später denn auch bewahrheiten sollte. Im Oktober 1977 wurde die neue Brücke für den Verkehr freigegeben. Unmittelbar danach erfolgte der Auftrag zum Ausbau der Franz-Beck-Straße, dem auch ein Wohnhaus zum Opfer fallen mußte, damit die Anbindung an die Augsburger Straße gelingen konnte.

Die vielen Investitionsmaßnahmen beanspruchten nicht nur das Bauamt mit seinem Leiter Walter Ducrue und dessen Stellvertreter Kurt Paul über Gebühr, sondern brachten auch anderen Abteilungen erhebliche Mehrarbeit. Dazu kam der zusätzliche Aufwand durch die weiteren Eingemeindungen. Um die Verwaltung leistungsfähig zu halten, beschloß der Stadtrat Ende 1976 die Aufstockung des Personals um 14 auf 110 Mitarbeiter, was allerdings auch eine

Raumnot im Rathaus auslöste. Im Oktober 1977 mußten Teile der Stadtverwaltung an den Jakobiweg und an den Tandlmarkt verlagert werden. In der Verwaltung hatte es im November 1976 bereits eine einschneidende Veränderung gegeben: Oberamtsrat Anton Scholter schied nach 45 Jahren Dienstzeit als Geschäftsleitender Beamter aus, sein Nachfolger wurde Max Krammer. Im August 1978 ging auch Stadtkämmerer Alois Heilgemeir in den Ruhestand. Seine Position nahm Josef Braun ein.

Mitte der Siebziger: Die wirtschaftliche Attraktivität steigt

Werbung für die „Einkaufsstadt" – Kampf gegen Supermärkte

Was Erscheinungsbild und Verbesserungen der Infrastruktur betrifft, stieg die Bedeutung der Stadt für das Umland. Die Einwohnerzahlen kletterten nicht nur durch die Eingemeindungen, sondern auch wegen der regen Bautätigkeit vor allem im Bereich der Kreisgutwiese. Aichach wurde damit wirtschaftlich immer interessanter. Das zeigte sich zunächst vor allem im Handelsbereich. Im Oktober 1973 hatte das neue Großkaufhaus Schmederer das ehemalige Kaufhaus Hörhammer am Tandlmarkt bezogen. Das lockte weitere Kunden in die Stadt.
Doch als ab 1976 immer wieder Bauanträge für neue Supermärkte eingingen, rückte die bislang nur lockere Formation der Einzelhändler enger zusammen, um der drohenden Konkurrenz der Verbrauchermärkte zu begegnen. Im Sommer 1976 lud der Malermeister Heinrich Linck die Geschäftsleute in den „Ziegler"-Saal ein. Der Schulterschluß gelang: 109 Ladenbesitzer, Handwerker und Bankenvertreter kamen, um breite Front gegen die Konzerne zu machen. Gleichzeitig wurde auf Initiative von Heinrich Linck ein Grundsatzpapier verabschiedet, das die „Verbesserung der Attraktivität Aichachs" beispielsweise durch einheitliche Ladenöffnungszeiten und Sonderaktionen zum Inhalt hatte. Noch im September 1976 gründete sich ein Verband, der später in „Aktionsgemeinschaft Aichach" (aga) umgetauft wurde. Vorsitzender wurde Heinrich Linck. Schon kurz danach warb man unter gemeinsamer Fahne für die „Einkaufsstadt Aichach" und initiierte zum Weihnachtsgeschäft 1976 eine große Verlosungsaktion, die viele Käufer lockte. Am 26. und 27. März des folgenden Jahres lu-

> **Bundesverdienstkreuz für Eberl und Hoberg**
>
> Mit Bruno Hoberg und Franz Xaver Eberl werden im Januar 1977 zwei bekannte Bürger der Stadt mit dem Bundesverdienstkreuz ausgezeichnet: Bruno Hoberg war viele Jahre Stadtrat und zweiter Bürgermeister. Er hatte sich besonders des ehemaligen Stadtkrankenhauses angenommen. Franz Xaver Eberl führte die Kreisverkehrswacht von der Gründung im Jahr 1951 bis 1976. Sein Nachfolger wurde Bruno Walser.

den die Einzelhändler dann auf Anregung Riepls zu ihrer ersten Autoschau. Zehntausende kamen in die Stadt, um die neuesten Modelle der hiesigen Autohändler zu bewundern. Die Ausstellung begleitete ein buntes Rahmenprogramm mit Musik und Schäfflertanz – die Autoschau blieb als feste Einrichtung bis in die Gegenwart erhalten.

Um die Abwanderung von Kundenströmen nach Augsburg oder München zu verhindern, wurde ab September 1977 auch eine Ortsteil-Buslinie ins Leben gerufen, die alle Stadtteile ansteuerte. Eine wesentliche Rolle spielte die Einzelhandelsorganisation später bei der Diskussion über die Stadtplatzsanierung. Zunächst richtet sich aber das Hauptaugenmerk auf die Entwicklung in Handwerk und Gewerbe ab etwa 1972.

Das Industriegebiet bei Ecknach 1974: Wayss & Freytag siedelte als erstes Unternehmen an.

Da eröffnete die Firma Amon an der Augsburger Straße ihren Zweigbetrieb für Betonfertigteile, und die Ziegelei Renz in Oberbernbach stellte ihr neues Werk II vor. Eine jahrhunderte lange Tradition ging dagegen in der Beck-Mühle zu Ende: Sie stellte im Herbst 1972 die Vermahlung ein und rüstete auf die Langzeitlagerung von Getreide um. Ein Teil des Geländes und der Gebäude wurde an Firmen verpachtet.

Eine von vielen Modernisierungsphasen brachte das Milchwerk hinter sich, das auf Tanksammelfahrzeuge umstellte. Anders war der Transport von inzwischen täglich rund 200 000 Litern Milch nicht mehr zu bewältigen. Das vertraute morgendliche Geklapper der blechernen Milchkannen im Bereich der Molkerei gehörte fortan der Vergangenheit an – in den Dörfern verschwanden die Millibankerl.

Das IndustriegebietSüd entwickelte sich. Im Januar 1973 – pünktlich zum 20jährigen Bestehen – wurde dort das neue Werk der Firma Käuferle fertiggestellt. Einen großen Erfolg aus wirtschaftlicher Sicht meldete im November 1972 die Gemeinde Ecknach. Die Firma Wayss und Freytag siedelte auf einem 20 000 Quadratmeter großen Gelände an der Bundesstraße an. Der neue Betrieb für Betonfertigteile sollte der Gemeinde erhebliche Zuwachsraten bei der Gewerbesteuer und dem Raum 230 neue Arbeitsplätze bringen. Doch der Rückschlag kam bald: Die Firma mußte bereits im September 1975 schließen, weil vor allem die von der öffentlichen Hand erhofften Großaufträge ausgeblieben waren.

Fast zeitgleich meldete auch die Steppdeckenfabrik Hammer an der Flurstraße ihr „Aus" an – wieder gingen Arbeitsplätze verloren. Die Caritas kaufte das Areal allerdings 1976 und richtete in den Hallen die Ulrichswerkstätten ein, die ab 1978 über 120 behinderten Menschen einen Arbeitsplatz gaben. Im Oktober 1977 ging das Gelände von Wayss & Freytag in den Besitz der Firma Holzbau Merk über, die am bestehenden Standort an der Münchener Straße längst mit heftigen Beschwerden der Nachbarn wegen Lärmbelästigung zu kämpfen hatte. Firmenchef Karl Moser verlagerte seinen Betrieb nach Ecknach und verkaufte das bisherige Firmenareal an Christoph Lippert, der es nach langen Verhandlungen mit dem Stadtrat an eine Supermarktkette weiterverpachten konnte.

Eine teilweise Verlagerung der Produktionsstätten an die B 300 im Gewerbegebiet von Ecknach ging die Firma Meisinger an. Im November 1975 feierte MEA den Hebauf an zwei neuen Hallen. Kurz danach stellte das Unternehmen die neueste Entwicklung vor: einen Kellerlichtschacht aus Polyester, der sich auf dem Bausektor zum Selbstläufer entwickeln sollte.

Das Industriegebiet Aichach-Süd an der Staatsstraße nach Klingen bot die Gelegenheit, alteingesessene Firmen auszulagern, die sich im Innenbereich nicht mehr weiterentwickeln

> **Der Mord an Eustachius Hell**
>
> Am Montag, 20. Dezember 1976, wird der sechsjährige Eustachius Hell aus Paar bei Kühbach entführt und ermordet. Die schreckliche Tat wenige Tage vor dem Weihnachtsfest erschüttet die Menschen im Aichacher Land. Als Täter wird ein 32jähriger aus Neuburg an der Donau ermittelt, der die Eltern des Jungen erpressen wollte. Als bekannt wird, auf welch grauenvolle Art der Mann den Buben umgebracht hat, richtet sich der Haß breiter Bevölkerungsschichten gegen den Täter, der am 24. Februar 1977 vom Augsburger Schwurgericht zu lebenslanger Haft verurteilt wird. Peter E. Mossack, Redaktionsleiter der Aichacher Zeitung, initiiert während dieser Welle der Empörung eine Unterschriftenaktion zur drastischen Strafverschärfung gegenüber Gewaltverbrechern, an der sich die Menschen weit über die Region hinaus beteiligen. Über 50 000 Unterschriften gehen ein, bis die Kritiker wach werden, die sich eindringlich gegen eine Wiedereinführung der Todesstrafe wehren und Mossacks Vorstoß zur Verhandlung vor dem Deutschen Presserat bringen. Das Aufsichtsorgan der Medien „verleiht" dem Redaktionsleiter der AZ daraufhin in Form der „Silbernen Zitrone" eine offizielle Rüge.

konnten. Im Herbst 1977 zog unter anderem Reifen-Ihle aus der Äußeren Feldstraße dorthin, weitere wie die Malergeschäfte Lohberger oder Fuchs, folgten später und expandierten im Süden.

Auch die Banken profitierten von der wirtschaftlichen Entwicklung und investierten entsprechend. Im Januar 1973 bezog die Sparkasse ihre neue Hauptstelle an der Donauwörther Straße. Wenige Monate später antwortete die Konkurrenz: Die Spar- und Kreditbank nannte sich ab April Raiffeisenbank. Bei der Generalversammlung ehrte Vorstandsvorsitzender Gaudenz Müller-Paradeis Georg Hermann, der seit der Gründung der Landwirtschafts- und Gewerbebank im Vorstand tätig war. Kurz danach zog das Kreditinstitut in

die umgebauten Bankräume in der Hubmannstraße ein. Im August 1975 war auch die Erweiterung der Vereinsbank abgeschlossen, die ihre Verwaltungsräume auf den ersten Stock des Hauses am Stadtplatz ausdehnte.
Ein wesentlicher Wirtschaftsfaktor blieb die Automobilbranche. Eine der Firmen, die expandierte, war Ford-Eberl, die im Juli 1976 ein neues Autohaus an der Augsburger Straße eröffnete. Zu Jahresbeginn hatte der Technische Überwachungsverein in seiner neuen Zweigstelle im Industriegebiet Süd den Betrieb aufgenommen, womit die Autofahrer für die TÜV-Abnahme nicht mehr den Weg in die Nachbarstädte Schrobenhausen oder Augsburg auf sich nehmen mußten.

Verändertes Freizeitangebot und kulturelle Höhepunkte

Wieder ein Kino, Kneipen und die erste Pizzeria

Um sich zu amüsieren, war die motorisierte Jugend Anfang der siebziger Jahre verstärkt in die Nachbarstädte unterwegs. Denn das Angebot für abendliches Freizeitvergnügen war zunächst noch beschränkt. Erst ab Oktober 1972 gab es wieder ein Kino. Über dem Gasthaus „Sternegger" („Pfaller") eröffnete das neue „Central-Theater".
Nicht nur die musikbegeisterte Jugend stürmte zu den Auftritten von Henry Arlands Münchener Show- und Unterhaltungsband „Bayern-Pop" in die Turnhalle. Zu der Kapelle gehörten auch die beiden Aichacher Berufsmusiker Otto Steuerl jun. und Werner Jung. Viel beachtet war ebenso der erste türkische Folkloreabend, der am 6. März 1976 im Triltsch-Saal über die Bühne ging und die Annäherung zwischen den türkischen und deutschen Mitbürgern einen weiteren Schritt voranbringen sollte.
Die Kneipenszene kehrte 1977 ein, als im Juli im Neubau des Gut-Hauses in der Hubmannstraße „Peter's Pils Kneipe" eröffnete und in Unterwittelsbach „Tschupos Boaz'n" einlud. Beides waren bald beliebte Treffpunkte aller Altersgruppen. Im Dezember folgte schließlich die erste Pizzeria, die im „Storcheneck" in der Bauerntanzgasse einzog.
Die Ansprüche der nichtorganisierten Jugend, die seit Oktober 1973 der Verein „Jugendforum e. V." vertrat, hatten die Stadtväter im Sommer 1974 mit der Erlaubnis zur Einrichtung eines Jugendtreffs im Haselberger-Gelände zunächst befriedigt, doch das Projekt scheiterte. Bereits im Februar 1975 wurde das „Jugendforum" auf Beschluß des Stadtrates wieder geschlossen – die Anwohner und Eltern hatten immer öfter auf erhebliche Mißstände in dem Haus an der Münchener Straße hingewiesen. Zum neuen Treffpunkt der jüngeren

Generation entwickelte sich daraufhin das „Hopfenland-Stüberl" (später „Circus-Stuben") mit Discothekenbetrieb in der ehemaligen Gaststätte „Veit" am Bahnhof. Dort wurden im Oktober 1977 erstmals „heiße Scheiben" aufgelegt.

Die kleineren Bürger konnten sich seit 1972 beim alljährlichen Kinderfest rund um das Freibad vergnügen. Das Riesenspektakel mit rund 6000 Buben und Mädchen als Teilnehmer war auf Initiative von Neu-Stadtrat und Jugendreferent Dieter Heilgemeir – der Stadtrat hatte den Posten des Jugendreferenten neu geschaffen – organisiert worden, der beim Jugendbeauftragten der Naturfreunde, Erich Hoffmann, volle Unterstützung fand. Viele Jahre war das Kinderfest fester Bestandteil im Sommer-Terminkalender. Wenngleich es später einschlief, profitiert der Nachwuchs bis heute davon: Schließlich entwickelte sich daraus das Aichacher Kinder-Ferienprogramm.

Alle großen Veranstaltungen fanden weiterhin in der TSV-Halle statt, deren Umbau ein wichtiger Schritt war, der vielen Vereinen und Kulturschaffenden entgegenkam. Das 100jährige Jubiläum des Kriegervereins im Juni 1973, die Konzerte des Liederchors und der Festakt der Gemeinschaft anläßlich des 65jährigen Bestehens im Februar 1975 mit einer besonderen Ehrung für Chorleiter Gustl Fuchs, der Auftritt der Original Donkosaken vor ausverkauftem Haus im November 1976 und der große schwäbische Heimattag eine Woche später waren nur einige gesellschaftliche Höhepunkte. Dazu zählte auch die „Altbaierische Woche", zu der die Stadt im Oktober 1976 erstmals eingeladen hatte. Im Jahr danach wurde

1976 – in memoriam

THERESE HASELBERGER (88), 15. Januar: Die Tochter der Bierbrauerfamilie Böck und Gattin des Fleischwarenfabrikanten Haselberger war Mitbegründerin des Katholischen Frauenbundes und 27 Jahre lang dessen Vorsitzende.

HEINZ DOMINKE (62), 5. Februar: Der Apotheker hatte 1949 die Marien-Apotheke am Unteren Tor eröffnet und seither geführt.

JOSEF FELDMEIER (88), 6. Februar: Der Braumeister der Brauerei Hofman war 1910 in die Stadt gekommen und ein engagiertes Mitglied des Kriegervereins.

HANS ENGLMAIER (81), 22. März: Er hatte 1923 an der Münchener Straße eine Schreinerei eröffnet und den Betrieb 1963 am Oberbernbacher Weg vergrößert. Von 1933 bis 1969 war er Kreis-Handwerksmeister und gehörte vor dem Krieg dem Stadtrat an.

JOSEF DECKER (69), 22. April: Nach dem Krieg machte sich der Maschinenbaumeister am Oberbernbacher Weg selbständig.

DR. JOSEF MÜLLER (87), 4. Juli: Der Träger der Verdienstmedaille der Bundesrepublik hat in dem Buch „Aichach einst und jetzt" die Stadtgeschichte von den jüngsten Anfängen bis ins Jahr 1968 festgehalten.

JOSEF HELFER (75), 9. August: Der Milchleistungsprüfer und Kirchenmesner von Ober- und Unterwittelsbach starb bei einem tragischen Verkehrsunfall.

JOHANN HEIGERMEIR (65), 4. Oktober: Von 1969 bis zur Eingemeindung 1972 war er Bürgermeister von Walchshofen und 38 Jahre Mesner.

ERNST GRABBERT (55), 12. Dezember: Der Ecknacher Gemeindekassier und Erzeugerberater beim Milchwerk wurde Opfer eines Verkehrsunfalls.

JOSEF AUMÜLLER (76), 21. Dezember: Der gebürtige Münchener kam 1946 nach Aichach und baute das Autohaus an der Schrobenhausener Straße auf.

die Veranstaltung mit einem Riesenprogramm wiederholt. Vom 20. bis 26. Juni zogen Hoagarten, Meisterschaften im Fingerhakeln, Sänger- und Musikantenwettstreit, Uhrenmesse und viele weitere Attraktionen die Besucher vornehmlich in die Turnhalle.

Die Faschingsfreunde organisieren sich – „Paartalia" gegründet

Die Bedeutung des Saales wurde in der Faschingszeit natürlich keineswegs geringer. Um so mehr, als die fünfte Jahreszeit durch die Gründung der Faschingsgesellschaft „Paartalia" am 12. Dezember 1973 neue Impulse bekam. Der Verein entstand vor allem auf Initiative von TSV-Mitgliedern. Gertrud Muck und Heinz Neumaier waren das erste Prinzenpaar, Feuerwehrkommandant Josef Jakob wurde Hofmarschall. Rasch einigten sich die Mitglieder auf den Namen „Paartalia" und wählten den TSV-Vorsitzenden Klaus Laske zum Präsidenten. Zahlreiche Stadträte und Bürgermeister Riepl als Gründungsmitglied waren anfangs mit Begeisterung dabei und stellten sich als Elferrat zur Verfügung. Die erste Saison verlief überaus schwungvoll und hatte einen herausragenden Höhepunkt: Am 24. Februar 1974 ging nach 16 Jahren erstmals wieder ein Faschingstreiben vor dem Rathaus über die Bühne. Der Erfolg war durchschlagend: Über 4000 Menschen feierten ausgelassen mit.

Verdienstkreuz für Paulus Glaswinkler

Am 30. September 1974 erhält Paulus Glaswinkler das Bundesverdienstkreuz. Von 1952 bis 1960 war er Stadtrat, von 1960 bis 1966 im Kreistag des Landkreises Aichach engagiert. Mit der Auszeichnung werden speziell auch seine langjährigen Verdienste im Feuerwehrwesen gewürdigt. Von 1957 bis 1973 war Glaswinkler Kreisbrandrat. Auch um Handwerk und Gewerbe in der Stadt hat er sich auf vielen Ebenen bemüht.

Stadt „vergrößert" das neue Pfarrzentrum

Wenngleich die umgebaute Turnhalle weitgehend den Anforderungen gerecht wurde, die man an ein Veranstaltungsgebäude stellte, reichten ihre Kapazitäten auf absehbare Zeit nicht aus. Denn durch das rege Vereinsleben und die vielen Großveranstaltungen von Firmen, Parteien und Verbänden war die Halle bald ausgebucht. Aus diesem Grund unterstützte der Stadtrat die Kirche, für die Pfarrgemeinderatsvorsitzender Hermann Plöckl im Sommer 1975 die Pläne zum Bau des Pfarrzentrums an der Schulstraße präsentierte. Der Stadtrat beauftragte Riepl, mit der Kirchenstiftung über eine Umplanung zu verhandeln. Unter anderem verlangte man nach einem größeren Saal, der den

Charakter einer Stadthalle bekommen sollte. Stadtpfarrer Reiter und der Pfarrgemeinderat brüteten nochmals über den Plänen und legten am Ende ein Konzept vor, das bei Gesamtkosten von rund 2,5 Millionen Mark lag. Doch eine solche Finanzierung konnte unmöglich allein auf den Schultern der Kirchenstiftung ruhen, die mitten in der Renovierung der Stadtpfarrkirche steckte und deren Kasse trotz des beträchtlichen Spendenaufkommens (allein 1977 über 170 000 Mark) überstrapaziert war. Aus diesem Grund stockte der Stadtrat auf Vorschlag der CSU-Fraktion den Zuschuß für das Pfarrzentrum von zunächst 200 000 auf 420 000 Mark auf und erwarb sich damit als Gegenleistung ein Nutzungsrecht für jährlich zehn Aktivitäten. Im September 1977 erfolgte der Spatenstich für das neue Zentrum mit Bücherei und Veranstaltungsräumen, das den Namen „Sankt Michael" bekam.

Womit es nun an der Zeit ist, auf weitere wesentliche Ereignisse und Veränderungen im kirchlichen Bereich während dieses Zeitabschnittes einzugehen. Zunächst zu nennen ist die Primiz von Neupriester Gerd Riegel am 11. Juli 1976 auf dem Stadtplatz. 5000 Gläubige feierten das erste Meßopfer des jungen Geistlichen mit, der unmittelbar danach Aushilfskaplan in Aichach wurde und später die Pfarrei Klingen mit Mauerbach und Thalhausen übernahm. Anfang 1977 ging Stadtkaplan Helmut Enemoser nach Ichenhausen bei Günzburg. Nachfolger wurde Karl Kraus, als weiterer Kaplan kam noch im selben Jahr Alois Lindner von der Augsburger Pfarrei Sankt Elisabeth, um Stadtpfarrer Reiter zu unterstützen. Im November 1976 weihte Bischof Stimpfle das renovierte Kuratenhaus am Oberwittelsbacher Burgplatz, das fortan ein „Jugendhaus" beherbergte, in dem vornehmlich der Kreisjugendring unter seiner neuen Vorsitzenden Brigitte Laske Tagungen abhielt. Laske hatte das Amt erst im Mai 1976 von Dieter Heilgemeir übernommen, der sich inzwischen im Stadtrat und weiterhin im Pfarrgemeinderat engagierte.

1977 – in memoriam (I)

ARTHUR REITINGER (51), 12. Januar: Der Verwalter der Kreiskrankenhäuser Aichach und Aindling erlag einem Gehirnschlag.

SIEGLINDE VOGLGSANG (41), 19. Februar: Die Oberlehrerin kam 1964 von Gundelsdorf nach Aichach, unterrichtete zunächst an der Mädchenschule und später an der Grundschule.

JOSEF KREITMEIR (68), 24. Februar: Der Kreis- und Bezirksrat, Kreisheimatpfleger, Mitbegründer der Waldbesitzervereinigung Aichach und Träger des Bundesverdienstkreuzes aus Gartelsried bei Tandern war eine markante Persönlichkeit.

MICHAEL HARTL (59), 1. April: Der Klingener Metzgermeister und Gastwirt war Ehrenmitglied der Feuerwehr.

KARL WALTNER (69), 23. April: Der gebürtige Laufener hatte am Stadtplatz ein Elektrofachgeschäft.

FRANZ NAGEL (37), 6. Mai: Der Sohn der Metzgerfamilie Nagel kam bei einem Verkehrsunfall in Schnaitsee bei Trostberg ums Leben.

THOMAS TRÜBSWETTER (67) 2. Mai: Von 1956 bis 1966 war er Bürgermeister von Oberwittelsbach.

EMIL ZINSMEISTER (78), 14. Mai: Der Viehkaufmann aus Oberbernbach war ein bekanntes Original.

Ohne besondere Beachtung der Öffentlichkeit blühte die Neuapostolische Glaubensgemeinschaft, deren örtliche Wurzeln bis in das Jahr 1953 zurückreichen. Die Zahl ihrer Angehörigen war stetig angewachsen. Dem trug man durch den Bau eines neuen Gotteshauses an der Blumenstraße Rechnung, der im Oktober 1977 begonnen wurde.

Auch die enge Beziehung zwischen der Kommune und den Ordensfrauen trat in diesem Zeitabschnitt einmal mehr zutage. Spitaloberin Schwester M. Rodigna hatte 1975 das Bundesverdienstkreuz erhalten, wurde dann krank und mußte zurück ins Mutterhaus. Dasselbe Schicksal wiederfuhr auch der Oberin der Armen Schulschwestern, Schwester Clareta. Nach längeren Verhandlungen mit den Mutterhäusern konnte Bürgermeister Alfred Riepl die ersehnten Nachfolgerinnen begrüßen: Schwester Maria Christine Häusler als neue Oberin der Schulschwestern und Schwester Hildegunda als Oberin im Spital. Am 6. Juli 1977 verstarb schließlich Schwester Aurelia Rotter, die Oberin im Altenheim der Fuggerschen Stiftung in Blumenthal. Die Deutschordensschwestern entsandten die damals 39jährige Schwester Eduarda Eder als Ersatz.

Bei der Feier zum 25jährigen Wirken von Pfarrer Max Gmach in Griesbeckerzell wurde dem Geistlichen am Samstag, 25. November 1972, eine hohe Ehrung zuteil. Bürgermeister Karl Gaßner verlieh dem Förderer der Zeller Vereine das Ehrenbürgerrecht.

Abschiednehmen hieß es am 21. September 1975 für die evangelische Kirchengemeinde Aichachs, als Pfarrer Fritz Hübner in den Ruhestand ging. Als Nachfolger wurde Pfarrer Jörg Amlong begrüßt.

Pfarrer Jörg Amlong.

Soziale Verbesserungen

Auf dem sozialen Sektor ist die Einweihung des AWO-Heimes zum 1. Dezember 1976 ein Meilenstein. Zehn Jahre nach der Vorstellung der ersten Baupläne nahm das Altenheim seinen Betrieb auf und war bald gut belegt.

Im März 1976 hatte das BRK einen Generationswechsel im wahrsten Sinne des Wortes vollzogen: Geschäftsführer Emil Schmid ging nach 16 Jahren Aufbauarbeit in den Ruhestand und übergab das Amt seinem Sohn Horst, der mit seinen Rotkreuzkameraden im Dezember ein weiteres neues Krankentransportfahrzeug in den Dienst stellen konnte. Im Juni 1977 stand ein Mann im Mittelpunkt, der die Geschichte des Roten Kreuzes und der Wasserwacht maßgeblich mitbestimmt hatte: Hans Wohlmuth wurde das DRK-Ehrenzeichen verliehen. Ab September 1977 übernahmen Gottfried Asam und Georg Burek die Führung der Aichacher Rotkreuzkolonne, deren ehrenamtliche

Helfer bis dahin immer noch telefonisch herbeigerufen werden mußten, was bei mehreren Einsätzen gleichzeitig oft zu Komplikationen führte. Dies änderte sich im Jahr 1978 mit der Direktverbindung zur Rettungsleitstelle Augsburg, in der nun die Notrufe eingingen und die Einsätze der Sanitäter und Notärzte koordiniert wurden.

Damit erscheint ein kleiner Ausflug in die „Telefongeschichte" der Region angebracht: Die Bundespost hatte das Netz kontinuierlich verästelt und am 15. März 1977 auch im Raum Aichach den Acht-Minuten-Takt eingeführt – eine Neuerung, die die Ortsgespräche deutlich verbilligte. Das löste eine Welle von Anträgen auf ein Telefon aus. Allein zwischen Mai 1977 und März 1978 stieg die Zahl der Hausanschlüsse um mehr als 1000 auf rund 7350. Zwei Jahre zuvor hatte die Region die Auswirkungen einer anderen Postreform negativ zu spüren bekommen: Zum 1. April 1976 wurden die Poststellen in Oberschneitbach und Sulzbach aufgelöst. Doch das war erst der Anfang: 1977 durften nur neun von 49 Poststellen im Aichacher Raum überleben, alle übrigen wurden wegrationalisiert, womit sich der Service der Post auf dem flachen Land deutlich verschlechterte.

1977 – in memoriam (II)

JOSEF STRAUCH (85), 29. Mai: Der Schreinermeister hatte den Betrieb am Auer-Turm aufgebaut.

GEBHARD WEISS (72), 8. Juni: Er war der Seniorchef des gleichnamigen Autohauses an der Martinstraße.

XAVER FÜHRER (71), 3. Juli: Der langjährige Stadtrat (1946 bis 1972) und Kreisrat war auch 17 Jahre Aufsichtsratsmitglied bei der Baugenossenschaft.

FRITZ MAYER (71), 6. Juli: Zeitlebens hatte sich der Druckereibesitzer um seine Aichacher Zeitung gesorgt und bemüht. Der Herausgeber und Journalist zeigte vielfältiges Engagement in zahlreichen Vereinen und sozialen Einrichtungen. Er war deshalb auch Träger des Bundesverdienstkreuzes.

JOSEF BETZMEIR (55), 31. August: Der „Sepp" baute zunächst an der Donauwörther Straße einen Vulkanisierbetrieb auf, ehe er an der Augsburger Straße die erste Opel-Vertragswerkstätte Aichachs eröffnete.

ANTON BACHMANN (57), 28. September: Der Metzgermeister war seit 1972 Gemeinderat von Griesbeckerzell und engagierter Funktionär im SCG.

EMIL GERUM (55), 13. Oktober: Viele kostbare Arbeiten vornehmlich in den Kirchen des Aichacher Landes zeugen heute noch vom großen Können des Kunstschmiedemeisters.

MARIA FEUERSTEIN (81) 15. Dezember: Das letzte „Turmfräulein" lebte im Unteren Tor.

Bildungspolitische Veränderungen

Abgesehen davon, daß die Hauptschule ab 1975 zeitweise über akute Raumprobleme klagte, bis der Wechsel an die teilweise erst seit kurzem bestehenden weiterführenden Schulen – auch durch ministerielle Lockerung der Übergangskriterien – „Mode" wurde, gab es im Bereich der städtischen Bildungseinrichtungen in den siebziger Jahren keine wesentlichen Probleme. Erwähnung finden muß aber der Abschied von Schwester Romualda im Juli 1976. Seit 21 Jahren war die Ordensfrau im schulischen Bereich in der Stadt tätig, davon seit 1961 als Rektorin der Volksschule.

Bis dahin war in Aichach die Betreuung geistig behinderter junger Menschen kaum beachtet worden. Das änderte sich im Sommer 1974, als die Gemeinde Oberbernbach ihr Schulhaus zum Preis von einer halben Million Mark an den Landkreis verkaufte. Der richtete in dem Gebäude an der Oberbernbacher Hauptstraße die neue staatliche Sonderschule für geistig Behinderte ein, die zuvor in Rieden bei Laimering untergebracht war. Eng mit dieser Schule verbunden war die Lebenshilfe, die sich als gemeinnützige Organisation dieser Kinder annahm und in den Folgejahren noch enger mit der Schule verbinden sollte. Dies geschah im starken Zusammenhang mit der Person des Aichacher Rechtsanwaltes Horst Thoma, der 1976 das Amt des Vorsitzenden von Rudolf Schmitt übernommen hatte.

> **Waldvogel verunglückt**
>
> Am 25. August 1977 verunglückt der 37jährige Alpinist Franz-Xaver Waldvogel aus Oberbernbach am Weißenhorn bei Zermatt tödlich. Neben der Sektion Aichach im Deutschen Alpenverein nehmen auch die Mitglieder der Wasserwacht Abschied von ihrem engagierten Schwimmkursleiter.

Die „Sportstadt" blüht auf

Aufschwung mit der neuen Vierfachturnhalle

Neben dem Beinamen „Schulstadt" hatte sich Aichach im Umland langsam auch den Titel „Sportstadt" erworben, was nicht nur darauf zurückzuführen ist, daß neue Vereine und Sportarten in ähnlicher Art und Weise aus dem Boden schossen, wie das nach dem Krieg – allerdings unter ganz anderen Umständen – der Fall war. Die Wohlstandsgesellschaft hatte zwischenzeitlich den leistungsorientierten Sport als abwechslungsreiches Freizeitangebot entdeckt, sei es als Zuschauer oder als Aktiver. Manche Vereine wandelten ihr Gesicht und legten alte Strukturen ab. Plötzlich war die reine Leibesertüchtigung zweitrangig – dem Zug der Zeit folgend, konzentrierte sich das Interesse auf Hochleistung. Denn nur die konnte man vermarkten. Sei es durch vollbesetzte Zuschauerränge oder andere Maßnahmen, wie beispielsweise die Trikotwerbung, die erstmals der BCA als zusätzliche Einnahmequelle erschloß. Im März 1974 erhielt der Fußballverein vom DFB die Genehmigung zur Firmenwerbung. Der Schriftzug „Mondi" prangte von nun an auf den Dressen. 1977 stieg der BCA wieder in die Landesliga auf und wechselte mit der höheren Klasse auch den Sponsor. Nun gingen die Kicker mit „Südmarkt" auf Torejagd. Zwischen diesen beiden Daten liegt ein entscheidender Wendepunkt des Vereins: Vorsitzender Hans Jung war im August 1973 für seine vielfältigen

Die Vierfachturnhalle des Landkreises wird gebaut.

Verdienste um den BCA mit dem Bundesverdienstkreuz ausgezeichnet worden. Im Sommer 1975 trat er – nach 25 Jahren Vorstandsarbeit – aus gesundheitlichen Gründen zurück. Nachfolger wurde Helmut Bauer, der im selben Jahr höchstes Lob für die Ausrichtung einer hochkarätigen Veranstaltung der Schachabteilung entgegennehmen konnte: Im Sommer 1976 war Aichach Austragungsort des Länderkampfes zwischen Bayern und Serbien. Für mustergültige Organisation zeichnete Abteilungsleiter Gerhard Roch sen. verantwortlich.

Der TSV bot zwischenzeitlich auch Volleyball und Karate an und verkündete bei der Generalversammlung im März 1973 stolz, daß man nun bald 1000 Mitglieder habe. Regen Zulauf hatte auch die Tennisabteilung, die zum 25jährigen Jubiläum 1974 sogar Fußballweltmeister Sepp Maier vom FC Bayern München auf der Anlage beim Freibad zu Gast hatte. Ein Jahr danach feierten die Jedermannturner dasselbe Jubiläum. Als Motor dieser Abteilung konnte Alois Heilgemeir bei dieser Gelegenheit das Bundesverdienstkreuz in Empfang nehmen. Eines der Aushängeschilder des TSV waren die Handballer, die im August 1974 auf dem Kleinfeld mit Europapokalsieger Dynamo Bukarest „die" Spitzenmannschaft des Kontinents empfingen. Die Heimspiele in der Hallenrunde der Landesklasse mußten sie allerdings auswärts antreten: Weil eine spielgerechte Halle in Aichach noch nicht vorhanden war, absolvierte man die Heimspiele in Augsburg. Mit der Eröffnung der Vierfachturnhalle des Landkreises beim Gymnasium gelang den Handballern schließlich der Durchbruch beim sportbegeisterten Publikum: Zum Eröffnungsspiel am 30. Dezember 1976 gegen den jugoslawischen Spitzenclub Zeljeznikar Sarajevo kamen über 600 Fans in die Halle, die sich bald zur „Handballhochburg" entwickelte. Das beflügelte die Mannschaft, die am 11. März 1978 mit einem 21:14-Sieg gegen den TSV Schongau im entscheidenden Spiel der Landesklasse die Meisterschaft und den Aufstieg in die Bayerische Oberliga schaffte.

Für einen Aufschwung sorgte die neue Sporthalle auch bei den Ringern, die zunächst allerdings eine schwere Entscheidung fällen mußten: Der Kraftsportclub Eiche Aichach war eine kleine Sportgemeinschaft, die sich verwaltungsmäßig und organisatorisch kaum mehr selbst tragen konnte. Aus diesem Grund näherten sich die Kraftsportler mehr und mehr dem TSV und traten ab Januar 1976 in Fusionsverhandlungen mit dem Verein. Zum 1. Januar 1977 wurde der KSCE eine Unterabteilung des TSV, der damit über Nacht weitere prominente Sportler in seine Mitgliedskartei aufnehmen konnte. Einer von ihnen war Michael Fuchshuber aus Ecknach, der im April 1976 bei den Deutschen Meisterschaften im Freistil einen hervorragenden vierten Rang belegen konnte.

Nur wenige Wochen später sorgte ein weiterer Ausnahmesportler für Schlagzeilen: Harald Schmaus krönte seine herausragenden Leistungen als Läufer mit dem Vizeweltmeistertitel. Schmaus war die 800-Meter-Strecke bei den Militärweltmeisterschaften im August 1976 in Rio de Janeiro in 1:48,6 Minuten gelaufen.

Der Freundschaftskampf der Bayernligaringer im Sommer 1977 gegen die Juniorennationalstaffel der USA war ein weiterer Höhepunkt im „Jahr eins" der neuen Landkreisturnhalle. Den nächsten setzte TSV-Präsident Klaus Laske, als er im Juli die Bayerischen Meisterschaften der Wettkampfgymnastik in die Paarstadt holte. Die „Sportstadt" lebte und entwickelte sich prächtig, was sich in zahllosen Meisterschaften und Einzeltiteln bemerkbar machte. Dem trug auch die Politik Rechnung. Am 3. Juni 1977 lud Landrat Josef Bestler erstmals zu einer Sportlerehrung des Landkreises. Seit diesem Tag werden die Erfolge alljährlich mit Urkunden und Plaketten gewürdigt. Zu den „Erst-Geehrten" gehörte auch das Aichacher Radsport-As Hubert Stöffel, dessen Erfolge ursächlich waren für die Ausrichtung des Großen Preises der Sparkasse, der längst zum Jahresprogramm gehörte. Am 9. Oktober 1977 wurde das Radrennen auf den Siedlungsstraßen bereits zum zehnten Male ausgetragen. Spätestens mit dieser Veranstaltung gelang dem Radsport in der Paarstadt der große Durchbruch – wenige Tage später wurde die Gründung des Radsport-Clubs (RSC) bekanntgegeben.

Im selben Zeitraum erfolgte auch eine bedeutsame Weichenstellung, die zu einer Änderung in verbandstechnischer Hinsicht führte. Die Vereine des Landkreises lösten sich aus dem Augsburger Sportkreis und bildeten am 4. No-

---

Dürre-Sommer 1976

Der Sommer 1976 ist von einer ungewöhnlichen Dürreperiode geprägt. Wochenlang fällt kaum ein Tropfen Regen. Die Menschen werden um sparsamen Umgang mit Trinkwasser gebeten. Im Juli verbietet die Gemeindeverwaltung Obermauerbach sogar das Rasensprengen und die Autowäsche. Besonders hart betroffen ist die Landwirtschaft, deren Felder völlig ausgetrocknet sind.

vember 1977 den neuen BLSV-Sportkreis 11, dessen Führung der Friedberger Hans Böller übernahm. Bei der Gründungsversammlung zeigte sich, daß die Gebietsreform, obgleich sie bereits fünf Jahre zurücklag, auch im sportlichen Bereich tiefe Gräben hinterlassen hatte: Die Vereinsvertreter wählten neben Böller drei weitere Funktionäre aus Friedberg an die Spitze, was den Altbayern entsprechend sauer aufstieß, denn sie hatten auf eine paritätische Besetzung der Vorstandsposten gehofft.

Neue Sportanlagen in den Stadtteilen – Schützenwesen wiederbelebt

Doch zurück zur Entwicklung der Aichacher Sportszene, die wesentlich erfreulicher verlief. Denn auch aus den Stadtteilen kamen Meldungen des Aufschwungs: Sogar im kleinen Untergriesbach wurde 1973 ein Verein gegründet, der zunächst allerdings kaum schweißtreibende Übungseinheiten absolvierte, sondern als Grill-Gemeinschaft Griesbach (GGG) hauptsächlich kulinarischen Erfolgen hinterherjagte. Im Lauf der Jahre gesellte sich der GGG jedoch auch eine überaus aktive Stockschützenabteilung hinzu.
Im August 1974 weihte der VfL Ecknach sein neues Sportheim mit Rasenspielfeld ein, für das die Bürger eifrig gespendet hatten. Dies tat im Juli des folgenden Jahres auch der neugegründete SC Oberbernbach, dessen Vorsitzender Willi Härtle den Bau der Anlage an der Staatsstraße vorangetrieben hatte. Wenige Wochen später erhielt schließlich das neue Sportheim der Wanderfreunde in Klingen den kirchlichen Segen. Im Februar 1977 übernahm Kaspar Riedlberger bei den Wanderfreunden das Ruder von Axel Hoeppner.
Aus dem Dornröschenschlaf erwachten die Schützenvereine, die in den vorangegangenen Jahren unter Mitgliederschwund und mangelnden Wettkampfstätten zu leiden hatten, was sich 1976 in der Auflösung der Algertshausener Grubet-Schützen bemerkbar machte. Der Neubeginn erfolgte wenig später mit der Gründung der Vereinigten Schützengesellschaft Aichach, die Bruno Rehle zum Schützenmeister wählte. Noch im November wurden die ersten Stadtmeisterschaften ausgetragen, bei denen die Elitetruppe von Adlerhorst Sulzbach den Sieg errang.
Im Juni 1977 konnten die Vereinigten dann ihre neue Schießanlage im renovierten „Stemmer" vorstellen. Gleiches tat man im September in Unterschneitbach: Zum 50jährigen Bestehen nahm die Schützengesellschaft die neuen Stände im Gasthaus „Bichlmeier" in Betrieb. Schützenmeister Josef Rauchmeir konnte bei dieser Gelegenheit auch die beiden Gründungsmitglieder Roman Huber und Martin Herrmann auszeichnen. Zu einer Neugründung kam es im Oktober 1977 in Obermauerbach: Die Tell-Schützen konnten von Be-

ginn an den neuen Saal der Gastwirtschaft „Gröppmeier" („Canada") nutzen. Schützenmeister wurde Hans Treffler. Im Mai 1977 gab es dann einen Wechsel an der Spitze des Sportschützengaues Aichach. Der hochverdiente Gauschützenmeister Josef Baudrexl aus Ecknach wurde von Willi Hanika abgelöst. Der Klingener trieb in den folgenden Jahren den Auf- und Ausbau des Schützensports in Stadt und Land voran.

Justiz und Polizei brauchen Platz

Das alte Finanzamt wird zur Inspektion

Der nächste Abschnitt beleuchtet die Situation der Justiz während dieser Phase. Zum 1. März 1976 hörte die Landespolizeistation Aichach auf zu existieren. Im Zuge der landesweiten Reform der inneren Sicherheit löste der Freistaat die Landpolizei auf und wertete Aichach zur Inspektion auf. Ein Jahr später bekam Walter Kunesch – obgleich schon seit 1973 Vorgesetzter der Ordnungshüter in der Stadt – seine offizielle Ernennungsurkunde zum Inspektionsleiter. Wesentlich sehnsüchtiger wartete der Polizeichef allerdings auf das Ja der übergeordneten Behörden zum Umzug in das ehemalige Finanzamtsgebäude am oberen Stadtplatz, das seit dem Weggang der Steuerbehörde ein mehr als trostloses Bild abgab. Die Dienststelle an der Martinstraße im Gebäude der Familie Kapfhamer platzte längst aus allen Nähten. Im Juni 1978 lief die Sanierung des alten Finanzamts schließlich an, im Januar 1979 zog die Inspektion ein. Nicht mehr in den Genuß verbesserter Arbeitsbedingungen kamen die beiden Beamten Mathias Sinzinger und Otto Preiß, die im September 1978 verabschiedet wurden; im März 1980 legten mit Hans Listl und Rudolf Hößl zwei weitere bekannte Gesichter der Aichacher „Gendarmenriege" die Uniform ab. Zum stellvertretenden Inspektionsleiter war zu dem Zeitpunkt Reiner Braun avanciert, der auch glänzend mit seiner Dienstwaffe umgehend konnte: Im Dezember 1981 krönte er seine schießsportlichen Leistungen mit dem Titel des besten Pistolenschützen aller Inspektionen im Regierungsbezirk Schwaben.

Das ehemalige Finanzamt.

Pläne für einen JVA-Neubau

Erhebliche Mehrarbeit brachte der Polizei die Umstrukturierung der JVA. Von dem Tag an, da die permanente Unterbelegung der zunächst reinen Frauenstrafanstalt durch die Angliederung einer Männerabteilung beendet wurde, stieg die Zahl der Einsätze sprunghaft an: Vermehrte Häftlingstransporte zu Gerichtsverhandlungen oder Vernehmungen bei der Staatsanwaltschaft brachten eine Zusatzbelastung. Obendrein waren die Sicherungs- und Überwachungskomponenten in der Anstalt noch lange nicht der Unterbringung von Männern angepaßt. Viele von ihnen nutzten günstige Gelegenheiten zur Flucht, die zwar meist schon nach wenigen Stunden oder Tagen wieder hinter Gittern endete, die Polizeibeamten aber in Atem hielt. Zum Jahresende 1976 gab die Staatsregierung überdies Pläne für den Neubau einer JVA in Aichach im Bereich der verlängerten Flurstraße in Richtung Walchshofen bekannt und kaufte dafür sogar Grundstücke in der Gemarkung Unterwittelsbach an.

> **Charlie Rivel hinter Gefängnismauern**
>
> Ein Weltstar besucht im Februar 1981 die JVA: Charlie Rivel. Als er das Ende seines Lebens kommen sieht, reist der millionenschwere US-Amerikaner durch die Kontinente, um jene Menschen zu verzücken, die sich von der Gesellschaft ausgestoßen fühlen konnten. Der weltberühmte Clown tritt ohne Honorar in Gefängnissen auf. Sein Gastspiel in der Aichacher Anstaltskapelle wird für die Insassen zu einem ebenso unvergeßlichen Erlebnis wie für den Künstler selbst. Tränen laufen über das geschminkte Gesicht, als „Akrobat schööööööööön" im Stile eines Hochalpinisten einen Stuhl erklimmt und wieder und wieder der frenetische Beifall der Gefangenen aufbraust.

Die Belegung mit Männern eröffnete übrigens der heimischen Wirtschaft neue Möglichkeiten, da der Dienstleistungsbereich der JVA dadurch ausgeweitet werden konnte. Autowerkstatt, Metallverarbeitung und Schreinerei kamen hinzu. Im Oktober 1977 nahm die Firma Meisinger sogar eine eigene Produktionshalle hinter den Gefängnismauern in Betrieb.

Die Liste der prominenten Gefangenen war zu dieser Zeit bereits um den Namen Ingrid van Bergen erweitert. Die Schauspielerin hatte in Starnberg ihren Liebhaber Wolfgang Knaths ermordet und war in einem aufsehenerregenden Prozeß verurteilt worden. Im Januar 1978 sorgte sie nochmals für Schlagzeilen, als sie Mutter wurde. Der evangelische Pfarrer Jörg Amlong taufte das Kind in der Anstaltskirche.

Ungekrönte „Königin" der Zellengemeinschaften war allerdings eine andere Frau: Vera Brühne. 1963 war sie nach einem mindestens ebenso spektakulären Mordprozeß in die Strafanstalt Aichach eingeliefert worden. Das Schwurgericht hatte eine lebenslange Haftstrafe wegen Doppelmordes verhängt. Die Frau mit der Häftlingsnummer 289 soll 1960 ihren Freund Otto Praun und dessen Haushälterin und Geliebte Elfriede Kloo umgebracht haben. Vera

Brühne beteuerte in dem Indizienprozeß immer wieder ihre Unschuld. Auch während der langen Jahre in Haft fand sie mit ihrer Geschichte in regelmäßiger Häufigkeit Platz in bundesweit verbreiteten Boulevardblättern und Illustrierten. Nichts war so begehrt wie irgendein Foto von „der Brühne" in der Aichacher Haftanstalt, wonach die Regenbogenpresse immer wieder bei den Redaktionsmitgliedern der Aichacher Lokalzeitungen begehrte.

Jedes Gnadengesuch machte Schlagzeilen. Als Vera Brühne 1977 ihren 60. Geburtstag feiern konnte, hofften vornehmlich weibliche Anhänger aus dem ganzen Bundesgebiet, daß ihr nun die Reststrafe erlassen würde, doch auch dieses Gnadengesuch wurde abgelehnt. Erst im Dezember 1979 öffneten sich die Gefängnistore für die „prominenteste Gefangene Bayerns", wie die Münchener Ausgabe der Bild-Zeitung getitelt hatte. Allerdings erfolgte ihre Haftentlassung unter Ausschluß der Öffentlichkeit. Die Frau wurde auf ihren ausdrücklichen Wunsch hin unbemerkt von der Schar „schußbereiter" Pressefotografen aus der Justizvollzugsanstalt geschleust.

Das sporadische Interesse nationaler und internationaler Medien an der JVA Aichach hielt trotzdem an. Garanten dafür waren unter anderem Mitglieder der terroristischen „Rote Armee Fraktion" (RAF) und der „Baader-Meinhof-Gruppe", die sich nach dem Studentenaufstand 1968 in Berlin gebildet hatte. Bombenattentate auf Politiker und Wirtschaftsgrößen der Republik endeten unter anderem für Brigitte Mohnhaupt hinter den dicken Mauern der JVA Aichach.

1978 – in memoriam

MARIA MICHL (70), 27. Januar: Als Wirtin in der „Friedenseiche" war sie für viele Gäste und Vereine eine beliebte Herbergsmutter.

ANTON WENGER (77), 19. Februar: Der Land- und Gastwirt von Oberbernbach war zwölf Jahre Gemeinderat.

DR. JOSEF KERN (67), 11. April: Der Mediziner leitete von 1955 bis zur Auflösung 1967 die innere Abteilung des ehemaligen Stadtkrankenhauses.

JOSEF KÖPPEL (89), 15. Juni: Von 1945 bis 1973 stand er im Dienst des Landkreises und war Chef-Fahrer des Landrats.

PFARRER FRITZ HÜBNER (71), 30. Juli: Nur wenige Tage nach der Feier anläßlich des 50jährigen Bestehens der evangelischen Kirchengemeinde stirbt der verdiente Seelsorger.

HANS ZAPF (76), 1. August: Von 1930 bis 1966 trug er als Direktor maßgeblich zur kontinuierlichen Weiterentwicklung der Sparkasse bei.

WILHELM WERNSEHER (70), 10. August: Trauer und Bestürzung sind groß, als die Nachricht vom Tod des Altbürgermeisters, Ehrenbürgers und Trägers des Bundesverdienstkreuzes bekannt wird. Wernseher wurde auf seinen eigenen Wunsch hin in aller Stille bestattet.

XAVER WIDMANN (68), 14. September: Die Edenrieder trauern um ihren langjährigen zweiten Bürgermeister und Kommandanten der Feuerwehr.

HANS GRIEB (70), 23. Oktober: Der Inhaber des gleichnamigen Bekleidungshauses am Unteren Tor war ein geschätzter Förderer des Schützenwesens.

MICHAEL FINK (56), 8. November: Von 1958 bis 1973 war er Festwirt beim Aichacher Volksfest.

JOSEPH SCHWEYER (75), 18. November: Der ehemalige Gallenbacher Bürgermeister (1945 bis 1972) und Ehrenvorsitzende des Maschinenringes aus Oberneul wurde Opfer eines Verkehrsunfalles.

Die erlebte Ende der siebziger Jahre einen Wechsel, was die seelsorgerische Betreuung der Inhaftierten betraf: Im Oktober 1979 wurde Pfarrer Anselm Heine als neuer Anstaltsgeistlicher installiert. Am 17. Juli des folgenden Jahres erreichte Wolfgang Deuschl die Berufung zum neuen Direktor. Sein Vorgänger Erwin Schroeder war aus gesundheitlichen Gründen vorzeitig in den Ruhestand getreten. Drei Jahre später bekam Deuschl auch die langersehnte Zusage der Ministerien für die Sanierung der Anstalt, die mit knapp 20 Millionen Mark veranschlagt worden war. Die Neubaupläne liegen übrigens bis heute in der Schublade.

Familiengericht installiert

Sehnsüchtig auf Geld wartete auch Amtsgerichtsdirektor Nikolaus Wall. Die Arrestzellen für jugendliche Straftäter im Keller des Gerichtsgebäudes waren zwar im März 1977 demontiert worden, doch das schaffte nur neuen Lagerraum für Aktenmaterial, aber keine zusätzlichen Büros für Richter und Schreibkräfte, die immer zahlreicher wurden. Unter anderem, weil die Zuständigkeit ausgedehnt wurde. So wurde am Schloßplatz beispielsweise ab Juli 1977 auch ein Familiengericht installiert, das in Scheidungsfällen urteilen durfte. Gleich nach dem Auszug der Landkreisverwaltung vom 19. bis 21. April 1978 in das neue Landratsamt liebäugelte Wall mit den freigewordenen Örtlichkeiten in der Nachbarschaft, um seine Behörde räumlich ausdehnen zu können. Doch der öffentlichen Hand fehlten zunächst die Mittel. Als Wall im Januar 1981 in Ruhestand ging und Wolfgang Meider seinen Stuhl überließ, standen Umbau und Sanierung des alten Landratsamtes noch in weiter Ferne.

> **Zwei junge Verkehrsopfer**
>
> Am 27. März 1977 werden die beiden 18 Jahre alten Griesbeckerzeller Hans Jürgen Greppmair und Anton Schacherl Opfer eines tödlichen Verkehrsunfalles, als ihr gemeinsamer 19jähriger Freund auf der Heimfahrt von der Discothek die Kontrolle über seinen Wagen verliert und das Auto bei Petersdorf gegen einen Straßenbaum prallt. Der Tod der beiden jungen Männer erschüttert das ganze Dorf.

Aichacher Wirtshausgeschichten: Den „Müllerbräu" (rechts) gibt es nicht mehr. Nach dem Abbruch des Gebäudes gleich gegenüber dem Rathaus blieb das Gelände zunächst einige Jahre ungenutzt. Erst später erfolgte der Neubau, in den ein Supermarkt einzog. Der „Knoller" (oben), wurde ebenfalls abgebrochen. Der Neubau am Oberen Tor entstand an gleicher Stelle. Die Wirtschaftstradition setzt bis heute die Familie Raimund Specht fort.

Die zweite Phase der Eingemeindungen von 1973 bis 1978

Mehr Einwohner, mehr Fläche – die Stadt wächst weiter

Zeitgleich mit so großen Projekten wie Straßen- und Brückenbau, die Stadtsanierung und dem Kampf um die Umgehungsstraße erfolgte die Weichenstellung für die zweite Phase der Eingemeindungen. Bis zum Stichtag 1. Januar 1978 mußte die innerstädtische Gebietsreform abgeschlossen sein. Das gestaltete sich zwar nicht immer ganz einfach, ging im großen und ganzen allerdings doch um einiges leichter als noch zu Beginn des Jahrzehnts. Einige Gemeinden rangen zwar noch lange um ihre Eigenständigkeit, doch andererseits lockten sie hohe Staatszuschüsse, die ihnen während der Freiwilligkeitsphase der Reform in Aussicht gestellt waren. Dennoch wollten vor allem Klingen, Obermauerbach, Gallenbach, Oberbernbach und Oberwittelsbach so lange wie möglich selbständig bleiben. Eher abwartend verhielt sich zunächst auch der Gemeinderat von Ecknach.

Bürgermeister Heinrich, Algertshausen

Den Anfang machte das Dörflein Algertshausen. Am Samstag, 14. April 1973, sprach sich die Bürgerversammlung für die Eingemeindung zum 1. Januar 1974 aus. Nur ein Bürger war dagegen. Gemeindechef Josef Heinrich betonte vor der Versammlung ganz offen: „Eine so kleine Gemeinde ist nicht mehr existenzfähig." Am Sonntag, 18. November, stimmten die Algertshausener offiziell ab: Von 309 Wahlberechtigten nahmen 156 teil, 138 waren für den Anschluß an Aichach. Zum 1. Januar 1974 wurde das „Wunschkind" des gebürtigen Algertshauseners Alfred Riepl in die Obhut der Stadt geholt. Ortsprecher im Stadtrat wurde Altbürgermeister Josef Heinrich.

Bürgermeister Drittenpreis, Klingen

Um die Bauleitplanung der künftigen „Groß-Stadt" Aichach gleich in entsprechende Bahnen zu lenken, kam es im Sommer 1975 zu einem schwäbischen Novum: Aichach und die zukünftigen Stadtteile schlossen sich zu einem Planungsverband zusammen, der die Belange der Orte bei der aktuellen Neuaufstellung des Flächennutzungsplanes berücksichtigte. Dazu zählte auch Griesbeckerzell, obwohl Bürgermeister Karl Gaßner und sein Gemeinderat noch im Herbst 1975 überlegten, ob man sich nicht von Aichach abwenden

Bürgermeister Ettner, Mauerbach

253

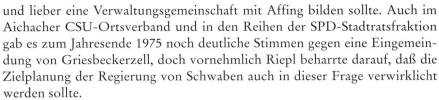

und lieber eine Verwaltungsgemeinschaft mit Affing bilden sollte. Auch im Aichacher CSU-Ortsverband und in den Reihen der SPD-Stadtratsfraktion gab es zum Jahresende 1975 noch deutliche Stimmen gegen eine Eingemeindung von Griesbeckerzell, doch vornehmlich Riepl beharrte darauf, daß die Zielplanung der Regierung von Schwaben auch in dieser Frage verwirklicht werden sollte.

Vor diesem Hintergrund galt es, jede Menge Überzeugungsarbeit zu leisten und Glaubwürdigkeit zu erreichen. Das Versprechen, daß die künftigen Stadtteile ihrer Charakteristika nicht beraubt werden sollten, mag manchen Skeptiker überzeugt haben. Riepl bekräftigte stets, daß die Orte ihr Eigenleben in den Vereinen oder Feuerwehren behalten und bestehende Einrichtungen der Daseinsfürsorge wie Kindergärten oder Schulen in die gewachsenen Strukturen eingebettet bleiben sollten.

Am 19. Dezember 1975 lag das Ergebnis zahlloser Besprechungen am Landratsamt und bei der Regierung schließlich endgültig auf dem Tisch und wurde auch so verabschiedet: Ecknach, Griesbeckerzell, Klingen, Oberbernbach, Obermauerbach und Oberwittelsbach wurden vom Stadtrat einstimmig als künftige Ortsteile begrüßt.

Bürgermeister Schäffer, Ecknach

Bürgermeister Moser, Gallenbach

Trauerflor an den Ortstafeln

Besonders umstritten waren die Pläne in Klingen, wo der Widerstand im Sommer 1975 allerdings unter dem Druck klarer Forderungen der Behörden langsam dahingeschmolzen war. Im August sprach sich etwas mehr als die Hälfte der Klingener für die Eingemeindung zum 1. Januar 1977 aus. Bürgermeister Josef Drittenpreis hatte seine Vorstellung von einer Verwaltungsgemeinschaft mit Ober- und Untermauerbach endgültig aufgeben müssen.

Mit Klingen und Mauerbach kamen zum Stichtag 1243 Einwohner zur Stadt Aichach. Wie nah manchem Klingener der Verlust der Selbständigkeit ging, zeigte der Trauerflor, mit dem die Ortstafeln in der Silvesternacht 1976 geschmückt waren. Am 1. Januar 1978 folgten schließlich auch Ecknach, Gallenbach, Griesbeckerzell, Oberbernbach und Oberwittelsbach. Das Stadtgebiet war damit auf die heutige Fläche angewachsen. Die Einwohnerzahl stieg von knapp 7200 im Jahr 1970 auf 14 600 zum Abschluß der Eingemeindungen. Im selben Zeitraum wuchs das Gemeindegebiet von knapp 26 auf fast 93 (!) Quadratkilometer.

Historisch überaus bedeutsam war die Eingliederung von Oberwittelsbach. Jener Ort, in dem der Stammsitz des bayerischen Herrschergeschlechtes zu finden ist, wurde ein Teil der Stadt, deren gedeihliche Entwicklung in grauer

Bürgermeister Gaßner, Griesbeckerzell

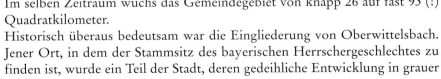

Vorzeit gerade die Wittelsbacher so gefördert hatten. Riepl empfing die Oberwittelsbacher und ihren Bürgermeister Josef Bauer mit offenen Armen – und betrieb fortan bei allen größeren Anlässen Werbung für das „touristische" Aichach. „Jeder Bayer sollte einmal in seinem Leben am Stammsitz der Wittelsbacher gewesen sein", betonte der Bürgermeister immer wieder.

Einen beachtlichen Einwohnerzuwachs bescherte vor allem die Gemeinde Oberbernbach. Diese „Braut" brachte mit dem 1. Januar 1978 über 1400 und damit die meisten Bürger in die „Ehe" mit Aichach. Darüber hinaus verfügten Bürgermeister Leonhard Schelchshorn und sein Gemeinderat dank der hohen Steuerkraft der Betriebe über die entsprechenden Finanzen, um sich für die „Hochzeit" zu schmücken. Neben Straßenbau und Kanalisation wurden – in enger Abstimmung mit der Stadt – noch vor der Eingemeindung neue Baugebiete ausgewiesen, auch dem neuen Feuerwehrhaus konnte man noch im Dezember 1977 seinen Segen geben. Darüber hinaus hatten die Oberbernbacher im Mai 1976 den neuen Kindergarten eingeweiht, der unter die Trägerschaft der Kirche gestellt wurde.

Bürgermeister Schelchshorn, Oberbernbach

Knapp 1200 Neubürger führte Griesbeckerzells Bürgermeister Karl Gaßner zum 1. Januar 1978 der Stadt zu. Gaßner war zu dem Zeitpunkt mehr als 21 Jahre Gemeindeoberhaupt und hatte bis zuletzt für den Erhalt der Selbständigkeit gekämpft. Was Wunder, wenn auch in Griesbeckerzell am Neujahrstag 1978 Trauerflor an den alten Ortstafeln hing, als Karl Gaßner Alfred Riepl bei einem Stamperl Schnaps Zell übergab.

Bürgermeister Bauer, Oberwittelsbach

Eine reiche Braut begrüßte Riepl an diesem bitterkalten Tag auch mit Ecknach, wo Bürgermeister Lorenz Schäffer im Dezember noch bei der Einweihung der neuen Schulturnhalle seinen letzten großen öffentlichen Auftritt genießen konnte. Durch die beträchtliche Steuerkraft von Betrieben wie der Landmaschinenfabrik Unsinn, dem Kompressionsstrumpf-Hersteller Julius Zorn oder der Maschinenbaufirma Collin hatte die Gemeinde bereits zahlreiche Aufgaben der Daseinsvorsorge selbst erledigt, was in anderen Stadtteilen beileibe nicht immer der Fall war. Gerade bei der Kanalisation und der Trinkwasserversorgung gab es in vielen Orten beträchtlichen Nachholbedarf.

Eingemeindungen von 1974 bis 1978		
		Einwohner
1. Januar 1974:	Algertshausen	416
1. Januar 1977:	Klingen	867
	Mauerbach	376
1. Januar 1978:	Ecknach	978
	Gallenbach	448
	Griesbeckerzell und Edenried	1198
	Oberbernbach	1487
	Oberwittelsbach	208

DIE ZWEITE PHASE DER EINGEMEINDUNGEN VON 1973 BIS 1978

Dieses Luftbild stammt etwa aus dem Jahr 1975. Es zeigt im Vordergrund die Einmündung der Straße vom Plattenberg in die Münchener Straße und die Produktionshallen der Firma Zorn. Im Hintergrund ist Ecknach zu erkennen. Der Bach, der dem Ort seinen Namen gab, führte Hochwasser, die Wiesen im Talgrund sind überflutet.

Die CSU fährt in Stadt und Kreis die Früchte ihrer Arbeit ein

Politische Weiterentwicklung bis 1978

Die kommunalpolitische Entwicklung in Stadt und Landkreis wurde in der Legislaturperiode ab 1972 wesentlich geprägt von der CSU, deren satte Mehrheit Riepl im Stadtrat die notwendige Durchsetzungskraft für die wichtigen Entscheidungen wie die Altstadtsanierung an die Hand gab. Dagegen hatte es Landrat Josef Bestler im Kreistag trotz deutlicher Mehrheit des eigenen Lagers nicht immer so einfach, weil die Nachwehen der Gebietsreform noch in vielen Bereichen auch parteiintern zu spüren waren. Dennoch konnte er am Ende der Amtszeit ebenso wie Riepl eine eindrucksvolle Erfolgsbilanz vorweisen, die im Wahlkampf 1978 für beide natürlich von Vorteil war.
Doch bevor dieses Thema behandelt wird, widmet sich der Abschnitt „Politische Weiterentwicklung bis 1978" den überregionalen Wahlen. Die Ablösung der SPD-Regierung in Bonn war das erklärte Ziel der CSU im Bundestagswahlkampf 1972. Mit Ausnahme der Aichacher Umgehungsstraße gab es deshalb so gut wie kein bedeutendes lokalpolitisches Thema bei den Wahlveranstaltungen. Weil die Gebietsreform zwar vollzogen war, die Neuaufteilung der Bundeswahlkreise dem aber hinterherhinkte, präsentierten sich in Augsburg-Ost noch verschiedene Kandidaten einer Partei. Der Wahlsonntag, 19. November 1972, endete im Altlandkreis mit dem erwarteten Ergebnis: Karl-Heinz Gierenstein (CSU) bekam mit 62,5 Prozent wieder die klare Mehrheit und zog damit erneut in den Bundestag ein. Werner Pößl von der SPD erreichte 33,9 Prozent. Im Altlandkreis Friedberg wurde Dr. Walter Althammer mit 62,5 Prozent zum Bundestagsabgeordneten gewählt, Karl Heinz Müller kam auf 34,2 Prozent.
Für die Bundestagswahl 1976 wurde der Landkreis Aichach-Friedberg im Nachgang zur Gebietsreform schließlich in den Wahlkreis Augsburg-Land eingegliedert. Gierenstein kandidierte fortan nur noch für den Stimmkreis Ingolstadt. Dr. Walter Althammer aus Augsburg-Bergheim trat im Landkreis gegen Georg Hillebrand (SPD) aus Gersthofen und Volkmar Diez (FDP) aus

Klingen an. Der Wahlsonntag im Herbst 1976 wurde erneut zu einer klaren Angelegenheit für die CSU: Althammer konnte sich mit etwas mehr als 76 Prozent über eine eindrucksvolle Mehrheit freuen und vertrat damit den neuen Landkreis im Bundestag. Hillebrand mußte sich mit 22,8, Diez mit lediglich 4,7 Prozent zufriedengeben.

Bei der ersten Landtagswahl nach der Gebietsreform am Sonntag, 27. Oktober 1974, konnte der Friedberger Abgeordnete Schorsch Fendt von der CSU auch im Bereich des Altlandkreises Aichach auf die volle Unterstützung der Parteiorganisation zählen. Fendt hatte außerdem einen überaus prominenten Wahlkämpfer auf seiner Seite: Ministerpräsident Goppel war zu einer Kurzvisite in die Stadt gekommen, um für seinen Parteikollegen zu werben. Schorsch Fendt bekam mit 72,49 Prozent der Erststimmen dann auch ein sehr deutliches Ergebnis. Für die SPD war der 1972 gescheiterte Landratskandidat Hans Priller angetreten, doch er erreichte nur 21,11 Prozent und verfehlte damit ebenso den Einzug in den Landtag wie Volkmar Diez von der FDP (2,4 Prozent). Hollenbachs Bürgermeister Rupert Reitberger (CSU) wurde mit deutlicher Mehrheit in den schwäbischen Bezirkstag gewählt, ebenso Josef Bestler über die Liste.

SPD: Offenes Zerwürfnis mit Wernseher

Wesentlich interessanter ist der Rückblick auf die kommunalpolitischen Veränderungen in der Stadt selbst. Bei der SPD saß der Stachel der empfindlichen Niederlage bei der Bürgermeisterwahl 1972 noch sehr tief. Die Zeiten des Wandels brachen an. Bei der Jahreshauptversammlung am 11. Mai 1973 wurde Armin Schindler zum neuen Ortsvorsitzenden gewählt – sein Vorgänger Richard Kratzenberger, dem Wind aus den eigenen Reihen ins Gesicht blies, hatte sein Amt zur Verfügung gestellt und angesichts der deutlichen Niederlage von Resignation gesprochen. Die parteiinterne Opposition saß bei den Jungsozialisten. Die stimmten für Schindler, ließen Kratzenberger aber auch nicht mehr als stellvertretenden Vorsitzenden zu, sondern drückten Georg Schmid durch. Wie sehr die Niederlage schmerzte, zeigte sich 1973: Im Sommer kam es zu einer offenen Auseinandersetzung zwischen Altbürgermeister Wilhelm Wernseher und den Newcomern in Stadtrat und Ortsverein. Wernseher war schon lange nicht mehr bei den Fraktionssitzungen erschienen und fühlte sich zum „Hinterbänkler" degradiert. Wesentlicher Grund für seine Verärgerung war, daß ihn die SPD-Fraktion bei der Vergabe der Ausschußposten im neuen Stadtrat nicht berücksichtigt hatte. Es kam zu einer deutlichen Aussprache, in der Wernseher mit seiner persönlichen Analyse über die möglichen Fehler der Genossen im Bürgermeisterwahlkampf regelrecht schockiert haben dürfte. Denn Wernseher, der Emil Lorenz selbst als Kandidat für den Bürgermeisterstuhl empfohlen hatte, offenbarte sich nun, ein Jahr danach, selbst. „Ich wußte gleich, daß Lorenz keine Chance hat", gestand er seinen sozialdemokratischen Freunden …

Stadtratswahl: Schindler gegen Riepl chancenlos

Während das Hauen und Stechen bei der SPD hinter den Kulissen weiterging, läutete die CSU-Spitze im Oktober 1973 einen wesentlich klangvolleren Generationswechsel ein: Josef Käuferle, der die Wende im Rathaus durch den kontinuierlichen Neuaufbau in Ortsverband und Fraktion wesentlich herbeigeführt hatte, kandidierte nicht mehr. An seine Stelle rückte Anton Vogl, erster Stellvertreter wurde Hannes Meisinger, zweiter Heinrich Hutzler, der bis 1974 zugleich noch die Junge Union führte. Der CSU-Nachwuchs wählte dann Rolf Knauer zum neuen Vorsitzenden, der aber im März 1978 zurücktrat und Georg Hanser aus Allenberg zum Nachfolger hatte.

Die CSU war straff durchorganisiert und leistete dem Bürgermeister bei brisanten lokalpolitischen Themen Flankenschutz durch eigene Veranstaltungen. Die Stadtsanierung oder die Frage, wie viele Supermärkte man in Aichach noch genehmigen könne, machten die Christsozialen zu Themen öffentlicher Diskussionsabende. Die Gründung der Frauen-Union im April 1976 mit Stadträtin Margit Ismann als Vorsitzender war nur eines von vielen Anzeichen, wie gut Toni Vogl und sein Apparat funktionierten. Vogls Wiederwahl 1975 war deshalb reine Formsache. Mit den Erfolgen der Stadtratsriege im Rücken konnte die CSU auch der Kommunalwahl 1978 gelassen ins Auge sehen. Im Juni 1977 wurde Riepl mit unumstrittener Mehrheit wieder für den Bürgermeisterstuhl nominiert. Doch die Partei hatte auch erkannt, daß ein weiterer Schlüssel zum Erfolg in der Kandidatenmannschaft liegen würde. Deshalb präsentierte sie dem Wähler auf der Liste eine wohlgeprüfte Auswahl, die vor allem die ehemaligen Bürgermeister oder bekannte Gemeinderatsmitglieder der neuen Stadtteile einbezogen hatte. Weil die Zahl der Stadtratssitze durch den Bevölkerungszuwachs über die Eingemeindungen auf 24 stieg, konnte die Union alle Ortsteile auf ihrer Liste berücksichtigen. Das zahlte sich am Wahltag dann auch aus.

> **Verdienstmedaille für Kaspar Regau**
>
> Im Oktober 1973 wird Kaspar Regau aus Unterwittelsbach mit der Verdienstmedaille des Bundesverdienstordens ausgezeichnet. Grund für die Ehrung sind die fast 48jährige Betriebszugehörigkeit zur Firma Meisinger und ehrenamtliches Engagement: Regau war von 1937 bis 1945 und von 1948 bis 1960 Gemeinderat und ist seit 1959 Kirchenpfleger.

Bei der SPD war das Rätselraten um einen möglichen Spitzenkandidaten ebenfalls beendet. Ortsvorsitzender Armin Schindler, der 1977 wiedergewählt worden war und neben Richard Kratzenberger mit Klaus Habermann einen jüngeren Stellvertreter zur Seite hatte, konnte sich in der laufenden Legislaturperiode immer wieder als Zugpferd der Fraktion hervortun. Seine Nominierung im September 1977 war deshalb keine Überraschung mehr. Doch einige dicke Fragezeichen standen zu diesem Zeitpunkt noch hinter seiner Kandidatenmannschaft, denn die Jungsozialisten mit Klaus Habermann und Karl-Heinz Schindler an der Spitze drängten nach vorne. Altgediente Stadträte wie Franz Kukol dürften die Zeichen der Zeit erkannt haben. Kukol trat jedenfalls, obwohl bereits nominiert, vier Wochen nach der Versammlung von seiner Kandidatur zurück. Das mochte in der Bevölkerung den berechtigten Eindruck erweckt haben, daß die Sozialdemokraten mehr mit sich selbst denn mit dem politischen Gegner kämpften. Das Ergebnis der Stadtratswahl am Sonntag, 5. März 1978, spricht dafür, daß diese Beurteilung der damaligen Entwicklung richtig ist: Die CSU und Riepl feierten einen noch glanzvolleren Sieg als 1972. Der Bürgermeister wurde mit 82,57 Prozent (7702 gültige Stimmen) wiedergewählt, Armin Schindler erreichte nur 17,4 Prozent und blieb damit weit hinter den Erwartungen seiner Parteifreunde zurück. Doch noch deprimierender war für die Sozialdemokraten das Auszählungsergebnis der Stadtratssitze: Die CSU schnellte förmlich auf 18 Mandate hoch, die SPD erhielt sechs, die FDP einen. Die Vorherrschaft der Christsozialen in der Stadt wurde damit überdeutlich

Stadtratswahlen 5. März 1978

Bürgermeister:
Alfred Riepl (CSU)

CSU (18 Sitze):
Josef Kapfhamer (2. Bürgermeister), Spediteur
Dieter Heilgemeir, Studienrat
Karl Moser, Unternehmer
Josef Gail, Landwirt
Karl Burkhard, Kaufmann
Anton Vogl, Lehrer
Hannes Meisinger, Unternehmer
Heinrich Hutzler, Verwaltungsbeamter
Margit Ismann, Lehrerin
Josef Käuferle, Unternehmer († Februar 1979)
Josef Maurer, Landwirt
Josef Gutmann, Rentner
Franz Marb, Bankkaufmann (bis 22. März 1983)
Josef Kneißl, Rolladenbaumeister
Alfred Rappel, Bau-Ingenieur
Horst Thoma, Rechtsanwalt
Lorenz Schäffer, Landwirt
Karl Gaßner, Landwirt
Hans Birkmeir, Landwirt (ab März 1979)
Stefan Held, Landwirt (ab April 1983)

SPD (5 Sitze):
Armin Schindler, Ingenieur
Klaus Laske, Bankkaufmann
Helmut Sander, Kfz-Sachverständiger
Heinz Neumaier, Schriftsetzer
Emil Lorenz, Geschäftsführer

FDP (1 Sitz):
Volkmar Diez, Notar

Ortssprecher:
Josef Henn, Unterschneitbach
Leo Schurius, Sulzbach
Stefan Held, Gallenbach (ab 1983 Stadtrat)

unterstrichen. Das eindeutige Wahlergebnis bedeutete einen herausragenden Erfolg für den Ortsverband und seinen Vorsitzenden Toni Vogl und kann als logisches Ergebnis kontinuierlicher Arbeit des Bürgermeisters und der Stadtratsfraktion gewertet werden.

Bestlers Wiederwahl gerät zur „Formsache"

Kontinuität zeichnete auch den CSU-Kreisverband aus. Die Mandatsträger aus dem Süden leckten zwar immer wieder ihre Wunden der Gebietsreform, aber insgesamt wurde die Person Josef Bestler nicht in Frage gestellt. Der Landrat hatte deshalb bei der Nominierungsversammlung im Herbst 1977 keinen Gegenkandidaten und wurde mit einem klaren Ergebnis gekürt. Wenngleich der JU-Kreisverband unter seinem Vorsitzenden Rudolf Koletzko nur wenige Tage zuvor angekündigt hatte, daß die CSU-Kreisführung zu lasch sei und die Jugend in der Partei deshalb über eine eigene Kandidatenliste nachdenke, war der Kreisverband unter Führung von Max Sedlmeir aus Mering zu sehr gefestigt, als daß ihn solche Vorstöße hätten erschüttern können.

Als die SPD erneut Hans Priller ins Rennen schickte, geriet die Landratswahl fast zu einer „Formsache". Am Sonntag, 5. März 1978, wurde überdeutlich, daß Priller nach 1972 zum zweiten Male in die Rolle des „Opferlammes" geschlüpft war: Während Bestler mit 73,17 Prozent einen glänzenden Erfolg einfuhr und dabei im Süden zum Teil deutliche Stimmenzuwächse gegenüber 1972 verbuchte, kam der SPD-Kandidat gerade mal auf 26,83 Prozent, was einen Verlust von mehr als zwei Prozent bedeutete. Die CSU-Riege nahm überdies 44 Sitze (71,7 Prozent) im neuen Kreistag ein, 15 (24,8 Prozent) gingen an die SPD, einer (2,8 Prozent) an die FDP. Nur 0,7 Prozent bekam die NPD, die mit ihrem Spitzenkandidaten Anton Weiß aus Aichach – bei der Stadtratswahl waren es 0,5 Prozent gewesen – angetreten war und ihre Bedeutungslosigkeit eindrucksvoll vor Augen geführt bekam.

Kreistagswahl 1978

Landrat:
Josef Bestler (CSU)

Die Kreisräte aus dem Aichacher Stadtgebiet:

CSU:
Alfred Riepl, Bürgermeister
Dieter Heilgemeir, Studienrat
Gaudenz Müller-Paradeis, Milchwerksdirektor
Hannes Meisinger, Unternehmer
Monika Neuß, Einzelhandelskauffrau
Heinrich Hutzler, Verwaltungsbeamter
Hans Bradl, Mechanikermeister
Johannes Ziegler, Handelsfachwirt
Josef Käuferle, Unternehmer († Februar 1979)

SPD:
Armin Schindler, Ingenieur

FDP:
Volkmar Diez, Notar

UMGEHUNGSSTRASSE UND STADTSANIERUNG

Der Stadtplatz wurde Großbaustelle.

Die Jahrhundert-Projekte
Umgehungsstraße und Stadtsanierung

Die Stadt kämpft gegen den Verkehrskollaps – „Notruf" nach Bonn

Wenn der Bau der neuen Umgehungsstraße und die Stadtsanierung in anderen Zusammenhängen bisher nur angeschnitten wurden, hat das seinen guten Grund: In der Stadtgeschichte seit Kriegsende gibt es bis heute keine Maßnahme oder Entwicklung, die in ihrer Bedeutung auch nur annähernd gleichzusetzen wäre mit diesen beiden gewaltigen Vorhaben. Allein, um den Stellenwert dieser beiden Projekte ausreichend zu würdigen, ist ein eigenes Kapitel angebracht. Zumal Ortsumgehung und Stadtsanierung ohnehin im ursächlichen Zusammenhang standen. Denn der „Umbau" des Zentrums mit verkehrsberuhigenden Maßnahmen hätte wenig Sinn gemacht und wäre von den übergeordneten Verkehrsbehörden auch kaum in dieser Form genehmigt worden, wenn sich die Stadt nicht zuvor vom Dauerstrom des Durchgangsverkehrs hätte befreien können.

Schon bei den Vorplanungen Anfang der siebziger Jahre wurde von zwei „Jahrhundert-Projekten" gesprochen. Das mag in den Ohren der stets wachsamen Kritiker zunächst wie eine maßlose Übertreibung geklungen haben, doch spätestens nach der Freigabe der Ortsumgehung und dem Abschluß der Sanierung war dieses Prädikat allseits anerkannt. Im Vordergrund steht zunächst das Straßenbauprojekt, um das die Stadt schon in den sechziger Jahren zwar heftig, aber letztendlich doch vergeblich gerungen hatte. Der Ruf nach der Umgehung wurde Anfang der Siebziger dann zu einem lauten Aufschrei, denn die Verkehrsbelastung stieg langsam ins Unerträgliche. Deshalb setzte Riepl bereits wenige Monate nach seiner Wahl zum Bürgermeister im Sommer 1972 einen „Notruf" an das Bonner Verkehrsministerium ab, nachdem bekanntgeworden war, daß sich die Lage noch weiter verschärfen würde. Denn die Ingolstädter Raffinerien hatten signalisiert, daß sie ihre Jahreskapazität von 17 auf 34 Millionen Tonnen Erdöl steigern und damit verdoppeln würden. Welcher Mehrbelastung dadurch die „Tankerlinie" B 300 ausgesetzt würde, konnten sich die Aichacher bestens ausmalen, ganz abgesehen von der ungeheuren Gefahrenquelle. Schon jetzt quälte sich der Durchgangsverkehr mühsam über die Martinstraße und durch das Zentrum. Nicht selten kam es zum Kollaps, und auf der B 300 im Stadtgebiet herrschte von Anfang bis Ende ein einziger Stau. Lebensqualität und Wohnwert der Innenstadtbereiche litten entsprechend unter dieser Belastung.

Riepl, Bestler und der zu diesem Zeitpunkt noch für den Raum Aichach zuständige Bundestagsabgeordnete Karl Heinz Gierenstein (CSU) arbeiteten an einem Konzept, um die Bundesbehörden zu überzeugen. Gierenstein hatte einen Gesprächstermin im Bonner Verkehrsministerium organisiert. Dort brachten Bestler und Riepl im Dezember 1972 ihr Anliegen vor. Ihr Ziel: Der Bau sollte in den aktuellen Fünfjahresplan aufgenommen werden. Weil die Mittel knapp waren und Aichachs Umgehung auf Kosten in Höhe von rund 30 Millionen Mark geschätzt war, bekamen die beiden Kommunalpolitiker allerdings keine feste Zusage. Als der Wirtschaftsbeirat der Union im März 1973 in Oberwittelsbach tagte, gab es aber einen Hoffnungsschimmer: Staatssekretär Sackmann stellte die Fertigstellung für das Jahr 1978 in Aussicht. Die konzertierte Aktion von Gierenstein, Bestler und Riepl schien doch von Erfolg gekrönt zu sein.

> **1979 – in memoriam (I)**
>
> RUDOLF MAHL (76), 3. Januar: Der Unternehmer hatte das Sägewerk in Algertshausen vergrößert und ausgebaut.
>
> SCHWESTER BROKARDA EDER (83), 28. Januar: 40 Jahre wirkte die Ordensfrau zunächst im städtischen und dann im Kreiskrankenhaus.
>
> JOSEF KÄUFERLE (57), 27. Februar: Der Unternehmer gestaltete als Stadtrat (seit 1966) und Kreistagsmitglied (seit 1972) die politische Entwicklung viele Jahre mit. Als Ortsvorsitzender von 1968 bis 1975 hatte er maßgeblichen Anteil am Aufschwung der CSU. Der Stadtrat verabschiedete sich mit einer Trauersitzung von seinem langjährigen Mitglied.
>
> JOSEF RENZ (71), 20. März: 1934 übernahm der gebürtige Ortelfinger die Wimmersche Ziegelei in Oberbernbach.
>
> PAULA KLINGER (84), 27. März: Bis ins hohe Alter hinein war sie der „gute Geist" im „Café Klinger" an der Donauwörther Straße.

Obendrein gewährte das Fernsehen Flankenschutz. Der Bayerische Rundfunk hielt auf Einladung der Aichacher Zeitung am Donnerstag, 27. Juni 1974, seinen beliebten Wirtshausdiskurs unter dem Motto „Jetzt red' i" im Gasthaus Wagner ab. Aichach konnte bayernweit auf das Nadelöhr B 300 aufmerksam machen, durch das sich täglich 18 000 Fahrzeuge zwängen mußten.

Lange wurde dann wieder über mögliche Trassenführungen und die Grundstücksbeschaffung diskutiert, bis sich der Landkreis schließlich einmal mehr zu einem Kraftakt für die Stadt aufschwang: Im November 1974 erklärte Landrat Bestler, daß man 90 Tagwerk Grund – hauptsächlich vom Kreisgut – für den Bau der Straße bereitstelle. Gleichzeitig bot Riepl weitere 30 Tagwerk von der Stadt an. Die Schaltstellen im Bonner Verkehrsministerium waren vollends in Zugzwang geraten. Doch im Sommer 1975 folgte aber eine Hiobsbotschaft: Der nun für die Region zuständige Bundestagsabgeordnete Dr. Walter Althammer (CSU) mußte Bürgermeister und Landrat berichten, daß die Fördermittel für das Projekt eingefroren wurden. Der Grund: Es mangelte an Geld. Daraufhin gründete sich unter der Federführung von ADAC, Feuerwehr, BRK, MHD und Verkehrswacht eine Bürgerinitiative zum Bau der Umgehung. ADAC-Chef Walter Mill wurde zum Vorsitzenden gewählt, Wolfgang Hau und später Josef Jakob zum Stellvertreter. Sofort nach der Gründung startete die BI eine Unterschriftenaktion, an der sich binnen kürzester Zeit über 3100 Bürger beteiligten. Und das in Zeiten, in denen der Bau neuer Straßen und Autobahnen im gesamten Bundesgebiet von Bürgerinitiativen eher torpediert wurde. Wohl auch aus diesem Grund kam wenige Tage später die freudige Mitteilung aus Bonn: Die Oberste Baubehörde stand zu ihrem Wort und versprach den Beginn der Maßnahme für 1976. Damit setzte die Behörde auch großes Vertrauen in die Akzeptanz des Projektes bei der Bevölkerung.

Die Verkehrsbelastung auf dieser Durchgangsstrecke war zu dem Zeitpunkt derart hoch, daß sich der Stadtrat sogar dazu entschließen mußte, die Martinstraße auf voller Länge für Radfahrer zu sperren, um vor allem die Kinder vor den Gefahren, die diese überbelastete Strecke barg, zu schützen. Zwar regte sich im Herbst 1975 plötzlich vereinzelter Widerstand der Geschäftswelt, die Einbußen befürchtete, wenn der Durchgangsverkehr an Aichach vorbeifließen würde, doch diese Protestrufe blieben zum Glück wirkungslos.

Vor allem auch deshalb, weil der Stadtrat inzwischen ganz klare Ansätze zur Wohnwertverbesserung im Zentrum erkennen ließ, wobei das Hauptaugenmerk auf der sich ankündigenden Sanierung lag. Riepl konnte den Bürgern klarmachen, daß alle noch so gut gemeinten Maßnahmen nur wirkungsvoll sein können, wenn Aichach vom Durchgangsverkehr befreit ist.

1979 – in memoriam (II)

LEONHARD SCHELCHSHORN (70), 23. April: Der Träger des Bundesverdienstkreuzes, Kreisrat (1964 bis 1966), Bürgermeister (1950 bis 1977) und Ehrenbürger von Oberbernbach war als Kommunalpolitiker des alten Schlages vielen Menschen ein Begriff.

JOSEF HASELBECK (85), 22. Mai: Der Schreinermeister war Ehrenmitglied beim TSV und beim Trachtenverein.

MAX GOLLING (76), 22. Juni: Das Herz des ehemaligen Bauunternehmers schlug fast sechs Jahrzehnte für den Kraftsportclub Eiche und den Ringersport.

FRANZ MAHL (72), 11. Juli: Der einstige Mitinhaber des Algertshausener Sägewerks starb nur wenige Monate nach seinem Bruder.

MATHIAS RUPP (72), 24. Oktober: Die Gewächshäuser des Gärtnermeisters prägten viele Jahre das Bild der Martinstraße auf Höhe des Feuerwehrhauses.

JOSEF SANDMEIER (73), 6. November: Der „Sparkassenrat a. D." war 36 Jahre Stellvertreter des Sparkassenleiters und Mitbegründer des Maschinenringes im Jahr 1960.

GENOVEFA VEIT (91), 11. Dezember: Viele Jahrzehnte betrieb sie die Gaststätte am Aichacher Bahnhof.

UMGEHUNGSSTRASSE UND STADTSANIERUNG

Scherenschnitt: Am 4. Oktober 1978 wurde die Umgehungsstraße für den Verkehr freigegeben.

Im Januar 1976 lief das Planfeststellungsverfahren für die „B 300 neu" an, wobei es erneut der Glättung zahlreicher Protestwellen bedurfte, die nun aus den Reihen der Landwirte hochschlugen. Vor allem die Bauern im Ecknacher Raum wehrten sich gegen eine Zerstückelung ihrer Wiesen und Äcker, doch auch auf diese kritischen Fragen konnte die Politik beruhigende Antworten geben. Denn ebenfalls im Frühjahr 1976 lief die Flurbereinigung Aichach mit Ecknach an, in derem Rahmen die Neuordnung der Flächen weitgehend den Wünschen der Grundstücksbesitzer entsprechend vorgenommen werden konnte. Die mühevolle politische Überzeugungsarbeit zunächst bei den für die Finanzen zuständigen überregionalen Behörden und schließlich bei den Betroffen selbst trug ihre Früchte: Der Spatenstich erfolgte termingerecht am 15. September 1976, zwei Jahre später feierten die Bürger die Eröffnung der Umfahrung.

Hunderte kamen am 4. Oktober 1978 trotz des Regenwetters und sicherlich weniger der köstlichen Portionen aus der Gulaschkanone und des Freibiers wegen, sondern aus ehrlicher Freude über die Fertigstellung. Unter den 250 Ehrengästen konnte Bürgermeister Riepl auch Bayerns Innenminister Dr. Alfred Seidl und Baudirektor Heinz Contzen aus Bonn begrüßen. „Wir haben ein Damoklesschwert an die Kette gehängt", freute sich Landrat Bestler beim Festakt, als er daran erinnerte, daß die Stadt bereits seit 1948 um die Ortsumgehung gekämpft habe. Nach der Jungfernfahrt der Ehrengäste im Oldtimerfahrzeug wurde die Strecke freigegeben – und schlagartig gab es neue Lebensqualität in der Innenstadt, deren Bewohner nun förmlich aufatmen konnten.

Der Weg für die Sanierung ist frei

Der Stadtrat beschließt die Neugestaltung des Zentrums

Noch bevor der Bau der Ortsumgehung abgeschlossen war, lief in der Stadt der Countdown für die Sanierung des Zentrums. Dieses Projekt bedeutete für die Bewohner, Geschäftsleute und Kunden wesentlich größere Einschnitte und Veränderungen – nicht nur während der Bauphase selbst. Schon bei den ersten Planungsansätzen wurde den politisch Verantwortlichen bewußt, daß dieses ehrgeizige Vorhaben für erhebliche Diskussionen in der Bevölkerung sorgen würde. In der heißen Endphase kam es denn auch schier zu einer Zerreißprobe, auf deren Ursachen noch eingegangen wird. Das 1972 von Riepl und seiner Mannschaft propagierte und einige Seiten zuvor bereits erwähnte Wahlmotto „Lebensqualitäten schaffen" zielte hauptsächlich auf eine Sanierung der Innenstadtbereiche ab. Die Patina eines verschlafenen Provinzstädtchens sollte endlich abgelegt, Ruß und Staub des Durchgangsverkehrs von den Fassaden der alten Bürgerhäuser gewaschen werden.
Der Zustand des Stadtplatzes selbst schrie ebenfalls förmlich nach Verbesserungen. Dem Zug der Zeit gehorchend, war das Zentrum in den vorangegangenen Jahren immer mehr dem Götzen Auto angepaßt worden. Mitte der siebziger Jahre bot sich zwischen den Toren ein eher trostloses Bild: eine einzige riesige Pflasterfläche, von der man auf Höhe der Sparkasse auch die letzten Blumenrabatten entfernt hatte, um noch den ein oder anderen Parkplatz herauszuschinden. Was nicht als Parkraum diente, war Rennstrecke für den Durchgangsverkehr, der von der dauer-überbelasteten Martinstraße abzweigte, um das Heil einer vermeintlich schnelleren Flucht über den Stadtplatz zu suchen. Gleich, ob die Autofahrer von Nord nach Süd oder umgekehrt unterwegs waren – das Strickmuster war immer dasselbe: Erst drängelte der Wagenlenker seine Blechkutsche durch das eine Tor, dann folgte ein luftverpestender Zwischenspurt über das Kopfsteinpflaster zum zweiten Torturm. War auch dieses Nadelöhr überwunden, begann der Kampf ums Einfädeln in die Martinstraße – Aichachs Innenstadtverkehr war ein einziges Chaos. Von Wohnwert für die Menschen an der Durchgangsstrecke konnte keine Rede mehr sein. Auspuffqualm, Gestank und Lärm gehörten zu ihrem Alltag – Umgehungsstraße und Stadtsanierung sollten sie zumindest auf viele Jahre hinaus davon befreien.
Während bei den Stadtratsmitgliedern aller politischer Coleur grundsätzlich Einigkeit über die Notwendigkeit baulicher Maßnahmen in der Innenstadt herrschte, führten die Detailfragen in den Folgejahren immer wieder zu Auseinandersetzungen. Eine erste löste Ende 1973 der Ortsverband der Jungen

Union aus, der in einer öffentlichen Mitgliederversammlung lautstark eine Fußgängerzone zwischen den beiden Toren und damit einen gänzlich autofreien Stadtplatz forderte. Dieser in den Augen vieler Zeitgenossen fast abenteuerliche Gedanke wurzelte sicherlich auch in der Tatsache, daß es die Bürger einfach satt hatten, nicht einmal mehr sonntags ungestört und ungefährdet im Zentrum flanieren zu können, weil der Verkehr zwischenzeitlich zu jeder Tages- und Nachtzeit pulsierte. Aus diesem Grund stieß die Nachwuchsorganisation der CSU mit ihrer Forderung in großen Teilen der Bevölkerung auch auf Zustimmung, was eine Vielzahl von Leserbriefen in den Zeitungen dokumentiert. Die Gegenposition nahmen die Geschäftsleute am Stadtplatz ein, die aus Angst vor schwindenden Umsätzen vehement gegen eine völlig Sperrung des Zentrums protestierten. Obwohl zu diesem Zeitpunkt noch gar nicht feststand, ob Aichach die Umgehungsstraße in absehbarer Zeit bekommen würde, war der erste Stein losgetreten.

Nun reagierte auch der Stadtrat, der Ende 1973 quer durch alle Fraktionen bereits entschieden hatte, daß man die Aspekte Fußgängerzone, Verkehrsführung, bauliche Maßnahmen, Verbesserung der Infrastruktur und Verschönerungen in ein Gesamtpaket schnüren muß, um ein ordentliches Konzept und ein Werk aus einem Guß zu erhalten. Der historische Grundsatzbeschluß für die Sanierung fiel im Februar 1974 bei einer öffentlichen Sitzung, die wegen ihrer Bedeutung im „Ziegler"-Saal abgehalten wurde. Riepl bat die Bürgerschaft in mehreren Aufrufen um zahlreiche Teilnahme. Über 100 folgten dem Ruf und

---

1980 – in memoriam

FERDINAND NEUMAIR (73), 5. Januar: Das Gründungs- und Ehrenmitglied war viele Jahrzehnte Triebfeder im Trachtenverein.

DR. PAUL MÜNZBERG (58), 10. Januar: Der Facharzt für Gynäkologie war von 1968 bis 1975 Belegarzt und Leiter der Geburtshilfeabteilung am Kreiskrankenhaus.

HANS SCHAMBERGER (70), 4. März: Als Kreiskämmerer verwaltete er von 1946 bis 1973 das Vermögen des Landkreises.

GEORG HERMANN (70), 23. Mai: Der Schreinermeister gehörte jahrzehntelang bis 1973 dem Vorstand der Raiffeisenbank an.

ALBERT NEUMAIER (65), 1. Juni: Der Kaufmann und Mitinhaber des Bekleidungshauses Rupp engagierte sich auch im Trachtenverein.

PFARRER MAX GMACH (68), 9. Juni: Nach fast drei Jahrzehnten seelsorgerischer Arbeit in Griesbeckerzell starb der Ehrenbürger kurz nach seiner Versetzung in den Ruhestand.

HANS JUNG (63), 26. August: Der Träger des Bundesverdienstkreuzes und Ehrenpräsident des BC Aichach hatte den Verein während seiner 25jährigen Vorstandstätigkeit entscheidend geprägt.

RICHARD REHLE (56), 21. Oktober: Der Inhaber der Drogerie am unteren Stadtplatz war ein ausgezeichneter Fotograf. Sein langjähriges Engagement beim Brandschutz würdigte die Feuerwehr mit der Ehrenmitgliedschaft.

FRANZ BITZL (79), 5. November: Er war von 1933 bis 1945 Gemeinderat und von 1945 bis 1966 Bürgermeister von Sulzbach.

GEORG TÜRK (76), 17. November: Als Turnratsmitglied gestaltete er viele Jahre die Entwicklung des TSV mit.

VERKEHRSVERSUCH GESCHEITERT

lauschten dem Referat von Oberbaudirektor Walter Wörle von der Regierung von Schwaben über „Stadtkernplanung mit Beispielen in einer Größenordnung der Stadt Aichach". Nach relativ kurzer Diskussion mit den Bürgern beschloß das Gremium einstimmig, die Neugestaltung des Zentrums anzugehen. Der nächste wesentliche Punkt war die Finanzierung. Bürgermeister Riepl bekam von der Regierung von Schwaben zwar die Aufnahme in das Städtebauförderungsprogramm des Freistaates Bayern in Aussicht gestellt, eine feste Zusage gab es aber nicht. Riepl und Stadtbaumeister Ducrue kehrten statt dessen erst einmal mit einem dicken Paket Hausaufgaben von der Besprechung aus Augsburg zurück: Erst müsse Aichach einen Gesamtverkehrsplan vorlegen und das Straßennetz außerhalb des Zentrums in einen ordentlichen Zustand versetzen. Diese Forderung löste die bereits beschriebenen hohen Investitionen für neue Brücken und Straßen aus.

Eine weitere zentrale Frage war die künftige Verkehrsführung im und um den Stadtkern. Zwischenzeitlich hatte Professor Dr. Leibbrand aus München einen wesentlichen Teil seines Verkehrsgutachtens vorgelegt, in dem er allerdings zu keiner eindeutigen Empfehlung kam. Wie soll die Linienführung in der Innenstadt aussehen, in der die Stadttore eine entscheidende Rolle einnehmen?

„Käfer-Parade" am Nadelöhr beim Bierling.

Sollten die historischen Bauwerke völlig gesperrt werden oder der Verkehr nur in einer Richtung durch sie hindurchrollen? Die endlosen Debatten führten nicht weiter. Deshalb rang sich der Stadtrat im Sommer 1976 zu einer probeweisen Sperrung des Stadtplatzes für den Durchgangsverkehr durch. Das Ergebnis kam einem Rückschlag für das Gesamtkonzept gleich und brachte die Lawine des Protests endgültig ins Rollen: Die Autofahrer konnten sich auf die plötzlich veränderte Situation nicht einstellen, was nicht nur zu Verwirrung, sondern auch zu Unfällen führte. Der ursprünglich auf vier Wochen begrenzte Probeversuch mußte deshalb schon nach sechs Tagen abgebrochen werden.

Spätestens nach diesem Chaos ging der zur selben Zeit von Heinrich Linck formierte Einzelhandel vollends auf die Barrikaden und stellte alle möglichen Varianten der Verkehrsführung in Frage. Der Protest zwang die Experten zurück an den Planungstisch. Diese äußerst diffizile Komponente der Innenstadtsanierung mußte mit größter Sorgfalt neu überdacht werden. Jedes Gedankenspiel am Zeichenbrett wurde fortan mit Argusaugen beobachtet, kommentiert und kritisiert – Riepl und seiner Stadtratsriege wurde mehr denn je bewußt, wieviel politisches Stehvermögen notwendig sein würde, um das Riesenprojekt durchzusetzen. Wohl auch aus diesem Grund suchte und ging man alle erdenklichen Wege, um die Bewohner der Innenstadt und die übrige Bürgerschaft so gut wie möglich in die Planung einzubeziehen. Denn bei der Sanierung drehte es sich schließlich nicht nur darum, ob – und in welcher Richtung – die Autos durch die Tore fahren dürfen, sondern hauptsächlich um die Steigerung von Lebensqualität und „Er-Lebens-Werten". Im Rahmen einer großangelegten Voruntersuchung zur Altstadtsanierung wurden den Betroffenen die wesentlichen Ziele der Planung im direkten Gespräch erläutert. Im August und September 1976 baten von der Stadt beauftragte Interviewer um Einlaß in die Häuser und Wohnungen. Im Oktober stand das Ergebnis der Fragebogenaktion fest. Es war erfreulich: Der überwiegende Teil der Innenstadtbewohner stand der Sanierung ausgesprochen positiv gegenüber.

Das war im Grunde genommen auch gar nicht anders zu erwarten gewesen, denn Handlungsbedarf gab es zur Genüge: Viele Kanäle und Trinkwasserleitungen waren überaltet und erneuerungsbedürftig, hohe Bordsteinkanten und enge Fußgängerstei-ge gerade für Mütter mit Kinderwagen eine Qual, vom Vorwärtskommen behinderter Menschen im Rollstuhl auf dem holprigen Pflaster ganz zu schweigen. Dazu kamen das Gewirr von Kabeln und Leitungen für Telefon und elektrische Versorgung und schließlich der Antennenwald über den Dächern. Telefon-, Strom- und Wasserleitungen sollten unter die Erde, die Kanäle neu

1981 – in memoriam

JOSEF NEUSIEDL (87), 15. Februar: Von 1945 bis 1952 war er Bürgermeister von Klingen.

THOMAS EBERLE (80), 26. März: Von 1930 bis 1939 war er Gemeinderat und von 1939 bis 1960 zweiter Bürgermeister der ehemaligen Gemeinde Edenried.

WALBURGA AUMÜLLER (84), 2. Mai: Nach dem Tod ihres Mannes wurde sie die Seniorenchefin des Autohauses an der Schrobenhausener Straße.

HANS PFUND (86), 11. Mai: Der Schreinermeister war in den fünfziger Jahren zweiter Vorsitzender der „Tell"-Schützen und zweiter Gauschützenmeister.

HANS RAPPEL (82), 26. Juni: Mit dem Tod des Klingener Maurermeisters und Bauunternehmers verstarb das letzte Gründungsmitglied des Klingener Kriegervereins.

ANDREAS ZEDERER (91), 7. Juli: Viele Jahrzehnte war er Kirchenpfleger und Mesner von Griesbeckerzell.

GEORG MÜLLER (55), 24. Juli: Der Mitinhaber der Landmaschinenfabrik Unsinn in Ecknach erlitt während einer Betriebsversammlung einen tödlichen Herzanfall.

STADTPFARRER JOHANN BAPTIST REITER (70), 22. August: Der Geistliche Rat war 28 Jahre mit größter Hingabe Seelsorger in der Stadt.

MATTHIAS NEUSS (65), 8. Oktober: Als hauptamtlicher Rettungssanitäter, Wachleiter und Kolonnenführer beim Aichacher BRK von 1959 bis 1980 hatte er unzähligen Menschen in Not geholfen.

OTTO HOYER (60), 12. Dezember: Der Augsburger stieß 1946 als Fußballer zum BCA und wurde in Aichach heimisch.

Der Weg für die Sanierung ist frei

Der Stadtrat beschließt die Neugestaltung des Zentrums

Noch bevor der Bau der Ortsumgehung abgeschlossen war, lief in der Stadt der Countdown für die Sanierung des Zentrums. Dieses Projekt bedeutete für die Bewohner, Geschäftsleute und Kunden wesentlich größere Einschnitte und Veränderungen – nicht nur während der Bauphase selbst. Schon bei den ersten Planungsansätzen wurde den politisch Verantwortlichen bewußt, daß dieses ehrgeizige Vorhaben für erhebliche Diskussionen in der Bevölkerung sorgen würde. In der heißen Endphase kam es denn auch schier zu einer Zerreißprobe, auf deren Ursachen noch eingegangen wird. Das 1972 von Riepl und seiner Mannschaft propagierte und einige Seiten zuvor bereits erwähnte Wahlmotto „Lebensqualitäten schaffen" zielte hauptsächlich auf eine Sanierung der Innenstadtbereiche ab. Die Patina eines verschlafenen Provinzstädtchens sollte endlich abgelegt, Ruß und Staub des Durchgangsverkehrs von den Fassaden der alten Bürgerhäuser gewaschen werden.

Der Zustand des Stadtplatzes selbst schrie ebenfalls förmlich nach Verbesserungen. Dem Zug der Zeit gehorchend, war das Zentrum in den vorangegangenen Jahren immer mehr dem Götzen Auto angepaßt worden. Mitte der siebziger Jahre bot sich zwischen den Toren ein eher trostloses Bild: eine einzige riesige Pflasterfläche, von der man auf Höhe der Sparkasse auch die letzten Blumenrabatten entfernt hatte, um noch den ein oder anderen Parkplatz herauszuschinden. Was nicht als Parkraum diente, war Rennstrecke für den Durchgangsverkehr, der von der dauer-überbelasteten Martinstraße abzweigte, um das Heil einer vermeintlich schnelleren Flucht über den Stadtplatz zu suchen. Gleich, ob die Autofahrer von Nord nach Süd oder umgekehrt unterwegs waren – das Strickmuster war immer dasselbe: Erst drängelte der Wagenlenker seine Blechkutsche durch das eine Tor, dann folgte ein luftverpestender Zwischenspurt über das Kopfsteinpflaster zum zweiten Torturm. War auch dieses Nadelöhr überwunden, begann der Kampf ums Einfädeln in die Martinstraße – Aichachs Innenstadtverkehr war ein einziges Chaos. Von Wohnwert für die Menschen an der Durchgangsstrecke konnte keine Rede mehr sein. Auspuffqualm, Gestank und Lärm gehörten zu ihrem Alltag – Umgehungsstraße und Stadtsanierung sollten sie zumindest auf viele Jahre hinaus davon befreien.

Während bei den Stadtratsmitgliedern aller politischer Coleur grundsätzlich Einigkeit über die Notwendigkeit baulicher Maßnahmen in der Innenstadt herrschte, führten die Detailfragen in den Folgejahren immer wieder zu Auseinandersetzungen. Eine erste löste Ende 1973 der Ortsverband der Jungen

dankenspiel am Zeichenbrett wurde fortan mit Argusaugen beobachtet, kommentiert und kritisiert – Riepl und seiner Stadtratsriege wurde mehr denn je bewußt, wieviel politisches Stehvermögen notwendig sein würde, um das Riesenprojekt durchzusetzen. Wohl auch aus diesem Grund suchte und ging man alle erdenklichen Wege, um die Bewohner der Innenstadt und die übrige Bürgerschaft so gut wie möglich in die Planung einzubeziehen. Denn bei der Sanierung drehte es sich schließlich nicht nur darum, ob – und in welcher Richtung – die Autos durch die Tore fahren dürfen, sondern hauptsächlich um die Steigerung von Lebensqualität und „Er-Lebens-Werten". Im Rahmen einer großangelegten Voruntersuchung zur Altstadtsanierung wurden den Betroffenen die wesentlichen Ziele der Planung im direkten Gespräch erläutert. Im August und September 1976 baten von der Stadt beauftragte Interviewer um Einlaß in die Häuser und Wohnungen. Im Oktober stand das Ergebnis der Fragebogenaktion fest. Es war erfreulich: Der überwiegende Teil der Innenstadtbewohner stand der Sanierung ausgesprochen positiv gegenüber.

Das war im Grunde genommen auch gar nicht anders zu erwarten gewesen, denn Handlungsbedarf gab es zur Genüge: Viele Kanäle und Trinkwasserleitungen waren überaltet und erneuerungsbedürftig, hohe Bordsteinkanten und enge Fußgängersteige gerade für Mütter mit Kinderwagen eine Qual, vom Vorwärtskommen behinderter Menschen im Rollstuhl auf dem holprigen Pflaster ganz zu schweigen. Dazu kamen das Gewirr von Kabeln und Leitungen für Telefon und elektrische Versorgung und schließlich der Antennenwald über den Dächern. Telefon-, Strom- und Wasserleitungen sollten unter die Erde, die Kanäle neu

1981 – in memoriam

JOSEF NEUSIEDL (87), 15. Februar: Von 1945 bis 1952 war er Bürgermeister von Klingen.

THOMAS EBERLE (80), 26. März: Von 1930 bis 1939 war er Gemeinderat und von 1939 bis 1960 zweiter Bürgermeister der ehemaligen Gemeinde Edenried.

WALBURGA AUMÜLLER (84), 2. Mai: Nach dem Tod ihres Mannes wurde sie die Seniorenchefin des Autohauses an der Schrobenhausener Straße.

HANS PFUND (86), 11. Mai: Der Schreinermeister war in den fünfziger Jahren zweiter Vorsitzender der „Tell"-Schützen und zweiter Gauschützenmeister.

HANS RAPPEL (82), 26. Juni: Mit dem Tod des Klingener Maurermeisters und Bauunternehmers verstarb das letzte Gründungsmitglied des Klingener Kriegervereins.

ANDREAS ZEDERER (91), 7. Juli: Viele Jahrzehnte war er Kirchenpfleger und Mesner von Griesbeckerzell.

GEORG MÜLLER (55), 24. Juli: Der Mitinhaber der Landmaschinenfabrik Unsinn in Ecknach erlitt während einer Betriebsversammlung einen tödlichen Herzanfall.

STADTPFARRER JOHANN BAPTIST REITER (70), 22. August: Der Geistliche Rat war 28 Jahre mit größter Hingabe Seelsorger in der Stadt.

MATTHIAS NEUSS (65), 8. Oktober: Als hauptamtlicher Rettungssanitäter, Wachleiter und Kolonnenführer beim Aichacher BRK von 1959 bis 1980 hatte er unzähligen Menschen in Not geholfen.

OTTO HOYER (60), 12. Dezember: Der Augsburger stieß 1946 als Fußballer zum BCA und wurde in Aichach heimisch.

verlegt, das Pflaster begradigt und das Niveau des Stadtplatzes so angelegt werden, daß man künftig ebenerdig in nahezu jedes Geschäft und jedes Wohnhaus gelangen konnte. Allein schon diese Aussichten ließen die Akzeptanz wachsen.
Mit dem erfreulichen Zwischenergebnis der vorbereitenden Untersuchungen packte der Stadtrat im Oktober 1976 schließlich mit neuer Zuversicht die Verkehrsplanung an, die als letzter und ganz entscheidender Knackpunkt noch mit dicken Fragezeichen behaftet war. Im März 1977 schien zumindest in der Frage der Fußgängerzone ein gangbarer Kompromiß gefunden. Als sich der Stadtrat auf „verkehrsberuhigte Bereiche" einigte, die sich nur auf Teile des Zentrums erstrecken sollten, schienen die Autofahrerinteressen ausreichend berücksichtigt. Doch weit gefehlt: Wieder erhob die Geschäftswelt mahnend und lautstark den Zeigefinger und lehnte auch diesen Vorschlag ab, vor allem deshalb, weil die Fußgängerbereiche zu Lasten der Parkflächen gingen. Da half auch nicht, daß der Stadtrat daraufhin den baldigen Bau einer Tiefgarage in Zentrumsnähe ankündigte und damit ausreichend Ersatz für verlorengegangene Stellflächen in Aussicht stellte. Im April gipfelte die Forderung des Einzelhandels in dem Ruf nach einem sofortigen Planungsstopp. Man solle erst die Freigabe der Umgehungsstraße abwarten und beobachten, wie sich der Innenstadtverkehr entwickelt. „Vielleicht brauchen wir dann gar keine Sanierung mehr", lautete das Motto der Geschäftswelt, die zwischenzeitlich Unterstützung von einer Bürgerinitiative bekommen hatte. Nach außen wurde diese Gruppierung von Dr. Manfred Nowak vertreten, wobei es aber klare Hinweise gibt, daß die Initiative in Wahrheit nur ein weiteres Sprachrohr des Einzelhandels war, der selbst davor zurückscheute, öffentlich auf beinharten Konfrontationskurs mit den politischen Machthabern in der Stadt zu steuern.

Alois Heilgemeir und Dr. Ernst Bringmann tot

Mit dem ehemaligen Stadtkämmerer Alois Heilgemeir (65) und Dr. Ernst Bringmann (69) sterben am Samstag, 16. Januar 1982, zwei Männer, die viele Jahrzehnte in verschiedensten Ehrenämtern standen und gleichzeitig auf zahlreichen Ebenen einen gemeinsamen Lebensweg gegangen waren. Die Umstände ihres Todes sind überaus tragisch: Als Alois Heilgemeir zusammenbricht, wird Dr. Ernst Bringmann zu Hilfe gerufen. Der Mediziner erleidet auf dem Weg zur Hilfeleistung bei seinem langjährigen Freund selbst einen Herzanfall. Beide Männer sterben. Dr. Ernst Bringmann war unter anderem Chefarzt im ehemaligen Stadtkrankenhaus, viele Jahre Kreisvorsitzender des Roten Kreuzes, Stadtrat von 1952 bis 1960 und langjähriger Vorstand im Jägerverein. Darüber hinaus hatte sich der Träger des Bundesverdienstkreuzes viele Jahre als zweiter Vorsitzender des BCA engagiert. Alois Heilgemeir stand von 1945 bis 1978 im Dienst der Stadt, war Vorstandsmitglied der CSU, von 1966 bis 1978 Mitglied des Kreistages, viele Jahre stellvertretender Kreisvorsitzender im BRK und engagierter Abteilungsleiter der Jedermannturner im TSV. Sein vielfältiges Engagement war ebenfalls mit dem Bundesverdienstkreuz gewürdigt worden.

Kurze Bedenkzeit für eine große Entscheidung

Die Diskussion wogte weiter und wurde im April 1977 durch einen zusätzlichen Vorschlag angeheizt. Stadtbaumeister Walter Ducrue, der nun schon seit Jahren viel Energie in das ehrgeizige Projekt gesteckt hatte, legte ein Konzept vor, das er aus den vielen Meinungen und Vorschlägen während der langjährigen Diskussion zusammengefügt hatte und das zunächst als „Knüller" bezeichnet wurde. Der Kern seines Papiers: ein Einbahnstraßenring im gesamten Zentrum mit Fußgängerzonen nördlich des Rathauses und in der Hubmannstraße. Die einbahnige Verkehrsführung hatte den Vorteil, daß man die Straßen ausreichend breit und zugleich doch so schmal anlegen konnte, um in den engen Gassen noch genügend Platz für Gehwege zur Verfügung zu haben. Darüber hinaus waren am oberen und unteren Stadtplatz großzügige Flächen als Parkraum vorgesehen.

Im Stadtrat fand diese Variante Befürworter. Die Geschäftswelt meldete allerdings erneut Kritik an, weil Ducrue auch eine einseitige Schließung der Tore vorgesehen hatte. Doch der Stadtrat bewies Rückgrat und entschloß sich zu einer probeweisen Einführung der Einbahnregelung. Im Mai 1977 kam der alles entscheidende Wendepunkt in dem nun schon jahrelangen Streit: Zwar hatte Riepl schon längst die Zusage der Regierung von Schwaben, daß Aichach gute Aussichten auf Aufnahme in das Städtebauförderungsprogramm des Freistaates Bayern habe, doch ein Förderbescheid lag noch nicht vor.

Gute Beziehungen zu übergeordneten Behörden durch rege und persönliche Kontakte, aber auch etwas Glück öffnen der Stadt dann ganz plötzlich völlig andere Zuschußtöpfe: Regierungsdirektor Schaal von der Wirtschaftsabteilung der Regierung von Schwaben informierte Stadtbaumeister Ducrue in einem Telefongespräch über das Sonderprogramm „Zukunftsinvestitionen – Sonderprogramme in der Gemeinschaftsaufgabe – Verbesserung der regiona-

1982 – in memoriam (I)

ALBERT KAPFHAMER (75), 6. Februar: Der Kaufmann wurde 1976 für seine Verdienste um den TSV mit der Ehrenmitgliedschaft ausgezeichnet.

DR. HANS ZOTT (84), 6. Februar: Er hatte 1935 eine Anwaltskanzlei eröffnet, wechselte später allerdings in das Ernährungs- und Wirtschaftsamt.

HEINZ NOWOTTNY (40), 6. Februar: Der Zahntechniker, der in Augsburg arbeitete, starb nach einer schweren Grippe.

JOSEF SCHORMAIR (71), 22. Februar: 43 Jahre war er bei der Sparkasse tätig, daneben leistete er dem BCA als Hauptkassier lange Jahre gute Dienste.

LOTHAR FÖRSTER (43), 24. März: Der Unternehmer und Drachenflugpionier wurde Opfes eines Verkehrsunfalles.

ERICH KOPPOLD (49), 26. März: Er war Gründungsmitglied und der gute Geist der BCA-Stockschützenabteilung.

MAX SPECHT (71), 6. Mai: Als engagiertes Mitglied im BCA, ehemaliger Stadtarbeiter und Schulbusaufsicht war er allen Generationen bestens bekannt.

len Wirtschaftsstruktur" (ZIP), das als Bundesprogramm zur Wirtschaftsförderung aufgelegt worden war. Unter gewissen Voraussetzungen bestand auch für städtebauliche Projekte die Möglichkeit, aufgenommen zu werden.
Weil Aichach die vorbereitenden Untersuchungen zur Sanierung schon abgeschlossen, verkehrsberuhigte Bereiche zum festen Bestandteil der Planung gemacht und als Ausgleich für entfallene Parkplätze den Bau einer Tiefgarage im Visier hatte, waren bereits wichtige Kriterien für eine mögliche Förderung über „ZIP" erfüllt. Gleich am nächsten Tag legten Riepl und Ducrue die erforderlichen Unterlagen bei der Regierung von Schwaben auf den Tisch. Schaal stellte der Stadt daraufhin 1,6 Millionen Mark Zuschuß und 400 000 Mark zinsverbilligtes Darlehen in Aussicht – bei zwischenzeitlich errechneten Gesamtkosten von 3,4 Millionen Mark ein überaus verlockendes Angebot. Das war allerdings an zwei Bedingungen geknüpft: Man mußte zum einen fest zusagen, noch im Jahr 1978 eine Million Mark zu verbauen, und sich zum anderen sofort entscheiden, da die Mittel im „Windhundverfahren" vergeben wurden.
Der Regierungsvertreter räumte nur eine kurze Bedenkzeit ein und bat um Entscheidung noch am Verhandlungstisch. Riepl und Ducrue ergriffen die Gelegenheit beim Schopf und sagten verbindlich zu. Fast exakt ein Jahrzehnt, nachdem Wilhelm Wernsehers „Coup" mit dem Kauf des Haselberger-Geländes eine neue Entwicklungsphase der Stadt eingeläutet hatte, wurde durch einen ähnlich mutigen Alleingang das Tor aufgestoßen, das den Weg zu einem weiteren Meilenstein in der Stadtgeschichte freigab.

1982 – in memoriam (II)

FRITZ BAUER (73), 13. Juni: Er führte die Eisenwarenhandlung an der Gerhauserstraße, die einer der ältesten Betriebe in der unteren Vorstadt ist.

RUDOLF LECHNER (77), 21 Juni: Schon vor dem Zweiten Weltkrieg bis 1973 war er Mesner in der Stadtpfarrkirche.

PFARRER ANTON GUNDLACH (76), 9. Juli: Von 1953 bis 1969 wirkte er in der JVA und half in umliegenden Pfarreien aus. Außerdem war er Gründer der Pfadfinder. Er starb als Kanonikus in Landshut.

MARIA BÖCK (83), 3. August: Als ehemalige Wirtin im „Stieglbräu" war sie Land und Leuten bestens bekannt.

FRANZ BRUNNER (55), 18. Oktober: Der Schriftsetzer war als hervorragender Sportsmann und Nachwuchstrainer beim BCA bekannt.

HERBERT ANDERSSON (73), 29. Oktober: Seit 1977 war er Aufsichtsratsvorsitzender der Baugenossenschaft. Wenige Tage vor seinem Tod hatte er das Bundesverdienstkreuz erhalten.

GUSTAV MANNWEILER (59), 6. November: Der Geschäftsmann betrieb in der Donauwörther Straße einen Tabak- und Schreibwarenladen.

JOSEF HILLEBRAND (72) 21. Dezember: Der Landwirt war viele Jahre passionierter Kirchenpfleger von Oberschneitbach.

UMGEHUNGSSTRASSE UND STADTSANIERUNG

„Aichach stirbt den Planungstod"

Das Risiko, damit zu Hause möglicherweise auf Granit zu beißen, war für Riepl allerdings kalkulierbar. Der Bürgermeister konnte sich der vollen Unterstützung des Stadtrates sicher sein. Das bestätigte sich bei einer Sitzung wenige Tage später. Geschäftsleute und Bürgerinitiative sahen nun endgültig ihre Felle davonschwimmen und stimmten erneut geharnischte Kritik an. Doch nun konnte und durfte der Stadtrat keinen Rückzieher mehr machen, galt es doch schnellstens alle Weichen zu stellen, damit noch im kommenden Jahr die erste Million unter die Erde kommen konnte. Die Vorbereitungen für einen Architektenwettbewerb auf der Basis des Ducrue-Konzeptes liefen ebenfalls bereits.

Als das Jahresende 1977 und der baldige Start der Bauarbeiten nahten, eskalierte die öffentliche Diskussion von neuem. Zentraler Punkt der Proteste von Handel und BI war – natürlich – wieder die Verkehrsführung. Bei einer Versammlung im Oktober hatte Riepl nochmals bekräftigt, daß man am bestehenden Konzept festhalten werde, dazu auch gezwungen sei, weil sonst die Zuschüsse in Gefahr gerieten. Vier Wochen später erreichte die Auseinandersetzung ihren absoluten Höhepunkt: Die Bürgerinitiative verteilte in der ganzen Stadt ein Flugblatt mit schwarzem Trauerrand und Sterbekreuz. In Form einer „Todesanzeige" meldete sie: „Aichach stirbt den langsamen Planungstod!"

Damit waren die Fronten endgültig verhärtet und die letzte Chance zur sachlichen Auseinandersetzung dahin. Polizeichef Walter Kunesch kurbelte sogar strafrechtliche Ermittlungen gegen die Bürgerinitiative an, die allerdings im Sande verliefen. Tage darauf kam es zu einer überaus turbulenten Bürgerversammlung in der Turnhalle, wo sich auch FDP-Stadtratskandidat Volkmar Diez, Paulus Glaswinkler und Paul Beck auf die Seite der BI und der Geschäftsleute schlugen und erneut die gesamte Verkehrsplanung in Frage stellten. Im Januar 1978 forderten die Stadtplatzanlieger zum wiederholten Male die Öffnung der Tore in beide Fahrtrichtungen und wetterten lautstark gegen die Planung.

Das alles hielt an bis zum offiziellen Startschuß der Sanierung, der im Februar mit dem Beginn der Kanalbauarbeiten in der Bahnhofstraße fiel. Spätestens bei der Stadtratswahl am 5. März 1978 ergab sich allerdings ein klares Bild, welche Meinung die breite Masse tatsächlich von dem „Jahrhundert-Werk" hatte: Riepl erhielt mit 82,57 Prozent der Wählerstimmen einen überdeutlichen Vertrauensbeweis, die CSU-Fraktion bekam 18 Sitze und konnte damit notfalls gar die Alleinherrschaft im Stadtrat übernehmen. Die Urheber von Protestbriefen, Unterschriftenlisten und der „Todesanzeige" waren vom

Wahlvolk in ihre Schranken verwiesen worden. Bürgermeister und Stadtrat konnten nun endgültig sicher sein, einen Weg beschritten zu haben, der von weiten Teilen der Bürgerschaft mitgetragen wurde.

In 15 Monaten 4,5 Millionen Mark verbaut

Gleich am Tag nach der Stadtratswahl traf sich das Preisgericht, um die besten Pläne für die Sanierung auszuwählen. Der erste Preis ging an den Architekten Anton Pöllmann aus Puchheim, der einen jungen Mitarbeiter seines Büros, Fritz Hornemann, mit der Umsetzung beauftragte. In der nächsten Stufe erfolgte eine weitere Bürgerbeteiligung: Die Pläne wurden ausgehängt, jeder konnte sich informieren und per Fragebogen seine Meinung dazu kundtun, auch anonym. Am 4. April segnete der Stadtrat die Pläne endgültig ab. Die vorgesehenen 180 Parkplätze und die feste Zusage des Gremiums, daß in späteren Jahren auch eine Tiefgarage folgen würde, erschienen der Geschäftswelt wiederum nicht ausreichend. Deshalb versprach das Stadtparlament gleichzeitig die „Bewirtschaftung" der Stellplätze zwischen den beiden Toren durch Kurzparkzonen.

Inzwischen hatten sich auch die Erdgas Südbayern und die Deutsche Bundespost an das Projekt gekoppelt. Das Energieversorgungsunternehmen ergriff die Gelegenheit beim Schopf und bot der Stadt einen Anschluß an die Gasleitung mit der Versorgung aller Häuser im Zentrum an. Dazu kam das Pilotprojekt Kabelfernsehen der Bundespost. Die Stadt beteiligte sich mit einem Zuschuß von 250 000 Mark an der unterirdischen Fernsehversorgung aller Häuser, deren Bewohner daraufhin sechs Programme empfangen konnten, was absoluten TV-Luxus bedeutete. Eingespeist wurde über einen neuen Richtfunkmasten, den die Post im September 1978 beim Fernmeldeamt am Forellenweg aufstellte. Das vielfältige Angebot reizte natürlich, und der Antennenwald über den Dächern verschwand langsam. Die Deutsche Bundespost investierte insgesamt rund 2,5 Millionen Mark und weitete das Kabelnetz nach dem gelungenen Versuch im Zentrum in den darauffolgenden Jahren auf nahezu das gesamte Stadtgebiet aus.

Die Autos zwängten sich auch durch die Hubmannstraße.

UMGEHUNGSSTRASSE UND STADTSANIERUNG

Kraterlandschaft am oberen Stadtplatz.

Ab Sommer 1978 legten die „Innenstadt-Erneuerer" unter der Leitung des Stadtbauamtes und des Diplomingenieurs Rupert Mayr ein ungeheures Tempo vor: Der offizielle Startschuß für die Pflastersanierung erfolgte am 16. August am Oberen Tor. Nun trat ein ausgeklügelter Bauzeitenplan in Kraft. Das Bauamt kündigte die jeweiligen nächsten Abschnitte tagelang mit Plänen und Umleitungsempfehlungen für die Autofahrer in den Zeitungen an, um die Bürger so gut wie möglich zu unterrichten. Ein Informationszentrum am Unteren Tor klärte jeden Interessierten ständig über den aktuellen Abschnitt auf. Die Arbeiter schaufelten, baggerten, teerten und pflasterten sich quer durch die Innenstadt, die teilweise einer Kraterlandschaft glich. Am Jahresende war das Versprechen bei der Regierung von Schwaben eingelöst: Aichach hatte bereits mehr als die geforderte Million verbaut. Sofern es die Witterung halbwegs zuließ, ging es auch in den Wintermonaten weiter.

Im Januar setzte der große Endspurt an, um die restlichen 2,5 Millionen Mark unter die Erde zu bringen, die nicht selten ein kleines Geheimnis freigab. Reste alter Brunnen, die ehemalige Verrohrung des Griesbacherls, Tonscherben, verrostetes Werkzeug der Vorväter und im Bereich der Spitalkirche zahlreiche Knochen – all das kam ans Tageslicht. Im Sommer 1979 nahm die Innenstadt langsam neuen Glanz an. Wenngleich hier noch ein Baum und dort eine neue Laterne fehlte – die spätere Pracht ließ sich längst erahnen. Versuche Riepls, dem Gesamtwerk zwei besondere Noten zu geben, schlugen allerdings fehl: ein neuer Brunnen mit Mariensäule vor dem Rathaus und die Umbenennung des Zentrums in „Wittelsbacher Platz". Schließlich war 1980 bayernweit zum

Jubiläumsjahr des Herrschergeschlechtes ausgerufen und Aichach als Schauplatz zahlreicher zentraler Veranstaltungen festgelegt, begründete Riepl seinen Vorschlag. Die Idee der Namensänderung stieß allerdings nicht auf Gegenliebe. Die Bürger wollten ihren „Stadtplatz" behalten. Noch im Juli trug der Stadtrat diesem Wunsch Rechnung und entschied einstimmig, den bisherigen Namen beizubehalten.
Anders verhielt es sich zunächst mit dem Brunnenprojekt: Ein dafür gedachter Spendenaufruf des Bürgermeisters verfehlte nicht seine Wirkung. Schon 1978 waren beim Stadtfest knapp 2800 Mark eingegangen, als Metzgermeister Horst Reh einen Ochsen grillte und den Verkaufserlös für den „Bürgerbrunnen" spendierte. 1979 lagen bereits über 30 000 Mark auf dem Sonderkonto, und Professor Georg Wirnharter stellte zusammen mit Riepl verschiedene Modelle für das Bauwerk vor. Doch es kam, wie es meist kommt, wenn es um Kunst geht – man fand zu keiner Entscheidung. Die Verschiedenheit der Geschmäcker kam von Juni bis Oktober in vielen Debatten zum Vorschein. Die monatelange Diskussion über Stilarten, Größe, Standort oder die Art des Materials gipfelte in der Grundsatzfrage, ob man denn überhaupt einen Brunnen brauche. Das Thema wurde vertagt, das Spendengeld aufs Sparbuch gelegt, der Brunnenbau verschoben – vergessen?
Im Dezember 1979 war der Stadtplatz nahezu fertiggestellt und wurde wieder für den Verkehr freigegeben. In nur 15 Monaten hatte man 4,5 Millionen Mark verbaut. Offenbar überzeugte das Ergebnis auch die Kritiker. Die Geschäftswelt überraschte mit einem indirekten Kompliment: Die Einzelhändler starteten zum Weihnachtsgeschäft ein Ausschneide- und Klebespiel für Kinder. „Baut Euch den Mini-Stadtplatz" hieß das Motto, und viele hundert Buben und Mädchen spielten „Stadtbaumeister", bastelten im Kleinformat, was unter der Gesamtleitung von Walter Ducrue zur neuen „guten Stube" der Bürger geworden war. Zu deren offizieller Einweihung wurde beim Stadtfest 1980 gebeten, das die beiden Jahre zuvor wegen der Bauarbeiten hatte ausfallen müssen. Beim ersten Fest auf dem „neuen" Stadtplatz verzeichnete man erneut einen Besucherrekord. Doch es ist anzunehmen, daß es weniger der offizielle Abschluß der Arbeiten war, der über 10 000 Menschen zwischen die Tore strömen ließ – Riepl hatte mit den Wirten vereinbart, daß die Maß Bier nur drei Mark kosten sollte …
Zwischenzeitlich war der „Umbau" in der Bauerntanzgasse und in der Steubstraße angelaufen, denn auch die Straßen und Plätze der westlichen Altstadt waren in das Konzept einbezogen. Dafür gab es Zuschüsse im Rahmen der Städtebauförderung. Hinzu kamen städtische Hochbaumaßnahmen: In der Bauerntanzgasse und in der Essiggasse wurden Häuser neu gebaut, in die sozial Schwächere umquartiert werden konnten, wenn deren Wohngebäude sa-

UMGEHUNGSSTRASSE UND STADTSANIERUNG

niert wurden. Damit war gewährleistet, daß diese Menschen nicht durch die Aufwertung des Gebietes aus der Innenstadt vertrieben würden. Das Johler-Haus am Stadtplatz (im Besitz des Spitals) und das Benefiziatenhaus am Schloßplatz wurden saniert und damit ein wichtiger Beitrag zur Erhaltung alter Bausubstanz geleistet.

Nach einem Fahrplan des Bauamtes renovierten auch die Stadtplatzanlieger ihre Häuser. Die Kosten für die baulichen Maßnahmen am Stadtplatz waren am Ende auf 4,5 Millionen Mark geklettert, die Sanierung in der westlichen Altstadt schlug mit rund 2,6 Millionen Mark zu Buche. Für den Hochbau hatte man nochmals rund 2,6 Millionen Mark ausgegeben. Das Gesamtpaket der Sanierung verschlang also mehr als 9,5 Millionen Mark. Davon flossen 3,4 Millionen als Zuschüsse und 1,2 Millionen als zinsverbilligtes Darlehen zurück in die Kasse des Kämmerers. Die Stadt selbst hat für ihr „Jahrhundert-Werk" somit lediglich 6,2 Millionen Mark berappen müssen.

Goldmedaille für das gelungene Werk

Gekrönt wurde die gelungene städtebauliche Gesamtleistung mit einer hohen Auszeichnung: Im Februar 1981 beteiligte sich Aichach an dem bundesweiten Wettbewerb „Bürger, es geht um Deine Gemeinde", der unter anderem architektonische, soziale, strukturverbessernde und die Lebensqualität steigernde Großbaumaßnahmen von Kommunen bewertete. Im Juli ging Aichach im Rennen von 57 Städten und Gemeinden als Landessieger hervor. Doch der Auszeichnung durch Innenminister Gerold Tandler sollten noch höhere Ehren folgen: Aichach war damit für die Bundesausscheidung qualifiziert und erwartete mit Spannung den Besuch der Bewertungskommission, die am 24. September eintraf. Sechs Tage später knallten die Sektkorken erneut: Die Paarstadt wurde mit einer Goldmedaille und damit der höchsten Benotung bedacht. Wenige Wochen später folgten erhebende Augenblicke für Bürgermeister Alfred Riepl, Stadtbaumeister Walter Ducrue und Otto Steuerl vom städtischen Amt für Öffentlichkeit: Im Schloß Charlottenburg in Berlin durf-

Bundespräsident Karl Carstens überreichte Bürgermeister Alfred Riepl in Berlin die Goldmedaille.

ten sie aus den Händen von Bundespräsident Karl Carstens und Bundesbauminister Dieter Haack die Auszeichnung entgegennehmen. Angesichts dieser hohen Ehrung war die Silbermedaille, die Aichach später auch noch für die gelungene Sanierung der westlichen Altstadt bekam, fast schon von zweitrangiger Bedeutung.
Beide Prämierungen hatten allerdings doppelte Aussagekraft: Sie waren nicht nur als Anerkennung für die Verantwortlichen und Planer, sondern noch vielmehr als dickes Lob für die Bürger zu verstehen. Denn erst sie brachten das Werk zur Vollendung. Fast selbstverständlich sprangen sie auf den Sanierungszug auf, putzten ihre Häuser in beispielhafter Weise heraus und verzichteten zugunsten des historisch orientierten Gesamteindrucks auf die Verwirklichung moderner Ideen. So entstand jenes liebevoll gepflegte und in sich stimmige Erscheinungsbild, das auch heute noch seinesgleichen sucht.

Die ehemalige Kunstschmiede Gerum am Oberen Tor.

DIE ERSTE STERNWALLFAHRT

Das Wittelsbacher-Jahr 1980

Der eben erst sanierte Stadtplatz bildete den passenden Rahmen für zahlreiche Feierlichkeiten im Wittelsbacher-Jubiläumsjahr 1980. Der Freistaat erinnerte damit an folgendes Ereignis vor 800 Jahren, das die Wittelsbacher zum bayerischen Herrschergeschlecht gemacht hatte: 1180 war Pfalzgraf Otto († 1183) von Kaiser Friedrich Barbarossa mit dem Herzogtum Bayern belehnt worden. Seitdem nannte er sich Otto I., Herzog von Bayern. Im landesweiten Jubiläumsjahr war Aichach Schauplatz zahlreicher Veranstaltungen. Von März bis November füllte ein dickes Programm mit zahlreichen Höhepunkten den Terminkalender. Bürgermeister und Stadtrat konnten dazu nicht selten hohe Gäste begrüßen. So am 12. Mai, als der schwäbische Bezirkstag mit Bezirkstagspräsident Dr. Georg Simnacher eine Festsitzung im Oberwittelsbacher Lokal „Burghof" abhielt, bei der auch Herzog Max von Bayern als Vertreter des Hauses Wittelsbach anwesend war. Zu einem Festvortrag am 30. Mai im Aichacher Pfarrzentrum erschien schließlich auch Prinz Franz von Bayern.

Nach Abschluß der Arbeiten wurde das Grabungsfeld wieder verfüllt.

Tags darauf lud die Stadt auf Anregung von Bürgermeister Alfred Riepl die Gläubigen erstmals zu einer Sternwallfahrt für den Weltfrieden auf den Platz vor der alten Burgkirche. Die Beteiligung an dieser mächtigen Glaubensdemonstration, bei der Bischof Josef Stimpfle predigte, übertraf alle Erwartungen. Das ermutigte dazu, im Jahr darauf eine zweite Sternwallfahrt zu initiieren, zu der wiederum Hunderte Menschen auf den Burgplatz zogen – seither hat diese kirchlich-städtische Veranstaltung Ende Mai ihren festen Platz im Jahresablauf.

Doch zurück zu den Feierlichkeiten im Wittelsbacher-Jahr, denen sich am 1. Juni 1980 ein Festgottesdienst mit Weihbischof Mathias Defregger und am 22. Juni ein weiterer Festakt des Bezirks Schwaben auf dem Burgplatz anschlossen. Besonderer Ehrengast war Kultusminister Dr. Hans Maier, der zur Freude der Repräsentanten der Stadt feststellte: „Nirgends in Bayern begeht man das Jubiläum der Wittelsbacher mit größerem Recht als hier."

Sonderausstellungen, Vorträge und das Gastspiel des Schiltberger Hofberg-Theatervereins mit dem Stück „Ludwig der Bayer" auf dem Stadtplatz lockten zudem viele Besucher aus dem weiten Umkreis in die Stadt. Zugleich stellte Kreisheimatpfleger Toni Grad sein Buch „Die Wittelsbacher im Aichacher Land" vor, das der Verlag Mayer & Söhne aufgelegt hatte. Der Vorsitzende des Aichacher Heimatvereins erhielt bayernweit aus Historikerkreisen höchstes Lob für dieses Werk, das mit dem „Bayerischen Buchpreis 1980" ausgezeichnet wurde.

Auswärtige Besuchergruppen steuerten während dieses Jahres überdies sehr zahlreich den Burgplatz in Oberwittelsbach an. Dort waren bereits im November 1978 im Auftrag des Bezirks Schwaben unter wesentlicher Mitfinanzierung der Stadt und des Landkreises Ausgrabungsarbeiten angelaufen, um zum Jubiläumsjahr nähere Aufschlüsse

Über 90 000 Einzelfunde wurden in Oberwittelsbach ans Tageslicht gebracht.

über die Stammburg des bayerischen Herrscherhauses ans Licht zu bringen. Schon Ende 1978 meldeten die Arbeiter erste überraschende Funde. Ab August 1979 stand das Projekt unter der wissenschaftlichen Leitung von Dr. Robert Koch vom Landesamt für Denkmalpflege. Bald waren Teile alter Burgmauern, eine ehemalige Zisterne und ein Backofen aus Lehm freigelegt, dazu förderte das Grabungsteam kistenweise Tonscherben, Schmuck und altes Werkzeug zutage. Die Ergebnisse der Suche waren so erfreulich, daß sich der Bezirk Schwaben entschloß, die Ausgrabungen über das Jubiläumsjahr der Wittelsbacher hinaus weiterzuführen. Erst im Dezember 1981 wurden Schaufel und Pickel am Burgplatz beiseite gelegt und die Schnittgräben wieder verschlossen. Die Abschlußbilanz war überaus eindrucksvoll: Mehr als 90 000 Einzelfunde wurden registriert. Darüber hinaus hatte man die Reste von drei vorzeitlichen Burganlagen entdeckt. Die erste war aus Holz und Erdreich gebaut worden und hatte ihren Ursprung im 10. Jahrhundert. Die zweite Wehranlage, die bereits aus Stein bestand, datierte man in das 11. Jahrhundert. Erst die dritte Burg stammte aus der Zeit der Wittelsbacher.

Überaus erfreulich war für die Stadt, daß auf Betreiben von Bezirkstagspräsident Simnacher und Bürgermeister Riepl ein beachtlicher Teil der Funde nach der wissenschaftlichen Auswertung in ihre Mauern zurückkehrte. Denn das Untere Tor wurde, wiederum mit Unterstützung des Bezirks Schwaben, aber auch des Landesamtes für Denkmalpflege und weiterer Sponsoren, umgebaut und darin ein Zweigmuseum der Prähistorischen Staatssammlung installiert. Seit 1989 sind dort zahlreiche Fundstücke und weiteres Informationsmaterial über die Ausgrabungen ausgestellt.

HANDEL UND GEWERBE ENTDECKEN DEN „STANDORT AICHACH"

Das alte Gut-Haus am Oberen Tor.

Das Vogl-Anwesen (linkes Bild) war nur noch eine Ruine. Abbruch beim „Bauerntanz" (rechtes Bild).

Handel und Gewerbe entdecken den „Standort Aichach"

Die Geschäfte streben ins Zentrum

Farbtupfer für die Einkaufsstadt

Im Sog der städtischen Sanierungsmaßnahmen erhielten zahlreiche Gebäude der Innenstadt ein anderes Gesicht, neue Wohn- und Geschäftshäuser entstanden. Im städtischen Bauamt existiert eine Berechnung, wonach Bauträger, Firmen oder Privatpersonen im direkten Zusammenhang mit der städtischen Sanierung rund 50 Millionen Mark im Kernbereich investiert hätten. Einheimische und auswärtige Geschäftsleute hatten mit Weitsicht erkannt, daß die Attraktivität des Aichacher Zentrums durch seine Verschönerung deutlich steigen, und der Standort damit für Handel und Dienstleistende äußerst interessant werden würde. Auf diesem Wege schmückten die Einkaufsstadt bald zusätzliche Farbtupfer. Handel und Gewerbe entdeckten den „Standort Aichach" neu. Die folgenden Abschnitte zeigen auf, wie stark die Initialzündung durch Sanierung und Umgehungsstraße wirkte und in welchem Maße damals geschäftliches Interesse in den neugestalteten Stadtkern strebte.
Bereits im April 1978 hatte Julius Jäcklin das fast verfallene Gut-Haus am Unteren Tor gekauft. Nach langen Verhandlungen mit dem Denkmalschutz bekam der neue Eigentümer im März darauf die Abbruchgenehmigung und errichtete ein Wohn- und Geschäftshaus, das im Januar 1980 fertiggestellt wurde. Das Erdgeschoß bezog zunächst der Gubi-Markt, der nach nun schon 52jähriger Geschichte seinen Standort vom Oberen an das Untere Tor verlagerte. Inzwischen war der Konkurrenzdruck allerdings schon größer geworden: Der alte Holzstadel auf dem Zametzer-Gelände an der Freisinger Straße war im Frühjahr 1978 abgebrochen worden. Bereits am 30. November eröffnete in dem rasch hochgezogenen Neubau die Minimal-Filiale.
Längst am Ort war Tengelmann. Daß sich der Markt ein neues Domizil suchte, freute die Stadtväter aus einem besonderen Grund. Endlich verschwand der häßliche Bauzaun gegenüber dem Rathaus, der ihnen schon lange ein Dorn im

Auge war. Die Baulücke war 1972 durch den Abriß der früheren „Müllerbräu"-Wirtschaft entstanden und wurde nun geschlossen. Im August 1979 zog die Tengelmann-Filiale ins Erdgeschoß des neuen Wohn- und Geschäftshauses und machte damit seine bisherigen Räume in der ehemaligen Schmiede Hausmann am oberen Stadtplatz frei. Dort fand im September mit Kaiser's Drugstore der erste Drogeriemarkt der Stadt Platz.

Die Zahl der Einkaufsmärkte erhöhte sich im Juli 1980 erneut, als die Mügra-Kette eine Filiale in der ehemaligen Produktionshalle der Firma Merk an der Münchener Straße eröffnete. Wie an anderer Stelle bereits erwähnt, hatte Festwirt Christoph Lippert das Gelände gekauft und lange mit den Genehmigungsbehörden um die Nutzungsänderung gerungen. Parallel dazu wurde das Angebot in der Innenstadt auch modischer: Als das traditionsreiche Kaufhaus Bierling 1979 seine Pforten schloß, ergriff das Augsburger Modehaus Rübsamen die Gelegenheit beim Schopf, sicherte sich das Gebäude in bester Lage und eröffnete direkt beim Rathaus eine Filiale. Ab Oktober 1980 lockte überdies das erste Jeans-Fachgeschäft am Oberen Tor jüngere Käuferschichten an.

Am unteren Stadtplatz war es inzwischen zum Tauziehen um die Erhaltung des „Foto-Karl-Hauses" gekommen, das nach Ansicht der Denkmalschützer ebenso hätte saniert werden sollen, wie sie es beim benachbarten „Rotgerber-Müller-Haus" durchgesetzt hatten. Die Bauträgergesellschaft Helios konnte die Behörden aber nach langen Verhandlungen davon überzeugen, daß eine Sanierung aus wirtschaftlicher Sicht nicht zumutbar sei. Der Stadtrat genehmigte daraufhin im März 1981 den Abbruch. Schmuck Jung und der Schuhladen bezogen im September 1983 den Ersatzbau.

1983 – in memoriam (I)

EMIL SCHMID (71), 8. Januar: Er war von 1960 bis 1973 Geschäftsführer und bis 1976 stellvertretender Kreisgeschäftsführer des Roten Kreuzes.

KATHI SCHILLINGER (82), 1. April: 65 Jahre versorgte sie den Haushalt der Verlegerfamilien Mayer und Sixta, weshalb sie weitum als „Mayer-Kathi" bekannt war.

RICHARD SCHÖNWÄLDER (67), 31. Mai: Von 1948 bis 1977 gehörte er der Verwaltung und von 1966 bis 1972 auch dem Stadtrat an.

WALTER MILL (63), 11. Juni: Der Kleiderfabrikant und Träger der Verdienstmedaille hatte 1976 als Vorsitzender des Motorclubs die Bürgerinitiative zum Bau der Umgehungsstraße gegründet.

JOSEF SCHMAUS (87), 13. Juni: Der „Martlbauer" war von 1937 bis 1966 zweiter Bürgermeister von Obermauerbach.

ROBERT ULLRICH (73), 9. Juli: Er prägte zu Wernsehers Zeiten 1953 bis 1971 als Stadtbaumeister die Entwicklung Aichachs mit.

HERMANN STEMMER (44), 16. Juli: Der Ecknacher war lange Jahre Jugendleiter, Betreuer und Ausschußmitglied beim BC Aichach.

ANTON NEUSS (79), 12. August: Er hatte nach dem Krieg in der Bahnhofstraße ein Mietauto- und Fuhrunternehmen aufgebaut und war Ehrenmitglied der Vereinigten Schützen.

XAVER OSWALD (62), 26. August: Der Architekt war seit 1953 im Kreisbauamt vornehmlich für den sozialen Wohnungsbau zuständig.

Der „Bauerntanz" wird Hotel, der „Hofman" zum „Kastanienhof"

Sanierungseifer zeigten auch Franz und Elfriede Bauer, die das traditionsreiche Gasthaus „Zum Bauerntanz" umbauten. Der Komplex mit der ehemaligen Brauerei stieß allerdings ebenfalls auf das Interesse der Denkmalschützer, die dem Teilneubau nur unter strengen Auflagen zustimmten. So war vor allem die prachtvolle Fassade zum Rathaus hin zu erhalten. Der neue „Bauerntanz" mit Restauration und Hotelbetrieb eröffnete im April 1982.

Zu der Zeit war eine andere beliebte Wirtschaft bereits geschlossen: Im Juni 1981 wurden im Gasthaus „Zum Sternegger" in der Hubmannstraße die Zapfhähne abgedreht. Schreinermeister Martin Gröber hatte den Gebäudekomplex erworben, baute ihn um und teilweise neu auf. Das Kino im Obergeschoß wurde vorrübergehend geschlossen. Im Neubauteil eröffnete die „Plauderkiste", die vor allem für die Jugend zum beliebten Treffpunkt wurde – allerdings zum Leidwesen der Anlieger, die sich bald über Lärmbelästigung beschwerten. Im Mai 1983 war der gesamte Komplex fertiggestellt. Im Obergeschoß standen nun zwei Kinosäle zur Verfügung, im ehemaligen „Sternegger" bereicherte ein weiteres Lokal die Kneipenszene, die sich zunehmend änderte. Der Auffassung von moderner Gastronomie mußten mehr und mehr traditionsreiche Wirtschaften weichen. Auch aus dem Gasthaus „Triltsch" war 1979 eine Pizzeria geworden. Diesem Trend schloß sich Raimund Specht nicht an. Er veränderte lediglich die früheren Nebengebäude seiner Gastwirtschaft, in die er neue Ladengeschäfte einrichtete. In unmittelbarer Nachbarschaft war der Oberbernbacher

---

1983 – in memoriam (II)

MICHAEL KERLE (73), 27. August: Von 1948 bis 1972 war er zweiter Bürgermeister von Walchshofen, von 1951 bis 1956 ehrenamtliches Vorstandsmitglied und von 1956 bis 1972 Vorsitzender des Aufsichtsrates der Raiffeisenbank.

HANS KOPPOLD (55), 7. September: Vor allem die Naturfreunde trauerten um ihr Ehrenmitglied.

WILHELM HACKL (65), 10. September: 1945 trat er in die Sozialhilfeverwaltung des Landkreises ein, übernahm 1946 die Leitung des Bezirksfürsorgeverbandes und 1972 schließlich die des Sozialhilfereferates.

HANS MEIXNER (73), 18. September: Der Zimmermeister bestimmte von 1948 bis 1968 als technischer Betriebsleiter die Entwicklung bei Holzbau Merk.

LUDWIG MOOSBICHLER (73), 20. September: Der Bauingenieur hatte nach dem Krieg ein kleines Baugeschäft aufgebaut.

ALEX REHLE (63), 26. September: Der ehemalige Kreisbaumeister, Stadtrat und Kreisrat starb auf der Fahrt in den Urlaub an Herzversagen.

ANDREAS SCHMAUS (75), 1. Oktober: Er hat das Fuhrunternehmen an der Straße nach Klingen aufgebaut.

SCHWESTER RODIGNA WALBURGA BAUER (72), 25. Oktober: Die Trägerin der Bürgermedaille in Silber war von 1931 bis 1977 in Aichach tätig, zunächst im alten Stadtkrankenhaus, ab 1967 als Spital-Oberin.

FRITZ PREISS (63), 12. Oktober: Der Verkaufsleiter bei der Firma Meisinger war in der Freizeit Poet, Dichter und Schriftsteller. Für sein Theaterstück „Die indische Wunderpille" hatte der Bundesverdienstkreuz-Träger 1970 den Förderpreis des Bayerischen Rundfunks erhalten.

Isidor Regnath tätig, der das ehemalige Gerum-Haus am Oberen Tor kaufte, das alte Gemäuer renovierte und Platz für Wohnungen, Geschäfte und ein Lokal schaffte – der Innenstadtbereich blühte förmlich auf.

Vor dem Oberen Tor gab es allerdings noch einen gravierenden Schandfleck: den aufgelassenen Brauerei-Gasthof „Hofman". Das völlig verwahrloste Gebäude an der Werlbergerstraße war im Besitz der Münchener „Löwenbräu"-Tochtergesellschaft Monachia, die immer wieder unbefriedigende Pläne für einen Neubau einreichte. Im September 1979 genehmigte der Stadtrat den Abbruch, obwohl es Befürchtungen gab, das Gelände könne zu einer langjährigen Baulücke werden. Doch die Monachia erklärte sich bereit, die Fläche bis zu einem Neubau als Parkplatz zur Verfügung zu stellen. Im Oktober 1980 begann die Abrißbirne ihr Werk. Danach tat sich zwei Jahre lang nichts, und im Stadtrat wurden immer wieder Stimmen laut, die bezweifelten, daß sich die Monachia tatsächlich mit aller Ernsthaftigkeit um die Genehmigung einer Neubauplanung bemühte. Im Februar 1980 nahm die Entwicklung dann einen völlig unerwarteten Verlauf: Die Grundstücksgesellschaft Meisinger/Prücklmair meldete überraschend den Kauf des Areals. Gleichzeitig wurde bekannt, daß Schorsch Jung in unmittelbarer Nachbarschaft das heruntergekommene alte KJG-Heim von der Kirche gekauft hatte. Während Jung die aufwendige und teure Sanierung des denkmalgeschützten Gebäudes im November 1983 abschließen konnte, bekam Meisinger erhebliche Probleme mit der Genehmigung seiner Neubauplanung. Erst 1984 gaben Denkmalschutz und Landratsamt grünes Licht, und der Startschuß für einen großzügigen Wohn- und Geschäftskomplex konnte endlich fallen. Neben Läden, Eiscafé, Verwaltungs- und Büroräumen zog auch das Arbeitsamt in den Neubau ein. Die mächtigen Bäume des ehemaligen Biergartens blieben erhalten, wie es die Auflagen der Behörden geboten. Sie verliehen der Anlage den malerischen Namen „Kastanienhof".

Das „Filetstück" im Zentrum wird verkauft

Die Stadt selbst kaute derweil an einem ureigenen städtebaulichen Problem. Am Tandlmarkt, wo einst der „Münchener Hof" und das Rothenfußer-Haus residierten, herrschte seit dem Abbruch dieser traditionsreichen Gebäude triste Großparkplatz-Szenerie. Im Zuge der Stadtplatzsanierung war dieses Areal immer wieder in alle möglichen Überlegungen einbezogen worden. Im März 1979 gab es sogar konkrete Pläne für den Bau eines Wohn- und Geschäftskomplexes mit einer großen Tiefgarage für 110 Autos. Doch die Zahlen aus der Kämmerei holten die Stadtväter schnell auf den Boden der Tatsachen zurück. Die angelaufene Sanierung des Zentrums hatte die finanziellen Möglichkeiten ausgeschöpft. Die Haushaltsberatungen im Mai 1981 führten das eindrucksvoll vor Augen: Aichach steuerte einer Rekordverschuldung von 33,8 Millionen Mark zu.

An die Verwirklichung einer weiteren großen Baumaßnahme war also mittelfristig nicht zu denken. Gleichzeitig erschien es aber fast absurd, dieses zentrale Gelände direkt beim Rathaus aus dem Projekt auszuklammern und nicht bald so zu nutzen, daß es zur sanierten Umgebung paßt. In vielen nichtöffentlichen Sitzungen diskutierte der Stadtrat lange über einen Verkauf. Im Februar 1982 entschied er schließlich, daß rund 2000 Quadratmeter des städtebaulichen „Filetstücks" an einen Bauträger verkauft werden sollen. Um die Innenstadt als Einkaufszentrum attraktiv zu gestalten, sollten sich möglichst viele Geschäfte ansiedeln. Die Restfläche in Richtung Martinstraße behielt sich die Stadt für den Bau eines neuen Verwaltungsgebäudes samt eigener Tiefgarage vor. Kaum war das Grundstück feilgeboten, konnte das Geschäft auch schon abgeschlossen werden: Die Ingolstädter Blankwater GmbH stieg ein und startete bereits im November 1982 die Erdarbeiten für die große Tiefgarage unter dem geplanten Komplex.

Der Tandlmarkt vor der Bebauung.

Als eines der ersten Geschäfte eröffnete im Februar 1984 die Wittelsbacher-Apotheke. Weitere Läden, Arztpraxen und Wohnungen sowie das neue Redaktions- und Verlagsbüro der Aichacher Nachrichten zogen in das architektonisch gelungene Ensemble ein.

Auf der gegenüberliegenden Straßenseite waren inzwischen ebenfalls die Arbeiter angerückt, um das ehemalige Bekleidungshaus Rupp umzubauen, das Optikermeister Kurt Bischler erworben hatte. Die Maßnahme lief im Oktober 1982 an. Schon im März 1983 konnte Bischler sein Optikergeschäft von der Gerhauserstraße in die Innenstadt verlagern.

Seine Pforten geschlossen hatte inzwischen das ehemalige Kaufhaus in der früheren Bäckerei Schmid gegenüber der Sparkasse. Im Herbst 1982 wurde auch dort ein großer Umbau begonnen. Im Frühsommer darauf zog die Raiffeisenbank aus der Hubmannstraße an den Stadtplatz und damit in unmittelbare Nachbarschaft des Mitbewerbers auf dem hiesigen Geldmarkt. Die frühere Gewerbebank hatte sich prächtig entwickelt. Die Sparkasse antwortete der Konkurrenz mit einem Generalumbau ihrer Zweigstelle am Stadtplatz, der im Juli 1983 schließlich vollendet war.

Im Wettbewerb um Kreditkunden entfaltete sich auch die Volksbank am Stadtplatz gut, die im Dezember 1981 Abschied von Heinz Ax nahm, der die Zweigstelle des Augsburger Geldinstitutes 22 Jahre lang geleitet hatte. Sein Nachfolger wurde Lorenz Kontny.

Der Wohnungsbau hält mit der Entwicklung Schritt

15 000 Einwohner – magische Marke erreicht

Die Stadt strebte der magischen Marke von 15 000 Einwohnern zu, die sie im Frühjahr 1980 auch erreichte. Die Bevölkerungsentwicklung gestaltete sich äußerst positiv, und daraus resultierten frische Impulse für den Wohnungsbau. Im neuen Flächennutzungsplan war eine maßvolle Baulandausweisung vorgesehen – auch in den Stadtteilen. Die Hauptrichtung der Bemühungen um neuen Wohnraum zielte allerdings auf die Kernstadt.

Bauträgergesellschaften wie die AIC-Wohnbau gingen damit einer weiteren Blütezeit entgegen. Als die neue Wohnanlage in der Oskar-von-Miller-Straße noch der Inbetriebnahme im Dezember 1978 entgegenfieberte, kündigte Geschäftsführer Schorsch Jung mit der Bebauung des ehemaligen Betriebshofes im Haselberger-Gelände bereits das nächste Großprojekt an. Er faßte den Bau von 112 Eigentumswohnungen ins Auge. Obwohl es zu Verzögerungen kam, weil der Stadtrat im Juni 1978 bei der Vorstellung der Planung heftig über Sicherheitsrisiken für die benachbarte Strafanstalt diskutierte, was mehrere Rücksprachen mit dem Justizministerium notwendig machte, meldete der Bauträger bereits im Dezember 1979 die Fertigstellung des ersten Abschnitts mit 24 Wohneinheiten und gleichzeitig den Startschuß für weitere 36. Als die AIC-Wohnbau im Frühjahr 1983 ihr zehnjähriges Bestehen feierte, stellte das Unternehmen stolz fest, daß in dieser Zeit 250 neue Wohneinheiten in Aichach geschaffen worden seien. Recht aktiv war auch Mitbewerber Helios, der im Dezember 1982 die neue Wohnanlage an der Münchener Straße in der Nachbarschaft der Heizungsbaufirma Metz bezugsfertig erklärte.

Der Wunsch vieler Bürger nach den eigenen vier Wänden ging auch weiterhin vornehmlich dort in Erfüllung, wo das Kreisgut noch freie Äcker und Wiesen hatte. Obgleich der Kreistag im Mai 1979 erkannt hatte, daß die weitere Ausdehnung der Baugebiete in Richtung Plattenberg und Umgehungsstraße, wie es die städtische Flächennutzungsplanung vorsah, die Existenz des Kreisgutes akut bedrohte, stimmte er im Sommer der Ausweisung eines weiteren Baugebietes mit einer Größe von knapp 30 Hektar und einer Nettobaufläche von etwa 22 Hektar zu. Die Stadt schrieb einen Architektenwettbewerb aus, den ein inzwischen gut bekannter Planer gewann: Der Münchener Baufachmann Fritz Hornemann, der sich mit der Umgestaltung des Stadtplatzes bereits Lorbeeren verdient hatte, legte den besten Entwurf für diese Modellsiedlung mit rund 200 Wohneinheiten vor. Etwas kleiner fiel das neue Baugebiet rund um die Ecknacher Sportanlage aus, in dessen Bereich im März 1979 vornehmlich für Einfamilienhäuser 60 Grundstücke berücksichtigt wurden.

In Unterwittelsbach entsteht ein neuer Stadtteil: das Kraus-Gelände

Den spektakulärsten Erfolg in Sachen Baulandbeschaffung feierten Riepl und seine Stadtratsmannschaft im Sommer 1979, als der Bürgermeister das Vorkaufsrecht für ein 19 Hektar großes Areal am südlichen Ortsrand von Unterwittelsbach sichern konnte, das in Anlehnung an den Namen des Vorbesitzers als Kraus-Gelände bekannt ist. Trotz des Widerstandes der Unterwittelsbacher Landwirte trieb die Kommune die Planung voran und schrieb erneut einen städtebaulichen Wettbewerb aus, dessen Ergebnisse im März 1980 vorlagen. Die prinzipiellen Einwände der Unterwittelsbacher waren zwar nicht weniger geworden, doch als der Stadtrat entschied, daß die Vergabe der knapp 70 Bauplätze nach sozialen Gesichtspunkten erfolgen und einheimische Bewerber bevorzugt würden, verlief die öffentliche Diskussion in sachlicheren Bahnen.

Tod in Afghanistan

Die politischen Unruhen in Afghanistan fordern zwei Opfer aus Aichach: Am Freitag, 7. September 1979, werden die Pädagogen Ruth (33) und Rolf (33) Truxa zusammen mit einem Ehepaar aus München und dessen beiden Kindern erschossen. Die Familien hielten sich in der Nähe der Hauptstadt Kabul bei einem Militärflughafen auf, als ein Sicherheitsposten plötzlich das Feuer auf die Menschengruppe eröffnet. Ruth und Rolf Truxa waren 1977 auf eigenen Wunsch über das Schulamt des Auswärtigen Amtes nach Kabul versetzt worden.

Da ein äußerst lukrativer Preis festgelegt wurde, lagen für die 67 Bauplätze mit einer Größe zwischen 550 und 800 Quadratmetern bald 250 Bewerbungen vor. Der Stadtrat hatte pro Quadratmeter 100 Mark inklusive Erschließung veranschlagt. Die Vergabe erfolgte nach einem Punktesystem, das vor allem kinderreiche Familien begünstigte. Im Mai 1981 lief die Erschließung des Areals an, im Juli 1982 wurde es im Rahmen eines kleinen Festaktes zur Bebauung freigegeben. Den obligatorischen Scherenschnitt durch das weiß-blaue Band durften die beiden Kinder eines Baubewerbers vornehmen: Anita (6) und Michael (5) Löscher gaben das Gelände symbolisch frei.

HANDEL UND GEWERBE ENTDECKEN DEN „STANDORT AICHACH"

Wirtschaft: Erste Anzeichen einer Talfahrt

Die Auftragsbücher werden schmäler

Die enormen Bemühungen, mehr Wohnraum und damit Platz für neue Bürger zu schaffen, führten rasch zum Erfolg, der Arbeitsmarkt wuchs allerdings keineswegs in gleicher Geschwindigkeit mit. Das lag wesentlich an zwei Faktoren: Die Stadt konnte mit Ausnahme der Erweiterung des Industriegebietes Süd durch die Ausweisung des angrenzenden Gewerbegebietes zwischen der Münchener Straße und der neuen Ortsumgehung im Jahr 1979 kaum noch Gewerbeflächen anbieten. Hinzu kam außerdem die konjunkturelle Großwetterlage. Ende der siebziger Jahre verblaßten die Zeichen von Expansion und Wachstum langsam.
Doch noch gab es Erfolgsmeldungen, zum Beispiel von der Firma Unsinn: Im Dezember 1977 war Firmenchefin Barbara Müller-Unsinn für ihre unternehmerischen Leistungen mit dem Bundesverdienstkreuz ausgezeichnet worden. Im Oktober des folgenden Jahres feierte der Ecknacher Landmaschinenhersteller einen Glanzpunkt seiner Geschichte: Die Bundesregierung wählte Unsinn als deutschen Repräsentanten bei der internationalen Messe in Peking aus. Der Strukturwandel in der Landwirtschaft machte sich jedoch bereits langsam in den Auftragsbüchern der Firma bemerkbar. Dazu kam ein schwerer Verlust in der Chefetage: Betriebsleiter Georg Müller brach am 24. Juli 1981 während einer Betriebsversammlung tot zusammen. Der 55jährige erlag einem Herzanfall.
Eng mit der Landwirtschaft verbunden war auch die Aktien-Kunstmühle Aichach, deren Direktor Josef Erhard azyklisch investierte. Als in Bayern und Deutschland das Mühlensterben grassierte, modernisierte er die Vermahlungsanlagen an der Donauwörther Straße und baute das Unternehmen zu einem der größten in der weiten Region aus. Zum 100jährigen Bestehen im April 1982 meldete Erhard, daß man alle Tiefen überwunden habe und sich auf dem nationalen Markt erfolgreich habe behaupten können. Erst im Alter von 70 Jahren schied Erhard im Dezember 1984 aus der Firmenleitung aus. Seit 1952 hatte er die „Aktien" geführt, seine Leistung war im April 1978 mit dem Bundesverdienstkreuz gewürdigt worden. Erhards Nachfolger wurde Siegfried Henkies.
Ein Generationswechsel zeichnete sich langsam auch im Milchwerk ab. Dort hatte Direktor Gaudenz Müller-Paradeis die Bedrohung durch die Überschußproduktion rechtzeitig erkannt und suchte rührig neue Märkte. Immer wieder konnte er den Mitgliedern bei der Generalversammlung stolz vom Abschluß neuer Lieferverträge mit ausländischen Partnern berichten. Das si-

cherte der Genossenschaft den Absatz ihrer Produkte auf dem hartumkämpften europäischen Markt. Die Molkerei war und blieb damit ein zuverlässiger Partner für die heimischen Milchbauern, für die die Person von Direktor Müller-Paradeis längst zu einer Institution geworden war. Entsprechend groß war das Bedauern, als der Direktor im März 1984 seinen Rücktritt bekanntgab und den Stuhl für Josef Voag freimachte, der seit 1970 stellvertretender Direktor war.

Trotz derartiger Erfolge waren an der Entwicklung des Arbeitsmarktes auch in Aichach schon die ersten wirtschaftlichen Probleme abzulesen. Bereits im Sommer 1979 wurde im Landkreis der allgemeine Lehrstellenrückgang bemängelt. Knapp 120 Absolventen aller Schularten waren ohne Ausbildungsplatz, während die Arbeitslosenquote noch durchaus erträgliche 3,9 Prozent betrug. Für damalige Verhältnisse war das allerdings relativ hoch. Ende 1981 meldete das Arbeitsamt dann 5,1, im September 1982 gar 7,4 Prozent und damit die höchste Quote im Raum Augsburg.

Die konjunkturelle Talfahrt machte sich vor allem im Baubereich bemerkbar. Das hatte für die Zulieferindustrie wie die Firma Meisinger fatale Folgen: Im Januar 1981 war erstmals für einige Wochen Kurzarbeit in besonders betroffenen Unternehmensbereichen angesagt. Ein Ausweg aus der Krise waren innovative Ideen, die Meisinger durch den Bau des neuen Kunststoffwerkes umsetzte, in dem unter anderem auch Dübel produziert werden sollten. Zur Eröffnung im Juli 1983 erschien sogar Bayerns Wirtschaftsminister Anton Jaumann, um Hannes Meisinger zu dieser mutigen Investition zu gratulieren. Die Firmengruppe MEA Meisinger zählte zu diesem Zeitpunkt über 650 Mitarbeiter. Bereits im Dezember 1979 waren die Leistungen des Unternehmers und Stadtrates mit dem Bundesverdienstkreuz gewürdigt worden.

Erfolgreiche Geschäftsleitung und politisches Ehrenamt zeichneten auch Karl Moser als Chef von Holzbau Merk aus. Nach der Auslagerung an die alte B 300 bei Ecknach wurde der Zimmereibetrieb stetig größer und leistungsfähiger. Merk erhielt unter anderem im Sommer 1979 den Auftrag zum Bau des Eislaufzentrums in Oberstdorf. Und als Papst Johannes Paul II. im Februar 1981 auf der Münchener Theresienwiese Hunderttausenden bei einer

> **„Eine Stadt geht auf Reisen"**
>
> Ein weiterer Versuch der Stadtväter, das Zusammengehörigkeitsgefühl der Bürger nach dem Abschluß der Eingemeindungen zu fördern, gelingt im Juni 1979: Unter dem Motto „Eine Stadt geht auf Reisen" starten über 800 Bürger mit einem Sonderzug der Bundesbahn zu einem Ganztagsausflug nach Ebersbach. Die Begeisterung der Teilnehmer ist so groß, daß Bürgermeister Riepl noch im Herbst eine zweite Fahrt organisieren läßt. „Stadt auf Reisen" wird für einige Jahre fester Bestandteil im Sommerprogramm, ehe die Aktion mit nachlassenden Teilnehmerzahlen wieder einschläft.

HANDEL UND GEWERBE ENTDECKEN DEN „STANDORT AICHACH"

Messe seinen Segen spendete, stand der Heilige Vater auf einer überdimensionalen, prunkvollen Altarinsel, deren hölzerner Unterbau ebenfalls in der großen Abbundhalle des Aichacher Traditionsbetriebes hergestellt worden war. Karl Moser engagierte sich auch auf der Ebene wirtschaftlicher Verbände. Im Herbst 1978 übernahm er den Vorsitz im Industrie- und Handelsgremium des Landkreises.

Arbeitsplätze gehen verloren

Das eben gezeichnete Bild wirtschaftlicher Entwicklungen mag den Anschein erwecken, als sei das Aichacher Land kaum von Rezession und Konjunkturflaute betroffen gewesen – dem war nicht so. Das erste Beispiel dafür lieferte im Frühjahr 1983 die Lederwarenfabrik Neusa an der Flurstraße. Nach monatelangem Bangen und Hoffen der Belegschaft meldete die Firmenleitung im März, daß die Produktion stillgelegt und in die Türkei ausgelagert wird. 200 Menschen, darunter viele Frauen, verloren ihren Arbeitsplatz.
Die nächste Hiobsbotschaft erreichte im Dezember 1984 die Mitarbeiter der Firma Käuferle. Noch Anfang 1982 hatte das Unternehmen einen millionenschweren Auslandsauftrag gefeiert – gut zwei Jahre darauf mußte Firmenchef Werner Käuferle Konkurs anmelden. Bis das Sanierungskonzept Wirkung zeigen konnte, hatten bereits etwa 70 der einst 150 Lohnempfänger ihren Arbeitsplatz verloren.
Die Bemühungen der Politik, die arbeitsmarktpolitischen Risiken auf möglichst vielen Schultern abzufedern, indem man neuen Firmen eine Chance zur Ansiedelung gab, waren zu diesem Zeitpunkt langsam von Erfolg gekrönt. Bürgermeister Alfred Riepl und der Stadtrat hatten im Juni 1984 die Entscheidung für die Ausweitung der Gewerbeflächen im Ecknacher Westen gefällt. Das geschah gegen den Willen der Landwirte. Die hatten bereits für den Bau der Umgehungsstraße Flächen hingeben müssen und protestierten jahrelang gegen die Ausweisung – obwohl sie einer „Vergoldung" ihrer Äcker und Wiesen gleichkommen sollte. Im Vorfeld der Stadtratswahl 1984 entspann sich eine heftige Diskussion – die politisch Verantwortlichen steckten in einer Zwickmühle: Im Rathaus lagen zahlreiche Anfragen von Betrieben vor, die sich im Stadtgebiet niederlassen oder ausdehnen wollten; doch die Chancen, diese Interessen befriedigen zu können, scheiterten an der mangelnden Verkaufsbereitschaft der Eigentümer. Bereits im November 1979 hatte der Stadtrat den letzten verfügbaren Quadratmeter im Industrie- und Gewerbegebiet Süd veräußert. Unter anderem an das Autohaus Weiß, das im Februar 1981 seine BMW-Werkstätte von der Martinstraße an den Stadtrand verlagerte.

Die Vergrößerung des Gewerbegebietes am Oberbernbacher Weg im Bereich des Verlagshauses Mayer und Söhne brachte im September 1982 zwar einige neue Flächen, doch die wurden vornehmlich für die Vergrößerung oder Standortverlagerung bestehender Betriebe benötigt: Die Firma Zenker konnte eine neue Lagerhalle errichten, das Omnibusunternehmen Efinger seinen Sitz von der Freisinger Straße dorthin verlegen.
Der große Wurf der Baulandbeschaffung für die Wirtschaft durch das geplante Projekt im Westen Ecknachs schlug zunächst noch fehl. Der erste Versuch der Stadtväter im Mai 1982, dort 8,4 Hektar Industriegebiet auszuweisen, scheiterte schon nach vier Wochen am geharnischten Widerstand der Grundstückseigentümer. Getragen vom klaren Bekenntnis aller Fraktionen zu diesem Konzept, glückte im Juni 1984 jedoch ein neuerlicher Anlauf, der auch auf politischer Ebene allen Proteststürmen standhielt und letztlich in die Aufstellung des Bebauungsplanes mündete. Wenngleich die Stadt selbst dort kaum Flächen besaß und folglich überhaupt nicht an einer Wertsteigerung der Äcker und Wiesen partizipieren konnte, hatten sich ihr zumindest neue Gewerbesteuerquellen aufgetan. Von gleicher Wichtigkeit waren allerdings auch die neuen Impulse für den Arbeitsmarkt.

Verbesserungen auf dem sozialen Sektor

Die medizinische Versorgung wird ausgeweitet

Die Qualität des Lebensraumes Aichach konnte während dieser Zeit deutlich verbessert werden. Dazu trug auch die Aufwertung der medizinischen Versorgung bei. Noch im August 1978 wurden im Altlandkreis durchschnittlich 522 Menschen von nur einem Arzt betreut. Gerade im fachmedizinischen Bereich gab es einige Lücken, die selbst das Kreiskrankenhaus nicht immer schließen konnte. Ende der siebziger Jahre entspannte sich die Situation: Augen- und Hals-Nasen-Ohren-Arzt ließen sich in der Stadt nieder, kurz darauf eröffnete die Praxis eines zweiten Kinderarztes, später kamen ein Haut- und ein Nervenarzt hinzu. Die Besetzung von Fachärzten mußte durch Bürgermeister Riepl bei der Kassenärztlichen Vereinigung in Augsburg hart erkämpft werden. Denn dort sah man die Aichacher lieber in den Wartezimmern der Fuggerstadt. Ab Juni 1979 versorgte zusätzlich die neue Löwen-Apotheke an der Werlbergerstraße die Kranken mit Heil- und Hilfsmitteln.
Obgleich das Kreiskrankenhaus gerade mal zehn Jahre in Betrieb war, gab es im Kreistag bereits im April 1978 erste Diskussionen über eine Erweiterung und Modernisierung. Die Belegzahlen waren außerordentlich zufriedenstel-

lend, weshalb das Sozialministerium bereits im Januar 1979 eine Erhöhung der Bettenkapazität auf 150 bei gleichzeitiger wesentlicher Anhebung des Standards billigte. Die Vorplanung für das zunächst auf 13 Millionen Mark veranschlagte Großprojekt wurde im November 1984 abgeschlossen. Als die Maßnahme im August 1986 schließlich startete, waren die Schätzkosten schon auf etwas mehr als 20 Millionen Mark geklettert.

Modernisiert und vergrößert waren zu diesem Zeitpunkt bereits die Räume des staatlichen Gesundheitsamtes am Schloßplatz. Dessen Leiter Dr. Hans Werner Krebs hatte 1980 endlich erreicht, daß Hand an das alte Gemäuer des früheren Amtsgerichts gelegt wurde. Der Chef der medizinischen Aufsichtsbehörde, der seit 1960 auch beratendes Mitglied im Jugendwohlfahrtsausschuß und Sachverständiger im Sozialhilfeausschuß des Kreistages war, konnte sein neues Büro allerdings nicht mehr lange genießen: Im Juni 1982 ging er in Ruhestand. Nachfolgerin wurde im September Dr. Renate Deckart.

| **Lebensretter aus Griesbeckerzell** |
| Zwei Kinder verdanken ihr Leben dem beherzten Eingreifen von Johann Bayer aus Griesbeckerzell. Er und der Friedberger Hermann Ochsenfeld retten die Kinder am 8. Februar 1982 aus dem Stempflesee in Augsburg. Die Kinder waren ins Eis eingebrochen. Die beiden Lebensretter werden für ihre mutige Tat von der Regierung von Schwaben ausgezeichnet. |

Einen Führungswechsel gab es im Juli 1984 auch in der Geschäftsstelle der Allgemeinen Ortskrankenkasse, die seit 1960 unter der Leitung von Georg Frauendorfer stand, der aus Krumbach nach Aichach gekommen war. Frauendorfer ging in den Ruhestand und räumte seinen Sessel für Heribert Oberhauser aus Kühbach, der den Umbau der Geschäftsstelle an der Rosenau vorantreiben konnte. 1986 waren die Arbeiten abgeschlossen.

Die Sozialstation wird gegründet

Eine wichtige Funktion hatten weiterhin die Träger der freien Wohlfahrtspflege, deren Anzahl sich vergrößerte: Im Frühjahr 1980 gab es die ersten Ansätze zur Gründung einer Sozialstation. Dabei entspann sich ein Wettbewerb zwischen Kirche und Arbeiterwohlfahrt, die beide als Träger dieser Dachorganisation medizinischer und pflegerischer Dienste im Altlandkreis auftreten wollten. Die Spekulationen, unter welcher Flagge die Sozialstation fahren sollte, waren im Juni überraschend beendet, als Hollenbachs Bürgermeister Rupert Reitberger verkündete, daß die Kirchenstiftungen diese Einrichtung nun gegründet hätten. Vorsitzender wurde der Gundelsdorfer Pfarrer Josef Konrad. Im März 1982 klagte die Sozialstation noch über mangelnde Auslastung.

Das änderte sich aber zunehmend, denn weite Teile der Bevölkerung waren zunächst nur nicht ausreichend über das umfangreiche Angebot dieser neuen Hilfseinrichtung informiert.

100 000 Mark für die Spitalsanierung

Die häusliche Alten- und Krankenpflege war vor allem in der Kernstadt weiterhin bei den Ambulanten Schwestern in guter Obhut. Stellvertretend für die Leistungen aller Ordensfrauen in der Stadt erhielt Schwester Witta Wurm im März 1982 das Bundesverdienstkreuz. Dieselbe Auszeichnung hatte im November 1981 der AWO-Ortsvorsitzende und ehemalige Stadtrat Franz Kukol von Sozialminister Dr. Fritz Pirkl entgegennehmen können. Damit wurden vor allem Kukols Verdienste um den Bau des AWO-Heimes gewürdigt, das inzwischen bestens belegt war und keinesfalls eine Konkurrenz für Bürgerheim und Spital darstellte, wie immer wieder befürchtet worden war.
Im Gegenteil, der Bedarf an Heimplätzen wuchs weiter. Dem trug auch die Stadt Rechnung: Im Rahmen der rund 100 000 Mark teuren Spitalsanierung 1982 wurden allerdings zunächst nur dringend notwendige Reparaturen vorgenommen und lediglich zwei neue Heimplätze geschaffen. Schon damals deutete sich aber an, daß in absehbarer Zeit eine Generalsanierung oder ein Neubau unumgänglich sein würde, wenn sich das Spital vom Altenwohnheim in eine Pflege- und Betreuungsstation wandeln sollte, die modernen Ansprüchen gerecht werden kann. Der Stiftungsausschuß legte deshalb Gelder auf die hohe Kante. So wanderten beispielsweise die satten Gewinne aus der Forstverwaltung im Jahr 1984 auf das Sparbuch. Zwei Jahre später fiel die Grundsatzentscheidung zum Um- und Neubau, für den 80 000 Mark Planungskosten eingesetzt wurden. Bis zur Verwirklichung der Maßnahme sollten allerdings noch einige Jahre ins Land ziehen.
Negative Schlagzeilen im Bereich der Altenpflege schrieb hingegen über Jahre hinweg das privat betriebene Heim „Sorgenruh" im rückwärtigen Gebäudekomplex beim ehemaligen Rasthaus Unterwittelsbach. Schon bald nach der Eröffnung im Frühjahr 1981 gab es Kritik an den Verantwortlichen. In mehreren Gerichtsverhandlungen wurden Verfehlungen und Tätlichkeiten der Heimleitung und des Betreuungspersonals festgestellt und mit Geldstrafen geahndet. Dennoch dauerte es fast vier Jahre, bis der Betrieb von den Behörden endgültig eingestellt werden konnte.
Nicht unerwähnt bleiben darf bei der Zusammenfassung von sozialen Neuerungen im Zeitraum von 1978 bis etwa 1984 die Gründung von humedica im Januar 1983 unter Federführung von Lieselotte Pfundmair. Die Gruppe orga-

nisierte internationale Hilfsaktionen und stieß mit ihren Bitten um Geld- und Sachspenden nur selten auf taube Ohren. Die Initiative nahm später den Namen Humanitas an, das Mitgliederspektrum umfaßte Mediziner, Apotheker und sozial engagierte Bürger aus allen Bevölkerungsgruppen. Ein Teil von ihnen arbeitete auch in der Ortsgruppe von amnesty international mit, die sich im Oktober 1977 gegründet hatte und schon im Januar 1980 die erfolgreichen Bemühungen um die Haftentlassung eines ägyptischen Kunststudenten in dessen Heimat feiern konnte. Die Realschullehrerin Christa Niklas war eine zentrale Figur der Aufbauphase dieser Organisation, die sich um den Schutz der Menschenrechte bemüht.

Bildungspolitik – Frühere Investitionen machen sich bezahlt

Der Landkreis übernimmt den Part der Erwachsenenbildung

Wie bereits ausführlich geschildert, hatten Stadt und vor allem Landkreis Anfang und Mitte der siebziger Jahre durch den Bau der neuen Schulen wesentliche bildungspolitische Hausaufgaben erledigt. Zum Sorgenkind entwickelte sich hingegen die Erwachsenenbildung. Die städtische Volkshochschule war immer noch auf ehrenamtliche Basis gestellt. Die daraus resultierende personelle Unterbesetzung ließ es kaum zu, das Angebot auszuweiten und dem modernen Bildungshunger der Menschen anzupassen. Ende der Siebziger waren Computerkurse, neue Fremdsprachen wie Portugiesisch oder Griechisch und künstlerische Entfaltungsmöglichkeiten gefragt. Die Zeiten, in denen Berichte und Lichtbilder über Reisen in fremde Länder die Bürger scharenweise gelockt hatten, waren endgültig vorbei. Doch eine breitere Vielfalt der Kurse wollte organisiert und verwaltet sein – ein Arbeitsanfall, der auf ehrenamtlicher Basis nicht mehr zu bewältigen war.
Im September 1977 befand sich die städtische Volkshochschule deshalb in einer ernsthaften Krise. VHS-Leiter Norbert Körffer hatte seine geschäftsführende Tätigkeit zum Jahresende aufgekündigt. Der Oberschneitbacher Sonderschullehrer Wilfried Maier wurde daraufhin im Dezember zunächst probehalber als VHS-Leiter eingesetzt. Doch bis dahin war bereits klargeworden, daß die Erwachsenenbildung langfristig keine Zukunft haben könne, wenn die Organisationsform nicht einschneidend verändert wird.
Dies erkannte auch Landrat Josef Bestler, der bereits im September 1977 eine landkreisweite VHS anregte, nachdem auch die Friedberger Einrichtung eine ähnlich ungünstige Entwicklung genommen hatte. Bestlers erste Versuche, die Erwachsenenbildung unter das Dach eines Zweckverbandes zu bringen und

gleichzeitig nahezu flächendeckend im gesamten Kreisgebiet auszubauen, schlugen zunächst fehl, denn die Bürgermeister scheuten aus finanziellen Gründen noch vor diesem Schritt zurück. Erst nachdem der Kreistag zugesagt hatte, daß der Landkreis die Hälfte der Unkosten übernehmen werde und die andere Hälfte von den beteiligten Mitgliedsgemeinden getragen werden solle, war die Wende im Denkprozeß der Gemeindeoberhäupter herbeigeführt. Am 30. Juni 1979 erfolgte die offizielle Gründung der Kreis-VHS, als deren hauptamtlicher Leiter Wilfried Maier unter 36 Bewerbern ausgewählt wurde. Im Mai 1980 tagte das Kuratorium der städtischen Volkshochschule zum letzten Mal, dann trat deren Auflösung und der Übergang in die neue Kreis-VHS in Kraft, die ihre Geschäftsstelle in Aichach einrichtete. Landrat Josef Bestler wurde erster Vorsitzender. Seinen Posten übernahm nach einem satzungsgemäß festgelegten Turnus alle zwei Jahre einer der Bürgermeister der Mitgliedsgemeinden.
Neben den Städten Aichach und Friedberg gingen Kissing, Mering, Affing, Hollenbach und Schmiechen zusammen mit dem Landkreis die ersten Schritte auf dem neuen Weg in der Erwachsenenbildung, deren Angebot fortan wesentlich attraktiver und zeitgemäßer gestaltet werden konnte, was die Bevölkerung auch dankbar annahm. Im ersten Semester 1980 verzeichnete man bei 155 Kursen, 25 Referaten und 16 Kulturveranstaltungen über 15 000 Hörer und Besucher. Und das bei einem Defizit von nur knapp 16 500 Mark, womit der finanzielle Beitrag der Gebietskörperschaften weit unter der Summe lag, die mancher Skeptiker befürchtet hatte. Damit hatte die Kreis-VHS den endgültigen Durchbruch geschafft. Weitere Gemeinden wurden Mitglied, weil sie erkannt hatten, daß dies der günstigste Weg sei, um dieser Bildungsaufgabe gerecht zu werden.

Das Gymnasium wird erweitert

Eine prächtige Entwicklung nahm das Aichacher Gymnasium, dessen Schülerzahlen seit der Inbetriebnahme stetig nach oben geklettert waren. Der Kreistag trug dem steigenden Raumbedarf Rechnung und gab im November 1978 grünes Licht für den zweiten Bauabschnitt, den die Schüler im September 1981 in Besitz nahmen. Der großzügige Anbau hatte rund 4,5 Millionen Mark verschlungen und konnte die Ansprüche von Schülern und Lehrern auf Jahre hinaus befriedigen.
Im Grund- und Hauptschulbereich gab es zwischenzeitlich ganz andere Probleme: Die Ausbildung von Ausländerkindern, die der deutschen Sprache nicht mächtig waren, stellte für den Lehrkörper eine gewaltige Herausforde-

rung dar, wobei die im BLLV engagierten Pädagogen nicht selten die mangelnde Unterstützung des Staates kritisierten, der nur sehr spärlich das dringend notwendige zusätzliche Personal einstellte.

Diesen Mißstand prangerte mehrmals auch Schulamtsdirektor Josef Kügel bei öffentlichen Versammlungen an. Als er im Oktober 1978 in den Ruhestand ging und seinem Nachfolger Günter Weiser Platz machte, entwickelte sich allerdings langsam eine Einrichtung, die vielen Ausländerkindern eine wesentliche Stütze in ihrer schulischen Laufbahn sein sollte: Die Arbeiterwohlfahrt organisierte eine Schülerbetreuung, in deren Rahmen ab Januar 1979 auch Hausaufgabenhilfe geleistet wurde.

Einen Führungswechsel gab es im Juli 1978 an der Wittelsbacher-Realschule, wo Direktor Roman Antoni – er war seit der Gründung der Schule im Jahr 1966 im Amt – seinem Nachfolger Walter Gärtner Platz machte, um in Pension zu gehen. Abschied nehmen hieß es im Juli 1980 auch in der Grundschule: Rektorin Luise Müller übergab die Leitung an Werner Blasl. Die bekannte Pädagogin hatte einigen Generationen den Umgang mit Abc und Einmaleins gelehrt.

Die Kulturszene belebt sich

Neue Klänge mit der Musikschule

Ein völlig anderes Kapitel der städtischen „Schulgeschichte" wurde im Januar 1979 aufgeschlagen, als im Stadtrat erste Gespräche über die Gründung einer Musikschule liefen, die noch im September offiziell aus der Taufe gehoben wurde. Zum vorläufigen Leiter ernannte man Otto Steuerl jun., ehemaliger Profimusiker und Musiklehrer. Im Februar 1981 nahm die neue Einrichtung ihren Unterricht auf. Beim ersten öffentlichen Konzert im April des Folgejahres konnten die Schüler beweisen, welche Fortschritte sie auf Flöte, Gitarre oder Akkordeon bereits gemacht hatten.

In diesem Zusammenhang ist nun ein kurzer Rückblick auf die Veränderungen im kulturellen Bereich angezeigt. Bodenständiges lockte weiterhin. Als der Trachtenverein im Juli 1978 im Rahmen seines 50jährigen Bestehens das Donaugau-Trachtenfest ausrichtete, zog das die Zuschauer in Massen an. Tausende klatschten begeistert Applaus, als sich der Festzug mit 66 Vereinen und einigen Blaskapellen über das Pflaster der Innenstadt bewegte.

Doch das kulturelle Spektrum beschränkte sich längst nicht mehr auf althergebrachtes Brauchtum mit Trachten und Fahnen. Vor allem im Pfarrzentrum blühten neue Bereiche auf. Neben den Konzerten des Liederchores, den Hoagarten und bayerischen Abenden unter der Regie der Kreis-VHS, aber auch den Gastspielen auswärtiger Theaterensembles stillte ab 1982 der SPD-Ortsverein kulturellen Hunger mit Leckerbissen besonderer Art. Unter dem Motto „Aufruf zur Phantasie" holten die Sozialdemokraten zunächst die Thalhausener „Biermösl-Blosn" mit ihren gesellschafts- und zeitkritischen Liedern auf die Bühne des „Ziegler"-Saals, im Jahr darauf beklatschten über 500 Gäste den Passauer Kabarettisten und Träger des Deutschen Kleinkunstpreises, Siggi Zimmerschied. Die Vielfalt des Angebots hatte inzwischen zur Gründung der „Aichacher Kultur-Szene" geführt, die unter Leitung von Stadtrat und Kulturreferent Horst Thoma im März 1982 ins Leben gerufen wurde und mit einem Jahresprogramm aufwartete, das 18 größere Veranstaltungen umfaßte.

Das „Volkstheater" feiert mit „Ein Adam für die Eva" Premiere

Aber nicht nur der Ortsverein der Sozialdemokraten unter ihrem Vorsitzenden Klaus Habermann setzte Anfang der achtziger Jahre neue Akzente. Auch die politische Konkurrenz von der CSU erwarb sich Meriten. Anfang 1983 startete der Ortsverband unter der Führung von Heinrich Hutzler mit dem Schlagwort „Was macht Aichach interessant?" eine Umfrage in der Bevölkerung, deren Auswertung ein Defizit im Theaterbereich deutlich machte. Noch im Frühjahr riefen deshalb Ortsvorsitzender Heinrich Hutzler, Bürgermeister Alfred Riepl und Kulturreferent Horst Thoma alle am Laienspiel Interessierten zu einer Aufklärungsversammlung zusammen, und bereits im Mai 1983 wurde die Interessengemeinschaft Volkstheater aus der Taufe gehoben. Als Vorsitzende fungierte Edeltraud Zinnecker, Realschuldirektor Walter Gärtner stellte sich als künstlerischer Leiter zur Verfügung. Am 30. März 1984 hieß es dann erstmals „Vorhang auf!" Das erste Stück, „Ein Adam für die Eva", wurde mit tosendem Beifall gefeiert. Wenige Tage nach diesem durchschlagenden Erfolg beim Premierenabend und den weiteren Vorstellungen wurde die Interessengemeinschaft dann auch zu einem eingetragenen Verein, der die Theatertradition in der Stadt bis in die Gegenwart aufrechterhält.

> **Ehefrau getötet**
>
> Der andauernde Ehestreit zwischen einem 25jährigen aus Ecknach und seiner drei Jahre älteren Frau endet am Dienstag, 31. Januar 1984, mit einer Tragödie. Während eines Besuches in der Wohnung einer Verwandten in Dachau würgt der Mann die 28jährige. Als die Frau kein Lebenszeichen mehr von sich gibt, wirft sie ihr Ehemann aus einem Fenster des Zimmers im sechsten Stock, um einen Selbstmordversuch vorzutäuschen. Im Oktober 1984 wird der Täter zu einer Freiheitsstrafe von 13 Jahren Gefängnis verurteilt.

Eine sehr aktive Laienspielgruppe hatte zu dieser Zeit bereits die Feuerwehr in Klingen. Im Sommer 1983 kam es schließlich auch in Unterwittelsbach zur Gründung der Theaterfreunde, die Franz Mair zu ihrem ersten Vorsitzenden wählten.

Die „Jugendhausinitiative" und das erste „Open air"

Nicht im vollen Maße berücksichtigt werden konnten weiterhin die Bedürfnisse der jungen Bürger, die keinem Verein angehörten. Im März 1980 gab es bei einer Diskussionsveranstaltung unter dem Motto „Jetzt red't d' Jugend" erneut laute Rufe nach einem Jugendzentrum, doch auch die verhallten ungehört, obwohl CSU-Stadtrat und Jugendreferent Dieter Heilgemeir auf politischer Bühne mehrmals daran erinnerte, daß eigentlich alle Parteien im Wahlkampf 1978 die rasche Verwirklichung eines „Juze" versprochen hatten. Die vergeblichen Appelle mündeten Anfang April 1981 in die Gründung der „Jugendhausinitiative Aichach", die unter der Leitung von Vorstand Max Walter und Monika Huber politischen Druck auf den Stadtrat auszuüben versuchte – allerdings ebenfalls ohne Erfolg, was aber nicht nur auf den mangelnden Willen der Stadtväter, sondern auch auf fehlende geeignete Räume zurückzuführen war.
Hingewiesen sei noch auf das erste Open-air-Konzert, das im Juni 1978 von der damals noch städtischen Volkshochschule und ihrem Leiter Norbert Körfer in Zusammenarbeit mit der Aichacher Zeitung organisiert wurde. Einige hundert Jugendliche und Junggebliebene tanzten und amüsierten sich auf dem Oberwittelsbacher Burgplatz. Im Jahr darauf, ebenfalls im Juni, gab es die nächste derartige Veranstaltung, zu der die AZ diesmal allein eingeladen hatte. Zwei Tage lang lauschten über 3000 Festivalbesucher auf einer Wiese bei Walchshofen den Klängen bundesweit bekannter Bands wie „Kraan", „Guru Guru" und „Amon Düül II".

Die Disco „M 1" lockt die Jugend

Das abendliche Ausgehvergnügen der jüngeren Generation bereicherte ab Herbst 1982 auch eine Diskothek in Griesbeckerzell, die der Wertinger Gastronom Josef Helfer im ehemaligen Saal der Gastwirtschaft Gerbl eingerichtet hatte. Es dauerte allerdings nicht lange, bis Helfer den Betrieb einschränken mußte, weil die Nachbarn bei der Stadt wegen der permanenten Lärmbelästigung durch die Besucher und deren Fahrzeuge protestiert hatten.

Die Ära des Diskothekenbetriebes im großen Stil läutete der Augsburger Geschäftsmann Fritz Baumgärtner ein, der im Industriegebiet Süd direkt an der Umgehungsstraße den Tanztempel „M 1" mit Platz für rund 1000 Besucher baute. Am 25. Februar 1984 wurde er eröffnet. Aichach verfügte ab diesem Tag über einen fast magischen Anziehungspunkt für die jungen Menschen. Daraus erwuchsen allerdings auch neue Aufgaben im Bereich von Sicherheit und Ordnung. Nicht nur der enorme Fahrzeugverkehr während der Abend- und Nachtstunden sorgte für öffentliche Diskussionen – auch die im Umfeld solcher Vergnügungsstätten leider typischen negativen Begleiterscheinungen wie Kleinkriminalität und Rauschgiftdelikte gehörten bald zur alltäglichen Polizeiarbeit.

Neue Domizile für die Vereine

Die Dorfgemeinschaften bauen sich eigene Heime

Im Feuerwehrwesen gab es in einigen Stadtteilen ganz erheblichen Nachholbedarf nicht nur im Hinblick auf den Stand der technischen Ausrüstung, sondern vor allem bei der Unterbringung der Fahrzeuge. Meist waren nur einfache Unterstellmöglichkeiten vorhanden, Schulungsräume für die Weiterbildung der Floriansjünger fehlten praktisch überall.
In Aichach selbst, aber auch in Sulzbach, Unterwittelsbach, Walchshofen, Oberwittelsbach oder Edenried forderten die Kommandanten bei den Bürgerversammlungen eine Verbesserung der Situation. Doch Anfang der achtziger Jahre waren die Finanzmittel der Stadt gering. Aus dieser Not heraus entwickelte sich ein weiteres „Aichacher Modell": Die Stadt bot Feuerwehren und Ortsteilvereinen an, die Materialkosten für ein Gemeinschaftshaus zu übernehmen, wenn die Mitglieder der Vereine ihrerseits den Bau mit möglichst hoher Eigenleistung durchführten. Die Idee kam bestens an, zumal in so manchem Ort inzwischen auch die letzte alte Dorfwirtschaft geschlossen war und Gesangvereine, Schützen oder kirchliche Gruppen oft obdachlos waren.
Die Pionierarbeit beim Projekt „Gemeinschaftshäuser" leisteten die Unterwittelsbacher mit ihrem ehemaligen Bürgermeister, Stadtrat Sepp Gail, an der Spitze. Im September 1981 stand bereits der Rohbau, im August 1982 feierte die Dorfgemeinschaft das gelungene Werk. Über 7500 Arbeitsstunden hatten die Helfer geleistet und ein Gebäude im Wert von mehr als 250 000 Mark erstellt, die Materialkosten betrugen lediglich 100 000 Mark. Nach demselben Schema verfuhren später Walchshofen, Sulzbach und Edenried sowie die Feuerwehr in Oberwittelsbach.

Wünsche erfüllt: Feuerwehrzentrale und Drehleiterfahrzeug

Nicht in Eigenleistung zu bewältigen war dagegen die in ihren Dimensionen mit den Gemeinschaftshäusern kaum vergleichbare neue Feuerwehrzentrale in Aichach. Das 2,5 Millionen Mark teure Projekt war nach jahrelangem Ringen der Floriansjünger unter ihrem Kommandanten Josef Jakob sen. und Feuerwehrreferent Karl Moser unweit der alten Unterkunft im Herbst 1981 begonnen worden, ihr Vorsitzender, Bürgermeister Riepl, leistete dabei jede Unterstützung. Die Brandschützer bedankten sich für das „Geschenk" der Stadtväter im darauffolgenden Jahr mit einer besonderen Geste: Auf Anregung Riepls stellten sie am 1. Mai 1982 an der Nordseite des Rathauses einen Maibaum auf – jahrzehntelang war in Aichach diese alte bayerische Tradition vergessen gewesen. Über 1000 Menschen besuchten das große Maifest und zollten den Wehrmännern damit Dank und Anerkennung für diese Idee.

Tausende kamen im Juni 1983 auch zum „Tag der offenen Tür" anläßlich der Einweihung der neuen Feuerwehrzentrale. Inzwischen hatte es allerdings einen Wechsel in der Führungsspitze gegeben, denn Josef Jakob sen. war bereits bei der Generalversammlung im Februar als Kommandant ausgeschieden. Seine Kameraden dankten ihm die 18jährige Tätigkeit mit der Verleihung der Ehrenmitgliedschaft. Bei der Einweihung der neuen Zentrale am 25. Juni erhielt Jakob schließlich noch das Feuerwehr-Ehrenkreuz, dem langjährigen Vorsitzenden Riepl wurde die Deutsche Feuerwehrmedaille verliehen. Nachfolger auf dem Kommandantenposten wurde Josef Krammer, der gleich nach seiner Wahl neben Jakob einen weiteren Mann mit der Ehrenmitgliedschaft auszeichnete: Hans Wohlmuth, in Anlehnung an den Beruf seines Vaters weitum als „der Hauderer" bekannt, der ebenfalls jahrzehntelang Feuerwehrgeschichte in der Paarstadt mitgeschrieben hat. Bereits im Oktober 1981 waren seine Verdienste um Wasserwacht, Naturschutz und Feuerwehrwesen mit dem Verdienstkreuz am Bande auch von der Öffentlichkeit gewürdigt worden.

Wohlmuth und Jakob hatten mit vielen weiteren Kameraden den Wandel des Einsatzbereiches in den vergangenen Jahrzehnten miterlebt. Nicht mehr der reine Löscheinsatz, sondern die Hilfeleistungen bei schweren Verkehrsunfäl-

---

Kreisbrandrat Wolfgang Selder tot

Am 17. Juli 1983 stirbt Kreisbrandrat Wolfgang Selder aus Mering im Alter von erst 56 Jahren. Der oberste Brandschützer des Landkreises war seit 1973 im Dienst.
Als die Entscheidung über die Nachfolge ansteht, entbrennt in der Kreisversammlung der Kommandanten erneut ein kleiner „Nord-Süd-Konflikt": Aichachs ehemaliger Feuerwehrkommandant Josef Jakob sen., als Wunschkandidat von Landrat Josef Bestler, unterliegt im November 1983 bei einer Kampfabstimmung gegen Siegfried Geiger von der Feuerwehr Friedberg. Geiger wird mit 54:46 Stimmen zum neuen Kreisbrandrat gewählt.

len und die Bergung von Verletzten aus zertrümmerten Autos bildeten mit zunehmender Motorisierung das Hauptaufgabengebiet. Nicht selten brausten die Brandschützer mit heulenden Sirenen an den Gallenbacher Berg, wo es auch nach dem vierspurigen Ausbau dieses Abschnitts der Bundesstraße 300 zu schwersten Unfällen kam, die oft Todesopfer forderten.

Höhere Anforderungen an die Ausrüstung stellten allerdings ebenso die Brandfälle, weil die Gebäude höher und weitläufiger geworden waren. Sehnlichster Wunsch der Wehrmänner noch unter Jakobs Ägide war ein modernes Drehleiterfahrzeug, das bei Großbränden vortreffliche Dienste leisten konnte. Im März 1984 ging auch dieser Wunsch in Erfüllung: Das knapp 590 000 Mark teure Fahrzeug wurde im neuen Feuerwehrhaus stationiert. Diese wesentliche Verbesserung war übrigens hoch bezuschußt worden: Aus der Stadtkasse mußten lediglich 280 000 Mark bereitgestellt werden. Die offizielle Vorführung für die Bevölkerung erfolgte am 5. Mai 1985, wobei die Aichacher Feuerwehr für ein Novum sorgte: Kommandant Josef Krammer organisierte mit seinen Kollegen aus den Ortsteilen den ersten „Florianstag". Dieses große Treffen aller Feuerwehrgemeinschaften der Stadt ist Tradition geworden, die bis in die Gegenwart alljährlich gepflegt wird. Übrigens: Auch in den Ortsteilen erhielten Feuerwehren die notwendige Infrastruktur. In Riepls Amtszeit erhielten neun Wehren neue Unterkünfte, meist in den Gemeinschaftshäusern.

Feuerwehr und Polizei arbeiten bei vielen Einsätzen eng zusammen.

Eine weitere segensreiche Neuerung im Brandschutz wurde mit Unterstützung des Landkreises im Juli 1985 eingeweiht: Der Kreistag hatte dem Umbau des alten Feuerwehrhauses zu einer Übungsstrecke für Atemschutz-Geräteträger zugestimmt und dafür 250 000 Mark bereitgestellt. Damit konnten alle Feuerwehren aus dem Landkreis die Atemschutz-Ausbildung in der Kreisstadt absolvieren und mußten nicht mehr die langen Anfahrtswege zu Ausbildungsstätten nach Würzburg oder Peißenberg in Kauf nehmen. Die neue Übungsstrecke wurde rasch sehr gut angenommen, womit sich die Schlagkraft der Wehren im Landkreis deutlich verbesserte.

HANDEL UND GEWERBE ENTDECKEN DEN „STANDORT AICHACH"

Das Heimatmuseum gerät in negative Schlagzeilen

13 Verletzte beim „Treppensturz"

Zwei traurige Kapitel der jüngeren Stadtgeschichte schrieb im Jahr 1980 das städtische Heimatmuseum im ehemaligen Stadtkrankenhaus. Das erste ist gekennzeichnet von einem schrecklichen Unfall, zu dem es am Montag, 29. September, kam. Kreisheimatpfleger Hans Schmid führte eine etwa 20köpfige Seniorengruppe aus Wackersdorf durch das Museum. Als die Gäste auf dem großen Podest der alten Holztreppe stehen, um den Ausführungen des kundigen Führers zu lauschen, passiert es: Das Treppenpodest gibt plötzlich nach, und die Personengruppe stürzt aus einer Höhe von bis zu 4,80 Metern in das Kellergeschoß. 13 Menschen wurden verletzt, darunter zwei ältere Frauen sehr schwer.
Die Ursache des Unfalls war bald ausgemacht: Einige Balken der Tragwerkskonstruktion des Treppenpodestes waren morsch. Diese Balken lagen hinter einer hölzernen Verkleidung, weshalb das Risiko eines Einsturzes nicht erkennbar war. Trotzdem leitete die Augsburger Staatsanwaltschaft ein Ermittlungsverfahren wegen fahrlässiger Körperverletzung in 13 Fällen gegen Stadtbaumeister Walter Ducrue ein. Der Leiter des Bauamts sollte in seiner Eigenschaft als Gesamtverantwortlicher für alle städtischen Gebäude zur Rechenschaft gezogen werden. Im Juni 1981 erhob die Staatsanwaltschaft schließlich Anklage gegen Ducrue, doch zu einem Verfahren kam es nicht: Die Große Strafkammer am Landgericht Augsburg gab ein Gutachten in Auftrag, das den Stadtbaumeister entlastete. Denn die Untersuchung kam zu dem Ergebnis, daß die morschen Balken, und damit die Ursache des Unglücks, auch für einen Baufachmann nicht sichtbar waren, weil sie von der Holzverkleidung abgedeckt wurden. Daraufhin wurde die Anklage der Staatsanwaltschaft abgewiesen und kein Gerichtsverfahren eröffnet.

Der Stadtrat trennt sich von Toni Grad

Noch weitaus spektakulärer war für die breite Öffentlichkeit allerdings ein anderer Fall im Zusammenhang mit dem Heimatmuseum, der kurz nach dem Treppensturz bekannt wurde: Im Dezember 1980 enthob der Stadtrat Museumsleiter Professor Toni Grad seines Postens und beauftragte Bürgermeister Alfred Riepl, gegen den bekannten Heimatforscher Strafantrag wegen des Verdachts der Veruntreuung von Gegenständen aus dem Museum zu stellen. Daraufhin ermittelte die Staatsanwaltschaft.

Die Öffentlichkeit war gleichermaßen schockiert wie verunsichert von den schweren Anschuldigungen gegen den angesehenen Heimatpfleger. Schließlich hatte man gerade das glanzvolle „Wittelsbacher-Jahr" gefeiert und Toni Grad mit seinem Buch „Die Wittelsbacher im Aichacher Land" bayernweit eine der besten Veröffentlichungen zum Jubiläumsjahr des Herrscherhauses präsentiert – dieser Mann sollte derart gefehlt haben? Die Aichacher waren hin- und hergerissen, zumal Grad zunächst alle Vorwürfe zurückwies. Entsprechend turbulent ging es bei der Bürgerversammlung wenige Tage darauf in der TSV-Turnhalle zu. Bürgermeister Riepl und der Stadtrat wurden hart kritisiert.

Doch eben weil Toni Grad eine so bekannte Persönlichkeit war, dürften sich die Stadtväter ihre Entscheidung nicht leichtgemacht haben. Man darf annehmen, daß es handfeste Gründe gegeben hat, um solch aufsehenerregende Schritte gegen den Museumsleiter einzuleiten, der schon zur Amtszeit von Bürgermeister Wilhelm Wernseher in einer öffentlichen Sitzung angemahnt worden war, weil Inventarlisten fehlten und die Eigentumsverhältnisse bei zahlreichen Exponaten nicht zweifelsfrei nachgewiesen werden konnten. Zwei weitere Faktoren weisen ebenfalls darauf hin, daß die Vorwürfe nicht vorschnell erhoben oder gar aus der Luft gegriffen sein konnten: Alle Stadtratsbeschlüsse im „Fall Grad" fielen erst nach langen Beratungen in verschiedenen nichtöffentlichen Sitzungen – und einstimmig, wurden also vom gesamten Gremium mitgetragen. Darüber hinaus stärkten die Fraktionsvorsitzenden, Hannes Meisinger (CSU), Armin Schindler (SPD) und Volkmar Diez (FDP), Riepl mit einer öffentlichen Erklärung den Rücken, nachdem der Bürgermeister zum Jahresbeginn 1981 noch stärker in die öffentliche Kritik geriet, die sich in zahlreichen Leserbriefen in beiden Zeitungen Gehör verschaffte.

Im Februar 1981 nahm die Entwicklung eine entscheidende Wende: Der Stadtrat hatte Toni Grad im Fall der Nichtherausgabe der fraglichen Gegenstände mit einer Privatklage gedroht. Daraufhin gab der Ex-Museumsleiter einen Teil der Exponate zurück und formulierte eine schriftliche Entschuldigung an den Stadtrat. Die öffentliche Meinung schlug damit auf die Seite der Stadtväter um. Der „Fall Grad" hinterließ allerdings einen bitteren Nachgeschmack, denn das Ermittlungsverfahren gegen ihn bei der Augsburger Staatsanwaltschaft wurde im Mai 1981 eingestellt. Außerdem wurde Toni Grad im Juli als Vorsitzender des Heimatvereins bestätigt. Auch der Kreistag sah keinerlei Veranlassung, ihm das Amt des Kreisheimatpflegers abzuerkennen.

Dieser vieldiskutierte Fall erschütterte das Vertrauen vieler Leihgeber, die dem Museum in den vorangegangenen Jahren teils wertvolle Stücke überlassen hatten und diese nun nicht mehr in sicherer Obhut wähnten. Nicht wenige woll-

ten nun Gegenstände zurückhaben oder sie zumindest vorgezeigt bekommen, was wegen unvollständiger Inventarlisten und kaum vorhandener Registratur oft nicht ganz einfach war. Otto Steuerl von der Stadtverwaltung wurde deshalb mit der Inventarisierung beauftragt, die sich bis zum September 1982 hinzog. Dann waren über 3000 Exponate neu gelistet und die Eigentumsverhältnisse geklärt. Daraufhin wurden viele Stücke an Leihgeber und Spender zurückgegeben, darunter zahlreiche an die Birgittinerinnen im Kloster von Altomünster.
Nach Grads Absetzung führte Kreisheimatpfleger Hans Schmid das Museum zunächst allein weiter. Er hatte allerdings schon lange erklärt, daß er diese Aufgabe aus Altersgründen abgeben möchte. Immerhin feierte Schmid im Oktober 1982 seinen 80. Geburtstag. Der Kreistag dankte dem verdienstvollen Heimatpfleger bei diesem Anlaß mit dem Goldenen Ehrenring, die Stadt mit der Bürgermedaille in Gold. Die Suche nach zwei geeigneten Nachfolgern war nicht einfach und konnte erst im Frühjahr 1984 erfolgreich beendet werden, als der Stadtrat den beiden Oberstudienräten Gottfried Hecht und Franz Friedl die Schätze des Museums anvertraute.

Kirchen: erneuern, vergrößern, erweitern

Die „Baumeister Gottes" krempeln die Ärmel hoch

Der Bevölkerungszuwachs der Stadt Ende der siebziger Jahre machte sich auch im kirchlichen Bereich bemerkbar, hier insbesondere bei der evangelischen Gemeinde, die im Juli 1978 mit Dekan Klaus-Peter Schmid den Neubau der Kirche vor 50 Jahren feierte. Inzwischen war die Zahl der Gemeindemitglieder auf rund 2100 angestiegen. Pfarrer Jörg Amlong und der Kirchenrat hatten bereits Pläne zum Anbau eines Gemeindehauses vorgelegt. Die Stadtväter gaben 30 000 Mark Zuschuß und traten ein städtisches Grundstück ab. Der Anbau wurde im September 1979 eingeweiht und unmittelbar danach ein weiteres ehrgeiziges Projekt angegangen: Amlong kaufte in Altomünster eine Fläche, auf der später ebenfalls ein Gemeindezentrum für die Mitglieder seiner Kirche in diesem Gebiet entstand.
Auch die „Baumeister Gottes" auf katholischer Seite waren währenddessen nicht untätig. Gallenbach nahm im Juli 1978 zunächst die Renovierung der Kirche und ab Oktober auch die des Pfarrhofes in Angriff, ab Sommer 1979 sanierten die Mauerbacher ihre beiden Gotteshäuser, im Jahr darauf bewahrten die Sulzbacher „Sankt Verena" vor dem drohenden Verfall, und im November meldete Unterschneitbach den Abschluß der Restaurationsarbeiten.

Eines der meistbeachteten Projekte gingen die Oberbernbacher an, deren Pfarrkirche aufgrund der sprunghaft gestiegenen Einwohnerzahl einfach nicht mehr ausreiche, um alle Gläubigen bei den Gottesdiensten aufnehmen zu können. Geistlicher Rat Johannes Sosnik faßte deshalb im Dezember 1978 den Entschluß, den alten Pfarrstadel auf der gegenüberliegenden Straßenseite zur neuen Kirche zu machen. Das halbverfallene Gebäude wurde unter beachtlichen finanziellen Anstrengungen der Pfarrgemeinde umgebaut. Das Projekt erforderte mehr als zwei Millionen Mark. An Weihnachten 1981 segnete Bischofsvikar Martin Achter die „Geburt-Christi-Kirche", im Jahr darauf weihte auch Bischof Dr. Josef Stimpfle das Gotteshaus. Sosnik trieb obendrein die Renovierung des alten Pfarrhofes und eines Nebengebäudes auf dem Gelände in der Oberbernbacher Ortsmitte voran, doch den Abschluß der Gesamtmaßnahmen erlebte er nicht mehr mit: Der Geistliche Rat starb am 14. Dezember 1983 im Alter von 67 Jahren. 1965 war er zunächst in die Pfarrei Klingen gekommen, ab 1969 wurde er Vikar in Ecknach. 1974 war ihm die Betreuung der Pfarreien Ecknach und Oberbernbach übertragen worden. Sosniks Nachfolger in Klingen wurde Pfarrer Gerd Riegel, der dort im Dezember 1982 in den alten Pfarrhof einzog.

Abschied von einem verdienten Seelsorger nahm auch die Gemeinde Griesbeckerzell. Zum 1. Juli 1978 trat Pfarrer Max Gmach in den Ruhestand. 31 Jahre hatte er in Zell gewirkt, wo der Mitbegründer des Sportvereins überaus großes Ansehen genoß. Als Nachfolger begrüßten die Zeller Pfarrer Heinz Kowoll, der im September 1978 in sein Amt eingeführt wurde. Am 9. Juni 1980 starb Gmach in Altötting überraschend im Alter von 68 Jahren.

1984 – in memoriam

KLARA HASELBERGER (63), 18. Januar: Ab 1949 gehörte sie dem Ausschuß des Katholischen Frauenbundes an, seit 1982 war sie Vorsitzende.

REGINA SPECHT (75), 26. Januar: Die Wirtin des traditionsreichen Gasthofes am Oberen Tor starb wenige Tage nach ihrem 75. Geburtstag.

HANS OBERMAIR (75), 30. Januar: Der „Bartl" war ein verdienstvolles Mitglied im Fischereiverein sowie Zuchtwart, Gründungs- und Ehrenmitglied in der Ortsgruppe des Vereins für Schäferhunde.

MAX SCHWARZ (95), 19. Februar: Er war Ehrenmitglied im TSV und hatte den Königlich privilegierten Feuerschützen zur Wiedergründung verholfen.

HANS SCHLITTENLACHER (59), 28. März: Elf Jahre war er Mitglied des Gemeinderates von Griesbeckerzell.

KASPAR REGAU (73), 7. April: Der Träger des Bundesverdienstordens gehörte von 1937 bis 1960 – bei einer dreijährigen Unterbrechung – dem Unterwittelsbacher Gemeinderat an.

JOHANN HÖFER (79), 17. Mai: Der ehemalige Hauptlehrer leitete von 1946 bis 1968 die evangelische Konfessionsschule.

DR. VIKTOR HAWELKA (83), 1. September: Der promovierte Jurist war in der Nachkriegszeit Amtsgerichtsrat am Amtsgericht Aichach.

XAVER BAYER (84), 22. September: Er war viele Jahre Vorstand und Ehrenmitglied des KSC Eiche.

ERWIN BALLAS (68), 26. Dezember: Der Mitarbeiter in der Sozialhilfeverwaltung war in der Freizeit viele Jahre Schüler- und Jugendleiter beim BCA.

HANDEL UND GEWERBE ENTDECKEN DEN „STANDORT AICHACH"

Dem Pfarrzentrum folgt ein Schwesternwohnheim

Stadtpfarrer Johann Baptist Reiter und sein Pfarrgemeinderat konzentrierten sich 1978 auf die 1,3 Millionen Mark teure Außenrenovierung des Gotteshauses, die im Dezember des folgenden Jahres abgeschlossen werden konnte. Für die Instandsetzung des Turmes zahlte die Stadt – wie in den Ortsteilen auch. Als die Arbeiter die stark verwitterte Kugel an der Spitze abmontierten, fanden sich darin alte Dokumente aus den Jahren 1592, 1662, 1690, 1826 und 1872, wobei letztere von Bürgermeister Werlberger beigefügt worden waren. Durch die Beigabe neuzeitlicher Unterlagen setzte man die Tradition fort.
Weniger Kontinuität wies der Personalstand auf. Die Zöglinge in der „Schule" Reiters wechselten erneut: Im Februar 1979 kehrte Kaplan Kraus der Stadt den Rücken, als Nachfolger begrüßte die Gemeinde im August Michael Woitas. Im September 1980 wurde Stadtprediger Alois Linder versetzt, für ihn kam Kaplan Josef Nowak.
Endlich abgeschlossen werden konnte im April 1980 die Fertigstellung des Pfarrzentrums „Sankt Michael", das Bischof Dr. Josef Stimpfle am 11. Mai einweihte. Unmittelbar danach wurde die Bedeutung des Gebäudes für die kulturelle Entwicklung erstmals hervorgehoben: Der Liederchor unter Leitung von Gustl Fuchs und der Musikkreis des Gymnasiums mit Hans Dietrich an der Spitze luden zum gemeinsamen Konzert mit Werken von Komponisten aus der Zeit der Wittelsbacher. Das Pfarrzentrum war kaum eingeweiht, als Reiter das alte Heim der Katholischen Jungen Gemeinde an der Werlbergerstraße veräußerte, dessen Zustand sich nach einem Dachstuhlbrand vollends verschlechtert hatte. Im Frühjahr 1980 kaufte es der Aichacher Geschäftsmann Schorsch Jung und steckte 1,3 Millionen Mark in die Sanierung des denkmalgeschützten Gebäudes. Mit dem Erlös aus dem Verkauf bildete der Pfarrherr einen Grundstock für das nächste Bauprojekt: Unmittelbar neben dem Pfarrzentrum sollten die Schulschwestern ein neues Dienstwohngebäude bekommen. Bereits im Oktober 1980 legte Reiter dem Stadtrat die Pläne vor.

Trauer um Stadtpfarrer Johann Baptist Reiter

Längst war der engagierte Geistliche zu einer Institution in Aichach geworden. Das wurde im Februar 1979 bei der herzlichen Feier zu seinem 25jährigen Dienstjubiläum in der Stadt besonders spürbar. Die politische Seite drückte dem Geistlichen ihre Wertschätzung bei dessen 70. Geburtstag aus, als Bürgermeister Alfred Riepl im Juni 1981 zur Festsitzung bat und dem Pfarrherrn im Namen des Stadtrates die Bürgermedaille in Silber verlieh. Die hohe Auszeichnung sollte der letzte Markstein im Leben des Pfarrers Johann Baptist Reiter sein: Am 22. August 1981 eilte die Nachricht von seinem Tod wie ein Lauffeuer durch die Stadt und machte die Menschen tief betroffen. „Ich bin ein Aichacher geworden und will ein Aichacher bleiben", hatte Reiter noch bei der Verleihung der Bürgermedaille erklärt. Diesem Wunsch trug seine Wahlheimat nun auch Rechnung: Die sterbliche Hülle des Stadtpfarrers wurde im Priestergrab auf dem neuen Friedhof der Erde übergeben.

Nach sorgfältiger Prüfung aller Kandidaten, die sich um die Nachfolge im Pfarramt beworben hatten, entschied sich der Stadtrat für den damals 42 Jahre alten Pfarrer Helmut Mayr, der die Pfarrei Oberstimm bei Ingolstadt betreute. Die offizielle Amtseinführung des gebürtigen Rennertshofeners erfolgte allerdings erst am 29. November 1981, denn zuvor mußten wenigstens die vordringlichsten Sanierungsarbeiten am Pfarrhof vorgenommen werden, der sich noch in einem wenig einladenden Zustand befand.

Stadtpfarrer Johann Baptist Reiter

Gleich in der Anfangsphase seiner Amtszeit konnte Mayr in seinem Gotteshaus ganz besondere Besucher willkommen heißen: Am 9. Mai 1982 erwiesen die Mitglieder des Deutschordens Aichach ihre Reverenz und bekundeten damit die jahrhundertelange Verbundenheit zwischen der einstigen Komturei Blumenthal und der Stadt. Komtur Ludwig Bauer aus München und Wirtschaftsminister Anton Jaumann in seiner Funktion als Deutschherren-Meister enthüllten am Pfarrhof zur Erinnerung an die Geschichte und die Abhaltung des ersten Deutschordens-Tages in Aichach eine Gedenktafel.

Ein Generationswechsel vollzog sich bei den Pfarrgemeinderatswahlen 1982. Nur fünf Mitglieder der „alten Garde" waren wieder im neuen Gremium vertreten. Die Gläubigen hatten erfreulich viele Kandidaten aus den Reihen der jungen Erwachsenen gewählt. Vorsitzender blieb Architekt Hermann Plöckl. Auf ihn und seine Mannschaft warteten große Aufgaben: Denn am Sonntag, 27. Juni 1982, war der Aichacher Diakon Heinz Weiß (Jahrgang 1956) im Augsburger Dom von Bischof Dr. Josef Stimpfle zum Priester geweiht worden, und die Vorbereitungen für seine Primiz auf dem Stadtplatz liefen auf Hochtouren. Am Sonntag, 11. Juli, spendete der junge Geistliche rund 10 000 Gottesdienstteilnehmern seinen ersten Segen. Die Liste jener Menschen aus

der Stadt, die ihr Leben eng mit der Kirche verbanden, wurde im Jahr 1982 noch länger: Am 15. August legte Schwester Annemarie Bernhard in München die ewigen Ordensgelübde ab, und im November wurden Ludwig Drexel und Georg Lutz von dem Regensburger Bischof Manfred Müller im Augsburger Dom zum Diakon geweiht.
Die weiteren personellen Wechsel in der Stadtpfarrei: Neupriester Heinz Weiß wurde im Sommer 1982 zunächst Aushilfskaplan, da Stadtprediger Nowak im August nach Memmingen ging. Für ihn kam Dr. Manfred Röder, der im September 1983 zur Truppenseelsorge versetzt wurde. Ihm folgte Stadtprediger Peter Oppel.

Sport: Der Boom hält an

„Aktionsgemeinschaft" der Vereine

Der Boom im sportlichen Bereich setzte sich Ende der siebziger Jahre kontinuierlich fort. Das erforderte auch klare Strukturen auf politischer und organisatorischer Ebene. Verantwortlich dafür zeichnete vor allem Stadtrat und Sportreferent Klaus Laske. Der TSV-Präsident und Politiker arbeitete Sport-Förderungsrichtlinien aus, mit deren Hilfe die gerechte Verteilung städtischer Zuschüsse an die Vereine erleichtert wurde. Laskes Arbeitspapier wurde im Juni 1978 vom Stadtrat genehmigt. Zeitgleich formierte der Sportreferent die Vereine im Stadtgebiet zur „Aktionsgemeinschaft Sport", der sich sofort 27 Clubs mit mehr als 5600 Mitgliedern anschlossen.

Finanzspritze für den TSV

Dies alles spielte in einer Zeit, in der Laske mit dem eigenen Verein selbst größte Probleme hatte. Der Grund: Der TSV hatte sich mit dem Hallenumbau 1974 finanziell übernommen. Bei der Generalversammlung im April 1978 mußte der Verein melden, daß er keinen Ausweg mehr sehe, überhaupt noch aus den roten Zahlen zu kommen. Denn nicht nur die Sanierung der Halle, sondern vor allem deren Unterhalt verschlang erheblich mehr Geld, als über die Hallenmieten einzunehmen war. Zwei Jahre steckte der größte Verein Aichachs in akuten Finanznöten – bis die Stadtväter einsprangen. In zahlreichen nichtöffentlichen Beratungen war ein „Sanierungsprogramm" ausgearbeitet worden, das dem TSV unter anderem einen jährlichen Unkostenzuschuß in Höhe von 20 000 Mark für den Unterhalt der Turnhalle garantierte.

Weitaus erfreulicher waren die Meldungen aus dem sportlichen Bereich. Nach der glänzenden Ausrichtung der bayerischen Meisterschaften der Junioren in der Vierfachturnhalle im April 1978 ging es bei den Ringern steil bergauf. Am 23. Februar 1980 schaffte die Staffel mit einem 21:19-Sieg im Entscheidungskampf gegen den SVH Königsbronn den Aufstieg in die Bundesliga II. Der Traum war allerdings mit dem direkten Wiederabstieg im Dezember schon wieder beendet. Die bayerische Mannschaftsmeisterschaft 1982 und der erneute Aufstieg in die zweite Bundesliga im Frühjahr darauf brachten die Kraftsportler einmal mehr in die Schlagzeilen. Doch jene Pessimisten, die den TSV gleich nach dem entscheidenden 25,5:13-Sieg über die TSG Nattheim als „Fahrstuhlmannschaft" eingestuft hatten, behielten recht. Das Team von Trainer Erich Stanglmaier mußte am Ende der Saison wiederum postwendend den Rückzug in die Oberliga antreten. Das vermochte auch Ausnahmeringer Josef „Seel" Stegmair nicht zu verhindern, der im Frühjahr 1983 bei den deutschen Meisterschaften in der Klasse bis 100 Kilogramm auf Rang zwei kam und damit einen großartigen Erfolg für sich und die Farben seines Vereins holte.

Während die einstigen KSC-Eiche-Ringer wenige Jahre zuvor zum TSV gestoßen waren, überlegte die Tennisabteilung schon längere Zeit ernsthaft, ob sie sich nicht vom Hauptverein lösen sollte. Die Tennisspieler hatten längst ihr Eigenleben entwickelt und gingen auf der Anlage beim Freibad – fernab von den Sportstätten und Veranstaltungsräumen des Hauptvereins – ihrem Freizeitvergnügen nach. Der Kühbacher Baron Federico von Beck-Peccoz stellte als Abteilungsleiter im Sommer 1981 endgültig die Weichen zur Abtrennung, die der Turnrat im Herbst schweren Herzens genehmigte, wie das Abstimmungsergebnis von 9:7 Stimmen dokumentiert. Zum 30. November 1981 wurde die einstige Abteilung zum Tennisclub Aichach (TCA), dessen Vorsitz wiederum Baron von Beck-Peccoz übernahm.

> **„Spiel ohne Grenzen"**
>
> Im Zuge der Bemühungen um einen engeren Zusammenschluß der Nachbarländer rufen europäische Fernsehanstalten gemeinsam den Wettbewerb „Spiel ohne Grenzen" aus. Die Übertragung der sportlich-spielerischen Wettkämpfe in vieler Herren Länder locken jedesmal ein Millionenpublikum vor den Fernseher. Als Augsburg Austragungsort regionaler Ausscheidungskämpfe ist, stellt auch die Stadt Aichach ein Team, das sich unter der Trainingsleitung von „Handball-Bomber" Herbert Braun intensiv darauf vorbereitet. Ganze Autokarawanen sind am 5. Mai 1979 unterwegs, um die Mannschaft im Augsburger Eislaufstadion frenetisch anzufeuern, doch zunächst reicht es nur für Platz vier. Sportler und Fans müssen einige Woche bangen, bis die Ergebnisse weiterer Qualifikationsrunden vorliegen – dann Riesenjubel: Aichach bekommt eine Fahrkarte zum Halbfinale im portugiesischen Estoril bei Lissabon. Eine große Delegation mit Bürgermeister Riepl an der Spitze fährt an die Atlantikküste und erlebt unvergeßliche Tage. Vor 10 000 Zuschauern im überfüllten Stadion von Estoril und einem Millionenpublikum vor dem Fernseher verfehlt das Team aus der Paarstadt allerdings den Einzug in die Finalrunde in Bordeaux.

Wenige Monate später gab es in einer weiteren Sparte des Turnvereins Probleme: Dem Spielmannszug drohte die Auflösung. Am 15. September 1980 hatte Vorsitzender und Tambourmajor Josef Jakob jun. noch viele hundert Zuhörer beim Konzert anläßlich des 25jährigen Bestehens der Abteilung auf dem Stadtplatz begrüßen können. Zwei Jahre später drohte auseinanderzufallen, was Jakobs Vater und der damalige TSV-Präsident Hanns E. Muck 1955 aus der Taufe gehoben hatten. Im Juli 1982 stand das Schicksal der Spielleute-Gemeinschaft auf des Messers Schneide, weil bei manchen Aktiven die Bereitschaft zum Probenbesuch und zur Teilnahme an Festzügen gegen null gesunken war. Unter großen Mühen konnten die zwei Handvoll der verbliebenen Bläser und Trommler zum Weitermachen gewonnen werden. Damit erhielt man den Abteilungsbetrieb aufrecht, und der Spielmannszug überlebte.

Bittere Jahre für den BCA

Stürmische Zeiten herrschten auch beim BC Aichach. Im Januar 1979 hatte er mit dem sowjetischen Spitzenclub Torpedo Moskau zwar wieder einen hochkarätigen Gegner für ein Freundschaftsspiel zu Gast, doch inzwischen befand sich die erste Fußballmannschaft auf sportlicher Talfahrt. Der Tiefpunkt war in der Saison 1982/83 erreicht, als die Kicker erneut abgestiegen waren und nun in der A-Klasse gegen jene Vereine antreten mußten, die man viele Jahre geringschätzig als „Dorf-Clubs" bezeichnet hatte. Präsident Helmut Bauer und seine Vorstandsriege bekamen den Niedergang des Aushängeschildes Fußball im eigenen Verein zu spüren. Schachspieler, Stockschützen und Kegler wollten sich und ihre Leistungen nun nicht mehr nur als bloßes Beiwerk eines traditionell dem Fußball verschriebenen Großvereins verstanden wissen, sondern holten ihr Licht unter dem Scheffel hervor.
Das der Schachabteilung leuchtete am hellsten. Deren unermüdlicher Spartenleiter Gerhard Roch sen. hatte für die Ausrichtung der Deutschen Blitzschach-Meisterschaften im Juni 1978 in der Turnhalle allerhöchstes Lob vom Verband erhalten. Im Oktober des folgenden Jahres machte Roch Platz für Kurt Paul. Der neue Chef zeigte nicht weniger Tatendrang und organisierte 1981 einen weiteren Länderkampf zwischen Bayern und Serbien in der Paarstadt. Im Nachgang dieses internationalen Vergleichs ehrte Kurt Paul im Juli Heinz Neumaier für seine hervorragende Unterstützung mit der Goldenen Ehrennadel. Dieselbe Auszeichnung ging an den Schirmherrn, Bürgermeister Alfred Riepl, und an eine Frau, die längst Schachgeschichte in der Stadt geschrieben hatte: Rosa Neubaur. Die ehemalige Chefin des gleichnamigen Autohauses war viele Jahre aktive Mannschaftsspielerin.

Die Wiederbelebung der Königlich privilegierten Feuerschützen

Das Schützenwesen ließ nach der geglückten Reanimation Anfang der siebziger Jahre durch den Zusammenschluß in der Vereinigten Schützengesellschaft zunächst aufhorchen, als man im April 1978 das Gauschießen in einer Halle der Firma Asam in Unterwittelsbach ausrichtete. Die Einweihung der Wurftaubenanlage von Almenrausch Griesbeckerzell im Mai 1979 brachte ein weiteres Betätigungsfeld für die Schießsportbegeisterten, die im Sommer 1980 scharenweise nach Oberwittelsbach zogen, als die erst 1974 gegründeten Burgfalken im „Wittelsbacher-Jahr" 1980 unter der Regie von Schützenmeister Josef Huber ihre neue Fahne weihen ließen. Auch der Fortbestand der Wildschützen von Blumenthal war zu diesem Zeitpunkt gesichert: Die Fuggersche Stiftung hatte ihr Einverständnis zur Erweiterung der Schießanlage im Schloßstüberl gegeben. Im März 1981 feierten Schützenmeister Alto Glas und seine Vereinskameraden die Fertigstellung. Im Januar darauf erfolgte selbiges in Unterwittelsbach. Dort konnten die Burgschützen im neuen Gemeinschaftshaus Quartier beziehen.

Turbulent ging es Ende 1982 bei der Schützengilde in Aichach selbst zu. Der Zusammenschluß von Gemütlichen, Edelweiß, Tell und Grubet-Schützen in den Vereinigten hatte inzwischen auch auf dem sportlichen Sektor Erfolge gezeigt. Doch nun entsann man sich der ältesten Traditionen des Aichacher Schützenwesens, das seine Ursprünge in der Königlich privilegierten Feuerschützengesellschaft hatte, deren Gründung im Jahr 1414 erfolgt war. Die alte Schießstätte gegenüber der Sebastianskapelle war zwar gleich nach dem Ausbau der Donauwörther Straße abgebrochen worden, und mit Ausnahme einer großen Kiste voller alter Dokumente war kaum etwas übriggeblieben von diesem ursprünglichen Verein. Doch allein schon der wohlklingende Name reizte zu einer Wiederbelebung.

Bei der Generalversammlung der Vereinigten im Dezember 1982 lehnte jedoch die Mehrheit der Mitglieder nach lebhafter Diskussion einen ersten Versuch ab. Schützenmeister Bruno Rehle ließ sich davon allerdings nicht entmutigen. Er landete vielmehr einen regelrechten Coup. Im Januar 1983 berief Rehle eine weitere Versammlung ein, bei der er den erstaunten Mitgliedern den 93jährigen Max Schwarz, letztes lebendes Mitglied der Königlich privilegierten Feuerschützen, präsentierte. Schwarz konnte an diesem Abend zahlreiche historische Dokumente vorlegen; unter anderem eine Siegerliste des Preisschießens im Jahr 1914 anläßlich des 500jährigen Bestehens der Königlichen, bei dem er im Wettbewerb um die „Wittelsbacher-Scheibe" mit dem Zimmerstutzen Platz 69 belegt und dafür noch die beachtliche Summe von 20 Goldmark erhalten hatte.

Diese Unterlagen hatten zuvor schon das Amtsgericht überzeugt, das Max Schwarz inzwischen als letztes lebendes Mitglied der Königlichen zum „Notschützenmeister" bestellt hatte. Der nächste Schritt führte zum bayerischen Innenministerium. Dort ließ sich Rehle das Notschützenmeister-Amt des Greises bestätigen. Damit waren alle Rechte für eine Wiederbelebung des Vereins bestätigt.

Die Genehmigungen, die Rehle aus seiner Aktentasche zauberte, und der kaum mehr als 30minütige Auftritt des hochbetagten Max Schwarz im Nebenzimmer beim „Specht" verfehlten ihre Wirkung nicht: Diesmal fand sich eine Mehrheit. Bruno Rehle wurde zum Schützenmeister der Königlichen gewählt, Martin Schormair übernahm dieses Amt bei den Vereinigten, die sich im Dezember 1984 auflösten. Damit konnte die Tradition der eigentlich schon eingeschlafenen Königlich privilegierten Feuerschützengesellschaft Aichach aus dem Jahr 1414 fortgesetzt werden.

Der Sport treibt neue Blüten

Auf ein relativ lange Geschichte blickte mittlerweile auch der Motorsportclub zurück, der unter der Führung seines Präsidenten Walter Mill im Oktober 1978 sein 50jähriges Bestehen feierte. Mill zeichnete bei diesem Anlaß die verdienten Mitglieder Josef Jakob, Bruno Walser, Claus Braune, Hans Michl und Hermann Kronawitter aus. Im Januar 1980 übergab Mill die Führung an Hans „Jonny" Michl. Für seine langjährigen Verdienste um den Motorsport, als Kleiderfabrikant und ehrenamtlicher Schöffe beim Amtsgericht wurde Mill im September mit dem Bundesverdienstorden ausgezeichnet.

Schlagzeilen schrieb der Aichacher Motorrad-Rennfahrer Georg Robert Jung Ende der achtziger Jahre, als er bei einem Langstreckenlauf auf dem Nürburgring Platz zwei belegte. Im September 1983 ließ der damals 24jährige Sohn des Geschäftsmannes Schorsch Jung mit einem Sieg bei einem Rennen zur deutschen Meisterschaft auf der Berliner Avus aufhorchen.

Ein noch ganz junger Verein reifte derweil in Mauerbach heran, wo 1975 die Sportgemeinschaft (SG) gegründet worden war. An der Spitze stand der Obermauerbacher Architekt Rupert Mayr, der sich über eine prächtige Entwicklung freuen konnte. Neben den Fußballern gedieh auch die Reitsportriege bestens, dazu kamen später Tennis- und Gymnastikabteilung. Bereits im Sommer 1979 gingen die Mitglieder voller Tatendrang an den Bau eines Vereinsheimes beim Fußballplatz an der Ortsverbindungsstraße zwischen Ober- und Untermauerbach. Im Mai 1980 wurde der Neubau fertiggestellt. Rupert Mayr meldete gleichzeitig, daß die SGM bereits 500 Mitglieder zählt.

Einen ähnlichen Aufschwung erlebte auch der junge Sport-Club Oberbernbach. Das war auf die Aktivitäten seines Gründungsvorsitzenden Wilhelm Härtle zurückzuführen. Der verabschiedete sich im Januar 1980 von Fußballern, Gymnastikdamen und Stockschützen, um den elterlichen Hof im schwäbischen Megesheim zu übernehmen. Härtle wurde zum Ehrenmitglied ernannt, an seine Stelle rückte Heinrich Penthaler, unter dessen Regie zunächst der Bau eines Nebenfeldes mit Flutlichtanlage in Angriff genommen wurde. Als das Projekt im Juli 1981 abgeschlossen war und die Fußballer optimale Trainingsbedingungen vorfanden, stellte der Vorsitzende die Weichen für den Neubau eines Sportheimes, das 1984 angegangen wurde.

Die Fußballer des SC Griesbeckerzell hatten zu dieser Zeit die Schaufel schon wieder beiseite gelegt. Denn das kleine Sportheim und weitere Umbaumaßnahmen am Waldsportgelände waren 1980 abgeschlossen worden, was den SCG allerdings vor größere finanzielle Probleme stellte, weil die Gesamtkosten beträchtlich höher waren als kalkuliert. Problemloser lief dagegen der Bau der Stockschützenanlage der Zeller Asphaltschützen, die im Juni 1982 die Fertigstellung der Bahnen feierten.

Auch in Unterwittelsbach gab es sportliche Aktivitäten: Im Oktober 1980 gründete sich unter der Leitung von Alfred Jung ein Tennisclub. Die Zahl der Aktiven wuchs rasch auf 75 an. Im November 1982 übernahm Hubert Kreutmayr die Führung des Vereins, der sich auf dem Gelände der alten Kläranlage umgehend an den Bau eines Tennisplatzes machte. Im Herbst 1983 feierte der Club die Fertigstellung.

Die Leichtathletik startet mit der Stadioneröffnung durch

Von herausragender Bedeutung für den Sport und das Vereinsleben in der Stadt waren der Bau und schließlich die Inbetriebnahme des neuen Landkreisstadions beim Schulzentrum. Am 15. Mai 1980 lud Landrat Josef Bestler zur festlichen Eröffnung und Segnung durch Weihbischof Manfred Müller. Das Stadion sorgte – wie schon zwei Jahre zuvor die Eröffnung der Vierfachturnhalle – für eine Initialzündung in manchen sportlichen Bereichen, die bis dahin wegen fehlender Wettkampfstätten fast in die Bedeutungslosigkeit abgesunken waren. Gerade die Leichtathletik als einstige Urzelle des TSV konnte damit aus ihrem Dornröschenschlaf erweckt werden.

Die Wiederbelebung war mit Weitblick erfolgt: Bereits im Juni 1978 lud Stadtrat und TSV-Präsident Klaus Laske zur Gründung der Leichtathletikgemeinschaft Lech-Altbaiern, in der sich die Sportler des TSV Aichach mit den Athleten des TSV Rehling zusammenschlossen, wo unter der Führung von Adolf

Heindl eine aktive Leichtathletikabteilung entstanden war. Unterstützung fand die LG im „Förderkreis Leichtathletik", der ebenfalls noch im Sommer 1978 gegründet wurde. An dessen Spitze standen neben Laske der Hollenbacher Bürgermeister und Kreisrat Rupert Reitberger sowie Georg Jakob aus Rehling. Dieser Zusammenschluß unter der Leitung von Heindl legte den Grundstein für eine Wiederbelebung der Leichtathletik.

Ein weiterer war das schmucke Stadion des Landkreises, zu dessen Eröffnung Tausende kamen. Die Abteilungen des TSV demonstrierten bei einem großen Sport- und Spielfest die Vielfalt des Angebots in ihrem Verein. Zum endgültigen Durchbruch sollte der Leichtathletik die Ausrichtung des 19. schwäbischen Bezirksturnfestes und 6. Bezirksjugendtreffens vom 5. bis 8. Juni 1980 im Stadion verhelfen. Doch diese Mammutveranstaltung unter der Regie des TSV und seines Oberturnwarts Sepp Kupferschmid war trotz der über 1700 Teilnehmer aus dem gesamten Regierungsbezirk weitaus weniger öffentlichkeitswirksam, als man erhofft hatte. Mit nicht einmal 1000 Zuschauern an drei Veranstaltungstagen blieb das Publikumsinteresse weit hinter den Erwartungen der Organisatoren zurück.

Die Vereine marschieren ins neue Stadion.

Der nächste große Versuch, mehr Interesse für Läufer, Speerwerfer oder Stabhochspringer zu wecken, erfolgte im September 1981 im Rahmen eines Abendsportfestes, das durch die klangvollen Namen im Teilnehmerfeld zu einer Galavorstellung wurde: Der Weltklasseläufer Mike Boit aus Kenia, der US-Amerikaner Sidney Maree als damals zweitschnellster Meilenläufer der Welt, der aktuelle deutsche Stabhochsprungmeister Günter Lohre aus Kornwestheim und der vielfache deutsche Dreisprungmeister Wolfgang Kolmsee von der LAC Quelle Fürth waren am 16. September der Einladung der LG gefolgt. Sie und viele andere Teilnehmer begeisterten rund 2000 Zuschauer.

Einen Rückschlag erlebten die LG und Adolf Heindl hingegen zum Jahresende 1982, als sich die Langstreckenläufer nach monatelangen internen Querelen von der Gemeinschaft lösten und im Dezember den Läufer-Club Aichach gründeten. Vorsitzender wurde Josef Lechner aus Eismannsberg, eine weitere führende Persönlichkeit auf organisatorischer und sportlicher Ebene war der Gallenbacher Paul Christl.

Erfolgreicher Kampf um die Berufsschule
Getrennte Wege der Sonderschulen

Der Kreis stärkt die zentrale Funktion der Stadt

Umzug in das neue Landratsamt

Wer nach dem Nährboden der gedeihlichen Fortentwicklung der Stadt Ende der siebziger Jahre sucht, stößt immer wieder auf wichtige Entscheidungen des Kreistages, der unter der Führung von Landrat Josef Bestler viele Bemühungen zeigte, die zentrale Funktion der Kreisstadt weiter zu stärken. Abgesehen von dem harten Ringen um den Neubau der gewerblichen Berufsschule – ein Thema, auf das später eingegangen wird – gab es auch im neuen Kreistag ab 1978 ein klares Bekenntnis zur Stadt Aichach. Die Nachwehen der Gebietsreform waren langsam abgeklungen. Der Bau der Sporthalle und des Landkreisstadions beim Schulzentrum sind klare Belege dafür.
Der Entscheidung für Aichach als Kreisstadt war der Beschluß zum Neubau eines Landratsamtes gefolgt, in dem die Verwaltung adäquate Arbeitsbedingungen vorfinden konnte. Im April 1978 wurde das neue Gebäude an der Münchener Straße bezogen, am 19. Juli hielt dort der Kreistag seine erste Sitzung ab. Das große Rund des Sitzungssaales war in den nächsten Jahren auch Tagungsort für den Stadtrat. Im Dezember 1978 feierte der Landkreis die offizielle Einweihung des 11,4 Millionen Mark teuren Projekts, das nach Abzug der Zuschüsse noch mit 8,4 Millionen Mark auf seinen Säckel schlug. Einen Teil der Baukosten beschaffte sich der Kreistag im April 1978 mit dem Verkauf der ehemaligen Landwirtschaftsschule neben dem neuen Landratsamt für 1,2 Millionen Mark an den Staat. In das Gebäude zog schließlich das Vermessungsamt ein.
Lange Zeit ungewiß blieb die Zukunft des alten Landratsamtes am Schloßplatz. Im Zuge der Diskussionen über die Stadtsanierung wurde Anfang 1978 sogar der Abbruch dieses altehrwürdigen Gebäudes in Erwägung gezogen, an dem der Zahn der Zeit sichtlich genagt hatte. Das Land Bayern als Eigentümer entschloß sich zwar rasch für die Sanierung, doch die Ausführung dieses

Vorhabens ließ lange auf sich warten, obwohl im Juli 1980 immerhin Pläne vorgestellt wurden. Für rund 2,5 Millionen Mark sollte das Haus um das oberste Stockwerk „gekürzt" und grundlegend renoviert werden, um dem benachbarten Amtsgericht neue Räume zur Verfügung stellen zu können. Doch als die Stadt 1983 am Schloßplatz die dritte Stufe ihrer Sanierungsarbeiten einläutete, hatte sich am alten Landratsamt immer noch nichts getan, der Putz blätterte weiterhin von der Fassade. Auch ein Besuch von Justizminister August Lang im Oktober 1983 brachte das Projekt noch nicht so recht in Schwung, obwohl der Minister den Zustand des Hauses bei einem Ortstermin als „beschämend" bezeichnete und versprach, sofort eine Million Mark für die Sanierung bereitzustellen. Es dauerte aber noch über ein Jahr, bis mit den aufwendigen Arbeiten begonnen wurde. Erst im Oktober 1986 konnte die Außenrenovierung abgeschlossen werden.

Die Privatisierung der Sonderschule für geistig Behinderte

Im Sonderschulwesen gab es zu Beginn der achtziger Jahre einen Einschnitt, der auf Betreiben des Lebenshilfe-Vorsitzenden Horst Thoma zustande kam. Bereits im April 1978 legte Thoma Pläne für die Loslösung der Sonderschule für geistig behinderte Kinder offen. Diese Einrichtung stellte er sich als eigene Schule mit Tagesstätte unter der Trägerschaft der Lebenshilfe vor. Thomas Vorstoß gründete auf geänderte Zuschußrichtlinien und die Wandlung in der bayerischen Sonderschulpolitik, die solchen Projekten für geistig Behinderte unter privater Trägerschaft eine hohe Förderung angedeihen ließ. Doch die Abtrennung stieß auf Kritik. Rudolf Schmitt als ehemaliger Vorsitzender der Lebenshilfe erhob starke Bedenken gegen die Zweiteilung der Sonderschullandschaft. Daraufhin ließ die Vorstandschaft der Lebenshilfe diese Pläne zunächst wieder fallen.
Allerdings nur vorläufig. Der Aichacher Rechtsanwalt und Stadtrat der CSU ließ nicht locker und präsentierte im Sommer des darauffolgenden Jahres denselben Plan erneut. Nun entspann sich eine heftige Diskussion zwischen Thoma und Sonderschulrektor Walter Voglgsang, der eine Zweiklassengesellschaft im Bereich der Betreuung und schulischen Ausbildung behinderter junger Menschen befürchtete, wenn man durch die Privatisierung die geistig Behinderten von den Lernbehinderten abkapsle. Der Streit eskalierte, als Voglgsang im Juli 1979 seinen Austritt aus der Lebenshilfe erklärte.
Inzwischen hatte Thoma bereits erreicht, daß die Regierung von Schwaben Aichach in der Regionalplanung als Standort für den Bau einer neuen Sonderschule mit Tagesstätte berücksichtigte. Gleichzeitig sammelte die Lebens-

hilfe eifrig Spendengelder für das ehrgeizige Projekt. Im Februar 1981 erfolgte dann auch die politische Weichenstellung, als der Schul-, Jugend- und Kulturausschuß des Kreistages die Privatisierung der Sonderschule für geistig behinderte Kinder billigte. Der Kreistag diskutierte das Thema im Sommer wesentlich emotionsfreier, als dies innerhalb der Lebenshilfe der Fall gewesen war. Denn die Politiker standen vor dem Problem, daß das Schulgebäude in Oberbernbach, in dem die geistig behinderten Kinder untergebracht waren, längst aus allen Nähten platzte und ein Neubau ohnehin kaum mehr aufschiebbar gewesen wäre. Doch der Landkreis hätte dafür weitaus weniger Zuschüsse bekommen als ein privater Träger. Obendrein war die Lebenshilfe nicht strikt an die Schulbaurichtlinien gebunden, konnte den Standard einer solchen Einrichtung also wesentlich verbessern und großzügiger gestalten. Voglgsangs Einschätzung, wonach es durch die Privatisierung zu Klassenunterschieden zwischen den geistig Behinderten und den Lernbehinderten kommen würde, die weiterhin im alten Stadtkrankenhaus untergebracht waren und Anfang der achtziger Jahre ebenfalls unter akuten Raumproblemen litten, traf also durchaus zu.

> **Das Forstamt kehrt zurück**
>
> Im September 1982 kehrt eine staatliche Behörde in die Mauern der Stadt zurück: Das Forstamt, das 1968 nach Eurasburg verlagert wurde, verlegt seinen Verwaltungssitz wieder in die Kreisstadt. Die Behörde zieht in ein ehemaliges Wohnhaus an der Sudetenstraße ein. Leiter ist Forstdirektor Otto Gleifenstein, der bis zu seiner Versetzung in den Ruhestand im Januar 1986 im Amt bleibt. Als Nachfolger wird bei Gleifensteins Verabschiedung der 45jährige Forstdirektor Helmut Graf begrüßt, der aus der Oberpfalz stammt.

Der Sonderschulrektor hatte sich nach seinem Austritt aus der Lebenshilfe an die SPD gewandt, um Thomas Pläne in letzter Minute vielleicht noch auf der politischen Schiene stoppen zu können. Ortsverein und Kreistagsfraktion der Sozialdemokraten ließen sich von Voglgsangs Argumenten überzeugen, doch das Veto der Genossen drang im Kreistag gegen die CSU-Mehrheit nicht durch. Der Kreistag segnete die Privatisierung endgültig ab und gewährte einen Baukostenzuschuß in Höhe von 2,8 Millionen Mark. Im Dezember 1981 wurde der Privatisierungsvertrag rückwirkend zum 1. August unterzeichnet. Zum Rektor der neuen Sonderschule wurde Georg Weber ernannt.
Im Juni 1983 genehmigte die Regierung von Schwaben den Neubau, für den sogar die bundesweit aktive „Aktion Sorgenkind" 600 000 Mark zur Verfügung stellte. Außerdem initiierte die Aichacher Zeitung in der Weihnachtszeit 1983 eine Spendenaktion. Darüber hinaus konnten Horst Thoma und Geschäftsführerin Erika Ducrue zahlreiche Schecks von Banken, Vereinen und Einzelpersonen in Empfang nehmen und ein ordentliches Finanzpolster für die Baumaßnahme zurücklegen. Das war auch nötig, denn als im Juli 1984 der

ERFOLGREICHER KAMPF UM DIE BERUFSSCHULE

Die Elisabeth-Schule der Lebenshilfe am Plattenberg.

Grundstein für die Schule am Plattenberg – die Stadt hatte das für den Bau am besten geeignete Grundstück zum Kauf zur Verfügung gestellt – gelegt wurde, waren die anfangs auf etwa zehn Millionen Mark geschätzten Kosten bereits auf 15 Millionen Mark geklettert. Am Freitag, 11. Juli 1986, wurde im Beisein von Kultusminister Professor Dr. Hans Maier die Einweihung gefeiert – Horst Thoma und die Lebenshilfe waren damit am Ziel. Um Vorurteilen zu begegnen, die in Teilen der Bevölkerung weiterhin vorherrschten, wenn von einer „Sonderschule" gesprochen wurde, erhielt die Einrichtung den Namen „Elisabeth-Schule".

Die Sonderschule für Lernbehinderte blieb weiter unter der Trägerschaft des Landkreises, der nun deren längst überfällige Erweiterung anging. Die Situation war im Mai 1982 überaus prekär geworden, als Baufachleute in der alten Mädchenschule der Stadt Einsturzgefahr ausgemacht hatten, und die Sonderschule zwei ihrer dort ausgelagerten Klassen kurzfristig umquartieren mußte. Durch den Umbau der ehemaligen Hausmeisterwohnung im alten Krankenhaus und den Ausbau weiterer Räume in Keller und Dachgeschoß wurde die Situation verbessert. Um den immer wieder erhobenen Vorwürfen zu begegnen, daß die geistig Behinderten bevorzugt behandelt würden, trieb der Kreistag diese Maßnahme rasch voran. Am 30. Juni 1986 – also wenige Tage vor der glanzvollen Einweihung bei der Lebenshilfe – feierte man den Abschluß der Erweiterung. Nach dem Beispiel der Lebenshilfe-Schule gab man sich später ebenfalls einen neuen Namen: Aus der „Sonderschule L" wurde die „Edith-Stein-Schule".

Der letzte große Nord-Süd-Konflikt im Kreistag

Friedberg beansprucht die neue gewerbliche Berufsschule

Während die Privatisierung der Sonderschule im Kreistag relativ sachlich und schnell in die Wege geleitet wurde, barg die Entscheidung über die Zukunft der gewerblichen Berufsschule wesentlich mehr Zündstoff. Denn Friedbergs Bürgermeister Albert Kling meldete für seine Stadt rasch Ansprüche an, als Anfang 1978 deutlich geworden war, daß die prekäre Raumsituation der Berufsschule nur ein Neubau beheben kann. Schulleiter Rudolf Betz und seine Lehrkräfte hatten bereits mit zahlreichen Klassen auf Außenstellen ausweichen müssen, die oft kaum mehr als provisorischen Charakter besaßen. Das Friedberger Stadtoberhaupt, das sogar einen Bauplatz kostenlos zur Verfügung stellen wollte, nutzte die Gunst der mit der Kreistagswahl veränderten „Mehrheitsverhältnisse". Wie bereits geschildert, stellten die politischen Vertreter aus dem Altlandkreis Aichach inzwischen die „Minderheit" im neuen Gremium, was in der Frage des künftigen Berufsschulstandortes entscheidende Bedeutung bekommen sollte. Dabei muß allerdings betont werden, daß die Festlegung, wo die neue Berufsschule gebaut werden solle, die letzte große „Schlacht" im Kreistag darstellte, bei der die alten Wunden der Landkreiszusammenlegung von 1972 noch einmal aufbrachen.
Der Nord-Süd-Konflikt entbrannte ab Juni 1979, als Friedbergs Bürgermeister Kling in einem Schreiben an alle Kreistagskollegen für den Neubau in seiner Stadt plädierte, die mit der Gebietsreform wichtige Ämter verloren hatte. Landrat Josef Bestler und Aichachs Stadtoberhaupt Alfred Riepl warnten vergeblich, diese Schule als geeignetes Mittel für einen Ämterausgleich zu betrachten: Als Riepl im Januar 1980 im Kreisausschuß den Neubau der Schule am bestehenden Standort Aichach beantragte, fiel er glatt durch. Dafür wurde Klings Gegenantrag für Friedberg stattgegeben.
Bereits zu diesem Zeitpunkt war klar, daß sich aller Voraussicht nach auch im Kreistag eine Mehrheit für diese Empfehlung des Ausschusses finden würde. Das war am 6. Februar dann auch der Fall. In der langen Redeschlacht, die der Abstimmung vorausging, wurde überdeutlich, wie sehr die Fraktionen der beiden großen Parteien in dieser wesentlichen Frage gespalten waren. Die Vertreter von CSU und SPD aus dem Süden votierten für den Standort Friedberg, die aus dem Norden für Aichach. Der später oftmals als „historisch" bezeichnete Beschluß fiel mit einer deutlichen Mehrheit von 38:22 Stimmen.
Entscheidend für die Festlegung des Standortes war er dennoch nicht. Denn das Kultusministerium hatte den Streithähnen im Kreistag bereits im Vorfeld dieser Sitzung signalisiert, daß man einen Beschluß des Gremiums – gleich wie

er ausfallen sollte – ohnehin nur als Votum werten und die Festlegung des Standortes auf ministerieller Ebene treffen werde. Es ist leicht vorstellbar, wie sehr fortan sämtliche politischen Verbindungen in die Landeshauptstadt bemüht wurden. Beide Seiten schöpften jede nur denkbare Möglichkeit aus, um die Schule als letzte große Kreiseinrichtung in die Mauern ihrer Stadt zu holen. Bürgermeister Riepl, ehemaliger Schulrat, lieferte alle relevanten Unterlagen und damit Argumente für den Standort Aichach an das Kultusministerium. Während dieser Zeit übte die CSU in der Kreisstadt wiederholt heftige Kritik an MdL Georg Fendt, weil sich der Landespolitiker in diesem Zusammenhang für seine Heimatstadt Friedberg ausgesprochen hatte. Zum Hauskrach kam es allerdings auch bei der SPD, weil sich der Friedberger Kreisvorsitzende Peter Feile nach Meinung der Genossen aus dem Aichacher Raum ebenfalls zu sehr für Friedberg aus dem Fenster gelehnt hatte.

Kultusministerium für Aichach – Petition aus Friedberg

Über ein Jahr prüfte das Kultusministerium Sachargumente, Schülerzahlen und Entwicklungstendenzen. Die lange Zeit bis zur Entscheidung mag als Zeichen dafür gewertet werden, wie reiflich man sich bei der obersten Schulbehörde Bayerns mit dieser Frage auseinandersetzte. Am 9. März 1981 wurde der mit Spannung erwartete „Schiedsspruch" des Ministeriums bekannt: Die „Nord-Fraktion" des Kreistages durfte sich freuen, denn Aichach war als Standort für den Neubau auserkoren worden. Und zwar aus eben jenen zwingenden Sachgründen heraus, die vornehmlich Landrat Bestler und Bürgermeister Riepl in der drei Jahre währenden Diskussion immer wieder angeführt hatten. „Der Raum Aichach ist Bundesausbaugebiet und nach den Zielen der Landesentwicklungsplanung in seinen mittelzentralen Versorgungsaufgaben zu stärken. Die dort bestehende Berufsschule steht in engem Zusammenhang mit der regionalen Wirtschaftsstruktur", hatte das Ministerium in einer ausführlichen Begründung hervorgehoben.
„Der Stadt Aichach hätte man etwas genommen, wenn die Schule nach Friedberg gekommen wäre", wies Landrat Bestler Tage später im Kreistag nochmals darauf hin, welche Ungerechtigkeit eine Entscheidung pro Friedberg für die Kreisstadt bedeutet hätte. Bestler rief die Kreisräte dazu auf, nun zur Sachlichkeit zurückzukehren und den Neubau in Aichach voranzutreiben. Doch die Wogen waren beileibe noch nicht geglättet, denn quer durch alle Fraktionen wurde im März eine nochmalige Standortdiskussion gefordert, wozu es allerdings nicht kam. Darauf reagierte Friedbergs Bürgermeister Albert Kling mit einem weiteren Schachzug: Er und sein Stadtrat wandten sich an den Pe-

titionsausschuß des Landtages. Am 14. April kam es dann zu einer Sondersitzung des Kreistages, in der mit 32:20 Stimmen beschlossen wurde, daß der kulturpolitische Ausschuß des Landtags das letzte Wort in der Streitfrage bekommen sollte. Daß kurz darauf sogar IHK-Chef Hans Haibel als Leiter der Friedberger Goetze-Werke offen für den Neubau in Aichach eintrat, ging in der heftigen Diskussion dieser Tage fast unter. Denn auch Haibel war der Meinung, daß sich eine Berufsschule in Friedberg schon wegen der Sogwirkung des Ballungsraumes Augsburg auf die jungen Berufsabsolventen negativ auf den Arbeitsmarkt in der Region Aichach auswirken werde.

Der politische Streit währte Monate fort. Erst nach dem Wechsel ins Jahr 1982 stand die Behandlung des Antrages im kulturpolitischen Landtagsausschuß auf der Tagesordnung. Die Entscheidung fiel am 20. Januar 1982 – wieder „siegte" die Stadt Aichach, weil auch die Landespolitiker trotz aller Versuche der Einflußnahme von beiden Seiten nach Sachargumenten entschieden. Friedbergs letzte Chance, diese Kreiseinrichtung in seine Mauern zu bekommen, war damit endgültig verstrichen.

Danach kehrte der Kreistag in seiner Gesamtheit zur Sachlichkeit zurück. Wo vier Jahre hitzig und wortgewaltig über die Standortfrage diskutiert worden war, zog wieder Geschlossenheit ein. Die Vertreter des Südens zeigten sich in der Niederlage als faire Verlierer und folgten der Aufforderung Bestlers, den Neubau nun endlich mit Hochdruck anzupacken, weil die zwischenzeitlich rund 450 Schüler sehnsüchtig auf angemessene Unterrichtsbedingungen warteten.

Wechsel im Landratsamt

Im April 1982 geht eine bekannte Persönlichkeit der Landkreisverwaltung in den Ruhestand: Kreisbaumeister Alfred „Alex" Rehle scheidet im Alter von 62 Jahren aus dem Berufsleben aus. Sein Nachfolger wird Peter Vollert, der bis dahin für die Baugenehmigungen im Bereich des Altlandkreises Friedberg zuständig war.
Nicht lange nach dem Wechsel im Kreisbauamt gibt es auch eine Veränderung in der Führung der Kreiskämmerei. Dort rückt Max Rössle aus Oberbernbach an die Stelle von Lorenz Haas aus Friedberg. Kurz vor seinem Eintritt in den Ruhestand stirbt Lorenz Haas am 27. Mai 1982.

Der Landrat war während der verflossenen Monate nicht untätig geblieben und hatte im Vertrauen darauf, daß die Friedberger Petition scheitern würde, bereits die Grundstücksverhandlungen vorangetrieben. Unter Bestlers Regie waren bei der Realschule an der Verlängerung der Schulstraße Flächen zusammengetragen worden. Schon im Februar 1982 war der einberufene Architektenwettbewerb abgeschlossen. Den Planungsauftrag für den Bau der Schule, die 1200 Berufsanfängern beste Ausbildungsmöglichkeiten bieten sollte, erhielt der Memminger Diplom-Ingenieur Rudolf Kurz, der das 22 Millionen Mark teure Projekt im September 1983 angehen konnte, für das die Stadt 1,2 Millionen Mark Baukostenzuschuß gewährte.

Bei der offiziellen Einweihung am 16. Juli 1986 mit Kultusminister Professor Dr. Hans Maier als Vertreter der Staatsregierung war das lange Tauziehen um den Standort längst vergessen.

Nicht alle Klassen wurden übrigens gleich unter dem neuen Dach unterrichtet. Einige blieben zunächst noch in der alten Berufsschule an der Steubstraße. Deren Auslagerung erledigte sich später von selbst, weil der bei der Neubauplanung prognostizierte Rückgang der Schülerzahlen in dem erwarteten Maße eintraf. Die Volkshochschule, das staatliche Schulamt, Bildstelle und Bücherei des Landkreises konnten später Räume in der alten Berufsschule beziehen. Ein endgültiges Verwendungskonzept, das vielfach andiskutiert, aber auch aus finanziellen Gründen wieder verworfen wurde, ist für das sanierungsbedürftige Gebäude bis in die Gegenwart nicht gefunden worden.

Politische Veränderungen im Kreis bis 1984

Ludwig Schwalber wird Bestlers Stellvertreter

Nach der Zusammenfassung der für die Stadtgeschichte wesentlichsten Entscheidungen auf Kreistagsebene von 1978 bis 1984 geht nachfolgender Abschnitt auf die politische Entwicklung mit Blick auf Kreis- und überregionale Wahlen in diesem Zeitraum ein. Bei der Landtagswahl im Herbst 1978 durfte die CSU erneut Georg Fendt aus Friedberg als klaren Sieger beglückwünschen. Der amtierende MdL konnte im Landkreis 69,59 Prozent der Stimmen auf sich vereinen und ließ damit Hans Priller von der SPD (22,34 Prozent) klar hinter sich zurück. Das „Klassenziel" der FDP erreichte der Aichacher Realschullehrer Michael Niklas zwar, der mit 5,25 Prozent über die magische Zahl von fünf Prozent kam. Das aber reichte trotzdem nicht für den Einzug ins Maximilianeum. Bei den Bezirkstagswahlen 1978 gab es ebenfalls keine Überraschung: Neben Rupert Reitberger aus Hollenbach gelang wiederum Landrat Josef Bestler als Listenkandidat der Sprung in dieses Gremium.

Etwas mehr Überraschungen bot die Kreistagspolitik. Nach der Wahl 1978 deutete sich an, wer bei der CSU möglicherweise in die Rolle des „Kronprinzen" schlüpfen könnte, denn im April 1978 gab CSU-Kreisvorsitzender Max Sedlmeir aus Mering seinen Posten als Stellvertreter Bestlers an den Friedberger Kreisrat und Stadtrat Ludwig Schwalber ab. Fast zeitgleich vollzog sich ein Wechsel an der Spitze des JU-Kreisverbandes, der den Aichacher Nachwuchspolitiker Christian Knauer an die Spitze wählte, was noch von Bedeutung für die weitere politische Zukunft des frischgebackenen Landratsstellvertreters Ludwig Schwalber sein sollte.

Erstmals auf Kollisionskurs lagen Knauer und Schwalber, als es um die Frage ging, wer bei der Landtagswahl 1982 – natürlich wieder mit Direktkandidat Georg Fendt – als Listenbewerber auftreten sollte. Neben dem Steindorfer Bürgermeister Willi Herrmann wurde Ludwig Schwalbers Name gehandelt. Die CSU-Kreisvorstandschaft wollte dem Landratsstellvertreter mit dieser Kandidatur die Chance geben, seine Popularität im Landkreis zu steigern. Kaum war der Name Schwalber gefallen, meldete jedoch auch die Junge Union Ansprüche auf den Listenplatz an und benannte ihren neuen Kreisvorsitzenden als Kandidaten. Christian Knauer hatte zwischenzeitlich eine weitere Sprosse der politischen Karriereleiter erklommen, denn im März 1981 war er zu einem der sechs bayerischen Vertreter im JU-Deutschlandtag gewählt worden. Doch der Newcomer aus Aichach unterlag bei der Nominierungsversammlung im Herbst bereits im ersten Wahlgang. Die Delegierten entschieden sich für Ludwig Schwalber, womit die Stadt Friedberg also nun beide CSU-Landtagskandidaten stellte.

Die Kreis-SPD hatte sich zwischenzeitlich auf den Meringer Kreisrat Peter Hanus als Bewerber geeinigt. Der FDP-Kreisverband nominierte den Aichacher Realschullehrer Michael Niklas, der im April 1982 von Volkmar Diez das Amt des Kreisvorsitzenden übernommen hatte. Aus der Landtagswahl am 10. Oktober 1982 ging Georg Fendt mit 68,68 Prozent der Erststimmen auf Kreisebene erwartungsgemäß wieder als klarer Sieger hervor. Ludwig Schwalber scheiterte als Listenkandidat ebenso wie der SPD-Direktbewerber Peter Hanus (21,79 Prozent) und Michael Niklas von der FDP, der 3,05 Prozent erhielt.

Die am Tag der Landtagswahl ebenfalls durchgeführte Wahl zum Bezirkstag sah im Kreis erneut den Hollenbacher Bürgermeister Rupert Reitberger von der CSU mit 66,2 Prozent der Erststimmen als klaren Gewinner. Landrat Josef Bestler wurde ebenfalls wiedergewählt. Als Listenbewerber hatte er allein in seinem Landkreis über 28 000 Stimmen verbucht.

Peter Feile im Deutschen Bundestag

Die Bundestagswahl 1980 endet im Landkreis mit einem überraschenden Ergebnis. Neben dem amtierenden CSU-Abgeordneten Dr. Walter Althammer schafft auch der Friedberger Sozialdemokrat und Kreisrat Peter Feile den Einzug in den neunten Deutschen Bundestag. Mit dem Scheitern der sozialliberalen Koalition unter Bundeskanzler Helmut Schmidt am 17. September 1982 endet allerdings der bundespolitische Ausflug des Kommunalpolitikers vorzeitig: Bei den Neuwahlen im Februar 1983 unterliegt Peter Feile. Dr. Walter Althammer von der CSU (72,4 Prozent) bleibt dagegen in Bonn.

ERFOLGREICHER KAMPF UM DIE BERUFSSCHULE

Der Landrat wirbt mit Gedichten um Wählerstimmen

Die Person Josef Bestler war längst zu einer Institution im Aichacher Land und weit darüber hinaus geworden. Im November 1981 wurden seine mannigfachen Leistungen als Landrat und auf vielen weiteren politischen und sozialen Ebenen mit dem Bundesverdienstkreuz gewürdigt. In überregionalen Gremien wie dem Bayerischen Landkreistag ging längst das geflügelte Wort um, Josef Bestler sei in seinem Kreis so anerkannt und beliebt, daß er nur seinen Hut aus dem Fenster des Landratsamtes zu halten brauche, um genügend Wählerstimmen für seine Wiederwahl einzusammeln. So war es gar keine Frage, daß die CSU für die Kreistagswahl 1984 „wieder unseren bewährten, ruhigen, fleißigen Landrat" nominierte, wie sich der Meringer Bürgermeister und Kreisvorsitzende Max Sedlmeir bei der Kandidatenaufstellung in Dasing ausdrückte.
Die Sozialdemokraten schickten Peter Hanus aus Mering ins Rennen, der sich bei der Landtagswahl 1982 bereits um die Wählergunst bemüht hatte, für einen renommierten Lokalpolitiker vom Format Bestlers allerdings keinen ernst zu nehmenden Gegner darstellte. Während sich Hanus bei zahllosen Wahlveranstaltungen abmühte, und seine Genossen eifrig Wahlplakate mit dem Konterfei ihres Spitzenkandidaten in den Städten und Gemeinden klebten, ging Bestler den Wahlkampf wesentlich gelassener an. Auf Poster verzichtete er fast völlig. Er warb statt dessen nur mit einigen wenigen Zeitungsanzeigen um Stimmen. Das Besondere daran: Josef Bestler hatte sich seiner dichterischen Ader bedient, um das Wählervolk in freundschaftlich-väterlicher Art um Unterstützung zu bitten. Das las sich dann so:

> *„21 Landratsjahre – eine stark bewegte Zeit,*
> *brachten graue, weiße Haare, brachten Freude, brachten Leid.*
> *Einmal will ich es noch wagen, weil ich wohl mit Ihnen find',*
> *daß in meinen alten Tagen wir noch gute Freunde sind."*

Wie gut die alten „Freundschaften" zwischen dem Landrat und seinen Kreisbürgern noch waren, dokumentierte dann das Ergebnis der Wahl am 18. März 1984: Bestler erhielt mit 73,6 Prozent der Stimmen wieder einen eindeutigen Vertrauensbeweis, Peter Hanus kam auf 26,4 Prozent. Damit ging der inzwischen 58jährige in seine nächste Amtsperiode, nach deren Ende er von der politischen Bühne abtreten wollte. Doch es kam völlig anders: Schon bald sollte sich herauskristallisieren, daß Bestlers letzte Legislaturperiode seine härteste werden würde, wie noch ausführlich geschildert wird.

"Grüne" Politik im Kreistag

Bleiben wir zunächst noch beim Ergebnis der Kreistagswahl 1984, die auch eine wesentliche politische Veränderung mit sich brachte: Der im Dezember 1979 gegründete Kreisverband der Grünen konnte auf Anhieb zwei Kandidaten durchbringen. Siegfried Heim und Christina Baier waren die ersten Vertreter "grüner" Kommunalpolitik im Aichacher Landratsamt.
Die Sitzverteilung ergab gegenüber 1978 zwar leichte Einbußen, mit 42 Mandaten aber doch noch eine klare Vorherrschaft für die CSU. Die SPD schaffte 15, die FDP einen Sitz. Die Zahl der Vertreter aus der Stadt Aichach, wo so bekannte Kreisräte wie Hannes Meisinger und Gaudenz Müller-Paradeis nicht mehr angetreten waren, schrumpfte auf zehn, 1978 waren es noch elf gewesen.
Unter den gewählten Mandatsträgern war auch Christian Knauer, der als Spitzenkandidat der Jungen Union für den Kreistag und den Aichacher Stadtrat angetreten war und beide Mandate erringen konnte. Der JU-Kreisvorsitzende und seine Mitstreiter aus dem Nachwuchslager der Christsozialen machten bereits bei der konstituierenden Sitzung des Kreistages im Mai von sich reden. Sie hatten im Wahlkampf eifrig an einer Opposition in der eigenen Fraktion gebastelt, was bei der Wahl des neuen ersten Landratsstellvertreters überdeutlich zum Ausdruck kam. Ludwig Schwalber wurde vom Thron neben Bestler gestoßen. An seine Stelle rückte der 42jährige Friedberger Dr. Theo Körner, der mit 35 von 60 Stimmen gewählt wurde. Damit war eine völlig neue Weiche gestellt, was die mögliche Nachfolge Bestlers anbelangte. Dr. Theo Körner war zum Zeitpunkt seiner Wahl Beamter an der Bayerischen Verwaltungsschule. Zuvor hatte der gebürtige Inchenhofener politische Erfahrungen als Referent von Augsburgs Landrat Franx-Xaver Frey und Landtagspräsident Dr. Franz Heubl gesammelt.

Kreistagswahl 1984

Landrat:
Josef Bestler (CSU)

Kreistagsvertreter aus der Stadt Aichach:

CSU:
Alfred Riepl, Bürgermeister
Christian Knauer, Lehrer
Johanna Held, Bäuerin
Dieter Heilgemeir, Studienrat
Hans Bradl, Landmaschinenmeister
Heinrich Hutzler, Verwaltungsbeamter

SPD:
Armin Schindler, Ingenieur
Klaus Laske, Bankkaufmann
Anton Gföllner, Lehrer
Helmut Sander, Kfz-Gutachter (ab Februar 1989)

FDP:
Volkmar Diez, Notar

ERFOLGREICHER KAMPF UM DIE BERUFSSCHULE

Der Architekt erläutert den Kreisräten die Pläne für die neue Berufsschule.

Idylle am Berufsschulteich.

Die „vierte Kraft" zieht in den Stadtrat: Freie Wähler bestimmen mit

1978 bis 1984: Die Übermacht der CSU bröckelt

Erschütterungen vor der Wahl

Die Umgehungsstraße war in Betrieb, eine überaus gelungene Sanierung der Innenstadt abgeschlossen, ein glanzvolles „Wittelsbacher-Jahr" gefeiert und zahllose Verbesserungen und Neuerungen in vielen Aufgabenbereichen der Daseinsfürsorge durchgeführt – die Erfolgsbilanz der Kommunalpolitik und vornehmlich der CSU mit Bügermeister Alfred Riepl war lang, als das Ende der Legislaturperiode von 1978 bis 1984 nahte. Doch die letzten Monate dieser Amtszeit sollten erhebliche Erschütterungen erleben, die vornehmlich ausgelöst wurden, als der Stadtrat den Abbruch des „Beckschen Wohnheimes" an der Prieferstraße befürwortete und gleichzeitig ankündigte, daß man den noch zu Wernsehers Zeiten gefaßten Beschluß zur Schließung des alten Friedhofes mit dem Ende des Jahres 1985 umsetzen wolle. Diese beiden Themen sorgten für eine einschneidende Veränderung in der Rathauspolitik und letztlich 1984 für den Einzug der „Freien Wähler" in den Stadtrat. Die deutliche Übermacht der 18köpfigen CSU-Fraktion begann damit zu bröckeln.

Die Stadtteile melden Ansprüche an

Doch im Nachvollzug der politischen Abläufe bis zum Wahltag 1984 finden sich zahlreiche Hinweise darauf, daß es nicht allein die beiden vorgenannten Diskussionsthemen waren, die den Gesinnungswandel im Wählervolk auslösten. Wie eingangs dieses Kapitels schon erwähnt, hatte man den Stadtplatz saniert, und die Verschönerung der Altstadt ging weiter – die Kernstadt hatte ihre gute Stube auf Hochglanz gebracht. Noch 1978 war auch der Park beim Heimatmuseum ausgebaut und im Juni 1980 die schöne Grünanlage mit dem 20 000 Quadratmeter großen Freizeitgelände am Griesbacherl eingeweiht worden. Der Kreistag hatte wiederum eine Teilfläche zur Verfügung gestellt, damit diese „grüne Lunge" zwischen dem Altbestand der Bebauung und der Kreisgutwiese erhalten werden konnte. Gerade die Kernstadt hatte neuen Lebenswert bekommen.

Angesichts dieser vielen Investitionen in der Stadt fühlten sich manche Ortsteile vernachlässigt. Unterschneitbach wartete auf die Kanalisierung, die Mauerbacher forderten bei einer SPD-Versammlung im April 1982 ziemlich lautstark, daß endlich ihre Ortsdurchfahrt ausgebaut werde, das gleiche Lied stimmten Griesbeckerzell und Unterschneitbach an. Oberbernbach rief seit November 1979 immer wieder nach einer Entschärfung des Gefahrenpunktes an der Hauptstraße auf Höhe der Kirche. In Griesbeckerzell entwickelte sich zudem ein heftiger Disput mit den Entscheidungsträgern, weil den Bürgern erneut ein Kostenbescheid für den Anschluß an das Kanalnetz ins Haus geflattert war, obwohl sie bereits 1975 für den Bau der Kläranlage in Sulzbach bezahlt hatten. Nachdem Zells ehemaliger Bürgermeister Karl Gaßner im Stadtrat kein Gehör fand, wandten sich die Bewohner des Ortsteils mit einer Petition an den Landtag, gleichzeitig wurde das Verwaltungsgericht angerufen. Während der Petitionsausschuß im Februar 1983 der Stadt im Abwasserstreit recht gab, kam es im März vor dem Verwaltungsgericht zu einem Vergleich – die früheren Zahlungen der Zeller wurden prozentual auf die neuen Gebührenbescheide angerechnet. Für die Bürger von Griesbeckerzell also ein Teilerfolg – und gar manche Stimme erhob sich, die den Stadtvätern lautstark das Mißtrauen aussprach.

Eine Konfliktsituation ergab sich ab April 1983 auch in Oberwittelsbach. Dort bildete Günter Sitta eine Interessengemeinschaft, die gegen den Umbau des „Burghofes" in ein Großhotel protestierte. Der Stadtrat hatte das Projekt einer Münchener Gesellschaft grundsätzlich für gut geheißen. Daraufhin wurden eifrig Unterschriften gesammelt – im Juni wurde das Vorhaben zwar wieder gekippt, doch das Vertrauen in die Mandatsträger war inzwischen auch in Oberwittelsbach angeknackst.

Und schließlich schlug die Ankündigung Wellen, daß der Wasserpreis im gesamten Stadtgebiet einheitlich auf 1,25 Mark pro Kubikmeter geschraubt werden sollte. Denn manche ehemalige Gemeinde verfügte noch über eine eigene Wasserversorgung. Zwar waren die gesetzlichen Anforderungen an Qualität und Versorgungssicherheit nicht immer garantiert, doch die Bürger wollten lieber ihr „eigenes" Wasser trinken – weil der Preis dafür niedriger lag. Im Mai 1982 wurde der neue Wasserpreis bei drei Gegenstimmen beschlossen. Die damit verbundene Absichtserklärung, die ehemaligen gemeindlichen Versorgungsanlagen sukzessive aufzulösen, führte im Januar 1984 – also mitten im Kommunalwahlkampf – vornehmlich in Klingen zu massivem Widerstand.

Die Auflistung der Ortsteilprobleme vor der Kommunalwahl 1984 ist damit beileibe nicht komplett, zeigt aber auf, daß es für die ehemaligen Gemeinden sicherlich berechtigte Kritikpunkte gegeben haben mag. Das soll jedoch nicht heißen, daß der Stadtrat die Bedürfnisse der Neubürger völlig außer acht gelassen hätte. Die bereits erwähnten Gemeinschaftshäuser, neue Straßen und Gehwege zur besseren Anbindung der Stadtteile waren entstanden. Dazu kamen beträchtliche Mittel für Wasserleitungen und Kanalnetz. Allein 850 000 Mark kostete die Trinkwasserversorgung für Gallenbach, 460 000 Mark der Anschluß von Oberwittelsbach, und 820 000 Mark hatte der Kanalbau in Unterwittelsbach verschlungen. All diese Projekte standen beispielsweise allein 1980 im Bauprogramm und wurden verwirklicht. Doch die alte Weisheit, daß die Leistungen der Politik nur vom Bürger anerkannt werden, wenn das Geld über der Erde investiert werde, bewahrheitete sich. Gar nicht zu reden davon, daß viele teure Maßnahmen infrastruktureller Art im Grunde genommen nur jene Hausaufgaben darstellten, die manche ehemalige Kommune mit Blick auf die baldige Eingemeindung nicht mehr selbst hatte erledigen wollen.

SPD nach dem „Scherbengericht" unter Habermanns Führung

Der bundesweite Trend hin zu größerem Anspruchsdenken hatte inzwischen voll auf die kommunale Ebene durchgeschlagen. Mit der Wandlung hin zur Konsumgesellschaft ging auch eine kritischere, strengere Bewertung politischer Feldarbeit in Städten und Kreisen einher. Der Computer hielt in den Büros Einzug, modernste Kommunikationsmittel beförderten Informationen binnen Sekunden rund um die Welt, Auto und Flugzeug waren schon lange alltägliche Verkehrsmittel, das Fernsehen brachte den Menschen das Schöne und Bunte der Welt in ihre Wohnzimmer, informierte binnen kürzester Zeit über jedes aufsehenerregende Ereignis rund um den Globus. Alles ging längst schnell und hastig – und so sollte auch die Politik arbeiten, von der allseits erwartet wurde, daß sie imstande ist, Verbesserungen und Lebenserleichterungen möglichst im gleichen Tempo zu erfüllen – zumindest morgen, besser aber noch heute – idealerweise: gleich. Solche grundlegenden Veränderungen im Denken breitester Schichten der Gesellschaft stellten für die politischen Parteien mit ihren teils althergebrachten Strukturen eine der wesentlichsten Herausforderungen der Gegenwart dar. Wer seine Basis beim Wähler behalten wollte, mußte sich anpassen oder teils völlig neu am Bürger orientieren.
Sicherlich waren es auch diese neuen Anforderungen an die Politik, weitaus mehr aber bestimmt der Profilierungsdrang der Nachwuchskräfte, der im Ortsverein und in der Fraktion der Aichacher Sozialdemokraten nach der

DIE „VIERTE KRAFT" ZIEHT IN DEN STADTRAT

Stadtratswahl 1978 einen Umbruch herbeiführte. Zunächst herrschte allerdings Krisenstimmung. Wie schon 1972 nach dem Verlust des Bürgermeistersessels kam es auch jetzt wieder unmittelbar nach der Wahl zu einer offenen Auseinandersetzung zwischen jungen und „alten" Genossen. Nur die Figuren waren andere geworden: Armin Schindler hatte im April 1978 nach dem schwachen Abschneiden bei der Stadtratswahl seinen Rücktritt als Ortsvorsitzender erwogen, dann aber doch nicht vollzogen. Der Streit über die Ursachen des schlechten Ergebnisses artete laut Zeitungsberichten in ein lautstarkes „Scherbengericht" aus, in dessen Verlauf Schindlers Stellvertreter Klaus Habermann kurzerhand seine Mitarbeit in der Vorstandschaft aufkündigte. Bei der Generalversammlung der Genossen im Januar 1979 trat dann auch Schindler zurück, die Genossen wählten Richard Kratzenberger zu seinem Nachfolger. Als die SPD im März 1980 die Gründung einer Frauengruppe bekanntgab, konnte man das als Zeichen dafür nehmen, daß im Ortsverein eine gewisse Befriedung eingetreten sei.

Der Generationswechsel kam schließlich im Mai 1981, als die Mitglieder Klaus Habermann zum Vorsitzenden und Karl-Heinz Schindler zum Chef der Jungsozialisten wählten. Das Tandem Habermann/Schindler ging zwar mit den bereits beschriebenen Aktivitäten auf dem kulturellen Sektor neue Pfade in der Öffentlichkeitsarbeit, doch es sollte noch ein langer und harter Weg werden, bis die Genossen echte Tuchfühlung mit der Bevölkerung melden konnten. Im Vorfeld der Stadtratswahl 1984 gab es mehrere Auseinandersetzungen zwischen „Alten" und „Jungen", die in der Öffentlichkeit eher schädlich gewirkt haben dürften, denn gerade Kritik an Fraktionsführer Armin Schindler oder Emil Lorenz stieß in der Bürgerschaft nicht selten auf Unverständnis. Beide waren zwar bereits einmal als Gegenkandidaten von Riepl klar gescheitert, aber dennoch herausragende Figuren ihrer Partei. Habermann schien zu dem Zeitpunkt erkannt zu haben, daß das Ansehen der SPD in der Bevölkerung nicht besonders hoch ist, denn im Februar 1983 gestand er in einem Interview mit der Aichacher Zeitung ein, daß Ortsverein und Fraktion „mit dem Rücken zur Wand stehen" und sich froh und glücklich schätzen könnten, wenn sie im März 1984 zwei Sitze mehr im Stadtrat ergattern würden.

Die Suche nach Listenkandidaten war nicht einfach, obwohl den Genossen bei der Nominierungsversammlung im Mai 1983 mit dem Sonderschulrektor Walter Voglgsang ein angesehener Bewerber präsentiert wurde, dem man gute Chancen einräumte. Voglgsang hatte bei seinem vergeblichen Kampf gegen die Privatisierung der Sonderschule für geistig Behinderte Unterstützung bei der SPD gefunden und sich ihr daraufhin genähert. Die Nominierungsversammlung setzte auch auf ihn, es kam allerdings zum Gerangel um die aussichtsreichen Listenplätze. Armin Schindler wurde Listenführer und sollte trotz aller vorangegangenen Zwistigkeiten wieder die Rolle des Zugpferdes übernehmen. Auf Rang zwei kandidierte Klaus Habermann, erst dahinter kamen die amtierenden Stadträte wie Klaus Laske, Emil Lorenz oder Helmut Sander. Offen ließ man im Mai noch die Entscheidung über einen Bürgermeisterkandidaten, was beweist, wie dünn die Personaldecke der Genossen war. Sie wurde auch nicht dicker, denn die SPD-Mannschaft für die Stadtratswahl sollte trotz vielfältiger Bemühungen und zahlreicher Gespräche mit geeignet erscheinenden Bewerbern ohne Spitzenkandidaten bleiben.

CSU verstärkt die Basis durch neue Ortsverbände

Eitel Sonnenschein herrschte nach der Wahl von 1978 verständlicherweise bei der CSU, die mit 18 von 24 Sitzen bedacht wurde und damit einen deutlichen Vertrauensbeweis für solch große Projekte wie die Stadtsanierung bekommen hatte. Fraktionsführer blieb Hannes Meisinger, zweiter Bürgermeister weiterhin Josef Kapfhamer, der allerdings schon im 68. Lebensjahr stand, weshalb seine Belastbarkeit Grenzen hatte. Aus diesem Grund gab es in der CSU Stimmen, die einen dritten Bürgermeister zur Entlastung Riepls einführen wollten. Ein weiterer Grund für diese Forderungen waren sicher auch Überlegungen über Riepls Nachfolge. Auf dem Stuhl eines dritten Bürgermeisters hätte man langfristig einen Kandidaten aufbauen können. Doch bei der konstituierenden Sitzung im April 1978 scheiterten alle Vorstöße in dieser Richtung: Es blieb bei einem Stellvertreter, wobei Kapfhamer in der Fraktion signalisiert hatte, daß er mit Erreichen des 70. Lebensjahres von diesem Amt zurücktreten werde. Aber es kam anders: Kapfhamer wurde am 8. Januar 1981 zu diesem runden Geburtstag zwar als erster Aichacher mit der neu geschaffenen Bürgermedaille in Silber ausgezeichnet, doch an Rücktritt dachte der „Spedi" nicht mehr, was ihm in der eigenen Fraktion einige Kritik einbrachte.
Im Ortsverband der Christsozialen war es 1979 zu einem Führungswechsel gekommen: Anton Vogl war wegen beruflicher Überlastung nicht mehr angetreten. Die Mitglieder wählten Heinrich Hutzler an die Spitze. Der Verwaltungsbeamte bei der Allgemeinen Ortskrankenkasse in Augsburg war unumstritten und entwickelte zahlreiche Aktivitäten. Unter anderem sorgte er dafür, daß immer wieder führende Köpfe der Politik zu Kundgebungen in die Stadt kamen, darunter der spätere Bundeskanzler Helmut Kohl oder Ministerpräsident Franz Josef Strauß, um nur einige zu nennen.
Heinrich Hutzler erweckte auch die Junge Union aus ihrem Dornröschenschlaf, um den Kontakt zu den jungen Wählerschichten zu verbessern. Als Georg Hanser nach vierjähriger Tätigkeit im April 1982 sein Amt zur Verfügung

stellte, wählte die Nachwuchsorganisation der CSU den jungen Bankangestellten Ernst Lorenczuk zum Nachfolger. Im November 1982 gab es auch einen Führungswechsel bei der Frauen-Union: Sieglinde Wolf löste Margit Ismann ab.

Wesentliches Augenmerk legte Hutzler auf eine aktive Mitgliederwerbung und die Stärkung der Parteibasis in den Stadtteilen – Vorhaben, die allerdings nicht so ohne weiteres zu realisieren waren. Denn einen Ortsverband gab es nur in Aichach und Griesbeckerzell, den seit der Gründung 1972 Altbürgermeister Karl Gaßner führte. Hutzler suchte und fand denn auch Mitstreiter zur Gründung weiterer Ortsverbände. Den Anfang machte im Dezember 1980 Oberbernbach, wo der Möbelkaufmann Wolfgang Hau zum Vorsitzenden gewählt wurde. Am 26. November 1982 gründete sich die CSU Klingen mit dem Rektor Manfred Martin als Vorsitzenden, und im Juli 1983 folgte Ecknach. Dort kam der Rettungssanitäter Erich Echter an die Spitze. Im Februar 1983 erfolgte schließlich auch die Gründung der Christlich-Sozialen Arbeitnehmerunion (CSA), die von Heinz Behrens geleitet wurde.

Mit Aichach, Griesbeckerzell – dort gab Karl Gaßner 1981 die Führung an den Polizeibeamten Helmut Beck ab -, Oberbernbach, Klingen und Ecknach war bis zur Stadtratswahl 1984 vornehmlich in den Ortsteilen eine wesentlich stabilere Basis geschaffen worden. Doch das hatte auch einen Haken. Denn diese Ortsverbände handelten beileibe nicht in blindem Gehorsam, sondern zeigten recht bald Selbstbewußtsein. Unter anderem protestierte besonders die CSU Klingen gegen die Stillegung der eigenen Wasserversorgungsanlage. Ortsvorsitzender Martin sah im April 1983 bei einer öffentlichen Diskussion über einen eigenen Kandidaten denn auch keinen Grund, parteipolitische Rücksicht zu nehmen: Er stimmte in das Klagelied der Ortsteile mit ein und stellte anhand der Investitionszahlen fest, daß Klingen seit der Eingemeindung nach Aichach „schlecht abgeschnitten" habe. Spätestens bei der Nominierung der Stadtratskandidaten sollte sich zeigen, daß die neuen Ortsverbände keinesfalls gewillt waren, dem „großen Bruder" kritiklos zu folgen.

Die Ortsteile fühlen sich bei der CSU unterrepräsentiert

Nach der unumstrittenen Nominierung Riepls im Januar 1983 signalisierten die amtierenden Stadträte Karl Burkhard, Karl Gaßner und Margit Ismann, daß sie nicht mehr kandidieren werden. Darüber hinaus mußte sich im Februar Franz Marb von der politischen Bühne zurückziehen. Der Bankkaufmann hatte sich eine berufliche Verfehlung geleistet. Der 28jährige stand mannhaft zu seinem Fehler, räumte sein Verschulden in einer öffentlichen Erklärung in

den Zeitungen ein und bat den Stadtrat gleichzeitig um die Anerkennung seiner Rücktrittseingabe. Das Gesuch wurde akzeptiert. Stefand Held aus Gallenbach rückte für die restliche Zeit der Amtsperiode auf den Platz von Marb, dessen erneute Kandidatur natürlich nicht mehr in Frage kam.
Nachdem klar war, daß mindestens vier Plätze von amtierenden CSU-Stadträten auf der Liste frei würden, begannen hinter den Kulissen rasch die Positionskämpfe. Bei der offiziellen Nominierung im Juni 1983 kam es zum offenen Konflikt: Die „aga" protestierte, weil sie keinen Vertreter durchgebracht hatte, und noch viel mehr wetterten die Delegierten aus den Stadtteilen, die sich unterrepräsentiert und mit hinteren Listenplätzen abgespeist fühlten. Unter anderem wurde Ecknachs Altbürgermeister Lorenz Schäffer lediglich Platz 22 angeboten, der daraufhin ablehnte und von einer Kandidatur zurücktrat – der Grundstein für eine Opposition in der CSU war gelegt.

Ein Jugendstilhaus und der alte Friedhof erschüttern die CSU

Diese ersten parteiinternen Grabenkämpfe spielten in einer Zeit, in der sich Bürgermeister Riepl und seine Fraktion keineswegs geruhsam auf den Wahlkampf vorbereiten konnten, denn spätestens seit Anfang 1983 gab es geharnischten Protest gegen den Abbruch des alten Stiftungswohnheimes in der Prieferstraße. Das Wohnheim war 1910 von den Eheleuten Franz und Berta Beck für Bedürftige gestiftet worden. Der Zahn der Zeit hatte erheblich an dem Jugendstilgebäude genagt. Darüber hinaus waren die Lebensumstände für die 28 durchwegs älteren Bewohner nicht gerade sonderlich angenehm. Eine Zentralheizung gab es ebenso wenig wie eine Wasserleitung in jedem Wohnbereich, die sanitären Verhältnisse waren überdies völlig unzureichend. Risse im meterdicken Mauerwerk deuteten darauf hin, daß die Statik des Hauses gefährdet ist. Die Stadt gab daraufhin ein Gutachten in Auftrag, das im November 1982 alle Befürchtungen bestätigte: Das Haus stand im Bereich des Überschwemmungsgebietes der Ur-Paar und war deshalb auf Holzpfählen gegründet worden. Mindestens zwei davon, so urteilte ein Sachverständiger, seien abgefault, und das Gebäudes deshalb reif für die Abrißbirne.
Im Rahmen der Überplanung des Sanierungsgebietes „Am Büchel" wurde sodann noch Ende 1982 der Abriß festgelegt und beschlossen. Wenige Wochen darauf protestierten Dr. Georg und Paul Beck als Nachfahren der Stifter gegen die Beseitigung des Hauses und zweifelten das Gutachten des Statikers an. Eine „Interessengemeinschaft Prieferstraße" bildete sich, die weiteren Druck auf die Stadträte ausübte. Als am 24. Februar 1983 erneut über den Abbruch beraten wurde, fanden sich mit Emil Lorenz (SPD) und Volkmar Diez (FDP)

zwar zwei Befürworter einer Sanierung, doch die klare Mehrheit war weiterhin dagegen. Paul und Georg Beck hatten inzwischen in der erst wenige Jahre zuvor nach Aichach gezogenen Ärztin Dr. Renate Magoley eine Mitstreiterin gefunden, die in langen Leserbriefen gegen den Abbruch eintrat und ebenfalls alle Gutachten über geringe Erfolgsaussichten und die auf 920 000 Mark geschätzten Kosten einer Sanierung anzweifelte. Der Druck aus der Bevölkerung wurde größer. So beriet der Stadtrat im Juli ein drittes und im September ein viertes Mal über das Schicksal des Wohnheimes. Wenngleich sich Armin Schindler (SPD) und Stefan Held (CSU) inzwischen an die Seite von Diez und Lorenz gestellt hatten, blieb es beim alten Beschluß.

Turbulent ging es dann bei der Bürgerversammlung im November zu, zumal das Beck-Haus nicht das einzige Dauerthema das Wahlkampfes war, denn inzwischen hatte sich auch die „Bürgerinitiative alter Friedhof" gebildet. Mit dem Geschäftsmann Georg „Schorsch" Jung an der Spitze protestierte diese BI gegen die Schließung des alten Friedhofes. Der Stadtrat hatte signalisiert, daß es dort nur noch bis Ende 1985 Beerdigungen geben sollte. Wie bereits erwähnt, war der entsprechende Beschluß dazu noch zu Wernsehers Zeiten gefallen, als die Entscheidung für den Bau

Das Becksche Wohnheim stand in der Prieferstraße.

des neuen Friedhofes getroffen wurde. Nun, da es an die Umsetzung dieser Entscheidung ging, hagelte es Prügel für die Mandatsträger. Die Friedhofsfrage brachte mindestens ebenso viele Bürger in Rage wie das Wohnheim an der Prieferstraße.

IG und BI hatten also ihren Rückhalt in der Bevölkerung. Das zeigte sich bei eben jener Bürgerversammlung im November: Eine deutliche Mehrheit der Anwesenden beauftragte den Stadtrat, die beiden brisanten Themen noch einmal zu behandeln. Bevor das erfolgte, wandte sich die IG wegen des Wohnheimes im Dezember mit einer Petition an den Landtag. Gleichzeitig sammelten Georg Jung und Rechtsanwalt Dr. Adolf Dietrich, offizieller Rechtsbeauftragter für die BI, Unterschriften gegen die Schließung des Friedhofes. Fast 1400 unterzeichneten.

Die „Freie Wählergemeinschaft" wird gegründet

Der Unmut über die Haltung der CSU-Riege im Stadtrat schwoll immer mehr an. Mit jedem Leserbrief und jeder neuen Meldung über die beiden Themen in den Zeitungen wurde das Feld für den Aufbau einer neuen politischen Gruppierung fruchtbarer. Den ersten Versuch, diesen Acker zu bestellen, hatte im Juli 1983 bereits der Oberbernbacher Landwirt und ehemalige Gemeinderat Martin Bayer unternommen. Doch sein Aufruf zur Bildung einer parteiunabhängigen Wählergemeinschaft war damals noch ungehört verhallt. Nun, im Januar 1984, als die Diskussion kurz vor den Wahlen so hohe Wellen schlug, unternahm Bayer einen neuen Anlauf, den auch FDP-Stadtrat Volkmar Diez unterstützte. Der zweite Versuch war von Erfolg gekrönt: Über 70 Bürger aus allen Stadtteilen kamen am 19. Januar 1984 ins Gasthaus Wenger nach Oberbernbach und gründeten die Freien Wähler. Zu den Frauen und Männern der ersten Stunde gehörten Dr. Renate Magoley, Helga Köhler aus Unterschneitbach, Herbert Deißer aus Aichach, der frühere Ecknacher Gemeinderat Franz Lochner, der Obermauerbacher Landwirt Josef Hasler und Georg Robert „Robby" Jung, dessen Vater die Friedhofsproteste erhoben hatte. Dazu gesellte sich überraschend auch ein bekanntes Gesicht aus dem Stadtrat: Stefan Held hatte sich von der CSU abgewandt, nachdem er auf deren Stadtratsliste keinen Platz mehr bekommen hatte.
Die Gründungsversammlung entschied lediglich, daß man absolut parteiunabhängig bleiben wolle und es zu keinem Zusammenschluß mit der FDP kommen solle, wie ihn Volkmar Diez angeboten hatte. Namen von möglichen Stadtratskandidaten wurden an diesem Abend zwar schon gehandelt, aber noch nicht festgeschrieben. Doch allein schon die Gründung dieser Wählergemeinschaft verfehlte nicht ihre Wirkung: Als der Stadtrat wenige Tage danach dem Auftrag der Bürgerversammlung folgte und vor knapp 100 Zuhörern beide Themen noch einmal behandelte, wurde der Friedhofsbeschluß ausgesetzt. An der Abbruchentscheidung für das Wohnheim änderte sich freilich nichts: Mit 19:6 Stimmen hielt das Gremium daran fest. Karl Burkhard, der nicht mehr kandidierte, und Lorenz Schäffer, der aus bereits geschilderten Gründen über den Ortsverband Aichach verärgert war, waren aus der CSU-Linie ausgeschert.

DIE „VIERTE KRAFT" ZIEHT IN DEN STADTRAT

Dr. Renate Magoley tritt gegen Riepl an

Der Stadtratsbeschluß bestärkte die Freien Wähler erst recht. Am 6. Februar 1984 wurde im Gasthaus „Wagner" in Untergriesbach eine Liste mit 14 Bewerbern für den Stadtrat aufgestellt. Die Frage eines eigenen Bürgermeisterkandidaten schied zunächst allerdings die Geister, denn Dr. Renate Magoley fiel als Bewerberin bei 7:7 Stimmen durch. Doch die Befürworter eines eigenen Bürgermeisterkandidaten ließen nicht locker und trommelten tags darauf weitere Mitglieder zusammen, um sie zur Teilnahme an einer weiteren Versammlung noch am selben Abend zu bewegen. Mit Erfolg: 24 Stunden nach ihrer gescheiterten Bewerbung wurde die Ärztin mit klarer Mehrheit in das Rennen gegen Alfred Riepl geschickt.

Alle Hoffnungen, das Wohnheim vielleicht doch noch erhalten zu können, lagen inzwischen beim Petitionsausschuß des Landtages. „Laßt dieses Stiftungswohnheim nicht sterben", war auf einem großen Protestplakat zu lesen, als 15 Abgeordnete am 29. Februar 1984 zum Ortstermin erschienen. Die Beratung und entscheidende Abstimmung über den Antrag der Interessengemeinschaft fiel erst später – schließlich stand in wenigen Wochen die Stadtratswahl an, und die wollten die Landespolitiker nicht durch eine wie auch immer geartete Entscheidung über die Petition beeinflussen. Allerdings bedeuteten die Vertreter der Sozialdemokraten, daß sie eher zu einer Sanierung tendieren würden, einige Abgeordnete der CSU sprachen sich für den Abbruch aus. Damit war das Schicksal des Hauses nahezu vorprogrammiert, und das Wählervolk konnte abschätzen, wie die Entscheidung im Petitionsausschuß ausfallen würde.

Die Stadtratswahl am 12. März sah daraufhin Alfred Riepl mit 73,97 Prozent der Stimmen zwar wieder als klaren Sieger, doch die 26 Prozent, die auf Dr. Renate Magoley entfielen, waren mehr als ein Achtungserfolg. Obwohl der bis dahin politisch völlig unerfahrenen Ärztin sicher viele Stimmen aus dem sozialdemokratischen Lager zufielen, weil die SPD ihren Wählern keinen Bürgermeisterkandidaten angeboten hatte, ist davon auszugehen, daß sie auch aus dem bürgerlichen Lager etliche Kreuzchen erhielt.

Die Übermacht der CSU im Stadtrat begann am 12. März 1984 jedenfalls zu bröckeln. Die Union büßte drei Sitze ein, wobei auch Kulturreferent Horst Thoma nicht mehr gewählt wurde. Klare Verluste für die Christsozialen hatte es in Ecknach, Unterwittelsbach und Unterschneitbach gegeben. Die SPD kam wiederum auf nur fünf Mandate, doch auch hier mußte mit Sozialreferent Emil Lorenz, der sich so sehr um das Becksche Wohnheim bemüht hatte, ein Altgedienter den Hut nehmen. Ortsvorsitzender Klaus Habermann und Parteineuling Walter Voglgsang schafften es dagegen. Die FDP blieb unverändert bei einem Sitz, den weiterhin Volkmar Diez belegte. Die Wahlsieger waren also eindeutig die politischen Newcomer, die Freien Wähler, die der CSU drei Mandate abgenommen hatten. Neben Dr. Renate Magoley zogen Georg Robert Jung und Franz Lochner in den neuen Stadtrat ein.

Vier Wochen nach dem Wahlsonntag kam die Entscheidung wegen des Wohnheimes aus dem Landtag: Die Petition wurde gegen die Stimmen der SPD-Fraktion abgelehnt. Die Freien Wähler erreichten zwar eine nochmalige Diskussion über den Abbruch im Stadtrat, doch da waren die politischen Fronten längst verhärtet: Mit 17 Stimmen wurde erneut für den Abbruch entschieden.

Seit Monaten waren die Bewohner des Stiftungshauses in andere städtische Gebäude wie die alte Mädchenschule umquartiert, wo sie deutlich bessere Wohnqualität vorfanden. Nach der endgültigen Entscheidung am 18. April rückten schon wenige Tage später Bagger und Lastwagen an, um zu beseitigen, was die Bürgerschaft monatelang entzweit hatte. Hinzuzufügen bleibt: Der Abriß des Jugendstilhauses war wesentlich aufwendiger und dauerte länger, als man erwartet hatte, weil sich Mauern und Gebälk deutlich widerstandsfähiger zeigten, als man nach den Gutachten der Baufachleute anzunehmen vermochte.

Bei der konstituierenden Sitzung des neuen Stadtrates wurde Georg Robert Jung als Sprecher der „Neuen" benannt, Hannes Meisinger führte weiter die CSU, Armin Schindler die Riege der Sozialdemokraten. Als der Stadtrat zusammentrat, waren so-

Stadtratswahl 12. März 1984

Bürgermeister:
Alfred Riepl (CSU)

CSU (15 Sitze):
Josef Kapfhamer, Zweiter Bürgermeister
Karl Moser, Unternehmer
Hannes Meisinger, Unternehmer
Dieter Heilgemeir, Studienrat
Heinrich Hutzler, Verwaltungsbeamter
Josef Kneißl, Rolladenbauer
Josef Gail, Landwirt
Christian Knauer, MdL (bis April 1988)
Helmut Beck, Polizeibeamter
Josef Maurer, Landwirt
Willi Hanika, Schreinermeister
Sieglinde Wolf, Hausfrau
Johann Birkmeir, Landwirt
Alfred Rappel, Bauunternehmer
Josef Gutmann, Rentner
Anton Vogl, Rektor (ab Mai 1988)

SPD (5 Sitze):
Armin Schindler, Ingenieur
Helmut Sander, Kfz-Gutachter
Klaus Laske, Bankkaufmann
Klaus Habermann, Bankkaufmann
Walter Voglgsang, Sonderschulrektor

Freie Wähler (3 Sitze):
Dr. Renate Magoley, Ärztin
Georg Robert Jung, Diplom-Kaufmann
Franz Lochner, Kulturaufseher

FDP (1 Sitz):
Volkmar Diez, Notar

Ortssprecher:
Josef Henn, Unterschneitbach
Hans Haltmayr, Algertshausen
Helmut Bauer, Sulzbach
Hans Bradl, Edenried
Max Reichl, Walchshofen (ab 1985)
Peter Kistler, Gallenbach (ab 1986)

DIE „VIERTE KRAFT" ZIEHT IN DEN STADTRAT

eben die letzten Reste des alten Wohnheimes abgefahren und die Brisanz deshalb entsprechend hoch. Die Freien Wähler sollten ihre politische Unerfahrenheit gleich zu spüren bekommen. CSU und SPD teilten die öffentlichkeitswirksamen Referentenposten unter sich auf und schmetterten auch den Antrag der Freien ab, Dr. Renate Magoley als dritte Bürgermeisterin einzusetzen. Allerdings gab es bei 4:17 Stimmen auch drei leere Wahlzettel.

Die Frage nach der Stellvertretung Riepls war sicher auch lange in der CSU-Fraktion behandelt worden, denn da stand man vor einem altbekannten Problem: Josef Kapfhamer hatte erneut erklärt, daß er am Amt des zweiten Bürgermeisters festhalten werde. Der inzwischen 73jährige besaß vor allem in der Bürgerschaft im Stadtkern eine äußerst hohe Akzeptanz. Niemand hätte es verstanden, wenn man dem „Spedi" diesen Posten „genommen" hätte. Deshalb blieb der CSU auch in der absehbar letzten Dienstperiode Riepls die Gelegenheit versagt, jetzt schon einen möglichen Nachfolger an der Seite des Bürgermeisters aufzubauen.

Die ersten Monate und Jahre der Stadtratsarbeit waren geprägt von zahlreichen emotionsgeladenen Diskussionen, vornehmlich zwischen den Freien Wählern und der CSU-Fraktion. Das Trio Jung/Magoley/Lochner zeigte ständige Bereitschaft, die Rolle der Opposition zu besetzen, wobei es vornehmlich in den ersten drei Jahren kaum Ansätze zu einer politischen Annäherung zwischen FW und SPD kam. Das sollte sich erst mit Ablauf der Legislaturperiode ändern.

Die Mülldeponien in Gallenbach verändern die politische Landschaft im Kreis

Schreckensmeldungen über Dioxin und Arsen

Erst Hausmüll, dann Sondermüll

Der Friedhofsstreit und das Becksche Wohnheim hatten die Stadtratspolitik gehörig durcheinandergerüttelt, als unmittelbar nach der Kreistagswahl 1984 eine wesentlich gravierendere Entwicklung eintrat, die in den gewachsenen demokratischen Strukturen der Kreispolitik schier zu einem „Urknall" führte. Auslöser waren Schreckensmeldungen über den Betrieb zweier Mülldeponien an der Bundesstraße bei Gallenbach, die die Bevölkerung verunsicherten. Die Schlagzeilen über die Einlagerung dioxinhaltiger Filterstäube und wenig darauf die Nachricht, daß stark mit Arsen belastetes Wasser am Fuß der Abfallberge austrete und in einen Altarm der Paar laufe, brachte die Bürger der Region in einer Massivität auf die Barrikaden, wie man es bislang im Aichacher Land nicht erlebt hatte. Noch schwerwiegender, als die beiden Deponien das Bild der natürlichen Landschaft bei Gallenbach verändert hatten, sollte sich durch sie jenes der politischen im Landkreis wandeln.
Um Abläufe und die Zusammenhänge der Entwicklung verständlich schildern zu können, ist zunächst ein weiter zeitlicher Rückgriff notwendig: Bereits am 12. Dezember 1971 beschäftigte sich der Gemeinderat von Laimering kritisch mit dem Antrag des Lützelburger Unternehmers Paul Mannert zum Bau einer Mülldeponie im Neuholz an der B 300 bei Gallenbach. Mannert kämpfte schon seit 1970 um die Genehmigung und stellte in Aussicht, die Deponie mit 25 Hektar in 30 Jahren verfüllt zu haben. Eine Geruchsbelästigung für die Bevölkerung werde nicht bestehen, weil der Abfall sofort mit modernsten Maschinen eingearbeitet werde, versprach er. Der Laimeringer Gemeinderat, der dafür Gemeindestraßen als Zufahrt freigeben sollte, lehnte die Deponie ab. Unter anderem, weil Bürgermeister Georg Haas „berechtigte Sorgen um eine Gefährdung des Grundwassers" hegte, wie er in einem Zeitungsbericht vom 17. Dezember 1971 zitiert wird. Der Gemeinderat von Gallenbach, in dessen

Gebiet die Deponie entstehen sollte, stimmte dem Bau allerdings zu. Mannerts Pläne kamen grundsätzlich vielen Bürgermeistern entgegen. Denn die mehr als 100 gemeindlichen Schutthalden waren längst zum Problem geworden, weil die Einlagerung vielfach völlig ungeordnet erfolgte. Die Großraumdeponie, die auch den Abfall aus benachbarten Landkreisen aufnehmen sollte, wurden am 5. September 1972 vom Landratsamt genehmigt, nachdem Mannert ein Gutachten beigebracht hatte, das das Vorhandensein einer undurchlässigen Lehm- und Tonschicht im Untergrund bestätigte.

Als der Kreis- und Bauausschuß des Kreistages im November 1973 einen Antrag Mannerts auf Verpachtung einer Teilfläche an die halbstaatliche „Gesellschaft zur Sondermüll-Beseitigung" (GSB) mit Sitz in München behandelte, wurden die ersten kritischen Stimmen laut. Ausschuß und später auch der Kreistag lehnten ab, ebenso die Gemeinde Gallenbach. Bei einem öffentlichen Hearing der Regierung von Schwaben im August 1974 bekräftigten die Gutachter, daß von der Sondermülldeponie keine Umweltbelastung ausgehen werde. Landrat Bestler hielt den Einspruch des Kreistages aufrecht. Auch Gallenbachs Bürgermeister Johann Moser und die betroffenen Anlieger erneuerten ihren Protest. Umsonst: Die Regierung von Schwaben erließ am 23. August 1974 den Planfeststellungsbeschluß zum Bau der GSB-Deponie. Der Kreistag erhob daraufhin Klage vor dem Verwaltungsgericht, die allerdings abgelehnt wurde. Ende 1974 ging die Sondermülldeponie in Betrieb. Am Freitag, 7. November 1975, kam Staatssekretär Alfred Dick vom bayerischen Umweltministerium zur offiziellen Inbetriebnahme nach Gallenbach und stellte dabei eine Verfüllung innerhalb der nächsten zehn bis 15 Jahre in Aussicht. Landratsstellvertreter Max Sedlmeir wies bei dem Festakt auf die Sorgen und Ängste der Bevölkerung hin. Nicht ohne Grund: Seit der Inbetriebnahme der Hausmülldeponie 1972 und verstärkt nach der Verfüllung im GSB-Bereich gab es heftige Beschwerden über Geruchsbelästigungen.

Daneben stellte sich Ende 1975 heraus, daß Paul Mannert alle nur denkbaren „Müll-Quellen" im weiten Umkreis anzapfte, um den Betrieb der Deponie möglichst rentabel zu gestalten. In der Kreisausschußsitzung im Dezember 1975 hegten manche Bürgermeister Bedenken, Mannert könne den Abfall aus dem Landkreis Aichach-Friedberg selbst bald nicht mehr aufnehmen.

Die GSB kauft den klagenden Nachbarn auf

Unter den Folgen des Deponiebetriebes litt zusehends auch die Weinkellerei Kunzmann am Fuß der Abfallberge. Im Sommer 1976 rief der Firmeninhaber wegen der enormen Geruchsbelästigung immer wieder die Polizei zu Hilfe und protestierte bei Landratsamt und Regierung von Schwaben. Das Problem mit dem unliebsamen Nachbarn löste die GSB auf besondere Art: Ende 1976 kaufte sie die Weinkellerei auf, die ihren Betrieb schließlich nach Dasing verlegte.

In dieser Phase stand längst fest, daß der Landkreis die kommunale Abfallentsorgung übernehmen und sich Mannert als Partner bedienen würde. Eine vertragliche Vereinbarung zwischen dem Kreis und den Gemeinden sah die Übernahme der Müllentsorgung durch den Privatunternehmer zum 1. Juli 1977 vor. Weil die meisten Kommunen im Hinblick auf dieses Datum ihre eigenen – meist völlig unkontrollierten – Abfallhalden verfüllten und keine Alternative gehabt hätten, falls der Kreistag angesichts der Klagen über Gallenbach eine Kehrtwendung vollführt hätte, war längst eine gewisse Abhängigkeit zu Mannert entstanden. Ohne Mannert drohte das Entsorgungskonzept des gesamten Landkreises zu kippen.

2500 Giftfässer landeten 1976 auf der GSB-Deponie. Ein Kameramann filmte das Material für das Fernsehen, Umweltminister Alfred Dick (zweiter von rechts) stand erstmals in der Kritik.

Dabei war oft nicht klar auszumachen, ob der teilweise entsetzliche Gestank nun von der Mannert-Deponie oder aus der Anlage der GSB kam. Die stand jedenfalls im September 1976 heftig in der öffentlichen Kritik. Die Zeitungen hatten herausgefunden, daß mehr als 2500 Fässer mit Giftmüll nach Gallenbach gebracht worden waren, die auf dem Gelände der halbstaatlichen Gesellschaft eingebaut werden sollten. Die Polizei rückte auf den Plan und sorgte für den Abtransport der umstrittenen Fässer zur GSB nach Ebenhausen bei Ingolstadt.

Die Glaubwürdigkeit der Verantwortlichen war damit erschüttert, wobei die Menschen inzwischen keinen Unterschied mehr zwischen den beiden Deponien und ihren Betreibern machten. Wer mit dem Auto auf der B 300 in Richtung Augsburg fuhr, konnte praktisch ständig riechen, mit welch unangenehmer Nachbarschaft die Bürger im Raum Gallenbach leben mußten. Dazu kamen massenhaft Krähen und Möwen und eine Heerschar Ratten, die den Landwirten zu schaffen machten. Aus all diesen Gründen gab es teils heftige Proteste, als Mannert im Oktober 1976 die Erweiterung seiner Deponie um rund zwölf Hektar beantragte. Die Regierung von Schwaben zerstreute die Bedenken gegen eine Ausweitung bereits im Dezember bei einem Ortstermin: Mannert und die GSB würden künftig mit strengen Auflagen bedacht, deren

Einhaltung regelmäßig kontrolliert werde. Im festen Vertrauen auf diese Versprechungen und im Hinblick auf die Sicherstellung der eigenen Abfallentsorgung stimmte der Kreistag der Erweiterung letztlich zu.
Aber schon im Kreistagswahlkampf 1978 gab es kritische Stimmen zur Deponieführung aus den Reihen der SPD. Vornehmlich Bestlers Gegenkandidat Hans Priller und Kreisvorsitzender Peter Feile nahmen die Regierung unter Beschuß, die Mannert ihrer Meinung nach zu wenig kontrolliere. Dennoch wurde mit den Stimmen der SPD der Entsorgungsvertrag mit Mannert im Kreistag akzeptiert. Für die Tonne mit 50 Litern waren monatlich 5,15, für 60 Liter 6,45 Mark zu berappen.

Gallenbachs Gemeinderat stimmt der Erweiterung zu

Das Planfeststellungsverfahren für die Vergrößerung lief weitgehend vor dem 1. Januar 1978 und damit in einer Zeit, in der Gallenbach noch selbständige politische Gemeinde war. Und dort stand Mannert immer noch hoch im Kurs. Bei einer der letzten Bürgerversammlungen vor der Eingemeindung hatte Bürgermeister Moser darauf hingewiesen, daß der Abfallentsorger ein kräftiger Gewerbesteuerzahler sei, der seinen Obolus pünktlich in die Gemeindekasse entrichte und die Gallenbacher obendrein großzügig beim Bau des Sportplatzes unterstützt habe. Angesichts solcher Aussagen mag es kaum verwundern, daß der Gallenbacher Gemeinderat im Rahmen des Anhörungsverfahrens zur Deponieerweiterung kein Veto einlegte. Als Gallenbach zur Stadt Aichach kam, war das Genehmigungsverfahren bereits so weit fortgeschritten, daß der Stadtrat nur noch über beschränkte Einspruchsmöglichkeiten verfügte.
Immer wieder gab es heftige Beschwerden der Gallenbacher Landwirte über die Krähen- und Rattenplage, woraufhin auch die Abfallabteilung der Regierung von Schwaben am Fronhof im April 1978 einräumte, daß die Mülleinlagerung auf der Mannertschen Deponie „nicht immer im wünschenswerten Zustand" erfolge. Der Kreistag hatte zu diesem Zeitpunkt bereits erkannt, daß die Deponierung von Abfällen nicht mehr zeitgemäß sei, und sich für den Zusammenschluß in einem Zweckverband mit Stadt und Landkreis Augsburg entschieden, der die Müllbeseitigung in einer modernen Anlage durch Sortierung und Wiederverwertung, Kompostierung und schließlich Verbrennung des Restmülls erledigen sollte. Doch der Zweckverband stand noch in den Anfängen, und die Inbetriebnahme einer derartigen Anlage in weiter Ferne.
Aus diesem Grund schrillten sämtliche Alarmglocken, als im Frühjahr 1982 bekannt wurde, daß Mannert in Gallenbach entgegen der vertraglichen Vereinbarung mit dem Kreis auch Abfall aus anderen Regionen einlagerte. Die

illegale Vermarktung dieser Einlagerungskapazität hatte gravierende Folgen, denn das Volumen reichte nun für Aichach-Friedberg nicht mehr bis zum vereinbarten Termin 1995. Das Abfallkonzept des Kreises drohte damit zu kippen. Mannert nutzte die Situation und stellte einen Antrag auf Erweiterung der Deponie, doch die verärgerten Kreisräte lehnten rundweg ab. Fast gleichzeitig beantragte auch die GSB eine Vergrößerung um nochmals 450 000 Kubikmeter, was die Befürchtungen in der betroffenen Bevölkerung, daß man bald mit zwei gigantischen Deponien in unmittelbarer Nachbarschaft würde leben müssen, noch weiter steigerte. Als im Sommer 1982 eine Chlorgaswolke aus der GSB-Anlage austrat, klagten zehn Menschen über Verätzungen der Atemwege, und ein Reitpferd verendete, weil es die Dämpfe eingeatmet hatte – die Befürchtungen der Bürger kamen also nicht von ungefähr, doch sie fanden kaum Gehör.

462 Tonnen Filterstaub eingelagert – Riepl zeigt den Umweltminister an

Das änderte sich im Juli 1984 schlagartig, als die Nachricht bekannt wurde, daß die GSB 462 Tonnen dioxinhaltigen Filterstaub aus der Müllverbrennungsanlage im hessischen Darmstadt eingelagert hatte. Allein das Wort „Dioxin" in den Schlagzeilen der Zeitungen hatte eine gehörige Wirkung. Denn dieses Gift hatte erst kurz zuvor für den Tod und die Verstümmelung vieler Menschen in dem kleinen italienischen Dorf Seveso gesorgt – die Bevölkerung in und um Gallenbach war entsetzt: Dieser tödliche Stoff im eigenen Lebensraum, praktisch vor der Haustür?! Die Meldung ging wie ein Lauffeuer um, über Nacht verbreitete sich fast panische Stimmung.
Die GSB versuchte zu beruhigen: Als Bürgermeister Riepl wenig später auf die Deponie kam, um sich zu informieren, betonte Geschäftsführer Dieter Frank, daß praktisch keinerlei Gefahr von dem Filterstaub ausgehe. Das Material sei in einer Linse aus Lehm „verpackt", und der Dioxinanteil darin ohnehin verschwindend gering: „Wie ein Stück Würfelzucker in 2,7 Millionen Liter Wasser" müsse man sich den Mengenanteil vorstellen. Wie wenig Glauben Riepl dieser Erklärung schenkte, zeigte er mit seiner nächsten Reaktion: Er stellte Strafantrag gegen die GSB, deren oberster Chef Umweltminister Alfred Dick war. Gleichzeitig forderte Landrat Bestler von Dick persönlich eine Erklärung über die möglichen Gefahren, die von dieser Einlagerung ausgehen könnten.
In Dasing formierte sich spontan eine 40köpfige Bürgerinitiative, die ebenfalls Strafantrag gegen die GSB stellte, der Gemeinderat kam zu einer Sondersitzung zusammen. Die Landtagsabgeordneten der SPD mit Horst Heinrich als

DIE MÜLLDEPONIEN IN GALLENBACH

Sprecher forderten in der Fragestunde des Landtages umfassende Auskunft von Dick, die allerdings kaum befriedigend ausfiel. Abends platzte der Saal im Gasthaus „Wagner" in Untergriesbach aus allen Nähten, als die BI eine Informationsveranstaltung abhielt, Tage später demonstrierten 250 Menschen vor den Toren der GSB in Gallenbach: „Dick, uns graut vor Dir", war auf großen Protestplakaten zu lesen. Der Umweltminister hatte zwischenzeitlich an den Dasinger Gemeinderat geschrieben: „Für die Sicherheit der Bürger wurde alles getan."

Doch diese Erklärung reichte den besorgten Menschen nicht aus. Sie forderten zusammen mit den Kommunalpolitikern, der Umweltminister solle persönlich Rede und Antwort auf die vielen offenen Fragen stehen. Dazu kam es vorerst aber nicht, denn Dick schickte am 26. Juli 1984 lediglich Ministerialdirigent Dr. Josef Vogl nach Aichach, auf daß der die völlig verunsicherte Bevölkerung beruhige. Der Vertreter des Umweltministers gab in der vollbesetzten TSV-Turnhalle einen Bericht ab, der die Menschen allerdings eher noch mehr schockierte, denn zufriedenstellen konnte: Vogls Erklärung, daß in den 462 Tonnen Filterstaub insgesamt nur 0,14 Gramm Dioxin enthalten seien, wurde kaum mehr wahrgenommen, denn der Ministerialdirigent hatte angefügt, daß die GSB in Gallenbach jährlich rund 25 000 Tonnen Filterstaub mit ähnlicher Zusammensetzung einlagere und man die ganze Aufregung der Bevölkerung überhaupt nicht verstehen könne.

Damit war eine weitere Lawine losgetreten. Kreistag und Stadtrat wehrten sich in Resolutionen an den Landtag gegen solche Einlagerungen, die Zahl der Mitglieder in der Dasinger BI schnellte binnen weniger Tage auf knapp 200. Am 30. Juli 1984 wurde die Bürgerinitiative offiziell gegründet. Als gleichberechtigte Vorsitzende setzte die Versammlung Bernd Lassel, Dr. Klaus Lueg und Michael Kottke ein.

Minister: Ein „Gedöns" wegen 462 Tonnen

Die Stimmung in der Bevölkerung drohte überzukochen, und so mußte Dick am 9. August 1984 doch noch selbst in die Höhle des Löwen, die wiederum die TSV-Halle darstellte – beim Erscheinen des obersten GSB-Chefs war sie restlos überfüllt. Der Minister wurde mit Pfiffen und Buh-Rufen empfangen, doch Dick ging in die Offensive: Zunächst griff er Bürgermeister Alfred Riepl wegen seines Strafantrages gegen die GSB an, dann folgte eine pauschale Verurteilung aller Protestler: Man mache ein „Gedöns" wegen 462 Tonnen völlig ungefährlichen Filterstaubes, forderte der Umweltminister die Zuhörer in der vollbesetzten Halle förmlich heraus.

Landrat Josef Bestler hatte inzwischen Kontakte zu einem schwedischen Institut geknüpft, das die toxische Zusammensetzung des Filterstaubes untersuchen sollte, was auch eine klare Forderung der BI war. Der Umweltminister erklärte darauf: „Ja machen S' doch fünf Nebengutachten, des is mir völlig wurscht!" – tumultartige Szenen waren die Folge. Dick versprach im Laufe der fünfeinhalbstündigen Auseinandersetzung aber zumindest, daß die GSB künftig offen über alle anstehenden Einlagerungen in Gallenbach informieren werde.

Als BI und Grünen-Kreisrat Siegfried Heim später nachforschten, ob die GSB überhaupt schon einmal bei Landratsamt oder Regierung von Schwaben die Art des deponierten Sondermülls bekanntgegeben habe, vollzog die Diskussion über politische Verantwortlichkeiten eine Wende: Denn Heim fand heraus, daß die Belege über die Einlagerungen in Gallenbach seit Jahren im Landratsamt abgeheftet, aber kaum beachtet wurden. Besser gesagt: Kaum beachtet werden konnten, denn die Unterlagen waren chiffriert. Die Lieferung aus Darmstadt trug – wie zahlreiche andere auch – zwar die Kennung „Filterstaub", doch nur ein Experte hätte anhand der Codierung Zusammensetzung oder giftige Inhaltsstoffe ausmachen können. Und einen solchen Fachmann gab es am Landratsamt nicht. Trotzdem lief die Hauptrichtung aller Kritik nun auf Landrat Josef Bestler als Behördenchef zu.

4000 Menschen demonstrierten in Augsburg gegen die Mülldeponie.

„Die alten Männer Bestler und Dick sind unfähig zu einer phantasievollen Umweltpolitik", formulierte daraufhin Grünen-Kreisvorsitzender Siegfried Heim. Die Bürgerinitiative hakte im August ein und sprach von „einer dauernden Verharmlosung durch die Behörden". Plötzlich waren das Landratsamt und sein oberster Dienstherr unter Beschuß, obwohl der Regierung von Schwaben die Aufsicht über den Deponiebetrieb oblag. Doch das Landratsamt lag näher als der Fronhof, und überdies spielten politische Beweggründe eine wesentliche Rolle, wenn Neu-Kreisrat Heim nun fortan Bestler attackierte. Der Landkreischef konnte sich der Angriffe kaum erwehren, da kam schon die nächste Meldung, die exakt in das Bild der das Volk „verdummenden" Behörden paßte, das insbesondere Bernd Lassel von der BI ständig bei öffentlichen

Versammlungen zeichnete: Das Landesamt für Umweltschutz verweigerte im September die Entnahme von Proben aus der Lehmlinse. Das Vertrauen der Bürger in die Überwachung der GSB war damit erneut erschüttert.
Bernd Lassel und die Bürgerinitiative sammelten daraufhin mehr als 5000 Unterschriften, um zu erreichen, daß die Flugasche wieder aus Gallenbach abtransportiert werde. Im Januar 1985 lieferte Lassel die Listen in der bayerischen Staatskanzlei ab und forderte namens der Unterzeichner, daß nun Ministerpräsident Franz Josef Strauß persönlich Stellung beziehen solle, weil die Menschen den Worten des Umweltministers keinen Glauben mehr schenken könnten, wenn das Material nicht untersucht werden dürfe.

Giftiges Sickerwasser läuft in den Altarm der Paar

Ständig gab es während dieser turbulenten Wochen auch mahnende Zeigefinger, die auf die benachbarte Hausmülldeponie deuteten und deren Gefährlichkeit weitaus höher einschätzten. Paul Mannert begegnete dieser in vielen Leserbriefen und bei zahlreichen Diskussionsveranstaltungen erhobenen Kritik, als er die Medien der Region zu einer Besichtigung einlud. „Das hier ist eine der bestgeführten Deponien der Bundesrepublik", betonte der Geschäftsmann, der von den Lokalzeitungen ob seiner Riesengewinne im Abfallgeschäft längst den Beinamen „Müll-Zar" bekommen hatte. Im Rückblick mutet es fast so an, als habe Mannert mit seiner Pressekampagne das Schicksal förmlich herausgefordert, denn fast zum selben Zeitpunkt meldete der Gallenbacher Landwirt Ludwig Wenger den Austritt von Deponiegas auf seinem Acker gleich neben der Hausmüllhalde. Ab Juni 1985 richtete sich die Kritik ebenso heftig gegen Mannert wie gegen die benachbarte GSB, denn nun kam eine weitere Schreckensmeldung: Am Fuße der Mülldeponien trat Sickerwasser aus, das erheblich mit Arsen kontaminiert war. Die bräunliche Flüssigkeit lief direkt in einen nahen Altarm der Paar, das Arsen setzte sich im Schlamm des Gewässers ab. Damit ging ein weiterer Aufschrei durch die Bevölkerung und die politischen Gremien. Eine akute Gefährdung des Grundwassers zumindest auf lange Sicht war nicht mehr auszuschließen.
Spätestens jetzt fanden die harten Attacken der Dasinger Bürgerinitiative gegen Politiker und Aufsichtsbehörden höchste Akzeptanz bei den Menschen und sogar bei der Aichacher CSU. Deren Ortsverbandsvorsitzender Heinrich Hutzler erklärte im Juni, daß man sich notfalls mit der BI zusammenschließen wolle. Die Aktionsgemeinschaft der Aichacher Einzelhändler initiierte eine weitere Unterschriftenliste. Der Verdacht, daß Mannert trotz aller Verträge mit dem Landkreis sämtliche Versuche unternehmen würde, um möglichst viel

Kapital aus dem Betrieb in Gallenbach zu schlagen, wurde in dieser Phase belegt: Die BI filmte nächtliche Müllanlieferungen und konnte durch eigene Nachforschungen belegen, daß der Unternehmer weiterhin unberechtigt Abfälle aus anderen Regionen einlagerte.

Unter dem Eindruck dieser negativen Begleiterscheinungen lehnte der Kreistag im Juli 1985 die Erweiterung der Hausmülldeponie ab. Gleichzeitig wurde beschlossen, sofort die Planung für ein Auffang- und Ausfällbecken in Auftrag zu geben, um die Arsenproblematik in den Griff zu bekommen. Ein weiterer Punkt des Maßnahmenpakets: Mannert wurde verpflichtet, für den Fall einer späteren Sanierung der Deponie fünf Millionen Mark Sicherheitsleistung zu hinterlegen. Doch der BI und ihrem Sprecher Bernd Lassel war dies zu wenig, Lassel kritisierte bei einer weiteren Podiumsdiskussion in der Turnhalle im Juli die „lasche" Haltung Bestlers gegenüber Mannert.

In den populistischen Reden wurde wohlweislich außer acht gelassen, daß Bestler und der Kreistag inzwischen die wichtigsten Schritte getan hatten, um sich von Mannert zu lösen. Denn bereits 1980 hatte sich der Landkreis mit Stadt und Kreis Augsburg im Zweckverband zur Vorbereitung der Errichtung einer zentralen Abfallaufbereitungsanlage zusammengeschlossen. Noch 1981 war der Auftrag zum Standortgutachten vergeben, ein Jahr später die Regierung von Schwaben um Einleitung des Raumordnungsverfahrens gebeten worden, das 1983 abgeschlossen war. 1984 folgte als nächster Schritt die Gründung des Zweckverbandes zum Bau der Anlage, 1985 der Planungsauftrag. Der Landkreis befand sich also auf gutem Wege aus der Abhängigkeit von Mannert, was von den Deponiegegnern aber nie anerkannt wurde.

Der nächste Schachzug Mannerts ließ nicht lange auf sich warten: Im Juli 1985 wurde bekannt, daß sich der Landwirt Ludwig Wenger aus gesundheitlichen Gründen mit dem Verkauf seines Hofes in Gallenbach trage, um im Allgäu eine neue Heimat zu suchen. Im August kaufte Mannert den an seine Deponie angrenzenden 2,3 Hektar großen Acker – und hatte damit ein neues Grundstück für eine potentielle Erweiterung in petto.

4000 Menschen demonstrieren vor dem Gebäude der Regierung

Vor dem Hintergrund, daß in ganz Bayern dringend Deponievolumen gesucht wurde und Mannert große Regionen – darunter den „Nobel-Landkreis" Starnberg – entsorgte, war der Kauf des Wenger-Ackers von entscheidender Bedeutung. Zwischenzeitlich fand sich mit MdL Georg Fendt auch der erste Befürworter einer teilweisen Erweiterung der Hausmülldeponie, um zumindest die Abfallentsorgung des Landkreises abzusichern. Als der Friedberger

DIE MÜLLDEPONIEN IN GALLENBACH

CSU-Abgeordnete diese Meinung bei einer Versammlung in Obergriesbach vertrat, kam es zu tumultartigen Szenen. Nur wenige Wochen darauf äußerte sich Regierungspräsident Rudolf Dörr ähnlich. Sofort verstärkte die BI die Proteste. Zwischenzeitlich waren 4500 Unterschriften gegen die Erweiterung zusammengetragen. Anfang Dezember gab Bernd Lassel die Listen bei Regierungs-Vizepräsident Wolfgang Ratuschny ab. Zeitgleich lief der Aufruf der BI zu einer großen Demonstration am 8. Dezember 1985 in Augsburg. Die Teilnehmerzahl übertraf alle Erwartungen: Rund 4000 Menschen protestierten unter Lassels Führung vor dem Regierungsgebäude am Fronhof gegen die Vergrößerung der Hausmülldeponie.

Stadtrat und Landratsamt lehnen Lehmabbau ab

Doch Mannert setzte im Februar 1986 seinen Weg beharrlich fort: Er beantragte bei der Regierung von Schwaben die Genehmigung der Erweiterung und meldete zeitgleich, daß nun mit dem Bau einer Aktiventgasung zur Minderung der Geruchsbelästigung begonnen worden sei. Wenige Monate später setzte der Unternehmer ein weiteres Druckmittel ein: Mit der Begründung, Material zur Abdichtung zu benötigen, beantragte er bei der Stadt den Lehmabbau im angrenzenden Wenger-Acker. Doch die Stadtväter hatten das Spiel durchschaut: Durch den Lehmabbau wäre der Wenger-Acker zu einem riesigen Loch neben der Hausmülldeponie geworden – und wo ein Loch ist, wäre wieder Platz für Müll oder könnte zumindest die Regierung von Schwaben ermuntert werden, die Erweiterung zu genehmigen. Unter diesen Gesichtspunkten lehnte der Stadtrat Mannerts Antrag ohne jede Diskussion ab. Der Unternehmer drohte darauf mit einem „Müllnotstand" – wenn kein Lehm zur Abdichtung vorhanden sei, könne er auch keinen Abfall einlagern.
Mit diesem verbalen Druckmittel stellte er den Antrag im Sommer erneut. Der Stadtrat kam daraufhin im August zu einer Sondersitzung zusammen, zu der die BI erneut eine Demonstration organisiert hatte. Doch dieser Aktion hätte es kaum bedurft: Das Gremium lehnte wieder diskussionslos ab – nach sechs Minuten war die Sondersitzung vorbei. Nun kam es zum wichtigen Schulterschluß von Stadt und Kreis, denn auch das Landratsamt als Bauaufsichtsbehörde lehnte die Genehmigung der Lehmausbeute mit Bescheid vom 5. August 1986 ab. Daraufhin zog Mannert vor das Verwaltungsgericht, das den Bescheid des Landratsamtes am 19. August 1987 aufhob. Gegen dieses Urteil wiederum konnten Riepl und der Stadtrat Berufung zum Verwaltungsgerichtshof (VGH) einlegen, weil die Stadt in der Streitsache beigeladen war. Das VGH-Urteil sollte später noch wesentliche Bedeutung bekommen.

Doch erst einmal zurück zum Lehmnotstand im Sommer 1986: Mannert baute zunächst unberechtigterweise Abdichtungsmaterial auf einem Acker in der Gemarkung Laimering ab, wurde aber durch den Dasinger Gemeinderat gestoppt. Daraufhin machte der Unternehmer seine Drohungen wahr und rief mangels Abdichtungsmaterial den „Müll-Notstand" aus. Fast zwei Wochen blieben die vollen Tonnen stehen, die Entsorgung der Haushalte wurde vorübergehend eingestellt.

Das brachte die Politiker in die Kritik – diesmal in dem Teil der Bevölkerung, bei dem die Gallenbacher Probleme kaum auf Interesse stießen. Den Bürgern in den südlichen und nördlicheren Regionen des Kreises, die weit abseits des Brennpunktes lagen, war es schlichtweg egal, weshalb die Müllabfuhr nicht mehr funktionierte – die Entsorgung hatte einfach zu klappen, schließlich zahlte man auch die Gebühren dafür. Wütende Proteste waren die Folge. Die Situation für den Kreistag und Bestler wurde immer prekärer: Hier demonstrierten Tausende gegen eine Deponie und deren Erweiterung, dort forderten mindestens ebenso viele Menschen, daß sie zuverlässig von den Resten der Wohlstandsgesellschaft befreit werden – ein Teufelskreis. Zwar lief die Müllabfuhr Ende September wieder, weil sich Mannert anderweitig Lehm beschafft hatte, doch die vorübergehende Krise hatte nun in der gesamten Bevölkerung Spuren hinterlassen. Die Kritiker erhielten noch mehr Applaus, wenn sie den Politikern Unfähigkeit vorwarfen.

Wiederholt kam der Kreistag mit Landrat Josef Bestler auf die Hausmülldeponie, um mit Paul Mannert (im Vordergrund links) zu diskutieren.

„Keine Gefährdung der Bevölkerung"

Längst waren die Deponien zum Politikum geworden. Wenngleich es vornehmlich in der Anfangsphase dieser Diskussion immer wieder auch enge Verbindungen zwischen BI und verschiedenen Ebenen der CSU gegeben hatte – diese Wege waren längst wieder getrennt. Spätestens nach den harten Attacken Lassels vor allem gegen Bestler bei nahezu allen sich bietenden Gelegenheiten wehrten sich die Christsozialen gegen den Dauerbeschuß „ihres" Landrates. Aichachs CSU-Chef Heinrich Hutzler sprach offen von einem „politischen Kahlschlag" der BI und ihres Sprechers gegen den Landrat, der nicht gerechtfertigt und deshalb zu verhindern sei. Zu einer deutlichen Verschärfung des

Konflikts kam es im Juni 1986: BI-Chef Bernd Lassel beteiligte sich zusammen mit dem Sielenbacher Bio-Bauern Sepp Bichler in München an der Gründung der „Unabhängigen". Beide kündigten an, für diese neue Gruppierung 1986 bei der Landtagswahl kandidieren zu wollen.

Im August ließ sich Bernd Lassel als Direktkandidat nominieren. Bekannte Personen wie Sepp Bichler aus Sielenbach, Monika Putz-Funk aus Aichach oder der Schiltberger Arzt Dr. Helmut Breithaupt traten auf der Landesliste der neuen Gruppierung an. Fortan war bei den Versammlungen der BI oft kaum mehr zu unterscheiden, ob es nun um politische Öffentlichkeitsarbeit der „Unabhängigen" oder die Zukunft der „Müllregion" Gallenbach mit ihren beiden Deponien ging. Die Glaubwürdigkeit der Bürgerinitiative in der Bevölkerung war damit erschüttert. CSU-Chef Hutzler sprach von einem „Bärendienst", den Lassel der BI erwiesen habe.

Dazu kam, daß Bestler im Juli 1986 das höchst erfreuliche Ergebnis des 60 000 Mark teuren Gutachtens über die Gefährlichkeit der Flugasche in Gallenbach vorlegen konnte. Resultat: Der Anteil der Dioxinbelastung des Materials entsprach den damaligen Angaben der GSB. Das Gutachten kam deshalb zu dem Schluß, daß die Flugasche dem Stand moderner Deponietechnik entsprechend richtig eingelagert worden sei. Aichacher Zeitung und Aichacher Nachrichten brachten am Tag nach der Bekanntgabe eine gleichlautende Überschrift: „Keine Gefährdung der Bevölkerung". Landrat Josef Bestler schlußfolgerte aus dem Ergebnis der Untersuchung „ein inszenierter Umweltskandal, der keiner war" und sprach von einer „Strategie gewisser politischer Gruppen, mit der wir uns auseinandersetzen müssen".

Bauschäden an der Vierfachturnhalle

Neben dem Gallenbacher Müllproblem setzen Landrat Josef Bestler Mitte der achtziger Jahre auch Bauschäden an der Vierfachturnhalle im Schulzentrum unter Druck. 1986 kommt es zu einer monatelangen Schließung, weil eine Generalsanierung in Auftrag gegeben werden muß. Das Problem hat zwei Ursachen. Erstens: Der Kreistag beschränkte die ursprünglich auf 5,8 Millionen Mark geschätzten Gesamtkosten auf drei Millionen Mark, weil ein entsprechendes Gegenangebot für eine Halle in Fertigbauweise vorlag. Zweitens: Der beauftragte Architekt hatte die Bausummenbegrenzung akzeptiert, was ihn zu erheblichen Abstrichen bei Ausführung und Ausstattung zwang. Das rächte sich nun. Bei der Sanierung werden gleich Nägel mit Köpfen gemacht und wesentliche Qualitätsverbesserungen vorgenommen. Die Gesamtkosten betragen 5,2 Millionen Mark. 1988 sind die Arbeiten abgeschlossen. Weil einige am Neubau beteiligte Firmen zwischenzeitlich in Konkurs gegangen sind und der Statiker verstorben ist, nimmt der Landkreis den Architekten in seine gesamtschuldnerische Haftungspflicht. Vor dem Landgericht kommt es zu einem Vergleich, bei dem der Planer zur Rückzahlung eines Teils der reinen Sanierungskosten verpflichtet wird. Das Gericht würdigt mit seinem Vergleichsvorschlag auch die besondere Situation des Architekten durch die finanziellen Vorgaben des Kreistages beim Neubau.

Bestler: „Ich lasse nicht mit mir Schlitten fahren!"

Doch diese positive Meldung ging regelrecht unter, der Landtagswahlkampf 1986 tobte bereits. Bernd Lassel hatte die BI weiter hinter sich, was im September bei der Diskussionsveranstaltung der CSU im Gallenbacher „Augusta-Wirt" überaus deutlich wurde. Als der Aichacher CSU-Landtagskandidat Christian Knauer in die überfüllte Gaststube kam, gab es laute Protestrufe. „Geh' doch hoam!", schlug es ihm entgegen, Lassel dagegen empfing prasselnder Beifall. Auch Josef Bestler wurde niedergeschrien, woraufhin der Landrat gar seine sonst stets zurückhaltende Art ablegte und klarstellte: „Ich lasse nicht mit mir Schlitten fahren. Ich bin doch kein Hanswurst, der auf der Brennsuppe dahergeschwommen ist!"
Die nächsten Schlagzeilen lieferte daraufhin wieder Lassel: Der BI-Chef und Polit-Neuling forderte wenige Tage nach der denkwürdigen Versammlung Bestlers Rücktritt. Die Kreisvorstandschaft der SPD schloß sich an. Die Vorstandschaft der Kreis-CSU sprach sich daraufhin einstimmig gegen einen Rücktritt des Landrats aus und nahm Bestler „gegen die Verleumdungen und Beleidigungen durch die Bürgerinitiative und die SPD" in Schutz, wie sich Kreisvorsitzender Max Sedlmeir ausdrückte.
Die Landtagswahl am 13. Oktober 1986 stand im Kreis wegen der Müllproblematik also unter ganz besonderen Zeichen. Weiteres Lokalkolorit brachte die Kandidatenmannschaft. Denn neben Schorsch Fendt aus Friedberg als Direktkandidat stellte die Kreis-CSU mit Christian Knauer einen weiteren aussichtsreichen Bewerber auf der Liste. Knauer hatte als Spitzenkandidat der Jungen Union Schwaben den aussichtsreichen Platz vier ergattert. Daneben trat der Aichacher SPD-Ortsvorsitzende Klaus Habermann für die Sozialdemokraten an, Kreisrat Siegfried Heim war als bekannter Kritiker der Müllpolitik von den Grünen nominiert worden. Am Wahlsonntag bekam Georg Fendt für sein klares Bekenntnis zu einer maßvollen Erweiterung der Mannertschen Hausmülldeponie einen kleinen Denkzettel: Der Friedberger erhielt mit 63,51 Prozent zwar wieder die deutliche Mehrheit, hatte gegenüber der letzten Wahl allerdings über fünf Prozent eingebüßt. Klaus Habermann kam auf 18,68 Prozent, Siegfried Heim erreichte 6,16. Die Unabhängigen wurden eher enttäuscht: Auf Bernd Lassel entfielen lediglich 5,33 Prozent und damit weniger, als man aufgrund der nun schon eineinhalb Jahre währenden Dauer-Diskussion um Gallenbach hätte erwarten können. Listenkandidat Sepp Bichler kam im Kreis bei mehr als 53 900 Wählern ebenfalls nur auf knapp 3200 Stimmen. Schon dieses Ergebnis zeigt, daß die Bürger das Müllproblem weit weniger emotional beurteilten als die Opposition, die hierin ein probates Wahlkampfthema sah. Nachzutragen bleibt noch, daß Christian Knauer als

Listenkandidat 21 735 Stimmen allein im Landkreis verbuchen konnte und später als Nachrücker in den Landtag einzog, was an anderer Stelle ein Thema sein wird.
Unmittelbar nach der Landtagswahl kündigten neben Knauer weitere Mandatsträger der CSU ihre Mitgliedschaft bei der BI. Die Fronten waren damit endgültig geklärt. Nun flachte die Diskussion vorerst etwas ab. Das belegt, wie sehr die Auseinandersetzung im Vorfeld der Wahlen zugespitzt worden war.

Paar-Altwasser mit Stacheldraht abgesichert

In dieser Phase stellte sich im Kampf gegen Mannerts Erweiterung zunächst ein kleiner Teilerfolg ein: Der Unternehmer sah ein, daß er mit seinen Absichten bezüglich des Wenger-Ackers nicht mehr durchdringen konnte, und beantragte statt dessen eine Erhöhung des Müllberges um 15 bis 20 Meter. Im Dezember deutete die Abfallabteilung der Regierung von Schwaben an, daß sie wohl einer maßvollen Aufstockung zur Sicherstellung der Abfallentsorgung des Kreises zustimmen werde. Zeitgleich hatte der Kreistag eine wichtige Entscheidung getroffen: Um die Übergangszeit bis zur Inbetriebnahme der geplanten Augsburger Abfallverwertungsanlage zu überbrücken, wurde der Bau einer kreiseigenen Deponie beschlossen. Die Frage des Standortes sollte später allerdings weitere Flächenbrände im Land entfachen.
Um so mehr, als im Februar 1987 im Kreistag bekannt wurde, wie gefährlich eine Hausmülldeponie sein kann. Denn nun lagen die Meßwerte des arsenbelasteten Sickerwassers in Gallenbach vor: Bis zu 37 000 Milligramm Arsen je Kilogramm Trockensubstanz wurden im Schlamm des Altwassers ermittelt. Auf Antrag von Kreisrätin Hanni Held wurde das Gelände daraufhin mit Stacheldraht eingezäunt – der Bau des längst beschlossenen Ausfällbeckens war indes noch nicht erfolgt. Einerseits, weil sich weder Mannert noch die GSB als Verursacher fühlten und deshalb jegliche finanzielle Beteiligung ablehnten, andererseits wegen der vielen ungeklärten Detailfragen über die Technik dieser Anlage. Nach der Meldung über die hohe Arsenkonzentration wurde auf Betreiben von Landrat und Kreistag mit Hochdruck an der Planung gearbeitet. Schon im Frühsommer 1987 begann der Bau, doch ein Hochwasser verhinderte die Inbetriebnahme im Sommer: Das Wasser schwemmte die Betonbecken auf und beschädigte die Anlage derart, daß ein Großteil der Arbeiten zunichte gemacht war. Erst im Januar 1988 ging das Ausfällbecken in Betrieb. Die ursprünglich einmal auf rund 330 000 Mark veranschlagten Kosten waren auf knapp zwei Millionen Mark geschnellt. Um weiteren Schaden abzuwenden, übernahm der Landkreis die Vorfinanzierung.

Nach seinem gescheiterten Erweiterungsantrag für den Wenger-Acker forderte Paul Mannert im März 1987 die Erhöhung des Müllberges um rund 22 Meter. Der Aichacher Stadtrat blieb bei seinem strikten Nein. Mannert hatte zwischenzeitlich auch in München eine Niederlage hinnehmen müssen: Der Umweltausschuß des Landtages plädierte im Februar einstimmig für einen Antrag von MdL Georg Fendt, wonach in Gallenbach künftig nur noch Abfall aus den Landkreisen Aichach-Friedberg und Augsburg eingelagert werden solle – erste Ansätze, dem Mülltourismus Einhalt zu gebieten. Einen Teilerfolg verbuchte der Unternehmer hingegen, als ihm die Regierung von Schwaben im März 1987 den Bau der Aktiventgasung zur Eindämmung der Geruchsbelästigung genehmigte, gleichzeitig allerdings eine Sicherheitsleistung von 1,3 Millionen Mark forderte. Gleichwohl: Mannert war damit noch einmal die Gelegenheit gegeben, rasch eine „saubere" Deponie zu schaffen, was seinen Aussichten auf Erhöhung oder Erweiterung nur förderlich sein konnte.

Die Regierung von Schwaben genehmigt die Erhöhung

So kam es denn auch. Bei der großen Bürgeranhörung zur Erhöhung in der Friedberger Sporthalle während dreier Juli-Tage behandelten die Mitarbeiter der Regierung von Schwaben zwar über 300 Einwände von Nachbarn und BI-Mitgliedern gegen Mannerts Pläne, doch diese rechtliche Form des Widerstandes war zu gering. Denn am Dienstag, 20. Oktober 1987, erreichte Landrat Bestler und Bürgermeister Riepl per Bote die düstere Nachricht der Regierung: Mannert bekam „die Zulassung des vorzeitigen Beginns für die betriebsbereite Herstellung zur Erhöhung der Hausmülldeponie Gallenbach". Wenige Wochen zuvor hatten das Landratsamt und die Stadt bereits eine Niederlage einstecken müssen, als das Augsburger Verwaltungsgericht den ablehnenden Bescheid des Landratsamtes zum Lehmabbau auf dem Wenger-Acker aufhob. Nun folgte die neuerliche Hiobsbotschaft, die gleichzusetzen war mit der endgültigen Genehmigung der Erhöhung. Die ließ wiederum nicht lange auf sich warten: Am 14. Dezember 1987 gab die Regierung von Schwaben dafür grünes Licht. In dem 123seitigen Schreiben wurde herausgestellt, daß nur so die Abfallentsorgung der Landkreise Aichach-Friedberg und Augsburg sowie Starnberg für die Dauer der folgenden 1,7 Jahre sichergestellt werden könne. Damit war die Empfehlung des Umweltausschusses im Landtag, wonach in Gallenbach nur noch die Kreise Aichach-Friedberg und Augsburg entsorgt werden sollen, nicht einmal mehr das Papier wert, auf dem sie geschrieben stand.

DIE MÜLLDEPONIEN IN GALLENBACH

Drei Tage nach dieser Genehmigung kam es zu einer weiteren Demonstration der BI vor den Toren der Hausmülldeponie. Die rund 40 Teilnehmer drückten ihren Protest mit großen Transparenten und Gasmasken vor dem Gesicht aus. Als sie die Zufahrt für die Müllfahrzeuge blockierten, rückte die Polizei auf den Plan – die Staatsgewalt war unübersehbar.

Pläne für ein „Gallenbach II" mit 13 Hektar

Inzwischen hatte Paul Mannert einen weiteren Zug im Schachspiel um die Müll-Millionen vollzogen: Im April 1987 verkaufte er der GSB das bislang nur an sie verpachtete Gelände der Sondermülldeponie. Damit hatte er sich den Freistaat Bayern im Ringen um den Müllstandort Gallenbach endgültig zum Partner gemacht. Wenngleich die halbstaatliche Gesellschaft und der Lützelburger Unternehmer in der Öffentlichkeit nie Hand in Hand gingen, gibt es doch genügend Hinweise, die darauf schließen lassen, daß die GSB Mannert dankbar war für jeden Versuch, die Deponiegeschichte in Gallenbach so lange wie möglich fortzuschreiben.

Fast immer, wenn der Hausmüllentsorger seine Erhöhungs- oder Erweiterungsanträge stellte, folgten auf dem Fuß Pressemeldungen, in denen die Gesellschaft für Sondermüllbeseitigung gleichlautende Absichten kundtat. Durch den Verkauf des Areals hatte Mannert die halbstaatliche Gesellschaft endgültig in sein Boot geholt.

> **Eklat bei „Jetzt red' i"**
>
> Am Samstag, 11. April 1987, kommt das Bayerische Fernsehen auf Initiative der Aichacher Zeitung zum zweiten Mal mit seinem bekannten Wirtshausdiskurs „Jetzt red' i" nach Aichach. Die Mitglieder der Bürgerinitiative gegen die Gallenbacher Deponie wollen die Aufzeichnung in der TSV-Halle nutzen, um landesweit auf das Müllproblem hinzuweisen. Als sie sich mit ihren Beiträgen und Wortmeldungen zu wenig berücksichtigt fühlen, äußern sie vor laufenden Kameras ihren Unwillen: Die verantwortlichen Fernsehredakteure Franz Stephani und Heinz Burghart würden sie und ihr Thema regelrecht unter den Teppich kehren. Es kommt zu tumultartigen Szenen. Als die Sendung am 28. April ausgestrahlt wird, ist davon freilich nichts zu bemerken. Das Bayerische Fernsehen zeigt nur die volkstümlichen Sequenzen, das Müllproblem wird kaum angeschnitten, von Arsen im Sickerwasser ist gar keine Rede.

Doch dieses Boot sollte trotz der Genehmigung für die Erhöhung schon bald das erste kleine Leck bekommen. Denn Mannert wollte seine wirtschaftlichen Interessen freilich länger als 1,7 Jahre abgesichert sehen. Deshalb ging er im Januar 1988 endgültig in die vollen und gab Absichten zum Bau einer neuen Hausmülldeponie unter der Bezeichnung „Gallenbach II" bekannt: ein 13 Hektar großes Areal, das den Wenger-Acker und den Teil eines Wäldchens entlang der Bundesstraße umfassen sollte. Gesamtvolumen: rund 1,3 Millionen Kubikmeter Müll!

Das löste einen weiteren Aufschrei bei der BI aus, die im Februar einen Fackelzug mit über 1000 Teilnehmern am Müllberg organisierte. Die politische Schiene reagierte ebenfalls: Stadtrat und Kreistag lehnten die zweite Deponie ab, der Landkreis versagte die Genehmigung, doch dieser ablehnende Bescheid wurde von der Regierung aufgehoben. Daraufhin erhob die Stadt erneut Klage vor dem Verwaltungsgericht. Zeitgleich stellten Georg Fendt und Christian Knauer im Landtag den Antrag, daß die Geschichte der Hausmülldeponie mit der Verfüllung der bisher genehmigten Kapazitäten beendet sein solle. Diesen Vorstoß befürwortete der Landtagsausschuß im Februar 1988 einstimmig. Tage später kam Landrat Josef Bestler von einem Gespräch mit dem Präsidenten des Landesamtes für Umweltschutz in München, Dr. Walter Ruckdeschel, zurück und betonte überzeugt: „Es wird keine 13 Hektar geben und auch nicht weniger. Als Landrat und Jurist bin ich davon überzeugt, daß wir die Erweiterung verhindern können."

Die Stadt siegt vor dem Verwaltungsgerichtshof

Bestler sollte recht behalten, die Stunde dieses Erfolges allerdings nicht mehr im Amt erleben, denn inzwischen stand der Landrat als Chef des Kreistages landauf, landab im Kreuzfeuer der Kritik. Wie bereits erwähnt, mußte der Kreistag der Regierung von Schwaben und den Instanzen der Landesplanung Auswege aus der eigenen Müllmisere aufzeigen und damit auch die Ernsthaftigkeit seines Widerstandes gegen Mannerts Expansionsabsichten dokumentieren. Dies geschah mit der Suche nach einer Ersatzdeponie, die im August 1987 abgeschlossen war. Das beauftragte Ingenieurgeologische Institut hatte zunächst fünf, dann acht – am Ende zwölf – Flecken im Landkreis ausgemacht, die aufgrund der geologischen Verhältnisse für den Bau einer kreiseigenen Deponie geeignet erschienen. Als Bestler das Ergebnis des 300seitigen Gutachtens im Kreistag vorstellte, taten sich neue Widerstandsnester auf.
Im Blumenthaler Forst, bei Oberbernbach und in der Gemarkung Ecknach lagen allein drei mögliche Standorte – der Protest der Aichacher Bevölkerung folgte sofort. Ähnliches ereignete sich in den übrigen betroffenen Gemeinden von Süd bis Nord. Als der Kreistag am 4. Mai 1988 nach achtstündiger Debatte den Gumppenberg bei Pöttmes mit 44:6 Stimmen als Standort für die Übergangsdeponie bestimmte, bildete sich dort über Nacht eine nicht minder starke Bürgerinitiative, die Bestler und den Kreistag in der Folgezeit kaum weniger unter Druck setzte, als es die drei Jahre zuvor rund um Dasing entstandene Bürgerbewegung vermochte. Die Anlage sollte 335 000 Kubikmeter Abfall aufnehmen. Der Bau hätte knapp 21 Millionen Mark gekostet.

Der Standort wurde durchgeboxt und damit der Regierung von Schwaben jeglicher Zweifel daran genommen, der Landkreis könnte sich aus der Abhängigkeit zu Mannert nicht lösen und seine Abfallentsorgung bis zur Inbetriebnahme der Augsburger Müllverwertungsanlage nicht selbst übernehmen. Im Wettlauf mit der Zeit war der Landkreis Paul Mannert nun also um eine Nasenlänge voraus. Der Unternehmer schien das erkannt zu haben. Denn nun finanzierte der „Müll-Zar" große Zeitungsanzeigen, in denen er Gallenbach als mustergültige Deponie deklarierte.
Doch die Zeit der Niederlagen für Paul Mannert hatte begonnen, denn am 14. Oktober 1988 bestätigte der Verwaltungsgerichtshof in München den ablehnenden Bescheid des Landratsamtes vom 5. August 1986 zum Lehmabbau auf dem Wenger-Acker, gegen den Mannert zunächst erfolgreich vor dem Augsburger Verwaltungsgericht geklagt hatte. In der Berufung obsiegte vor dem VGH nun die Stadt Aichach. Der Lehmabbau auf dem Wenger-Acker wurde untersagt – eine Vorstufe, um das Feld für ein „Gallenbach II" zu bereiten, war damit ausgeschaltet.

Landrat Josef Bestler tritt zurück

Dr. Theo Körner Nachfolger

Wenngleich ihm aus dem Pöttmeser Raum durch eine neue Bürgerinitiative wieder herber Wind ins Gesicht schlug, stand Landrat Josef Bestler kurz davor, wenigstens das baldige Ende der Gallenbacher Hausmülldeponie offiziell verkünden zu können. Doch soweit kam es nicht mehr: Sicher zum Nachdenken bewogen durch den überraschenden Tod seines alten Freundes und bundesweit dienstältesten Landratskollegen Dr. Franz-Xaver Frey aus Augsburg am 18. November 1987, noch stärker beeinflußt von den Folgen einer schweren Operation im Februar 1989 im Augsburger Klinkum und wohl auch unter dem Druck der jüngeren Kräfte der CSU-Fraktion im Kreistag, die seinen Stellvertreter Dr. Theo Körner als Landratskandidaten für 1990 vorgeschlagen und auch durchgebracht hatten, erklärte Bestler am Dienstag, 4. April 1989, völlig überraschend seinen Rücktritt aus gesundheitlichen Gründen. Der Kreistag akzeptierte das Gesuch einstimmig.
Damit war eine außertourige Landratswahl nötig, die am 18. Juni 1989 mit den Wahlen zum Europäischen Parlament durchgeführt wurde. Der Rücktritt Bestlers traf auch dessen eigene Parteikollegen aus heiterem Himmel, denn nicht einmal die CSU war darauf vorbereitet. Die Kreis-SPD kämpfte mit innerparteilichen Querelen: Der zunächst vom Kreisvorstand als Kandidat be-

63,4 PROZENT FÜR KÖRNER

2,5 Millionen Kubikmeter Hausmüll sind in Gallenbach eingelagert.

nannte 44jährige Verwaltungsbeamte Roland Fuchs aus Friedberg mußte zunächst einmal die Stichwahl gegen Hans Priller aus Mering über sich ergehen lassen, der Kreisverband der Grünen antwortete erst nach einiger Zeit mit der ehemaligen Bundestagsabgeordneten Dr. Sabine Bard-Kröniger aus Walchshofen, die FDP hatte gar keinen Kandidaten. Dafür schickte überraschend der neue Kreisverband der Republikaner den 47jährigen Angestellten Siegfried Modlinger aus Eismannsberg ins Rennen.

Das Rennen bei der Wahl machte der 47jährige CSU-Kandidat Dr. Theo Körner aus Friedberg, der am 18. Juni 63,4 Prozent der Stimmen (52 936) auf sich vereinen und damit Roland Fuchs (19,4), Modlinger (10,8) sowie Dr. Bard-Kröniger (6,4 Prozent) deutlich hinter sich lassen konnte. Zum neuen ersten Stellvertreter Körners wurde Dieter Heilgemeir aus Aichach gewählt.

Großartiges Fest zum Abschied

Am 30. Juni 1989 feierte Altlandrat Josef Bestler seinen Abschied. Die Bürger des Landkreises bereiteten ihm ein großartiges Fest. Abordnungen zahlloser Vereine, Musikkapellen und Feuerwehren marschierten im Aichacher Landkreisstadion auf, Tausende entboten stehende Ovationen. Die Beliebtheit Josef Bestlers wurde damit eindrucksvoll demonstriert. In der Gesamtschau seiner Leistungen überwogen die Verdienste während der zurückliegenden 26 Jahre – die beinharten Diskussionen um die Abfallentsorgung vermochten die

DIE MÜLLDEPONIEN IN GALLENBACH

Landrat Josef Bestler nimmt Abschied. Von links: Nachfolger Dr. Theo Körner, Bestler, Innenminister Dr. Edmund Stoiber und Bezirkstagspräsident Georg Simnacher.

positive Abschlußbilanz des Politikers Josef Bestler nicht zu erschüttern. Das wurde ihm auch am Vormittag des 30. Juni bescheinigt, als die politische Prominenz Abschied nahm. In der Aula der neuen Berufsschule, für die Bestler so sehr gekämpft hatte, sprachen ihm die Vertreter aller Fraktionen höchstes Lob und Anerkennung für seine Arbeit aus. An der Spitze der Festgäste erschienen Senator Otto Neukum aus Bamberg als Vorsitzender des Landkreisverbandes Bayern und der damalige Innenminister Dr. Edmund Stoiber, der betonte: „Eine namhafte politische Persönlichkeit Bayerns tritt ab." Hohe und höchste Auszeichnungen, die Josef Bestler noch während der Amtszeit verliehen worden waren, machen seine zahllosen Verdienste deutlich: Dem Bundesverdienstkreuz am Bande folgte jenes 1. Klasse, dazu kamen die Ehrenringe des Landkreises, des Marktes Mering und der Stadt Friedberg, die Goldene Bürgermedaille der Stadt Aichach oder die Verleihung des Titels „Ehrenmeister des schwäbischen Handwerks" durch die Handwerkskammer Schwaben/Augsburg.

Am Tag seines Abschiedes wandte sich Josef Bestler auch in Zeitungsanzeigen an seine Bürger. Unter anderem schrieb er: „Ich hoffe sehr, daß ich vor Ihnen allen im Urteil einer späteren emotionsloseren und nüchternen Betrachtung der letzten 26 Jahre mit dem Urteil bestehen kann, daß ich meine Pflicht getan habe." Dieser Wunsch ging sicherlich in Erfüllung. Weitere Auszeichnungen an den Privatier Josef Bestler in den folgenden Monaten und Jahren mögen das unterstreichen: Dem Ehrentitel „Altlandrat" folgten 1990 der Bayerische Verdienstorden und am 30. November 1990 die Verleihung der Ehrenbürgerschaft der Stadt Aichach.

Das Arsen kommt aus der Hausmülldeponie

Riepl fordert Dicks Rücktritt

Josef Bestler nahm konsequent Abschied, zog sich in sein Haus in Oberwittelsbach zurück und verfolgte dort die bis zur Gegenwart anhaltenden Auseinandersetzungen im Kreistag wegen der Müllpolitik, deren Bild sich grundlegend gewandelt hatte. Müllvermeidung, Sortierung und Wiederverwertung nach dem Vorbild der Wertstoff-Sammelstelle, die erstmals von der BI unter der Führung von Ortrud Lueg in Dasing eingerichtet worden war, hatten inzwischen Priorität.
Doch wenden wir uns wieder der Gallenbacher Deponiegeschichte zu, die noch lange kein Ende nehmen sollte. Noch vor seiner Wahl hatte Landrat Dr. Theo Körner angekündigt, daß der Kreis seinen Abfall bis zur Inbetriebnahme der Augsburger Verwertungsanlage im Zuge eines Mülltauschgeschäftes mit dem Landkreis Augsburg entsorgen könne und damit vermutlich nicht auf die Übergangsdeponie auf dem Pöttmeser Gumppenberg angewiesen sei. Das brachte Körner erhebliche Stimmengewinne an den Brennpunkten des Geschehens: In Gallenbach bekam der CSU-Mann 65,1 Prozent, in Pöttmes 74. Den Grundstein für das Mülltauschgeschäft hatte indes bereits Josef Bestler gelegt, wie aus einem Schreiben vom 12. Dezember 1988 an alle Fraktionen des Kreistages hervorgeht. Darin faßt Bestler das Ergebnis eines Gesprächs zusammen, zu dem er am 29. August 1988 den Augsburger Landrat Dr. Karl Vogele, dessen Stellvertreter Albert Spitzner, MdB Eduard Oswald (CSU) und MdL Max Strehle (CSU) in sein Wohnhaus nach Oberwittelsbach eingeladen hatte. Dabei wurde der Mülltauschvertrag im Grundsatz festgelegt, gleichzeitig stellte Bestler den Bau einer Reststoffdeponie für die Augsburger Abfallverwertungsanlage bei Hofhegnenberg im südlichen Landkreis in Aussicht. Damit waren wesentliche Bausteine zur weiteren Lösung des Hausmüllproblems zusammengesetzt.
Landrat Dr. Theo Körner führte die Verhandlungen mit dem Kreis Augsburg später erfolgreich weiter, und versprach noch vor dem Wahlsonntag: „Gallenbach II wird nicht kommen!" Doch diese Prophezeiung war keineswegs kühn, denn spätestens seit dem Urteil des Verwaltungsgerichtshofes vom 10. Okto-

ber 1988 gegen Mannert und den geplanten Lehmabbau war es höchst unwahrscheinlich, daß die zweite Deponie auf dem Wenger-Acker genehmigt würde. Wenn dort nicht einmal der Lehm ausgebeutet werden durfte, war vorauszusehen, daß auch keine Deponie genehmigungsfähig wäre. Im August, wenige Wochen nach Körners Amtsantritt, lag bei der Regierung von Schwaben das Gutachten über die wahrscheinliche Herkunft des Arsens vor. Die Behörde gab das Papier allerdings trotz heftigen Protestes von Kreis und Stadt zunächst nicht heraus. Bürgermeister Riepl sprach offen von möglicher „Vertuschung" durch die Bezirksbehörde, BI-Chef Bernd Lassel von einem „Riesenskandal", die Regierung nehme Mannert in Schutz. Es bestand der Verdacht, daß die Abfallabteilung am Augsburger Fronhof weiterhin langfristig mit der Hausmülldeponie liebäugeln könnte.
Tage später legte Paul Mannert bei der Regierung offiziell die Pläne für „Gallenbach II" vor. Nun wurde der Druck aus Politik und Bürgerbewegung noch heftiger, und die Regierung von Schwaben mußte im September das Gutachten herausrücken – alle Kritiker wurden bestätigt: Die Experten hatten eindeutig festgestellt, daß das Arsen aus der Hausmülldeponie auslaufe. Darüber hinaus kam das Gutachten des Ingenieurgeologischen Institutes Siegfried Niedermayr aus Westheim (Mittelfranken) zu einem weiteren vernichtenden Ergebnis: Der ursprüngliche Teil der Anlage habe weder Untergrundabdichtung noch Anlagen zur Erfassung der Sickerwässer. Außerdem sei die Statik des gesamten Abfallberges gefährdet, „der alte Müllbereich ist nicht mehr kontrollierbar", stellten die Gutachter fest. Damit war eindeutig belegt, daß alle bisherigen Aussagen der Regierung von Schwaben und des Landesamtes für Umweltschutz über den technisch hohen Stand der Einlagerung in Gallenbach falsch waren. Und auch die Aussagen von Umweltminister Alfred Dick bei der großen Diskussion in der Turnhalle waren damit ad absurdum geführt.
Lassel ging sofort in die Offensive: „Minister Dick hat den Landtag und die Aichacher Bürger belogen!" Bürgermeister Alfred Riepl forderte daraufhin den sofortigen Rücktritt des Umweltministers. Dick schimpfte zurück, sprach von einer „unglaublichen Entgleisung" des Stadtoberhauptes und spielte die Gefahren durch die Hausmülldeponie erneut herunter. In einem Interview mit der Aichacher Zeitung im November 1989 redete der Minister erneut von einem technisch hohen Stand der Mannertschen Anlage und befürwortete obendrein eine zweite Hausmülldeponie in Gallenbach: „Es gibt keine realistische Alternative zu Gallenbach II."

Mannert zieht die Pläne für „Gallenbach II" zurück

Doch Dicks Haltung hatte auch eine positive Wirkung, denn im Dezember 1989 stimmten nun alle Kreistagsmitglieder für ein Müll-Tauschgeschäft mit dem Landkreis Augsburg, obwohl das an die Verpflichtung zur späteren Übernahme einer Schlackendeponie für die Augsburger Verbrennungsanlage gekoppelt wurde. In den darauffolgenden Tagen und Wochen dürfte es zahllose Gespräche auf verschiedensten politischen Ebenen gegeben haben, um Mannerts Neubaupläne zu verhindern. Die Entscheidung fiel dann im Februar 1990, als Mannert nach einem langen Gespräch mit Landrat Dr. Theo Körner seine Pläne für „Gallenbach II" zurückzog.
Noch Jahre hielt sich die Diskussion um die Urheberschaft dieses Erfolges, den Landrat Dr. Körner ebenso für sich verbuchte wie BI-Chef Bernd Lassel oder Aichachs Bürgermeister Alfred Riepl wegen seiner erfolgreichen Klage gegen den Lehmabbau, die gewiß eine Schlüsselfunktion eingenommen hat. Die Antwort auf die Frage, wer die Väter des Erfolges waren, dürfte wohl in der goldenen Mitte zu suchen sein: Fünf Jahre währender erbitterter Widerstand der Bürger, viele Entscheidungen von Kreistag und Stadtrat und zahlreiche weitere Faktoren – all das zusammen dürfte es wohl gewesen sein, was geholfen hat, die Geschichte der Hausmülldeponie zu beenden.
Die Verfüllung der Restfläche wurde im Frühjahr 1991 abgeschlossen. Zuvor lief bereits die vom Bayerischen Landtag im Januar 1990 beschlossene Sanierung der Deponie an. Das Maßnahmenpaket sah auch ein weiteres Gutachten der Landesgewerbeanstalt in Nürnberg bezüglich des Arsens vor, das noch erschreckendere Erkenntnisse an den Tag bringen sollte: Jährlich liefen mehr als 250 (!) Kilogramm Arsen über das Sickerwasser aus dem Müllberg. Allerdings kam dieses zweite Gutachten zu keiner eindeutigen Aussage, was die Frage nach dem Verursacher anbelangt. Denn die Landesgewerbeanstalt hielt es auch für möglich, daß der Giftstoff aus einer Altlast austrete, die bereits vor der Verfüllung der Deponie in den sechziger Jahren erfolgt sein könnte. Außerdem sei nicht auszuschließen, daß das Arsen geogener – also natürlicher – Herkunft sei und durch das Sickerwasser ausgewaschen werde.
Nach der Verfüllung der Hausmülldeponie geschah das, was die BI prophezeit hatte: Paul Mannert meldete Konkurs an und entzog sich damit weiterer finanzieller Verpflichtungen, die über die bereits entbotenen Sicherheitsleistungen in Höhe von insgesamt knapp fünf Millionen Mark hinausgingen. Auf der Basis des Gutachtens der Landesgewerbeanstalt gab der Freistaat den Bau einer neuen Arsen-Ausfällanlage mit Tiefenabsperrung im Untergrund am Fuß des Müllberges in Auftrag. Eine 22 Meter hohe Betonwand wurde eingebaut, davor ein Leitungssystem zur Aufnahme des Sickerwassers, das in einer

Reinigungsanlage behandelt wird. Die Einweihung und Inbetriebnahme mit Umweltminister Dr. Thomas Goppel erfolgte 1996. Ein Jahr darauf wurde der lange umkämpfte Bau einer Anlage zur Verstromung des Deponiegases abgeschlossen. Die gesamten Maßnahmen liefen unter der Federführung der Regierung von Schwaben. Das Sanierungspaket verschlang knapp 13 Millionen Mark, die bislang aus der Kasse des Steuerzahlers aufgebracht wurden. Nach Mannerts Konkurs darf bezweifelt werden, daß der Freistaat mit einer auch nur teilweisen Rückerstattung der Kosten rechnen kann.

Die Unabhängigen sitzen im Kreistag

Keinesfalls beendet ist damit allerdings die Geschichte der Sondermülldeponie. Noch 1993 konnte die GSB nach langen Diskussionen in Stadtrat und Kreistag eine letzte Erweiterung durchboxen, die als „Arrondierung" der Anlage bezeichnet wurde, womit sich das Volumen auf 1,4 Millionen Kubikmeter erhöhte. Ob die halbstaatliche Gesellschaft ihr im Rahmen dieser Genehmigung gegebenes Versprechen einhält und die Deponie nach der Verfüllung der verbleibenden Fläche schließt, muß die Zukunft erst beweisen.

Nachzutragen bleiben die weiteren politischen Auswirkungen der Mülldiskussionen auf Kreisebene: Im Oktober 1989 präsentierten die Unabhängigen auch Kandidaten für die Kreistagswahl im März 1990. Mit BI-Chef Bernd Lassel, dem Sielenbacher Bio-Bauern Sepp Bichler und Franz Tschacha aus Derching, der inzwischen eine Bürgerinitiative gegen den Bau der Müllverbrennungsanlage gegründet hatte, schafften drei Vertreter den Sprung auf die Bank der Opposition. Lassel mußte daraufhin den Vorsitz in der Bürgerinitiative abgeben, weil deren Führungskräfte laut Satzung kein politisches Mandat innehaben durften. Nachfolger Lassels wurde Josef Brettmeister aus Gallenbach, der später von Hildegard Jakobi abgelöst wurde. Ihr wiederum folgte später Manfred Brettmeister nach, der an der Spitze der BI blieb bis zu deren Auflösung 1997. Der große Verlierer der Kreistagswahl am 18. März 1990 war die CSU, die nur

---

Kreistagswahl, 18. März 1990

Landrat:
Dr. Theo Körner (CSU)

Die Kreistagsmitglieder aus dem Aichacher Stadtgebiet:

CSU:
Heinrich Hutzler, Bürgermeister
Christian Knauer, MdL
Dieter Heilgemeir, Studiendirektor
Johanna Held, Bäuerin
Horst Thoma, Rechtsanwalt

SPD:
Klaus Habermann, Bankkaufmann
Anton Gföllner, Lehrer
Maria Glöckner, Hausfrau

noch auf 33 Mandate kam und damit den herben Verlust von neun Sitzen hinnehmen mußte. Einen Einbruch erlebte auch die SPD, die zwölf Vertreter entsenden konnte, drei weniger als nach der Wahl 1984. Drittstärkste Kraft wurden die Republikaner, die 7,56 Prozent der Stimmen bekamen und vier Vertreter stellen konnten. Ebenfalls neu hinzu kamen die Freien Wähler, denen bei 6,10 Prozent drei Mandate zufielen, die FDP erhielt eines.

Das Häuflein der politischen Vertreter aus der Kreisstadt im Kreistag war auf acht zusammengeschrumpft. Darunter waren mit Maria Glöckner aus Oberbernbach, Horst Thoma und Klaus Habermann drei Neulinge. Zudem gab Dieter Heilgemeir sein Amt als Stellvertreter des Landrats zu Beginn der Legislaturperiode zurück, um sich auf seinen Posten als neuer zweiter Bürgermeister der Stadt zu konzentrieren. Erster Stellvertreter Körners wurde für ihn Edgar Hegler aus Dieshof bei Pöttmes, zweiter Matthias Stegmeir aus Rinnenthal.

Noch in den neunziger Jahren blieb Gallenbach durch die Erweiterungspläne der GSB aktuell. Dieses Foto entstand bei einem Ortstermin des Stadtrats.

Das politische Kräfteverhältnis im Kreistag hatte sich vor allem auch durch die jahrelange Mülldebatte verändert. Dabei muß herausgestellt werden, daß die Abfallproblematik ein komplexes und vielschichtiges Aufgabengebiet der Kreistagspolitik geworden ist und zum fast schon klassischen Krisenfeld avancierte. Schon aus Platzgründen und wegen fehlender direkter Zusammenhänge mit der Aichacher Stadtgeschichte kann in dieser Rückschau allerdings nicht mehr näher darauf eingegangen werden.

Mit diesem gerafften Überblick der Ereignisse in vielen turbulenten Jahren schließt das Kapitel der Mülldeponien in Gallenbach. Bleibt zu hoffen, daß die befürchteten Auswirkungen auf das Trinkwasser durch das Arsen ausbleiben, die Statik des 2,5 Millionen Kubikmeter großen Abfallberges standhält und keine anderen negativen Folgen eintreten, die der Nachwelt ähnliche Sorgen und Probleme bereiten könnten.

DIE MÜLLDEPONIEN IN GALLENBACH

Die Deponie der GSB, rechts davon ein kleiner Teil der rekultivierten Hausmülldeponie der Firma Mannert, in der etwa 2,5 Millionen Kubikmeter Abfall eingelagert sind. Die Kapazität der GSB beträgt rund 1,4 Millionen Kubikmeter. Die Aufnahme entstand 1996.

Die letzte Etappe in die neunziger Jahre

Die nächsten städtischen Großprojekte

Tiefgarage, Verwaltungsgebäude und Rathaussanierung

Nach dem langen Ausflug in die Geschichte der Gallenbacher Mülldeponien stehen in diesem Kapitel die wichtigsten Schritte der Stadt auf dem Weg in die neunziger Jahre im Mittelpunkt und damit gleichzeitig die letzte Etappe der Amtszeit von Bürgermeister Alfred Riepl.
Nach der Stadtratswahl 1984 und dem Einzug der Freien Wähler in das Gremium standen zunächst einmal jene Projekte im Vordergrund, über die schon in der vorhergegangenen Legislaturperiode nachgedacht worden war. Hier ist zunächst der Bau der städtischen Tiefgarage am Tandlmarkt zu nennen, die eine wesentliche Entlastung für die Parksituation bringen sollte. Auch bei dieser Maßnahme gelang es, hohe Zuschüsse zu bekommen, weil sich der Stadtrat Fördermittel aus einem Sonderprogramm zum Bau von Schutzräumen sichern konnte. Das unterirdische Parkdeck kann in Krisenfällen rund 1000 Menschen aufnehmen. Der Bau kostete rund 3,4 Millionen Mark, die Stadt mußte davon lediglich 1,6 Millionen Mark aufbringen. Im Dezember 1984 wurde das unterirdische Parkdeck mit 69 Stellplätzen freigegeben, deren Benutzung kostenlos war.
Unmittelbar danach erfolgte die Planung für ein neues Verwaltungsgebäude am Tandlmarkt gleich über der Tiefgarage. Die neuen Räume für die städtischen Bediensteten waren dringend notwendig, denn längst hatten Abteilungen in andere Gebäude ausweichen müssen. Die Raumnot im historischen Rathaus am Stadtplatz war so groß, daß man 1981 sogar die Eingangstüre im Osten der Fassade zugemauert hatte, um dort ein weiteres Zimmer einrichten zu können. Überdies hatte man immer noch keinen geeigneten Sitzungssaal. All diese Raumprobleme wurden mit dem neuen Verwaltungsgebäude behoben, das rund drei Millionen Mark kostete. Im Januar 1987 konnten dort die ersten Abteilungen einziehen.

Damit war der Weg frei für die ebenfalls dringend notwendige Sanierung des alten Rathauses, die im Herbst 1988 anlief und manche unliebsame Überraschung brachte. Denn die Bausubstanz offenbarte sich in einem weitaus schlechteren Zustand, als man angenommen hatte. Bis zum Abschluß der Arbeiten im Januar 1990 kletterten die Gesamtkosten von anfangs geschätzten 1,2 auf 2,15 Millionen Mark – eine Erhöhung, die besonders von den Freien Wählern kritisiert wurde.

Mit dem Rathausumbau wurden auch die Archivbestände der Stadt neu geordnet und gesichtet. Wertvolle Urkunden und Dokumente wurden aus dem Keller des Rathauses geräumt und im Untergeschoß des städtischen Wasserwerkes am Schulzentrum untergebracht. Nach der

Bau der Tiefgarage am Tandlmarkt.

grundlegenden Neuorganisation des Archivs wurde dessen Verwaltung im April 1988 in die Hände des ehemaligen Rektors Karl Christl aus Kühbach gelegt, der diese Aufgabe seitdem im Ehrenamt erfüllt.

Strom der Asylbewerber und „Glasnost" schaffen neue Probleme

Auf dem Wohnbausektor ging das Wachstum kontinuierlich weiter. So verzeichnete das Statistische Bundesamt von 1980 bis 1990 für diesen Bereich überdurchschnittliche Zuwachsraten – natürlich durch die Aktivitäten der Bauträgergesellschaften vor allem an der Hauptstraße in Oberbernbach, nicht weniger aber mit der Freigabe neuer Baugebiete, unter anderem im Kreisgut. Dort war im November 1986 ein weiterer Abschnitt erschlossen. „Am Maiberg" in Klingen entstand ebenfalls ein großes Siedlungsgebiet. Nachdem sich die Neubaugebiete rasch füllten, legte der Stadtrat noch im März 1990 fest, daß die weitere wohnbauliche Entwicklung Aichachs im Norden zwischen der ehemaligen Bundesstraße in Richtung Unterwittelsbach und der Flurstraße liegen wird. Dieses Projekt sollte den Stadtrat nach der Ära Riepl noch ausgiebig beschäftigen.

Mitte der achtziger Jahre hatte Aichach seinen Stellenwert als Lebensraum und Wohnstadt verbessern können und war deshalb auch entsprechend gesegnet mit Neubürgern. Über 2000 Bürger zusätzlich ließen die Einwohnerzahl auf mehr als 17 200 anwachsen, stellte das Statistische Landesamt für das Jahrzehnt bis 1990 fest. Dieser Zuwachs hatte seine Ursache auch in bundes- und weltpolitischen Veränderungen, die bereits 1981 ebenfalls für Aichach die Schleusen für den Strom der Asylbewerber aus den Ländern der dritten Welt geöffnet hatten. Wie alle Kommunen in der Republik wurden Stadt und Kreis nach einem Schlüssel, der sich an den Einwohnerzahlen orientierte, zur Aufnahme von Flüchtlingen verpflichtet. Die Stadt erledigte ihre Unterbringungspflicht mit dem Ankauf eines ehemaligen landwirtschaftlichen Anwesens an der Hauptstraße in Oberbernbach. Der Landkreis stellte den Familien aus fernen Ländern unter anderem vorübergehend die ehemalige Schule in Oberbernbach zur Verfügung und genehmigte später den Bau einer privaten Asylbewerberunterkunft beim Kreisgut.

Einen weiteren Anstieg der Einwohnerzahlen brachte die Öffnung der Grenzen im Osten Europas unter dem sowjetischen Staatspräsidenten Michail Gorbatschow mit sich. Ende der achtziger Jahre setzte er seine Reform „Glasnost" durch, die die Hinwendung bis dato kommunistisch regierter Völker und Staaten zu Ländern wie Westdeutschland gestattete, die seit dem Zweiten Weltkrieg durch

> **„Mütter gegen Atomkraft"**
>
> Am 26. April 1986 havariert der Atomreaktor im russischen Tschernobyl. Die Welt ist schockiert, entsetzt, gelähmt. Wie groß die Strahlenbelastung durch den nuklearen Fallout im Aichacher Land ist, kann zunächst überhaupt nicht geklärt werden, weil weder Landratsamt noch Gesundheitsbehörden die erforderlichen Meßgeräte besitzen. Erst gut eine Woche nach der Katastrophe liegen konkrete Ergebnisse vor, die Werte sind alarmierend: Bodenproben aus Gärten in Aichach und Obergriesbach ergeben eine Belastung von bis zu 35 000 Becquerel Cäsium 131. Die Strahlenbelastung von Feldern und Wiesen setzt sich in der Nahrungskette fort. Die Verunsicherung der Menschen und die Angst um das Wohlergehen der Kinder sind groß. Lieselotte Pfundmair und Gabriele Werner bilden daraufhin in Aichach die Initiative „Mütter gegen Atomkraft", die sich für regelmäßige Messungen und ausreichende Informationen über das Ausmaß der Belastung und ihrer Risiken einsetzt.

freie Marktwirtschaft und Kapitalismus aufgeblüht waren. In der Folge fiel die Mauer, die Deutschland zweigeteilt hatte. Die neuzeitliche Völkerwanderung in den Westen Europas zeigte bald auch in Aichach Auswirkungen. Der Wohnraum wurde erneut knapp. Darauf reagierte vornehmlich Firmenchef Hannes Meisinger. Er gründete weitere Grundstücksgesellschaften, die am Sankt-Helena-Weg und an der Hauptstraße in Oberbernbach Anfang der neunziger Jahre neue Wohnanlagen bauten, in die vornehmlich Aussiedlerfamilien aus dem Osten einzogen.

Eine genaue Statistik liegt zwar nicht vor, doch anhand des städtischen Melderegisters läßt sich in etwa nachvollziehen, daß zwischen 1989 und 1994 rund 950 Aussiedler und Flüchtlinge in der Stadt eine neue Heimat fanden. Rechnet man die in diesem Zeitraum eingebürgerten Ausländer hinzu, erhöht sich die Zahl auf rund 1260. Die Einwohnerstatistik belegt das: 1989 waren es 16 770 Bürger, Ende 1995 bereits 19 156.

Baulandpreise und Mieten ziehen kräftig an

Die Auswirkungen dieser Steigerungsraten auf Grundstückspreise und Mieten blieben nicht aus. Im Frühjahr 1989 hatte der Gutachterausschuß im Landratsamt für die vorangegangenen drei Jahre Quadratmeterpreise von 200 Mark in der Kernstadt sowie 115 Mark in Stadtteilen wie Ecknach oder Oberbernbach ermittelt. Hinzu kamen die Erschließungskosten. Der Quadratmeter in den weiter vom Zentrum entfernten Stadtteilen wie Walchshofen oder Edenried kostete dagegen im selben Zeitraum nur 40 bis 50 Mark. Die durchschnittliche Kaltmiete gibt eine Statistik aus dem Jahr 1988 zwar mit 5,90 Mark je Quadratmeter an, doch gerade in den entstandenen Neubauwohnungen waren die Preise weitaus höher angesiedelt.

Der Anstieg der Mieten verschaffte der Baugenossenschaft neue Bedeutung, bei der es im Februar 1987 übrigens eine einschneidende Veränderung gab: Nach über 40jähriger verdienstvoller Tätigkeit schied Ludwig Sandmeier als Vorsitzender der gemeinnützigen Wohnbaugesellschaft aus. Sandmeier hatte nach dem Krieg den Wohnungsbau vorangetrieben, damit die vielen Flüchtlinge eine neue Bleibe in der Stadt finden konnten.

Zu seinem Nachfolger wurde Kurt Paul aus Hollenbach bestimmt, der bis dato noch Stellvertreter von Stadtbaumeister Ducrue war und das trotz seines neuen Postens zunächst weiterhin blieb. Zeitgleich rückte Bürgermeister Alfred Riepl in den Aufsichtsrat. Diese enge Verflechtung der Genossenschaft mit der Stadt zeigte schon bald Erfolg. Noch im November 1988 wurden die Pläne für eine 3,3 Millionen Mark teure Mietwohnanlage zwischen Essiggasse und Prieferstraße mit 19 Wohneinheiten und Tiefgarage vorgelegt, die mit finanzieller Unterstützung der Stadt im Rahmen der Städtebauförderung auch verwirklicht wurden. Weitere Projekte folgten.

Die Genossenschaft blühte auf, was vor allem auch darauf zurückzuführen ist, daß Kurt Paul 1990 als hauptamtlicher Geschäftsführer übernommen wurde. Die große Aufgabe, den sozialen Wohnungsbau zu forcieren, konnte wegen der zunehmenden Komplexität von Baurechtsverordnungen, Planungsbestimmungen und Zuschußrichtlinien nicht mehr auf ehrenamtlicher Basis bewältigt werden.

„Zeit-Brunnen" der Sparkasse

Zum 130jährigen Bestehen 1984 läßt sich die Sparkasse ein besonderes Geschenk für die Bürger einfallen: Das Kreditinstitut stiftet einen Brunnen. Der kann aber erst nach längeren Debatten im Stadtrat über Form und Standort verwirklicht werden. Die Einweihung am 31. Mai 1986 wird zu einem kleinen Stadtfest. Das 200 000 Mark teure Bauwerk gleich vor der Stadt-Zweigstelle des Geldinstitutes hat eine Besonderheit: Die Zahl der Fontänen zeigt jeweils die aktuelle Stunde des Tages an. Der Stadtplatz wird also durch einen „Zeit-Brunnen" bereichert.

Kinderpark und neuer Kindergarten

Der Bevölkerungszuwachs machte sich auch in Kindergärten und Schulen bemerkbar. Der Landkreis mußte die Erweiterung der Realschule und des Gymnasiums ins Auge fassen. Für die Stadt stand zunächst das Kindergartenproblem im Vordergrund. In der Betreuung der Kleinsten hatten sich bereits nach dem Abschluß der Eingemeindungen Engpässe aufgetan. Im Frühsommer 1979 mußte sogar ein Aufnahmestopp in den städtischen Kindergärten verfügt werden. Nur in einigen Ortsteilen waren noch Kapazitäten frei. Die Erweiterung des Kindergartens an der Holzgartenstraße brachte ab 1981 zwar eine vorübergehende Entlastung, doch es war bereits klar: Ein Neubau ist erforderlich. Der sollte zweckmäßigerweise im Kreisgut entstehen. Denn dort war die größte wohnbauliche Entwicklung erfolgt. Die im September 1981 vom Stadtrat für den Herbst des darauffolgenden Jahres anvisierte Fertigstellung scheiterte allerdings an den Finanzen.

Im Frühjahr 1988 ging der Kindergarten an der Oskar-von-Miller-Straße in Betrieb.

Das Projekt wurde immer wieder hinausgeschoben, was viele Familien vor erhebliche Probleme stellte. Denn höhere Mieten und Lebenshaltungskosten sowie zuweilen sicherlich auch gesteigertes Anspruchsdenken waren ohne doppeltes Einkommen kaum mehr zu finanzieren. Vor allem Ganztagsplätze waren zunehmend gefragt, weshalb Kindergartenreferentin Sieglinde Wolf im Sommer 1987 ihre Stadtratskollegen davon überzeugen konnte, daß auch eine Mittagsbetreuung erforderlich sei. Zu dem Zeitpunkt war der Bau eines Kindergartens bereits beschlossen, unter anderem hatte sich die neugegründete Arbeitsgemeinschaft sozialdemokratischer Frauen (AsF) bei den Stadtvätern mit Nachdruck dafür eingesetzt und Unterschriften von Eltern gesammelt. Im April 1988 konnten die Buben und Mädchen mit ihren Betreuerinnen schließlich den neuen Kindergarten an der Oskar-von-Miller-Straße beziehen.

Die AsF hatte außerdem mit Unterstützung der SPD-Fraktion im Stadtrat verschiedene Anläufe für einen städtischen Kinderpark unternommen. Der sollte Müttern und Vätern die Möglichkeit geben, ihre Sprößlinge kurzfristig in Betreuung geben zu können, um wichtige Besorgungen zu erledigen. Als der Stadtrat dieses Projekt ablehnte, ergriffen die SPD-Frauen Eigeninitiative und eröffneten im Juni 1987 am Bruderhof selbst einen Kinderpark.

Ein Blick in die sozialen Bereiche

Ein Eckpunkt im sozialen Bereich war die Eröffnung einer Kolping-Werkstatt in den ehemaligen Gebäuden des Autohauses Eberl an der Münchener Straße im Oktober 1986. Seither werden dort jährlich etwa 30 Langzeitarbeitslose auf die Wiedereingliederung in das Berufsleben vorbereitet.
Eingang finden muß in diese Aufzeichnungen auch der Wechsel an der Führungsspitze der Arbeiterwohlfahrt, der im März 1989 vollzogen wurde: Franz Kukol zog sich nach 42jähriger Tätigkeit zuerst als Kreisvorsitzender und später als Chef im Ortsverband zurück. Seine Arbeit dort übernahm Christel Reichl aus Walchshofen.
Im Februar desselben Jahres vollzog sich auch ein Wechsel an der BRK-Spitze. Dort löste Günter Müller den Unterwittelsbacher Gottfried Asam als Kolonnenführer ab. Eine wesentliche Veränderung ergab sich ebenfalls in der Geschäftsführung der Allgemeinen Ortskrankenkasse. Heribert Oberhauser ging im April 1989 als Leiter der Geschäftsstelle in den Ruhestand, Nachfolger wurde Werner Bergmeier.

Weichenstellung für das neue Spital

Am Ende ihrer Amtszeit stellten Bürgermeister Alfred Riepl und der Stadtrat noch alle Weichen für den Um- und Neubau von Spital und Bürgerheim – bewußt entschied man sich für den bestehenden Standort im Herzen der Stadt, um den Senioren auch weiterhin die Anteilnahme am öffentlichen Leben zu ermöglichen. Nach dem Abschluß der Verhandlungen mit der Regierung von Schwaben über den Umfang des Raumprogramms und die Zuschüsse setzte der Stiftungsausschuß des Stadtrates im Oktober 1988 die Modalitäten für einen Architektenwettbewerb fest. Das mit Spannung erwartete Urteil des Preisgerichtes stand im September 1989 fest. Der Bibertaler Architekt Dieter Mühlebach erhielt den Auftrag zum Bau des Senioren- und Pflegeheimes. Die ursprüngliche Planung für 62 Betten sah Gesamtkosten von 12,5 Millionen Mark vor. Der Spatenstich im Spitalgarten fiel allerdings erst nach dem Ende der Amtszeit von Alfred Riepl.

Segelflugzeug stürzt in Siedlung

Sonntag, 21. Juli 1985: Beim Landeanflug auf das Rollfeld des Aichacher Luftsportvereins an der Kläranlage passiert das Unglück. Das Segelflugzeug mit dem Aichacher Piloten Wolfgang Elchlepp am Steuerknüppel gerät plötzlich ins Trudeln und stürzt in der alten Siedlung auf das Dach des Wohnhauses in der Krumpstraße. Der 51jährige Pilot wird auf der Stelle getötet. Der Luftsportverein Aichach verliert mit Elchlepp ein engagiertes Mitglied.

Neue Gewerbesteuerquellen tun sich auf

Das Industriegebiet bei Ecknach füllt sich rasch

Im wirtschaftlichen Bereich gab es in den Jahren der politischen Amtsperiode von 1984 bis 1990 noch einmal einen wesentlichen Schub nach vorne, der hauptsächlich auf die Ausweisung des Industriegebietes bei Ecknach zurückzuführen ist. Wie bereits geschildert, hatte es den Stadtrat einige Mühen gekostet, die Grundstückseigentümer – vornehmlich Ecknacher Landwirte – davon zu überzeugen, daß die Stadt zusätzliche Ansiedlungsmöglichkeiten für Industrie und Gewerbe benötigte. Ab Sommer 1985 wurde das Gelände südlich der Ecknacher Sportanlage freigegeben. Die Firma Meisinger verlagerte dorthin ihre Feuerverzinkerei und konnte später die alte Anlage in der Innenstadt stillegen. Außerdem siedelte das Landhandelsunternehmen Dinauer im Sommer 1987 um. Am alten Standort an der Münchener Straße entstanden ein Einkaufsmarkt und ein Wohn- und Geschäftshaus, nachdem Dinauer in das neue Industriegebiet gezogen war. Dieses Beispiel zeigt ebenfalls, wie dringend die Flächen bei Ecknach nötig waren, um heimischen Firmen eine Gelegenheit zur Expansion bieten zu können.

Das Autohaus Baumann an der Martinstraße wurde abgebrochen. Auf der Rabl-Wiese entstand ein Supermarkt.

Dazu zählte auch das Unternehmen von Franz Demmelmeier. Der Geschäftsmann aus Aichach war auf den Zug der Zeit bei der Müllbeseitigung aufgesprungen und hatte an der Peter-und-Paul-Straße im Industriegebiet einen großen Entsorgungsbetrieb aufgebaut, der sich auf die Komponenten Sortierung und Wiederverwertung konzentrierte. Wenngleich Demmelmeier Pionierarbeit auf diesem Sektor leistete, erlitt er wirtschaftlichen Schiffbruch. Sein Unternehmen wurde später von der Orbit-Gruppe übernommen.

Darüber hinaus zog das neue Industriegebiet auch viele auswärtige Firmen an, was den Stadtvätern die erhofften neuen Gewerbesteuerquellen eröffnete und dem Arbeitsmarkt guttat. Lange Zeit stand Bürgermeister Alfred Riepl auch mit Vertretern des Rüstungsgiganten Krauss-Maffei in Verhandlungen, doch dieser große Wurf blieb dem Stadtoberhaupt versagt. Dennoch füllte sich das Industriegebiet rasch. Kurz vor seinem Amtsabtritt konnte Riepl im Februar 1990 schon melden, daß das Areal bereits wieder ausgebucht sei. Zu diesem Zeitpunkt hatte die Firma Meisinger weitere Betriebsteile dorthin ausgelagert und neue Produktionshallen errichtet. Allerdings zog sich das Unternehmen gleichzeitig auch teilweise vom Standort Aichach zurück: Im Herbst 1989 entstand eine erste Niederlassung in St. Dié in Frankreich, später folgten weitere, unter anderem in Pilsen in der nunmehr ehemaligen Tschechoslowakei. Die Geschäftsleitung begründete diese Maßnahme mit dem hohen Lohnniveau, langen Genehmigungsphasen und weiteren Nachteilen am „Standort Deutschland". Arbeitsplätze, die in der Stadt hätten entstehen können, wurden also im Ausland geschaffen.

Die Firmen präsentieren sich beim „Aichacher Fleiß"

Damit war MEA Meisinger dem Beispiel vieler Unternehmen in Deutschland gefolgt. Die Verschlechterung der Rahmenbedingungen für die Wirtschaft war längst ein Dauerthema der politischen Diskussion. Aus diesem Grund gab es auch auf lokaler Ebene vielfältige Bemühungen, die Betriebe durch flankierende Maßnahmen zu unterstützen. Eine davon war in Aichach bereits im März 1985 ergriffen worden, als der Stadtrat nach langen Jahren wieder einmal zu einer Gewerbeschau aufrief. Unter dem Motto „Aichacher Fleiß" präsentierten sich 90 Firmen aus der Stadt und der Region zehn Tage lang in großen Ausstellungshallen am Volksfestplatz. Die Organisation lag in den Händen von Festwirt Hans Greiner aus Aindling, der 1982 die Nachfolge von Christoph Lippert angetreten hatte. Die Gewerbeschau wurde – mit einer Unterbrechung mangels Interesse der Firmen – zur festen Einrichtung.

> **100 Jahre MEA Meisinger**
>
> Im Juni 1986 feiert MEA-Meisinger als größter Arbeitgeber Aichachs das 100jährige Bestehen der Firma, die im Jubiläumsjahr 720 Beschäftigte zählt. Viele Vertreter aus Politik und Wirtschaft gratulieren Firmenchef Hannes Meisinger, der beim großen Festakt die Gründung der „Hannes Meisinger Multiple Sklerose Stiftung" bekanntgibt. Die Stiftung unterstützt ärztliche und therapeutische Maßnahmen an Patienten, die unter dieser schweren Krankheit leiden.

Für die Interessen der Wirtschaft machte sich weiter auch die Aktionsgemeinschaft Aichach (aga) stark, in der Heinrich Linck die organisatorischen Strukturen verbessert hatte. Zur Koordination der zahlreichen Aktionen wurde im Mai 1984 Gerhard Roch sen. als Geschäftsführer verpflichtet, der aber bald danach wieder ausscheiden mußte. Später übernahm die Geschäftsfrau Ella Betzmeir dieses Amt. Im April 1987 gab Heinrich Linck selbst das Ruder aus der Hand. Nachfolger wurde der Geschäftsmann Hans Niedermayr.

Eine Wiederbelebung hatte bereits 1981 der Gewerbeverband Aichach erfahren, den bis 1984 der Malermeister Hans Lohberger führte, ehe ihn der Mineralölhändler Georg Reitberger ablöste. Vier Jahre später übernahm der

Kachelofenbauer Martin Rieger den Ortsverband. Er bemühte sich ebenfalls permanent darum, die Belange von Handel und Handwerk in der Stadt zu vertreten.
Deren Bild hatte sich in der zurückliegenden Jahren erneut gewandelt. Neben Meisinger hatte inzwischen auch die BayWa einen Bau- und Heimwerkermarkt eröffnet, dazu gesellten sich weitere Supermärkte, wie 1984 Aldi an der Schrobenhausener Straße und jener auf der Wiese neben der Martinstraße auf Höhe des Anwesens Rabl, für den nach langem Ringen um die Größe der Verkaufsfläche 1989 der Spatenstich erfolgen konnte. Zur Kaffeepause beim Einkaufsbummel lud seit August 1984 das neue „Café Schmid" an der Donauwörther Straße ein. Im Dezember 1989 eröffnete die Firma Frischbäck im früheren Elektrohaus Waltner am oberen Stadtplatz ein weiteres Café.
Das Bild in der unteren Vorstadt hatte sich mit der Schließung der Mercedes-Werkstätte Neubaur im Dezember 1984 gewandelt. Der „Stern" als weltbekanntes Zeichen dieser Automobilmarke prangte jedoch bald weithin sichtbar an der Umgehungsstraße im erweiterten Industrie- und Gewerbegebiet Süd an der Straße nach Ecknach, wo die Firma Schneider eine neue Mercedes-Werkstatt errichtete. Das Neubaur-Gebäude wurde zu einem Wohn-und Geschäftshaus umfunktioniert, das im Oktober 1985 seiner Bestimmung übergeben werden konnte.
Zur selben Zeit zog Mondi an der Flurstraße langsam in die neuen Produktionsräume der Strickerei ein. Die Gesamtinvestition betrug rund sieben Millionen Mark. Vor allem für Frauen wurden damit Arbeitsplätze geschaffen.

Die Geldinstitute wachsen mit

An der insgesamt noch günstigen gesamtwirtschaftlichen Entwicklung partizipierten weiter die Kreditinstitute, die in ihren jährlichen Geschäftsberichten stets gute Zuwachsraten meldeten. Vergrößert wurde 1986 die Filiale der Volksbank, die ihre Räume umbaute und erweiterte. Bei der Raiffeisenbank hatten Konrad Lechner und Manfred Zichner 1981 Direktor Jakob Priller abgelöst. Im März 1987 feierten sie mit den Mitgliedern das 75jährige Bestehen der Genossenschaft. Ein Jahr darauf nahm die Generalversammlung Abschied von Gaudenz Müller-Paradeis, der 26 Jahre Vorstandsvorsitzender war.
Eine Ära ging im Februar 1989 auch bei der Stadtsparkasse zu Ende. Dort wurde Vorstandsvorsitzender Hermann Kronawitter nach 22jähriger Tätigkeit in den Ruhestand verabschiedet. Zum Nachfolger bestimmte der Stadtrat den bisherigen Stellvertreter Dr. Wolfgang Koch, dem Heribert Ruf als neues Vorstandsmitglied an die Seite gestellt wurde.

1985: 750 Jahre Aichach Stadt

Das glanzvolle „Wittelsbacher-Jahr" 1980, in dem die Stadt zahlreiche schöne Feste und Umzüge erlebt hatte, war noch allseits in bester Erinnerung, als sich das nächste Großereignis ankündigte: 1985 standen die Feierlichkeiten zum 750jährigen Jubiläum der Stadt Aichach auf dem Programm, wobei es einiger Erklärungen bedarf, um Verwirrung zu vermeiden. Denn bekanntlich beging Aichach 1997 – und damit zwölf Jahre später – das Jubiläum „650 Jahre Stadtrecht". So ist es dringend angebracht aufzuzeigen, aus welchem Grund es zu dieser zeitlich völlig unlogischen Abfolge historischer Feierlichkeiten kam.

Auslöser für das „Stadtjubiläum" 1985 war der junge Altomünsterer Historiker Dr. Wilhelm Liebhart. Er hatte eine Urkunde von 1235 gefunden, in der Otto II. „der Erlauchte" der Äbtissin von Kühbach gestattete, daß sie ihre entflohenen Leibeigenen wieder zurückholen dürfe, wo immer sie sich aufhalten, auch aus Städten des Herzogs. „Wohin sollten die Kühbacher Klosterleute geflohen sein, wenn nicht in die neue Anlage der ‚Stadt' Aichach?", schlußfolgerte Liebhart und stellte in einem Aufsatz über seine These weiterhin fest: „Die Urkunde gibt indirekten Hinweis auf die Gründungsphase der Stadt Aichach." Der Ortsname Aichach fällt in ihrem Text jedoch kein einziges Mal.

Festwagen aus Griesbeckerzell.

Liebhart leitete aus seiner Forschung ab, daß die Stadtgründung bereits 1235 abgeschlossen gewesen sei. 1981 offenbarte der Historiker seine These, die bei Heimatpflegern und Geschichtsforschern auf äußerste Skepsis stieß. Die warnten mehrmals davor, 1985 als Jubiläumsjahr der Stadtgründung anzusehen. Denn sicher war nur das Datum, an dem die Stadtwerdung vollendet war: der 18. Juni 1347 mit Verleihung des Münchener Stadtrechtes. Aber der Stein war bereits ins Rollen geraten. Der Stadtrat einigte sich darauf, 1985 als Festjahr unter der offiziellen Bezeichnung „750 Jahre Aichach Stadt" auszurufen. Riepls Appell an die Bürger im Juni 1984 ließ rasch erkennen, mit welcher Begeisterung die Menschen aktiv mitzuwirken bereit

„AICHA WIRD HERZOGSTADT"

Singspiel.

Der Festwagen der Ecknacher.

waren. Allein das erstickte jeden weiteren Protest der Geschichtsforscher gegen das Fest im Keim. Der Stadtrat bildete noch im Sommer 1984 einen Festausschuß mit dem neuen Kulturreferenten Alfred Rappel, Klaus Laske und Dr. Renate Magoley an der Spitze.

Trotz aller berechtigter Kritik der Wissenschaft an diesem „Stadtjubiläum" sei betont, daß Aichach ein glänzendes Fest feierte, das sicherlich einen wesentlichen Beitrag dazu leistete, Gemeinschaftssinn und Zusammengehörigkeitsgefühl zu stärken. Vor allem auch im Bereich der Stadtteile, die sich mit Feuereifer daran machten, unter der Regie von Klaus Laske die Wagen und Motive für den großen historischen Festzug zusammenzustellen, der im Juli zum absoluten Höhepunkt wurde. Die Fülle des Jahresprogramms macht es an dieser Stelle allerdings nur möglich, auf die herausragenden Veranstaltungen einzugehen.

Da ist zunächst das Singspiel „Aicha wird Herzogstadt" zu erwähnen, dessen Musik von Gustl Fuchs komponiert wurde. Der Leiter des Liederchores fand dabei Unterstützung in Hermann Plöckl. Der Pfarrgemeinderatsvorsitzende schrieb die Texte und führte Regie. 180 Frauen, Männer und Kinder wirkten an dem Spiel mit, das im Mai vor der historischen Kulisse des Oberen Tores aufgeführt wurde und über 1000 Zuschauer begeisterte. Ihre Verbundenheit mit der Stadt zeigten erneut auch die Ritter und Edelfrauen des Schiltberger Hofberg-Theatervereins, die auf ihrer Freilichtbühne zu Ehren der Aichacher das Stück „Otto von Wittelsbach" gaben. Festvorträge wie der von Dr. Wilhelm Liebhart am 21. Juni sowie über die berühmten Söhne der Stadt, Ludwig Steub oder Mathias Greiter, stillten den Wissensdurst historisch Interessierter. Dazu erschien im Verlag Mayer und Söhne das Buch „Aichach im Mittelalter", das von Archivpfleger Rudolf Wagner aus Kühbach und Dr. Wilhelm Liebhart zusammengestellt wurde.

Auch die Jugend kam auf ihre Kosten: Jugendreferent Dieter Heilgemeir organisierte mit seinem Helferteam vom 6. bis 9. Juni die ersten „Aichacher Jugendkulturtage". 15 Einzelveranstaltungen, wie das Konzert der neuen Band „BMWu", Ka-

Die Ritter zogen ein.

Die Stiftung des Spitals stellten die Edenrieder auf ihrem Festwagen dar.

barettabende, ein Umwelt-Theater im Pfarrzentrum oder eine Diskussionsrunde über die Gefahren von Drogen gehörten dazu. Ein großes Open air auf dem Volksfestplatz litt allerdings etwas unter einem starken Platzregen.
Dann folgte der nächste Höhepunkt: Tausende kamen zum bayerischen Jagdhornbläsertreffen unter der Schirmherrschaft von Bürgermeister Alfred Riepl auf den Stadtplatz. 650 Aktive waren der Einladung der Stadt und der Bläsergruppe in der Ortsgruppe Aichach des Jagdschutz- und Jägervereins mit seinem Vorsitzenden Michael Heinrich gefolgt.
Herrlichstes Wetter und hochsommerliche Temperaturen herrschten, als sich am 14. Juli der große Festzug durch die Innenstadt bewegte. 16 Wagen mit mittelalterlichen Motiven, darauf die Teilnehmer aus der Stadt und den Ortsteilen in historischen Kostümen, dazwischen die Musikkapellen und zahlreiche Fußgruppen in der Kleidung der Vorfahren – das grandiose Bild übertraf alle Erwartungen und bisher gekannten Maßstäbe. Die 1500 Mitwirkenden wurden immer wieder mit donnerndem Applaus bedacht. Zweimal schlängelte sich der drei Kilometer lange Zug durch die dicht von Zuschauern belagerten Straßen. Mehr als 20 000 Menschen dürften es gewesen sein, die Aichachs „Super-Festzug" bewunderten und beklatschten. Darunter selbstverständlich zahlreiche prominente Gäste wie Regierungspräsident Rudolf Dörr, der zusammen mit Bürgermeister Riepl und Landrat Josef Bestler auf der großen Ehrentribüne beim Rathaus Platz nahm, wo ihnen die Männer der Feuerwehr mit einer Dusche aus der alten Handspritze bei der Hitze Erleichterung verschafften.
Ausgelassen und fröhlich wurde gefeiert und das Geschichtsbewußtsein der Bürger neu geweckt und gefördert. Vor allem die Begeisterung, mit der sich die Stadtteile am großen Jubiläumszug beteiligten, war überaus erfreulich, zeigte sie doch, in welchem Maße auch sie sich schon sieben Jahre nach dem Abschluß der Eingemeindungen als „Aichacher" fühlten. Allein aus diesem Blickwinkel betrachtet war das „Stadtjubiläum" 1985 ein Erfolg und die Frage historischer Ansprüche der Festlichkeit von zweitrangiger Bedeutung.

Kultur – krachledern und modern

Otto Steuerl gründet die „Königlich-Bayerische-Josefs-Partei"

Dem kulturellen Bereich zuzuordnen ist eine Aichacher Kuriosität, die ihren Ursprung im alten Wehrturm der Familie Specht hat. Dort traf seit Jahrzehnten ein illustrer Kreis von Bürgern zusammen, der sich selbst den Beinamen „Damische Ritter" (DaRi) gegeben hatte. Beim freitäglichen Dämmerschoppen stand Traditionsbewußtsein im Vordergrund, schwäbischen oder gar preußischen Einflüssen wurde bei den abendlichen Stammtischrunden zwischen alten Schilden und Schwertern erfolgreich getrotzt. Und noch eines: Die Runde war ausschließlich männlich. Frauen hatten keinen Zugang.
Lange Jahre führte der Sparkassenrat Sepp Sandmeier die Ritter als „Turmhauptmann" an. Er legte den ersten Grundstein für die eingangs erwähnte „Aichacher Rarität", denn der Sepp bat alljährlich an Josefi am 19. März zur Feier zu Ehren des heiligen Josef und seines Namenstages. Als der gesetzliche Feiertag 1968 abgeschafft wurde, hielt Sandmeier dennoch an dieser Tradition fest. Egal, ob das Datum auf ein Wochenende fällt oder auf einen normalen Arbeitstag: Alljährlich am 19. März kommen Geschäftsleute, Politiker und weniger bekannte Bürger im Ritterturm zusammen, um Josefi zu begehen, in gemütlicher Runde ihr Bier aus dem weißblauen Porzellankrug zu trinken und deftig zu speisen.
Nach dem Tod Sandmeiers am 6. November 1979 wurde Otto Steuerl Turmhauptmann. Der Mitarbeiter der städtischen Verwaltung war zu dem Zeitpunkt schon viele Jahre Verfasser einer Kolumne in der Aichacher Zeitung, die unter dem Titel „Grantlhuber" jeden Samstag erscheint, was dem Öffentlichkeitsreferenten der Stadt rasch den Beinamen „Grantlhuber" beibrachte. Der Humorist und Mundartdichter führte also die Tradition der Josefifeiern im DaRi-Turm fort. So auch am Dienstag, 19. März 1985. Doch für diesen Tag hatte sich der Turmhauptmann eine besondere Idee einfallen lassen: Nach seinem zwerchfellerschütternden Josefigedicht, in dem der Mitarbeiter der städtischen Verwaltung und Kolumnist der Aichacher Zeitung über die Mißstände im Staat grantelte, rief Steuerl die Ritter zur Gründung einer „Königlich-Bayerischen-Josefs-Partei" (KBJP) auf, deren einziges Ziel die Wiedereinführung des Josefitages am 19. März als gesetzlicher Feiertag sein sollte. Die Gründung erfolgte, die Gaudi war perfekt. Doch nun geriet eine Lawine in Bewegung: Binnen weniger Monate schlossen sich Hunderte aus dem Landkreis der KBJP an. Im Jahr darauf kam es zum ersten „Parteitag" im „Ziegler"-Saal, zu dem Steuerl den ehemaligen Bundeslandwirtschaftsminister Dr. Josef Ertl als Festredner begrüßen konnte.

Die Begeisterung über diese neue – natürlich nicht ganz ernst zu nehmende - Partei und deren „Bundesvorsitzenden" Otto „Josef" Steuerl schlug immer höhere Wellen. In fernen Städten und Ländern gründeten die teils recht prominenten Mitglieder Landes- und Bundesverbände. Der Zulauf war seitdem enorm, wofür auch der geringe Jahresbeitrag von nur einer Mark ausschlaggebend ist. Darüber hinaus berechtigt die Mitgliedschaft jeden, den Namen Josef als zusätzlichen Vornamen zu tragen.

1988 gab der Stadtrat der Partei sogar die Genehmigung, die kleine Pflasterfläche vor dem Oberen Tor in „Josefsplatz" umzutaufen. Im März des darauffolgenden Jahres errichtete die KBJP dem heiligen Josef an dieser Stelle ein Denkmal, das Bischofsvikar Martin Achter aus Walchshofen einweihte. Die Parteitagsveranstaltungen alljährlich im März zogen immer mehr Menschen an. Prominente Festredner, wie der Münchener Turmschreiber Kurt Wilhelm oder der Dichter Helmut Zöpfl, vor allem aber das unvergleichbare Original, Bundesvorsitzender Otto „Josef" Steuerl, mobilisierten Massen. Als „Ziegler"-Saal oder TSV-Turnhalle die Zahl der Besucher nicht mehr aufnehmen konnten, mußte die KBJP in ein Bierzelt ausweichen. Damit wurden die Parteitage endgültig zu einer Großveranstaltung mit Volksfestcharakter. Tausende strömen inzwischen alljährlich im März nach Aichach, um in bierseliger Runde den markigen Sprüchen des Bundesvorsitzenden und der Festredner zu lauschen.

„Josefi" in Aichach wurde damit zu einer beispiellosen Besonderheit, deren Geschichte untrennbar mit dem Namen Otto Steuerl verbunden ist. Fernsehsender, Radiostationen und Vertreter von Printmedien aus dem gesamten Bundesgebiet haben das Original und seine völlig unpolitische Partei längst als altbaierische Rarität entdeckt und wiederholt ausführlich darüber berichtet. 1997, im Jubiläumsjahr der Stadt, zählte der 73jährige Bundesvorsitzende fast exakt 4000 Mitglieder seiner Bewegung.

Am 19. März 1985 gründete Otto Steuerl mit den „Damischen Rittern" die „Königlich-Bayerische-Josefs-Partei".

DIE LETZTE ETAPPE IN DIE NEUNZIGER JAHRE

Neue Wege in der Kunst

Fast zur selben Zeit, als die Josefs-Partei gegründet wurde, eröffneten sich in der Stadt auch modernen künstlerischen Stilrichtungen neue Wege. Kulturreferent Alfred Rappel führte im Sommer 1985 die ersten Gespräche zur Gründung eines Kunstvereins, die im Oktober dann auch erfolgte. Vorsitzende wurde die Kunsterzieherin Carin E. Stoller, die noch im Herbst ein Konzert und eine Ausstellung im Pfarrzentrum organisierte. Weitaus mehr Beachtung fand der Kunstkreis, wie sich der neue Verein nannte, im Sommer 1986, als er mit Unterstützung der Firma Merk elf Bildhauer für ein Symposium gewinnen konnte. Die Künstler arbeiteten tage- und nächtelang in den Werkhallen des Zimmereibetriebes.

Jedes Symposium wurde zum Stadtgespräch.

Die hölzernen Werke wurden in der Innenstadt aufgestellt und sorgten für unterschiedlichste Reaktionen in der Bevölkerung. „Kunst erreicht das, was sie soll – sie macht von sich reden", freute sich Carin E. Stoller zunächst auch über die vielen kritischen Stimmen. Zwei Jahre später trat sie allerdings etwas frustriert von der öffentlichen Diskussion über das Symposium zurück. Nachfolger wurde Studiendirektor Gottfried Hecht, der seit der Gründung bereits in führenden Positionen mitgearbeitet hatte. 1991 gab er sein Amt wiederum an die Fachlehrerin für Kunsterziehung Waltraud Raab-Keyn weiter, die jedoch bald in die Kritik der Mitglieder und Vorstandskollegen geriet. Im Mai 1993 wurde sie von der Keramikerin Aenne Rappel abgelöst.

Aus der Ursprungszeit des Vereins blieb das Symposium erhalten, das mit Unterstützung der Firma Meisinger bislang zwei Neuauflagen erfuhr, nun allerdings mit Objekten aus Eisen und Stahl, die ebenfalls in der Stadt ausgestellt wurden, was jeweils zu neuen Diskussionen führte. Wie schwierig es war, der Bevölkerung moderne Kunst näherzubringen, hatte auch der Stadtrat im April 1987 zur Kenntnis zu nehmen: Als der Rotary-Club Schrobenhausen-Aichach die befristete Installation eines Werkes aus dem Atelier des Wolfratshauser Stahlbildhauers Alf Lechner übernahm und die beiden Teile der riesigen ge-

wölbten Stahlplatte in der Innenstadt vor dem neuen Verwaltungsgebäude positioniert wurden, gab es sofort erboste Proteste. Das Unverständnis hielt während der knapp einjährigen Ausstellungsdauer bei vielen an.
Auf Begeisterung stieß dagegen weiter das Kulturangebot der SPD, die den Liedermacher Hannes Wader ins Pfarrzentrum holte und im September 1995 die „Münchner Lach- und Schießgesellschaft" in die TSV-Turnhalle verpflichtete. Die Vorstellung war restlos ausverkauft, ebenso jene im November 1986 mit Sigi Zimmerschied. Der bekannte Kabarettist und Träger des Passauer „Scharfrichterpreises" lockte mehr als 500 Gäste an. Ein weiterer herausragender kultureller Höhepunkt war im Januar 1989 der Auftritt des Liedermachers Konstantin Wecker in einem überfüllten Pfarrzentrum.

Eine Stadtkapelle und „Rockiges" für die Jugend

Auch der CSU-Ortsverband blieb in kultureller Hinsicht aktiv und gab erneut den Anstoß für eine Bereicherung: Im Februar 1987 wurde auf Initiative des Ortsvereinsvorsitzenden Heinrich Hutzler und mit Unterstützung von TSV-Präsident Klaus Laske die Stadtkapelle im TSV aus der Taufe gehoben. Nachdem sich die Gründung eines städtischen Musikvereins im Stadtrat nicht hatte durchsetzen lassen, war der Umweg über den Turnverein erfolgreicher. Erster Kapellmeister wurde der Musiklehrer Michael Prestele, der sein Ensemble schon bald beim ersten öffentlichen Konzert vorstellen konnte.
Die Jugend freilich wollte es „rockiger" haben. Dieses Bedürfnis stillten inzwischen einige Nachwuchsbands. Die durften sich im September 1987 beim ersten großen Rockkonzert in der TSV-Turnhalle präsentieren, das mit Unterstützung der Sparkasse über die Bühne ging. Die Gruppen „tea-age", „Be-Test" „Big Patzke Band" und „The Flintstones" bekamen damit Gelegenheit, sich vor einem großen Publikum zu profilieren.
Dies tat im selben Jahr auch der Hobbyclub, in dem sich passionierte Freizeitkünstler zehn Jahre zuvor zusammengeschlossen hatten. Zum Vereinsjubiläum wurde im Oktober 1987 eine große Ausstellung organisiert, in der die Vielseitigkeit der Mitglieder eindrucksvoll dokumentiert wurde.
Ungebrochen blieb die Gunst, die das Volkstheater beim Publikum genoß. Längst war es den Kinderschuhen des Laienspiels entwachsen und bot anspruchsvolle Stücke. Der erhöhte Aufwand an Technik und Kulisse bereitete aber räumliche Probleme. Als im April 1990 der Vorsitz von Gertraud Zinnecker auf den Cafetier Ernst Kögl überging, forderte der von den Stadtvätern, möglichst bald eine „Kulturhalle" zu schaffen, in der sich Theaterspieler und andere Gruppen präsentieren könnten. Der Wunsch blieb bis heute unerfüllt.

Die „Gastarbeiter" bemühen sich um Integration

Auch die Geheimnisse orientalischer Kulturkreise eröffneten sich den Bürgern der Stadt inzwischen, denn im Juni 1985 hatte sich unter der Führung von Aydogan Bektas das Soziale und kulturelle Begegnungszentrum entwickelt. In der Vergangenheit waren viele ähnliche Ansätze zur Vertiefung der Kontakte zwischen den verwurzelten Bevölkerungsschichten und den türkischen Bürgern gescheitert. So auch der Kultur- und Beistandsverein türkischer Arbeitnehmer, der im April 1980 von zehn jungen Männern gegründet worden war, fortan allerdings nicht mehr von sich reden machte. Der neue Verein sollte mehr Erfolg haben.

Inzwischen lebte bereits die zweite Generation der Gastarbeiter in der Stadt. Die Bemühungen um Integration waren unverkennbar. Vor allem unter den fußballbegeisterten Türken, die sich 1971 zunächst als Unterabteilung im BC Aichach Türkspor zusammengeschlossen hatten. 1983 entstand daraus der eigenständige Verein Aichach Türkspor. Wesentliche Aufbauarbeit leistete nicht nur in sportlicher Hinsicht zunächst als Abteilungsleiter und später als Vorsitzender des neuen Vereins, sondern auch unter dem Aspekt der Völkerverständigung Semsettin Bahcekapili. Er war 1971 nach Aichach gekommen und eröffnete in der Koppoldstraße neben dem „Eiscafé Milano" eine Schneiderei. Bahcekapili fungierte als Gründungvater der türkischen Elf im BCA und war nach der Verselbständigung in einen eigenen Club bis 1992 Vorsitzender. Nachfolger wurde Ramazan Güzel.

Bahcekapili organisierte 1984 auch das erste deutsch-türkische Freundschaftsfest in der Turnhalle. Wenngleich dabei kaum Gäste aus der alteingesessenen Bürgerschaft gesichtet werden konnten, ließ man sich davon nicht entmutigen. Bei der Neuauflage im Jahr darauf kamen schon mehr deutsche Besucher, um bei Raki und Hammelfleisch den Klängen der türkischen Musikanten zu lauschen und die eleganten Bewegungen der Bauchtänzerin zu beobachten.

1985 – in memoriam

ROMAN WÖRLE (77), 7. Februar: Das Ehrenmitglied des Trachtenvereins war eine der markantesten Persönlichkeiten im Brauchtumswesen.

ALOIS ENGLISCH (83), 12. Februar: Er engagierte sich bis ins hohe Alter bei der BRK-Sanitätskolonne.

KASPAR WAGNER (73), 30. Juli: Der Seniorchef des Untergriesbacher Ausflugslokals war ein bekanntes Original.

VRONI SCHROLL (42), 30. Juli: Die Lehrerin unterrichtete seit 1970 an der Grundschule

JOSEF ERLT (63), 3. Oktober: Er war von 1964 bis zu seiner Versetzung in den Ruhestand Leiter der Zulassungsstelle beim Landratsamt.

HANNS AMON (34), 20. Oktober: Der Juniorchef des Bauunternehmens und Vorsitzende des Radsportclubs kam bei einem Verkehrsunfall ums Leben.

JOSEF JAKOB (60), 13. Dezember: Der langjährige Kreisbrandinspektor und Kommandant war 1983 zum Ehrenkommandanten ernannt worden.

Vier Aichacher werden zum Priester geweiht

Debüt der Klais-Orgel

Der nachfolgende Teil dieser Rückblende geht auf die Veränderungen im kirchlichen Bereich ab Mitte der achtziger Jahre bis etwa 1990 ein. Dabei steht zunächst der Weg von vier jungen Männern im Vordergrund, die in den Dienst der Kirche traten. Den Reigen eröffnete der 35jährige Aichacher Rudolf Funk, der am 1. Juli 1985 im Augsburger Dom zum Priester geweiht wurde und am 7. Juli Tausende Gläubige zu seiner Primizfeier auf dem Stadtplatz begrüßen konnte. Als nächster folgte der 25jährige Wolfgang Hacker, der am 28. Juni 1987 die Weihe erhielt und in seiner Heimatgemeinde beim großen Pfarrfest Nachprimiz hielt. Zwei Jahre darauf folgte der 25jährige Thomas Schwartz aus Unterwittelsbach, der am 10. Oktober 1989 in Rom die Weihen erhalten hatte und elf Tage darauf seine Primiz am Stadtplatz beging. Die nächste erlebte die Innenstadt ein Jahr darauf: Am 24. Juni 1990 wurde der 24jährige Algertshausener Adalbert Brandmair von Bischof Dr. Josef Stimpfle geweiht. Auch zu seiner Primiz am 8. Juli kamen viele tausend Katholiken auf den Stadtplatz.

Primiz auf dem Stadtplatz: links Bischofsvikar Martin Achter, im Vordergrund Heinz Weiß, dahinter Neupriester Rudolf Funk und Stadtpfarrer Helmut Mayr.

Zu diesen und vielen weiteren kirchlichen Festen erschien oft Bischofsvikar Martin Achter aus Walchshofen. Der Geistliche bemühte sich stets um engen Kontakt zu seiner Heimat. 1985 stand Achter selbst im Mittelpunkt: Anläßlich eines Dankgottesdienstes zu seinem 80. Geburtstag verlieh der Stadtrat dem hohen Würdenträger im November 1985 die Bürgermedaille in Gold. Im Juni 1989 feierte Achter in seiner Heimatgemeinde schließlich sein 60jähriges Wirken als Priester. Im Dezember desselben Jahres weihte der Bischofsvikar die neue Orgel in der neuen Pfarrkirche von Oberbernbach.

Fast zeitgleich hatte auch die Stadtpfarrei Aichach den Neubau der Orgel abgeschlossen. Bischof Dr. Josef Stimpfle weihte die rund 850 000 Mark teure „Königin der Instrumente". Schon gleich nach seiner Installierung in Aichach hatte Stadtpfarrer Helmut Mayr den Neubau ins Auge gefaßt. Zur Finanzierung wurden zahlreiche Spendenaktionen initiiert, unter anderem im Rahmen der Pfarrfeste und durch die aga. Schon vor dem Orgelbau wurde die Renovierung des Gotteshauses abgeschlossen, zudem bekam die Stadtpfarrkirche einen neuen Altar, den Bischof Stimpfle im Juni 1985 weihte.

DIE LETZTE ETAPPE IN DIE NEUNZIGER JAHRE

Pfarrer Wilfried Stepp

Im Oktober 1989 gab es eine ehrenvolle Ernennung für den Stadtpfarrer: Er wurde zum Geistlichen Rat. Die Reihe der Kapläne und Stadtprediger, die Mayr von der Diözese an die Seite gestellt wurden, verlängerte sich zwischen 1984 und 1989 um die Namen Hans Fischer, Peter Krayena, Erwin Reichardt und Manfred Gromer.

Neue Pfarrer und Glaubensgemeinschaften

Zeitweise mußte die Stadtpfarrei während dieser Zeit auch die Gemeinde Ecknach mitbetreuen, wo nach dem Tod von Pfarrer Sosnik zunächst eine Lücke entstanden war. Gleiches galt für Oberbernbach. Im Dezember 1984 wurde dann in Ecknach mit Pfarrer Rudolf Böhm ein Nachfolger installiert, der bis zum Januar 1990 auch die Oberbernbacher mitbetreute. Ab diesem Zeitpunkt ging die seelsorgerische Betreuung Oberbernbachs dann auf den jeweiligen Pfarrherrn von Hollenbach über. Pfarrer Rudolf Böhm feierte im August 1997 seinen Abschied von Ecknach. Als Nachfolger wurde im September Pfarrer Gabriel Vollmann begrüßt.

Ein Wechsel vollzog sich im Mai 1985 auch bei der evangelischen Kirchengemeinde, die Pfarrer Jörg Amlong verabschiedete. Seine Stelle besetzte Pfarrer Wilfried Stepp, der aus Allersberg bei Nürnberg kam. Stepp trat seinen Dienst in der Paul-Gerhardt-Kirche am Jakobiweg im November 1985 an.

Zur selben Zeit verlängerte sich auch die Liste der neuen Glaubensgemeinschaften in der Kreisstadt. Im November 1985 stellte sich erstmals die Freikirchliche Gemeinde vor, an deren Spitze Prediger Wilfried Gundlach stand. Nach knapp einem Jahr zählte sie bereits rund 40 Mitglieder und bezog ein Heim an der Schlesienstraße, später siedelte die Gruppe in ein ehemaliges

1986 – im memoriam

JOSEF GLAS (78), 14. Januar: Der Schreinermeister führte auch das älteste Bestattungsunternehmen und war Ehrenmitglied der Schützen..

ALTO GLAS (37), 20. März: Der Geschäftsführer des Maschinenringes und Gausportleiter der Schützen starb an Herzversagen.

JOSEF KUGLER (77), 26. April: Er war Gründungs- und Ehrenmitglied des Trachtenvereins.

FRITZ WALSER (81), 21. Mai: Nach dem Krieg baute er eine der ersten Fahrschulen in der Stadt auf.

GEORG OSTERMAIER (80), 16. Juni: Von 1949 bis 1966 war er Bürgermeister von Unterschneitbach.

MICHAEL HEILANDER (77), 20. Juli: Der bekannte Tenorhornspieler der Aichacher Bauernmusi brach bei einem Festzug in Walchshofen tot zusammen.

ALOIS FINKENZELLER (73), 20. Juli: Er führte das Zigarren- und Schreibwagengeschäft Cilly Strasser am unteren Stadtplatz.

WILHELM ZAMETZER (78), 8. November: Der Bäcker- und Schneidermeister war Gründungsvater des SPD-Ortsvereins.

OLGA ZORN (83), 3. Dezember: Sie war die beliebte Seniorchefin des Unternehmens an der Münchener Straße.

Firmengebäude im Bereich des Gewerbegebietes am Oberbernbacher Weg um, in unmittelbarer Nachbarschaft der Zeugen Jehovas. Die hatten 1986 den Neubau ihres Königreichsaales am Oberbernbacher Weg verwirklicht, nachdem der bisherige in der ehemaligen Gastwirtschaft „Gallus Keller" an der Münchener Straße zu klein geworden war. Immerhin zählte man zu dem Zeitpunkt bereits über 180 Anhänger.

Im ehemaligen Königreichsaal im „Gallus Keller" zog im August 1987 mit der Islamischen Union eine weitere neue Glaubensgemeinschaft ein.

> **Junge Familie ausgelöscht**
>
> Am Freitag, 5. August 1988, wird am tückischen Sulzbacher Bahnübergang erneut eine junge Familie ausgelöscht: Das Auto, in dem die Eheleute Heilig aus Oberbernbach und ihr zweijähriger Sohn sitzen, wird von einem Personenzug erfaßt. Für die Insassen gibt es keine Überlebenschance. Wieder werden Rufe nach einer Schrankenanlage für den nur mit Warnlicht gesicherten Übergang laut.

Neben der Moschee bauten die Mitglieder in dem sanierungsbedürftigen Haus auch eine Koranschule auf. Als die Moschee eröffnet wurde, hatte die Union etwas mehr als 50 Anhänger. Über 110 zählte inzwischen die Neuapostolische Kirchengemeinde in der Stadt, die den Neubau ihres Hauses an der Wilhelm-Wernseher-Straße unter der Führung ihres Vorstehers Wolfgang Zenker fertiggestellt hatte.

Alle Hände voll zu tun gab es auch für die Katholiken in manchen Ortsteilen, weil weiterhin viele Sanierungsmaßnahmen notwendig waren. Im Herbst 1984 hatten die Klingener die Renovierung des Pfarrhofes abgeschlossen, die 650 000 Mark verschlang. Im Juli 1987 feierten die Obermauerbacher das Ende der aufwendigen, 600 000 Mark teuren Sanierung des Pfarrhofs. Bereits im September 1986 hatten die Sulzbacher mit der Einweihung durch Bischofsvikar Martin Achter ihre Kirchenrenovierung erfolgreich beendet. Die Oberschneitbacher ta-

> **Liebhart führt den Heimatverein**
>
> Nach dem Tod von Toni Grad wählt der Aichacher Heimatverein bei der Generalversammlung im Oktober 1988 den Altomünsterer Historiker Dr. Wilhelm Liebhart zum Nachfolger. Gleichzeitig wird Kreisheimatpfleger Hans Schmid zum Ehrenvorsitzenden ernannt.

ten gleiches im April 1987. Dem schmucken Gotteshaus gab mit Emmanuel Wamala übrigens ein Weihbischof aus Uganda den Segen. Die Griesbeckerzeller freuten sich im Mai 1986 über eine neue Orgel.

Die Sanierung der kleinen Kapelle Herz Jesu in Untergriesbach wurde einen Monat später abgeschlossen wurde. Im neuen Glanz erstrahlte seit 1984 auch wieder die Sebastianskapelle an der Donauwörther Straße in Aichach. Dafür sorgte ein Wohltäter: Der Malermeister und ehemalige Stadtrat Karl Demel hatte die Teilsanierung und Fassadengestaltung an diesem Kleinod selbst durchgeführt.

Die letzte Etappe in die neunziger Jahre

Blick in die Behörden

Mehrere Wechsel im Vermessungsamt

Ein kurzer Blick in die Stuben der überregionalen Ämter und Verwaltungsbehörden zeigt vor allem personelle Veränderungen auf. Beim staatlichen Veterinäramt etwa löste Dr. Alfred Mayr im November 1982 Helmut Kantor als Leiter ab.
Eine Versetzung gab es im Oktober 1985, als Karl Gerum seinen Chefsessel im Vermessungsamt mit dem in der Augsburger Dienststelle tauschte. Die Nachfolge in der Stadt trat im Februar 1986 Hermann Albrecht an. Nach dessen Tod im Oktober 1989 im Alter von 57 Jahren übernahm zunächst Gebhardt Jarde die Leitung der Behörde kommissarisch, ehe im Januar 1990 Fritz Wolf diesen Posten bekleidete. Im November 1992 löste ihn Reiner Fischbach ab.
Einen neuen Chef hatten auch die Polizeibeamten der Dienststelle am Stadtplatz bekommen, denn Walter Kunesch war zum 1. September 1985 in den Ruhestand gegangen. Ihm folgte Polizeikommissar Eduard Schlosser. Kunesch engagierte sich im Verein der Aichacher Ruhestandsbeamten. Er übernahm dort bald auch den Vorsitz. 1990 kandidierte der Algertshausener schließlich erfolgreich für die CSU auf der Stadtratsliste.
Noch bevor die Renovierung des alten Landratsamtes am Schloßplatz endgültig abgeschlossen war und das Amtsgericht dort einziehen konnte, gab es auch einen Wechsel bei Justitia: Direktor Wolfgang Meidert wurde im März 1988 nach Augsburg versetzt. Zum neuen Leiter in Aichach berief der Präsident des Augsburger Landgerichtes den Richter Peter Herb.

> **Patenschaft für die Pioniere**
>
> Am 26. April 1989 marschieren 250 Rekruten des Pionierbataillons 210 aus München zur Gelöbnisfeier auf dem Stadtplatz auf. Die Vereidigung der jungen Soldaten an diesem Ort hat einen besonderen Hintergrund, denn im Anschluß daran besiegeln Bürgermeister Alfred Riepl und Hauptmann Lenz Kubitschek eine Patenschaft, die der Stadtrat für das Bataillon übernommen hat. Die Verbindung ist aber nicht von langer Dauer. Weil das Bataillon aufgelöst wird, muß die Patenschaft bereits im Oktober 1991 stillgelegt werden.

Der Justizminister kommt zum Hebauf in die JVA

Abschied nahm man in der JVA bereits im Juli 1985 von Anstaltspfarrer Anselm Heine, der zur Justizvollzugsanstalt Straubing versetzt wurde. Als Nachfolger konnte Direktor Wolfgang Deuschl Pfarrer Josef Meinlschmidt willkommen heißen.

Zu dem Zeitpunkt war die 30 Millionen Mark teure Sanierung der Haftanstalt bereits angelaufen. Neue Außenmauern und Sicherungsanlagen, die Sanierung der Zellentrakte und die Erneuerung der Heizung gehörten zu dem Gesamtpaket der Großbaumaßnahme, deren Hebauf im Juli 1985 gefeiert wurde. Als Ehrengast konnte Deuschl dazu Justizminister August Lang begrüßen. Das Projekt wurde erst 1992 abgeschlossen.

Herausragende Ereignisse im sportlichen Bereich

Fußball-Länderspiel und WM-Qualifikation der Turner

An vorderster Stelle der sportlichen Ereignisse ist das Fußball-Länderspiel der U21-Nationalmannschaft zu erwähnen, in der vom Deutschen Fußball-Bund (DFB) ausschließlich Spieler aufgeboten werden, die nicht älter als 21 Jahre sind. Am 16. April 1985 ging die vielbeachtete Partie vor rund 5000 Zuschauern im neuen Stadion des Landkreises über die Bühne. Gegner der deutschen Elf mit ihrem Trainer Berti Vogts war die Auswahlmannschaft von Bulgarien. Deutschland trat mit Spielern an, die zu dem Zeitpunkt bereits klangvolle Namen in der Bundesliga hatten oder noch bekommen sollten, darunter Raimund Aumann und Ludwig Kögl vom FC Bayern München, Jürgen Klinsmann vom VfB Stuttgart oder Karl-Heinz Funkel von Bayer Uerdingen. Auf der Zuschauertribüne sah man aus der Bundesliga-Welt bekannte Gesichter: Max Merkel und Günter Netzer nahmen die Nachwuchsstars auf dem Rasen unter die Lupe. Deutschland gewann die Partie mit 2:0. Rundum ein Erfolg wurde das Großereignis für den BC Aichach, der vom Deutschen Fußball-Bund mit der Ausrichtung des Länderspiels beauftragt worden war. Präsident Helmut Bauer und Fußball-Chef Thomas Michl erhielten höchstes Lob vom Schatzmeister des DFB, Egidius Braun, der später Präsident des Deutschen Fußball-Bundes wurde.

Zwei Jahre später erlebte Aichach das nächste sportliche Highlight, das die Stadt ebenfalls bundesweit bekannt machen sollte. Diesmal allerdings unter der Organisation des TSV: Am 19. und 20. Juni 1987 trat die Elite der bundesdeutschen Kunstturner in der Vierfachturnhalle des Landkreises zur Qualifikation für die Weltmeisterschaften in Rotterdam an. Das Feld der 17 Teil-

> **Lunglmeier Europameister**
>
> Bei den Europameisterschaften der Polizeischützen im August 1987 in Helsinki steht der Aichacher Gerhard Lunglmeier ganz oben auf dem Siegertreppchen. Der Beamte bei der Bereitschaftspolizei in Dachau wird in der Disziplin Kleinkalibergewehr Europameister. Lunglmeier erzielt 597 von 600 möglichen Ringen.

nehmer führten Andreas Aguilar aus Hannover, Jürgen Prümmer (Feuerbach), Mike Beckmann (Gevelsberg), Andreas Japtiok (Hannover) und der Mühldorfer Bernd Simmelbauer an. Unter die Zuschauer hatte sich auch Ex-Weltmeister Eberhard Gienger gemischt. Neben diesem besonderen Gast konnte TSV-Präsident Klaus Laske auch Kultusminister Hans Zehetmair als Schirmherrn der Großveranstaltung begrüßen. Zum Bedauern von Veranstaltern und Beteiligten verfolgten an den Wettkampftagen nur einige hundert Zuschauer, wie sich der Feuerbacher Jürgen Prümmer zum Gesamtsieg arbeitete.

Ein „rasender Stadtrat" und viele Vereinsjubiläen

Doch nun zur Entwicklung des Breitensports und den wichtigsten Veränderungen in den städtischen Vereinen zwischen 1984 und 1990: Die Klingener Wanderfreunde konnte im Juni 1986 ihre neue Sportanlage einweihen, ein Jahr später tat der junge Wittelsbacher Tennisclub gleiches mit seinem in vielen freiwilligen Arbeitsstunden erbauten Vereinsheim. Wiederum ein Jahr darauf folgte der SC Oberbernbach. Unter der Regie des Vorsitzenden Heinrich Penthaler war der Neubau des Sport- und Schützenheimes abgeschlossen worden. Penthaler wurde daraufhin die Ehrenmitgliedschaft verliehen, nach acht Jahren Amtszeit trat er aber aus beruflichen Gründen von der Spitze des Vereins zurück. Nachfolger wurde Willi Schwartz aus Unterwittelsbach.

Einen Wechsel gab es auch beim VfL Ecknach. Dort hatten nach dem Rücktritt von Gründungsvorsitzendem Franz Lochner zunächst Josef Schmidberger und dann Anton Rusch die Führung übernommen. Nach dem Rücktritt von Rusch trat Stadtrat Franz Lochner kurzzeitig erneut ans Ruder. Seit Januar 1990 ist Wilhelm Baudrexl Vorsitzender des VfL Ecknach.

125 Jahre Aichacher Zeitung

1989 blickt die Aichacher Zeitung auf eine 125jährige Tradition zurück, die auf das 1864 erstmals erschienene Amtsblatt zurückzuführen ist. Der Verlag Mayer & Söhne feiert das Jubiläum seiner Lokalzeitung ab März mit zahlreichen Aktionen. Krönender Abschluß ist ein viertägiger Festzeltbetrieb beim Verlagshaus am Oberbernbacher Weg. Nach dem Tod von Verleger Fritz Mayer im Jahr 1977 ging die Verantwortung für das Unternehmen auf dessen Tochter Hildegard und deren Gatten Reiner Sixta über, der die Firma im Laufe der Jahre stetig vergrößert und ihr weitere Standbeine verschafft hat. Die Lokalzeitung hatte sich längst im Konkurrenzkampf bewährt, konnte ihre führende Stellung behaupten und die Auflagenzahl steigern. Die große Geburtstagsfeier im Oktober 1989 wird durch zahlreiche Aktionen zu einem richtigen Volksfest. Zur Erinnerung an Firmengründer Ignaz Mayer und seine beiden Söhne pflanzen Verlagsgeschäftsführer Reiner Sixta, Bürgermeister Alfred Riepl und Landrat Dr. Theo Körner im Garten der ehemaligen Mädchenschule drei Eichen ein. Eines der schönsten Geschenke für die Verlegerfamilie präsentiert Riepl im Auftrag des Stadtrates, der in Würdigung der vielfältigen Verdienste des ehemaligen Seniorchefs eine „Fritz-Mayer-Straße" in unmittelbarer Nähe zum Verlagshaus benennt.

Juni 1984: Start für den ersten Aichacher Stadtlauf.

Natürlich fand sich auch immer wieder ein Grund zum Feiern: Zum 70. Bestehen organisierte der BCA im Juni 1984 eine große Sportwoche. Neben einem Fußballspiel gegen den Bundesligisten FC Bayern München – die Aichacher Kicker konnten vor über 2000 Zuschauern ein glanzvolles 7:7 erreichen – standen ein Großturnier der Schachabteilung und die Weihe der erweiterten Stockbahnen auf dem Programm. Der LC Aichach organisierte im Rahmen dieser Sportwoche den ersten Aichacher Stadtlauf.

Ebenfalls im Juni 1984 beging der Luftsportverein mit seinem Vorsitzenden Konrad Wünsch das 50jährige Bestehen, vor allem mit einem großen Fliegerfest. Die Vorführungen der Piloten am Himmel und das attraktive Rundflugprogramm lockten viele tausend Besucher an die Startbahn.

Im kleineren Rahmen lief dagegen im Juni 1988 ein Jubiläum des TSV-Skiclubs ab: Abteilungsleiter Konrad Schneider und seine wintersportbegeisterten Mitglieder blickten auf nun 25 Jahre gemeinsame Skifahrten und Kurse zurück.

Der nicht auf Vereinsebene organisierte Freizeitsport hatte zwischenzeitlich neue Impulse erhalten: Das Sporthaus Burkhard errichtete neben der Sportanlage des VfL Ecknach eine Tennishalle. Unweit davon entstand im April 1987 ein Squash-Center mit Sauna. Die erste öffentliche „Schwitzkabine" der Stadt betrieb allerdings der Kühbacher Geschäftsmann Werner Füßl in seiner „Paartal-Sauna" an der Schrobenhausener Straße, die bereits 1983 eröffnet worden war.

Sportliche Erfolge feierte weiterhin der Radrennfahrer Hubert Stöffel, der im Juni 1984 mit dem Gesamtsieg bei der Bayern-Rundfahrt der Amateure glänzen konnte. Eine Etappe der Strecke führte auch durch Aichach, wobei sich der Lokalmatador der Unterstützung der vielen hundert Zuschauer sicher sein konnte. Ebenfalls auf zwei Rädern, jedoch mit Hilfe eines Motors, kämpfte nach wie vor auch Neu-Stadtrat Georg Robert Jung um Siege. Den größten seiner Laufbahn errang der Motorradfahrer im Herbst 1989 mit dem dritten Platz bei der deutschen Straßenmeisterschaft in der Klasse bis 250 Kubikzentimeter.

Eine Veränderung gab es im Ecknacher Schützenwesen. Mitgliederschwund und eine zurückgehende Zahl der Aktiven bereiteten Edelweiß und Alpenrose personelle Probleme. Aus der Not eine Tugend machend, einigten sich die Vorstände nach längeren Verhandlungen auf eine Fusion. Im Juni 1988 wurde sie perfekt, der neue Verein erhielt den Namen Ecknachtaler, Schützenmeister wurde Josef Burnhauser. Der Zusammenschluß ging reibungslos über die Bühne, und schon im Mai 1990 weihten die Ecknachtaler mit einem großen Fest ihre neue Fahne. Gleiches hatten im Mai 1985 auch die Blumenthaler Wildschützen im Rahmen der Festlichkeiten zum 75jährigen Bestehen getan. 60 Gastvereine gaben den Wildschützen dabei die Ehre. Sie sorgten mit ihrem Aufmarsch vor den historischen Gebäuden im malerischen Blumenthal für ein farbenprächtiges Bild.

Tödlicher Absturz bei Unterwittelsbach

Am Sonntag, 5. Oktober 1986, findet der 46jährige Aichacher Ludwig Jell in den Trümmern einer einmotorigen Piper 28 den Tod. Am Steuerknüppel des Flugzeugs saß ein 33jähriger Mann aus Horgau, der mit Jell und zwei weiteren Personen zu einem Fotoflug über die Paarstadt gestartet war. Die Maschine stürzte bei Unterwittelsbach in ein Waldstück. Der Pilot und die beiden anderen Passagiere können mit schwersten Verletzungen geborgen werden.

Heinrich Hutzler tritt Riepls Erbe an
Politische Entwicklung von 1984 bis 1990

Eduard Oswald löst Althammer im Bundestag ab

Nach der Zusammenfassung der wichtigsten Baumaßnahmen und Veränderungen in sozialer, kultureller und sportlicher Hinsicht wenden wir uns nun der politischen Entwicklung in den Jahren von 1984 bis 1990 zu.
Zunächst ein Blick auf die überregionalen Wahlen, die personelle Änderungen mit sich brachten. So hatte der CSU-Bundestagsabgeordnete Dr. Walter Althammer aus Bergheim bei Augsburg bereits im Mai 1984 seinen Rückzug aus der Bundespolitik angekündigt. Die CSU im Wahlkreis Augsburg-Land nominierte daraufhin den Landtagsabgeordneten Eduard Oswald aus Dinkelscherben als Direktkandidaten, Listenbewerber wurde der Hollenbacher Bürgermeister Rupert Reitberger. Die SPD setzte wiederum auf Peter Feile aus Friedberg, die FDP schickte Karl Kozeny ins Rennen, für die Grünen trat Heinz Suhr an. Das Rennen am Wahlsonntag, 25. Januar 1987, machte erwartungsgemäß Eduard Oswald. Der CSU-Kandidat erhielt im Landkreis 66,1 Prozent, Feile kam auf 22,4, Suhr auf 7,0, und Kozeny erreichte 4,0 Prozent der Stimmen.

Aichach hat wieder einen Landtagsabgeordneten

Bei der Landtagswahl am 13. Oktober 1986 hatte es für den CSU-Listenkandidaten Christian Knauer trotz eines sehr hohen Zweitstimmenergebnisses nicht für den Einzug ins Maximilianeum gereicht. Der Aichacher Volksschullehrer war allerdings erster Nachrücker der CSU. Die Aussicht auf ein baldiges Mandat bestand also und wurde auch bestätigt: Als der Augsburger Abgeordnete Johann Marxreiter Ende des Jahres 1987 plötzlich verstarb, wurde Christian Knauer noch Mitte Dezember als ordentliches Mitglied des Landtags bestätigt. Damit stellte die Kreisstadt wieder einen eigenen Vertreter im Landesparlament.

Sepp Gail schickte MdL Knauer (links) mit Proviant auf die Reise.

Der gebürtige Aichacher war inzwischen mit seiner Familie in das Unterwittelsbacher Kraus-Gelände gezogen. Als er sich am 7. Januar 1988 erstmals ins Maximilianeum aufmachte, wurde er von einer Abordnung Unterwittelsbacher Bürger und der Aichacher CSU-Spitze begleitet. Ortsteilstadtrat Josef Gail hatte eine Pferdekutsche organisiert, die Knauer zum Bahnhof brachte. Der junge Abgeordnete war in eine alte Tracht geschlüpft und wurde vor seiner Abfahrt von Gail wie dereinst der Landtagsabgeordnete Josef Filser in Ludwig Thomas Lustspiel „Erster Klasse" mit Haselnußstecken und vollem „Bschoad-Tücherl" als Reiseproviant ausgestattet. Wenige Wochen später zog sich Knauer aus dem Stadtrat zurück. Nachrücker war Anton Vogl. Sein Kreistagsmandat behielt der frischgebackene MdL.

Im Vorfeld der Stadtratswahlen 1990

Der Spaltpilz in der SPD-Fraktion

Im Vorfeld der Stadtratswahl 1990 erlebte die Aichacher SPD keine ruhigen Zeiten. Querelen innerhalb der Partei traten schon wenige Wochen nach der Wahl von 1984 in den Vordergrund. Spätestens im April 1985 saß der Spaltpilz zwischen den Genossen, als Fraktionschef Armin Schindler und Klaus Laske bei der Jahreshauptversammlung von ihren Kollegen Klaus Habermann, Helmut Sander und Walter Voglgsang kritisiert wurden, weil sie nach Meinung ihrer Parteikollegen zu wenig in die Rolle der Opposition geschlüpft waren. In der Folge mußte Klaus Laske als stellvertretender Fraktionsvorsitzender seinen Hut nehmen, Nachfolger wurde Neuling Walter Voglgsang. Die Krise gipfelte zunächst im März 1986 in der Absetzung Schindlers als Fraktionsführer, ein Jahr darauf war der Höhepunkt der parteiinternen Konfrontation erreicht: Laske und Schindler wurden aus der Fraktion ausgeschlossen und arbeiteten ab März 1987 als eigene Gruppierung im Stadtrat weiter. Der Bruch war perfekt.

> **1987 – im memoriam (I)**
>
> DR. HANS WERNER KREBS (69), 2. Februar: Von 1959 bis 1982 war er Leiter des Staatlichen Gesundheitsamtes.
>
> GOTTFRIED ASAM (58), 25. Mai: Der Unterwittelsbacher Spediteur und begeisterte Hobbypilot erlag einem Herzanfall.
>
> MICHAEL FUCHSHUBER (43), 3. Juni: Viele Jahrzehnte schrieb der hervorragende Sportsmann die Geschichte des Ringsports in Aichach mit, ehe er einer tückischen Krankheit erlag.
>
> ADOLF SCHWAB-ZETTL (91), 14. Juni: Der Kaufmann baute nach dem Krieg in der Schulstraße ein kleines Lebensmittelgeschäft auf.
>
> JOSEF KNAFELZ (64), 15. Juni: Der Kraftfahrzeugmeister war Inhaber des Autohauses Eberl.

Damit war allerdings noch lange kein Friede in Fraktion und Ortsverein eingekehrt. Als es um die Entscheidung über einen Bürgermeisterkandidaten ging, nominierte die Vorstandschaft im Mai 1988 zwar einstimmig den Ortsvorsitzenden Klaus Habermann, doch Tage darauf meldete überraschender Weise auch der Stadtratsneuling Walter Voglgsang Ambitionen auf den Spitzenplatz an. Die langen Diskussionen in Fraktion und Ortsverband wurden am 7. März 1989 beendet, als die Mitgliederversammlung Habermann mit 46:34 Stimmen bestätigte. Damit war dieses Thema bei der SPD ein Jahr vor der Wahl abgehakt.

CSU: Klares Votum für Heinrich Hutzler

Lange dauerte es auch bei der CSU, bis feststand, wer dem Wähler als Nachfolger von Alfred Riepl präsentiert werden sollte. Bereits 1983, nach seiner Nominierung, hatte Riepl erklärt, daß dies seine letzte Amtsperiode sein werde, weil er im Juni 1990 das 65. Lebensjahr erreiche. Mit dieser Entscheidung wollte er der CSU frühzeitig signalisieren, daß bis dahin ein jüngerer Kandidat zur Verfügung stehen müsse. Schon im Oktober 1985 wurden die ersten Namen gehandelt, darunter CSU-Ortsvorsitzender Heinrich Hutzler, Dieter Heilgemeir oder der Unterwittelsbacher Josef Gail. Als der Vorsitz in der Stadtratsfraktion wenige Tage später von Hannes Meisinger auf Dieter Heilgemeir überging, werteten Beobachter das als klares Zeichen. Aber Heilgemeir stellte im Dezember klar, daß er seiner Partei keinesfalls als Bürgermeisterkandidat zur Verfügung stehen werde. Damit war wieder alles offen. Den Stein ins Rollen brachte dann die Ecknacher CSU mit ihrem Ortsvorsitzenden Erich Echter, der eine möglichst frühzeitige Entscheidung über den Spitzenkandidaten forderte. Die fiel im Juni 1987: Alle fünf Ortsverbände sprachen sich klar für den 48jährigen Verwaltungsbeamten Heinrich Hutzler aus, der im Juni 1989 mit 73 von 74 Stimmen auch ein überdeutliches Votum der Mitglieder bekam.

1987 – in memoriam (II)

JOSEF BERGMEIER (82), 12. Juli: Von 1947 bis 1948 führte er den TSV Aichach, der ihm später die Ehrenmitgliedschaft verlieh.

LINA MOSER (81), 9. September: Die Seniorenchefin von Holzbau Merk hatte den Betrieb nach dem Zweiten Weltkrieg kontinuierlich aufgebaut.

JOHANN FROHNWIESER (78), 24. September: Von 1945 bis 1956 war er Bürgermeister in Griesbeckerzell.

FRANZ XAVER WIEDENMANN (83), 28. September: Der Oberamtsrichter leitete von 1947 bis 1969 das Amtsgericht.

WILLI KAPFHAMER (71), 9. Oktober: Seit 1983 führte er den Krankenunterstützungsverein.

ANNELIES DINAUER (62), 21. Dezember: Sie war die Seniorchefin des Landhandelsunternehmens.

Die Aussichten auf einen guten Platz auf der Stadtratsliste waren bei der CSU sehr gut, denn Josef Kapfhamer, Hannes Meisinger, Josef Kneißl, Alfred Rappel, Josef Gutmann und Josef Maurer hatten angekündigt, zeitgleich mit Riepl in den politischen Ruhestand zu treten. Das brachte Bewegung in die Ortsverbände. Dort wurden aussichtsreiche Bewerber auf öffentlichkeitswirksame Positionen gehievt: So wechselte zum Beispiel der Vorsitz in Griesbeckerzell von Helmut Beck auf Bärbel Rohrmair.

Bei der Jungen Union drehte sich das Personenkarussell ebenfalls auf höchsten Touren: Von Juni 1985 bis Juni 1988 wechselte der Vorsitz zwischen Ernst Lorenczuk, Johann Listl, Elfriede Grabbert und schließlich Michaela Ferenz.

Zu diesem Zeitpunkt war bereits klar, daß sich diesmal eine weitere Gruppierung um Mandate bewerben würde. Die Grünen hatten im März 1987 einen Ortsverband gegründet, an dessen Spitze die Tierärztin Dr. Sabine Bard-Kröniger stand. Die Neubürgerin war Mitglied des Bundestages, bis sie im April 1985, dem Rotationsprinzip ihrer Partei folgend, das Mandat niederlegte.

> **1988 – in memoriam (I)**
>
> ANNA FINKENZELLER (72), 11. Februar: Sie war die Inhaberin der Firma Cilly Strasser am unteren Stadtplatz.
>
> FRANZ-XAVER EBERL (87), 22. Februar: Der Seniorchef des gleichnamigen Autohauses war auch Fahrlehrer, Gründungsmitglied und viele Jahre Vorsitzender der Kreisverkehrswacht.
>
> XAVER ETTNER (77), 9. März: Der Maschinenbaumeister war viele Jahre Schützenmeister und Ehrenmitglied bei Edelweiß.
>
> NIKOLAUS WAGNER (81), 11. März: Der ehemalige Schulleiter war Träger des Bundesverdienstkreuzes sowie der Bürgermedaille in Gold und Ehrenbürger von Klingen.
>
> TONI GRAD (84), 15. April: Der Bundesverdienstkreuz-Träger war Mitbegründer der städtischen Volkshochschule, Leiter des Heimatmuseums, von 1973 bis 1983 Kreisheimatpfleger und von 1964 bis zu seinem Tod Vorsitzender des Heimatvereins.

Oberbernbacher fordern eine Dorfschule

Den Wahlkampf prägten zwei wesentliche Themen, die übrigens auch für die spätere politische Entwicklung noch Bedeutung bekommen sollten. Das erste tat sich in Oberbernbach auf. Dort hatte der Friseurmeister Manfred Fendt im September 1988 als Vorsitzender der Kolpingfamilie die Wiederbelebung der alten Schule gefordert. Das Gebäude an der Hauptstraße war immer noch im Besitz des Landkreises.

Da die räumliche Situation in der Aichacher Grundschule zu dem Zeitpunkt bereits sehr beengt war, setzte sich Fendt dafür ein, die Kinder aus Oberbernbach, Algertshausen und Walchshofen in Oberbernbach zu unterrichten. Die Idee dieser Dorfschule stieß bei den Stadträten Josef Kneißl und Helmut Beck auf die Bereitschaft zur Unterstützung. Eifrig wurden Unterschriften von Eltern gesammelt. 685 an der Zahl legte Kneißl noch im Oktober Bürgermeister Alfred Riepl vor.

Bei einer Bürgerversammlung im SCO-Sportheim forderten die Oberbernbacher dann vom Stadtrat eine „historische Entscheidung" für das Schulprojekt, das inzwischen emotionsgeladen diskutiert wurde. Denn in Algertshausen und Walchshofen sprachen sich die Eltern klar gegen das Ansinnen aus, ihre Kinder nach Oberbernbach zur Schule zu schicken. Zugleich traten Christine Bürkle und Axel Politynski vom Elternbeirat gegen eine Erweiterung der bestehenden Grundschule in Aichach ein.

Die Stadträte saßen also zwischen den Stühlen, als sie über den Oberbernbacher Antrag abstimmen mußten. Doch nachdem selbst die Regierung von Schwaben erklärt hatte, daß der An- und Umbau von drei Schulsälen in Aichach ausreiche, um den Bedarf langfristig abzudecken, wurde die Dorfschule mit 18:6 Stimmen abgelehnt. Daraufhin wandten sich die Oberbernbacher mit einer Petition an den kulturpolitischen Ausschuß des Landtages, die allerdings im Oktober 1989 zurückgewiesen wurde. Zumindest vorerst ad acta gelegt war das Thema, als der Landkreis im Januar 1990 das Schulhaus an die Caritas verkaufte, die es zu einem Wohnheim für die Behinderten der Ulrichswerkstätten umbaute.

> **1988 – in memoriam (II)**
>
> RUDOLF WESSELY (74), 9. Juni: Der Inhaber des Fotostudios am Stadtplatz war ein weitum bekannter Fotograf und leidenschaftlicher Hobbyangler.
>
> HANS JULIUS ZORN (63), 25. Juni: Der Textilingenieur hatte sein Unternehmen mit inzwischen 300 Mitarbeitern durch die Spezialisierung auf die Herstellung von Kompressionsstrümpfen auf dem internationalen Markt etabliert.
>
> ALOIS RIEGEL (63), 17. Juli: Der Algertshausener war von 1947 bis 1986 landwirtschaftlicher Fachberater, zuletzt am Amt für Landwirtschaft in Frieberg.
>
> HERMINE PLASCHEK (85), 12. November: 60 Jahre gehörte sie der SPD an und war damit das älteste Parteimitglied des Ortsvereins.
>
> KRESZENZ HARTL (63), 17. Dezember: Sie war die Gastwirtin im gleichnamigen Klingener Gasthaus.

Die „Bürgerliste" tritt für die „Halle für alle" ein

Die Forderung der Oberbernbacher hatte bis dahin längst die Aichacher Sportvereine wachgerüttelt, für die TSV-Präsident Klaus Laske schon seit Jahren den Neubau einer weiteren Turnhalle in der Kernstadt verlangte – Thema Nummer zwei im Wahlkampf. Gleich nachdem die Schuldebatte aufgeflammt war, gingen die Vereine in die Offensive. Offenbar hegten sie die Befürchtung, daß Oberbernbach nicht nur die Dorfschule, sondern auch eine Sporthalle bekommen könnte und ein solches Projekt in Aichach damit auf Jahre hinaus nicht mehr zu verwirklichen wäre. Laske warb für eine „Halle für alle", deren Bau die Mitglieder mehrerer Vereine durch tatkräftige Eigenleistung beim Endausbau unterstützen würden, wenn die Stadt bereit wäre, die Finanzierung der wesentlichen Gewerke zu übernehmen. Die CSU nahm diese Forderung in ihr Wahlprogramm auf, die SPD zeigte sich eher zurückhaltend, die Freien Wähler sprachen sich klar dagegen aus.

Mit einer breiten Zustimmung im künftigen Stadtrat konnten die „Sportler" also nicht unbedingt rechnen. Daraufhin entwickelte sich aus den Reihen der Vereinsvertreter eine neue politische Gruppierung. Wohl auch aus dem Grund, weil ihnen nach dem Rauswurf bei den Genossen diese Möglichkeit versagt war, wieder für den Stadtrat anzutreten, präsentierten Klaus Laske und Armin Schindler im Dezember überraschend eine „Bürgerliste". Neben den beiden amtierenden Stadträten hatten sich neun weitere Bewerber gefunden, darunter der Gallenbacher Ortssprecher Peter Kistler. Die notwendigen Unterschriften für eine Stützungsliste waren in kürzester Zeit beigebracht. Wenige Tage vor der Wahl stellten Klaus Laske und Armin Schindler mit ihren Mitstreitern schließlich auch eine fertige Planung für eine Dreifachturnhalle mit Gesamtkosten von 3,5 bis 4 Millionen Mark vor, um die sportbegeisterten Wähler für sich zu gewinnen.

Stadtratswahl 18. März 1990

Bürgermeister:
Heinrich Hutzler (CSU)

CSU (13 Sitze):
Dieter Heilgemeir, Studiendirektor, 2. Bürgermeister
Karl Moser, Unternehmer
Josef Gail, Landwirt
Johann Birkmeir, Landwirt
Sieglinde Wolf, Hausfrau
Helmut Beck, Polizeibeamter
Hannes Ziegler, Kaufmann
Willi Hanika, technischer Angestellter
Erich Echter, Rettungssanitäter
Johann Listl, Polizeibeamter
Walter Kunesch, Beamter a. D.
Michaela Böck, Diplom-Kauffrau
Anton Vogl, Rektor

SPD (6 Sitze):
Klaus Habermann, Bankkaufmann
Walter Voglgsang, Rektor
Helmut Sander, Kfz-Gutachter
Christel Reichl, Hausfrau
Anton Gföllner, Lehrer
Heinrich Glöckner, Verwaltungsbeamter

Freie Wähler (3 Sitze):
Georg Robert Jung, Diplom-Ökonom
Dr. Renate Magoley, Ärztin
Franz Lochner, Kulturaufseher

Bürgerliste (1 Sitz):
Armin Schindler, Vermessungsamtsrat

Grüne (1 Sitz):
Dr. Sabine Bard-Kröniger, Tierärztin

Ortssprecher:
Helmut Bauer, Sulzbach
Anton Friedl, Unterschneitbach
Franz Gutmann, Untergriesbach
Peter Ruppenthal, Gallenbach
Christian Schenk, Oberschneitbach
Helmut Wunderer, Edenried

CSU-Mehrheit schrumpft auf 13 Sitze

Je näher der Wahlkampf rückte, desto mehr Gemeinsamkeiten zeigten sich bei Sozialdemokraten und Freien Wählern, die bald schon gemeinsam Front gegen die CSU machten. Die Frage, ob die parteilose Gruppierung ebenfalls wieder einen Bürgermeisterkandidaten nominieren würde, blieb allerdings lange Zeit offen. Erst im Januar 1990 hoben die Freien Wähler erneut die Ärztin Dr. Renate Magoley aufs Treppchen. Damit standen die Zeichen für eine mögliche Stichwahl gegen Heinrich Hutzler günstiger, auf die Klaus Habermann von der SPD so sehr gehofft hatte.

Doch der Wähler entschied anders: Hutzler erreichte am 18. März 1990 mit 56,95 Prozent von 8812 Stimmen locker den Einzug ins Rathaus, Klaus Habermann kam zwar auf 32,19 Prozent und schaffte damit die höchste Stimmenzahl eines SPD-Bürgermeisterkandidaten seit 1972, aber für den von den Genossen so erhoffte zweiten Urnengang reichte es dennoch nicht. Grund dafür war auch das eher schwache Ergebnis von Dr. Renate Magoley, die lediglich auf 10,84 Prozent kam.

Allerdings blieb auch Hutzler und seiner CSU der große Triumph an diesem Wahlsonntag versagt, denn die Christsozialen mußten hinnehmen, daß ihre absolute Mehrheit im Stadtrat weiter schmolz. Sie büßten zwei Sitze ein und errangen nur noch 13. Der Abwärtstrend, der sich bereits bei der Wahl 1984 abgezeichnet hatte, setzte sich also fort. Die Sozialdemokraten steigerten sich auf sechs Sitze, die Freien Wähler blieben weiter bei drei. Auf die „Grünen" entfiel einer. Enttäuschung herrschte bei der neuen „Bürgerliste". Für die schaffte es mit Armin Schindler ebenfalls nur ein Bewerber. Klaus Laske verfehlte das Mandat damit ebenso etwas überraschend wie Volkmar Diez, der erneut für die Freien Demokraten angetreten war.

1989 – in memoriam

ALOIS PFALLER (79), 5. Januar: Er war Gründungs- und Ehrenmitglied der BCA-Stockschützen.

JOSEF ETTNER (56), 24. Januar: Der ehemalige Bürgermeister von Obermauerbach (1970 bis 1976) erlag einem Herzleiden.

FRANZ XAVER DREYER (87), 2. Februar: Von 1943 bis 1966 war er Bürgermeister von Untergriesbach.

MATTHIAS FINKENZELLER (78), 31. Mai: Der Walchshofener Landwirt gehörte von 1951 bis 1978 dem Aufsichtsrat des Milchwerks an.

MARTIN HUTTNER (57), 24. Juni: Er war Gründungsmitglied und viele Jahre Vorstand der Stockschützen des BCA.

F. BRUNO HOBERG (80), 28. Juli: Der Malermeister und Geschäftsinhaber gehörte von 1956 bis 1966 dem Stadtrat an, ab 1960 als zweiter Bürgermeister.

ERICH KAPPLER (64), 1. November: Der Maurermeister betrieb in Unterwittelsbach ein Baugeschäft.

FRITZ GLEITSMANN (63), 20. November: Der Richter am Bayerischen Obersten Landesgericht war von 1957 bis 1967 Vorsitzender des Luftsportvereins, der ihn auch zum Ehrenvorsitzenden ernannte.

ERICH KRATSCHMANN (68), 4. Dezember: Der ehemalige Rektor unterrichtete in Walchshofen und von 1959 bis 1979 in Ecknach.

Riepl wird Ehrenbürger – „Servus und danke, Alfred!"

Die Ära Riepl war damit zu Ende. Während seiner Amtszeit wurden in der Stadt und den Ortsteilen fast 180 Millionen Mark investiert, schier endlos ist die Liste der Bauwerke und Neuerungen, die zwischen 1972 und 1990 entstanden sind oder eingeführt wurden. Die Leistungsbilanz nach 18 Jahren Dienst war überaus positiv und mehrfach mit hohen Auszeichnungen und Ehrungen gewürdigt worden, unter anderem mit dem Bundesverdienstkreuz und den Bürgermedaillen in Silber und Gold. Volkstümlich und bodenständig hatte sich Riepl bei vielen öffentlichen Veranstaltungen gezeigt, weshalb sein Rang in der Beliebtheitsskala der Bevölkerung entsprechend hoch war.

Das kam auch an seinen letzten Arbeitstagen zum Ausdruck. Viele Menschen kamen, als Riepl im Park des Museums eine Linde pflanzte, die seither als bleibende Erinnerung an den verdienten Bürgermeister wächst und gedeiht wie einst die Stadt unter seiner Führung. Abends sagten die Abordnungen der knapp 80 Vereine in der TSV-Halle Dank für 18 Jahre Verständnis und Unterstützung. Die Aichacher Zeitung würdigte die Leistungen des verdienten Kommunalpolitikers mit einem Extrablatt. „Servus und danke, Alfred!", hieß die Schlagzeile auf der Titelseite – sie sprach den Bürgern aus dem Herzen.

Josef Kapfhamer überreicht Riepl die Ehrenbürgerurkunde.

Nach dem Festakt mit den Vereinen folgte die Verabschiedung durch den Stadtrat, bei der CSU-Fraktionschef Dieter Heilgemeir die Errungenschaften in der Amtszeit Riepls ebenfalls in glanzvolles Licht rückte. In seiner Abschiedsrede verriet Riepl das Geheimrezept seiner Politik: „Mich hat die Macht nie besessen."

Krönung der Festsitzung im Pfarrzentrum war die Ernennung von Alfred Riepl zum Ehrenbürger, die zweiter Bürgermeister Josef Kapfhamer vollzog. Auch Kapfhamer zog sich an diesem Abend nach 25 Jahren Dienstzeit als zweiter Bürgermeister aus der Politik zurück. Darüber hinaus nahmen zahlreiche Männer Abschied, die zum Teil ebenfalls viele Jahre im Stadtrat mitgearbeitet hatten: Alfred Rappel, Hannes Meisinger, Josef Maurer und Josef Gutmann erhielten als Anerkennung die Bürgermedaille in Gold, Silber gab es für Josef Kneißl, Josef Henn und Hans Bradl. Daneben galt auch Volkmar Diez und Klaus Laske der Dank der Stadt für ihr langjähriges Engagement.

1990 bis 1996:
Das Ziel heißt Mittelzentrum

Weniger Einnahmen, mehr Ausgaben

Dieter Heilgemeir wird zweiter Bürgermeister

Der neue Bürgermeister Heinrich Hutzler baute auf seine CSU-Riege, die mit ihren 13 Sitzen auch die nächsten sechs Jahre die Geschicke Aichachs hätte allein bestimmen können. Obendrein konnte sie sich der Unterstützung von Armin Schindler sicher sein, denn der alleinige Stadtratsvertreter der Bürgerliste hospitierte zunächst bei den Christsozialen, an deren Fraktionssitzungen er regelmäßig teilnahm. Mit diesem politischen Übergewicht im Rücken, trat Hutzler zum 1. Mai sein Amt an. Am 8. Mai vereidigte ihn das älteste Mitglied des Gremiums, Stadtrat Walter Kunesch. Unmittelbar nach diesem Akt kam es zu der ersten, bereits erwarteten Kontroverse mit der Opposition. Denn die Freien Wähler traten wie schon 1984 dafür ein, das Amt eines dritten Bürgermeisters einzuführen. Die CSU, Hutzler selbst und Armin Schindler lehnten dieses Ansinnen rundweg ab – mit 15:10 Stimmen hielt der neue Stadtrat an nur einem Stellvertreter fest.
Neuer „Vize" wurde Dieter Heilgemeir, der inzwischen zur Riege der altgedienten Stadtratsmitglieder zählte. Er kündigte bald nach seiner Wahl an, daß er sich nun voll auf die politische Arbeit in Aichach konzentrieren wolle. In der Konsequenz trat Heilgemeir im Kreistag nicht mehr als Stellvertreter von Landrat Dr. Theo Körner an. Außerdem gab er im Stadtrat den Fraktionsvorsitz ab, den der Polizeibeamte Helmut Beck aus Griesbeckerzell übernahm. Bei der SPD trat erneut Klaus Habermann die Führungsposition an, bei den Freien Wählern wiederum Georg Robert Jung. Neun von 15 Referentenposten gingen bei der konstituierenden Sitzung an die CSU, vier bekam die SPD, zwei die Freien Wähler.
Bereits bei dieser ersten Sitzung kam es also wegen der Stellvertreterwahl zu Disharmonien, wie sie bereits am Ende der Amtszeit Riepls immer wieder zwischen CSU und Opposition aufgetreten waren. Aus der anfänglichen Ent-

täuschung über die verfehlte Stichwahl zwischen Hutzler und Habermann wuchsen bei Sozialdemokraten und Freien Wählern schon bald Mut und Hoffnung für einen neuerlichen Anlauf bei der Wahl 1996, was die Opposition noch enger zusammenrücken lassen sollte. In der CSU zeichnete sich hingegen schnell ab, daß der Aderlaß durch das Ausscheiden vieler erfahrener Mandatsträger so einfach nicht zu verkraften sein würde.

Der Konjunkturmotor gerät ins Stottern

Schon bald deutete sich überdies an, daß die CSU-Fraktion keineswegs jene geschlossene Einheit bildete, als die sie ihr Sprecher Helmut Beck zunächst nach außen hin darstellte. Bald schon taten sich Abgründe auf. Die Ursachen werden im nächsten Kapitel eingehender beschrieben. Dieser Vorgriff auf die parteipolitische Entwicklung muß aber an dieser Stelle erfolgen, um die Arbeitsgrundlage, von der aus der neue Bürgermeister operieren mußte, zu verdeutlichen. Bürgermeister Hutzler hatte nicht immer die eigene Fraktion und damit automatisch die Stadtratsmehrheit hinter sich, wenn er seine Ziele durchzusetzen versuchte.
Eines davon war die Aufwertung der Kreisstadt zu einem attraktiven Mittelzentrum im Wirtschaftsraum Augsburg. Viele Verbesserungen waren in den vorangegangenen Jahren erreicht worden, nun wollte man darauf aufbauen. Ein neuer Flächennutzungsplan sollte die Ausdehnung von Gewerbe und Wohnungsbau fördern und in enger Abstimmung mit einem Landschaftsplan Natur und Umwelt schützen. Dazu wurde ein Generalverkehrsplan in Auftrag gegeben, der die Probleme der immer automobiler gewordenen Gesellschaft in den Griff bekommen sollte. Die drei Leitplanungen wurden im November 1991 beschlossen und sollten die Grundlage für den Ausbau der Stadt als Mittelzentrum bilden. Hutzler vertrat außerdem zunächst als Mitglied und später als Vorsitzender des Regionalen Planungsverbandes Augsburg die Position Aichachs auf überregionaler Ebene.
Inzwischen hatte ein Wettlauf der Kommunen um neue Gewerbesteuerzahler und Firmen, die zusätzliche Arbeitsplätze bringen könnten, eingesetzt. Nach dem Fall der Mauer in Berlin pumpte die öffentliche Hand Milliarden in den Osten und die neuen Länder. Der „Aufbau Ost" hatte Vorrang bei den Regierenden in Bonn, der Solidaritätszuschlag drückte bald schwer auf die Kasse des Stadtkämmerers. Die Rahmenbedingungen wurden zusehends schlechter, was sich rasch in der wirtschaftlichen Entwicklung zeigte. 1990 lag die Stadt noch mit 169 Neuanmeldungen von Gewerbebetrieben über dem landesweiten Durchschnitt. Die Entscheidung für ein weiteres Gewerbegebiet

zwischen der alten Bundesstraße und der neuen B 300 bei Ecknach im Januar 1991 war deshalb logische Konsequenz. Doch kaum lagen die ersten Planungskonzepte für diesen „Gewerbepark" auf dem Tisch, da zeichnete sich der langsame Niedergang der Wirtschaft ab, und die Nachfrage nach Gewerbeflächen sank drastisch.

Der „Standort Deutschland" büßte an Attraktivität ein. Hohe Lohn- und Lohnnebenkosten sowie ein immer dichter werdendes Netz von Genehmigungsvorschriften und Produktionsauflagen ließen die nationale Wirtschaft zum Aufbruch in die neuen Bundesländer oder in Oststaaten rüsten, wo Personalkosten und Steuerlast geringer waren oder obendrein noch hohe Subventionen lockten. Auch die Firma Meisinger – die 1991 die Rekordmarke von 1000 Mitarbeitern in Aichach überschritten hatte – reihte sich in diese Schlange ein. Die Zeiten, da Großbetriebe im eigenen Land noch fieberhaft nach geeigneten Grundstücken gesucht hatten, waren lange vorbei. Der Motor der Konjunktur geriet zu Beginn der neunziger Jahre ins Stottern, die Steuerkraft sank.

Bei diesen Bedingungen wurde der finanzielle Handlungsspielraum der Stadt immer beengter. Um die Defizite halbwegs abfedern zu können, wurden schon kurz nach dem Amtsantritt Hutzlers die Steuerhebesätze angehoben, später drehte der Stadtrat auch an den Gebühren für Trinkwasser, Abwasser und Friedhofsbenutzung. Dazu kam eine Verdoppelung der Ablösesumme für fehlende Stellplätze bei Wohnungsbaumaßnahmen, die seit Dezember 1991 bei 10 000 Mark pro Parkplatz liegt. Dennoch blieben die Aussichten für die Stadtkasse eher düster, denn der Finanzplan sah wegen der vielen geplanten Maßnahmen trotzdem eine nahezu sprunghaft steigende Verschuldung von 21 Millionen Mark in 1992 auf 56,6 Millionen Ende des Jahres 1997 vor. Darin noch gar nicht eingerechnet war das viele Millionen schwere Investitionspaket für den Neu- und Umbau der Kläranlage.

Am 1. Mai 1990 übernahm Bürgermeister Heinrich Hutzler die Amtsgeschäfte im Rathaus.

Die unpopuläre Anhebung von Steuern und Gebühren sowie die negativen Prognosen der Haushaltsentwicklung wurden vor allem von den Freien Wählern bei jeder sich bietenden Gelegenheit angeprangert und zu Lasten des Bürgermeisters und seiner Fraktion dargestellt, obgleich Hutzler selbstverständlich die entsprechenden Beschlüsse des Gremiums zur Umsetzung erreicht hatte, wenn auch nur selten mit klarer Mehrheit. Eine Personifizierung der Schuldenentwicklung mit dem ersten Mann im Rathaus erfolgte im März 1992 ebenfalls durch den Bund der Steuerzahler (BdSt), der dem Bürgermeister durch seinen Präsidenten Rolf von Hohenau und den Verwaltungsratsvorsitzenden Dr. Paul Stephan das „Faß ohne Boden" überreichte. Der BdSt warf dem Stadtoberhaupt verfehlte Finanzpolitik vor und prangerte die Anhebung der Gewerbesteuer in Zeiten des wirtschaftlichen Niederganges als ungeeignetes Instrument zur Sanierung öffentlicher Kassen an.

Die Stadt kauft das Neusa-Gelände

Die negative Haushaltsentwicklung wurde aber nicht nur durch zurückgehende Einnahmen, sondern auch unvorhersehbare Ausgaben und Investitionen gefördert, die trotz aller finanziellen Risiken im Sinne einer gedeihlichen Weiterentwicklung getätigt werden mußten. Darunter fällt auch der Kauf der ehemaligen Lederwarenfabrik Neusa an der Flurstraße. Noch Bürgermeister Alfred Riepl war 1989 erstmals in Kaufverhandlungen mit der Unternehmensleitung gestanden, Anfang 1991 führte sie Heinrich Hutzler zum erfolgreichen Abschluß. Im März beschloß der Stadtrat den Kauf des 22 000 Quadratmeter großen Areals mit den ehemaligen Fertigungshallen zum Preis von drei Millionen Mark und sicherte damit ein großzügiges Gelände mit vielfältigen Verwendungsmöglichkeiten fast im Zentrum der Stadt.

„Vivien" und „Wiebke" hinterlassen Spuren

Für Ende Februar 1990 kündigen die Wetterberichte zwei Sturmtiefs an, denen die Meteorologen die Namen „Vivien" und „Wiebke" geben. Die beiden „Damen" sorgen bundesweit für Millionenschäden an Gebäuden und vor allem in den Wäldern. Zwischen dem 27. und 29. Februar fegen die Orkane auch über das Aichacher Land und hinterlassen eine Spur der Verwüstung. Über 100 000 Festmeter Holz werden allein in den Wäldern des Landkreises vernichtet. Mehr als 10 000 Bäume werden im Spitalwald geknickt oder entwurzelt. Landrat Dr. Theo Körner beruft einen Krisenstab ein, die Helfer sind fast pausenlos im Einsatz, um Verkehrswege freizuarbeiten oder Verbindungsleitungen zu reparieren. Bei den Aufräumungsarbeiten helfen auch Soldaten des Münchener Pionierbataillons 210 mit, für das die Stadt erst kurz zuvor eine Patenschaft übernommen hat.

Auf diese Weise kam auch die Jugend zum Zuge: Nach jahrzehntelangem Ringen konnte auf dem Neusa-Gelände das immer wieder geforderte Jugendzentrum errichtet werden. Im Juni 1992 ging es nach einem 300 000 Mark teuren

Umbau in Betrieb, als hauptamtlicher Leiter wurde der Jugendpfleger Wolfgang Untersehr eingestellt. Damit trug die Stadt den Hauptbedürfnissen der freien Jugend Rechnung. In weiteren Gebäuden auf dem Neusa-Gelände entstand ein Vereinszentrum, in dem Gruppen wie Volkstheater, Mütterzentrum, Humanitas, Stadtkapelle, Liederchor, Aichach Türkspor sowie das soziale und kulturelle Begegnungszentrum untergebracht werden konnten.

Im September 1991 brachte Bürgermeister Heinrich Hutzler auch die Grundstücksverhandlungen über ein 17 000 Quadratmeter großes Gelände der Beck-Mühle jenseits der Paar beim städtischen Freibad erfolgreich unter Dach und Fach. Damit wurden optimale Voraussetzungen für eine großzügige Sanierung und Erweiterung des Bades geschaffen, deren Notwendigkeit sich langsam abzeichnete.

Neuer Kindergarten und Kinderhort

Nicht vorhersehbare Ausgaben taten sich ebenfalls bei den Kindergärten auf, obwohl der Neubau an der Oskar-von-Miller-Straße erst wenige Jahre zuvor in Betrieb genommen worden war. Nach langer politischer Diskussion, ob ein Neubau im Zentrum oder in einem Ortsteil ratsamer sei, setzte sich eine Interessengemeinschaft in Klingen durch, die in Stadtrat Willi Hanika einen Fürsprecher fand. Hanika machte sich im Stadtrat für einen Neubau an der Mauerbacher Straße stark. Das auf 870 000 Mark veranschlagte Projekt wurde unter tatkräftiger Mithilfe der Klingener Bürger verwirklicht und ging 1995 in Betrieb. Als Bürgermeister Hutzler gegen den Willen der Klingener im selben Jahr den Verkauf

Der Kindergarten in Klingen ging 1995 in Betrieb.

des alten Schulhauses zur wenigstens teilweisen Refinanzierung des neuen Kindergartens ins Auge faßte, gingen die Bürger in dem Stadtteil auf die Barrikaden. Nach heftigen Protesten bei einer Bürgerversammlung im „Maiwirt" ließ Hutzler seine Verkaufsabsichten wieder fallen. Die Klingener durften sich in dem Gebäude ein Bürgerhaus samt Domizil für die Feuerwehr einrichten, dessen Einweihung sie im Herbst 1997 feierten. Zuvor schon hatten die Gallenbacher ihr neues Gemeinschaftshaus eingeweiht und damit ein ähnliches Projekt verwirklichen können.

Eine Entlastung benötigte der Kindergarten in Oberbernbach, wo der Bedarf durch die neuen Wohnanlagen im Bereich der Hauptstraße stark angestiegen war. Der kirchliche Kindergarten platzte aus allen Nähten, doch ein Anbau scheiterte zunächst an der Kostenbeteiligung aus dem Stadtsäckel, die die Kirchenstiftung forderte.

Im März 1994 entschied sich der Stadtrat deshalb zunächst für den Bau eines städtischen Kindergartens und faßte dafür ein Grundstück bei den Wohnanlagen ins Auge. Daraufhin schraubte die Katholische Kirchenstiftung ihre finanziellen Forderungen zurück, was schließlich zur Realisierung eines Anbaus mit einem weiteren Gruppenraum führte. Damit war für Entlastung gesorgt.

Erfüllt worden war zwischenzeitlich auch eine alte Forderung der Sozialdemokraten, die sich noch in der Amtszeit von Alfred Riepl für einen Kinderhort stark gemacht hatten, in dem die Buben und Mädchen berufstätiger Eltern betreut werden. Im Rennen um die Trägerschaft zog die Arbeiterwohlfahrt im Januar 1990 gegen die Kirchenstiftung den kürzeren. Der Kinderhort wurde daraufhin in der ehemaligen Hausmeisterwohnung im Kellergeschoß der Grundschule eingerichtet. Im Januar 1991 konnten Bürgermeister Heinrich Hutzler und Stadtpfarrer Helmut Mayr die offizielle Inbetriebnahme verkünden und die Kleinen begrüßen.

> **1990 – in memoriam**
>
> JAKOB STURM (83), 2. Januar: Er war von 1948 bis zur Eingemeindung nach Griesbeckerzell 1971 Bürgermeister von Edenried.
>
> JAKOB PRILLER (71), 28. Januar: Der ehemalige Geschäftsführer der Raiffeisenkassen Oberbernbach, Ecknach, Klingen und Unterschneitbach wurde 1956 Direktor der Gewerbebank.
>
> CHRISTINE STRASSER (82), 16. Februar: Viele kannten sie als gute Seele der Metzgerei am Unteren Tor.
>
> FANNY FISCHER (70), 13. März: Sie war die geschätzte Seniorchefin der Firma Englmaier.
>
> JOSEF DRITTENPREIS (80), 23. April: Von 1960 bis 1964 war er Gemeinderat und ab 1964 bis zum 1. Januar 1977 Bürgermeister von Klingen.
>
> PAUL PÖLLOT (79), 3. Mai: Er war bis 1967 Leiter der Polizei und Mitbegründer der Kreisverkehrswacht.
>
> PFARRER JOSEF BAUER (83), 9. Mai: Von 1968 bis kurz vor seinem Tod wirkte der Geistliche als Pfarrvikar von Gallenbach.
>
> PAULUS GLASWINKLER (68), 11. August: Der Spenglermeister war von 1952 bis 1960 Stadtrat, von 1960 bis 1966 Kreisrat und lange Kreisbrandinspektor.
>
> JOSEF HARRER (59), 24. Oktober: Der Schriftsetzer war begnadeter Zitherspieler und ein Original.
>
> LUDWIG OTTILLINGER (79), 1. Dezember: Der Schreinermeister führte am Wittelsbacher Weg das erste große Möbelhaus der Stadt.

Griesbeckerzell bekommt die neue Ortsdurchfahrt

Unvorhergesehene Kostensteigerungen tauchten zudem beim Bau der neuen Ortsdurchfahrt von Griesbeckerzell auf. Noch unter Bürgermeister Alfred Riepl hatte der Stadtrat im Dezember 1989 die Weichen für den dringend erforderlichen Straßenbau gestellt. Die Hauptstraße durch Griesbeckerzell sollte mit dem Ausbau wesentlich aufgewertet werden. Der Kostenvoranschlag belief sich auf 3,3 Millionen Mark. Wegen der überaus beengten baulichen Verhältnisse an manchen Stellen der Trasse waren komplizierte Grundstücksverhandlungen notwendig geworden, die mit der maßgeblichen Unterstützung von Ortsteilstadtrat Helmut Beck eingeleitet werden konnten.

Die Freude der Zeller war groß, als Bürgermeister Heinrich Hutzler am 22. September 1992 den Spatenstich mit einem großen Schaufelbagger durchführte. Zu diesem Zeitpunkt lag die Kostenschätzung bereits bei 3,8 Millionen Mark. Ein Jahr darauf hatte sie die Grenze von vier Millionen deutlich überschritten, weshalb es zu einer Sondersitzung des Stadtrates kam, in der heftig über die möglichen Ursachen der Mehrausgaben gestritten wurde. Am Ende verschlang die Maßnahme – in ihrem Zuge fiel übrigens der baufällige Pfarrstadel bei der Kirche in sich zusammen – rund 4,9 Millionen Mark. Das prangerte CSU-Stadtrat Willi Hanika in seiner Funktion als Vorsitzender des Rechnungsprüfungsausschusses an. Noch Wochen nachdem die Griesbeckerzeller die überaus gelungene neue Ortsdurchfahrt am 2. und 3. Juli 1994 mit einem großen Straßenfest eingeweiht hatten, standen Bürgermeister Hutzler und Stadtbaumeister Walter Ducrue wegen der Kostenentwicklung auch in Teilen der CSU-Fraktion in der Kritik.

Spatenstich für die Griesbeckerzeller Ortsdurchfahrt.

Spitalbau abgeschlossen – neuer Wohnraum für Bedürftige

Von Kostenmehrungen, die deutlich über dem Ansatz lagen, wurde auch der Neubau des Altenheimes der Heilig-Geist-Spitalstiftung nicht verschont. Der Stadtrat hatte im September 1990 eine abgespeckte Variante der Planung von Architekt Dieter Mühlebach zum Kostenpunkt von 13,8 Millionen Mark favorisiert. Der Beginn der Arbeiten im Frühjahr 1991 stand bald in den Schlagzeilen, denn eine benachbarte Familie hatte damit gedroht, einen sofortigen Baustopp verfügen zu lassen, weil sie sich vom Stadtbauamt nur unzureichend über das Ausmaß der Gebäude informiert fühlte. In einer Sondersitzung wurden die Unklarheiten bereinigt und die Nachbarinteressen gewahrt.

Später fiel gegen den Protest der Freien Wähler das Gebäude des ehemaligen Bürgerheimes der Spitzhacke zum Opfer, darüber hinaus barg der Altbestand so manche unliebsame Überraschung, die einen erhöhten Sanierungsaufwand erforderlich machte. Am Ende schlug das Projekt mit rund 18 Millionen Mark zu Buche. Die Stadt förderte den Neubau als Stiftungspfleger mit erhöhten Zuschüssen, außerdem mußten die Unterbringungs- und Pflegekostensätze deutlich angehoben werden, um die Finanzierung zu sichern. Die Einweihung erfolgte am 6. Oktober 1995. Tausende nutzten beim Tag der offenen Tür die Gelegenheit, um das nach modernsten Gesichtspunkten gebaute Alten- und Pflegeheim im Herzen der Stadt zu besichtigen.

Eine weitere nicht vorhersehbare Investition kam auf die Stadt durch ein Angebot des Freistaates Bayern zum Bau von 48 Eigentumswohnungen und zwölf Reihenhäusern in Holzbauweise im Bereich des Kreisgutes zu, dessen landwirtschaftlichen Betrieb der Kreis 1992 aufgegeben hatte. Unter der Regie der 1992 gegründeten Kreis-Wohnbaugesellschaft mit ihrem Geschäftsführer Kurt Paul wurde eine Fläche für die großzügig bezuschußte Mustersiedlung aufgeplant. Die Stadt beteiligte sich mit 900 000 Mark an dem auf 12,5 Millionen Mark veranschlagten Projekt und erwarb sich damit das Belegungsrecht für zwölf Einheiten. Die Firma Merk konnte sich den Gesamtauftrag als Generalunternehmer sichern. Im Dezember 1995 zogen die ersten Familien in die neue Anlage, die wegen ihrer ungewöhnlichen Farbgebung im Volksmund bald den Beinamen „Blaue Häuser" bekommen hatte und

1991 – in memoriam

HANS NATHAN FRIEDMANN (78), 18. Januar: Der Kaufmann führte in der Gartenstraße ein kleines Lebensmittelgeschäft.

ANNEGRET GALL (40), 21. Februar: Die Fachlehrerin an der Volksschule Ecknach und später an der Elisabeth-Schule starb nach schwerer Krankheit.

ANNA OTTILLINGER (70), 22. Februar: Sie war die Seniorchefin des Möbelhauses am Wittelsbacher Weg.

HANNS FRIEDL (71), 11. März: Der Gärtnermeister führte an der Schulstraße einen Gartenbaubetrieb.

GERHARD MARCHART (46), 14. Mai: Der Elektromeister war ein bekannter Gönner der Griesbeckerzeller Vereine.

ANTON LINDERMEIER (81), 13. Juni: Der Lebensmittelhändler war von 1950 bis 1980 Vorsitzender und dann Ehrenvorsitzender der Sektion Aichach im Deutschen Alpenverein.

JOSEF JANKOWSKI (77), 24. Juni: Der Schreinermeister hatte an der Flurstraße einen kleinen Betrieb.

ROSA LUTZ (82), 10. August: Sie war über Jahrzehnte hinweg engagierte Mitarbeiterin des VdK. Ihre vielfältigen Bemühungen auf sozialem Gebiet wurden mit dem Bundesverdienstkreuz gewürdigt.

ANTON PECHTER (65), 22. August: Der Obermauerbacher hatte als Leitender Regierungsschuldirektor maßgeblich an der Neugliederung des Berufsschulwesens in Oberbayern mitgewirkt.

SCHWESTER M. OTHMARA HUBER (82), 8. November: Die Ordensfrau wirkte in Aichach von 1931 bis 1957, von 1950 bis 1957 leitete sie als Rektorin die Mädchenschule.

FERDINAND STRASSER (71), 11. November: Er war Gründungsmitglied und von 1961 bis 1980 Schützenmeister bei Jagdlust Gallenbach.

Wohnraum für etwa 200 Menschen bot. Sozialer Wohnungsbau ist auch auf dem Grundstück der ehemaligen Gärtnerei Kaluscha bei den Heimgärten am Griesbacherl geplant. Die Fläche und das zugehörige Wohnhaus haben Gärtnermeister Anton Kaluscha und dessen Ehefrau Stefanie der Stadt vererbt. Der Spatenstich für dieses Projekt erfolgte im Oktober 1997.

Unter der Regie der städtischen Baugenossenschaft wurde ab November 1995 an der Tulpenstraße in unmittelbarer Nachbarschaft zum Altenheim der Arbeiterwohlfahrt eine Anlage nach den Förderrichtlinien des „Betreuten Wohnens" errichtet. Der sechs Millionen Mark teure Neubau mit 26 seniorengerechten Wohnungen konnte im September 1997 eingeweiht werden. Die durchwegs älteren Bewohner darin können das Fürsorgeangebot der Arbeiterwohlfahrt nutzen und ihren Lebensabend dennoch in den eigenen vier Wänden verbringen.

Das Betreuungsangebot für ältere und kranke Menschen verbesserte zudem das Rote Kreuz, das im September 1995 an der Rosenau ein Sozialzentrum in Betrieb nahm. Zum Service dieser Einrichtung gehören neben den ambulanten Diensten zwölf Tagespflegeplätze.

1992 – in memoriam

GEORG FEUERER (94), 21. Februar: Bis ins hohe Alter stellte der staatlich geprüfte Bisamjäger an Paar, Ecknach und Griesbacherl den Nagern nach.

JOSEF BÖCK (69), 3. Mai: Er war Besitzer des Brauereigasthofes „Stieglbräu".

DR. HEINRICH WIMMER (63), 7. Juni: Der Veterinär war selbständiger Tierarzt und von 1956 bis 1989 auch Fleischbeschautierarzt des Landkreises.

STEFAN MICHL (61), 13. Juni: Der Metzgermeister und Wirt führte das Gasthaus „Friedenseiche" an der Martinstraße.

MARIA DOMINKE (70), 15. Juni: Sie betrieb viele Jahrzehnte zusammen mit ihrem Ehemann die „Marien-Apotheke" am Unteren Tor.

PFARRER WILHELM MENZINGER (56), 27. Juni: Der gebürtige Unterschneitbacher war bis zu seinem Tod Religionslehrer in Krumbach. Er starb exakt am 27. Jahrestag seiner Priesterweihe.

MAX KLINGER (70), 5. August: Der Gastwirt führte viele Jahre die Turnhalle und den kleinen Kiosk im Freibad, später seinen „Klinger-Stadl" in der Donauwörther Straße.

BLASIUS PFALLER (46), 18. Oktober: Der Flugzeugbauer und Hobbypilot beim Luftsportverein starb an den Folgen einer Herzattacke.

WALTER HÄNSEL (74), 5. November: Der Glasermeister hatte seinen Betrieb an der Werlbergerstraße.

Eine wesentliche Verbesserung in der medizinischen Versorgung stellte der Abschluß der Umbau- und Sanierungsmaßnahmen im Kreiskrankenhaus dar. Die rund 30 Millionen Mark teure Modernisierung zog sich bis zum November 1993 hin. Mit Dr. Walter Remplik hatte die Klinik zum 1. Februar 1991 einen neuen Chefarzt bekommen. Der Internist trat die Nachfolge von Dr. Albert Mack an, der in den Ruhestand ging.

1990 BIS 1996: DAS ZIEL HEISST MITTELZENTRUM

Sinnvolle „Nachverdichtung" im Zentrum

Der privatwirtschaftliche Wohnungsbau zeigt zunächst keine Ermüdungserscheinungen. Die Nutzung noch freier Flächen mit dem Ziel einer sinnvollen „Nachverdichtung" im Zentrum stand obenan. Neben den großen Anlagen der Firma Meisinger am Sankt-Helena-Weg und an der Oberbernbacher Hauptstraße sowie denen der AIC-Wohnbau ebendort entstand ein großer Komplex am Griesbacherl bei der Donauwörther Straße auf dem ehemaligen Gelände der Gärtnerei Brandl, die im Juni 1991 vor die Tore Untergriesbachs auslagern konnte. Das Bauunternehmen Schmid aus Thierhaupten füllte das aufgelassene Gärtnereigrundstück mit großem Wohn- und Geschäftskomplex.

Wo keine Freiflächen mehr zur Verfügung standen, liebäugelten Bauwerber mit dem Abbruch älterer Häuser. Das machte lange Verhandlungen mit dem Landesamt für Denkmalschutz erforderlich, unter anderem beim Ranzinger-Haus vor dem Oberen Tor, das Julius Jäcklin gekauft hatte. Das Gebäude lag im Bereich des ehemals verfüllten Stadtgrabens und wies erhebliche Bauschäden auf. Durch die Senkung des Untergrundes bildeten sich in der Jugendstilfassade lange Risse, im Inneren gab es erhebliche Verwerfungen der Böden, die unter anderem dazu führten, daß sich einige Türen nicht mehr öffnen ließen. Das über viele Jahre leerstehende Haus durfte im Juli 1994 abgebrochen werden. Seither klafft vor dem Oberen Tor eine Baulücke, weil mit Denkmalschutz und Kreisbauamt noch keine Einigung über die Gestaltung eines neuen Komplexes erzielt werden konnte.

Die Abbruchgenehmigung liegt auch für das Dumler-Haus am Büchel vor. Das halbverfallene Gebäude beherbergte einst eine Bäckerei. Hart umkämpft war ebenfalls der Abbruch der alten Schmiede am Tandlmarkt, die als Muschler-Haus bekannt war. Karl Burkhard kaufte das Gebäude. Er erhielt im März 1995 die Genehmigung zur Beseitigung. Auch dort wurde die gerissene Lücke bislang nicht geschlossen.

Abgebrochen: das Ranzinger-Haus (oben) und die alte Schmiede.

Wertvollen Baugrund in Zentrumsnähe gab es noch in der Schulstraße, nachdem die Gärtnerei Friedl dort ihren Betrieb aufgegeben hatte. Die Augsburger Bauträgergesellschaft Klaus-Bau kaufte das Areal und ließ darauf ab 1994 eine anspruchsvolle Wohnanlage mit 70 Einheiten in bester Lage errichten. Die Vermarktung gestaltete sich indes nicht ganz einfach – ein Zeichen dafür, wie stark ausgereizt der Wohnungsmarkt zu diesem Zeitpunkt war. Rapide steigende Lebenshaltungskosten und die erhöhte Belastung durch Steuern und Abgaben ließen auch die Investitionsbereitschaft privater Kapitalanleger sinken. Vor allem die Nachfrage bei teureren Neubauten ließ nach. Diese Entwicklung läßt sich auch an den Mieten ablesen, die bis dato sogar zum Teil gesunken sind.

Wirtschaft: Rückschläge für den Arbeitsmarkt

Unsinn geht in Konkurs – Mondi stellt die Produktion ein

Die gesamtwirtschaftlich negative Szenerie in der Stadt hob sich damit von der allgemeinen Lage in Land und Bund ab. Dazu kamen in Aichach allerdings auch schwere Rückschläge auf dem Arbeitsmarkt, die nicht unbedingt allein auf die allgemeine Verschlechterung der Rahmenbedingungen für Gewerbe und Industrie zurückzuführen waren. Die erste wenig verheißungsvolle Nachricht betraf 1992 die Aktien-Kunstmühle. Mitten in der Endphase von Modernisierung und Umbau zu einer der modernsten Mühlen Deutschlands war das Unternehmen in Finanzierungsprobleme geraten, weil der Verkauf einer großen Wiese an der Paar als Mischgebiet am Veto des Stadtrats gescheitert war. Das Mühlenunternehmen mußte daraufhin veräußert werden. Die Familie Collin als Hauptaktionär fand im Januar 1993 mit dem Mühlenbesitzer Adolf Fronhofer aus Landau an der Isar einen Käufer. Fronhofer übernahm das Paket mit 84 Prozent der Aktien und konnte den Fortbestand der traditionsreichen Aichacher Mühle sichern, wozu allerdings auch ein geringfügiger Personalabbau beitragen mußte.

> **Aus „8890" wird „86551"**
>
> Die Umstellung der Postleitzahlen als Folge der postalischen Neuordnung nach der Wiedervereinigung Deutschlands bringt allen Kommunen gravierende Änderungen. Im Sommer 1993 wird es ernst: Die Ziffernfolge 8890 für das Aichacher Stadtgebiet gehört ab dem 1. Juli der Vergangenheit an. Künftig gilt 86551 als neue Postleitzahl, für die Inhaber von Postfächern werden zusätzliche Kombinationen geschaffen. Die Umstellung macht in Betrieben und Verwaltungen oft erheblichen Mehraufwand erforderlich, weil nicht nur die Adressenlisten geändert werden müssen, sondern auch viele computerisierte Organisationsprogramme auf der Basis der Postleitzahlen angelegt sind.

Keine Rettung gab es dagegen für die Landmaschinenfabrik Unsinn in Ecknach. Das traditionsreiche Unternehmen steckte Anfang der neunziger Jahre in beträchtlichen Schwierigkeiten, was sich in Kurzarbeit und verzögerten Lohnzahlungen bemerkbar machte. Als letzten Ausweg aus der finanziellen Misere unternahm die Firmenleitung mehrere Versuche, ein großes Gelände an der B 300 für den Bau eines Einkaufs- und Erlebniscenters zu vermarkten. Diese Pläne konnten allerdings nicht verwirklicht werden, denn der Stadtrat lehnte eine „Einkaufsstadt vor den Toren" ab, weil man erhebliche Einbußen für die Geschäftswelt im Zentrum befürchtete und gewachsene Strukturen in Gefahr sah.

Die Firma Unsinn mußte damit ihre letzte Hoffnung auf Erschließung neuer Geldquellen begraben. 1994 überschlugen sich dann die Ereignisse: Die Firmenleitung hatte am 18. Mai das Konkursverfahren beantragt, wenige Wochen darauf durchsuchte die Polizei auf Anordnung der Staatsanwaltschaft die Büros und beschlagnahmte kistenweise Unterlagen. Der Hoffnung signalisierenden Übernahme des mit rund 18 Millionen Mark verschuldeten Unternehmens durch eine andere Firma folgten ein Anschlußkonkurs und schließlich 1997 das endgültige Aus. Durch den Zusammenbruch verloren etwa 140 Arbeiter und Angestellte ihre Stelle. Die Ermittlungen der Staatsanwaltschaft mündeten 1997 in einer Anklage gegen die Verantwortlichen aus der Führungsetage vor dem Landgericht Augsburg. Die Strafverhandlung fand erst nach Drucklegung dieses Buches statt.

Mitten in den hektischen Wochen, da die ersten Entlassungen bei der Firma Unsinn liefen und dadurch zusätzliche Bewerber auf den angespannten hiesigen Arbeitsmarkt drängten, kam die nächste Hiobsbotschaft: Die Firma Mondi kündigte im Sommer 1994 die Schließung ihrer Produktion an der Flurstraße an. Der Strickmodenhersteller war inzwischen von einer internationalen Investmentgesellschaft mit Sitz in London übernommen worden, die sich aus Profitgründen dazu entschlossen hatte, die Fertigung in Länder mit günstigerem Lohnniveau zu verlegen. Im Sommer 1995 wurden die Strickmaschinen an der Flurstraße endgültig abgeschaltet – die Umstrukturierungsmaßnahme kostete der Stadt weitere 140 Arbeitsplätze. Nur Verwaltung und Vertrieb von Mondi verblieben in Aichach.

„Superwahljahr" ohne Überraschung

1990 geht als „Superwahljahr" in die Geschichte der Bundesrepublik ein, weil neben dem Deutschen Bundestag die Abgeordneten zahlreicher Landesparlamente gekürt werden müssen. In Bayern stehen die Landtagswahlen an, bei denen Christian Knauer von der CSU am Sonntag, 14. Oktober, mit 61,24 Prozent erneut das Mandat erreicht. Hansjörg Krazeisen (SPD) aus Friedberg kommt auf 18,31 Prozent.

Bei der Bundestagswahl am 2. Dezember gibt es im Kreis ebenfalls keine Überraschung: Eduard Oswald (CSU) holt mit 60,86 Prozent wieder die klare Mehrheit, für Margit Blaha (SPD) aus Friedberg werden 20,43 Prozent errechnet.

Als schließlich die Traditionsfirma Zenker am Oberbernbacher Weg zum 1. Januar 1995 verkauft wurde, gab es zunächst Befürchtungen, daß es bei diesem Unternehmen langfristig ebenfalls zu Auslagerung und Rationalisierung kommen könnte. Zenker wurde von Kurt Schröder aufgekauft, dessen Firma HP Haushaltsprodukte in Montabaur bereits seit vielen Jahren enge Geschäftsbeziehungen zu dem Aichacher Betrieb unterhielt, der vornehmlich Backformen herstellt. Die Sorge um weitere Arbeitsplatzverluste durch den Besitzerwechsel bewahrheitete sich nicht. Im Gegenteil: „HP Haushaltsprodukte" stockte den Personalstand innerhalb zweier Jahre um mehr als 20 Mitarbeiter auf und investierte kräftig am Standort Aichach.

Ein Millionenbetrug ruiniert die Raiffeisenbank

Einen „Crash" mit völlig anders gelagerten Ursachen hatte es Anfang 1991 bei der Raiffeisenbank gegeben. Das Geldinstitut hatte einer Aichacher Firma, die unter anderem die Bundeswehr mit Ersatzteilen für Flugzeuge belieferte, Kredite eingeräumt. Im Herbst 1990 waren die Geschäftsräume des Unternehmens durchsucht worden, weil der Verdacht bestand, daß der Firmenchef die Luftwaffe im geschickten Zusammenspiel mit zwei Partnern um mehr als 22 Millionen Mark betrogen haben könnte. Das bewahrheitete sich später auch und brachte dem Unternehmer eine Haftstrafe ein.

Im Rahmen der staatsanwaltschaftlichen Ermittlungen war es auch zu einer Sonderprüfung der Konten in der Raiffeisenbank gekommen. Dabei wurde ein weiterer Betrugsfall aufgedeckt, der für noch größere Schlagzeilen sorgte. Wie sich herausstellte,

> **Ein falscher Arzt**
>
> Vom Frühjahr 1993 bis zum Mai 1995 führt „Dr. Z." die Praxis in der oberen Vorstadt, dann kommt die Kriminalpolizei und verhaftet den Mann, der bei zahlreichen Patienten hohes Ansehen genießt. Die fallen aus allen Wolken, als der Grund für die Festnahme bekannt wird: „Dr. Z." ist kein Arzt, sondern nur ein hochverschuldeter Heilpraktiker, dem die Polizei nur auf die Schliche gekommen ist, weil er seine Kredite nicht mehr zurückbezahlt hatte. Der „falsche Arzt" aus Aichach sorgt für ein bundesweites Medienecho. Im Juni 1997 wird der Betrüger zu 28 Monaten Gefängnis verurteilt.

war das Geldinstitut vom Leiter seiner Kreditabteilung um riesige Geldbeträge geprellt worden, deren Summe sich auf stattliche 10,8 Millionen Mark belief. Der Mann hatte das Bargeld einem Münchener Ehepaar übergeben, das als Gegenleistung außergewöhnliche Zinsgewinne durch Grundstücksgeschäfte in Aussicht gestellt hatte. Am 21. April 1991 flog der Schwindel auf, der Abteilungsleiter wurde verhaftet, wenige Wochen darauf auch seine Komplizen. Das Trio wurde am 22. November 1991 nach einem spektakulären Prozeß vor dem Augsburger Landgericht zu mehrjährigen Haftstrafen verurteilt.

Für die Raiffeisenbank hatte der Millionenbetrag verheerende Folgen: Das Kreditinstitut war durch den immensen Verlust ruiniert. Entsprechend emotionsgeladen verlief die Generalversammlung am 29. Mai 1991 in der TSV-Turnhalle, bei der die hauptberuflichen Vorstandsmitglieder Konrad Lechner und Manfred Zichner sowie ihr ehrenamtlicher Kollege Josef Maurer ihren Rücktritt erklärten. Stark unter Beschuß nahmen die Mitglieder der Genossenschaftsbank auch den Aufsichtsrat mit seinem Vorsitzenden Ignaz Heinzelmeier, der verkünden mußte, daß die Bank finanziell am Ende und nicht mehr existenzfähig sei.

> **Zugunglück: 22jährige tot**
>
> Am 8. Oktober 1991 ereignet sich der bislang letzte tödliche Unfall am Sulzbacher Bahnübergang, als eine 22jährige aus Sulzbach das Rotlicht der Warnanlage übersieht und ihr Auto vom Zug erfaßt wird. Besonders tragisch: Wenige Monate danach wird der längst geplante Bau der Schrankenanlage durch die Bundesbahn verwirklicht.

Die Mitglieder stimmten daraufhin mit klarer Mehrheit für eine Fusion mit der Augsburger Augusta-Bank, die am Stadtplatz bereits eine Volksbank-Filiale betrieb. Ab dem 1. Juni 1991 firmierte das Geldinstitut unter dem Namen „Volksbank Raiffeisenbank Aichach" und wurde zu einer Zweigstelle der Augusta-Bank. Deren Direktoren Jochen Seiff und Hans-Peter Roßkopf entschieden sich zunächst für Volksbank-Chef Lorenz Kontny als Leiter, ab September 1991 wurde die Führung in die Hände von Dietmar Eser gelegt. Der endgültige Schlußstrich unter die Geschichte der selbständigen Raiffeisenbank Aichach erfolgte in der Generalversammlung am 25. Juni 1991, bei der die Anteile der 1800 Mitglieder und das Eigenkapital von nur noch knapp vier Millionen Mark an die Augusta-Bank übergeben wurden.

Aichach gewinnt den Wettlauf um die Marktsparkasse Pöttmes

Beinahe wäre zu Beginn der neunziger Jahre auch die Stadtsparkasse ihrer Eigenständigkeit verlustig gegangen, denn Landrat Dr. Theo Körner hatte mehrere Anläufe unternommen, um die Sparkassen in Aichach, Friedberg und Pöttmes unter das gemeinsame Dach einer Kreissparkasse zusammenzuführen. Bürgermeister Heinrich Hutzler und der Stadtrat konnten diese Vorstöße erfolgreich abwehren. Als die Stadtsparkasse Friedberg daraufhin die Fusion mit der Marktsparkasse in Pöttmes anstrebte, wehrte die Stadt Aichach diesen Versuch der Umklammerung ebenso erfolgreich ab. Hutzler und Vorstandsvorsitzender Dr. Wolfgang Koch unterbreiteten dem Markt Pöttmes und seinem Bürgermeister Hans Schmuttermeier ein gutes Angebot, das nach monatelangen Verhandlungen im Dezember 1995 schließlich Akzeptanz fand. Zum

Die Spitzen der Landespolitik in Aichach

Im Vorfeld der Landtagswahlen am 25. September 1994 kommt es innerhalb von zwei Tagen zum Besuch zweier Spitzenpolitiker: Zunächst stattete die bayerische SPD-Vorsitzende und Spitzenkandidatin Renate Schmidt am 19. Juli der Stadt einen Besuch ab. Nach einer Visite bei den Menschen im Heim der Arbeiterwohlfahrt hält sie eine Wahlkampfrede im Volksfestzelt. Am Tag danach ist Ministerpräsident Dr. Edmund Stoiber Gast in der Paarstadt. Die Vereine bereiten dem Landesvater in Blumenthal (Foto) einen festlichen Empfang, wo Bürgermeister Heinrich Hutzler zum Eintrag ins Goldene Buch der Stadt einlädt. Danach steht ein Arbeitnehmergespräch bei der Firma Merk im Besuchsprogramm, ehe der CSU-Politiker im wiederum vollbesetzten Bierzelt seine Wahlkampfrede hält. Bei der Landtagswahl Monate später erringt Christian Knauer (CSU) mit 55,05 Prozent erneut die Mehrheit. Peter Feile (SPD) aus Friedberg kommt auf 23,98 Prozent.

1. Mai 1996 wurde Pöttmes eine Zweigstelle von Aichach. Als Gegenleistung zahlte das Aichacher Geldinstitut 1,25 Millionen Mark in die „Sparkassenstiftung Pöttmes", die die Summe für soziale und karitative Zwecke verwendet. Neben Dr. Wolfgang Koch als Vorsitzendem und seinem Kollegen Heribert Ruf wurde der Pöttmeser Direktor Alfred Kapp in den erweiterten Vorstand berufen. Die Stadtsparkasse konnte ihre Vorrangstellung in der Region mit dieser Fusion erheblich stärken und ausbauen. Gleich im Anschluß wurde das auch nach außen hin sichtbar: Das Geldinstitut ging einen großzügigen Anbau an der Hauptstelle an der Donauwörther Straße an. Die Inbetriebnahme erfolgte im Oktober 1997.

1990 BIS 1996: DAS ZIEL HEISST MITTELZENTRUM

Die Partnerstädte

Enge Bande mit Schifferstadt und Brixlegg

Aus dem gesellschaftlichen Bereich ragte zu Beginn der neunziger Jahre die Verfestigung langjähriger freundschaftlicher Beziehungen zu Schifferstadt in der Pfalz und Brixlegg in Tirol heraus. Die Wurzeln der ersten zarten Bande mit Schifferstadt lagen zu diesem Zeitpunkt schon fast zwei Jahrzehnte zurück: Der Kontakt war zwischen Altbürgermeister Alfred Riepl und seinem damaligen Schifferstädter Kollegen Theo Magin zustande gekommen, die sich bei einem Treffen des Städtetages kennengelernt hatten. Nach der Wahl von Theo Magin zum Landtagsabgeordneten im Jahr 1975 pflegte dessen Nachfolger Josef Sold die Beziehungen zu Aichach, wobei vor allem auch ein enger Kontakt zu den „Damischen Rittern" im Specht-Turm und zum Radsportclub bestand.

> **Veronika Brix Stadtführerin**
>
> Seit November 1990 hat Aichach eine Stadtführerin: Die Unterschneitbacher Hausfrau Veronika Brix wird von Bürgermeister Hutzler mit dieser Aufgabe betraut. Seither steht für Besuchergruppen, die immer zahlreicher nach Aichach kommen, beim Spaziergang zwischen den historischen Mauern eine kundige Begleitung zur Verfügung.

Noch als Stadtratsmitglied stellte Heinrich Hutzler 1988 den Antrag, eine offizielle Städtepartnerschaft mit Schifferstadt einzugehen. Seinen Wunsch konnte er vier Jahre darauf als Bürgermeister in Erfüllung gehen sehen: Am 1. August 1992 unterzeichneten Hutzler und sein Kollege Josef Sold die Partnerschaftsurkunde. Seit Sold aus Altersgründen den Chefsessel im Rathaus zu Schifferstadt geräumt hat, unterhält sein Nachfolger Edwin Mayer die enge Beziehung zu Aichach.

Eine interessante Vorgeschichte hat auch die Partnerschaft mit Brixlegg in Tirol, die bereits im August 1991 offiziell besiegelt wurde. Die ersten tiefergehenden Verbindungen wurden 1988 geflochten: Aichach rief anläßlich des 100. Todestages von Ludwig Steub das „Steub-Jahr" aus, zur selben Zeit feierte Brixlegg den Todestag des Forschers, Schriftstellers und Dichters Steub, der sich dort bei seinen langen Aufenthalten viele Anregungen für seine Novellen und Erzählungen über die Alpen und Tirol (u. a. „Drei Sommer in Tirol") geholt hatte. Beide Kommunen wurden also durch Steub verbunden.

Auf Einladung des dortigen Bürgermeisters Hans Moser fuhr eine Delegation des Stadtrates aus Aichach mit Alfred Riepl an der Spitze zum Festabend zu Ehren des Schriftstellers im Frühjahr 1988 nach Tirol. Im Oktober kam eine Abordnung aus Brixlegg mit ihrem neuen Bürgermeister Rudolf Puecher zum Gegenbesuch. Ein Jahr darauf veranstalteten die österreichischen Freunde mit Folkloregruppen einen Tiroler Tag in der Paarstadt. Bei dieser Gelegenheit pflanzten Riepl und Puecher im Park beim Museum die „Brixlegger Eiche", die seither nicht weniger prächtig wächst und gedeiht wie die Freundschaft zwischen den beiden Gemeinden.

1. Kulturtage und der Förderpreis für den Kammerchor

Kunstpreis ins Leben gerufen

Im kulturellen Leben glänzten neue Facetten, was Kulturreferent Walter Voglgsang dazu bewog, im Mai 1992 die „1. Aichacher Kulturtage" ins Leben zu rufen. Eine Woche präsentierte man in deren Rahmen die unterschiedlichsten Stilrichtungen. Das Volkstheater gab den „Arrogantius", die Bauernmusik hielt die Erinnerung an ihren Gründer Heini Baronner hoch, eine türkische Folkloregruppe sorgte für orientalisches Flair am Stadtplatz.

Althergebrachtes pflegte weiterhin der Heimatverein, bei dem es allerdings nach Differenzen innerhalb der Vorstandschaft im Dezember 1993 zum Rücktritt von Dr. Wilhelm Liebhart vom Vorsitz gekommen war. Knapp ein Jahr führte dessen Stellvertreter Franz Friedl den Verein kommissarisch weiter, bis im November 1994 in Kreisheimatpflegerin Maria Kern aus Oberbernbach eine neue Vorsitzende gefunden wurde.

> **Josef Kapfhamer verstorben**
>
> Am 23. Juli 1991 stirbt der langjährige zweite Bürgermeister Josef Kapfhamer. Die Trauer ist groß, als die Nachricht vom Tod des bekannten und volksnahen Spediteurs bekannt wird. Wenige Tage nach seinem 80. Geburtstag im Januar war er Ehrenbürger geworden. Damit wurden seinen vielfältigen Leistungen gewürdigt. Kapfhamer saß 42 Jahre im Stadtrat, war 25 Jahre zweiter Bürgermeister und 30 Jahre Kreisrat. „Die Stadt verliert eine der markantesten Persönlichkeiten", betont Bürgermeister Heinrich Hutzler bei der Trauerfeier.

Zu einer glänzenden Werbung für die Stadt wurden die Schwäbischen Kulturtage, deren Ausrichtung der Bezirk Schwaben für das Jahr 1994 dem Aichacher Land übertragen hatte. Eine deutsch-türkische Begegnungswoche, ein großer Umzug mit 700 Trachtlern und Musikanten durch die Innenstadt sowie ein Open-air-Konzert mit der Big Band von Klaus Ammann vor weit über 2000 Besuchern auf dem Stadtplatz waren die Höhepunkte. Im Zuge dieser Kulturtage feierte der Landkreis auch den Abschluß der 200 000 Mark teuren Sanierung der romanischen Kapelle von Oberneul am Fuße des Gallenbacher Müllberges. Das Gotteshaus wurde 1210 erstmals urkundlich erwähnt.

Im Rahmen der Schwäbischen Kulturtage setzte sich die SPD-Fraktion für die Schaffung eines Kulturförderpreises ein, der im März 1994 beschlossen und mit 2000 Mark dotiert wurde. Als ersten Preisträger beanannte die Jury ein

Jahr darauf den Kammerchor mit seinem Leiter Alois Kammerl. Ebenfalls seit 1994 setzt auch die Volksbank Raiffeisenbank jährlich einen mit 5000 Mark dotierten Kunstpreis aus, mit dem als erste die Künstlerin Ingrid Bühnert aus Paar bei Kühbach bedacht wurde. Die Verleihung ging im ehemaligen Kuhstall des aufgelassenen Kreisgutes über die Bühne. Der Landkreis hatte das alte Gebäude mit dem herrlichen Kreuzgratgewölbe saniert. Seither steht der „Kultur-Stall" für Ausstellungen mit teils internationalen Künstlern (China, Rußland) und kleine Konzerte zur Verfügung.

Einen Wechsel gab es im selben Zeitraum beim Liederchor, der 1994 mit einem Konzertabend sein 75jähriges Bestehen feierte. Es sollte der letzte große Auftritt von Chorleiter Gustl Fuchs sein, der den Dirigentenstab nach 45jähriger Tätigkeit aus der Hand legte. In den vielen Jahren hat der Liederchor unzählige Konzerte gegeben und Feiern im weltlichen wie kirchlichen Bereich mitgestaltet. Nicht selten kamen dabei eigene Kompositionen von Gustl Fuchs zur Aufführung. Vorsitzender Josef Biebl konnte nach anfänglichen Besetzungsproblemen in Hubert Gruber einen geeigneten Nachfolger finden.

Die musikalische Szene wurde inzwischen vom Aichacher Kammerorchester bereichert, das nach einem Anstoß von Bürgermeister Heinrich Hutzler und Kulturreferent Walter Voglgsang im Dezember 1994 gegründet wurde. Vorsitzende wurde Maria Vogl, Karl-Wilhelm Agatsy übernahm die musikalische Leitung des Ensembles, das mit vielbeachteten Konzerten die Freunde klassischer Musik begeistert.

> **1175 Jahre Ecknach**
>
> Am Samstag, 12. September 1992, feiert Ecknach das 1175jährige Jubiläum der ersten urkundlichen Erwähnung. Die beiden Ortsteilstadträte Franz Lochner und Erich Echter haben zusammen mit den Vereinsvertretern ein großes Programm zusammengestellt. Höhepunkt ist ein Festakt in der vollbesetzten Schulturnhalle, bei dem der Altomünsterer Historiker Dr. Wilhelm Liebhart an die Ursprünge der Ecknachtalgemeinde erinnert. Mit einem großen Festgottesdienst, bei dem Pfarrer Rudolf Böhm und Bischofsvikar Martin Achter ein neues Trauerband für die Fahne des Kriegervereins weihen, klingt das Jubiläum aus.

Die Nachwuchsbands „rocken" beim Stadtfest

Die in den letzten Jahren entstandenen Nachwuchsbands der Stadt schlossen sich 1990 zu einer zunächst lockeren Formation zusammen, die sich als „Interessengemeinschaft Rock" bezeichnete. Im April 1991 organisierte die IG ihr erstes Konzert im Pfarrzentrum. „Threshold", „JJ Blues Band", „Ragdolls" und „Fosterchild" lockten über 600 junge Fans ins Haus Sankt Michael. Damit war der IG der Durchbruch beim Aichacher Publikum gelungen. Der

Stadtrat genehmigte daraufhin noch für dasselbe Jahr ein eigenes Open air, das im Rahmen des Stadtfestes über die Bühne ging. Ab November 1992 wurde die IG Rock eingetragener Verein, Vorsitzender war Klaus Weber.

Seither gehören nicht nur regelmäßige Konzerte und der Auftritt verschiedener Gruppen beim Stadtfest zum Jahresprogramm, sondern auch das mehrtägige Open air am Radersdorfer Baggersee, das unter dem Namen „Uferlos" alljährlich Tausende auf das große Freigelände neben dem Badesee lockt. Vom 16. bis 18. Juli 1993 rief die IG Rock erstmals zu „Uferlos" mit den Gruppen „Innocence", „Safer Sax", „Die Schweißer", „Les Must" sowie „Saints & Sinners" aus Regensburg, „Zitrus" aus Augsburg, „Little Sisters" aus Weiden und „Cox Orange" aus Schrobenhausen ein.

> **Golfkrieg: Der Fasching fällt aus**
>
> Der Krieg am Persischen Golf hält unmittelbar nach dem Wechsel ins Jahr 1991 die Welt in Atem. Die Menschen sind entsetzt. Die Ereignisse verändern auch Bereiche des öffentlichen Lebens. Beispielsweise auch den Fasching. Viele Veranstalter sagen ihre traditionellen Bälle ab – die Aichacher Faschingsgesellschaft Paartalia und Zell ohne See in Griesbeckerzell müssen beträchtliche finanzielle Einbußen hinnehmen.

Naherholung und Naturschutz

Mit der Entscheidung zur Beendigung des landwirtschaftlichen Betriebes auf dem Kreisgut ging überdies ein bedeutsamer Beschluß zur Sicherung wertvoller stadtnaher Flächen für Naherholung und Naturschutz einher. Der Landkreis verpachtete nicht nur einen Teil der Restfläche von 86 Hektar, sondern entschloß sich auch zur Renaturierung jener Äcker, die östlich der Umgehungsstraße in Richtung Hennental liegen. Im Frühjahr 1994 lief die Aktion an, seither wachsen wieder Windschutzhecken und Feldgehölze zwischen den extensiv bewirtschafteten Feldern.
Solche Maßnahmen zur Verbesserung waren ganz im Sinne der Naturschützer und der Mitglieder der Naturschutzwacht des Landkreises. An der Spitze dieser ehrenamtlichen Helferschar stand Konrad Mitterhuber, der nach 30jähriger Amtszeit im Januar 1987 die Führung bei den Naturfreunden an Inge Port abgegeben hatte. Seit Januar 1993 ist Erich Hoffmann Vorsitzender der Naturfreunde.
Einen Wechsel hatte es auch in der Vorstandschaft des Kreisfischereivereines gegeben, wo Karl Gerum im November 1991 ausschied und zum Ehrenmitglied ernannt wurde. Seither führt Erich Kugler die Petrijünger, die im Oktober 1994 das 100jährige Bestehen des Vereins feiern konnten. Als Gewässerwart ausgeschieden war inzwischen mit Martin Sauter ein ebenso bekannter

Fischer und Naturschutzwächter. Seine jahrzehntelangen Bemühungen um die Erhaltung von Flora und Fauna hatte der Landkreis im April 1995 mit dem Umweltpreis gewürdigt.

Die Auszeichnung des Kreises war erstmals im Jahr 1991 vergeben worden, wobei auch in diesem Fall die Preisträger aus der Stadt kamen: Es handelte sich um die Katholische Junge Gemeinde, die im Juli 1991 die „1. Aichacher Umwelttage" mit zahlreichen Einzelaktionen organisiert hatte, um das Umweltbewußtsein zu fördern.

Der Sport-Stadtverband wird gegründet

Ein neuer Verein in Unterschneitbach

Bei einigen Sportvereinen gab es zwischen 1990 und 1996 Veränderungen in der Führungsspitze. So schied beim BCA im November 1990 Helmut Bauer als Präsident aus. Seine Arbeit wurde mit der Ehrenmitgliedschaft gewürdigt, zum Nachfolger wählten die Mitglieder Leo Mayer. Gewechselt hatte inzwischen auch die Führung im Tennisclub, wo Baron Federico von Beck-Peccoz ins zweite Glied trat, um die Verantwortung an Johannes Neumann zu übergeben. Der Kreisbaumeister im Landratsamt stellte bald schon die Weichen zum Bau eines neuen Clubhauses an den Plätzen beim Freibad. Beim SC Oberbernbach löste Erwin Otillinger im Januar 1994 Willi Schwartz als Vorsitzenden ab.

Die Hände hochgekrempelt hatten inzwischen die Mitglieder des 1990 neugegründeten SV Unterschneitbach, die den Polizeibeamten Gottfried Kienmoser zum Vorsitzenden gewählt hatten. Nach jahrelangen Verhandlungen mit der Stadt konnte Bürgermeister Heinrich Hutzler der jungen Sportgemeinschaft die Freigabe eines Geländes am Ortsrand in Richtung Oberschneitbach zum Bau eines Sportplatzes mit Stockbahnen verkünden. Das Spielfeld wurde im Juni 1995 eingeweiht. Bald darauf machte sich der SVU auch an den Bau eines Vereinsheimes. Seit dem 23. November 1991 ist ein Teil der Vereine im „Sport-Stadtverband" organisiert, der allerdings nicht zum Sprachrohr aller Sport- und Schützenvereine werden sollte, denn nur 16 von 37 ließen sich in diesen Dachverband

Tragödie in Griesbeckerzell

Zu einer Tragödie mit tödlichen Folgen kommt es am Samstag, 23. März 1991, in Griesbeckerzell. Ein betrunkener 37 Jahre alter Mann randaliert am Haus eines ehemaligen Freundes. Als er in das Gebäude einsteigen will, greift der ebenfalls betrunkene 57 Jahre alte Hausbesitzer zum Kleinkalibergewehr und schießt in die Dunkelheit – die Kugel trifft den 37jährigen tödlich in den Kopf. Zu einem Strafverfahren gegen den Schützen kommt es allerdings nicht, weil die Staatsanwaltschaft auf Notwehr erkennt.

eingliedern. Vorsitzender und Sprecher wurde der bei der Stadtratswahl 1990 auf der „Bürgerliste" gescheiterte TSV-Vorsitzende Klaus Laske. Dessen Ehefrau Brigitte hatte sich im Oktober 1991 ebenfalls auf übergeordneter Ebene engagiert: Sie wurde nach dem überraschenden Tod ihres Vorgängers Hans Böller aus Friedberg neue Vorsitzende im Sportkreis 11 des Bayerischen Landes-Sportverbandes.

Neben den Gründungsjubiläen des VfL Ecknach (25jähriges Bestehen 1993) und der Almenrausch-Schützen von Griesbeckerzell (im Oktober 1994 wurden sie 75 Jahre alt) ragte in diesem Zeitabschnitt das 125jährige Gründungsfest des TSV Aichach heraus, das im Mai 1993 mit einem großen Festakt in der Turnhalle begangen wurde. Für die musikalische Gestaltung sorgte die Stadtkapelle im TSV, deren Leitung inzwischen von Michael Prestele auf Eduard Augsburger übergegangen war.

Ewald Stahl neuer Polizeichef

Im September 1992 wird Polizeichef Eduard Schlosser in den Osten der Republik versetzt. Seine Nachfolge tritt zunächst Werner Strößner an, seit Juli 1994 ist Ewald Stahl der Leiter der Polizeiinspektion Aichach.

Helmut Bradl Vizeweltmeister

Nicht nur die eingefleischten Sportfans der Stadt und der Region interessierten sich Anfang der neunziger Jahre für Motorradrennen im Fernsehen, denn dort glänzte mit dem Zahlinger Helmut Bradl ein neuer Stern. Der Rennfahrer wohnte in Griesbeckerzell und war damit Bürger der Stadt Aichach, als er im Mai 1991 mit einem Sieg im spanischen Jerez de la Frontera vor 200 000 Zuschauern und einem Millionenpublikum an den Fernsehgeräten den ersten Höhepunkt seiner Karriere feierte. Zum Abschluß der Saison im September lag der 29jährige auf Rang zwei der Weltmeisterschaftswertung. Als einer der ersten Gratulanten eilte Bürgermeister Heinrich Hutzler nach Griesbeckerzell, um den frischgebackenen Vizeweltmeister zu beglückwünschen.

Neuer Notar

Nach 22jähriger Tätigkeit geht der Notar und ehemalige Stadtrat Volkmar Diez im Dezember 1992 in den Ruhestand. Sein Nachfolger ist Elmar Becherer, der seither mit seinem Kollegen Dr. Eick Vassel das Notariat Aichach bildet.

Kirchen: Eine Frau führt den Pfarrgemeinderat

Im kirchlichen Bereich brachten die Wahlen zum Pfarrgemeinderat in der Stadt selbst einen Wechsel an der Spitze des Gremiums. Nach 27jähriger Amtszeit schied der Bauingenieur Hermann Plöckl am 16. Mai 1994 als Vorsitzender aus. Plöckl hatte das Amt 1967 von Alfred Riepl übernommen und zusammen mit den Stadtpfarrern Reiter und Mayr Großprojekte wie die Renovierung der Pfarrkirche und den Bau des Pfarrzentrums über die Bühne gebracht. Die Nachfolge von Plöckl trat mit Brigitte Bringmann erstmals in der Aichacher Kirchengeschichte eine Frau an. Gleichberechtigte Stellvertreter wurden Brigitte Weber und Ernst Lorenczuk.

Bischofsvikar Martin Achter †

Am Heiligen Abend 1995 stirbt Bischofsvikar Martin Achter aus Walchshofen im Alter von 90 Jahren an Herzschwäche. Der Ehrenbürger von Walchshofen und Träger der Goldenen Bürgermedaille der Stadt Aichach wurde 1929 zum Priester geweiht, 1963 erfolgte die ehrenvolle Berufung zum Generalvikar. Achter wurde damit Stellvertreter von Bischof Dr. Josef Stimpfle und Domkapitular in Augsburg. Bei der Beerdigung auf dem Friedhof an der Hermanstraße in Augsburg nehmen viele Menschen aus dem Aichacher Raum Abschied von dem bekannten Seelsorger.

Fast unbemerkt von der Öffentlichkeit war in der JVA die Sanierung der Anstaltskirche über die Bühne gegangen. Der Abschluß der 700 000 Mark teuren Maßnahme wurde im Oktober 1994 mit einem Gottesdienst von Anstaltspfarrer Norbert Hager gefeiert. Abschied nahm die evangelische Kirchengemeinde im Dezember 1995 von dem Pfarrerehepaar Ruth und Günter Nun, das am 1. Juli 1991 zur Unterstützung von Pfarrer Wilfried Stepp nach Aichach gekommen war. Im Frühjahr 1996 konnte man mit Christiana und Lorenz von Campenhausen die Nachfolger willkommen heißen.

Eine neue Moschee nahm die Islamische Union im Dezember 1995 in Besitz. Die Mitglieder der Religionsgemeinschaft hatten ein Wohnhaus an der Martinstraße in unmittelbarer Nähe zum Unteren Tor gekauft und in Eigenregie umgebaut. Seither finden dort die regelmäßigen Gebetsstunden statt.

Neubau für die Edith-Stein-Schule

Im Bereich des Schulwesens gab es vornehmlich auf Kreisebene jahrelange Diskussionen um den Neubau der Schule zur individuellen Lernförderung, die inzwischen den Namen Edith-Stein-Schule angenommen hatte. Rektor Walter Voglgsang kämpfte ab Mitte der achtziger Jahre zusammen mit einem Förderkreis um den dringend notwendigen Neubau, weil die räumlichen Verhältnisse im ehemaligen Stadtkrankenhaus immer weniger den Anforderun-

Ein Teil des Schulzentrums aus der Vogelperspektive. Die Aufnahme aus dem Jahr 1997 zeigt im Vordergrund den Neubau der Edith-Stein-Schule.

gen eines modernen Schulbetriebes mit lernbehinderten jungen Menschen entsprachen. Die Finanznot des Landkreises und die Diskussion über den geeigneten Standort verzögerten den Neubau immer wieder. Schließlich einigte sich der Kreistag auf das Gelände des Nebenfeldes beim Sportstadion. Diese zusätzliche Konzentration im Schulzentrum war aus pädagogischer Sicht und wegen der dort ohnehin schon erheblichen Verkehrsbelastung keinesfalls unumstritten. 1995 wurde schließlich mit dem Neubau begonnen, pünktlich zum Schulbeginn 1997 feierten Voglsang und seine Schüler die Fertigstellung des rund 20 Millionen Mark teuren Projektes. Im selben Zeitraum hatte der Landkreis auch die Erweiterung von Realschule und Gymnasium abgeschlossen.

Wechsel in den Führungspositionen von Behörden

Bei der benachbarten Berufsschule gab es im Oktober 1994 einen Wechsel in der Leitung, als Direktor Rudolf Betz nach 22jähriger Tätigkeit in den Ruhestand ging. Sein Nachfolger wurde Leonhard Burgenlehner. Bei der städtischen Hauptschule war im Juli 1993 mit Rektor Anton Hammer nach ebenfalls 22 Jahren ein bekannter Pädagoge ausgeschieden. Seither leitet Rektor Walter Dufey die Bildungseinrichtung. Bei der Aufsichtsbehörde wurde im Dezember 1996 Gerhard Glökler als neuer Chef des Schulamtes begrüßt. Glökler wirkte bereits seit 1992 als Schulrat in Aichach und trat die Nachfolge von Günter Weiser an.

1990 BIS 1996: DAS ZIEL HEISST MITTELZENTRUM

Dieser Blick auf das Spital ist nicht mehr möglich.

Der Neubau wurde 1995 eingeweiht.

Klaus Habermann löst Heinrich Hutzler ab

CSU verliert das Bürgermeisteramt und die Mehrheit

Rückzieher bei der großen Tiefgarage unter dem Spital

Wer angenommen hatte, Heinrich Hutzler und seine bei der Wahl 1990 auf 13 Sitze dezimierte CSU-Fraktion mit zahlreichen Neulingen in ihren Reihen könnten gemächlich auf dem Erbe der Vorgänger aufbauen, sah sich bereits nach wenigen Wochen der Amtszeit des frischgebackenen Bürgermeisters getäuscht. Immer neue, größere Aufgaben kamen auf den Stadtrat zu, deren Bewältigung teils Jahre in Anspruch nahm oder überhaupt nicht gelöst werden konnte.
Daraus entwickelten sich rasch einige politische Dauerbrenner. Nicht wenige davon flammten zum Ende der Amtsperiode im Wahlkampf lichterloh auf und führten schließlich zum denkwürdigsten Wendepunkt in der kommunalpolitischen Nachkriegsgeschichte Aichachs: Mit Heinrich Hutzler wurde erstmals ein amtierender Bürgermeister abgewählt, die CSU büßte ihre Mehrheit im Stadtrat ein. Dieses Kapitel beschäftigt sich mit den wesentlichen Ursachen dieser Wende.
Eine davon könnte die monatelange Debatte über eine weitere große Tiefgarage in der Innenstadt gewesen sein. In ihrer ersten Klausurtagung gleich nach der Wahl hatte die CSU-Fraktion noch einstimmig den Bau mit 75 Stellplätzen befürwortet. Die Chance war günstig, denn das 1,5 Millionen Mark teure Projekt hätte mit dem Neubau des Spitals verbunden werden können. Fraktionsvorsitzender Helmut Beck sprach von einer „historischen Chance", die der Stadtrat dann auch nutzte, indem er den Bau mit nur einer Gegenstimme beschloß. Damit schien ein wichtiger Schritt zur Entspannung der Parksituation im Zentrum getan, wie sie auch der Einzelhandel dringend gefordert hatte. Die aga begrüßte die Entscheidung, meldete aber auch Bedenken an, denn mit dem Beschluß war die Streichung von elf Parkplätzen auf dem oberen Stadtplatz zwischen dem Rathaus und der Sparkasse verknüpft. Damit wollte

man eine alte Forderung der Regierung von Schwaben erfüllen, die diese Bedingung einst an die Zuschüsse zur Innenstadtsanierung gekoppelt hatte, um eine weitergehende Verkehrsberuhigung zu erreichen.

Die Geschäftswelt mochte sich mit dieser Stellplatzstreichung trotz der in Aussicht gestellten Tiefgarage nicht abfinden und erhob Protest. Noch im Juli 1990 wurde das Projekt daraufhin vom Stadtrat mit 13:11 Stimmen auf 100 Stellplätze bei Gesamtkosten von 3,4 Millionen Mark aufgestockt, um die Auflassung der oberirdischen Parkplätze vor dem Rathaus politisch durchsetzen zu können. Doch nun meldete sich eine andere Interessengruppe zu Wort, denn Armin Schindler und seine „Bürgerliste" sahen durch das Großprojekt die Finanzierung der neuen Dreifachturnhalle gefährdet, deren rasche Verwirklichung Bürgermeister Hutzler noch vor seinem Amtsantritt versprochen hatte.

Endgültig ihre Felle davonschwimmen sahen die Sportvereine, als das Tiefgaragenprojekt noch größere Ausmaße bekommen sollte: In einer Sondersitzung am 14. August wurde im Stadtrat von 162 Parkplätzen und Gesamtkosten von 5,3 Millionen Mark gesprochen. Zu einer Entscheidung kam es jedoch nicht. Die Beratung wurde nach dreistündiger Debatte abgebrochen und für die Woche darauf eine weitere Sondersitzung einberufen. In der Bürgerschaft driften die Meinungen über das ehrgeizige Projekt inzwischen auseinander. Aus diesem Grund lud Hutzler als Ortsvorsitzender der CSU – im März des darauffolgenden Jahres gab er das Amt an Georg Schöffel ab – zur öffentlichen Parteiversammlung zum Thema Tiefgarage ein. Die Vertreter der verschiedenen Interessengruppen nutzten die Gunst der Stunde und machten ihre Positionen im vollbesetzten „Ziegler"-Saal deutlich. Bei einer Abstimmung verfehlten die Verfechter der Tiefgarage die Mehrheit. Das unverbindliche Votum aus einer Versammlung mit etwa 200 Teilnehmern reichte, um eine Kehrtwende in der CSU herbeizuführen: Am 23. August wurde im Stadtrat die „historische Entscheidung" wieder zurückgenommen. Statt der großen öffentlichen Tiefgarage fand sich nur noch eine Mehrheit für 28 Stellplätze, die aus-

---

1993 – in memoriam (I)

VICTOR HOSPACH (88), 13. Januar: Er leitete über 40 Jahre die Filiale der Vereinsbank.

MATHIAS KOPP (88), 17. Januar: Der Gansbacher war von 1945 bis 1948 zweiter, von 1952 bis 1956 erster und von 1956 bis 1966 wiederum zweiter Bürgermeister von Klingen.

GEORG WINTER (82), 20. Januar: Er war über 20 Jahre Bademeister im städtischen Freibad.

ZENZI BETZMEIR (66), 13. März: Die Gönnerin des Heimatmuseums und weitum bekannte Trachtlerin hatte die Bürgermedaille in Silber erhalten.

BENEDIKT MAILE (87), 14. März: Der Maschinenbaumeister war für 43jährige Betriebszugehörigkeit zur Firma Meisinger mit der Bundesverdienstmedaille ausgezeichnet worden.

HERMANN FRIEBEL (61), 31. März: Der Wirtschaftsprüfer und Diplom-Kaufmann führte am Jakobiweg ein Steuerberatungsbüro.

schließlich Bediensteten und Bewohnern des Spitals zur Verfügung stehen sollten. Die Entscheidung fiel mit 13:9 Stimmen. SPD und Freie Wähler bezeichneten Hutzler und die CSU daraufhin als „Umfaller", die unter dem Druck der Vereine die letzte große Chance zur langfristigen Entspannung der innerstädtischen Parksituation vertan hätten. Wochen später fühlten sich Klaus Habermann und Georg Robert Jung bestätigt, als Hutzler der CSU-Fraktion ein Investitionsprogramm vorlegte, in dem der Bau der Sporthalle Priorität hatte.

Als der Bürgermeister wenig darauf ankündigte, daß die elf Parkplätze vor dem Rathaus wegfallen müßten, obwohl sich der Stadtrat nur für die kleinste Tiefgaragenlösung ausgesprochen hatte, war die Entrüstung groß. SPD und Freie Wähler unternahmen im November 1990 nochmals einen Versuch, die großzügigere Tiefgaragenlösung durchzusetzen, doch die lautstarke Debatte endete mit einem Eklat: Die Sitzung wurde ohne Ergebnis abgebrochen. Bei der Bürgerversammlung im Dezember forderte die knappe Mehrheit von 46:40 ebenfalls eine neue Diskussion, aber auch die unterblieb, wobei es ohnehin schon fast zu spät gewesen wäre, denn der Baubeginn für das Spital stand unmittelbar bevor. Gewerbeverband und aga warfen Bürgermeister und CSU-Fraktion nun aber vor, die langfristige Behebung der Stellplatzmisere den Belangen des Sports geopfert zu haben. Auch der Bau eines Parkplatzes im Garten der alten Mädchenschule an der Martinstraße im Februar 1991 sowie die Einführung von Parkautomaten und Verkehrsüberwachung ab Januar 1996 waren später aus der Sicht von Handel und Gewerbe kein ausreichender Ersatz.

1993 – in memoriam (II)

GEISTLICHER RAT JOSEF EGGER (81), 9. Mai: Der Priester war Ehrenkanonikus der Basilika zum Heiligen Grab in Jerusalem und Träger des Bundesverdienstkreuzes. Zuletzt betreute er die Patienten im Kreiskrankenhaus.

ANTON HEINRICH (77), 8. Mai: Der Postbeamte a. D. gehörte von 1963 bis 1972 als Mitglied der SPD dem Stadtrat an.

FLORA GIACOMEL (69), 17. Mai: Sie war die Seniorchefin im „Eiscafé Milano" in der Koppoldstraße.

PETER E. MOSSACK (69), 24. Mai: Als Redaktionsleiter von 1973 bis 1983 führte er die Aichacher Zeitung mit erheblicher Energie erfolgreich durch die harten Zeiten des Konkurrenzkampfes.

LUDWIG STURM (53), 29. Juni: Der Maurermeister betrieb in Griesbeckerzell ein Baugeschäft.

GEORG BENDER (60), 26. August: Der Konditor hatte am Oberen Tor ein kleines Café.

HANS GRÖPPMAIR (82), 26. August: Wegen seiner langen beruflichen Tätigkeit in Übersee waren er und seine Gastwirtschaft in Obermauerbach unter dem Spitznamen „Canada" bekannt.

ROBERT PROELLER (60), 27. August: Er war Gründer der Hubertus-Apotheke am Oberen Tor.

SCHWESTER M. HERAIS SCHIERLINGER (80), 27. Oktober: 46 Jahre umsorgte die Ordensfrau ihre Mitmenschen im Altenheim des Spitals.

Neue Grundschule mit Turnhalle in Aichach-Nord

Die Konfliktsituation, die sich innerhalb der CSU schon bei der Tiefgaragendiskussion abgezeichnet hatte, weil man keinen Kompromiß fand, der auch die Interessen des Handels und der Autofahrer berücksichtigt hätte, verschärfte sich Ende 1990, als es um die Siedlungsentwicklung ging. Noch zur Amtszeit von Alfred Riepl war der Grundgedanke für ein „Dorf" in der Stadt bei den Krautgärten an der alten B 300 am nördlichen Stadtrand in Richtung Unterwittelsbach entstanden. Im September 1990 legte der neue Stadtrat dort zunächst die Obergrenze von 250 Wohneinheiten fest, doch fast zeitgleich kam eine andere Entwicklung hinzu, die entscheidenden Einfluß haben sollte: Die Regierung von Schwaben legte im Oktober 1990 plötzlich ein Raumprogramm zur Erweiterung der Grundschule um rund 880 Quadratmeter vor, das Gesamtpaket der geforderten Maßnahmen hatte ein Volumen von 3,9 Millionen Mark. Das noch zu Riepls Zeiten eigentlich schon gelöste Schulproblem stand damit erneut vor der Tür. Die hohen Kosten für die Sanierung warfen rasch die Frage auf, ob nicht gleich der Neubau einer Grundschule ins Auge gefaßt werden sollte.

Die Frage war noch nicht ausdiskutiert, als Stadtbaumeister Walter Ducrue und der Taitinger Architekt Wilfried Wurtz im Januar 1991 die Pläne für das Baugebiet Aichach-Nord vorlegten: Das „Dorf in der Stadt" war auf dem Zeichentisch der Planer plötzlich zur Trabantenstadt mit Wohnraum für 1200 Menschen, einer neuen Schule mit Turnhalle und einer zweiten Pfarrkirche angewachsen. Heinrich Glöckner (SPD) warf dem Leiter des Stadtbauamtes daraufhin klare Kompetenzüberschreitung vor, Ducrue habe den Planungsauftrag des Architekten nicht nur erweitert, sondern auch den Standort der neuen Schule eigenmächtig festge-

---

1994 – in memoriam (I)

ALOIS SCHIFFMANN (70), 2. Februar: Der Schreinermeister und Bestattungsunternehmer wurde Opfer eines Verkehrsunfalles.

CÄCILIE RESCH (80), 10. Februar: Sie war einst Wirtin im Gasthaus „Ziegler" am Rathaus.

OTTO BLOTNY (95), 18. Februar: Der ehemalige Kapellmeister hatte dem Spital einen großzügigen Geldbetrag vermacht.

ALOIS PLANK (71), 20. März: Viele Zeller Vereine verloren mit ihm ein engagiertes Mitglied.

OTTO KIERMEYR (86), 22. März: Der ehemalige Landwirt war bekanntes Mitglied des Trachtenvereins.

GREGOR GRÖPPMAIR (84), 5. April: Er führte zusammen mit seinen Geschwistern die gleichnamige Gastwirtschaft in Obermauerbach.

ANNELIESE MÜLLER-SULZER (74), 11. April: Die Friseurmeisterin führte den Salon am Unteren Tor.

SOFIE BÖCK (68), 21. April: Sie war die Wirtin im Gasthaus „Stieglbräu".

FRITZ KÖGL (69), 13. Mai: Der Raumausstattermeister betrieb das Teppichhaus am Unteren Tor.

DR. ALBERT MACK (67), 17. Mai: Von der Eröffnung im Januar 1968 bis zur Versetzung in den Ruhestand im Januar 1992 war er Chefarzt im Kreiskrankenhaus.

legt. Als Bürgermeister Hutzler daraufhin den Stadtbaumeister in Schutz nahm und ausdrücklich für die Zukunftsplanung lobte, gab es nicht nur aus der Opposition, sondern auch aus der CSU Kritik gegen das Stadtoberhaupt und seinen Bauamtschef.

Der Schulstandort wurde zum Politikum. Sofort meldete sich die ehemalige Initiativgruppe aus Oberbernbach, die schon zwei Jahre zuvor vergebens um die „Dorfschule" gekämpft hatte. Schützenhilfe fand sie beim Ortsverband der Oberbernbacher CSU mit seinem Vorsitzenden Wolfgang Hau. Die SPD favorisierte einen Anbau an die bestehende Schule, die FW plädierten für das Neusa-Gelände. Als der Stadtrat im März die Entscheidung fällen sollte, lagen fünf Vorschläge auf dem Tisch. Die Mehrheit fand keiner: Nach sechsstündiger Debatte wurden alle abgelehnt, mit 8:17 Stimmen ebenfalls ein Neubau in Aichach-Nord. Hutzler hatte auch in seiner CSU keine Mehrheit gefunden. Fraktionschef Helmut Beck meinte darauf in einem Interview der Aichacher Zeitung: „Wir sind nicht mehr regierungsfähig."

Die Standortentscheidung wurde nach diesem Fehlschlag auf den Herbst verschoben – damit war eine lange Zeit zur öffentlichen Diskussion und Meinungsbildung gegeben. Die nutzten auf der einen Seite die Vertreter der Sportvereine und vornehmlich TSV-Präsident Klaus Laske, der sich für Aichach-Nord aussprach, weil anzunehmen war, daß im Falle eines Schulbaues in Oberbernbach auch die Turnhalle dorthin kommen würde. Den Gegenpol bildete die Oberbernbacher Interessengemeinschaft mit Manfred Fendt, Josef Stadelmaier und Martin Bayer an der Spitze, die von CSU-Stadtrat Johann Listl und CSU-MdL Christian Knauer Rückendeckung bekam.

1994 – in memoriam (II)

ALBERT NEUSS (81), 31. Mai: Der Zweiradmechanikermeister hatte das Fahrradgeschäft in der Gerhauserstraße aufgebaut.

WILLI BAUER (51), 23. Juni: Der schwergewichtige Gastwirt betrieb die Oberschneitbacher „Chrombachstuben".

MARTIN KOPPOLD (90), 18. Juni: Er war viele Jahre Schützenmeister und später Ehrenmitglied der Mauerbacher Wildmoos-Schützen.

ROSA NEUBAUER (84), 30. August: Die Geschäftsfrau war Ehrenmitglied der BCA-Schachabteilung.

MICHAEL HUBER (83), 11. September: Der Landwirt aus Eitershofen war von 1948 bis 1972 Gemeinderat, zwischen 1958 und 1966 zweiter Bürgermeister von Ecknach sowie von 1960 bis 1972 Mitglied des Kreistages.

LUDWIG FINKENZELLER (97), 15. Oktober: Der Oberregierungsrat a.D. und Träger des Bundesverdienstkreuzes vermachte der Stadt eine großherzige Schenkung für soziale und karitative Zwecke.

LUDWIG SANDMEIER (80), 2. November: 43 Jahre war er im Dienst der Sparkasse und 40 Jahre ehrenamtlicher Geschäftsführer der Baugenossenschaft, die in seiner Amtszeit 460 Wohnungen baute.

MICHAEL KNEISSL (63), 15. November: Der Installateur- und Spenglermeister war in jungen Jahren ein überaus erfolgreicher Radrennfahrer.

SIEGFRIED STEINER (54), 30. November: Der Kaufmann betrieb in der Bahnhofstraße ein kleines Fahrradgeschäft.

Nach jahrelanger heftiger politischer Debatte wurde die neue Grundschule Aichach-Nord gebaut.

Die Spannung war also groß vor der Sondersitzung, die am 2. Oktober 1991 das Hauen und Stechen endgültig beenden sollte. So sah es zunächst auch aus: Aichach-Nord wurde mit 13:11 Stimmen festgelegt, während Oberbernbach bei einem Patt von 12:12 scheiterte. Aber diese Entscheidung ließ die Wogen der Emotionen erst recht höher schwappen. Kaum, daß Bürgermeister Hutzler im November 1991 die knapp 22 000 Quadratmeter Grund zum Schulbau gekauft hatte, deutete sich bereits an, daß in der CSU-Fraktion hohe Bereitschaft bestünde, den Beschluß unter dem Druck der Oberbernbacher noch einmal zu revidieren. Am 23. Mai 1992 fanden sich denn nur noch vier Stimmen für den Schulstandort im Norden – damit war erneut jegliches Konzept über den Haufen geworfen, die Entscheidung wieder völlig offen, und die Diskussion begann von vorne.

Und zwar mit kaum erlebter Härte, da die Oberbernbacher inzwischen zu der Überzeugung gekommen waren, daß die von der Stadt vorgelegten Zahlen zur Schülerentwicklung nicht zutreffen würden. In der Folge drohte Oberbernbachs CSU-Chef Wolfgang Hau sogar mit der Gründung einer neuen parteipolitischen Gruppierung, falls sich die Stadtratsfraktion nicht für den Bau in Oberbernbach aussprechen sollte. Auf der Gegenseite übten die Vereine über den neuen Sport-Stadtverband gehörigen Einfluß aus. Im Stadtrat geriet der Bürgermeister erheblich unter Druck, weil er sich nach einer Expertise von Stadtbaumeister Ducrue, wie er betonte, „mehr denn je" für Aichach-Nord ausgesprochen hatte, was dem Leiter des Bauamtes ebenfalls erhebliche Kritik einbrachte – auch in der CSU, bei deren Klausurtagung im September Ducrue deshalb sogar die Vertrauensfrage stellte.

Wie zweigeteilt die öffentliche Meinung war, zeigte die außerordentliche Bürgerversammlung zum Schulneubau am 16. September 1992 in der vollbesetzten TSV-Halle. Die Oberbernbacher und die Vertreter der Aichacher Vereine gerieten immer wieder lautstark aneinander. Als TSV-Vorsitzender Klaus Laske unmißverständlich erklärte, der Verein werde seine Turnhalle nicht mehr für städtische Veranstaltungen zur Verfügung stellen, wenn die neue Sporthalle nicht in Aichach-Nord entstünde, gab es tumultartige Szenen.

Voglgsang stimmt mit der CSU – Austritt aus der SPD

Der Sitzungssaal platzte unter dem Andrang der Zuhörer erwartungsgemäß schier aus den Nähten, als am 24. September die endgültige Entscheidung anstand. Sie fiel mit dem knappestmöglichen Ergebnis von 13:12 für Aichach-Nord. Bei der CSU waren Johann Listl, Josef Gail und Michaela Böck ausgeschert, dafür stimmten Armin Schindler von der Bürgerliste sowie Walter Voglgsang von der SPD zusammen mit Hutzler und dem Rest der CSU-Fraktion. Voglgsang mußte sich wegen seiner persönlichen Entscheidung herbe Vorwürfe aus den eigenen Reihen anhören. Die Auseinandersetzung führte Tage darauf sogar zu seinem Austritt aus Fraktion und Partei.

Das Ringen um den Schulstandort sollte trotzdem noch kein Ende haben, denn die IG sammelte fleißig Unterschriften und richtete sich im November mit einer Petition an den kulturpolitischen Ausschuß des Landtages. Der legte dem Stadtrat zwar am 23. Februar 1993 eine erneute Debatte ans Herz, doch das Gremium beschloß zwei Tage darauf, die demokratisch gefällte Entscheidung nicht mehr zu revidieren. Damit war der Streitpunkt nach zwei Jahren Diskussion erledigt. Doch in derselben Sitzung wurde auch das Wahlversprechen Hutzlers gekippt, denn bei 12:11 Stimmen gab es nur eine Mehrheit zum Bau einer Einfachturnhalle bei der neuen Schule. Die von den Vereinen so heftig geforderte Dreifachhalle sollte also nicht entstehen.

> **Mehrheit für das Volksbegehren**
>
> Das Volksbegehren „Mehr Demokratie in Bayern" wird am 1. Oktober 1995 von der Mehrheit der Bürger im Freistaat akzeptiert. Landesweit sprechen sich 64,98 Prozent dafür aus, in der Stadt Aichach verbuchen die Initiatoren der Aktion für mehr Mitbestimmung 61 Prozent.

Allerdings wiederum nur zunächst. Bürgermeister Hutzler hatte den Sportlern im März zwar noch bedeutet, daß eine größere Sporthalle bei anstehenden Gesamtinvestitionen von 85 Millionen Mark und einem zu erwartenden Schuldenanstieg auf 57 Millionen bis zum Jahr 1997 nicht mehr zu vertreten sei und deshalb „das letzte Wort gesprochen ist", aber bei den Haushaltsberatungen vier Wochen darauf tauchte plötzlich doch eine Dreifachturnhalle im Finanzplan auf, was SPD und Freie Wähler kritisierten. Georg Robert Jung warnte den Bürgermeister vor dem anstehenden „Riesengebirge der Investitionen", Klaus Habermann vor „leichtfertigem Spendiergehabe". Die Befürchtungen der Opposition wurden bestätigt: Im Juni 1993 wurde der Bau der großen Halle mit 13:11 Stimmen beschlossen. Die Sportvereine hatten ihr Ziel erreicht.

Die Grundschule mit zwölf Klassen und der großen Turnhalle war damit zu einem 22 Millionen Mark teuren Projekt angeschwollen, dessen Finanzierung größte Probleme bereitete, obwohl CSU-Chef Helmut Beck überzeugt war, man habe „die Halle im Kreuz". Das Gegenteil wurde im Januar 1994 deutlich: 1995 war als Termin für die Fertigstellung nicht mehr zu halten, weil die Mittel fehlten. Der Neubau wurde zur Enttäuschung des Elternbeirates um ein Jahr verschoben.

CSU droht mit dem „Rauswurf der Abtrünnigen"

Zu dem Zeitpunkt hatten sich im Stadtrat längst die Fronten verhärtet. Geschäftsleitender Beamter Heinz Luksch, der im August 1990 die Nachfolge von Max Krammer angetreten hatte, mußte bei den Sitzungen nicht selten zu Geschäfts- und Gemeindeordnung greifen, um in Streitfällen zu schlichten. Eine Vielzahl von Anträgen zur Geschäftsordnung, Ordnungsrufe oder gar Dienstaufsichtsbeschwerden bereits in den ersten zwei Jahren der Amtszeit Hutzlers sind Beweis dafür, wie sehr sich das Klima im Stadtrat verschlechtert hatte. Allerdings nicht nur zwischen Opposition und „Regierungspartei", sondern auch in der CSU selbst. Fraktionsführer Helmut Beck urteilte im Dezember 1993 bei einem Pressegespräch selbstkritisch: „Bei allen wichtigen Entscheidungen hat die Fraktion versagt."

Auch der wiederholte Rückzug der CSU in die Klausur eröffnete keine Wege zum Konsens in wesentlichen Fragen, wobei nicht nachvollzogen werden kann, inwieweit überhaupt mehrheitsfähige Konzepte vorgelegt wurden und ob die Kommunikation in der Fraktion klappte. Tatsache war nämlich, daß der Bürgermeister auch von den eigenen Parteikollegen bei öffentlichen Sitzun-

---

Trauer um Hans Schmid

Im hohen Alter von 91 Jahren stirbt am 9. März 1994 Heimatpfleger Hans Schmid. Der ehemalige Direktor der Berufsschule, Leiter des Heimatmuseums und der städtischen Volkshochschule war ein exzellenter Kenner der Aichacher Geschichte. Seine vielfältigen Leistungen wurden unter anderem mit dem Bundesverdienstkreuz, dem Ehrenring des Landkreises und der Aichacher Bürgermedaille in Gold gewürdigt.

gen immer wieder wegen unzureichender Vorausinformation kritisiert wurde. Die wahren Gründe der Zwistigkeiten zu erforschen, dürfte ebenso schwierig sein wie die Klärung der Frage um Henne oder Ei …
Gleichwohl: Ende 1993 forderten Beck und sein Stellvertreter Karl Moser die Parteikollegen ultimativ auf, sich ab sofort voll hinter die Linie der Fraktion und des Bürgermeisters zu stellen, andernfalls erfolge der „Rauswurf der Abtrünnigen", wozu es aber nie kam.
Spätestens ab diesem Zeitpunkt gingen bei Beck allerdings stapelweise anonyme Briefe mit beleidigendem Inhalt und handfesten Drohungen ein, die sich auch gegen seine Familie richteten. Im März 1995 stellte der 39jährige deshalb eine erneute Kandidatur für den Stadtrat in Frage, gleichzeitig erstattete er Strafanzeige gegen Unbekannt. Verdacht auf politische Hintergründe bestand zwar, konnte aber nie belegt werden. Die Gerüchteküche brodelte, bis es auch ein Opfer in der CSU-Fraktion gab, die zusehends Konturen eines Scherbenhaufens annahm.

> **Großfeuer in der JVA**
>
> Am 5. April 1995 werden die Brandschützer aus der weiten Umgebung zu einem Großfeuer in der Justizvollzugsanstalt gerufen. Nach Reparaturarbeiten am Dach eines Verbindungstraktes bricht in den Abendstunden Feuer aus, das auf angrenzende Verwaltungsbereiche überzugreifen droht. Mit vereinten Kräften kann das riesige Aufgebot der Floriansjünger das Großfeuer unter Kontrolle bringen. Der Schaden beläuft sich auf rund 235 000 Mark.

Klaus Habermann tritt nochmal an

Anders waren die Karten bei der SPD gemischt, die den Austritt von Walter Voglgsang rasch kompensieren konnte. Als Klaus Habermann im März 1991 das Amt des Ortsvorsitzenden an Karl-Heinz Schindler abgab und sich beruflich nach Ulm orientierte, herrschte lange Zeit Rätselraten über einen Spitzenkandidaten der Genossen für die Stadtratswahl 1996. Doch dann trat Habermann im September 1994 als Listenbewerber der SPD für den Landtag an und erreichte in der Stadt eindrucksvolle 26 Prozent. Das mag ihm Mut zu einem weiteren Anlauf auf den Bürgermeisterstuhl gegeben haben: Die Sozialdemokraten stellten den zweifachen Familienvater im Januar 1995 als Gegenkandidaten vor.
Der Bankkaufmann hatte bei seinem zweiten Versuch eine perfekt funktionierende Wahlkampfmaschinerie im Rücken, die ausgefallene Ideen entwickelte. Schon bei der Nominierung im April 1995 im „Ziegler"-Saal stellte Habermann selbstbewußt „das Programm des neuen Bürgermeisters" vor, Tage darauf proklamierten die Genossen den ersten Slogan: „Höchste Zeit für klaren Kurs." In der Endphase des Wahlkampfes reduzierte sich die Aussage

der SPD auf zwei Worte, die allen nur denkbaren Raum zur Interpretation ließen: „Er kann's!" Das fanden auch die Freien Wähler, die auf einen eigenen Bürgermeisterkandidaten verzichteten.

Der „warme Regen" durch das Neubaugebiet bleibt aus

Doch nun wieder zu den weiteren wesentlichen Problemfeldern des Stadtrates. Inzwischen war die Aufplanung des 17 Hektar großen Siedlungsgebietes im Norden erfolgt. Die Opposition hatte mehrfach generelle Bedenken gegen die Entwicklung auf diesem Areal erhoben, weil der Grundwasserstand in diesem Schwemmlandbereich der Ur-Paar extrem hoch lag. Um die Stadtkasse vor den hohen Vorfinanzierungskosten für die Erschließung zu verschonen, wurde mit der Bayerischen Landessiedlung (BLS) eine staatlich kontrollierte Gesellschaft mit Vermarktung und Erschließung des Geländes beauftragt. Die BLS kaufte die Einzelgrundstücke und plante das Areal neu auf. Danach erfolgte der Wiederverkauf, bei dem allerdings die Interessen zahlreicher Rückerwerber zu berücksichtigen waren. Am Ende blieben von knapp 60 Einzelhausplätzen nur etwa zehn für den freien Markt.

Ein großer Teil der Nettobaulandfläche von fast 132 000 Quadratmetern sollte dem Geschoßwohnungsbau vorbehalten bleiben, für den knapp 45 000 Quadratmeter vorgesehen waren. Trotz aller Skepsis in der Opposition, ob diese großzügigen Flächen bei rückläufiger Konjunktur und dem sich abzeichnenden Rückgang im Wohnungsbau Abnehmer fände, wurde das Baugebiet in dieser Größe konzipiert. Die Hoffnungen

1995 – in memoriam (I)

DR. ANDREAS WECHSLER (34), 3. Januar: Der Lehrer am Gymnasium kam bei einem Lawinenunglück in den Bergen bei St. Anton in Tirol ums Leben.

LEOPOLD SCHURIUS (81), 8. Januar: Von 1966 bis 1971 war er Bürgermeister von Sulzbach, von 1972 bis 1984 Ortssprecher im Stadtrat.

PETER WESTERMAIR (87), 7. Februar: Er gehörte von 1956 bis 1966 dem Gemeinderat von Ecknach an.

GAUDENZ MÜLLER-PARADEIS (75), 15. Februar: Der Direktor des Milchwerkes (1961 bis 1984) war 25 Jahre Vorstandsvorsitzender der ehemaligen Raiffeisenbank und von 1978 bis 1984 Mitglied des Kreistages.

LUDWIG KOCH (88), 18. März: Der Schneidermeister war 13 Jahre Abteilungsleiter und später Ehrenmitglied der BCA-Schachabteilung.

HERMANN FISCHER (70), 30. März: Er war Schreinermeister und Seniorchef der Firma Englmaier.

HANS MOSER (94), 5. April: Der Steuerrat a. D. gehörte 75 Jahre lang dem Alpenverein an, war ältestes Mitglied im Jägerverein und Jagdpächter in Mauerbach.

KARL GASSNER (75), 8. April: Der ehemalige Bürgermeister von Griesbeckerzell (1956 bis 1977), Ortssprecher im Stadtrat (bis 1984) und Kreisrat (1962 bis 1972) hatte 1978 für seine vielfältigen Leistungen das Bundesverdienstkreuz am Bande erhalten.

JAKOB ETTNER (82), 18. April: Der Landmaschinenkaufmann war nach dem Krieg Mitbegründer des CSU-Ortsverbandes, von 1946 bis 1956 Stadtrat, von 1946 bis 1978 Kreisrat und bis 1972 Kreisvorsitzender der CSU im Landkreis Aichach.

von Bürgermeister Heinrich Hutzler auf rasche Vermarktung der Grundstücke für den Geschoßwohnungsbau bestätigten sich nicht. Noch im März 1995 hatte Hutzler von 16 hoffnungsvollen Bewerbungen um das Bauland gesprochen, aber die Millionengewinne, die der Bürgermeister als „warmen Regen" und „Weihnachtsgeld" noch zum Jahresende erwartete, blieben aus: Im Juni 1995 wurde bekannt, daß noch kein einziger Quadratmeter für Wohnanlagen verkauft worden war, später wurde der Quadratmeterpreis zwar von 700 auf 604 Mark gesenkt, aber auch das brachte kaum nennenswerte Erfolge, weil die Rezession inzwischen voll gegriffen hatte.

Am 6. März 1996 – vier Tage vor der Bürgermeisterwahl – legte die BLS exakte Zahlen offen: Zu diesem Zeitpunkt waren fast 40 000 Quadratmeter vornehmlich für Einfamilienhäuser verkauft, was einen Erlös von knapp 8,8 Millionen Mark ausmachte. Nicht veräußert waren dagegen etwa 44 900 Quadratmeter mit einem Volumen von rund 25 Millionen Mark.

Damit fühlten sich SPD und Freie Wähler voll bestätigt: Sobald die BLS ihre Vorleistungen bei der Erschließung abrechne, spätestens aber im Jahr 2001, wenn die Stadt das nicht vermarktete Bauland zurückkaufen müsse, könnte Aichach-Nord zum „Millionengrab" werden, befürchtete Georg Robert Jung von den Freien Wählern. Klaus Habermann sprach von „gigantischen finanziellen Risiken" für die Stadt.

1995 – in memoriam (II)

JOSEF BAUDREXL (86), 20. April: Der Ecknacher war von 1956 bis 1977 Gauschützenmeister und danach Ehrenvorsitzender des Schützengaues.

KLAUS-DIETER PETERS (54), 24. April: Der Segelflugsportler war zweiter Vorsitzender des Luftsportvereins.

KARL MÜLLER (58), 11. Mai: Der Inhaber des Milchgeschäftes in der Bauerntanzgasse war 44 Jahre hauptberuflich im Milchwerk beschäftigt.

JOHANNA STOLL (83), 21. Juni: Die ehemalige „Clubhaus"-Wirtin war seit 1947 eine gute Seele des BCA.

JOSEF GRÜNWALD (86), 6. September: Von 1966 bis 1972 gehörte der Oberbernbacher Landwirt dem Gemeinderat an.

HELMUT ERNST SAUTER (65), 10. Oktober: Er leitete von 1970 bis 1993 die Filiale der Vereinsbank.

ELISABETH HÜBNER (84), 17. November: Die Frau des ehemaligen evangelischen Pfarrers nahm sich bis ins hohe Alter um den Kirchenchor an.

JOHANN KOSMANN (72), 19. November: Der Ecknacher war von 1972 bis 1977 Gemeinderat.

LEOPOLD SCHOLZ (74), 21. November: Über 40 Jahre war er Lehrer, Seminarleiter, zuletzt Schulrat und lange BLLV-Vorsitzender.

FRITZ GULDEN (70), 2. Dezember: Der Bäckermeister führte die Konditorei in der Werlbergerstraße.

JOSEF WÖRLE (61), 12. Dezember: Der „Gandy" aus Walchshofen war ein weitum bekanntes Original.

JOSEF HEINRICH (81), 14. Dezember: Er war von 1956 bis 1972 zweiter und bis 1973 erster Bürgermeister von Algertshausen, von 1974 bis 1978 Ortssprecher im Stadtrat.

HILDEGARD ZEILER (80), 18. Dezember: Über zwei Jahrzehnte war sie eine engagierte Helferin in der Rotkreuzkolonne und in der Sozialstation.

JOSEF KUGLER (81), 21. Dezember: Er betrieb in der Äußeren Feldstraße eine kleine Wäscherei.

Flächennutzungsplan: Protest gegen Gewerbegebiete

Knapp ein Jahr, bevor der Bebauungsplan Aichach-Nord im Januar 1994 verabschiedet worden war, war es – in diesem Fall mit den Stimmen von CSU und SPD – zur Einführung eines Baulandmodells gekommen, das die Abtretung von Flächen bei der Neuausweisung von Grundstücken vorsieht. Damit sollte ein Planungsgewinn zur Finanzierung der mit dem Wohnungsbau wachsenden infrastrukturellen Aufgaben abgeschöpft werden. Die Entscheidung (18:5 Stimmen) blieb umstritten. Schärfste Gegner waren die Freien Wähler, für die Georg Robert Jung von einem „Verhinderungs-Modell" sprach. Bald gab es auch die ersten Klagen von Grundstücksbesitzern, die sich teils Jahre um eine Ausweisung bemüht hatten und nun plötzlich Teilflächen abtreten sollten.

Durch das Baulandmodell standen auch die Beratungen für die Neuaufstellung des Flächennutzungsplanes unter einem besonderen Licht. Denn als man im Oktober 1993 erstmals über das planerische Mammutwerk diskutierte, war bereits klar, daß die Stadt von nahezu jeder Neuausweisung von Wohnbauflächen profitieren werde. Die Grundsatzdiskussion über die wesentlichen Züge der Zukunftsplanung verlief noch überaus sachlich. Doch als es später an die Aufarbeitung von über 300 Einwänden und damit um jeden einzelnen Quadratmeter Grund und Boden ging, schieden sich die Geister. Die Opposition stellte sich zunehmend auf die Seite der Grundstückseigentümer und verhinderte letztlich im Verein mit einigen Mandatsträgern der CSU, daß die Einzelanträge noch kurz vor Ablauf der Amtsperiode im Schnelldurchgang abgehandelt wurden. Erhebliche Bedenken brachten auch Vertreter der Landwirtschaft vor, weil der integrierte Landschaftsplan langfristig die Schaffung ökologischer Flächen an Fluß- und Bachläufen vorsieht. Die Bauern befürchteten eine Wertminderung ihrer Flächen.

Die größten Proteste gab es gegen die geplante Ausweisung von Gewerbegebieten bei Gallenbach und Unterwittelsbach, wo gleich zwei Flächen zur Neuansiedlung von Betrieben zur Diskussion standen. Die Unterwittelsbacher gingen bei einer Bürgerversammlung im Mai 1994 mit ziemlicher Geschlossenheit dagegen vor und landeten damit auch einen Erfolg, denn der

---

Bombenanschlag auf Manager

Am Abend des 13. Dezember 1995 wird ein 47jähriger Manager, der für die Firma Eurocontrol Breitsameter GmbH im Ecknacher Gewerbegebiet als Berater in der Schlachtbranche tätig ist, Opfer eines Anschlags: Als der Mann seinen Wagen auf dem Parkplatz vor dem Firmengebäude starten will, detoniert ein Sprengkörper. Der 47jährige überlebt den Bombenanschlag mit schwersten Verletzungen an Beinen und Unterleib. Polizei und Staatsanwaltschaft gehen davon aus, daß die Tat von langer Hand vorbereitet war, doch die intensiven Ermittlungen bleiben erfolglos. Zwar gibt es viele Spekulationen über die Hintergründe dieser Autobombe, doch ein konkreter Tatverdacht liegt bis heute nicht vor.

Stadtrat zog diese Pläne zurück. Anders dagegen in Gallenbach: Dort wurden mit den Stimmen von CSU und SPD 24 Hektar entlang der Bundesstraße gleich gegenüber den Mülldeponien ausgewiesen. Der Widerstand der Dorfgemeinschaft war umsonst.

Festgeschrieben war inzwischen der neue Gewerbepark zwischen der alten und der neuen Bundesstraße in der Gemarkung Ecknach, mit dem die Stadt vorderhand Expansionsmöglichkeiten für bestehende Betriebe und Raum für Neuansiedlung schuf. Dazu gab es allerdings ebenfalls lange Debatten, denn die Firma Meisinger hatte im Frühjahr 1995 die Ausweisung eines Sondergebietes beantragt, um ihren Bau- und Heimwerkermarkt dorthin verlegen und vergrößern zu können. Daraufhin rückte die Geschäftswelt aus der Innenstadt auf den Plan, weil sie Konkurrenz und damit erhebliche Einbußen befürchtete. Auch das sorgte für eine monatelange Auseinandersetzung im Stadtrat, der die Auslagerung schließlich genehmigte, gleichzeitig aber die Interessen des Einzelhandels durch eine Sortimentsfestschreibung für den Baumarkt sicherte.

Viele Fragezeichen bei der neuen Kläranlage

Der klassische politische Dauerbrenner in der Amtszeit Hutzlers war der Neu- und Umbau der städtischen Kläranlage, für die Ende 1990 nach jahrelanger Vorarbeit eines Münchener Ingenieurbüros konkrete Pläne fertig waren. Da auch die Marktgemeinde Kühbach Abwasserprobleme hatte, faßte man zunächst ein gemeinsames Projekt mit dieser Kommune ins Auge, was sich aber wieder zerschlug. Dafür klinkte sich später die Gemeinde Sielenbach ein, die mit einem Baukostenzuschuß von zwei Millionen Mark beteiligt wurde. Im August 1991 lag die Kostenschätzung von 30 Millionen Mark auf dem Tisch, der Baubeginn war für den Herbst des nächsten Jahres terminiert. Doch der

Die 1968 in Betrieb genommene Kläranlage muß erweitert werden.

Zeitplan kam gehörig durcheinander. Einerseits, weil sich das Milchwerk aus den städtischen Kläranlagenplänen ausklinken und eine eigene Anlage bauen wollte, was nach monatelanger Debatte erst Anfang 1993 auch genehmigt wurde. Anderseits war die Frage der Finanzierung des Neubaues überaus komplex. Die Wahl zwischen Ergänzungsabgaben oder Gebührenerhöhung fiel nicht leicht, weil abgewogen werden mußte, welche Variante langfristig die geringere Belastung für die Haushalte bringen würde. Die Entscheidung zugunsten der Gebührenlösung fiel erst im Frühjahr 1993. Die Schätzkosten für den Neubau stiegen immer höher. Im Januar 1994 wurde ein Gesamtaufwand von 32,6 Millionen Mark errechnet, was eine Abwassergebühr von rund 6,50 Mark pro Kubikmeter bedeutet hätte. Bald darauf wurde das Finanzierungskonzept über erhöhte Gebühren in Frage gestellt, letzten Endes hielt man aber daran fest.

Freie Wähler und SPD hegten zunehmend Zweifel an der Qualifikation des beauftragten Planers und glaubten, günstigere Wege zur Verwirklichung des Millionenprojektes ausgemacht zu haben. Die Diskussion über Standort, technische Ausführung und Betreiberform wurde neu entfacht. An einen baldigen Baubeginn war angesichts der völlig verfahrenen Diskussion in 1995 nicht mehr zu denken. Das wiederum stellte Sielenbachs Bürgermeister Thomas Wörle in seinem Gemeinderat vor Probleme, weil dort langsam die Zuverlässigkeit der Stadt Aichach als Partner in Frage gestellt wurde. Die Kläranlagenfrage wurde nicht mehr gelöst, dafür aber zu einem heißen Wahlkampfthema. Die Vorschläge der Freien Wähler fanden breites Gehör in der Bürgerschaft.

Zwei Großeinsätze für die Feuerwehr

Der 1. Februar 1996 wird für die Aichacher Feuerwehren trotz frostiger Temperaturen im wahrsten Sinne des Wortes zu einem „heißen Tag": Zunächst geht in den Morgenstunden der „Pils-Stadl" in Flammen auf. Drei Männer hatten in dem bekannten Lokal mit Saunabetrieb an der Schrobenhausener Straße nach durchzechter Nacht noch ein Schwitzbad nehmen wollen. Bei einem Aufguß kam es zu einer Stichflamme, die das gesamte Gebäude in Brand setzte. Der Schaden beträgt mehr als 1,5 Millionen Mark. Den aufsehenerregenden Löscharbeiten folgt Monate später ein Strafverfahren gegen die Beteiligten wegen fahrlässiger Brandstiftung.

Noch während der Löscharbeiten bei dem Lokal erreicht die Wehr der nächste Notruf aus dem Milchwerk, wo ein überhitzter Kompressor Feuer und Rauch ausgelöst hat. Der Schaden beläuft sich auf eine runde Viertelmillion.

Freibad: Freie Wähler sorgen für die Wende

Zumal die FW bereits hohe Akzeptanz genossen, denn vornehmlich durch ihr Engagement und den Einsatz von Dr. Renate Magoley als zuständige Referentin hatten sie einen Umschwung bei Sanierung und Neubau des Freibades herbeigeführt. Diese Investition war vom Gesundheitsamt dringend gefordert worden, außerdem drängte eine Initiative junger Mütter dazu, die 800 Unterschriften zur Modernisierung der Badeanlage einreichte. Zunächst vertraute der Stadtrat einem Münchener Planer, der im Mai 1994 das Konzept für ein

Erlebnisbad vorstellte, dessen Verwirklichung allerdings an den Kosten von zwölf Millionen Mark scheiterte. Daraufhin wurde der Architekt beauftragt, ein Minimalkonzept mit einem Gesamtaufwand von maximal 3,3 Millionen Mark vorzulegen. Doch zur Verärgerung mancher Mandatsträger hielt sich der Bäderplaner überhaupt nicht an diese Vorgabe, sondern präsentierte im Januar 1995 ein Maßnahmenpaket mit einem Volumen von etwas mehr als neun Millionen Mark.

Daraufhin war das Vertrauen in den Architekten erschöpft. Freie Wähler und SPD fanden in der CSU Mitstreiter, die bereit waren, das Projekt in andere Hände zu geben. Dr. Renate Magoley knüpfte die Verbindung zu einem Ingolstädter Büro, das im April 1995 eine anspruchsvolle Sanierungs- und Neubauplanung zum Festpreis von rund 5,4 Millionen Mark vorlegte. Die Zeit drängte, denn das Gesundheitsamt drohte mit der Schließung des Freibades, die nur verhindert werden konnte, weil Landrat Dr. Theo Körner bis Ende August eine Ausnahmegenehmigung gewährte. Der Zuschlag ging darauf an die Ingolstädter Architektengruppe, im Herbst 1995 wurde mit dem Bau begonnen.

Fernsehfilm-Uraufführung in Aichach

„Willkommen in Kronstadt" heißt der Titel der verfilmten Polit-Satire zur Ausländerproblematik, die Regisseur Hanns Christian Müller mit seinem Team in den Sommermonaten 1995 in Aichach und Umgebung gedreht hat. Rund 2000 Bürger der Stadt und des Umlandes wirkten als Komparsen mit. Noch vor der Ausstrahlung in der ARD wird der Film im „Ziegler"-Saal gezeigt. Die Aichacher Zeitung organisiert die Uraufführung, zu der am Montag, 25. März 1996, auch Regisseur Müller und Produzent Michael Röhrig von der Münchener Filmgesellschaft Blue-Screen kommen. Der Andrang des interessierten Publikums ist riesig, weshalb zusätzlich zur Premiere weitere vier Filmabende angesetzt werden. Über 1500 Besucher spenden „Willkommen in Kronstadt" damit schon vor der Ausstrahlung am 24. April im Fernsehen Beifall.

47,66 Prozent – der Bürgermeister ist abgewählt

Die millionenschwere Kostenersparnis für die Stadt wollte Hutzler den Freien Wählern indes nicht als politischen Erfolg zuschreiben. Mitten im Wahlkampf erklärte er, seine CSU-Fraktion habe dem Freibadkonzept nur zugestimmt, um dem allgemeinen Sparwillen der Opposition Rechnung zu tragen. Tatsächlich erhalte Aichach nun aber lediglich eine Freibadanlage mit Minderausstattung, wobei der Bürgermeister einen Vergleich zwischen VW Golf und Trabi zog, was die ohnehin schon beinharte Auseinandersetzung vor dem Wahlsonntag weiter verschärfte.
Auch bei den Oberbernbachern, wo CSU-Chef Wolfgang Hau im Herbst 1995 wegen der Schuldiskussion und seines eigenen Scheiterns bei der Nominierung für die Stadtratsliste die Selbstauflösung des Ortsverbandes in den

Raum gestellt hatte, legte Hutzler den Finger in die Wunde: Als am 1. März 1996 das Richtfest an der Grundschule in Aichach-Nord gefeiert wurde, betonte er wieder: „Die Entscheidung für diesen Standort war richtig."

Wie sehr die CSU an einen Sieg glaubte, verdeutlicht eine Aussage des Ortsvorsitzenden Georg Schöffel, der kurz vor der Wahl davon ausging, daß die Fraktion die Zahl der Sitze auf 15 bis 16 Mandate erhöhen könnte. Am Sonntag, 10. März 1996, folgten die Ernüchterung und die vielleicht bitterste Enttäuschung im Leben des Heinrich Hutzler: Der Bürgermeister erreichte bei einer Wahlbeteiligung von 67,58 Prozent nur 4215 Stimmen oder 47,66 Prozent. 24 Jahre nach der Wahl von Alfred Riepl im Jahr 1972 zog damit wieder ein Sozialdemokrat ins Rathaus ein. Die SPD feierte die 52,33 Prozent für Klaus Habermann als glanzvollen Sieg und logische Folge geradliniger Politik. Die größten Stimmengewinne verzeichnete Habermann in jenen Stadtteilen, wo die politischen Brennpunkte der letzten sechs Jahre gelegen hatten.

Die Quittung des Wählers bekam die CSU auch bei der Sitzverteilung präsentiert. Sie erreichte nur noch elf und verlor damit die absolute Mehrheit. Großer Gewinner waren die Freien Wähler, die ihre Mandate auf sechs steigern und damit verdoppeln konnten. Die SPD blieb bei sechs, die Grünen bei einem. Nicht mehr angetreten war die „Bürgerliste", obwohl Armin Schindler intensiv nach geeigneten Kandidaten gesucht hatte.

Stadtratswahl 10. März 1996

Bürgermeister:
Klaus Habermann (SPD)

CSU (11 Sitze):
Dieter Heilgemeir, Studiendirektor, 2. Bürgermeister
Peter Hermannstädter, Polizeidirektor
Helmut Beck, Polizeibeamter
Georg Schöffel, Vermessungsbeamter
Hans Birkmeir, Landwirt
Hannes Ziegler, Handelsfachwirt
Johann Listl, Polizeibeamter
Anton Friedl, Landwirt
Elfriede Grabbert, Bauzeichnerin
Marianne Mauri, Amtsinspektorin
Hans-Günther Lohberger, Malermeister

SPD (6 Sitze):
Helmut Sander, Kfz-Gutachter
Karl-Heinz Schindler, Lehrer
Christel Reichl, Anwaltsgehilfin
Heinrich Glöckner, Verwaltungsdirektor
Anton Gföllner, Lehrer
Marianne Kaiser, Erzieherin

Freie Wähler (6 Sitze):
Dr. Renate Magoley, Ärztin, 3. Bürgermeisterin
Georg Robert Jung, Diplom-Ökonom
Franz Lochner, Kulturaufseher
Herbert Glas, Schreinermeister
Hans Haltmayr, Landwirt
Hubert Gruber, Berufsschullehrer

Grüne (1 Sitz):
Dr. Sabine Bard-Kröniger, Tierärztin

Ortssprecher:
Helmut Bauer, Sulzbach
Franz Gutmann, Untergriesbach
Manfred Martin, Klingen
Peter Ruppenthal, Gallenbach
Christian Schenk, Oberschneitbach
Helmut Wunderer, Edenried

Die CSU sucht die Schuld bei der Presse

Der Schock der Niederlage bei Hutzler saß tief. Am Donnerstag, 14. März 1996, trat der abgewählte Bürgermeister mit einer Erklärung an die Öffentlichkeit, die der Nachwelt in wesentlichen Auszügen überliefert werden soll: „Vielleicht habe ich so manch sachlich richtige Entscheidung dem logischerweise nicht bis ins Detail informierten Bürger nicht deutlich machen können. Ich habe mich und meine Arbeit schlecht verkauft. Nicht aber die Stadt Aichach, der mein ganzer Einsatz galt. Mag sein, daß dies mein Fehler war. (...) Ich wünsche meinem Nachfolger, daß er die Nerven und die Gelassenheit hat, Würden und Pflichten – vor allem den Zeitaufwand des Amtes des Bürgermeisters der Stadt – mit den Erfordernissen eines harmonischen Familienlebens zu vereinbaren. Und ich hoffe im Interesse Aichachs, daß er die Kraft und das Selbstverständnis aufbringt, sich gegen die Versuche unzulässiger politischer und persönlicher Einflußnahme mit Würde zu wehren. Ich wünsche ihm, daß sein Idealismus und guter Wille nicht schnell in den Grabenkämpfen bekannter Egoismen aufgerieben werden. Denn bekanntlich besteht ein großer Unterschied zwischen der theoretischen Einforderung von Verantwortung und dann deren praktischer Realisierung."

Wahlnacht 1996: Heinrich Hutzler gratuliert seinem Nachfolger Klaus Habermann.

Die anklingende Selbstkritik verhallte aber schnell. Denn bei der Analyse der Ursachen für die Niederlage kamen Hutzler und Ortsvorsitzender Georg Schöffel bald zu der Überzeugung, daß weniger der von der Opposition angeprangerte „Zickzackkurs" in der Politik von Bürgermeister und Fraktion, sondern die kritische Berichterstattung gerade in der Aichacher Zeitung zur Abwahl geführt hätten. Es gab aber auch andere Stimmen, wie die des Klingener Ortsvorsitzenden Manfred Martin. Er sprach von „völlig unnötigen und unpopulären Entscheidungen von Hutzler", kritisierte die allgemeine Haltung von Bürgermeister, Fraktion und Aichacher Ortsverband während der vorangegangenen Jahre und stellte fest: „Die Fraktion bot ein Bild der Zerissenheit."

Bei einer Festsitzung am 30. April im Pfarrzentrum wurde die Amtsübergabe an Klaus Habermann vollzogen, Heinrich Hutzler nahm Abschied. Er hatte sein Stadtratsmandat nicht angenommen, blieb aber im Kreistag. Über 73 Millionen Mark waren in seiner nur sechs Jahre währenden Amtszeit verbaut worden. Dieter Heilgemeir würdigte Hutzler als „ehrlichen Makler der Stadt", der auch wegen der „Stolpersteine und Prügel, die ihm Feinde, aber auch sogenannte Freunde zwischen die Füße geworfen haben", zu Fall gekommen sei. Der scheidende Bürgermeister bedauerte, „daß Menschen, die ich jahrelang in ehrlicher Freundschaft begleitet und unterstützt habe, plötzlich Gegner geworden sind". Mit der Bürgermedaille in Silber wurde Hutzler verabschiedet, ebenso die Stadtratsmitglieder Karl Moser und Armin Schindler. Dieselbe Auszeichnung in Gold ging an Josef Gail aus Unterwittelsbach, der seit 1960 kommunalpolitisch aktiv war.

Kreistagswahl: CSU verliert die Mehrheit

Mit Spannung erwartet wurde am 10. März 1996 auch das Ergebnis der Kreistagswahl, bei der sich Landrat Dr. Theo Körner gegen fünf weitere Kandidaten behaupten mußte. Körner und seine CSU-Fraktion standen seit Beginn der Amtszeit 1990 wegen der Müllpolitik weiterhin unter heftigem Beschuß. Unter anderem bewegte die Menschen der geplante Bau einer Schlackendeponie für die zwischenzeitlich in Betrieb gegangene Müllverbrennungsanlage in Augsburg, wofür es zahlreiche Standortvorschläge gab. Als sich der Kreistag für ein Gelände bei Mandlach in der Gemarkung Pöttmes entschieden hatte, schoß dort erneut eine Bürgerinitiative aus dem Boden. Die Müllgegner errichteten ein Hüttendorf auf dem Baugelände, das Körner mit einer spektakulären Aktion räumen ließ: Am Mittwoch, 21. Juli 1993, rückten frühmorgens Arbeiter unter Polizeischutz an und zerstörten die Gebäude.

Wer angesichts dieses Aktes und anderer Entwicklungen jedoch davon ausging, daß Körner zumindest in eine Stichwahl zu zwingen sei, sah sich getäuscht. Der amtierende Landrat konnte 51,23 Prozent der Stimmen auf sich vereinen, ihm am nächsten kam der Friedberger Kreisrat Roland Fuchs von der SPD, der 18,63 Prozent erreichte. Die CSU büßte am 10. März 1996 allerdings ihre absolute Mehrheit im Kreistag ein. Sie kam nur noch auf 29 Sitze, die SPD auf 13, sechs entfielen auf die Unabhängigen, fünf auf die Grünen, vier gingen an die Freien Wähler, zwei an die Reps und einer an die FDP.

Kreistagswahl 10. März 1996

Landrat:
Dr. Theo Körner (CSU)

Die Kreistagsmitglieder aus Aichach:

CSU:
Heinrich Hutzler, Bürgermeister a. D.
Johanna Held, Bäuerin
Gerd Kugler, Elektroniker
Horst Thoma, Rechtsanwalt

SPD:
Klaus Habermann, Bürgermeister
Maria Glöckner, Hausfrau
Karl-Heinz Schindler, Lehrer

Grüne:
Dr. Sabine Bard-Kröniger, Tierärztin

Die Stadt an der Schwelle ins neue Jahrtausend

Dr. Renate Magoley wird dritte Bürgermeisterin

Im Stadtrat kehrt wieder Sachlichkeit ein

Mit dem deutlich erkennbaren Willen, die politischen Aufgaben in aller Sachlichkeit neu anzugehen, konstituierte sich der Stadtrat mit zehn Neulingen im Mai 1997. Nach der Vereidigung von Bürgermeister Klaus Habermann durch seinen SPD-Kollegen Anton Gföllner erfolgte die Wahl der Stellvertreter des Stadtoberhauptes. Um den veränderten Mehrheitsverhältnissen Rechnung zu tragen, hatte man sich bereits im Vorfeld darauf geeinigt, einen dritten Bürgermeister zu berufen – seit Jahrzehnten war dieser Posten nicht mehr besetzt worden. Dieter Heilgemeir von der CSU wurde wieder erster Stellvertreter des Stadtoberhaupts, Dr. Renate Magoley von den Freien Wählern bekam das Amt des dritten Bürgermeisters, das damit erstmals in der Geschichte der Stadt einer Frau übertragen wurde. Den Vorsitz in der CSU-Fraktion übernahm Heilgemeir, Heinrich Glöckner führte die SPD, Georg Robert Jung weiterhin die Freien Wähler.
„Vor Ihnen liegen sechs Jahre harter Arbeit", prophezeite Bürgermeister Klaus Habermann gleich bei der ersten Sitzung. Er sollte recht behalten: Schon das Pensum im ersten Jahr der Amtszeit war enorm. Das Programm konnte allerdings zügig abgespult werden, fast ohne Sondersitzung und in weniger langen Beratungen. Dabei gingen CSU und SPD in vielen Fragen deutlich aufeinander zu und bildeten nicht selten die „große Koalition", während die Freien Wähler mit ihrem Sextett weiterhin eher dazu neigten, in die Rolle der Opposition zu schlüpfen.
Nicht allerdings, als es um die Zukunft des millionenschweren Kläranlagenprojektes ging, das eine der wesentlichsten unerledigten Aufgaben aus der letzten Legislaturperiode darstellte. In diesem Fall gingen SPD und FW Hand in Hand. Beide Fraktionen standen zu ihren Wahlaussagen, sprachen dem beauftragten Architekten das Mißtrauen aus und stimmten gegen den Willen der

CSU für eine Neukonzeption der zuletzt auf rund 32 Millionen Mark veranschlagten Baumaßnahme. Kurz vor Drucklegung dieses Buches gab es deutliche Hinweise darauf, daß diese Entscheidung richtig gewesen ist: Im Herbst 1997 kündigte Bürgermeister Klaus Habermann an, der Neubau der Anlage werde zu Gesamtkosten von „deutlich unter 20 Millionen Mark" zu verwirklichen sein.

Flächennutzungsplan verabschiedet – neues Freibad

Nachdem die abschließende Beratung vor dem Amtswechsel im Rathaus gescheitert war, wurde im Juli 1996 die Behandlung der restlichen 140 Einzelanträge zum neuen Flächennutzungsplan erledigt. In zwei Sondersitzungen diskutierte der Stadtrat Punkt für Punkt aus. Das Zukunftspapier erhielt 1997 die behördliche Genehmigung. Damit sind die Weichen für eine mittelfristige Bevölkerungszunahme um weitere 5000 Einwohner gestellt, unter anderem durch maßvolle Baulandausweisung auch in den Stadtteilen.

Die Ausdehnung der Wohnbereiche in der Innenstadt im Bereich des Überschwemmungsgebietes der Paar hängt allerdings wesentlich von der anstehenden Hochwasserfreilegung ab. Die Grundzüge dieser Maßnahme, die in enger Zusammenarbeit mit dem Wasserwirtschaftsamt Donauwörth erfolgen muß, sind seit dem Frühjahr 1997 festgelegt, die Planung befindet sich allerdings erst im Anfangsstadium.

Mit dem Kauf des ehemaligen Sanitätsdepots der Bundeswehr zwischen Paar und Griesbacherl an der Donauwörther Straße im Januar 1997 konnte Bürgermeister Klaus Habermann ein Gelände sichern, das für die Hochwasserschutzmaßnahmen besondere Bedeutung bekommen könnte. Die Bundeswehr hatte bereits 1989 er-

1996 – in memoriam (I)

MICHAEL STEGMAIR (86), 8. Januar: Der Untermauerbacher Gastwirt war Ehrenmitglied der Schützen und Gründungsmitglied der SGM.

WILLI HUBERTH (62), 18. Januar: Der Lehrer war bekanntes Ensemblemitglied beim Volkstheater.

ERNA GASSMAIR (58), 4. Februar: Die Bedienung im BCA-Clubhaus starb nach einer schweren Krankheit.

ALFRED REICHART (70), 6. Februar: Der Steinmetzmeister war Inhaber des Betriebes gleich neben dem alten Friedhof.

LUDWIG HELFER (74), 16. Februar: Er war langjähriger Vorsitzender des Kriegervereins.

CHRISTIAN WINTER (87), 20. Februar: Lederhose und Trachtenhut waren sein Markenzeichen und er dadurch zum bekannten Original geworden.

FRITZ SCHARBERT (82), 13. März: Der ehemalige Polizeibeamte war langjähriges Aufsichtsratsmitglied bei der Baugenossenschaft.

HANS PORT (75), 26. März: Er war Ehrenmitglied der Naturfreunde.

MARIA WINKLER (90), 19. April: Sie war die Seniorchefin des gleichnamigen Schuhhauses.

STADT KAUFT DAS BUNDESWEHR-GELÄNDE

Im August 1996 wurde das neue Freibad eröffnet.

klärt, daß der Standort Aichach aufgegeben werden soll. Am 22. Oktober 1996 traten die Soldaten dann zum feierlichen letzten Appell an, danach wurde die Fahne der Bundesrepublik für immer vom Mast geholt. Das 14 400 Quadratmeter umfassende Grundstück mit großen Lagerhallen liegt zentral und in direkter Nachbarschaft zum Neusa-Gelände. Das eröffnet viele Verwendungsmöglichkeiten, falls das Areal nicht oder nur teilweise für den Hochwasserschutz benötigt wird.

In den heißen Augustmonaten 1996 wurde das Freibad nach hektischen Umbauwochen wiedereröffnet. Ein Erlebnisbereich mit Wasserrutsche und Sprudelbänken, das Schwimmerbecken und die wesentlich attraktivere Anlage für Kleinkinder lockten vom ersten Tag Besucher in Massen. Nicht nur bei heißen Temperaturen, denn das Wasser wird auch bei bewölktem Himmel von einer Solaranlage erwärmt. Der Kostenrahmen von 5,4 Millionen Mark konnte eingehalten werden. Im Jahr darauf wurde schließlich auch noch die Liegewiese auf dem gegenüberliegenden Ufer der Paar umgestaltet.

1996 – in memoriam (II)

ROMAN ANTONI (83), 28. Juli: Er war von 1966 bis 1978 Direktor der Realschule.

JOSEF OSTERMAYR (80), 16. August: Er gehörte von 1960 bis 1966 dem Gemeinderat Ecknach an.

RUDOLF HERMANN (71), 5. September: Der Architekt hatte 1968 den Bau und später auch die Erweiterung des Krankenhauses geplant.

JOSEF RAUCHMEIR (84), 19. September: Der Landwirt war Ehrenschützenmeister der Schützengesellschaft Unterschneitbach.

ANTON KAPL (76), 7. Oktober: Er führte viele Jahre die Bezirksstelle der Landesbausparkasse.

ANTON GOLD (74), 25. November: Über 23 Jahre war er Mitarbeiter im städtischen Bauhof.

GERTRUD MUCK (76), 28. November: Sie war 24 Jahre Schatzmeisterin, Ehrenmitglied im TSV und Mitbegründerin der „Paartalia".

Schule fertig – Pilotprojekt Biomasse-Heizwerk

Zur Minimierung der finanziellen Risiken erfolgte eine Veränderung von Teilflächen für den Geschoßwohnungsbau im Gebiet Aichach-Nord. Der Stadtrat ließ einige Grundstücke für Einfamilien- und Reihenhäuser umplanen, weil dafür die Absatzchancen höher waren. Die finanzielle Abschlußbilanz für das Baugebiet kann allerdings erst nach der Jahrtausendwende gezogen werden, wenn die Rückkaufklausel in Kraft tritt.

Ging mit Beginn der Heizperiode 1997 ans Netz: das Biomasse-Heizwerk in Aichach-Nord.

Mit einem stimmungsvollen Fest wurde im Frühjahr 1997 die neue Grundschule mit der Turnhalle eingeweiht. Die Anlage war am 18. September 1996 gerade noch fristgerecht fertiggestellt worden. Am Vorabend hatten noch die Bauarbeiter letzte Hand angelegt, Stunden später kamen 232 Buben und Mädchen aus ihren Ferien zurück, darunter 72 Erstkläßler. Rektor wurde Rupert Jung, Konrektor Josef Ettl. Der Rahmen von 22 Millionen Mark Baukosten wurde nicht überschritten, allerdings bedurfte es höherer Zwischenfinanzierungskosten, weil die Zuschüsse des Staates nicht termingerecht eingetroffen waren.

In Aichach-Nord ging im Herbst 1997 zudem ein Pilotprojekt in Betrieb, dessen Grundstock noch Bürgermeister Heinrich Hutzler in Zusammenarbeit mit Landrat Dr. Theo Körner gelegt hatte: ein Biomasse-Heizkraftwerk, das Fernwärme liefert. Die 13,6 Millionen Mark teure Maßnahme beinhaltet neben dem Heizwerk direkt bei der Unterführung der alten Bundesstraße auch ein Fernwärmenetz, das im ersten Ausbauschritt die westlichen Stadtbereiche mit Schulzentrum und Kreiskrankenhaus erreicht. Zur Finanzierung konnten hohe Zuschüsse von insgesamt 48 Prozent gesichert werden.

Betreiber der Anlage ist die Biomasse-Wärmeverbund Aichach GmbH (BWA), an der sich Stadt und Landkreis mit je 26 Prozent beteiligt haben, eine eigens dafür gegründete Tochtergesellschaft der Waldbauernvereinigung Aichach hält 48 Prozent. Die Waldbesitzer hatten Anfang der neunziger Jahre die Forderung nach einem solchen Projekt an die Politiker herangetragen, weil nach Möglichkeiten zur Vermarktung des Schwachholzes gesucht wurde. Viel Überzeugungsarbeit in den politischen Gremien leistete Waldbesitzer-Vorsitzender Leonhard Lapperger aus Unterbachern bei Inchenhofen, der mit seiner Vorstandschaft und seinem späteren Nachfolger Martin Ostermair aus Winterried bei Tandern lange Jahre um die Verwirklichung gekämpft hatte. Den Vorsitz im Aufsichtsrat der BWA führt der Bürgermeister der Stadt Aichach. Geschäftsführer wurde Richard Brandner, der sich intensiv darum bemüht, die Hausbesitzer entlang der Leitungstrasse zum Anschluß ihrer Heizanlagen an das umweltfreundliche Projekt zu bewegen.

Aktive Gewerbepolitik – Landwirtschaft verliert an Bedeutung

Im wirtschaftlichen Bereich bemühten sich Bürgermeister und Stadtrat um die aktive Vermarktung des neuen Gewerbeparks bei Ecknach, unter anderem durch Prospektwerbung, Arbeitgebergespräche und Anzeigen in überregionalen Zeitungen. Einige kleinere Teilerfolge wurden bereits erzielt, doch die anhaltende Rezession in der Bundesrepublik sowie weitere Standortnachteile für Industrie und Gewerbe in Deutschland lassen eher darauf schließen, daß es noch einige Jahre dauern wird, bis das 34 Hektar große Areal mit Firmen gefüllt ist. Als erstes Unternehmen wurde dort im Sommer 1997 der neue OBI-Markt der Firma Meisinger eröffnet, der nach dem Spatenstich im Oktober 1996 in Rekordzeit entstanden war.
Obwohl Stadtkämmerer Josef Braun im Jahr 1997 einem unerwarteten und damit um so erfreulicheren Anstieg der Gewerbesteuer entgegensieht, kommen aus Gewerbe und Handel eher Signale der Stagnation und des Rückschritts. Davon betroffen ist auch der Stellenmarkt. Im Juli 1997 waren 848 Frauen und 979 Männer in der Stadt ohne Beschäftigung, die Arbeitslosenquote betrug damit knapp 7,5 Prozent. Die Zahl der Berufspendler vornehmlich nach Augsburg und in den Ballungsraum München bewegte sich bei etwa 6800. Mehr als 3400 Menschen hatten ihren Arbeitsplatz im Stadtgebiet oder in unmittelbarer Umgebung, allein rund 1600 in den hiesigen Handwerksbetrieben, die damit eine wichtige Säule des Arbeitsmarktes darstellen. In dieser Hinsicht hat in den vergangenen Jahrzehnten die Landwirtschaft stark an Bedeutung verloren. Technisierung und Struktur-

> **Großfeuer bei Holzbau Merk**
>
> Am 19. März 1997 kommt es zum größten Brandschadensfall der Aichacher Nachkriegsgeschichte, bei dem eine Werkhalle der Firma Merk im Ecknacher Industriegebiet zerstört wird. Ursache war ein technischer Defekt. Das komplette Gebäude und die Maschinen darin werden ein Raub der riesigen Feuerwalze. Über 200 Einsatzkräfte können unter größten Mühen ein Übergreifen auf angebaute Nebengebäude verhindern. Der Gesamtschaden beträgt mehr als zehn Millionen Mark.

wandel führten hin zu großen Einheiten. Viele Kleinbauern mußten aufgeben, mit ihren Höfen verschwand auch der dörfliche Charakter mancher Stadtteile. Die wenigen, die im Kernstadtbereich übriggeblieben sind, haben die Äcker und Wiesen ihrer ehemaligen Berufskollegen gepachtet und nun nicht selten über 200 Hektar unter dem Pflug.

Bald 20 000 Einwohner

Noch ehe der Fuß über die Schwelle ins Jahr 2000 gesetzt wird, dürfte die Stadt die magische Grenze von 20 000 Einwohnern überschritten haben. Zum 30. Juni 1997 hat das Statistische Landesamt in München bereits eine Einwohnerzahl von knapp 19 500 ermittelt. Würde man die registrierten Nebenwohnsitze sowie jene inhaftierten Männer und Frauen in der Justizvollzugsanstalt hinzurechnen, die sich für die Dauer ihrer Strafverbüßung in Aichach angemeldet haben, ist diese Marke vielleicht aber auch schon im Jahr 1998 erreicht.

Am Ende dieser zeitgeschichtlichen Zusammenfassung sollen der Nachwelt einige aktuelle Zahlen überliefert werden: Die Verschuldung der Stadt stieg von 21,6 Millionen Mark im Jahr 1991 auf 28,4 Millionen in 1996. Im selben Zeitraum schrumpften die Rücklagen von 8,03 auf 5,65 Millionen Mark. Das gesamte städtische Vermögen betrug zum 31. Dezember 1996 rund 206 Millionen Mark. Den größten Anteil des kommunalen Besitzes bildeten die bebauten und unbebauten Grundstücke mit einem Wert von etwas mehr als 151 Millionen Mark. Dazu kamen die Abwasseranlagen (48 Millionen), die Trinkwasserversorgung (7,2 Millionen) und bewegliches Vermögen im

Ein Opfer der „Disco-Mafia"

Im Dezember 1994 verhaftet ein Sonderkommando der Polizei in Kühbach und Inchenhofen fünf Männer und eine Frau wegen des Verdachts auf Beteiligung an schweren Verbrechen. Aufgrund ihrer zweifelhaften geschäftlichen Aktivitäten in der Gastronomie- und Tanzlokal-Szene erhält die Bande bald den Beinamen „Disco-Mafia". Das Ermittlungsverfahren wird zum größten Kriminalfall der Nachkriegsgeschichte des Aichacher Landes. Neben zahlreichen Eigentumsdelikten, Versicherungsbetrug und schwerer Brandstiftung wird der Bande auch der Mord an drei Menschen zur Last gelegt, darunter eine 16jährige, die im August 1993 vor einer Discothek in Dasing erschossen wurde. Mit dieser Tat wollte man das Geschäft der Konkurrenz schädigen. Im Dezember 1993 wird mit dem 29jährigen Lothar Wolff auch ein Aichacher Opfer der Bande. Er wurde mit einem Schuß in den Hinterkopf regelrecht hingerichtet, seine Leiche findet die Polizei im Frühjahr 1995: Sie war im Fußboden eines Pumpenhäuschens am Radersdorfer See einbetoniert. Als führende Köpfe der „Disco-Mafia" werden ein 34jähriger Perser, der jahrelang unter einem Falschnamen Discotheken führte, und ein 29jähriger aus Radersdorf ermittelt. Während der Perser in der Untersuchungshaft Selbstmord begeht, kommt es vor dem Augsburger Schwurgericht zu aufsehenerregenden Prozessen gegen die weiteren Mitglieder. Am Ende der Verhandlungsserie steht das Verfahren gegen den Radersdorfer, der am 24. April 1997 wegen Mord und Beihilfe zum Mord zu einer lebenslangen Freiheitsstrafe verurteilt wird.

Wert von etwa vier Millionen Mark. Die wesentlichsten Einnahmen im Haushaltsjahr 1996 stellten die Gewerbesteuer (14,09 Millionen), die Einkommensteuer (10,2 Millionen) und die Grundsteuer A und B (3,3 Millionen Mark) dar. Auf der Ausgabenseite dominierten die Kreisumlage (9,4 Millionen), die Umlage der Gewerbesteuer (1,7 Millionen) und die Solidarumlage (1,3 Millionen) sowie die Personalkosten in Höhe von 10,6 Millionen Mark für die 234 Beschäftigten der Stadtverwaltung, des Bauhofes, der Schulen und Kindergärten. Davon waren 13 Beamte, 102 Angestellte, 105 Arbeiter und 14 Auszubildende. Die Aufgabenbereiche der Mitarbeiterinnen und Mitarbeiter in der Verwaltung sollen nach den Vorstellungen von Bürgermeister Klaus Habermann schrittweise verlagert werden. Das Stadtoberhaupt will seine Rathausmannschaft „freischaufeln von Administration und Bürokratie, damit sich die Mitarbeiter verstärkt dem Kunden, also dem Bürger und auch den Gewerbebetrieben zuwenden können". In den letzten Atemzügen des 20. Jahrhunderts setzt sich also der tatkräftige Aufbruch in die Zukunft mit immer neuen Zielen fort.

Bevölkerungsentwicklung von 1945 bis 1995

Die Übersicht zeigt die Einwohnerentwicklung der Stadt Aichach von 1945 bis 1995. Die überdurchschnittlichen Steigerungsraten von 1970 bis 1980 sind auf die Eingemeindungen zurückzuführen, die zwischen 1972 und 1978 erfolgt sind. Die Angaben beruhen auf Berechnungen des Statistischen Landesamtes jeweils zum Jahresende.

Jahr	Einwohner	Jahr	Einwohner
1945	5114	1980	15119
1950	6246	1985	15590
1955	6190	1990	17268
1960	6656	1995	19156
1965	6299	1996	19314
1970	7177	1997	
1975	8885	(30. Juni)	19442

STADTRÄTE UND ORTSSPRECHER 1996 BIS 2002

Dieter Heilgemeir,
2. Bürgermeister (CSU)

Klaus Habermann,
1. Bürgermeister (SPD)

Dr. Renate Magoley,
3. Bürgermeisterin (FW)

Dr. Sabine
Bard-Kröniger (Grüne)

Helmut
Beck (CSU)

Hans
Birkmeir (CSU)

Anton
Friedl (CSU)

Anton
Gföllner (SPD)

Herbert
Glas (FW)

Heinrich
Glöckner (SPD)

Elfriede
Grabbert (CSU)

Hubert
Gruber (FW)

Hans
Haltmayr (FW)

Peter
Hermannstädter (CSU)

Georg Robert
Jung (FW)

STADTRÄTE UND ORTSSPRECHER 1996 BIS 2002

Marianne Kaiser (SPD)

Johann Listl (CSU)

Franz Lochner (FW)

Hans-Günther Lohberger (CSU)

Marianne Mauri (CSU)

Christel Reichl (SPD)

Helmut Sander (SPD)

Karl-Heinz Schindler (SPD)

Georg Schöffel (CSU)

Hannes Ziegler (CSU)

Helmut Bauer, Ortssprecher

Franz Xaver Gutmann, Ortssprecher

Manfred Martin, Ortssprecher

Peter Ruppenthal, Ortssprecher

Christian Schenk, Ortssprecher

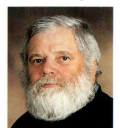
Helmut Wunderer, Ortssprecher

EINE BILDERWANDERUNG DURCH DAS JUBILÄUMSJAHR

Die farbenprächtigen Umzüge im Rahmen der Historischen Markttage zum Aichacher Stadtrechtsjubiläum waren die Höhepunkte.

17 VERANSTALTUNGEN

So hat die Stadt 1997 Jubiläum gefeiert

Das Jahr 1997 stand ganz im Zeichen der Feierlichkeiten anläßlich der Verleihung des Münchener Stadtrechtsbuches an Aichach durch Kaiser Ludwig den Bayern am 18. Juni 1347. Nach dem Auftakt mit der Eröffnung einer Sonderausstellung im Heimatmuseum am 6. Juni konnte Bürgermeister Klaus Habermann viele Gäste zum Festakt am 18. Juni im Pfarrzentrum begrüßen. Professor Dr. Rolf Kießling vom Lehrstuhl für bayerische und schwäbische Landesgeschichte an der Universität in Augsburg zeigte in seinem Festvortrag die historischen Zusammenhänge der Stadtgründung auf. Für besondere Farbtupfer sorgten viele Bürger in historischen Kostümen. Fast 1000 Aichacher hatten sich unter fachkundiger Anleitung Kleider geschneidert, um möglichst stilvoll an den vielen Einzelveranstaltungen teilnehmen zu können. Wobei man in den ersten Monaten des Jubiläumsjahres nicht immer vom „Segen" des Wettergottes verschont blieb.

Höhepunkt des Reigens mit 17 Veranstaltungen waren die Historischen Markttage am Freitag und Samstag, 19./20. September. Über 140 Aktivitäten von Vereinen und Einzelpersonen zogen mehr als 20 000 Besucher an.

Ein besonderes Lob für die Organisation des Jubiläumsjahres verdiente sich der Festausschuß mit dem Bürgermeister, Kulturreferentin Elfriede Grabbert und Wolfgang Heier an der Spitze sowie Geschäftsleitendem Beamten Heinz Luksch, Marianne Breitsameter und Manfred Listl von der Verwaltung, Stadtpolier Josef Krammer, seiner Bauhofmannschaft und zahlreichen weiteren Helferinnen und Helfern.

Der Bilderstreifzug auf den nachfolgenden Seiten soll einen kleinen Eindruck vermitteln, wie die Aichacher „650 Jahre Stadtrecht" gefeiert haben. Erich Hoffmann, Harald Jung und Carmen Wörle haben die schönsten Momente mit der Kamera eingefangen.

FESTAKT AM 18. JUNI 1997 IM PFARRZENTRUM

Beim Festakt am 18. Juni im Pfarrzentrum gratulierten auch die Partnerstädte. Schifferstadts Bürgermeister Edwin Mayer (oben links) und Brixleggs Gemeindeoberhaupt Rudi Puecher (oben rechts) gratulierten ebenso wie Schwabens Regierungspräsident Ludwig Schmid (Mitte, rechts). Das Volkstheater stellte die Stadtrechtsverleihung in einer szenischen Lesung dar. Für die besondere musikalische Note der Festveranstaltung sorgte das Aichacher Kammerorchester unter Leitung von Karl-Wilhelm Agatsy.

THEATER, RITTER, JUGENDSPIELE

Das Volkstheater gab im Juni den „Bayerischen Jedermann", die Sport- und Schützenvereine luden zu historischen Wettkämpfen und Ritterspielen auf den TSV-Platz. Im Rahmen des Stadtjubiläums wurde auch das 50jährige Bestehen des Kreisjugendrings mit einem großen Spielfest beim Freibad (unten links) gefeiert.

„DAS GROSSE SPECTAKULUM FÜR KINDER"

Besonders die Kinder in ihren historischen Kostümen waren nett anzusehen. Ihren ersten großen Auftritt hatten die Kleinen beim großen „Spectakulum für Kinder", das im Juli im Innenhof des Gasthauses „Stieglbräu" über die Bühne ging.

KLEINE RITTER UND EDELFRAUEN

Zahlreiche Eltern, Omas und Opas haben geholfen, den „Stieglbräu"-Hof in ein Lager für die vielen kleinen Ritter und Edelfrauen zu verwandeln. Wenn auch das Wetter manchmal nicht so recht mitspielen wollte, hatten doch alle Teilnehmer und Helfer einen Riesenspaß.

„KAISER LUDWIG" ÜBERBRINGT DAS STADTRECHT

Höhepunkt der Historischen Markttage am 19. und 20. September war der Einzug von Altlandrat Josef Bestler als „Kaiser Ludwig". Auf dem Podium vor dem Rathaus übergab er symbolisch das Stadtrechtsbuch an Bürgermeister Klaus Habermann. Tausende bejubelten die Szene.

ÜBER 1000 TEILNEHMER BEIM FESTZUG

Über 1000 Menschen beteiligten sich in historischen Gewändern am großen Festzug durch die Stadt. Sie sorgten damit für ein prächtiges Bild. Die Spitze übernahmen hoch zu Roß die Vorsitzenden der CSU-Ortsverbände.

GAUKLER UND BALLADENSÄNGER

Schon beim ersten großen Festzug zur Eröffnung der Markttage am Freitag, 19. September, war die Beteiligung von Aktiven und Zuschauern enorm. Auch die Ritter aus Schiltberg waren mit von der Partie. Nach der Eröffnung füllte sich die Innenstadt mit Leben. Gaukler und Balladensänger zogen die Gäste im mittelalterlichen Aichach an.

DIE STADTWACHE ZOG MIT LANZEN DURCH DIE GASSEN

Viele Gruppen und Vereine beteiligten sich an den Markttagen. Auch die Beamten der Aichacher Polizei wollten da nicht nachstehen. Eine Gruppe der Ordnungshüter streifte sich schöne alte Kostüme über und zog als Stadtwache durch die Gassen. Doch einzugreifen brauchte sie nicht - stets herrschte ausgelassene Fröhlichkeit.

GAUDI IN DER STUBE DES BADERS

Viele tolle Ideen ließen sich die aktiven Teilnehmer einfallen. Eine davon war die Stube des Baders, wo natürlich auch „Heißbaden" angesagt war – nicht nur da war die Gaudi bei den Zuschauern groß.

„TANZ MIT DEM FEUER"

Tanzende Zigeunerinnen, Feuerschlucker, Bänkelsänger und Gaukler gaben dem Stadtplatz mittelalterliches Flair.
Alle Altersgruppen beteiligten sich mit Feuereifer an den Markttagen. Die Begeisterung war groß. Trotz der Mühen durch die umfangreichen Vorbereitungen sprachen sich viele Teilnehmer spontan für eine Neuauflage des großartigen Festes aus.

DIE REISE GEHT WEITER

Das Fest ist aus, der Nachtwächter wird abgeführt. Aber die Reise der Stadt durch die Jahrhunderte geht weiter. Wie ihre Zukunft aussehen wird, vermag niemand zu sagen. Die Kristallkugel der Wahrsagerinnen scheint ihr jedoch eine leuchtende zu prophezeien.

*„Die Zukunft einer Stadt kann nicht dem
Zufall überlassen werden.
Immer wird man vor der Tatsache stehen,
eine Stadt behutsam zu verändern!
Solange das Denken im Rathaus den Entwicklungen
immer eine Nasenlänge voraus ist, muß niemandem
um den Erfolg bange sein …"*

Peter von Zahn

Register

Abensberg 139
Acher, Marie 96
Achter, Emmeran 216
Achter, Martin, Bischofsvikar 158, 307, 381, 385, 387, 418, 422
Adelzhausen 148
Adenauer, Konrad, Bundeskanzler 77, 133, 135
Affing 23, 107, 113, 174, 254, 297
Agatsy, Karl-Wilhelm 418
Aguilar, Andreas 390
Ahne, Dr. Alois 121, 149
Ahne, Walter 127
Aickelin, Rudolf 52, 126
Aigner, Werner 174, 221, 233
Aindling 23, 84, 97, 135, 241, 373
Albertz, Heinrich, Minister 71
Alberzell 86, 107
Albrecht, Hermann 388
Alexander, Peter 123
Algertshausen 54, 81, 84, 101, 130, 160, 181, 184, 211 f., 215, 219, 223, 230, 253, 255, 265, 385, 396 ff.
Allenberg 259
Allersberg 386
Altenburg 172
Althammer, Dr. Walter, MdB 257 f., 265, 325, 393
Altheim 134
Altomünster 23, 71, 104 f., 128, 134, 152, 188, 197, 200 f., 216 f., 306, 376, 418
Altötting 187

Amlong, Jörg, Pfarrer 249, 306, 386
Ammann, Klaus 417
Ammersinn, Josef, Stadtpfarrer 64
Amon, Firma 236
Amon, Hanns 384
Andechs 64
Andersson, Herbert 273
Andiel, Karl 60
Anlauf, Dr. Robert 74 f.
Anneser, Max 61
Antoni, Roman 139, 182, 298, 445
Appel, Max 119
Arland, Henry 238
Arndt, Dr. Heinrich 196
Asam, Babette 182
Asam, Dr. Walter, Landrat 199
Asam, Firma 313
Asam, Gottfried 242, 372, 394
Asam, Kaspar 182, 230
Asam, Max 124
Atatürk, Kemal 122
Auer, Ludwig 199
Augsburg 51, 53 f., 61 ff., 65, 75, 86, 129, 150, 158 f., 163, 167, 171, 178, 196 f., 205, 218, 225, 230, 233, 236 ff., 241, 245, 257, 269 f., 272, 284, 288, 291, 293 f., 301, 304, 309, 311, 343 f. 349, 355, 358, 361 ff., 402, 411 ff., 422, 442, 447
Augsburg-Ost 202 ff.
Augsburger, Eduard 421
Aumann, Raimund 389

Aumüller, Josef 239
Aumüller, Walburga 270
Ax, Heinz 288
Aystetten 84

Baader, Andreas 250
Bachmann 106
Bachmann, Anton 243
Badowinace, Markus 36
Bafile, Konrad, Erzbischof 172
Bahcekapili, Semsettin 384
Baier, Christina 327
Ballas, Erwin 307
Bamberg 116, 360
Bär, Heinrich 20, 58
Bard-Kröniger, Dr. Sabine, MdB 359, 396, 398, 442
Baronner, Heini 111, 132, 148 f., 417
Bartl, Zenta 60
Basel 150
Baudrexl, Josef 38, 248, 435
Baudrexl, Wilhelm 390
Bauer, Elfriede und Franz 285
Bauer, Fritz 273
Bauer, Helmut 312, 339, 389, 398, 420, 440
Bauer, Josef 128, 209, 223, 255
Bauer, Josef, Pfarrer 406
Bauer, Karl 191, 196
Bauer, Lina 75, 94
Bauer, Ludwig 309
Bauer, Maria 134
Bauer, Rodigna W. 285
Bauer, Willi 429
Bauer, Xaver 196
Bauerntanz, Gasthaus 282, 285

Baumann, Autohaus 373
Baumann, M. Blandina 134
Baumann, Wilhelm 90
Baumgartner, Dr. Joseph, Minister, MdL 37 f., 71 f., 79
Baumgärtner, Fritz 301
Baumgartner, Josef, MdL 78 f.
Bayer, Bruno 132
Bayer, Johann 294
Bayer, Martin 337
Bayer, Xaver 307
Bayermünching 107
Bayreuth 67, 109
BayWa 375
Beatles 123, 130
Becherer, Elmar 421
Beck, Anna 123
Beck, Dr. Karl Josef 134
Beck, Familie 37, 120, 134
Beck, Franz 130, 178
Beck, Franz und Berta 335
Beck, Georg, Dr. 34 f., 72, 77, 79, 81, 113, 123, 130, 335 f.
Beck, Gottfried 137, 203
Beck, Helmut 334, 339, 396, 398, 401 f., 407, 425, 429, 432 f., 440
Beck, Paul 216, 274, 335 f.
Beck, Xaver 130
Beckmann, Mike 390
Beck-Mühle 214, 405
Beck-Peccoz, Federico von 311, 420
Behr, Hans 187
Behrens, Heinz 334
Behringer, Bäckerei 49
Beisbarth, Franz Ludwig und Ida Martha 127
Bektas, Aydogan 384
Bergen, Ingrid van 249
Bergheim 393, 395
Bergmeier, Josef 395
Bergmeier, Werner 372
Bergstadt-Platen 127
Berlin 65, 82, 101, 126 f., 130, 163, 278, 402
Bernau 109, 171
Bernhard, Annemarie 310
Bestelmeyer, German, Prof. Dr. 105

Bestler, Josef, Landrat 79, 105, 134, 137 ff., 141, 148, 157, 165, 178 f., 181 ff., 185, 187, 196, 201 f., 204, 211 f., 216, 221, 225, 246, 257 f., 261 f., 266, 296 f., 302, 315, 317, 321, 323 ff., 342, 345, 347, 349, 351 ff., 355 ff., 378
Betz, Rudolf 225, 321, 423
Betzmeir, Ella 373
Betzmeir, Josef 243
Betzmeir, Zenzi 426
Betzold, Otto 71
Beyer, Bernhard 96, 112
Beyer, Mathias 105
Bhanja, Nilendranath 122
Bibertal 372
Bichler, Ludwig 96
Bichler, Sepp 352 f., 364
Bichlmeier, Gasthaus 247
Biebl, Josef 148, 418
Bierling, Kaufhaus 103, 127, 131, 134, 284
Birkmeir, Johann 219, 260, 339, 398, 440
Bischler, Kurt 287
Bitzl, Franz 268
Blädel, Schorsch 161
Blaha, Margit 412
Blankwater, Firma 287
Blasl, Werner 298
Blotny, Otto 66 f., 158, 428
Blumenthal 242, 309, 313, 357, 392
Bochum 63
Böck, Johann 29
Böck, Josef 134, 409
Böck, Kaspar 234
Bock, Maria 273
Böck, Michaela 398, 431
Böck, Sofie 428
Böhm, Fritz 136, 216
Böhm, Rudolf, Pfarrer 386, 418
Böhm-Gröber, Anneliese 113
Boiger, Josef 99
Boit, Mike 316
Böller, Hans 247
Bonn 135, 257, 264, 266
Bordeaux 311
Bormann, Erika 67

Bösl, Anna 110
Bösl, Jonas 234
Bösl, Josef 110, 206
Bösl-Schwarz, Willi 196
Bradl, Hans 261, 327, 339, 400
Bradl, Helmut 421
Brand, Ludwig 29 f.
Brandl, Gärtnerei 410
Brandmair, Adalbert 385
Brandner, Herbert 117
Brandner, Richard 447
Brandt, Kurt 140
Braun, Anton 148
Braun, Egidius 389
Braun, Herbert 117, 163, 311
Braun, Josef 235, 447
Braun, Karin 179
Braun, Karl 50
Braun, Reiner 248
Braune, Claus 314
Brauß, Gustav 54
Braxmeier, M. Editha 135
Bredl, Wenzel 218
Breithaupt, Dr. Helmut 352
Brem, Beppo 122
Brentano, Franz von 30
Brettmeister, Josef 364
Brettmeister, Manfred 364
Bringmann, Brigitte 422
Bringmann, Dr. Ernst 50, 74, 77, 81, 93, 157, 180, 271
Bringmann, Dr. Joachim 160
Brixlegg 416
Brühne, Vera 249 f.
Brunnen 93
Brunner, Franz 273
Brunner, Herbert 152
Brüstle, Max 103
Buchbrunn 132
Bucher, Ludwig 25
Bühnert, Ingrid 418
Burek, Georg 242
Burgenlehner, Leonhard 423
Burghart, Heinz 356
Burkhard, Karl 215, 221, 260, 334, 337, 410
Burkhard, Sporthaus 169, 391
Bürkle, Christine 397
Burnhauser, Josef 392
Burzler, Max 177
Büttner, Babette 122

Campenhausen, Christiana von, Pfarrerin 422
Campenhausen, Lorenz von, Pfarrer 422
Capeller, Dr. Theo 165
Carstens, Dr. Karl, Bundespräsident 279
Chemnitz 110
Christl, Karl 368
Christl, Paul 316
Clareta, Schwester 242
Clay, Justus D. 29, 43
Collin, Firma 169, 255, 411
Collin, Heinz 206
Contzen, Heinz 266
Cramer, Herbert, Pfarrer 50, 65

Dachau 24, 27, 69, 71, 75, 78, 104, 152, 187, 196, 200, 217 f., 299, 389
Danziger, Wilhelm 35, 71
Danzing 86
Darmstadt 345, 347
Dasing 84, 178, 201 f., 204, 225, 326, 343, 345 ff., 348, 351, 448
Daub, Richard 170
Daumiller, Oskar, Pfarrer 104
Day, L. R. 24
Deckart, Dr. Renate 294
Decker, Josef 239
Defregger, Mathias 280
Dehler, Thomas, Minister, MdL, MdB 133
Deinlein, Dr. Adam, Bezirkstagspräsident 134, 157, 198 f.
Deißer, Herbert 337
Dekomeda, Schwester 180
Demel, Karl 28 f., 57, 61, 387
Demel, Maria 63
Demmelmeier, Franz 373
Derching 364
Deuschl, Wolfgang 251, 388 f.
Dewitte, Kurt 217
Dick, Alfred, Minister 342 ff., 361 f.
Dieshof 365
Dietrich, Dr. Adolf 118, 337
Dietrich, Hans 308

Dietzfelbinger, Dr. Hermann 105
Diez, Volkmar 136 f., 203, 215, 218, 257 f., 260 f., 274, 305, 325, 327, 335 ff., 339, 399 f., 421
Dillingen 107, 113, 129, 131
Dinauer, Annelies 395
Dinauer, Firma 373
Dinauer, Karl 35
Dinkelscherben 393
Doderer, Firma 167
Dombrowsky, Carl von 113
Dominke, Heinz und Maria 239, 409
Donauwörth 443
Donnersberg, Familie 64
Donnersberg, Henkel von 19
Dörr, Rudolf, Regierungspräsident 350, 378
Dotterweich, Anwesen 232
Drach, Dr. Wolfgang, Bürgermeister 188, 197
Drescher, Eugen 119
Drescher, Karoline 126
Drexel, Ludwig 310
Dreyer, Franz Xaver 399
Drittenpreis, Josef, Bürgermeister 213, 223, 253 f., 406
Dublin 132
Ducrue, Erika 319
Ducrue, Walter 181, 234, 269, 272 ff., 277 f., 304, 370, 407, 423, 428, 430
Dumler-Haus 410
Dünkel, Werner 139

Ebenhausen 343
Eberl, Franz-Xaver 235, 396
Eberl, Max 60
Eberle, Bischof 64
Eberle, Franz-Xaver 95, 106
Eberle, Thomas 270
Eberlein, Fritz 101, 115, 224
Ebersbach 291
Echsheim 201
Echter, Dr. Josef, Bezirksamtmann 96
Echter, Erich 334, 395, 398, 418

Echter, Peter 164
Ecknach 20, 86, 96, 158, 160, 168, 184, 192 f., 206, 211 ff., 223 f., 237, 247, 253 ff., 270, 284, 289, 291 f., 299, 307, 334 ff., 357, 370, 373, 375, 386, 390, 392, 395, 399, 403, 406, 408, 412, 418, 429, 434, 436, 445, 447
Edenkoben 75
Edenried 184, 213, 255, 270, 301, 370, 406
Eder, Brokarda 264
Eder, Eduarda 242
Edinburgh 132
Edith-Stein-Schule 422
Efinger, Firma 293
Efinger, Georg 35, 57
Egen, Josef 123
Egger, Josef, Pfarrer 427
Ehle, Hermann 107 f.
Eichinger, Johann 38 ff., 70, 124
Eilles, Dr. Kurt 77
Einsle, Anwesen 232
Einsle, Josef 50, 119
Eis, Friedrich 74 f., 77, 79 ff.
Eisenmann, Dr. Hans, Minister 217
Eismannsberg 316, 359
Eisner, Georg 229
Eitershofen 429
Elchlepp, Wolfgang 372
Elfinger, Johann 90
Emsdetten 168
Endres, Anton 57
Enemoser, Helmut 160, 241
Engelhardt, Dr. Karl 27
Engelhardt, Siegmund 102
Englisch, Alois 384
Englmaier, Hans 103, 112, 239, 434
Erding 196
Erhard, Dr. Ludwig, Bundeskanzler 81, 134, 136
Erhard, Josef 100, 189, 290
Ertl, Dr. Josef, Minister 380
Ertl, Josef 218, 384
Eser, Dietmar 414
Estoril 311
Ettl, Josef 446

Ettner, Georg 61, 63
Ettner, Jakob 29, 35, 74, 77, 79, 137, 201, 203, 216 f., 434
Ettner, Josef, Bürgermeister 219, 223, 253 f., 399
Ettner, Xaver 119, 396
Eurasburg 319

Fahrian, Wolfgang 161
Falkner, Ernst 71
Faulhaber, Michael von, Kardinal 172
Feile, Peter, MdB 322, 325, 344, 393, 415
Feldmeier, Josef 239
Fendt, Georg, MdL 201, 258, 322, 324 f., 349, 353, 355, 357
Fendt, Manfred 396, 429
Fenk, Franz 129
Ferenz, Michaela 396
Festl, Georg 99
Feuerer, Georg 409
Feuerstein, Maria 243
Filser, Josef 394
Fink, Hugo 196 f.
Fink, Michael 250
Finkenzeller, Alois 119, 386
Finkenzeller, Anna 396
Finkenzeller, Ignaz 132
Finkenzeller, Ludwig 429
Finkenzeller, Matthias 399
Finkenzeller, Xaver 99
Fischbach, Reiner 388
Fischbacher, Dr. Jakob, Minister, MdL 37
Fischer, Alfons 83
Fischer, Hermann 434
Fischer, Norbert 103
Folger, Erwin 218
Forst 142
Förster, Lothar 272
Frank, Dieter 345
Franke, René 122
Frankel, Hermann D. 72
Frankfurt am Main 101
Franz, Prinz von Bayern 96, 112
Frauendorfer, Georg 294
Freising 24, 61
Frenzel, Curt 56

Freundorfer, Dr. Joseph, Bischof 106 ff.
Frey, Franz-Xaver, Landrat 327
Friebel, Hermann 426
Friedberg 23, 107, 197 ff., 204, 206, 211, 224 f., 227, 247, 257 f., 294, 296 f., 302, 321 ff., 345, 355, 358, 360, 412, 414 f., 421, 442
Friedl, Anton 398, 440
Friedl, Franz 306, 417
Friedl, Gärtnerei 411
Friedl, Hanns 408
Friedl, Martin 75, 78, 144, 191
Friedmann, Hans Nathan 408
Friedrich Barbarossa, Kaiser 280
Frischbäck 375
Frohnwieser, Andreas 64
Frohnwieser, Johann 395
Fronhofer, Adolf 411
Froschermayr, Anwesen 128
Fuchs, Geschäft 237
Fuchs, Gustl 160, 239, 308, 376, 418
Fuchs, Roland 359, 442
Fuchshuber, Geschäft 232
Fuchshuber, Michael 246, 394
Fugger 206, 242, 313
Führer, Xaver 29, 35, 74, 77, 92, 136 f., 229, 243
Funk, Rudolf 385
Funkel, Karl-Heinz 389
Fürstenfeldbruck 127, 174
Füßl, Werner 391

Gabbert, Volkmar 217
Gail, Josef 209 ff., 221, 260, 301, 339, 394 f., 398, 431, 442
Gall, Annegret 408
Gallenbach 160, 165, 184, 211 ff., 223, 253 ff., 306, 316, 331, 335, 341 ff., 346 ff., 351 ff., 355, 358, 361 ff., 367, 398, 405, 408, 436
Gallenbach II, Deponie 356, 363
Ganghofer, Emil und Ludwig 120

Gansbach 426
Gareis, Josef 78
Garmisch-Partenkirchen 109, 134
Gartelsried 134, 217 f., 241
Gärtner, Erich, Bürgermeister 115
Gärtner, Walter 298
Gaßmair, Erna 443
Gaßner, Karl 147, 242, 253 ff., 260, 330, 334, 434
Gaugigl, Erwin 117, 163
Gecy, Barnabas de 67
Geiersberger, Dr. Erich 99
Geiger, Siegfried 302
Geiling, Kaspar, Pfarrer 109, 132
Geis, Josef 28
Geisler, Georg 81
Geißler, Wolfram Horst 120
Geistbeck, Kaufhaus 167
Geistbeck, Max 128
Gemach, Joseph 19, 99, 122
Gerbl, Gasthaus 300
Gerhardt, Paul 105
Gerhauser, Lorenz Alois, Bürgermeister 96
Germersheim 93
Gerum, Emil 101, 243
Gerum, Haus 286
Gerum, Karl 134, 192, 388, 419
Gevelsberg 390
Geyer, Anneliese 123
Gfall, Alois 67
Gföllner, Anton 188 f., 327, 364, 398, 440, 443
Gföllner, Franz 39, 49
Giacomel, Flora 427
Gicklhorn, Karl 108
Gienger, Eberhard 390
Gierenstein, Karl-Heinz, MdB 136, 181, 216 f., 257, 264
Glas, Alto 313, 386
Glas, Herbert 440
Glas, Josef 386
Glaswinkler, Anna 140
Glaswinkler, Paulus 74, 77, 79, 115, 198, 206, 240, 274, 406
Gleifenstein, Otto 319
Gleitsmann, Fritz 121, 148, 234, 399

Glöckner, Heinrich 398, 428, 440, 443
Glöckner, Maria 364 f., 442
Glökler, Gerhard 423
Glötzl, Max, Landrat 18, 31, 75, 78, 120, 134, 138, 182
Gmach, Max, Pfarrer 242, 268, 307
Göggingen 106
Gold, Anton 445
Golling, Max 265
Golling, Willi 161
Gollwitzer, Markus 74, 77, 79
Goppel, Dr. Alfons, Ministerpräsident 133, 135, 148, 195, 199 f., 204, 258
Goppel, Dr. Thomas, Minister 364
Gorbatschow, Michail 369
Göttingen 105
Götz 142
Goetze, Firma 323
Grabbert, Elfriede 396, 440
Grabbert, Ernst 239
Grad, Thomas 127
Grad, Toni 61 f., 150 f., 280, 304 f., 387, 396
Graf, Helmut 319
Granvogl, Anton 182
Greiner, Hans 373
Greiter, Mathias 150, 376
Greppmair, Hans-Jürgen 251
Grieb, Hans 250
Grieb, Haus 55
Griesbeckerzell 147, 184, 211 ff., 223, 234, 242 f., 251, 253 ff., 268, 270, 294, 300, 307, 313, 315, 330, 334, 387, 395, 406 f., 420, 427, 434
Grimm, Alfred 125, 191
Grimolzhausen 201
Grober, Hilde 132
Gröber, Martin 285
Groeber, Anni 131
Groitl, Ehrenberta, Schwester 119
Gromer, Manfred 386
Gröppmair, Gasthaus, „Canada" 248
Gröppmair, Gregor 428
Gröppmair, Hans 427

Groß, Elmar 109
Grosser, Peter 161
Großhausen 75, 84
Gruber, Fanny 190
Gruber, Heiner 170, 185
Gruber, Hubert 418, 440
Grund, Felix 35, 72, 123
Grünwald, Josef 435
Gschwandtner, Georg 39
Gulden, Fritz 435
Gumppenberg 357, 361
Gundelsdorf 25, 84, 241, 294
Gundlach, Anton, Pfarrer 108 f., 149, 172, 273
Gundlach, Wilfried, Prediger 386
Günzburg 134, 241
Günzl, Maria 110
Gut, Anwesen 232, 238, 282 f.
Gut, Franz 182, 227, 231
Gut, Fritz 132, 182
Gut, Sebastian 230
Guthsmuths, Dr. Willi, Minister 71
Gutmann, Anton 177
Gutmann, Franz Xaver 398, 440
Gutmann, Josef 210, 221, 260, 339, 396, 400
Gutschon, Elisabeth 132
Güzel, Ramazan 384

Haag 110
Haak, Dieter, Bundesbauminister 279
Haas, Albrecht 103
Haas, Georg 341
Haas, Lorenz 323
Habermann, Klaus, Bürgermeister 260, 299, 331 ff., 338 f., 353, 364 f., 394 f., 398 f., 401 f., 425, 427, 432 f., 435, 440 ff., 449
Hacker, Wilhelm, Pfarrer 48, 50, 63 f., 67, 75, 106 f.
Hacker, Wolfgang 385
Hackl, Wilhelm 285
Hager, Norbert, Pfarrer 422
Haibel, Hans 323
Halbeck, Josef 92
Halder, Franz 118

Haley, Bill 122
Haltmayr, Hans 339 f.
Hamburg 63
Hammer, Anton 139, 184
Hammer, Fabrik 237
Handzell 140
Hanika, Willi 248, 339, 398, 405, 407
Hannover 390
Hänsel, Walter 409
Hansen, Rolf 122
Hanser, Georg 259, 333
Hanus, Peter 325 f.
Happach, Anton 156
Harrer, Josef 406
Harthausen 225
Hartl, Kreszenz 397
Hartl, Michael 241
Härtle, Willi 247, 315
Haselbeck, Sepp 113, 120, 265
Haselberger, Dr. Ignaz 74, 77, 79, 100, 136 f., 215
Haselberger, Familie bzw. Firma 37, 48, 53, 229, 238, 273, 288
Haselberger, Josef 63, 73, 95, 117, 126
Haselberger, Klara 307
Haselberger, Robert 100, 113, 126
Haselberger, Therese 110, 239
Haselberger-Gelände 155, 169, 191
Hasenhindl, Josef 32 f.
Haslach, Lioba, Schwester 157
Hasler, Josef, Bürgermeister 337
Hasler, Lorenz 191
Hau, Wolfgang 265, 334, 429 f., 439
Haunswies 151
Häusler, Maria Christine 242
Hausmann, Brigitte 160
Hausmann, Ludwig 115
Hausmann, Schmiede 284
Häußler, Hans 160
Hawelka, Dr. Viktor 307
Hecht, Gottfried 306, 382
Heger, Gustav 41, 62, 122
Heggenstaller, Josef 100
Hegler, Edgar 365

Heier, Wolfgang 453
Heigermeir, Johann 212, 221, 223, 239
Heilander, Michael 386
Heilgemeir, Alois 112, 137, 203, 219, 235, 245, 271
Heilgemeir, Dieter 124, 159, 221, 239, 241, 260 f., 300, 327, 339, 359, 364 f., 378, 395, 398, 400 f., 440 f., 443
Heim, Siegfried 327, 347, 353
Heimeran, Ernst 121
Hein, Georg 60
Heindl, Adolf 316
Heine, Anselm, Pfarrer 251, 388
Heinrich, Andreas 93
Heinrich, Anton 79, 136, 427
Heinrich, Babette 111, 119
Heinrich, Hans-Anton 70
Heinrich, Horst, MdL 345
Heinrich, Josef, Bürgermeister 435
Heinrich, Michael 378, 435
Heinzel, Alois 37
Heinzelmeier, Ignaz 82, 101, 414
Held, Franz 219
Held, Hanni 354, 364
Held, Johann 327
Held, Johanna 442
Held, Matthäus 177
Held, Philipp 172
Held, Stefan 260, 335 ff.
Helfer, Josef 239, 300
Helfer, Ludwig 443
Helios, Baufirma 284, 288
Hell, Eustachius 237
Hell, Johannes 36
Helsinki 389
Henkies, Siegfried 290
Henn, Josef 211, 221, 223, 260, 339, 400
Hennental 419
Herb, Peter 388
Herberger, Sepp 116
Herburger, Walther 98
Herefriedis, Schwester 92
Hermann, Franz 119
Hermann, Georg 237, 268
Hermann, Rudolf 445

Hermannstädter, Peter 440
Hermannstädter, Walter 158
Herold, Ernst 41, 70, 75, 133, 139
Herrmann, Martin 247
Herrmann, Willi 325
Hesral, Kurt 188
Heubl, Dr. Franz 327
Hiermeyer, Luise 109
Hildburga, Schwester 141, 188
Hildegunda, Schwester 242
Hilgertshausen 152, 182, 200 f.
Hillebrand, Georg 257 f.
Hillebrand, Josef 273
Hitler, Adolf 130
Hoberg, Bruno 77, 79 f., 235, 399
Höchstädt 129
Hochstetter Romualda 243
Höchtl, Fritz 129 f.
Hochzoll 65, 104
Hoeppner, Axel 247
Höfer, Hans, Johann 92, 104 f., 139, 307
Hoffmann, Arthur 39
Hoffmann, Erich 239, 419
Hofhegnenberg 361
Hofman, Gasthaus 54, 58, 71, 141, 175, 286
Hofmann 85
Hofmann, Adolf, Bürgermeister 28, 132
Höfner, Johann 83
Hohenhau, Rolf von 404
Hollenbach 200, 258, 294, 297, 316, 324 f., 370, 386
Holzheu, Markus 107
Hölzl, Manfred 174
Homolka, Maria 20
Hörauf, Franziska 128
Hörauf, Josef 93
Horgau 392
Hörhammer, Kaufhaus 168, 235
Horlacher, Dr. Michael, Minister 97
Hörmann, Josef 209 f.
Hornauer, Ludwig 206
Hornemann, Fritz 289
Horvath, Erwin 60
Hospach, Victor 167, 426

Hößl, Rudolf 83, 248
Hoyer, Otto 270
Huber, Dr. Herbert, MdL 198, 217 f.
Huber, Dr. Ludwig 139
Huber, Heinrich 60 f., 63, 177
Huber, Heinz J. 70
Huber, Hermann 136
Huber, Josef 313
Huber, Josef, Buxberg 99
Huber, Michael 429
Huber, Monika 300
Huber, Oberlehrer 93
Huber, Othmara, Schwester 59, 408
Huber, Roman 247
Huber, Xaver 138
Huberth, Willi 443
Hübner, Elisabeth 40, 65, 110, 158, 435
Hübner, Fritz, Pfarrer 40, 50, 59, 65, 91, 105, 120, 132, 158, 250
Hübner, Sofie 97
Hundhammer, Dr. Alois, Minister 72, 77, 85, 125, 150
Huttner, Martin 162, 399
Hutzler, Georg 149
Hutzler, Heinrich, Bürgermeister 132, 149, 203, 219, 221, 259 ff., 299, 327, 333 f., 339, 348, 351 f., 364, 383, 393, 395, 398 f., 401 ff., 414 ff., 420 f., 425 ff., 429 ff., 435 f., 439 ff.
Hutzler, Johann 52

Ichenhausen 241
Ihle, Firma 237
Ilmberger, Sepp 177
Inchenhofen 23, 104, 134, 178, 327, 447 f.
Indersdorf 104
Ingolstadt 26, 45, 56, 134 ff., 147, 165, 170, 175, 177 f., 192, 199, 216, 225, 257, 263, 287, 309, 343, 439
Ismann, Margit 221, 259 f., 334

Jäcklin, Julius 283, 410
Jacobsen, G. 24

Jäger, Landrat 31
Jakob, Georg 316
Jakob, Josef 103, 115, 120
Jakob, Josef jun. 182, 240, 265, 302 f., 312, 314, 384
Jakob, Karl Anton 103
Jakobi, Hildegard 364
Jankowsky, Josef 408
Jansky, Firma 168 f.
Japtiok, Andreas 390
Jarde, Gebhard 388
Jaumann, Anton, Minister 291, 309
Jell, Ludwig 392
Jerez de la Frontera 421
Johannes Paul II., Papst 291
Johler, Haus 278
Jung, Alfred 315
Jung, Georg Robert 314, 337, 339 f., 391, 398, 401, 427, 432, 435 f., 440, 443
Jung, Georg („Schorsch") 170, 286, 288, 308, 314, 336 f.
Jung, Hans 116 f., 161 f., 244, 268
Jung, Reinhard 162
Jung, Rupert 446
Jung, Werner 131, 238
Junker, Heinrich, Minister 78, 135 f., 216 f.

Kabul 289
Kaeferlein, Dr. Erich, Bürgermeister 19 f., 27
Kaffka, Konrad 117
Kaiser, Josef 26, 30
Kaiser, Marianne 440
Kaiser's Drugstore, Drogeriemarkt 284
Kalkutta 122
Kaluscha, Anton und Stefanie 409
Kammerl, Alois 418
Kantor, Helmut 388
Kapfhamer, Albert 272
Kapfhamer, Familie 248
Kapfhamer, Fritz 196
Kapfhamer, Josef 35, 73 ff., 77, 79 f., 119, 136 f., 167, 203, 221, 223, 260, 333, 339 f., 396, 400, 417

Kapfhamer, Werner 182
Kapfhamer, Willi 395
Kapl, Anton 445
Kapp, Alfred 415
Kappler, Erich 399
Karl, Fotogeschäft 284
Karl, Maria 132
Karlskrona 163
Kasberger, Josef 57
Kastl, Fabian, Landrat 200 ff.
Kästner, Erich 122
Kaufbeuren 97
Käuferle, Firma 236, 292
Käuferle, Josef 136, 167, 190, 203, 211, 215, 219 ff., 259 ff., 264
Käuferle, Werner 292
Keiper, Jakob 136
Keiper, Josef 142
Kellermann, Georg 28 f., 65
Kellermann, Gustav 110
Kemmelmeyer, Oskar, Pfarrer 65
Kemp, Paul 122
Kempten 108, 171
Kennedy, John F., US-Präsident 136
Keppeler, Josef 196
Kerle, Michael 285
Kern, Dr. Josef 81, 180, 250
Kern, Maria 417
Kern, Sebastian 23
Kersten, Sebald 118
Kick, Dr. Wilhelm 179
Kiem, Pauli 111
Kienmoser, Gottfried 420
Kiermeyer, Otto 428
Kilkenny 132
Killi, Otto 188
Kirchberger, Gasthaus 212
Kirchmann, Dr. Hanns 35, 74, 77, 80, 129
Kirschner, Josef, Bürgermeister 28 f., 33, 61
Kirst, Hans Hellmut 123
Kissing 140, 297
Kistler, Peter 339, 398
Kistler-Zick, Anwesen 176
Klais, Alexander 41, 58, 108, 132
Klais-Orgel 385

Klaus-Bau 411
Klawe, Waltraud 62
Klein, Franz 71
Klein, Theodor 134
Kleinberghofen 104, 188, 197
Klemperer, Prof. Dr. Victor 23 f.
Klimm, Georg, Bezirkstagspräsident 196, 204
Kling, Albert, Bürgermeister 321 f.
Klingen 61, 142, 149, 169, 177, 184, 203, 211 ff., 215, 223, 229, 237, 241., 247 f., 253 ff., 270, 300, 307, 330, 334, 368, 387, 390, 396 f., 405 f., 426
Klinger, Max 177, 409
Klinger, Paula 264
Klinsmann, Jürgen 389
Kloo, Elfriede 249
Kloubert, Wilhelm 35, 72, 74 f., 77, 81, 86, 112, 127
Knabl, Käthe 131
Knabl, Norbert 131
Knafelz, Josef 394
Knath, Wolfgang 249
Knauer, Christian, MdL 324 f., 327, 339, 353 f., 357, 364, 393, 412, 415, 429
Knauer, Heinrich 120
Knauer, Rolf 259
Knef, Hildegard 123
Kneißl, Josef 260, 339, 396 f., 400
Kneißl, Michael 429
Knill, Martin 56, 72
Knippel, Paul 101
Knoeringen, Waldemar von, Minister 76, 136
Knoller, Brauereigasthof, siehe auch Specht 153, 252
Kobold, Michael 28
Koch, August 230
Koch, Café 153
Koch, Dr. Robert 281
Koch, Dr. Wolfgang 375, 414 f.
Koch, Ilse 172
Koch, Karl 172
Koch, Ludwig 434
Koch-Granvogl 182
Kögl, Alarich 136

Kögl, Café 169
Kögl, Ernst 383
Kögl, Fritz 89, 128, 428
Kögl, Georg 103, 135
Kögl, Ludwig 389
Kohl, Helmut, Bundeskanzler 333
Kohlberger, Richard 218
Köhler, Helga 337
Kolarik, Otto 81
Koletzko, Rudolf 261
Köllensperger, Martin 99
Kolmsee, Wolfgang 316
Komotau 60
Konietzka, Timo 161
Königsbronn 311
Konrad, Josef 294
Kontny, Lorenz 288, 414
Kopp, Mathias 426
Köppel, Josef 250
Koppold Julius 89, 230
Koppold, Erich 272
Koppold, Hans 285
Koppold, Josef 110
Koppold, Martin 429
Körffer, Norbert 189, 296, 300
Körner, Dr. Theo, Landrat 327, 358, 360 ff., 391, 401, 404, 414, 439, 442, 446
Kornwestheim 316
Kosmann, Johann 435
Kottke, Michael 346
Kowoll, Heinz, Pfarrer 307
Kozeny, Karl 393
Krämer, Josef 108
Krammer, Albert 157
Krammer, Josef 302 f.
Krammer, Kreisbaumeister 40
Krammer, Lorenz 115
Krammer, Max 235, 432
Kratschmann, Erich 399
Kratzenberger, Richard 161, 219, 221, 258, 260, 332
Kraus, Kaplan 308
Kraus, Karl 241
Kraus-Gelände 394
Krauß, Johann 23, 126, 289
Krauß, Martin 109
Krazeisen, Hansjörg 412
Krebs, Dr. Hans Werner 294, 394

Kreitmayr, Max 204
Kreitmeir, Josef 134, 137, 195 f., 217 f., 241
Kreutmayr, Hubert 315
Kronach 109, 139
Kronawitter, Hermann, 166, 314, 375
Krucker, Josef 116
Krumbach 225, 294, 409
Krump, P. Theodor 36
Kubitschek, Lenz 388
Kügel, Josef 298
Kugler, Erich 419
Kugler, Gerd 442
Kugler, Johann 211
Kugler, Josef 117, 386, 435
Kühbach 25, 35, 96, 104, 134, 136, 173, 294, 368, 376, 391, 437, 448
Kujim-Skorobadska, Elisabeth 76
Kukol, Franz 34 f., 49, 79, 82, 136, 155, 203, 221, 260, 295, 372
Kumpfmüller, Dr. Josef, Bischof 63
Kunesch, Walter 173 f., 248, 274, 388 f., 401
Kunz 142
Kunzmann, Weinkellerei 342
Kupferschmid, Sepp 316
Kurz, Rudolf 323

Lackas, Joseph, Bürgermeister, Landrat 28, 55 f.
Laimering 244, 341, 351
Landau 411
Landsberg 109
Landshut 172, 273
Lang, Adolf 226
Lang, August, Minister 318, 389
Langenbruck 178
Lapperger, Leonhard 447
Laske, Brigitte 241, 421
Laske, Klaus 162 f., 221, 240, 246, 260, 310, 315 f., 327, 333, 339, 376, 383, 390, 394, 397 ff., 421, 429, 431
Lassel, Bernd 346 ff., 362 ff.
Lasswade bei Edinburgh 132

Lauer, Martin 123
Lauf 241
Laufen 52
Lauingen 172
Lazar, Mrs. 24
Lechner, Alf 382
Lechner, Josef, Eismannsberg 316
Lechner, Konrad 375, 413
Lechner, Wolfgang 273
Lechner, Xaver 29
Legau 140
Lehmann, Rudolf 106
Leibbrand, Prof. Dr. 269
Leinfelder, Karl 62, 89, 120, 135
Lenzfried 158
Leopold, Hans 109, 121
Leppich, Johannes, Pater 158
Lessig, Josef 159
Lexington, Hella 122
Liebhart, Dr. Wilhelm 376, 387, 417 f.
Linck, Heinrich 235, 269, 373
Linck, Maria 126
Lindenmeyer, Dr. 104
Linder, Alois 308
Lindermeier, Anton 68, 111, 408
Lindinger, Familie 110
Lindinger, Maria 134
Lindlmeier, Karl 58
Lindner, Alois 241
Lindner, Oskar 27
Lingen, Theo 122
Link, Dr. Heinrich 165
Linzenkirchner, Peter 28 f., 41, 49, 52, 74, 77, 79, 191
Lippert, Christoph 237, 284, 373
Lissabon 311
Listl, Johann 248, 396, 398, 429, 431, 440
Liverpool 130
Lochner, Franz 337, 339 f., 390, 398, 418, 440
Loderer, Jakob 159, 218, 234
Lohberger, Geschäft 237
Lohberger, Hans 373
Lohberger, Hans-Günther 440
Lohre, Günter 316

474

Loichen, Erwin 101
Löll, Leonhard 99
London 132, 412
Lorenczuk, Ernst 334, 396, 422
Lorenz, Emil 33 f., 58, 69, 77, 79, 136 ff., 203, 219 ff., 223, 259 f., 332, 335 f., 338
Loritz, Alfred, Minister 38 f., 71
Löscher, Anita und Michael 289
Löscher, Hans 84
Löwe, Carl 67
Lüders, Marie-Elisabeth, Ministerin 109
Lueg, Dr. Klaus 346
Lueg, Josef 129
Lueg, Ortrud 361
Lukas, Karl 234
Luksch, Heinz 432
Lunden, Walter A. 21
Lunglmeier, Gerhard 389
Lutz, Georg 310
Lutz, Rosa 75, 77, 408
Lützelburg 341

Mack, Dr. Albert 103, 179, 409, 428
Mackh, Otto 77
Magin, Theo, MdB 416
Magoley, Dr. Renate, 336 ff., 376, 398 f., 438 ff., 443
Mahl, Franz 265
Mahl, Rudolf 264
Mahle, Gerald E. 24
Maier, Eduard 114, 124
Maier, Prof. Dr. Hans, Minister 206, 280, 320, 324
Maier, Rolf 163
Maier, Sepp 162, 245
Maier, Wilfried 296 f.
Maile, Benedikt 426
Mair, Franz 300
Mairhofer, Seraphika 131
Mandlach 442
Mang, Dr. 93
Mangold, Katharina 120
Mann, Thomas 63
Mannert, Paul 342 ff., 348 ff., 354 ff.

Mannert, Therese 84
Mannweiler, Gustav 273
Marb, Franz 260, 334 f.
Marb, Franziska 234
Marb, Gasthaus 212
Marchart, Gerhard 408
Maree, Sidney 316
Markowski, Heinz 79, 136
Marquart, Johann 111
Marquart, Josef 102
Martin, Manfred 334, 440 f.
Marxreiter, Johann 393
Mauerbach 86, 330, 429, 434
Maurer, Josef 212, 221, 255, 260, 339, 396, 400, 414
Mauri, Marianne 440
May, Johann 172
Mayer & Söhne, Verlag 125, 280, 284, 293
Mayer, Edwin, Bürgermeister 416
Mayer, Fritz 56, 163, 177, 243, 391
Mayer, Grete 177
Mayer, Hans 124
Mayer, Ignaz 391
Mayer, Leo 420
Mayinger, Max 142
Mayr, Dr. Alfred 388
Mayr, Helmut, Stadtpfarrer 309, 385 f., 406, 422
Mayr, Rupert, Jesuitenpater 124, 276, 314
Mayr, Walter 83
Mecklinger, Josef 119
Mecklinger, Karl 28, 33
Megesheim 315
Meidert, Wolfgang 251, 388
Meier, Eduard 63
Meinhof, Ulrike 250
Meinlschmidt, Josef, Pfarrer 388
Meisinger, Fanni 115
Meisinger, Firma 100, 153, 165, 168, 170, 237, 249, 285 f., 291, 373, 375, 382, 403, 410, 436, 447
Meisinger, Hannes 79, 125, 136, 186, 221, 223, 230, 259 ff., 291, 305, 327, 333, 339, 369, 395 f., 400

Meisinger, Max 230
Meixner, Hans 285
Meixner, Luise 140
Memmel, „Peppi" 177
Memmingen 107, 310, 323
Menzinger, Johann 158
Menzinger, Wilhelm 158
Menzinger, Wilhelm, Pfarrer 409
Mercedes-Schneider, Firma 375
Merching 201
Mering 107, 116, 140, 201 f., 261, 291, 297, 302, 324 ff., 360
Merk, Alfons 51, 75 ff., 80, 97 f.
Merk, Dr. Bruno, Minister 195, 197, 199, 200, 217
Merk, Holzbau 168 f., 237, 284 f., 291, 382, 395, 408, 415, 447
Merk, Karl 233
Merk, Sofie 97
Merkatz, Hans-Joachim, Bundesminister 32
Merkel, Max 389
Merz, Günther 151
Metz, Firma 288
Michl, Hans 314
Michl, Leonhard 134
Michl, Maria 250
Michl, Stefan 409
Michl, Thomas 191, 389
Michl, Willy 383
Milbertshofen 163
Mill, Gerd 132
Mill, Walter 96, 118, 125, 175, 265, 284, 314
Miller, Franz 42, 92 f.
Miller, Maria 123
Minimal, Einkaufsmarkt 283
Minsk 130
Misera, Erwin 152
Mitterhuber, Konrad 79, 153, 419
Modlinger, Siegfried 359
Mohnhaupt, Brigitte 250
Moltke, Friedrich von 113
Molz, Hans 148
Mondi, Firma 165, 169, 244, 375, 411 f.

475

Montabaur 413
Moosbichler, Ludwig 33, 285
Moosbichler, Wolfgang 131
Moser, Hans 434
Moser, Hans, Bürgermeister 416
Moser, Johann 342, 344
Moser, Karl 221, 237, 254, 260, 291 f., 302, 339, 398, 433, 442
Moser, Lina 395
Moser, Martin 223
Mossack, Peter E. 153, 237, 427
Muck, Gertrud 240, 445
Muck, Hanns E. 56, 116, 153, 163, 312
Mühl, Beate 109
Mühldorf 134, 390
Mühlebach, Dieter 372, 407
Müller, Anna 126
Müller, Brauereigasthof 252, 284
Müller, Dr. Günther 218
Müller, Dr. Josef 18, 239
Müller, Dr. Josef, Minister 43
Müller, ehem. Rotgerberei 227, 284
Müller, Ferdinand, MdReichstages 127
Müller, Georg 168, 270, 290
Müller, Gerd 162
Müller, Günter 372
Müller, Hanns Christian 439
Müller, Karl 435
Müller, Konrad 108
Müller, Luise 184, 298
Müller, Manfred 310, 315
Müller, Manfred, Weihbischof 160
Müller, Maria Herefridis 129
Müller, Rupert 20
Müller, Viktoria 130
Müller, Vincenz, DDR-Minister 130
Müller, Walter 25, 58, 121
Muller, Walter J., US-General 25
Müller-Paradeis, Gaudenz 66, 98, 237, 261, 290 f., 327, 375, 434

Müller-Sulzer, Anneliese 428
Müller-Unsinn, Barbara 290
München 28, 31, 41, 60, 74, 103, 109, 115, 131, 134, 139, 141 f., 149 f., 157, 161, 163 ff., 172, 180, 197 f., 200 f., 217 f., 236, 238 f., 269, 286, 289, 291, 309 f., 342, 352, 357 f., 404, 437 ff., 447
Münchener Hof 176
Münzberg, Dr. Peter Paul 179, 268
Muschler-Haus 410

Nagel, Bernhard 45
Nagel, Franz 241
Nattheim 311
Nauschütz, Artur, Pfarrer 109, 172
Nebel, Dr. Rudolf 121
Neeser, Dr. Josef 93, 98, 129
Netzer, Günter 389
Neubaur, Josef 234
Neubaur, Kfz-Betrieb 175, 375
Neubaur, Rosa 312, 429
Neuburg/Donau 158, 201, 237
Neuger, Franz 77, 79
Neuger, Otto 77, 79, 134
Neuhausen 132
Neukum, Otto, Senator 360
Neulwirth 96
Neumaier, Albert 268
Neumaier, Heinz 240, 312
Neumaier, Maria 74, 77
Neumaier, Xaver 119
Neumair, Ferdl 112 f., 149, 268
Neumair, Kaspar 43
Neumair, Maria 112
Neumann, Johannes 420
Neumann, Walter 131
Neumayr, Johanna 101
Neusa, Neusiedl & Gutmann, -Gelände 51, 86, 12 f., 170, 292, 404 f., 429, 445
Neusiedl, Josef 270
Neusiedl, Raimund 112, 124
Neuss, Albert 429
Neuß, Anton 111, 284
Neuß, Matthias 270
Neuß, Monika 261
Newmeyer, E. J. H. 25

Niederdorf 86
Niederlechner, Rupert 117, 230
Niedermayr, Hans 373
Niedermayr, Siegfried 362
Niederstraßer, Wolfgang 65, 104, 109, 121
Niklas, Christa 296
Niklas, Michael 324 f.
Nikovska, Elisabeth 67
Nipkow, Elisabeth 84
Nipkow, Paul 84
Nitzsche, Firma 125, 167
Nowak, Dr. Manfred 271
Nowak, Josef 308, 310
Nowottny, Heinz 272
Nun, Günter, Pfarrer 422
Nun, Ruth, Pfarrerin 422
Nürnberg 104, 168, 363, 386

Oberbernbach 96, 102, 104, 132, 140, 153, 177, 181, 183, 196, 211 ff., 223, 234, 236, 241, 244, 247, 250, 253 ff., 264 f., 285, 307, 315, 323, 330, 334, 337, 357, 365, 368 ff., 385 ff., 396 f., 406, 410, 417, 429 ff., 435, 439
Oberdorf 85 f.
Obergriesbach 111, 184, 213, 350
Oberhauser, Heribert, Bürgermeister 294, 372
Oberländer, Theodor, MdL 74
Obermair, Hans 307
Obermauerbach 60, 64, 120, 142, 177, 184, 191, 211 ff., 223, 229, 247, 253 f., 284, 306, 314, 337, 387, 399, 408, 427
Oberneul 250, 417
Oberschneitbach 184, 209, 211 f., 228, 233 f., 243, 273, 296, 387, 420, 429
Oberstdorf 291
Oberstimm 309
Oberwittelsbach 112, 132, 148, 184, 209, 211 ff., 223, 239, 241, 253 f., 264, 280 f., 300 f., 313, 330 f.
Oberzeitlbach 104, 197

OBI, Firma 447
Ochsenfeld, Hermann 294
Ohlhauser, Reiner 162
Oppel, Peter 310
Ortelfing 264
Orth, Johann Franz von 64
Ostermaier, Georg 386
Ostermair, Martin 447
Ostermayr, Josef 445
Osterode 140
Oswald, Eduard, MdB 361
Oswald, Xaver 41, 75, 86, 284
Othmara, Schwester 92
Otillinger, Erwin 420
Ott, Paul 105
Ottillinger, Anna 408
Ottillinger, Ludwig 406
Ottillinger, Möbelhaus 167
Otto II. der Erlauchte 376
Otto von Wittelsbach 376
Otto, Herzog von Bayern (ab 1180) 280

Paar bei Kühbach 237
Paris 168
Passau 299
Paul, Kurt 234, 312, 370, 408
Pechter, Anton 187, 408
Peißenberg 303
Peking 290
Penthaler, Heinrich 315, 390
Penzberg 107
Pepper, Wolfgang, Oberbürgermeister 200
Peters, Klaus-Dieter 148, 435
Petersdorf 251
Peutenhausen 206
Pfaffenhofen/Ilm 31, 51, 56, 181, 187, 196, 199, 215 f.
Pfaller, Alois 399
Pfaller, Blasius 409
Pfaller, Gasthaus Sternegger 204
Pfister, Alfred 114
Pfister, Anton 28, 33, 39, 112, 115, 120, 129, 230
Pfistershammer, Dr. Ludwig 182
Pfund, Hans 270
Pfundmair, Liselotte 295, 369
Pilsen 373

Pilz, Robert 53
Pirkl, Dr. Fritz, Minister 295
Pitscher, Georg 43
Plank, Alois 428
Plaschner, Hermine 397
Plöckl, Hermann 159, 240, 309, 376, 422
Plöckl, Josef 75
Plößl, Karl 41 f., 54
Poch, Fritz 19 f.
Pohl, Reinhard 216
Politynski, Axel 397
Pöllot, Paul 23, 83, 174, 406
Port, Centa 127
Port, Hans 127, 443
Port, Inge 419
Posch, Josef 178
Pösselt, Hans 156
Pößl, Werner 257
Pott, Gabriele 116
Potter, Major 24
Pöttmes 23, 94, 107, 121, 148, 188, 357 f., 361, 414 f., 442
Prag 163
Prasch, Siegfried 56, 101
Praun, Otto 249
Preiß, Fritz 285
Preiß, Otto 248
Prestele, Michael 383, 421
Priller, Hans 202 f., 258, 261, 324, 344, 359
Priller, Jakob 375, 406
Proeller, Robert 427
Prücklmair, Firma 286
Prümmer, Jürgen 390
Puecher, Rudolf, Bürgermeister 416 f.
Putz-Funk, Monika 352

Quinn, Freddy 123

Raab-Keyn, Waltraud 382
Rabl-Anwesen 177, 375
Rachl, Georg 119
Radersdorf 419, 448
Rammelsberger, August 28, 191
Rammelsberger, Vinzenz 41, 142
Randelsried 85
Ranzinger, Ludwig 127

Ranzinger-Haus 410
Rappel, Aenne 382
Rappel, Alfred 79, 136, 221, 260, 339, 376, 382, 396, 400
Rappel, Hans 270
Rappel, Heidi 148
Rappel, Michael 132
Rast, Franz 28, 35, 38, 75, 132, 140
Ratibor 134
Ratuschny, Wolfgang 350
Rauchmeir, Josef 247, 445
Raun, Dora 135
Rauscher, Rudolf 151
Rebele, Hans 161
Redl, Betty 124
Regau, Kaspar 259, 307
Regensburg 109, 178, 310
Regnath, Isidor 286
Reh, Horst 277
Rehle, Alfred 79, 136 f., 156, 185, 196, 216, 220 f., 285, 323
Rehle, Bruno 247, 313 f.
Rehle, Jakob 123
Rehle, Marianne 58
Rehle, Richard 268
Rehle, Rudolf 134
Rehling 217, 315
Reichart, Alfred 443
Reichart, Matthäus, Landrat 23 f., 28, 30, 56, 66, 191
Reicherstein 201
Reichl, Christel 372, 398, 440
Reichl, Max 339
Reinl, Anton 39
Reiser, Wilhelm 93
Reitberger, Dr. Hans, Konsul 117, 131
Reitberger, Georg 373
Reitberger, Josef 58
Reitberger, Kreszenz 140
Reitberger, Rupert 200, 294, 316, 324 f., 393
Reiter, Johann Baptist, Pfarrer 90, 106 f. 158, 160, 241, 270, 308 f., 422
Reitinger, Arthur 241
Reitinger, Fritz 123
Reitinger, Josef 126
Reitzenstein, Hermann von 131

Remplik, Dr. Walter 409
Rennertshofen, Markt 309
Renz, Josef 264
Renz, Ziegelei 236
Resch, Cäcilie 428
Resch, Hermann 108
Reutlingen 126
Reychardt, Joachim 67
Rhe, Paul, Bankhaus 167
Richter, Walter 37, 62
Rieden 244
Rieder, Druckerei 56
Riedlberger, Johann 28
Riedlberger, Kaspar 247
Riegel, Alois 397
Riegel, Gerd, Pfarrer 241
Rieger, Martin 375
Rieger, Polizeirat 82
Riemer, Rudolf 28
Riepl, Alfred, Bürgermeister
   61, 63, 79, 136, 138, 203 f.,
   215, 219 ff., 225, 227 ff.,
   233 f., 236, 240, 242, 253 ff.,
   257, 259 ff., 263 ff., 269,
   272 ff., 276 f., 280 f., 289,
   291 ff., 299, 302 ff., 308,
   311 f., 321 f., 327, 329, 333 ff.,
   338 ff., 345 f., 350, 355,
   361 ff., 367 f., 370, 372 f., 376,
   378, 388, 391, 395, 397,
   400 f., 404, 406, 416 f., 422,
   428, 440
Rinnenthal 365
Riß, Josef 30
Rivel, Charlie 249
Roch, Gerhard sen. 312, 373
Rökk, Marika 122
Röder, Dr. Manfred 310
Rodigma, Schwester 180, 242
Röhrig, Michael 439
Rohrmair, Bärbel 396
Römer, Centa 130
Römer, Josef 96, 130
Romualda, Schwester 93
Rosenheim 149
Roßkopf, Hans-Peter 414
Rössle, Max 323
Roth, Ludwig 71
Roth, Otto 71
Rothenburg 127
Rothenfußer, Haus 176, 286

Rothenfußer, Kreszenz 129
Rotter, Aurelia 242
Rubin, William A. 24, 37, 69,
   72
Ruckdeschel, Dr. Walter 357
Rudel, Karl-Heinz 141
Ruf, Heribert 375, 415
Rupp & Taureck, Firma 148
Rupp, Benno, Geschäft 268,
   287
Rupp, Mathias 265
Ruppenthal, Peter 398, 440
Rupprecht, Kronprinz 112
Rusch, Anton 390

Sackmann, Staatssekretär 264
Sander, Helmut 203, 260, 327,
   333, 339, 394, 398, 440
Sander, Otto 115
Sandmeier, Josef 95, 114, 166,
   265, 380
Sandmeier, Ludwig 33, 156,
   370, 429
Sarajevo 245
Sauter 49
Sauter, Helmut Ernst 167, 435
Sauter, Martin 419
Schaal, Erhard 151
Schaal, Regierungsdirektor
   272 f.
Schacherl, Anton 251
Schacht, Fridolin J., 52
Schädlbauer, Albert 71
Schäfer, Toni 19 f.
Schäffer, Fritz, Bundesminister
   29, 130
Schäffer, Lorenz,
   Bürgermeister 218, 223,
   254 f., 260, 335, 337
Schäffler, Karl 64
Schalk, Kurt 129, 166
Schaller, Gabriel, MdL 217 f.
Schamberger, Hans 268
Scharbert, Fritz 443
Scheck, Otto 135
Scheiter, Adolf 120
Schelchshorn, Leonhard,
   Bürgermeister 212, 223, 255,
   265
Schemmel, Dr. Ludwig 74, 77,
   79 f., 109, 121

Schenk, Christian 398, 440
Scherer, Magdalena 110
Schierlinger, Herais, Schwester
   427
Schifferstadt 416
Schiffmann, Alois 428
Schiffmann, Franz 126, 196
Schiffmann, Josef 124
Schiffmann, Paul 57, 79, 137
Schilling, Anna 115
Schillinger, Kathi 284
Schiltberg 23, 210, 280, 376
Schimek, Joseph 19
Schimon, Hans 131
Schimunek, Wieland 151
Schindler, Armin 203 f., 217 ff.,
   221, 223, 258, 260 f., 305,
   327, 332, 336, 339, 394,
   398 f., 401, 426, 440, 442
Schindler, Karl-Heinz 260,
   332, 433, 440, 442
Schineis, Franz Xaver 64, 157
Schirferneder, Dr. Franz 30
Schleifmühle Gut 19
Schlittenlacher, Hans 307
Schlögl, Alois, Minister 126
Schlosser, Eduard 388, 421
Schmaus, Andreas 285
Schmaus, Harald 246
Schmaus, Josef 284
Schmederer, Kaufhaus 235
Schmid, Bäcker 153, 169, 287
Schmid, Café 375
Schmid, Dr. Georg 217
Schmid, Emil 284
Schmid, Eugen 104
Schmid, Firma 410
Schmid, Fritz 114, 148
Schmid, Georg 258
Schmid, Gottlieb,
   Bürgermeister 35, 58, 72,
   112 f., 135, 230
Schmid, Hans J. 60, 62, 91,
   122, 187 f., 304, 306, 387,
   432
Schmid, Jakob 117
Schmid, Klaus-Peter 306
Schmid, Ludwig 84
Schmid, Norbert 163
Schmid, Thomas 29
Schmidbauer, Dr. Karl 74

Schmidbauer, Franziska 122
Schmidberger, Josef 390
Schmidt, Emil 242
Schmidt, Helmut, Bundeskanzler 325
Schmidt, Horst 242
Schmidt, Renate 415
Schmiechen 297
Schmitt, Rudolf 244, 318
Schmitt-Lermann, Dr. Hans 196
Schmuttermeier, Hans 414
Schneider, Konrad 391
Schneitbach 107
Schober, Alfons 109, 171
Schöffel, Georg 426, 440 f.
Scholter, Anton 235
Scholz, Leopold 139, 435
Schönbrunn 134
Schongau 245
Schönleiten 26
Schönwälder, Richard 49, 136, 284
Schormair, Josef 272
Schormair, Martin 314
Schormair, Max 224
Schrammel, Fritz 86
Schreiber, Maria 52, 131
Schrobenhausen 23, 47, 56, 59, 71, 84, 93, 107, 115, 127 f., 131, 139, 178, 187, 196 f., 199 f., 216, 238
Schröder, Kurt 413
Schroeder, Erwin 171, 251
Schroll, Vroni 384
Schropp, Karl 94, 136
Schunck, Mathilde 96
Schurius, Leopold, Bürgermeister 212, 221, 223, 260, 434
Schuster, Fritz 150
Schütte, Carl 55
Schütte-Lihotzky, Margarete 21 f., 110
Schwab-Zettl, Adolf 394
Schwalber, Ludwig 204, 324 f., 327
Schwartz, Thomas 385
Schwartz, Willi 390, 420
Schwarz & Combes 101, 118
Schwarz, Dr. Alto 170, 225

Schwarz, Josef 118
Schwarz, Karl 61
Schwarz, Maria 120
Schwarz, Max 307, 313 f.
Schwarzenberg 115
Schwarzenberger, Nikolaus 20, 134
Schwelle, Hubert 75, 77, 79
Schwengsbier, Leo 230
Schweyer, Josef, Bürgermeister 165, 212, 250
Sedlmeier, Karl 71, 123
Sedlmeir, Max 201, 261, 324, 326, 342, 353
Seeberger, Dr. Kurt 84
Seeberger, Kaplan 158
Seebohm 142
Seideneder, Robert 158
Seidl, Dr. Alfred 266
Seiff, Jochen 414
Seitz, Max 101
Selder, Wolfgang 206
Seraphika, Schwester 64
Seth, Georg 67
Seveso 345
Sichert, Edgar 61
Sieder, Frank, Regierungspräsident 198, 204, 230
Sielenbach 60, 104, 148, 352, 364, 437 f.
Simmelbauer, Bernd 390
Simnacher, Dr. Georg, Bezirkstagspräsident 280 f.
Simon, D. Matthias, Licentiat 65
Sinzinger, Mathias 248
Sitta, Günter 330
Sitzmann, Maria 101
Sitzmann, Xaver 127
Sixta, Hildegard und Reiner 284, 391
Slezak, Leo 120
Smith, Mathew D. 72
Snehotta, Franz 157
Sold, Josef, Bürgermeister 416
Sosnik, Johannes, Pfarrer 160, 307
Specht, Familie, Gasthaus 119, 153, 228, 252, 314, 380
Specht, Max 272
Specht, Raimund 196, 232, 285

Specht, Regina 307
Spieleder 36
Spitzel, Sepp 111
Spitzner, Albert 361
St. Anton 434
St. Dié 373
Stadelmaier, Josef 429
Stadlmayr, Franz 101
Stadtkrankenhaus 156
Stahl, Ewald 421
Stammler, Josef 103
Stanglmaier, Erich 311
Stanglmayr, Josef 58, 99
Stark, Ernst, Pfarrer 65, 109
Starnberg 30, 73, 249, 349, 355
Stauber, Elmar 225
Steffens-Westarp, Ingeborg 173
Stegmair, Andreas 164
Stegmair, Josef 311
Stegmair, Michael 443
Stegmann 85
Stegmeir, Matthias 365
Steidle, Johannes 36
Stein, Edith 320
Steinacker, Leonhard, Pfarrer 158
Steindorf 325
Steiner, Siegfried 429
Steinhardt, Ignaz, Pfarrer 64, 79, 107, 140
Stemmer, Hermann 284
Stephan, Dr. Paul 404
Stephan, Therese 109
Stephani, Franz 356
Stepp, Wilfried, Pfarrer 386
Sternegger, Gasthaus 204, 238, 285
Stettin 127
Steub, Ludwig 121, 153 f., 376, 416
Steuerl, Franz 57
Steuerl, Otto 131, 278, 306, 380 f.
Steuerl, Otto jun. 238, 298
Stiegelmaier, Otto 119
Stieglbräu, Gasthaus 138
Stimpfle, Dr. Josef, Bischof 108, 110, 159 f., 169, 172, 241, 280, 308 f., 385
Stocker, Dr. Gerhard 157

Stöffel, Hubert 117, 131, 246, 391
Stöffel, Johann 174
Stoiber, Dr. Edmund, Ministerpräsident 360, 415
Stoll, Johanna 435
Stoll, Josef 234
Stoller, Carin E. 382
Straßburg 107
Strasser, Christine 406
Strasser, Cilly, Geschäft 23, 119, 396
Strasser, Ferdinand 408
Straßer, Josef 58
Strasser, Xaver 113
Straubing 171, 388
Strauch, Familie 154
Strauch, Herbert 154
Strauch, Josef 243
Strauß, Franz Josef, Ministerpräsident 71 f., 133, 135, 218, 333, 348
Strehle Max, MdL 361
Streibl, Max, Ministerpräsident 136
Strobl, Gertraud 142
Strobl, Käthe 218
Strosche, Dr. Johannes 149
Strößner, Werner 421
Stumpfenbach 104, 197
Sturm, Jakob 406
Sturm, Ludwig 427
Südmarkt, Firma 244
Suhr, Heinz 393
Sulzbach 151, 184, 192, 209, 211 ff., 223, 243, 268, 301, 306, 330, 387, 414, 434
Sulzer, Alois 124
Szierbeck, Andrea 179
Szierbeck, Gerda 179
Szierbeck, Johann 179

Taiting 130, 428
Tandern 85, 107, 140, 241, 447
Tandler, Gerold, Minister 278
Taubert, Walter 58
Teheran 152
Telischek, Gerd 117
Tengelmann, Unternehmen 283
Tettau 109

Thalhausen 85, 142, 184, 241, 299
Thayer, J. E. 24
Thierhaupten 410
Thoma, Horst 203, 217, 221, 244, 260, 299, 318 ff., 338, 364 f., 442
Thoma, Julius 25, 115
Thoma, Ludwig 120, 166, 394
Thompson, Eric 132
Thun-Hohenstein, Hans Heinrich von 76
Tödtenried 84
Todtenweis 30, 85
Tolstoi, Leo N. 122
Toth, Fritz 93
Trauner, Fritz 41
Traunstein 219 f.
Treffler, Hans 248
Treitinger, Walter 155
Triebenbacher, Babette 140
Triebenbacher, Josef 140
Triltsch, Gasthaus 136, 155, 218, 238, 285
Troisdorf 127
Troppau 34
Trostberg 241
Trübswetter, Thomas 241
Truxa, Rolf und Ruth 289
Tschacha, Franz 364
Tschernobyl 369
Türk, Georg 268

Udart, Druckerei 56
Uhl, Katharina 135
Ullmann 131
Ulm 433
Ulrich, Robert 115, 118, 142, 181, 284
Unsinn, Barbara 101
Unsinn, Firma 100 f., 125, 165, 168, 255, 290, 411 f.
Unsinn, Sebastian 101
Unterbaar 113
Unterbachern 447
Unterbernbach 23
Untergriesbach 147, 177, 184, 209 f., 231, 247, 338, 346, 384, 387, 399, 410
Untermauerbach 212, 231, 254, 306, 314, 443

Untermenzing 217
Unterschneitbach 51, 158, 166, 184, 191 ff., 209, 211, 213, 223 f., 228, 247, 306, 330, 337 f., 386, 406, 409, 420, 445
Untersehr, Wolfgang 405
Untertürkheim 126
Unterwittelsbach 83, 122, 132, 182, 184, 196, 209 ff., 216, 230, 238 f., 249, 289, 295, 300 f., 307, 313, 315, 331, 338, 368, 372, 385, 390, 392, 394 f., 399, 428, 436, 442

Vassel, Dr. Eick 421
Veit, Genoveva 265
Veith, Raimund 224
Voag, Josef 291
Vogel, Josef 60, 120
Vogele, Dr. Karl, Landrat 361
Vogl, Anton 220, 259 ff., 282, 333, 339, 394, 398
Vogl, Anwesen 282
Vogl, Dr. Josef 346
Vogl, Maria 418
Vogler, Anton 108, 158
Voglgsang, Sieglinde 241
Voglgsang, Walter 140, 187, 318 f., 332, 338 f., 394 f., 398, 417 f., 422 f., 431, 433
Vogts, Berti 389
Vollert, Peter 323
Vollmann, Gabriel, Pfarrer 386

Wackersdorf 304
Wagner, Barbara 132
Wagner, Clodwiga, Schwester 177
Wagner, Dr. Hugo 215
Wagner, Gasthaus 210, 264, 338
Wagner, Kaspar 147
Wagner, Nikolaus 61, 396
Wagner, Rudolf 376
Waidhofen 129
Walchshofen 83, 107, 158, 192, 209, 211 ff., 216, 223, 239, 249, 285, 300 f., 359, 370, 372, 381, 386, 396 ff., 422
Waldvogel, Franz-Xaver 244
Wall, Nikolaus 173, 251

Walser, Bruno 235, 314
Walser, Fritz 386
Walter, Fritz 116
Walter, Max 300
Walter, Wilhelm 52
Waltner, Firma 375
Waltner, Karl 128, 241
Wamala, Emmanuel 387
Wayss und Freytag, Firma 236
Weber, Brigitte 422
Weber, Georg 319
Weber, Klaus 419
Wechseler, Dr. Andreas 434
Wecker, Konstantin 383
Weinmiller, Anna 110
Weinmiller, August 110
Weinmiller, Margarethe 64
Weinzierl, Paul 135
Weirich, Gerhard 117
Weirich, Max 34 f., 41
Weisenhorn, Viktoria 115
Weiser, Günter 298, 423
Weiß 49
Weiß, Anton 215, 261
Weiß, Firma 292
Weiß, Gebhard 243
Weiß, Heinz 224, 309 f., 385
Wenger, Anton 250
Wenger, Gasthaus 337
Wenger, Ludwig 348 f.
Werbeck, Polizeikommissar 56
Werlberger, Dr. Hermann 93
Werlberger, Familie 120, 308
Werner, Gabriele 369
Werner, Heinrich 140
Wernseher, Alois 132
Wernseher, Wilhelm, Landrat, Bürgermeister 18, 29 ff., 33 ff., 38, 40, 42, 49, 56, 59, 61, 71 ff., 82, 84, 86, 89, 92 f., 107, 112 f., 115, 118, 120 ff., 136 ff., 141, 148 ff., 155, 159, 161 f., 169, 180 ff., 184, 186 f., 190 ff., 198, 202 f., 209 ff., 217, 219 ff., 231, 233, 250, 258, 273, 305, 329, 336
Werth von Wetter, Wilhelm 76
Werthmann 126
Wessely, Rudolf 397
Westermair, Peter 434
Westermayer, Friedrich 65, 105

Westheim 362
Wetzel, Karl 35, 134
Widmann, Xaver 250
Widmayr, Michael 20
Wiedemann, Franz 23, 128
Wiedenmann, Franz Xaver 173, 395
Wiesenbach 201
Wiest, Karel F. 40
Wilhelm, Karl 57 f.
Wilhelm, Kurt 381
Wilkofer, Ludwig 60
Willfahrt, Horst 164
Willi, Hermann 83
Willprechtszell 149
Wimmer, Dr. Heinrich 409
Wimmer, Kreszentia 132
Wimmer, Ziegelei 264
Winkler, Geschäft 232
Winkler, Josef 177
Winkler, Maria 443
Winter, Christian 443
Winter, Ferdinand 67
Winter, Georg 426
Winterried 447
Wirnharter, Georg 87, 113, 233, 277
Witta, Schwester 157
Wittelsbach 390
Wittelsbach, Prinz Franz von 280
Wittelsbach, Herzog Max von 280
Wohlmuth, Hans 242, 302
Wohlmuth, Konrad 196
Woitas, Michael 308
Wolf, Fritz 388
Wolf, Maria 66
Wolf, Sepp 66
Wolf, Sieglinde 334, 339, 371, 398
Wolff, Lothar 448
Wolfratshausen 170, 382
Wollomoos 85, 122
Wolnzach 54
Wönner, Max 71, 100
Wörle, Josef 435
Wörle, Mathäus 225
Wörle, Roman 384
Wörle, Thomas, Bürgermeister 438

Wörle, Walter 269
Worms, Fritz 25, 27
Wunderer, Helmut 398, 440
Wünsch, Konrad 148, 391
Wurfbaum 49
Würges, Paul 122
Wurm, Witta 295
Wurmdobler, Fritz 35
Wurtz, Wilfried 428
Würzburg 303

Zach, Günther 150
Zahling 184, 213, 421
Zametzer, Anwesen 283
Zametzer, Wilhelm 386
Zametzer, Wilhelmine 110
Zapf, Hans 102, 166, 250
Zederer, Andreas 270
Zehetmair, Hans, Minister 390
Zehner, Zita 110
Zeiler, Hildegard 435
Zenker, Firma 132, 293, 413
Zenker, Julie 127
Zenker, Julius 35, 182
Zenker, Wolfgang 387
Zerle, Glaser 59
Zichner, Manfred 375, 413
Ziegler, Gasthaus 220, 232, 299
Ziegler, Hannes 398, 440
Ziegler, Johann 127
Ziegler, Johannes 261
Ziegler, Otto 131
Ziegler, Theodor 136
Ziegler, Walburga 127
Ziegler-Wirt 153
Zimmerschied, Sigi 299, 383
Zinnecker, Gertraud 299, 383
Zinsmeister, Emil 241
Zinsmeister, Wilhelmine 114
Zöpfl, Helmut 381
Zorn, Alfred 125
Zorn, Dr. Rudolf, Minister 102
Zorn, Firma 255 f.
Zorn, Hans Julius 397
Zorn, Julius 177
Zorn, Olga 386
Zott, Dr. Hans 272
Zsidek, Karl 70, 74
Zwerger, Josef 29, 35, 41, 72, 124

Abkürzungen

a. D.	außer Dienst
ADAC	Allgemeiner Deutscher Automobilclub
AG	Aktiengesellschaft
ARD	Arbeitsgemeinschaft der öffentlich-rechtlichen Rundfunkanstalten der Bundesrepublik Deutschland
AWO	Arbeiterwohlfahrt-Ortsgruppe
AZ	Aichacher Zeitung
B 300	Bundesstraße 300
BayWa	Bayerische Warenanlieferung
BCA	Ballspiel-Club Aichach
BdM	Bund deutscher Mädel
BHE	Bund der Heimatvertriebenen und Entrechteten
BLLV	Bayerischer Lehrer- und Lehrerinnenverband, hier Kreisverband
BLSV	Bayerischer Landessportverband
BRK	Bayerisches Rotes Kreuz
BVP	Bayerische Volkspartei
CARE	Cooperative for American Remittances to Europe
CDU	Christlich-Demokratische Union
CSU	Christlich-Soziale Union
DAV	Deutscher Alpenverein, Sektion Aichach
DFB	Deutscher Fußball-Bund
DGB	Deutscher Gewerkschaftsbund
DLG	Deutsche Landwirtschafts-Gesellschaft
DP	Deutsche Partei (auch Displaced Person)
FDP	Freie Demokratische Partei
FFW	Freiwillige Feuerwehr
FW	Freie Wähler
GB	Gesamtdeutscher Block
GDP	Gesamtdeutsche Partei
GfW	Gemeinschaft der freien Wähler
GYA	German Youth Activities
IHK	Industrie- und Handelskammer
JVA	Justizvollzugsanstalt
KAB	Katholische Arbeiterbewegung
KEG	Katholische Erziehergemeinschaft
KJA	Kreisjugendausschuß
KJR	Kreisjugendring
KLJB	Katholischer Landjugendbund
KPD	Kommunistische Partei Deutschlands
KUV	Krankenunterstützungsverein
LP	Landpolizei
MC	Motorclub Aichach
MdB	Mitglied des Bundestags
MdL	Mitglied des Landtags
MG	Military Government, örtliche Militärregierung
NATO	North Atlantic Treaty Organization
NB	Neubürgerbund
NPD	Nationaldemokratische Partei Deutschlands
NS	Nationalsozialismus, nationalsozialistisch
NSDAP	Nationalsozialistische Deutsche Arbeiterpartei
NSV	Nationalsozialistische Volksfürsorge
OMGBY	Office of Military Government for Bavaria
OMGUS	Office of Military Government of the United States for Germany
Pg.	Parteigenosse der NSDAP
RAD	Reichsarbeitsdienst
RO	US-amerikanischer Resident Officer Aichachs
SBZ	Sowjetische Besatzungszone Deutschlands
SG	Soziale Gemeinschaft
SL	Sudetendeutsche Landsmannschaft
SPD	Sozialdemokratische Partei Deutschlands
SS	Schutzstaffel
VHS	Volkshochschule
VVN	Vereinigung der Verfolgten und Naziopfer
WAV	Wirtschaftliche Aufbauvereinigung

Quellen und Literatur

Abkürzungen
AHBl. Aichacher Heimatblatt historische Zeitschriftbeilage der AZ
Hg., hg. Herausgeber, herausgegeben von

Quellen – Presse

Bevölkerung und Wirtschaft 1872–1972. Hg. Statistisches Bundesamt, Stuttgart/Mainz 1972.
Dokumente zur Geschichte von Staat und Gesellschaft in Bayern, hg. Karl Bosl, Teil III: Das moderne Bayern, mehrere Bände, München 1976–1983.
Einwohnerbuch Stadt und Kreis Aichach, 1954.
Donau-Kurier. Neue Ingolstädter Zeitung, v. a. von 11. Dezember 1945 bis September 1949 (= DK)
Der Vermittler, erschienen bei Mayer & Söhne, Aichach 1945
Amtsblatt für Stadt und Landkreis Aichach/Oberbayern, hg. v. Landrat und Bürgermeister in Aichach (ab 8. September 1945)
Aichacher Zeitung (= AZ)
Schwäbische Landeszeitung, Augsburg, v. a. vor 1972
Aichacher Nachrichten, ab 1972 (= AN)

KLEMPERER VIKTOR, Ich will Zeugnis ablegen bis zum letzten. Tagebücher 1933–1945, hg. W. Nojowski, Berlin ⁶1996.
SCHÜTTE-LIHOTZKY MARGARETE, Erinnerungen aus dem Widerstand. Das kämpferische Leben einer Architektin von 1938–1945, Wien 1994.

Stadtarchiv Aichach
Registratur LRA
Bayerisches Hauptstaatsarchiv München (OMGBY, LRA)

Allgemeine Darstellungen

ABELSHAUSER WERNER, Die Langen Fünfziger Jahre. Wirtschaft und Gesellschaft der Bundesrepublik Deutschland 1949–1966, Düsseldorf 1987.
BENZ WOLFGANG (Hg.), Die Bundesrepublik Deutschland. Geschichte in drei Bänden, Bd. 2: Gesellschaft, Frankfurt am Main 1983.
BIRKE ADOLF M., Nation ohne Haus. Deutschland 1945–1961, Berlin ²1994.
BRÜCKNER JOACHIM, Kriegsende in Bayern 1945. Der Wehrkreis VII und die Kämpfe zwischen Donau und Alpen (Einzelschriften zur militärischen Geschichte des Zweiten Weltkriegs 30), Freiburg 1987.
CONZE ECKART / METZLER GABRIELE (Hg.), Deutschland nach 1945. Ein Lesebuch zur deutschen Geschichte von 1945 bis zur Gegenwart (Becksche Reihe 4014), München 1997.
ERKER PAUL, Ernährungskrise und Nachkriegsgesellschaft. Bauern und Arbeiterschaft in Bayern 1943–1953 (Industrielle Welt 50), Stuttgart 1990.
FAIT BARBARA, MINZEL ALF (Hg.), Die CSU 1945–48. Protokolle und Materialien zur Frühgeschichte der Christlich-Sozialen Union (Texte und Materialien zur Zeitgeschichte 4), 3 Bde., München 1993.
FRIED PANKRAZ, Bayerisch-Schwaben. Grundzüge der geschichtlichen Entwicklung, München 1992.
– „Schwaben in Altbayern". Ein Beitrag zur historischen Regionalismusforschung, neue Fassung in: ders. (Hg.), Jahrbuch 1995 (Augsburger Beiträge 7), Sigmaringen 1996.
Geschichte einer Volkspartei. 50 Jahre CSU 1945–1995, hg. Hanns-Seidel-Stiftung, Grünwald 1995.
Goldhagen – ein Quellentrickser?, in: Der Spiegel 33/1997, 156–158.
HARTMANN PETER CLAUS, Bayerns Weg in die Gegenwart. Vom Stammesherzogtum zum Freistaat heute, Regensburg 1989.

HEYDENREUTER REINHARD, OMGBY, in: Christoph Weisz (Hg.), OMGUS-Handbuch. Die amerikanische Militärregierung in Deutschland 1945–1949 (Quellen und Darstellungen zur Zeitgeschichte 35), München 1994, 145–315.

HETTLER FRIEDRICH H., 50 Jahre Bayerische Polizei, in: Der Staatsbürger 8/1996.

– Ein kontinuierlicher Zeitungsschwund. Seit 1945 bestimmen „Lizenzblätter" die Landschaft, in: Der Staatsbürger 5/1997.

KEITZ CHRISTINE, Reisen als Leitbild. Die Entstehung des modernen Massentourismus in Deutschland, München 1997.

KOCK PETER JAKOB, Der bayerische Landtag 1946 bis 1986, I.: Chronik, II.: Protokolle, Bamberg 1986.

– Bayern nach dem Zweiten Weltkrieg, in: M. Treml (Hg.), Geschichte des modernen Bayern. Königreich und Freistaat, München 1994, 375–498.

LANZINNER MAXIMILIAN, Zwischen Sternenbanner und Bundesadler. Bayern im Wiederaufbau 1945–1958, Regensburg 1996.

LOHMEIER GEORG, Joseph Baumgartner. Biographie eines bayerischen Patrioten aus Sulzemoos, München 1974.

NEUPERT JUTTA, Vom Heimatvertriebenen zum Neubürger. Flüchtlingspolitik und Selbsthilfe auf dem Weg zur Integration, in: W. Benz (Hg.), Neuanfang in Bayern 1945–1949. Politik und Gesellschaft in der Nachkriegszeit, München 1988, 103–120.

NIETHAMMER LUTZ, Die Mitläuferfabrik. Die Entnazifizierung am Beispiel Bayerns, Berlin/Bonn 1982.

PRINZ FRIEDRICH, Die Geschichte Bayerns, München 1997.

ROEPER HANS, Die D-Mark. Vom Besatzungskind zum Weltstar. Eine deutsche Wirtschaftsgeschichte, Frankfurt 1978.

SCHILDT AXEL/SYWOTTEK ARNOLD (Hg.), Modernisierung im Wiederaufbau. Die westdeutsche Gesellschaft der 50er Jahre (Politik- und Gesellschaftsgeschichte 33), Bonn 1993.

SCHWARZ HANS-PETER, Die Ära Adenauer. Gründerjahre der Republik 1949–1957 (Geschichte der Bundesrepublik Deutschland 2), Stuttgart/Wiesbaden 1981.

– Die Ära Adenauer. Epochenwechsel 1957–1963 (Geschichte der Bundesrepublik Deutschland 3), Stuttgart/Wiesbaden 1983.

SOMMER KARIN, „Überleben im Chaos". Frauen in der Trümmerzeit 1945–1948, in: Frauenleben in Bayern. Von der Jahrhundertwende bis zur Trümmerzeit, München 1993, 320–362.

SPINDLER MAX (Hg.), Handbuch der bayerischen Geschichte IV. Das neue Bayern 1800–1970. Vom Anfang des 19. Jahrhunderts bis zur Gegenwart, 2 Teile, München 1975.

THRÄNHARDT DIETRICH, Wahlen und politische Strukturen in Bayern 1848–1953. Historisch-soziologische Untersuchungen zum Entstehen und zur Neueinrichtung eines Parteiensystems (Beiträge zum Parlamentarismus und den politischen Parteien 51), Düsseldorf 1973.

UNGER ILSE, Die Bayernpartei. Geschichte und Struktur 1945–1957 (Studien zur Zeitgeschichte 16), Stuttgart 1979.

VOLKERT WILHELM (Hg.), Handbuch der bayerischen Ämter, Gemeinden und Gerichte 1799–1980, München 1983.

WEBER JÜRGEN u. a., Geschichte der Bundesrepublik Deutschland, Bd. 1: Auf dem Wege zur Republik, München ⁴1993; Bd. 2: Das Entscheidungsjahr 1948, ³1986; Bd. 3: Die Gründung des neuen Staates 1949, ³1991; Bd. 4: Die Bundesrepublik wird souverän 1950–1955 (Ära Adenauer I), ²1991; Bd. 5: Die Bundesrepublik zwischen Stabilität und Krise 1955–1963 (Ära Adenauer II), 1993.

WILDT MICHAEL, Am Beginn der „Konsumgesellschaft". Studien über Konsum und Essen in Westdeutschland in den 50er Jahren, Hamburg 1993.

WOLF KONSTANZE, CSU und Bayernpartei. Ein besonderes Konkurrenzverhältnis 1948–1960, Köln 1982.

Literatur zu Aichach

ANDERSSON RALPH, Volkssäuberung vor 50 Jahren. Vom Scheitern einer Notwendigkeit im Bezirk [Aichach], in: AZ-Weihnachtsbeilage 1996, 7–11.
– Zur Geschichte der evangelischen Diaspora in Aichach und Umland, in: AHBl. 45 (1997), 1–4, 7–16.

ANNESER MAX, Ein Bezirksverein des BLV/BLLV macht Geschichte. Die Chronik des BLLV-Kreisverbandes Aichach, o. O., o. J. [Kühbach 1993].

BAUCH RICHARD, Flüchtlinge und Heimatvertriebene im Landkreis Aichach-Friedberg. Eine Dokumentation, o. O., o. J. [1990].

BESTLER JOSEF, Festansprache zum 25jährigen Bestehen des Landkreises Aichach-Friedberg am 2. Juli 1997.

CHRISTL KARL, Ehrenbürger Aichachs und der Ortsteile (AG 1), Aichach 1990 (mehrere Ergänzungsblätter).
– Das Aichacher Rathaus und Verwaltungsgebäude (AG 2), hg. Stadt Aichach, 1990.
– Stadtbaumeister in Aichach, in: AHBl. 43 (1995), 29–31.
– Zur Geschichte der Obermühle in Aichach, in: ebd., 45 f.
– Bürgermeister in Aichach, in: AHBl. 44 (1996), 1–4.
– Die Schulen Aichachs (AG 8), Aichach 1996.
– Die Kirchen Aichachs und seiner Stadtteile, in: Einwohner-, Straßen- und Branchenverzeichnis der Stadt Aichach und ihrer Ortsteile, Aichach 1997, 6–23.

CRAMER HERBERT, Die evangelische Diaspora im Südosten Augsburgs, in: Jahresbericht des Heimatvereins für den Landkreis Augsburg 1975, 67–89.

HILLAR IRMGARD, SELLMEIER WOLFGANG, BLÖCHL HANS, Baudenkmal und Hauslandschaft im Landkreis Aichach-Friedberg (Altbayern in Schwaben 1995), Friedberg 1995

HOFFMANN SIEGFRIED, Neubeginn und neue Perspektiven: der „Donau-Kurier", in: 125 Jahre Ingolstädter Zeitung [= DK-Sonderbeilage], · Ingolstadt 1997, 11.

HÜBNER FRITZ, Die Evangelisch-Lutherische Kirchengemeinde Aichach, in: 100 Jahre Aichacher Zeitung, 1964, 9 f.

JUNG HARALD, Aichach – liebenswerte Stadt in Altbayern, Aichach 1992
– „Bayerisches Herzland" wurde Schwaben. Hartes Ringen um die Gebietsreform, in: AZ 148/1997.

KIESSLING ROLF, Zwischen bürgerlicher Freiheit und Abhängigkeit. Aichach im 14. Jahrhundert. Festvortrag am 18. Juni 1997 in Aichach, in: AHBl. 45 (1997), 25–32.

KRAMMER JOSEF, NEUMAIER HEINZ (Hg.), 125 Jahre Freiwillige Feuerwehr Aichach 1871–1996, Augsburg 1996.

LECHNER HORST, Als Zuchthäuslerin in Aichach 1942 bis 1945. Gedanken und Betrachtungen zum Buch „Erinnerungen [aus dem] Widerstand" von Margarete Schütte-Lihotzky, in: AHBl. 45 (1997), 19–20.

LIEBHART WILHELM, Die Stadtgründungszeit 1209-1235, in: Ders., Rudolf Wagner (Hg.), Aichach im Mittelalter, Aichach 1985, 49–60.

Ludwig Steub zum 100. Todestag am 16. März 1988, hg. Stadt Aichach, Aichach 1988.

MAYER FRITZ, WAGNER RUDOLF (Hg.), Der Altlandkreis Aichach. Beiträge zur Ortsgeschichte, Aichach 1979.

MÜLLER JOSEF, Weltkrieg II endet im deutschen Zusammenbruch, in: AZ 94/1965.
– Weiße Fahnen über dem Aichacher Land. Eine Rückschau auf jene Tage,

die im Aichacher Raum das Ende des Zweiten Weltkrieges bedeuteten, in: AZ 96/1970.
–, ANDERSSON RALPH (Neubearb.), Aichach einst und jetzt. Von den Anfängen bis zum demokratischen Wiederaufbau, Aichach 1997 (1. Auflage 1968).
MÜLLER WALTER, Hundert Jahre DAV-Sektion Aichach, masch. Manuskript für die Festschrift zur 100-Jahrfeier 1998, Aichach 1996.
REICHL CHRISTEL, 50 Jahre Arbeiterwohlfahrt Aichach, Manuskript 1997.
Die romanische Kleinkirche von Unterneul. Pfarrei Gallenbach, Landkreis Aichach-Friedberg. Bericht und Dokumentation, hg. Landkreis Aichach-Friedberg (Altbayern in Schwaben, Sonderausgabe), Aichach 1994.
SCHMID HANS, 120 Jahre Berufsschule Aichach, in: AHBl. 34 (1986), 25–27.
SCHMIDBERGER MICHAEL, Das Kriegsende im Aichacher Land, in: AZ April/Mai 1995.
SPENGLER PETER, Jugendfreizeit zwischen Kommerz und Pädagogik. Empirische Studien in einer Kleinstadt (1945–1990) [= Aichach], Weinheim 1994.
Unser Landkreis Aichach, hg. Landeszentrale für politische Bildungsarbeit, München o. J. [1969].
Unser Landkreis Aichach-Friedberg. Geschichte – Kultur – Landschaft – Bevölkerung u. a., hg. Landeszentrale für politische Bildungsarbeit, München o. J. [1978].
Unser Landkreis Aichach-Friedberg. Eine Broschüre des Landkreises, hg. Landeszentrale für politische Bildungsarbeit, Landkreis Aichach-Friedberg, Bamberg 1993.
WAGNER RUDOLF, Die Schulaufsicht im Landkreis Aichach, in: 750 Jahre Stadt Aichach, AZ-Beilage 1985, 63–65.
Zehn Jahre Landkreis Aichach-Friedberg. Eine Denkschrift, 10 Jahre nach der Landkreisreform, hg. Landkreis Aichach-Friedberg, Aichach o. J. [1982].

Sonstige (Auswahl)

Wohnraum für alle. 50 Jahre Baugenossenschaft Aichach, 1988.
Aichach. 75 Jahre SPD, 1994.
40 Jahre Wasserwacht Aichach, 1995.
125 Jahre Freiwillige Feuerwehr Aichach 1871–1996, Augsburg 1996.
60 Jahre Motorclub Aichach im ADAC 1928-1988, 1988.
50 Jahre Segelflug. Aichach 1934–1984, 1984.
20 Jahre VHS 1948–1968. Volkshochschule Aichach. Frühjahrsprogramm 1968, 1968.
50 Jahre Sanitätskolonne Aichach, 1972.
125 Jahre Stadtsparkasse Aichach, 1979.
Festschrift zur Einweihung der Realschule Aichach Juli 1968, 1968.
40 Jahre CSU Aichach 1946–1986, 1986.
Aichach saniert, [hg. Stadt Aichach, Aichach 1980].
Kreiskrankenhaus Aichach, hg. Landkreis Aichach, 1968.
Erweiterung und Sanierung des Kreiskrankenhauses Aichach 1986 bis 1993, hg. Landkreis Aichach-Friedberg, 1993.
Kraftsport-Club „Eiche" 1905–1955. Festprogramm, 1955.
FUCHS GUSTAV, Das Unternehmen MEA Meisinger, Aichach, 1992 (Manuskript).
Gulden Josef, Chronik des Vermessungsamtes Aichach, in: 150 Jahre Vermessungsamt Aichach. 1838–1988, 1988.
SCHMID HANS, Achtzig Jahre Berufsschule Aichach 1869–1949. Eine Chronik der Schule. Die Reihe ihrer Lehrkräfte, 1949.
Trachtenverein Aichach gegr. 1928, 1978.

BILDNACHWEIS

Fotos:
Archiv der Aichacher Zeitung
Harald Jung, Oberbernbach
Erich Hoffmann, Algertshausen
Carmen Wörle, Aichach
Alexander Andres, Foto-Studio Wessely, Aichach

Wir danken Privatpersonen und Behörden für die Überlassung von Abbildungsvorlagen, besonders: Stadtarchiv Aichach; Landratsamt Aichach-Friedberg, Registratur; Alfred Riepl, Aichach; Josef Bestler, Oberwittelsbach; Ludwig Bauer, Aichach; Baugenossenschaft Aichach; Aichacher Nachrichten; Olaf Andersson, Aichach; Firmenarchiv Meisinger.